U0154831

唐诗宋词元曲

中华文学的最高成就 终生受益的传世经典

唐诗宋词元曲

图解详析

肖文飒 主编

北京联合出版公司
Beijing United Publishing Co.,Ltd.

图书在版编目（CIP）数据

唐诗宋词元曲图解详析 / 肖文飒主编 . -- 北京 : 北京联合出版公司，2014.10（2020.1 重印）
ISBN 978-7-5502-3736-0

Ⅰ . ①唐… Ⅱ . ①肖… Ⅲ . ①唐诗—通俗读物②宋词—通俗读物③元曲—通俗读物 Ⅳ . ① I222

中国版本图书馆 CIP 数据核字（2014）第 227480 号

唐诗宋词元曲图解详析

主　　编：肖文飒
责任编辑：徐秀琴
封面设计：彼　岸
责任校对：陈凤玲
美术编辑：潘　松

出　　版：北京联合出版公司
地　　址：北京市西城区德外大街 83 号楼 9 层　100088
经　　销：新华书店
印　　刷：三河市兴博印务有限公司
开　　本：720mm × 1020mm　1/16　印张：27.5　字数：500 千字
版　　次：2014 年 10 月第 1 版　2020 年 1 月第 12 次印刷
书　　号：ISBN 978-7-5502-3736-0
定　　价：75.00 元

本书若有质量问题，请与本公司图书销售中心联系调换。
电话：（010）64243832　82062656

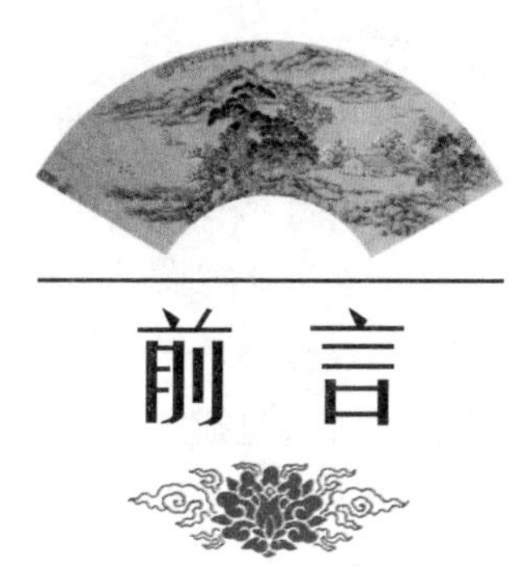

前 言

近代国学大师王国维说：“唐之诗，宋之词，元之曲，皆所谓一代文学也，而后世莫能及焉者也。”唐诗、宋词、元曲是中国文学史上的三座高峰，是中华文明灿烂的长卷中最为绚丽的华章，被奉为中华文化的传世经典而备受推崇，伟人英雄，歌以咏志；达官巨贾，诵以怡情；志者学人，习以修身。

有人说，中国人的每一种心境，似乎都被唐诗、宋词和元曲吟咏过了。这话说得并不为过。随手翻开一页，都会有一些词句扑面而来，触动我们内心深处最柔软的地方……

唐代是我国古典诗歌发展的全盛时期，唐诗是唐代文学的最高标志，开创了中国诗歌发展的新纪元。唐诗的题材非常广泛，有的是从侧面反映当时社会的阶级状况和阶级矛盾，揭露封建社会的黑暗；有的是歌颂正义战争，抒发爱国思想；有的是描绘祖国河山的秀丽多娇，表达对生活的热爱。巍巍大唐气象融入诗歌的字里行间，幻化出人世间最绮丽的诗篇，或博大恢弘、雄壮高亢，或敦厚旖旎、清丽流畅。

词，是中国古代诗歌的一种，始于梁代，形成于唐代而极盛于宋代，故名“宋词”。历代词人精心雕琢，创作出大量晶莹、灿烂、温润、磊落的词作，以至于成为中国古代文学皇冠上光辉夺目的巨钻。宋词与唐诗并称“双绝”，其美其盛，千古流传，脍炙人口，睿智如妙笔丹青，深沉如风生海上，壮阔似天马行空，豪放足以使懦夫立志，婉约足以使石人动情。

元曲是中国古代诗歌最后的辉煌，被称为元代最佳之文学，语言自然明快，反映生活图景鲜明生动，长于刻画人物，表达情感，有着深厚的民间基础和市井气息。元曲具有很强的开放性和表现力、很大的自由度和很高的艺术性，完全可以与唐诗、宋词媲美。曲中漫及人生感怀，世事悟道，塞北西风虽烈，也不乏江南小巷的绕指柔情，随口吟来，莫不令人销魂。

中华文化源远流长，是全民族每个成员的共同财富。不了解中国古典文学，将无以传承中华民族的优秀文化遗产。唐诗、宋词、元曲更是古典文学的精髓，它们使一代代中国人陶醉其中。本书在参考清代蘅塘退士编选的《唐诗三百首》、清代朱祖谋编选的《宋词三百首》和其他多种优秀选本的基础上，兼顾诗词曲发展脉络及读者的审美需求，将唐诗、宋词、元曲辑录成一册，全面反映了唐诗、宋词、元曲的发展概貌。

为了帮助读者更好地理解原作，本书还增设了注释、赏析等辅助性栏目，对难解字句进行注音和解释，为读者扫除阅读障碍，深入体味作品的内涵。同时，我们精心选配了近千幅与文字内容相契合的图片，包括人物画像、山水景物、情境示意图等，与诗词曲交相辉映、相辅相成，营造出“诗中有画，画中有诗”的艺术氛围，给读者带来身临其境般的感受，充分享受阅读的乐趣。

图文互注的编排形式、新颖独特的版式设计有机结合，让读者在轻松阅读的同时，获得丰富的想象空间和高雅的艺术享受。一卷在手，含英咀华，引领读者跨越时空的距离，进入辉煌的古典文学殿堂，领略唐诗、宋词、元曲的无穷艺术魅力，进而启迪心智、陶冶情操，提升个人的文学素养和人生品位。徜徉经典，收获无限。

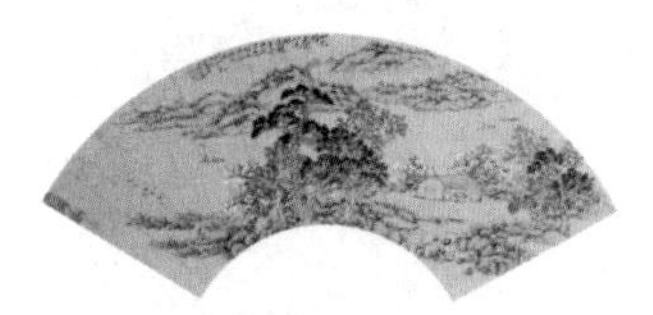

目录

卷一唐诗

◆五言古诗◆

◆五言乐府◆

◆七言古诗◆

◆七言乐府◆

◆五言律诗◆

◆五言绝句◆

◆五言乐府◆

◆七言绝句◆

◆七言乐府◆

卷二 宋词

◆唐五代词◆

◆北宋词◆

卷三 元曲

卷一 唐诗

感遇（其一）

——张九龄

兰叶春葳蕤[1]，桂华秋皎洁。
欣欣此生意，自尔为佳节[2]。
谁知林栖者[3]，闻风坐相悦。
草木有本心[4]，何求美人折？

注释

①葳（wēi）蕤（ruí）：枝叶茂盛披离的样子。②自尔：自然而然的。③林栖者：林中隐者。④本心：天性。

【赏析】

春天是兰草繁茂的季节，秋天是桂花芬芳的时候，兰桂都是这样欣欣向荣，自然是各自的生机勃勃和清新雅洁象征了春秋佳节。

何料林中隐者，闻到了兰桂的芬芳而生爱慕之情，殊不知兰桂的美好完全是源自它们的本心本性，哪里是在为求人折赏呢？

此诗是张九龄受谗遭贬后所作《感遇》组诗十二首的第一首，诗人自比兰桂，抒发了孤芳自赏、不求人知的情怀。

【诗评】

张曲江《感遇》，则语语本色，绝无门面矣，而一种孤劲秀澹之致，对之令人意消。

——《诗筏》

感遇（其七）

——张九龄

江南有丹橘，经冬犹绿林。
岂伊地气暖[1]，自有岁寒心。
可以荐嘉客，奈何阻重深。
运命惟所遇，循环不可寻[2]。
徒言树桃李，此木岂无阴[3]？

注释

①岂伊：难道是。②运命二句：意思是运命的好坏只在于遭遇的不同，周而复始、变化莫测的自然之理，让人无法探究。③阴：同“荫”。

【诗评】

即屈子《橘颂》之意。

——《唐宋诗举要》

【赏析】

江南生长着丹橘，它经历严冬却能葱翠依然，这并非是因为那里的气候温暖，而是橘树本身具有着耐寒的禀性。

丹橘佳美，可以用来招待嘉宾，无奈有重重阻隔，山高水深。在这个命运只在机遇、事理难以穷究的纷乱尘世里，世人只知道倾心于桃李的浮华艳媚，难道丹橘不是更有葱郁不凋的树荫吗？

诗人以丹橘自比，委婉含蓄地表达了对自己因为正直而遭贬逐的悲愤之情，期待朝廷重新起用的心意也是灼然可见。末尾“徒言树桃李，此木岂无阴”的反诘，深沉凝重，矛头直指玄宗后期任用奸人、排斥贤良的用人政策。

下终南山过斛斯山人宿置酒①

——李　白

暮从碧山下，山月随人归。
却顾所来径②，苍苍横翠微③。
相携及田家，童稚开荆扉。
绿竹入幽径，青萝拂行衣。
欢言得所憩④，美酒聊共挥⑤。
长歌吟松风⑥，曲尽河星稀。
我醉君复乐，陶然共忘机⑦。

注释

①斛（hú）斯山人：一位姓斛斯的隐士朋友。②却顾：回头望。③翠微：青翠幽深的山林。④所憩（qì）：留宿休息。⑤聊：姑且。⑥松风：指古乐府《风入松》。⑦忘机：忘记世间庸俗心机。

【赏析】

这是一首田园诗，是诗人在长安供奉翰林时所作，写的是诗人月夜拜访终南山上一名姓斛斯的隐士。全诗描写了暮色中山林景色的清新美丽及田家庭院的恬适安静，流露出诗人的赞慕之情。

第一句“暮从碧山下”中的“暮”字，引出了第二句的“山月”和第四句的“苍苍”；“下”字引出了第二句的“随人归”及第三句的“却顾”；“碧”字又引出了第四句的“翠微”。首句看似平常的五个字，却没有一个字是虚设的。“山月随人归”一句，将月写得脉脉含情。月尚能如此，人难道还不如月吗？接下来“却顾所来径”一句，写出了诗人对终南山的不舍之情。这里尽管没有正面描写日暮时的山林景色，但却情中有景。是什么让诗人如此迷恋，忍不住向身后回顾呢？不正是迷人的山色吗？第四句“苍苍横翠微”则正面描绘出苍茫暮色中美妙的山林景色。“翠微”指青翠遮掩映衬的山林幽深处；“苍苍”二字更加渲染了色彩的浓重；“横”字则有笼罩之意。以上四句，笔墨简练却神色兼备。

接下来，正在山间小路上漫步的诗人可能恰好碰见了斛斯山人，便“相携及田家”。由“相携”二字，可见二人关系之亲密。“童稚开荆扉”，是说孩童们打开柴门迎客。“绿竹入幽径，青萝拂行衣”，写出了田家庭院的清幽恬适，流露出诗人的欣赏、艳羡之情。

“欢言得所憩，美酒聊共挥”中的“得所憩”，除了是称赞山人的院落居室外，还表现了诗人遇见山人的欣喜。所以，诗人与山人开心畅谈、开怀畅饮。一个“挥”字，形象地描绘出诗人畅怀美酒的神情。“长歌吟松风，曲尽河星稀”两句，写诗人与山人酒醉情深，纵情高歌，一直唱到夜空星辰寥落，人间更深人静。句中的青松和青天，与上文的苍苍“翠微”遥相呼应。诗的末尾，从共饮美酒转至“我醉君复乐，陶然共忘机”，写酒醉之后，诗人高兴得将俗务机心都抛却了，心境变得淡泊、恬静、幽远。

【诗评】

尽是眼前真景，但人苦会不得，写不出。

——《唐宋诗举要》

月下独酌

——李 白

花间一壶酒，独酌无相亲。
举杯邀明月，对影成三人。
月既不解饮，影徒随我身。
暂伴月将影[①]，行乐须及春[②]。
我歌月徘徊，我舞影零乱。
醒时同交欢，醉后各分散。
永结无情游[③]，相期邈云汉[④]。

注释

①将：和。②及：趁着。③无情：忘情。④云汉：天河、银河。

【赏析】

这是《月下独酌》四首中的第一首，表现了李白借酒浇愁的孤独苦闷心理。当时，唐朝开始败落，李林甫及其同党排除异己，把持朝政。李白性格孤傲，又“非廊庙器”，自然遭到排挤。但他身为封建士大夫，既无法改变现状，也没有其他前途可言，只好用饮酒、赏月打发时光，排遣心中孤寂苦闷。于是，有了这首诗。

本诗分为三个部分。头四句是第一部分，描写了人、月、影相伴对饮的画面。花间月下，“独酌无相亲”的诗人十分寂寞，于是将明月和自己的影子拉来，三“人”对酌。从一人到三“人”，场面仿佛热闹起来，但其实更加突显出诗人的孤独。

第五句到第八句是第二部分。诗人由月、影引发议论，点明“行乐须及春”的主旨。“月既不解饮，影徒随我身”：明月和影子毕竟不能喝酒，它们的陪伴其实是徒劳的。诗人只是暂借月、影为伴，在迷醉的春夜及时行乐。诗人的孤单寥落、苦中作乐跃然纸上。

最后六句是第三部分。诗人慢慢醉了，酒意大发，边歌边舞。歌时，月亮仿佛在徘徊聆听；舞时，影子似乎在摇摆共舞。但是，当诗人一醉不起，月亮与影子就马上各自分开。诗人想和“月”“影”真诚地缔结“永结无情游，相期邈云汉”之约，但它们毕竟“皆是无情物”，诗人的孤独苦闷溢于言表。

本诗用动写静，用热闹写孤寂，产生了强烈的艺术效果，既表现了诗人空有才华的寂寞，也表现了他孤傲不羁的性格。

【诗评】

脱口而出，纯乎天籁，此种诗人不易学。

——《网师园唐诗笺》

月下独酌，诗偏幻出三人。月影伴说，反复推勘，愈形其独。

——《唐诗三百首》

春 思

——李 白

燕草如碧丝[①]，秦桑低绿枝[②]。
当君怀归日[③]，是妾断肠时[④]。
春风不相识，何事入罗帏？

注释

①燕：指今冀北辽西一带，唐时是边防重地。②秦：今陕西。燕地寒冷，秦地较暖，故燕地的草木要迟生于秦地草木。③怀归日：思生归家之情的时候。④断肠：肝肠寸断。形容思念之久之苦。

【赏析】

这是一首描写思妇心绪的诗，描写了秦地思妇整日思念在燕地戍边的丈夫，希望他早点回来的情景。

头两句通过秦燕两地的春季景物来起兴。“燕草如碧丝”是思妇想到的，“秦桑低绿枝”是她看到的。仲春之时，花繁叶茂，独在秦地的思妇看到春景，不禁想到在燕地戍边的丈夫，希望他早日归还。她猜想在燕地的丈夫此时看见碧丝一样的春草，应该也会和她想法一样。《楚辞•招隐士》中有“王孙游兮不归，春草生兮萋萋”的语句，这是见春草而思归的出处。诗人化用这个语句，显得浑然天成。同时，这两句中的“丝”与“思”、“枝”与“知”谐声双关。　中间两句接着上句写：燕草碧绿之时，丈夫也一定想着回家，宽慰两个离人的心灵。按照常理来讲，思妇应该高兴才对，而下句竟写了“断肠”。这种写法看似不合常理，但仔细品味后就会发现：寒冷的燕地春草萌生之时，丈夫才有归还之念；温暖的秦地桑柳滴绿之时，女主人公思念丈夫已久，几近“断肠”。这种对比的写法更加深刻地表现了思妇的情感。　最后两句用吹动罗帏的春风来写思妇的心理，表现了她对丈夫忠贞不渝的情操。

【诗评】

同一“入罗帏”也，“明月”则无心可猜，而“春风”则不识何事。一信一疑，各有其妙。

——《唐诗快》

赠卫八处士

——杜甫

人生不相见，动如参与商[①]。
今夕复何夕[②]，共此灯烛光。
少壮能几时，鬓发各已苍。
访旧半为鬼，惊呼热中肠[③]。
焉知二十载，重上君子堂。
昔别君未婚，儿女忽成行。
怡然敬父执[④]，问我来何方。
问答未及已，驱儿罗酒浆。
夜雨剪春韭，新炊间黄粱[⑤]。
主称会面难，一举累十觞[⑥]。
十觞亦不醉，感子故意长[⑦]。
明日隔山岳，世事两茫茫。

注释

①动：动辄。参（shēn）与商：参星与商星。参星于西，商星于东，此起彼隐，永不相见。②今夕句：意谓今天是什么日子。③热中肠：形容情绪激动异常。④怡然：和悦的样子。父执：父亲的挚友。⑤间（jiàn）：掺杂。⑥累（lěi）：接连。觞（shāng）：酒杯。⑦子：指卫八处士。故意：对故交的情谊。

【赏析】

乾元二年（759年）三月，诗人在探望洛阳旧居陆浑庄后，启程回华州。途经奉先时，探望了隐居在此的少年好友卫八处士。相会后不久，诗人写下这首寄情之作。两人相见时，正值安史之乱，诗的开篇四句隐藏着诗人对这个战乱时代的感受。接下来的四句，诗人先从容貌变化说起，继而发出感叹。在了解其他故人的情况，方知多半早已去世后，不免悲从中来。从“焉知二十载”到“感子故意长”，是对两人再聚，友人及家人对诗人热情招待的描写。“感子故意长”是总结前文，写出了诗人对往日与今朝的体会。最后两句写明日的分离，委婉地表达了再次别离给诗人带来的沉郁、忧伤之情。这两句既是对前文“人生不相见，动如参与商”的一种回应，同时又使全诗感情达到了高潮。

望岳

——杜甫

岱宗夫如何[1]，齐鲁青未了。
造化钟神秀[2]，阴阳割昏晓。
荡胸生层云，决眦入归鸟[3]。
会当凌绝顶[4]，一览众山小。

注释

①岱宗：对泰山的尊称。②钟：赋予，集中。③决眦句：意指山高鸟小，远望飞鸟，几乎要睁裂眼眶。决：裂开。眦（zì）：眼眶。④会当：终当。

【赏析】

本诗约作于开元二十四年（736年），是诗人现存诗中创作年代最早的一首。《望岳》共有三首，分别歌咏了东岳泰山、南岳衡山和西岳华山。本诗是诗人第一次游历齐赵登泰山时所作。当时诗人站在五岳之尊的泰山之巅，心中涌现出无限感慨，于是挥笔写下了这首传世佳作。全诗朝气蓬勃，意蕴深远。

诗的前六句实写泰山之景。

前两句紧扣一个“望”字。第一句以设问的形式，写出了诗人初见泰山时的兴奋、惊叹和仰慕之情。第二句是以距离之远来烘托泰山之高。泰山南面鲁，北面齐，但是远在齐鲁两国国境之外就能望见，可见其高。“青未了”意思是说苍翠山色绵延无际。这句诗既写出了泰山周围的地理风貌，也突出了泰山山脉绵延的特点。

三、四句描绘诗人从近处看到的泰山，具体展现了泰山的秀丽之色和巍峨之态。“造化钟神秀”是说大自然好像对泰山情有独钟。一个“钟”字，将大自然拟人化，写得格外有情，好像大自然将灵秀之气全部赋予了泰山。“阴阳割昏晓”是写泰山极高，阳面和阴面判若晨昏。其中“割”字用得极妙，形象地刻画出泰山雄奇险峻的特点。

五、六句写诗人细望泰山所见之景。只见山中云雾弥漫，令人心怀激荡。由“归鸟投林”可知，当时已是傍晚，而诗人还在入神赏望。这两句从侧面体现出了泰山之美。

七、八句写诗人望泰山时的感受。“会当凌绝顶，一览众山小”两句诗，抒发了诗人不畏困难、敢于攀登绝顶的雄心壮志，表现出一种昂扬向上、积极进取的精神。这两句诗千百年来一直广为传诵，时至今日，依然具有普遍的激励意义。

全诗以“望”字统摄全篇，结构紧密，意境开阔，情景交融，形象鲜明，同时又不失雄浑的气势。

【诗评】

四十字气势欲与岱岳争雄。次句写得高远意出，三、四奇峭，所谓语不惊人死不休也。

——《唐宋诗醇》

“齐鲁青未了”五字，已尽泰山。

——《唐诗别裁》

佳　人

——杜　甫

绝代有佳人，幽居在空谷。
自云良家子①，零落依草木。
关中昔丧乱②，兄弟遭杀戮。
官高何足论③，不得收骨肉。
世情恶衰歇④，万事随转烛⑤。
夫婿轻薄儿，新人美如玉。
合昏尚知时⑥，鸳鸯不独宿。
但见新人笑，那闻旧人哭。
在山泉水清，出山泉水浊⑦。
侍婢卖珠回⑧，牵萝补茅屋。
摘花不插发⑨，采柏动盈掬⑩。
天寒翠袖薄，日暮倚修竹。

注释

①良家子：好人家的女儿。②丧乱：指安禄山攻陷长安之事。③官高句：意谓官高显赫又有什么用呢？④世情句：意谓世人总是厌恶衰落破败。歇：衰退。⑤万事句：意谓世上的事情好像随风抖动的蜡烛，变化无常。⑥合昏：夜合花，叶子朝舒夜合。人们常以此比喻夫妻恩爱。⑦在山两句：喻自己隐于山中贞节自守，不愿因进入世俗而污浊了自己。⑧卖珠：指因为生活贫困而变卖珠宝。⑨摘花句：意谓无心修饰打扮。⑩动：动辄。盈掬：一满把。

【赏析】

这首诗作于乾元二年（759年）秋。这一年七月，杜甫辞去了华州司功参军一职，迫于生计，带着家眷来到边远的秦州，过起了负薪采橡栗的生活。

前两句通过写佳人的孤独寂寞说明佳人命运的悲惨，其中蕴藏着诗人对自身命运的感慨。第三句开始，是佳人自述：她出身显赫，但不幸遭遇战乱，兄弟被杀，连尸骨都无法收葬。“世情”以下八句进一步描写了佳人的悲惨命运：家势衰败后，她惨遭丈夫抛弃。这段自述把世态的炎凉、人情的冷暖深深刻画出来。“在山泉水清，出山泉水浊”两句出自《诗经·小雅》中的“相彼泉水，载清载浊”。接下来的四句是对佳人山中生活境况的描写：生活窘迫，但佳人依然“摘花不插发”，可见她品格高雅。末两句写出了佳人天寒日暮之时心中的孤独、哀怨，勾勒出一幅鲜活的画面。

梦李白（其一）

——杜　甫

死别已吞声①，生别常恻恻②。
江南瘴疠地③，逐客无消息④。
故人入我梦，明我长相忆⑤。
恐非平生魂，路远不可测⑥。
魂来枫林青，魂返关塞黑⑦。
君今在罗网，何以有羽翼。
落月满屋梁，犹疑照颜色⑧。
水深波浪阔，无使蛟龙得。

注释

①吞声：泣不成声。②恻（cè）恻：悲伤。③瘴（zhàng）疠（lì）：瘴气瘟疫。④逐客：被流放之人。⑤明：表明。⑥恐非二句：其时多有关于李白的不祥传闻，杜甫因而怀疑李白已死。平生：生前。⑦魂来二句：意指李白魂魄来的时候要穿越南方千里枫林，返回时又须渡过阴沉灰暗的秦关。⑧颜色：梦中李白的容貌。

【赏析】

本诗以写生离死别的苦痛起首，继而对梦到李白这件事提出了种种猜想和疑问。作者设身处地地为友人着想，就连李白梦魂来去路上的艰辛也让他揪心不已。诗的末尾记述梦醒后因看到惨淡月色而回忆起梦中李白憔悴的面容，道出了他对李白的殷殷叮咛：梦魂归去的路上要经过条条江河，你可要当心凶浪蛟龙（喻指阴险小人），切勿被它们捕获了去！

【诗评】

真朋友必无假性情。通性情者诗也，诗至《梦李白》二首，真极矣。

——《诗论》

梦李白（其二）

——杜甫

浮云终日行[1]，游子久不至。
三夜频梦君，情亲见君意。
告归常局促，苦道来不易。
江湖多风波，舟楫恐失坠[2]。
出门搔白首，若负平生志。
冠盖满京华[3]，斯人独憔悴[4]。
孰云网恢恢[5]，将老身反累[6]。
千秋万岁名，寂寞身后事。

注释

①浮云两句：意谓浮云终日于空中飘走，而游子却久久不曾到来。游子：指李白。②恐失坠：恐怕船只翻覆。③冠盖：冠冕和车盖，此指达官贵人。④斯人：这个人，指李白。⑤恢恢：《老子》中有“天网恢恢，疏而不漏”句。这里是说谁说天理公平。⑥反累：反而无辜受到牵累。

【赏析】

继写完前首记梦诗之后，诗人又一连三夜梦到李白，梦中的李白越过千山万水前来与他相见，见面后诉说着此行不易。望着他郁郁不得志的样子，诗人的内心受到了极大的触动，他不禁愤愤不平道：“为什么许多碌碌无能之辈都是高冠华盖，而像李白这样一位才华横溢的人却坎坷憔悴？谁说天道公正，像李白这样临到老年而被囚禁放逐的遭遇又该怎么解释呢？”愤到极时，诗人也只能慨然作叹：“李白的诗定然会光照千古，只是这身后的名声对那时已寂寞无知的他来讲又有何用处呢！”这深沉一叹，不但蕴含着杜甫对李白的高度评价和深切同情，也联系着他自己的无限心事。

送綦毋潜落第还乡

——王　维

圣代无隐者，英灵尽来归。
遂令东山客[1]，不得顾采薇[2]。
既至金门远[3]，孰云吾道非。
江淮度寒食，京洛缝春衣[4]。
置酒长安道，同心与我违[5]。
行当浮桂棹[6]，未几拂荆扉[7]。
远树带行客，孤城当落晖。
吾谋适不用[8]，勿谓知音稀。

注释

①东山客：东晋谢安曾隐居于会稽东山，此指隐居者。②采薇：商末伯夷、叔齐不食周粟，在首阳山采薇代食。这里指隐居。③金门：金马门，汉代对优异贤良之士皆令至金马门待诏。④江淮二句：意谓赴京赶考，渡江淮时正值寒食节，后落第滞留京洛，又自缝春衣。⑤同心：知心朋友。违：分离。⑥行当：将要。桂棹：船的美称。⑦未几：不久。荆扉：指故园的柴门。⑧吾谋句：意指文章未为考官所赏识。

【赏析】

本诗为诗人送落第友人归乡的赠行诗。綦毋潜：綦毋为复姓，潜为名，字季通，王维好友。

落第可谓人生中的沉重打击。綦毋潜落第返乡，心情必然沮丧。作为綦毋潜的好友，诗人力图多方面给予他安慰。在这首赠行诗中，诗人不仅称颂“英灵尽来归”，还为“吾谋适不用”而由衷慨叹。这两句看似矛盾，却恰是诗人构思精巧之处。诗人对前者是讥讽，对友人是劝解和安慰，安慰友人不必灰心丧气，勉励他，并令他相信在圣明的朝代有才干的人最终会被重用。

整首诗在“劝慰”的主旨上进行渲染，熔叙事、写景、抒情于一炉，既有慨叹，也有鼓励。全诗写景清婉，抒情自然，慨叹由衷，鼓励真挚，读来让人振奋不已。“反复曲折，使落第人绝无怨忧”，是清人对本诗的评语。

【诗评】

后人评说“带”“当”字用得极好，如果不是王维深通画理，是不会用出这两个字的。

送　别

——王　维

下马饮君酒[1]，问君何所之[2]。
君言不得意，归卧南山陲[3]。
但去莫复问，白云无尽时。

注释

①饮君酒：请君饮酒。②何所之：去向何方。③南山：终南山，今陕西西安市南。陲（chuí）：边。

【诗评】

五古短调要浑括有余味，此篇是定式。

——《唐贤清雅集》

【赏析】

本诗为诗人送友人归隐之作。诗人对友人的归隐是支持的，但友人的归隐是仕途不得意所致，诗人对友人的遭际不顺也表现出了惆怅，但更多的是贬斥功名，抒发陶醉白云、自寻其乐之情。全诗含蓄委婉，意味深长。

从表面上看，这首诗很平淡自然，每句皆是按照事情的发展淡淡道来，丝毫不见雕琢的痕迹，仿佛诗人信笔写来，分外随意。然而细品之后不难发现，这首诗内涵深刻，意境悠远，可谓藏而不露。就像诗人的其他诗一样，这首诗也是诗中有画，而且这一画景并非诗人有心为之，而是浑然天成：诗人下马和友人共饮美酒，两人之间的问答，友人遥指远处的高山，白云无边飘荡。除了展现出一幅淡雅的画面外，这首诗又体现了一个"情"字：两人相见时苦涩的欢悦，两人间的关心，友人的不得志，以及诗人对白云无边飘荡的慨叹。这些皆来自诗外，但却是诗中所包含的东西。

诗的开头四句看起来平淡，其实写得很朴实。第一、二句写饮酒话别，文字质朴、意境藐远。诗人开篇点题，提出疑问，借此表达对朋友的关心：诗人在路旁遇见友人，下马和他共饮美酒，之后关切问他要到哪里去。第三、四句简练说明了友人隐居的因由和处所。其中，"不得意"除了表达友人的隐居因由和不得志的真实情绪外，还从诗人的角度表现了他对现实的不满意。"南山陲"指终南山边，离长安不远。

在第五、六句中，诗人对友人进行宽慰，同时也表达了自己对他的羡慕。诗人说："我不再问了，你只管去吧。你不必感到沮丧和失望，除了那山中的白云，世间的一切都是有尽头的。"这两句不仅表达了诗人对功名利禄、荣华富贵的不以为然，也流露出了一种无奈的情愫，既是对友人的宽慰，也是对归隐的向往。结尾两句，言有尽而意无穷，使全诗韵味骤增，诗意顿浓；诗人羡慕有心，感慨无限，让全诗耐人寻味。

青溪

——王维

言入黄花川[1]，每逐青溪水[2]。
随山将万转，趣途无百里[3]。
声喧乱石中，色静深松里[4]。
漾漾泛菱荇[5]，澄澄映葭苇[6]。
我心素已闲，清川澹如此[7]。
请留盘石上[8]，垂钓将已矣[9]。

注释

①言：发语词，无意义。黄花川：今陕西凤县东北黄花镇附近。②逐：沿着。青溪：今陕西沔县东。③随山两句：意思是青溪与黄花川相隔不过百里，溪水却依山势千回万转。趣：同"趋"。④色：山色。⑤漾漾：形容水波荡漾摇曳的样子。泛：浮漂。菱荇：菱叶、荇菜等水生植物。⑥澄澄：形容溪水清澈透明。葭（jiā）苇：芦苇。⑦澹（dàn）：安静。⑧盘石：大石。⑨将已矣：将留此终身。

【赏析】

本诗写的是山水景色，是王维在蓝田南山隐居初期写的，又叫《过青溪水作》。前四句总体介绍了青溪，山势的蜿蜒曲折使得这段不足百里的路程显得丰富多彩，非常吸引人。接下来的四句，诗人用了"移步换形"的手法，写了青溪的各种景色。诗人穿行于山间乱石之中时，青溪的水声喧闹，一个"喧"字在声音上形成了很强的震撼力。流过松林平地时，溪水又变得安静起来，没有任何声音。结尾四句，诗人将青溪清新的景色和自己闲适的心境完美地结合在一起，做到了心境和物境的统一。之后，诗人用了东汉严子陵在富春江上垂钓的典故，表明隐居的意愿。本诗清新雅致，无论写景还是抒情都很自然，诗意无穷。

【诗评】

右丞诗大抵无烟火气，故当于笔墨外求之。

——《唐诗快》

渭川田家

——王维

斜阳照墟落[1]，穷巷牛羊归[2]。
野老念牧童，倚杖候荆扉。
雉雊麦苗秀[3]，蚕眠桑叶稀[4]。
田夫荷锄至[5]，相见语依依。
即此羡闲逸[6]，怅然吟式微[7]。

注释

①墟落：村落。②穷巷：深巷。③雊（gòu）：野鸡叫。④蚕眠：蚕吐丝作茧后在内蜕皮化蛹，其间不食不动，称“眠”。⑤荷（hè）：扛着。⑥即此句：意谓就是这样的情景也让人美慕其安然闲逸了。⑦式微：《诗经·邶风·式微》有：“式微，式微，胡不归？”（胡不归：为何还不归去？）

【赏析】

本诗是一首田园诗。诗人用白描手法描写了初夏傍晚宁静和谐的景色，表现了农村生活的闲逸自得。这种充满诗情画意的田家生活图景也是诗人闲适心境的反映。渭川，即渭水，又称渭河。

本诗的核心为一个“归”字。诗人一开篇，首先描绘了夕阳映照村落的景象，渲染出苍苍暮色的浓烈氛围，作为全诗的总背景。随后，诗人用一个“归”字，描写了牛羊缓缓回到村里的情景，让人不禁想起《诗经》中的几句诗：“鸡栖于埘，日之夕矣，羊牛下来。君子于役，如之何勿思？”诗人痴痴地看着牛羊回到村里，直到牛羊消失在深巷中。

正在此时，诗人见到了更加动人的情景：柴门之外，一个慈祥的老者手拄拐杖，正等候着放牧回来的小孩。这样一种质朴的感情，深深触动了诗人，好像他自己也享受到了牧童回家的乐趣。刹那间，他感觉这田野上的所有生命，在这日落时分，似乎“皆在思归”。所以又写下“雉雊麦苗秀，蚕眠桑叶稀。田夫荷锄至，相见语依依”四句，这四句更着重于体现“思归”的情愫。

诗人亲眼看到这一切，不禁联想起自己的处境及遭遇，内心充满感慨。自从开元二十五年（737年）宰相张九龄遭人排挤而离开朝廷后，诗人深深感到政治上失去依靠，进退维艰。在这种心情下，他来到田野，看见众人都有所归，只有自己没有归处，怎么能不羡慕而怅惘呢？因此，诗人慨叹道：“即此羡闲逸，怅然吟式微”。《式微》为《诗经·邶风》里的一篇，诗人反复吟叹“式微，式微，胡不归”，是借此表达自己非常想隐退田园的心情。这两句不但在意境上同首句“斜阳照墟落”相呼应，而且在内容上也与“归”字相合，令写景和抒情紧密结合在一起，点明了全诗的主题。读完最后一句，才明白诗人在前面着重写“归”，原来是为了以“人皆有所归”来反衬自己“无所归”；以他人都能及时、自在、欢悦地归去，反衬自己隐退太晚和混迹宦途的孤苦、愁闷。本诗的最后一句，可以说是整首诗的重心及灵魂之所在。

【诗评】

右丞妙于田家，此是其得意作。

——《汇编唐诗十集》

西施咏

——王维

艳色天下重①，西施宁久微②？
朝为越溪女，暮作吴宫妃。
贱日岂殊众③，贵来方悟稀④。
邀人傅脂粉⑤，不自著罗衣⑥。
君宠益娇态⑦，君怜无是非⑧。
当时浣纱伴，莫得同车归。
持谢邻家子⑨，效颦安可希⑩？

注释

①艳色句：意谓艳丽的姿色为天下所看重。②西施句：意谓西施又怎能久居微贱？宁：岂。③贱日句：意谓微贱的时候难道有什么与众不同？④贵来：显贵的时候。方悟稀：方才感到稀罕。⑤傅：涂抹。⑥自：亲自。著：穿。⑦益：愈加。⑧君怜句：意谓君王怜爱而从不计较她的是非。⑨持谢：奉告。邻家子：指西施的邻居丑女东施。⑩效颦句：意谓光学西施皱眉又怎能希望得到别人的赏识。颦（pín）：皱眉。

【赏析】

这首诗借咏赞西施，比喻为人。本诗描写古代美女西施，赞颂西施的美艳绝伦不可仿效。西施，又称西子，名为夷光，春秋战国时越国人，生于浙江诸暨苎萝村。当时越国臣服于吴国，越王勾践身卧柴薪、口尝苦胆，谋求复国。在国家危难之时，西施将身许国，由越王勾践敬献给吴王夫差，成了吴王最宠幸的妃子。吴王因为迷恋西施美色，无心朝政，最终成了孤家寡人。吴国最终被越国所灭。相传吴国灭亡后，西施和范蠡一起泛舟五湖，不知去向。西施和杨贵妃、王昭君、貂蝉并称为中国古代四大美女，其中西施居于首位，成为美丽的化身及代名词。

在本诗中，诗人借西施由浣纱女到吴宫妃，由低微卑贱到无比尊贵这种偶然的命运变更，来讽喻有才能之士只能凭借偶然机遇获得君王看重的社会现实，抨击了不重才学重机遇的不平世态。恰如陈子昂曾经在《隗君》诗里所写的“逢时独为贵，历代非无才”，诗人也在本诗中深深感慨“伴明君，做贤臣”这种际遇的难得。“贱日岂殊众，贵来方悟稀”两句诗，对那些趋炎附势、平步青云的权贵进行了严厉的讽刺，表达了诗人宦途失意、壮志难酬的愤慨。

“艳色天下重，西施宁久微？朝为越溪女，暮作吴宫妃”四句，写西施有倾国倾城的美貌，不可能长时间处于低微地位。接下来，“贱日岂殊众，贵来方悟稀”六句，写西施一旦获得君王的恩宠，身价便一下子高出百倍。“当时浣纱伴，莫得同车归。持谢邻家子，效颦安可希”四句，写容貌太差的人，想效法西施之美简直是自不量力。全诗语句尽管浅显平淡，但其中却蕴含着深刻的寓意。沈德潜在《唐诗别裁集》里写道：“写尽炎凉人眼界，不为题缚，乃臻斯诣。”这句评价颇为中肯。

【诗评】

写出新贵人得意之状，讽在言外。

——《全唐风雅》

秋登兰山寄张五

——孟浩然

北山白云里[1]，隐者自怡悦[2]。
相望试登高，心随雁飞灭。
愁因薄暮起，兴是清秋发。
时见归村人，沙行渡头歇。
天边树若荠[3]，江畔洲如月。
何当载酒来，共醉重阳节。

注释

①北山：指襄阳西北的万山，又称方山、蔓山、汉皋山等。一作“兰山”，误。②隐者：作者自指。晋陶弘景有诗云：“山中何所有，岭上多白云。只可自怡悦，不堪持赠君。”③荠（jì）：荠菜。

【赏析】

这是一首临秋登高远眺、怀念友人的诗。张五，名子容，隐居于岘山以南约两里的白鹤山。孟浩然的田园庐舍离岘山不远。因此，诗人登上岘山对面的万山遥望张五所在之处。在这首诗中，诗人描绘了清秋薄暮登山所望的美好景色，抒写了淡淡的忧愁，表达了对友人的真挚思念。

这首诗的开篇两句，是诗人从晋代陶弘景的《答诏问山中何所有》一诗中化用来的。陶诗原句为：“山中何所有，岭上多白云。只可自怡悦，不堪持赠君。”诗人则用“北山白云里，隐者自怡悦”两句，点出隐居的愉悦。三、四两句进入正题，为寄托思念，诗人登山远望，但却望不见友人，只看见南飞的北雁。于是，诗人的心随鸿雁而去，消逝在遥远的天际。这两句既是写景，又是抒情。五、六两句，诗人将愁怪于本不相干的清秋：雁去黄昏近，淡淡哀愁从诗人心头泛起，诗人不去管这哀愁的真正由来，却怪罪于周围清秋薄暮的山色。七、八两句写诗人登山俯望，看到那劳累了一天的村民三五成群地归来，坐在渡头的沙滩上歇脚。这两句使全诗的闲逸之情顿出。九、十两句写远景所见。诗人眺望开来，天边的树看上去活像是荠菜，而那江畔的沙洲状如弯月。最后两句呼应开头，既点题之“秋”，表达了诗人对友人的思念之情，又写出了诗人的希冀。

【诗评】

《罗浮山记》云：“望平地树如荠。”自是俊语。梁戴暠诗“长安树如荠”，用其语也。后人翻之益工，薛道衡诗：“遥原树若荠，远水舟如叶。”孟浩然诗：“天边树若荠，江畔洲如月。”

——《升庵诗话》

用载酒以变送酒之旧也。诗亦蹁跹自得。

——《删订唐诗解》

夏日南亭怀辛大[1]

——孟浩然

山光忽西落[2]，池月渐东上。
散发乘夕凉，开轩卧闲敞[3]。
荷风送香气，竹露滴清响。
欲取鸣琴弹，恨无知音赏。
感此怀故人[4]，中宵劳梦想[5]。

注释

①辛大：名不详。大：排行第一。②山光：山中日光。③轩：窗户。闲敞：幽静宽敞的地方。④感此：有感于此。故人：老朋友。⑤中宵：一整夜。一作“终宵”。劳：苦于。

【赏析】

孟浩然善于捕捉日常乡村景物闲适自得的特点，能将日常乡村的景物写得别有情趣。这首诗就是他的代表作之一，写诗人夏夜休憩南亭时深切怀念友人，着意表现了诗人隐居生活的闲适，也含蓄地抒写了诗人不得用世、怀才不遇的苦闷。全诗情景交融，清新感人。

开篇，诗人遇景入咏，却不只是简单写景，同时写出了自己的主观感受。“忽”“渐”二字运用之妙，在于不但传达了夕阳西下、素月东升给人实际的感觉（一快一慢），而且突出了一种心理上的快慰。

三、四两句写诗人沐浴后乘凉，表现了身心两方面的快感。诗人沐浴后“散发”而不梳，洞开亭户，倚窗而卧，纳凉赏月，闲情适意。

接着，诗人从嗅觉、听觉两方面继续写这种快感。荷花香气清淡入微，随风潜至；竹叶上的露水滴在池面，声声清脆。芳香可嗅，滴水可闻，令人感觉此外再无声息。

七、八两句由写景转而怀人，过渡自然。“竹露滴清响”，这天籁似对诗人有所触动，诗人便“欲取鸣琴弹”，又由“鸣琴”联想到了“知音”，内心牵起一丝淡淡的怅惘。因而，诗人自然而然地思念起自己的友人来。这两句诗为下文作了铺垫。

此时，诗人是多么希望友人在身边闲话清谈，共度良宵，可友人却不在身边，两人只能梦中相会。

全诗写各种感觉细腻入微，由境及意而达于浑然一体，极富韵味。“荷风送香气，竹露滴清响”，是表达纳凉闲情的名句。

【诗评】

写景自然，不损天真。

——《批选唐诗》

凡读孟诗，真若水石潺湲，风竹相荐，炉烟方袅，草木自馨，自有一种天然清旷之致。

——《唐诗选脉会通评林》

宿业师山房待丁大不至

——孟浩然

夕阳度西岭，群壑倏已暝①。
松月生夜凉，风泉满清听。
樵人归欲尽，烟鸟栖初定②。
之子期宿来③，孤琴候萝径④。

注释

①壑：山谷。倏（shū）：忽然。暝（míng）：昏暗。②烟鸟：暮霭中的归鸟。③之子：这个人。期宿来：相约来住宿。④萝径：长满藤萝的小径。

【赏析】

“遇景入咏，不拘奇抉异”，是孟浩然诗的特色。而这个特色在本诗中表现得甚为突出。本诗写诗人夜宿山寺中，于山径之上等待友人的到来，而友人不至的情景。诗人挥洒自如，点染空灵，笔意在若有若无之间，将薄暮之时山中景色勾勒得极具特色，并寓情于景。全诗诗中有画，感富美感，蕴藉深微，挹之不尽。

本诗运用了大量意象：夕阳西下，万壑蒙烟，凉生松月，清听风泉，樵人归尽，暮鸟栖定。这些意象都是在为抒情作铺垫。全诗色彩不断变幻，景物描写十分幽清，语言含蓄婉约却不失韵味，“松月生夜凉，风泉满清听”两句是本诗名句。

【诗评】

此诗愈淡愈浓，景物满眼，而清淡之趣更浮动。

——《王孟诗评》

同从弟南斋玩月忆山阴崔少府①

——王昌龄

高卧南斋时②，开帷月初吐③。
清辉澹水木，演漾在窗户。
苒苒几盈虚④，澄澄变今古。
美人清江畔⑤，是夜越吟苦⑥。
千里共如何，微风吹兰杜⑦。

注释

①从弟：堂弟。②南斋：面南的书房。③开帷：拉开帘帐。帷：帘帐。④苒苒（rǎn）：同“冉冉”，指时光于不知不觉中渐渐过去。盈虚：月缺月圆。⑤美人：可亲可爱的人，指崔少府。⑥是夜：此夜。越吟苦：意思是想必在越中苦吟诗篇。⑦兰杜：兰花与杜若，均为香草。

【赏析】

本诗写诗人玩月思友，由月忆人。在诗中，诗人描写了月亮清辉弥漫山林的清幽景色，抒写了由月亮的盈虚所引发的世事无常的感慨，并表达了对友人深挚的思念之情。山阴：在今浙江绍兴市。崔少府，指崔国辅。

本诗的前面六句，重点描写了诗人开窗后所看到的月色。“高卧南斋时”一句，说明诗人正在自己的书房——“南斋”中躺着，想睡却没有睡，这是什么缘故呢？“开帷月初吐”一句承接上文，说明了诗人无法入睡的原因：窗外，那一轮刚刚升起的皎洁月亮悬挂在半空中，面对如此美景，诗人怎么能够安然睡去？因此，他撩起窗帘，卧于榻上，欣赏明月。接下来，“清辉澹水木，演漾在窗户”两句点出主题，写诗人赏玩月色：月亮的光辉淡淡地照着树木河流，水光月光又相互辉映，在窗外荡漾。“苒苒几盈虚，澄澄变今古”两句，是诗人由赏月而产生的思索：月亮经过了几多圆缺，人世又经历了几多变化？月亮能长存于天地之间，但世事却是变化无常。这深深的感叹，反映了诗人对人生的珍惜和重视。在这一时刻，诗人不禁对友人产生了思念之情，这种思念便显得更为真挚。

诗中第七、八句转写思念友人。诗人用“美人”居于“清江”之畔作比，称赞友人品行高尚。最后两句写友人的文章品德就像芬芳四溢的兰花杜若，远近闻名。结尾这四句语言委婉蕴藉，不仅是称赞友人的高尚德行，也反映了诗人自己高尚的情怀。这种写法比普通的赏月怀人更为真挚动人，给读者留下了足够的想象空间。

整首诗景情交融，艺术感染力非常强。诗人从眼前的人和景联想起以前的景与情，可谓匠心独具。

寻西山隐者不遇

——丘为

绝顶一茅茨[1]，直上三十里。
扣关无僮仆[2]，窥室惟案几。
若非巾柴车[3]，应是钓秋水。
差池不相见[4]，黾勉空仰止[5]。
草色新雨中，松声晚窗里。
及兹契幽绝[6]，自足荡心耳。
虽无宾主意，颇得清净理。
兴尽方下山，何必待之子[7]。

注释

①绝顶：山之顶峰。茅茨（cí）：茅屋。②扣关：扣门。③巾柴车：意谓乘车出游。柴车:简陋的车子。④差（cī）池：原为参差不齐，这里指此来彼往而错过。⑤黾（mǐn）勉句：意谓殷勤而来却不能相见，所以空怀景仰之思。黾勉：殷勤之意。⑥及兹：到此。契（qì）：相合。⑦之子：这个人，指隐者。

【赏析】

本诗写了诗人寻访山中隐者不遇的情景和感受，通过描写深山清幽景色，渲染隐逸生活的清高闲逸，抒写了诗人领悟隐逸理趣的喜悦。诗人乘兴而来，虽寻隐者不遇，却未生失望惆怅之情。相反，他洒脱飘逸，领略到了隐者的生活情趣之后尽兴而归，实为君子之风。

前八句写诗人寻访隐者而不遇，展现了隐者独居高处，远离世俗喧嚣、清新雅致的生活。开篇点出隐者居于山顶的“一茅茨”中，距山脚有“三十里”。这两句既写出了诗人不畏路途险阻、诚心拜访之意，又点出了隐者有意远离世俗喧嚣之心。“绝顶”与“直上”呼应，写出了山势的险阻和诗人攀登的劳苦。三、四句写“不遇”，诗人叩门拜访而无应答，只能窥见茶几。继而写诗人在门外猜测究竟隐者在何处？是乘车出游还是在池边垂钓呢？这两者恰是多数隐者日常生活的写照，闲情逸致由此可见。这种由诗人臆断的表达方式比直接描述更加灵活有致。

“差池不相见，黾勉空仰止”，诗人远寻而不得见，景仰之情不得表达，或多或少会有失望之情。然而诗写到此处，却突然宕了开去。诗人虽不见隐者，但却从周围的淡雅景致中得到陶冶，体会到了诗般的心境。可谓兴尽而归，自得其所，倒也惬意。自“草色新雨中”到“颇得清净理”六句，诗人由访人不得见的失望到见景领悟的满足，由单纯的景仰之情到领悟隐者的闲情逸致，这又怎能说是空访呢？结尾两句引用的是晋代王子猷雪夜访友的故事。诗人意图借此表明，访友之意不在于访，只要使自己的兴致得以宣泄即可。读诗至此，一位绝不亚于隐者的高雅之士的形象充分展现在读者面前。

宿王昌龄隐居

——常　建

清溪深不测[1]，隐处惟孤云。
松际露微月[2]，清光犹为君[3]。
茅亭宿花影[4]，药院滋苔纹[5]。
余亦谢时去[6]，西山鸾鹤群。

注释

①深不测：指清溪之水流入山林深处，不见尽头。②松际句：意谓月儿刚刚升上松树梢头。③清光句：意谓月光犹自为君而来。④宿花影：意谓夜已深沉，花影如眠。⑤药院：长着芍药的庭院。滋：滋生。⑥谢时：辞别俗世。

【诗评】

王之清才，死后松月犹若眷恋，生时不见用，此所以感而欲隐也。

——《唐诗成法》

【赏析】

本诗是一首写山水的隐逸诗，在盛唐时已广为流传，到清代更受到“神韵派”的青睐。常建和王昌龄虽然是一届进士及第的好友，但官场的经历和最后的归宿却不相同。常建只做过县尉，后便辞官归隐于武昌樊山。王昌龄一直官运不佳，但始终做官，没有归隐。所谓的“王昌龄隐居”实际指王昌龄做官前的隐居地。中进士及第时，王昌龄大约三十七岁。之前，他曾在今安徽含山县境内的石门山隐居，就是本诗中的“清溪”。常建在今江苏盱眙任职，与石门山分处于淮河的南北两岸。辞官回武昌樊山途中，常建游览了淮河附近的石门山。当时，他到王昌龄曾隐居的住所住了一夜。

诗的头两句交代了王昌龄隐居所在。王昌龄的住所在有清溪水流入的石门山上，远远望去，只能看见一片白云。“山中何所有？岭上多白云。只可自怡悦，不堪持赠君”，这是齐梁隐士陶弘景对齐高帝说的。于是，山中白云成了隐者住处的象征，也是其清高品行的象征。诗人之所以写“惟孤云”，清人徐增认为“惟见孤云，是昌龄不在，并觉其孤也”。

中间四句是诗人在王昌龄处所的见闻。王昌龄的住处雅致清幽：“茅亭”周围，屋前松树，屋边鲜花，院里草药。诗人夜宿该处，只见松树梢头，明月朗照，清辉袭来，分外动人。显然，明月不知道主人不在，只有客人，但依然“犹为君”来做伴。这两句在点明王昌龄不在的同时，也表现了隐居生活的情致。在院中散步时，诗人看见路面因久无人住而长出了青苔，但王昌龄养的药草却长得很好。这两句又指出主人不在已很久。于是，一种惋惜和期待的感情涌上了诗人的心头。

最后两句，诗人抒发自己的心志。“鸾鹤群”出自江淹的“此山具鸾鹤，往来尽仙灵”，表明诗人想与鸾鹤为伴，终生隐居。“亦”字看似要学王昌龄归隐，但也在委婉地劝说王昌龄归隐。

本诗描写朴实，语言含蓄，引人联想。诗人将比兴寄寓在平实的写景中，通过细致描绘王昌龄归隐处所的景色，赞扬了王昌龄高尚的品格和高洁的隐居生活。

春泛若耶溪①

——綦毋潜

幽意无断绝②，此去随所偶③。
晚风吹行舟，花路入溪口。
际夜转西壑④，隔山望南斗⑤。
潭烟飞溶溶⑥，林月低向后。
生事且弥漫，愿为持竿叟⑦。

注释

①若耶溪：在今浙江绍兴市东南。②幽意句：意谓归隐山林的念头一直未曾断绝。③随所偶：随遇而安，听凭自然。④际夜句：意谓入夜之际，舟已转入西面山谷。⑤南斗：即斗宿，位于北斗之南，故称南斗。⑥潭烟：水上雾气。⑦生事两句：意谓世事渺茫，前途不见，我宁愿做一个溪边垂钓的隐者。叟：老头。

【赏析】

这首五言古体诗大约是诗人归隐前后的作品。位于浙江绍兴市东南的若耶溪如画般秀美，群山环抱，绿水如镜，据传是当年西施临溪浣纱之处。寂静的夜晚，趁着皎洁的月色乘舟临溪而上，别有一番幽雅情致。

开篇的“幽意”二字揭示了全诗主旨。隐居不问世事，悠然自得之情趣不会“断绝”，因而诗人此次出行也只是随性随情，并无刻意。这两句也流露出诗人安之若素的情绪。

接着的六句诗交代了泛舟的过程，充分展现了景色的美妙：在晚风徐徐吹拂下，诗人驾着小舟缓慢地驶进遍布春花的溪口，多么富有闲致。一个“晚”字道出泛舟的时间，而“花”则切中标题的“春”，似是信手拈来，实则用心良苦。“际夜转西壑，隔山望南斗”两句表明了时间地点的推移变换。“际夜”表明泛舟时间之长。“西壑”则是行舟所到的另一个地点。诗人泛舟畅游，忘却身外之物，举目远眺天上星宿时，才发现不知不觉中已然“隔山”了。“潭烟飞溶溶，林月低向后”是诗人对景物的描写刻画。水色之耀眼、雾气之迷茫、月色之倾泻都尽由一个“飞”字展现得活灵活现。诗人泛舟缓慢前行，身后退去的是岸边树木夹杂的月色。景是美的，也是静的，令人心旷神怡。

诗的最后两句是全诗的主旨所在，表明了诗人的心境，感慨抒发得极为自然。诗人由迷茫的夜景想到人生的虚无缥缈，更进而追慕“幽意”的人生，宁可如溪边垂钓的隐者般永享自由自在的闲逸生活，不问世事。

正如《唐音癸籤》中所说，全诗“举体清秀，萧肃跨俗”，传达出兴味悠长的意境，给人以轻松舒畅的感觉和美的享受。

与高适、薛据登慈恩寺浮图[1]

——岑参

塔势如涌出，孤高耸天宫。
登临出世界[2]，蹬道盘虚空[3]。
突兀压神州[4]，峥嵘如鬼工[5]。
四角碍白日[6]，七层摩苍穹[7]。
下窥指高鸟，俯听闻惊风。
连山若波涛，奔凑似朝东。
青槐夹驰道[8]，宫馆何玲珑[9]。
秋色从西来，苍然满关中。
五陵北原上[10]，万古青蒙蒙。
净理了可悟，胜因夙所宗[11]。
誓将挂冠去[12]，觉道资无穷[13]。

注释

①慈恩寺：唐高宗为太子时为纪念其母文德皇后而建。②出世界：高出于人世之外。③蹬道：塔的石阶。④突兀：高耸。⑤峥嵘句：意谓塔之高峻突兀有如鬼斧神工。⑥四角：塔的四角。⑦摩苍穹(qióng)：与青天相摩擦。⑧驰道：旧时皇帝车驾通行的道路。⑨宫馆：指远处的宫阙。⑩五陵：指汉高祖长陵、惠帝安陵、景帝阳陵、武帝茂陵、昭帝平陵。⑪胜因：善缘。夙：素来。⑫挂冠：辞官。⑬觉道：即佛道。资无穷：受用不尽。

【赏析】

慈恩寺塔即现在西安的大雁塔。这首诗主要写塔孤傲的情态，表达了诗人登临后忽然顿悟禅理后想辞官学佛的想法。

头二句写诗人登塔前仰望全塔：平地突然出现一座高塔，矗立于天空之中，像高高的山峰一样，塔势之高可见一斑。而这塔的出现又给人一种"如涌出"的突然之感，像泉水喷涌出来一样，奇特的感觉跃然纸上。这里对塔高、塔奇的描写都是为下文诗人登塔时更奇特的感受作铺垫。

下六句主要写诗人登塔时的所见所感。诗人从不同角度对塔高进行描写。其中，"碍白日""摩苍穹"等词语用得十分奇妙，给人一种身临其境的真实感，令人叹服。

下面十句写到塔顶后见到的景色。第九、十句是诗人在塔顶俯视所见：脚下高飞的鸟、呼啸的风。第十一至十八句是诗人在塔顶了望四周时看到的景色：远方连绵的山峰像滚滚的波涛一样向东而去，近处玲珑的宫馆与遍植青槐的大道相互掩映，清晰可见。关中秋色苍茫，北原五陵却仍旧一片青葱。

最后四句诗人忽悟"净理"，甚至想挂冠而去。从塔的高处俯视，一种超然洒脱的感觉常常会使人生发出对人生的顿悟。而慈恩寺塔是佛教圣地，诗人因佛理而悟道，自然就有大梦初觉的感觉。诗人进入佛门、学习佛理进而济世扶贫的想法，其实是报国无门的无奈之想。

贼退示官吏 并序

——元 结

癸卯岁，西原贼入道州，焚烧杀掠，几尽而去。明年，贼又攻永破邵，不犯此州边鄙而退。岂力能制敌欤？盖蒙其伤怜而已。诸使何为忍苦征敛？故作诗一篇以示官吏。

昔年逢太平，山林二十年。泉源在庭户，洞壑当门前。
井税有常期[①]，日晏犹得眠[②]。忽然遭世变，数岁亲戎旃[③]。
今来典斯郡[④]，山夷又纷然。城小贼不屠，人贫伤可怜。
是以陷邻境，此州独见全。使臣将王命[⑤]，岂不如贼焉？
令彼征敛者，迫之如火煎。谁能绝人命，以作时世贤。
思欲委符节[⑥]，引竿自刺船[⑦]。将家就鱼麦，归老江湖边。

注释

①井税：指赋税。常期：固定的日期。②晏：晚。③戎旃（zhān）：军帐。④典：掌管。⑤将王命：奉皇帝的旨意。⑥委符节：辞官。委：弃。符节：古代朝廷传达命令或征调兵将用的凭证。⑦刺船：撑船。

【赏析】

本诗为诗人任道州刺史时所作。诗人以“西原贼”哀怜道州城民而不进犯一事警示官吏，对横征暴敛的官吏加以谴责，指出：官吏不顾民众死活，像“火煎”一样压榨民众，就比盗贼还不如。全诗揭露了封建官吏虐民害物的面目，表现了诗人同情人民疾苦的可贵品格，十分难能可贵。

从写作风格上看，诗人采用了直抒胸臆的手法，直指事实，不刻意雕琢，感情表达自然真切。诗人将一腔忧民之情倾吐殆尽，如大江大河一泻千里，而字里行间又不失质朴浑厚。同时，诗人对“时世贤”的讽刺鞭挞也毫不留情，深刻有力地表明了自己同情百姓的立场。

全诗意境深沉，感情激越；语言平实通俗，质朴感人，充分体现了元结诗歌的特点。

郡斋雨中与诸文士燕集

——韦应物

兵卫森画戟，燕寝凝清香[①]。
海上风雨至，逍遥池阁凉。
烦疴近消散[②]，嘉宾复满堂。
自惭居处崇，未睹斯民康。
理会是非遣，性达形迹忘[③]。
鲜肥属时禁，蔬果幸见尝。
俯饮一杯酒，仰聆金玉章。
神欢体自轻，意欲凌风翔。
吴中盛文史，群彦今汪洋[④]。
方知大藩地[⑤]，岂曰财赋强。

注释

①燕寝：休息的地方。②烦疴（kē）：指暑天的烦郁。③理会二句：意谓明了事理，是非就消释了；性情旷达，自然就不会拘泥于世俗的礼节。④彦：贤士。⑤大藩：这里指大郡。

【赏析】

本诗是韦应物在苏州刺史任上所作。其时蒸郁闷热的夏日刚刚过去，一夕海上风雨，让官署内的池阁倍显清凉。诗人设宴召集宾客，虽时禁荤腥，然而新鲜果蔬，清酒几盏，又有宾客们作优美诗文助兴，也足以怡情悦性，畅舒胸怀。更为难能可贵的是，诗人在此欢娱之时还能想到自己虽然身居高位，却还未能让本地人民都过上康乐的生活，一片忧民爱民之心，让人感动。

诗末赞扬苏州不仅是财赋丰饶之区，而且是人才荟萃，人才胜于资财，可见刺史对于辖地的热爱与自豪，结得丰满有度。

【诗评】

白居易任苏州刺史时对这首诗十分赞赏，将此诗全文刻石，并指出起处两句，最为警策。

晨诣超师院读禅经

——柳宗元

汲井漱寒齿[①]，清心拂尘服[②]。
闲持贝叶书[③]，步出东斋读。
真源了无取，妄迹世所逐。
遗言冀可冥[④]，缮性何由熟[⑤]。
道人庭宇静[⑥]，苔色连深竹。
日出雾露余，青松如膏沐。
澹然离言说[⑦]，悟悦心自足[⑧]。

注释

①汲（jí）井：从井中打水。②清心：清理心境。③贝叶书：佛经。古印度人用贝多罗树之叶写佛经，所以佛经亦称“贝叶经”。④遗言：佛家的遗言。冀：希望。冥：暗合。⑤缮性句：意谓但我本性如此，又怎能修炼到精通呢？⑥道人：指超师。⑦澹然：恬静安定的心境。离言说：难以言明。⑧悟悦：参悟的喜悦。

【赏析】

诗人被贬永州后，希望能从参禅悟道中得到安慰和解脱，这天早晨，他又像往常一样地以冰冷的井水漱了口，掸扫了衣上的灰尘，然后拿了本佛经，缓步走出东斋来读。

诗人时而在读经之余暗自疑惑，他不明白为什么世人不去追求佛理的真谛，却总是热衷于追逐世上愚妄的形迹，他想自己合于佛理，但正直的个性已经形成，又怎么能够精通出世的佛经呢？

看看清晨的禅院是那样地静谧，丛丛的翠竹接连着苔色，初日照在朝露晨雾上，青松好像润泽了油脂一样光亮。诗人心中生发出一种难以用语言形容的恬淡与安然，别有一种悟道的喜悦和满足。

溪居

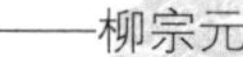

——柳宗元

久为簪组束[1]，幸此南夷谪[2]。
闲依农圃邻[3]，偶似山林客[4]。
晓耕翻露草，夜榜响溪石[5]。
来往不逢人，长歌楚天碧[6]。

注释

①簪组：古时官吏的冠饰，此指做官。束：束缚。②南夷：指当时南方少数民族地区。谪（zhé）:贬官。③农圃（pǔ）：农园菜圃。④偶似句：意思是有时自己就仿佛是个山林隐逸之士。⑤榜（bàng）：划船。⑥楚天：永州古属楚地。

【赏析】

本诗是诗人被贬永州后所作的反映谪居生活的诗。元和五年（810年），柳宗元被贬永州，在零陵西南游览时，发现了曾为冉氏所居的冉溪，因爱其风景秀丽，便迁居此地，并改名为愚溪。这首诗就是他迁居愚溪后所作。

本诗表面上似乎写的是诗人溪居生活的悠闲自在，然而细看则多是愤激反语，字里行间隐含着深深的郁闷和怨愤。如开首两句，诗意突兀，耐人寻味。贬官本来是一件不如意的事情，诗人却以反意着笔，说自己久在官场身受拘束，为做官所“累”，而以这次被贬南荒之地为“幸”事。实际上，这只是诗人含着痛苦的笑。

诗的中间四句是写谪居生活。诗人说自己有时闲依农园，有时遨游山林，晨翻露草，夜泛清江，对天长歌，与人无争，对不幸遭遇无所萦怀，心胸旷达。然而，诗人这里是有意美化自己的谪居生活，其中“闲依”“偶似”相对，看似有着强调闲适的意味。事实上，“闲依”包含着投闲置散的无聊，“偶似”则说明诗人并不真正具有隐士的淡泊、闲适。

末句“来往不逢人，长歌楚天碧”，写诗人独来独往，碰不到别人，仰望碧空蓝天，放声歌唱。诗人看似自由自在，无拘无束，但毕竟也太孤独了。这两句恰恰透露出诗人是强作闲适。这首诗的韵味也就在这些地方。清沈德潜说，“愚溪诸咏，处连蹇困厄之境，发清夷淡泊之音，不怨而怨，怨而不怨，行间言外，时或遇之。”这段评论是极为精妙的。本诗和诗人另一首名诗《江雪》一样，含蓄深沉，意在言外。

【诗评】

昔人谓“诗中有画，画中有诗”，然亦有画手所不能到者。柳子厚《溪居》诗“晓耕翻露草，夜榜响溪石”，《田家》诗“鸡鸣村巷白，夜色归暮田”，此岂画手能到耶？

——《问花楼诗话》

塞下曲（其一）

——王昌龄

蝉鸣空桑林[1]，八月萧关道[2]。
出塞入塞寒，处处黄芦草。
从来幽并客[3]，皆共尘沙老。
莫学游侠儿[4]，矜夸紫骝好[5]。

注释

①空桑林：叶子已然枯落的桑树林。②萧关：古时关中与塞北的交通要冲，在今宁夏固原东南。③幽并：幽州和并州，唐时皆属于边防之地。④游侠儿：指恃勇逞强、意气用事、常常惹是生非的人。⑤矜夸：骄傲自夸。紫骝（liú）：泛指骏马。

【赏析】

阴历八月的边塞风物，桑叶凋落，秋风鸣蝉；萧关道上征人远戍，大漠荒寒，处处枯草。来自幽州和并州的边关将士都在边塞沙场上度过一生，诗人劝告青年人，莫学那些整日矜夸紫骝宝马如何名贵的游侠儿，空自夸耀却不能为国出力御敌。全诗现出了一种积极的人生观和价值观。

塞下曲（其二）

——王昌龄

饮马渡秋水[1]，水寒风似刀。
平沙日未没，黯黯见临洮[2]。
昔日长城战，咸言意气高[3]。
黄尘足今古，白骨乱蓬蒿[4]。

注释

①饮（yìn）马：给马喝水。②临洮（táo）：今甘肃岷县一带，是长城的起点。③咸：都。④蓬蒿：泛指野草。

【诗评】

极简、极纵、极古、极新，俱在汉魏之间。

——《唐诗选脉会通评林》

【赏析】

这是一首以长城附近边疆为背景所作的乐府诗。诗人通过追忆开元二年（714年）唐将薛讷大破吐蕃的故事，展现了战争的悲烈严酷，流露出诗人强烈的反战思想。

诗的前四句勾画了一幅晚秋塞外落日沙漠的景致，写尽塞外荒凉：即使江水寒冷、秋风凛冽，在给战马饮完水后，大军便急匆匆地横渡秋水奔赴遥远边疆。广袤的沙地隐隐露出没有完全消失的夕阳，蒙蒙暮色中依稀可见临洮。“水寒风似刀”一句，生动形象地展现出了秋季塞外的凄凉萧瑟。

诗的后四句追溯以往长城发生的战事，展现了战后的惨烈景象：长城在古代是军事要地，这里战争频发，古往今来，有不少爱国将士在这里以身殉国。长城内外的滚滚黄沙上，掩埋在荒草丛中的列列白骨至今依稀可见，景象荒凉而悲壮。末句一个“乱”字，点明了将士们为国征战千里，最终却落得身死荒野，无人照管、掩埋、祭奠的凄惨下场。通过种种景象的展现，战争的残酷，不言自明。

诗人用语精简，以反衬烘托的笔法写景抒情，将战争的凄惨严酷展现得淋漓尽致。全诗弥漫着凄凉的气氛，秋水、寒风、黄尘、白骨、荒草无不尽显萧瑟肃杀之气，很好地烘托出了全诗意旨。本诗抒发了诗人对出塞军兵的同情、赞扬和对牺牲战士的哀悼，表现了诗人强烈的反战思想，极具穿透力，读来苍凉悲壮。

关山月

——李白

明月出天山[1]，苍茫云海间。
长风几万里，吹度玉门关[2]。
汉下白登道[3]，胡窥青海湾[4]。
由来征战地[5]，不见有人还。
戍客望边邑[6]，思归多苦颜[7]。
高楼当此夜，叹息未应闲。

注释

①天山：今甘肃祁连山，古时匈奴称天为祁连，故名天山。②玉门关：在今甘肃敦煌西，相传和田美玉经此传入中原，因此得名，古时为中原通西域的门户。③汉下句：指汉高祖刘邦亲率军与匈奴交战，被困白登山七日一事。④胡：指吐蕃。窥：窥伺。青海湾：即青海湖。唐军多与吐蕃交战于此。⑤由来：从来。⑥戍客：戍边的官兵。⑦苦颜：愁容。

【赏析】

一轮明月升起在峻伟的天山，出没于苍茫云海之间。浩荡长风掠过几万里，吹度千古玉门雄关。历史上汉高祖用兵白登山征战匈奴，吐蕃觊觎青海河山，这里从古到今都是征战厮杀的地方，几乎看不到有人活着归还。戍边将士眼望着边地的城塞，思念起故乡，愁眉不展。他们家中的妻子在这个夜晚，也一定在闺楼上凭栏远眺，哀叹连连。

【诗评】

太白古乐府，窈冥惝恍，纵横变幻，极才人之致。

——《艺苑卮言》

长干行

——李白

妾发初覆额[1]，折花门前剧[2]。
郎骑竹马来，绕床弄青梅[3]。
同居长干里，两小无嫌猜。
十四为君妇，羞颜未尝开。
低头向暗壁，千唤不一回。
十五始展眉[4]，愿同尘与灰。
常存抱柱信[5]，岂上望夫台[6]。
十六君远行，瞿塘滟滪堆[7]。
五月不可触，猿声天上哀。
门前旧行迹[8]，一一生绿苔。
苔深不能扫，落叶秋风早。
八月蝴蝶黄，双飞西园草。
感此伤妾心，坐愁红颜老。
早晚下三巴[9]，预将书报家。
相迎不道远[10]，直至长风沙[11]。

注释

①初覆额：头发刚刚盖住额头。②剧：游戏。③弄青梅：指绕床追逐，投掷青梅嬉戏。④始展眉：意谓情感开始于眉宇间展露出来。⑤抱柱：《庄子•盗跖》载，尾生曾与一女子约会于桥下，女子不来，潮水至而尾生却不离开，抱梁柱溺死。此处喻坚贞。⑥岂上句：意谓何曾想到要到望夫台去期盼丈夫的归来。⑦瞿塘：即瞿塘峡，长江三峡之一，位于四川奉节县东。滟（yàn）滪（yù）堆：瞿塘峡入口处的大礁石。每逢水涨，滟滪堆便为水所淹没，常有船只触礁而沉。⑧旧行迹：指丈夫离家时在门口留下的足迹。⑨早晚：何时。三巴：指巴郡、巴东、巴西，均在今四川东部。⑩不道远：不说远，不辞劳苦。⑪长风沙：地名，距金陵七百里。

【赏析】

本诗为描写“商人妇”婚姻生活的叙事诗。诗歌以爱情为内容，通过商妇的自白，缠绵婉转地表达了她对在外经商的丈夫的思念和挚爱，也表现了她对待感情的执著。本诗人物形象鲜明完整，感情缠绵细腻，语言直白动人，格调清新悠远，属乐府佳作。其中，“青梅竹马”“两小无猜”成为描写男女幼时情意的佳话。

开头六句，商妇追忆了与夫君“青梅竹马，两小无猜”的儿时情景。“十四为君妇”四句生动表现了商妇少女成婚时的娇羞，再现了两人新婚时的甜蜜情形。“十五始展眉”四句描写了两人婚后感情美满、恩爱有加的情形。“十六君远行”四句写丈夫远行经商后，商妇为之担惊受怕的心情。下四句写商妇深刻的相思。末四句写商妇期待夫君早回。这里，商妇对夫君热烈的爱、对见面的期待、心中隐藏的浓烈感情，都被诗人生动地表现了出来。

列女操

——孟郊

梧桐相待老[1]，鸳鸯会双死。
贞妇贵殉夫，舍生亦如此。
波澜誓不起[2]，妾心古井水。

注释

①梧桐：梧为雄树，桐为雌树。②波澜誓不起：意谓心中不会再起波澜。

【赏析】

梧桐相伴到老，鸳鸯不肯独活，夫君一亡，贞烈女子便会以身殉夫，即使存活于世，也是心如古井之水，不会再起波澜。礼法令人殉则可怜，深情使人贞则可敬。本诗比喻贴切，清明如话，颇有民歌风味，让人过目不忘。

【诗评】

写贞心，下语崭绝。

——《唐诗别裁》

游子吟

——孟郊

慈母手中线，游子身上衣。
临行密密缝，意恐迟迟归。
谁言寸草心[1]，报得三春晖[2]！

注释

①寸草心：小草的嫩心，比喻天下儿女之心。②三春晖：春日温暖的阳光，比喻母爱的温暖。

【诗评】

千古之下，犹不忘谈，诗之尤不朽者。

——《唐诗品汇》

钟伯敬曰：“仁孝之言，自然风雅。”

——《唐诗归》

【赏析】

母亲的细针密线织就了游子身上的征衣，游子将要离家的时候，母亲会将衣服缝补得更加结实，以确保它们能帮游子抵挡风寒；她其实更希望游子能早早归来，那样她才能真正地放下心来。游子就像春天里的小草，母亲就像那无微不至的春晖，作者说：短短的小草，如何能报答得了春晖带给它的温暖和恩情？全诗短短数语，但从古至今感动了千万读者，是描写亲情难得的佳作。

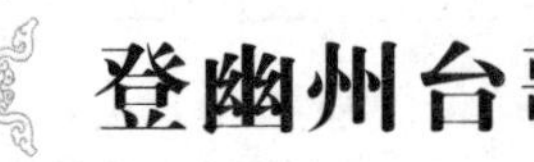

登幽州台歌[①]

——陈子昂

前不见古人，后不见来者。
念天地之悠悠，独怆然而涕下。

注释

①幽州台：战国时燕昭王为招纳天下贤才而筑的高台。

【赏析】

本诗为诗人登幽州台抒怀之作。幽州台，即蓟北楼，又名燕台，史传为燕昭王为招揽人才而筑的黄金台。这首诗感慨深沉，语言苍劲奔放，可谓千古绝唱。后人评价陈子昂只此一诗足以令其流芳百世，名传千古。

陈子昂具有过人的政治见识和政治才能，他直言敢谏，但却不被武则天采纳，屡受打击，心情郁郁悲愤，并曾一度因“逆党”株连而入狱。他不仅不能实现政治抱负，反而受到排挤，因此万般苦闷。当他登上幽州台远眺时，想到古时的君臣风光无比，自己却一生坎坷，顿时感到生不逢时，一股悲切之情油然而生。他忍不住潸然泪下，随即以“山河依旧，人物不同”来表达自己的不满，抒发了壮志难酬、没有知音、孤单无助的悲愤。

从内容上看，前两句，诗人俯仰古今，写出了时间的绵长。第三句，诗人凭楼眺望，写出了空间的辽阔。第四句，诗人描绘了自己孤单寂寞、悲哀苦闷的情绪。全诗拓开一片广阔无垠的时空。这无垠的时空与诗人茕茕孑立的身影两相映照，分外动人。本诗境界辽远，意境绵长，反映了诗人的高尚情操。从艺术手法上看，一句与二句，三句与四句各自形成鲜明的对比，将本诗的情感表达得更为强烈。这首诗虽然短小，但大气磅礴，意蕴深远，感情丰富，语言凝练，句式长短不一，音节变化多端，为不可多得的佳作。

【诗评】

胸中自有万古，眼底更无一人，古今诗人多矣，从未有道及此者。此二十二字，真可泣鬼。

——《唐诗快》

古　意

——李　颀

男儿事长征[①]，少小幽燕客[②]。
赌胜马蹄下，由来轻七尺[③]。
杀人莫敢前[④]，须如猬毛磔[⑤]。
黄云陇底白云飞[⑥]，未得报恩不得归。
辽东小妇年十五，惯弹琵琶解歌舞。
今为羌笛出塞声，使我三军泪如雨。

注释

①事长征：从军远行。②幽燕：幽州和燕地，地址在今河北北部及辽宁一带，此处指代边塞。③轻七尺：轻性命。④杀人句：意谓厮杀时勇猛无敌，无人敢上前。⑤猬：刺猬。磔（zhé）：张立的样子。⑥陇：山地。

【赏析】

题为《古意》，标明是一首拟古诗。诗写戍边将士儿郎的铁骨柔肠。这些健儿都是少小离家从军，守卫在陇上黄云笼罩、内地白云纷飞的边地，拼杀在刀光剑影、血雨腥风的战场，以决断胜负为人生乐事，都立下誓言要报效君恩，轻忽生死，重于大义。然而一精于歌舞的辽东少妇用羌笛演奏了《出塞》一曲，就让三军将士泪如雨下，原来铮铮硬汉心中也深藏乡愁，只是平日里未被触动罢了。全诗语言顿挫有致，抒情跌宕起伏，可谓情韵并茂。

【诗评】

前半篇写幽燕将士壮志豪情，“辽东小妇”两句转写柔情，似断实连，诗意转深，情更动人。

送陈章甫

——李颀

四月南风大麦黄，枣花未落桐叶长。
青山朝别暮还见，嘶马出门思旧乡。
陈侯立身何坦荡，虬须虎眉仍大颡[1]。
腹中贮书一万卷，不肯低头在草莽。
东门酤酒饮我曹[2]，心轻万事如鸿毛。
醉卧不知白日暮，有时空望孤云高。
长河浪头连天黑，津吏停舟渡不得。
郑国游人未及家[3]，洛阳行子空叹息[4]。
闻道故林相识多，罢官昨日今如何？

注释

①大颡（sǎng）：宽大的额头。②我曹：我辈。③郑国游人：指陈章甫，陈章甫曾隐于嵩山，古为郑地。④洛阳行子：作者自指。

【赏析】

江陵人陈章甫罢官还乡，诗人作诗送别。时值仲春四月，枣花尚未凋落，桐叶已长得又密又长，和煦的南风吹起阵阵金黄的麦浪。陈章甫引马出门，准备归隐故园。诗人感念陈章甫的坦荡为人、堂堂仪表，叹其满腹经纶，博古通今，不甘于沦落草野却仕途坎坷、无所遇合，惋惜同情之意透出字里行间。结尾处以试探口吻发问：听说你在家乡故旧相识很多，只是不知道昨天罢了官，如今回去又是怎样的情形？关切之情颇为诚挚。本诗虽是送别诗，却不作愁词苦语，读来轻松活泼，别具一格。

琴　歌

——李　颀

主人有酒欢今夕，请奏鸣琴广陵客[1]。
月照城头乌半飞[2]，霜凄万木风入衣。
铜炉华烛烛增辉[3]，初弹渌水后楚妃[4]。
一声已动物皆静，四座无言星欲稀。
清淮奉使千余里[5]，敢告云山从此始[6]。

【诗评】

一字不说琴，却字字与琴相关。

——《唐诗归》

【赏析】

本诗描写李颀在一次酒宴上听琴的情景。李颀有三首涉及音乐的诗，可和白居易、李贺等人的相关诗作相比美。本诗写琴歌的特色是未对琴声做正面描写，而侧重环境烘托和气氛的渲染，以琴声一响万物皆静，四座无言，并引起诗人辞官归隐之念，突出表现了琴音的悦耳动听和神奇的感染力。

诗的开头两句写没有弹琴前，因饮酒而引出弹琴。

第三、四句写弹琴之前的夜晚景色：月亮照着城头，乌鹊空中分飞，万木染遍寒霜，冷风吹透衣衫。诗人用描写屋外秋夜的清冷，反衬屋内华烛同燃的欢快氛围。

第五、六句写琴师刚开始弹琴时的情形：铜炉周围香气缭绕，华烛摇曳增辉，琴师先弹的《渌水曲》，后弹的《楚妃叹》。

第七、八句写琴曲的优美动听：琴声一响，万物都寂静无声了，四座之人都不再言语，一直弹到群星将稀。这些描写从侧面烘托了琴曲的动人魅力。这一成功的艺术表现方法对白居易的《琵琶行》影响很大，其中的“东船西舫悄无言，唯见江心秋月白”两句，看来即是从“一声已动物皆静，四座无言星欲稀”中化用来的。

诗的末两句写诗人听完琴曲后，忽然产生了罢官隐居的念头，更进一步体现了琴曲的优美动人。《唐才子传》中说李颀“性疏简，厌薄世务”。后来，他果真罢官返乡归隐。

整首诗写时间、景色、琴声、人物，逐步深入，环环相扣，章法齐整，层次清晰；诗人描写琴声，主要运用反衬手法，令琴声显得更加美妙、动听。

注释

①广陵客：魏末之嵇康曾作《广陵散》，此代琴艺高超的人。②乌半飞：乌鸦四散飞走。半：散。③华烛：雕有文采的蜡烛。④渌（lù）水、楚妃：皆为琴曲名。⑤清淮：淮河，李颀曾任新乡县尉，地近淮水。奉使：奉命前往为官。⑥敢告：斗胆敬告。云山：这里是归隐的意思。

听董大弹胡笳弄兼寄语房给事

——李颀

蔡女昔造胡笳声①，一弹一十有八拍。
胡人落泪沾边草，汉使断肠对归客②。
古戍苍苍烽火寒③，大荒沈沈飞雪白④。
先拂商弦后角羽⑤，四郊秋叶惊摵摵⑥。
董夫子，通神明，深山窃听来妖精⑦。
言迟更速皆应手，将往复旋如有情⑧。
空山百鸟散还合，万里浮云阴且晴⑨。
嘶酸雏雁失群夜，断绝胡儿恋母声⑩。
川为静其波，鸟亦罢其鸣。
乌孙部落家乡远⑪，逻娑沙尘哀怨生⑫。
幽音变调忽飘洒，长风吹林雨堕瓦。
迸泉飒飒飞木末⑬，野鹿呦呦走堂下⑭。
长安城连东掖垣⑮，凤凰池对青琐门⑯。
高才脱略名与利，日夕望君抱琴至⑰。

注释

①蔡女：蔡琰（文姬）。传文姬于匈奴时曾作琴曲《胡笳十八拍》，也就是诗中的《胡笳弄》。②汉使：汉朝的使臣。归客：指蔡文姬。汉末，曹操曾遣使将文姬赎归。③古戍：古代的边塞。④大荒：指塞外荒旷之地。⑤商弦、角羽：古以宫、商、角、徵、羽为五音。⑥摵（shè）摵：叶落声。⑦通神明两句：是说董大琴艺高妙，能感召神鬼。⑧言迟两句：意谓缓奏疾弹皆得心应手，手指往复旋按之间已奏出心中款款真情。更：更换。⑨空山两句：形容琴声收纵如山中百鸟聚而又散，琴音清浊如浮云万里，且阴且晴。

【赏析】

诗首不说董大而说蔡女，对《胡笳弄》的来由和艺术效果作了十分生动的叙述，而后顺势转入对董大用琴演奏《胡笳弄》的描写。从蔡女到董大，相隔数百年，一曲琴音，把二者巧妙地联系起来。感叹了董大高超精妙的演奏技艺，诗人又以秋叶、百鸟、浮云、雏雁、胡儿、河水、沙尘、长风、堕雨、山泉、野鹿所发之声，全方位地摹写董大所奏琴声的美妙动人，表达了对他的赞慕之情。收束几句寄意房给事，含蓄地称赞他志趣高雅、品行高洁，同时也暗示董大遇到知音。

【诗评】

真得心应手之作，有气魄，有光彩，起有原委，结有收煞。盛唐杰作如此篇者，亦不能多得。

——《汇编唐诗十集》

唐李颀诗虽近于幽细，然其气骨则沉壮坚老，使读者从沉壮坚老之内领其幽细，而不能以幽细名之也。惟其如此，所以独成一家。

——《诗筏》

注释

⑩嘶酸两句：形容琴声幽怨处如失群小雁的酸涩，又恰如文姬归汉时与幼儿诀别时的凄伤。⑪乌孙：指汉江都王刘建女嫁乌孙国王昆莫事。⑫逻娑：唐时吐蕃首都（今西藏拉萨）。文成公主曾远嫁吐蕃。⑬迸：喷射。飒（sà）飒：形容水声。木末：树梢。⑭呦（yōu）呦：鹿鸣声。⑮东掖垣（yuán）：指门下省。房琯当时任给事中，属门下省。⑯凤凰池：亦称凤池，因接近皇帝而得名。此指中书省。青琐门：指宫门。⑰高才两句：是说房琯不重名利，只是希望每天能听到董大的琴声。

听安万善吹觱篥歌[1]

——李　颀

南山截竹为觱篥，此乐本自龟兹出。
流传汉地曲转奇，凉州胡人为我吹。
傍邻闻者多叹息，远客思乡皆泪垂。
世人解听不解赏，长飙风中自来往。
枯桑老柏寒飕飗[2]，九雏鸣凤乱啾啾。
龙吟虎啸一时发，万籁百泉相与秋[3]。
忽然更作渔阳掺[4]，黄云萧条白日暗。
变调如闻杨柳春[5]，上林繁花照眼新[6]。
岁夜高堂列明烛，美酒一杯声一曲。

【赏析】

觱篥本是胡地乐器，凉州胡人安万善在南山截竹做觱篥，于除夕之夜为作者等人奏曲辞岁，曲声起处伤感凄凉，令在座之人乡情无限。觱篥并非只能为凄凉之声，在技艺精妙的安万善的吹奏下，它发出抑扬顿挫、起伏变化的音调，忽而如寒风吹树飕飕作响，忽而如雏凤争鸣啾啾喧闹，如龙吟虎啸，似万籁泉鸣，沉郁悲壮时有如渔阳鼓曲，轻灵欢快时恰似杨柳春风。

除夕之夜，高堂华烛，诗人与在座的二三知己深深地陶醉在安万善的觱篥声中，曲罢，他们饮上一杯酒，饮罢，他们邀安万善更奏一曲。

注释

①觱（bì）篥（lì）：即筚篥，竹制乐器。②飕（sōu）飗（liú）：象声词，风雨声。③万籁：大自然的各种声音。④渔阳掺（càn）：鼓曲名，声节悲壮。⑤杨柳：指古曲《杨柳枝》，乐曲欢快活泼。⑥上林：指皇家花苑。

夜归鹿门山歌

——孟浩然

山寺钟鸣昼已昏，渔梁渡头争渡喧[①]。
人随沙岸向江村，余亦乘舟归鹿门。
鹿门月照开烟树，忽到庞公栖隐处。
岩扉松径长寂寥，惟有幽人自来去[②]。

注释

①渔梁：在襄阳东，离鹿门很近。《水经注•沔水注》载，"沔水中有鱼梁洲，庞德公所居"。②幽人：隐居之人，此指作者自己。

【赏析】

孟浩然家在襄阳城郊的岘山附近，汉江西岸。鹿门山则在汉江东岸，与岘山隔江相望，距离不远。汉末著名隐士庞德公因拒征而举家隐居鹿门山，从此鹿门山就成了隐逸圣地。孟浩然早先一直隐居岘山南园的家里，四十岁赴长安谋仕不遇，遍游吴、越数年后还乡，一心追随庞德公的行迹，在鹿门山寻一住处，故而题曰"夜归鹿门"，旨在标明这首诗是在歌咏归隐的情怀志趣。鹿门，山名，在今湖北省襄樊市。

前两句写傍晚江行见闻。诗人听着山寺传来黄昏报时的钟响，望见渡口人们抢渡回家的喧闹。这悠扬的钟声和嘈杂的人声，显出山寺之静和世俗之喧。两相对照，唤起读者联想，使诗人在船上闲望沉思的神情及潇洒超脱的风姿如在眼前。

三、四句写世人回家，而诗人离家前往鹿门。两样心情，两种归途，表现了诗人深谙隐逸之趣，悠然自得。

五、六句写诗人夜登鹿门山山路，在庞德公隐居之处，体会到隐逸之妙。"鹿门月照开烟树"，月光洒射给山树带来朦胧的美感，令人陶醉。诗人似乎不知不觉之间就来到归隐之地，然后猛然恍然大悟：原来庞德公就是隐居在这里啊！这微妙的感受，亲切的体验，表现出深深的隐逸情趣和意境：诗人为大自然所融化，以至于忘乎所以。

最后两句描写"庞公栖隐处"的境况，点破隐逸的真谛。这"幽人"是庞德公和诗人的结合，因为诗人彻底领悟了隐逸之趣和真谛所在：在这个天地里，诗人与尘世隔绝，唯以山林为伴，却也有别样情趣。

本诗歌咏了清高隐逸的情怀志趣，感情真挚平淡，却尤见其美，读来颇像一则随笔素描的山水小记。但它的主题其实是抒写诗人清高隐逸的情怀志趣和归宿。诗中所写的从日落黄昏到月悬夜空，从汉江舟行到鹿门山途，实质上就是从尘杂世俗到寂寥自然的隐逸道路。

【诗评】

此篇不加斧凿,字字超凡。

——《唐诗解》

金陵酒肆留别[①]

——李 白

风吹柳花满店香，吴姬压酒劝客尝[②]。
金陵子弟来相送[③]，欲行不行各尽觞[④]。
请君试问东流水，别意与之谁短长。

注释

①金陵：今江苏南京市。②吴姬：指吴地酒店侍女。压酒：压糟取酒汁。③子弟：年轻人，李白的朋友。④欲行不行：将走的人和不走的人。觞（shāng）：酒杯。

【赏析】

和风送暖，柳花轻扬，金陵酒肆，满店清香。当垆的姑娘捧上新榨出的美酒劝诗人品尝，一群与诗人交好的年轻人前来为他饯行。

诗人有感于金陵子弟对待自己的一片热诚，因而恋恋不舍。将行者和送行者一次次饮尽杯中之酒，深情厚谊，让诗人感到门外的长江也难以与之比较短长。

全诗语简而味浓，依依别情，含蓄其中。

庐山谣寄卢侍御虚舟

——李　白

我本楚狂人①，凤歌笑孔丘②。
手持绿玉杖，朝别黄鹤楼。
五岳寻仙不辞远，一生好入名山游。
庐山秀出南斗傍③，屏风九叠云锦张，
影落明湖青黛光。
金阙前开二峰长④，银河倒挂三石梁。
香炉瀑布遥相望，回崖沓嶂凌苍苍⑤。
翠影红霞映朝日，鸟飞不到吴天长⑥。
登高壮观天地间，大江茫茫去不还。
黄云万里动风色，白波九道流雪山⑦。
好为庐山谣，兴因庐山发。
闲窥石镜清我心⑧，谢公行处苍苔没⑨。
早服还丹无世情⑩，琴心三叠道初成⑪。
遥见仙人彩云里，手把芙蓉朝玉京⑫。
先期汗漫九垓上⑬，愿接卢敖游太清⑭。

注释

①楚狂人：陆通，字接舆，因楚昭王时政治混乱，故佯狂不仕。②凤歌：相传接舆经过孔子旁，歌曰："凤兮凤兮，何德之衰。"劝孔子，世道衰败，不要做官。③庐山句：古以星宿指配地上州域，庐山一带正是南斗分野。④金阙：即金阙岩，在香炉峰西南。二峰：指香炉峰、双剑峰。⑤苍苍：天空。⑥吴天：庐山三国时为吴地。⑦九道：古说长江流到浔阳境而分九派。雪山：形容长江卷起的白浪。⑧石镜：庐山东有圆石，明净如镜。⑨谢公：指南朝的谢灵运，他曾于庐山作诗以记其游历。⑩还丹：道家仙丹。⑪琴心三叠：道家修炼内丹术语。⑫玉京：道家谓元始天尊之居处。⑬先期：预先约定。汗漫：广远、漫无边际。九垓：九天。⑭卢敖：秦始皇时的博士，秦始皇曾派他寻仙。太清：天空最高处。

【赏析】

诗人以兀傲癫狂、不齿入仕的楚人接舆自比，嘲笑孔子那样志在事君的人。他手持绿玉杖，早晨离开黄鹤楼，不辞遥远地走遍五岳访求神仙，顺由自己的爱好前去名山遨游。

庐山突出在南斗星旁，像屏风一样重叠的山峦隐映在彩云之间，山映水影呈现着青黑色的光。金阙岩前二峰雄立，三石梁瀑布有如银河倒挂，香炉峰瀑布遥遥相对，那里的重崖叠嶂上凌苍天。待到旭日初生，满天红霞与苍翠山色相辉映，山势高峻，鸟飞不到，更显得吴天宽广。长江浩荡东流，一去不返；万里黄云飘浮，天色瞬息变幻；茫茫九派，白浪滔滔如同层层雪山。

诗人爱作庐山歌谣，诗兴因庐山而激发，他从容自得地照照石镜，在长满青苔的山路上怀想谢公。他希望能够早些服食仙丹忘掉世情，并自认为学道已经初步成功。他仿佛看见手持芙蓉的仙人驾彩云飞向玉京，他愿意带着志同道合的朋友去畅游太空。

梦游天姥吟留别①

——李 白

海客谈瀛洲②，烟涛微茫信难求。
越人语天姥③，云霓明灭或可睹。
天姥连天向天横，势拔五岳掩赤城④。
天台四万八千丈，对此欲倒东南倾⑤。
我欲因之梦吴越⑥，一夜飞度镜湖月⑦。
湖月照我影，送我至剡溪⑧。
谢公宿处今尚在⑨，渌水荡漾清猿啼⑩。
脚著谢公屐⑪，身登青云梯。
半壁见海日⑫，空中闻天鸡⑬。
千岩万转路不定，迷花倚石忽已暝⑭。
熊咆龙吟殷岩泉⑮，栗深林兮惊层巅。
云青青兮欲雨，水澹澹兮生烟⑯。
列缺霹雳，丘峦崩摧。
洞天石扉，訇然中开⑰。
青冥浩荡不见底，日月照耀金银台⑱。
霓为衣兮风为马，云之君兮纷纷而来下⑲。
虎鼓瑟兮鸾回车⑳，仙之人兮列如麻㉑。
忽魂悸以魄动，恍惊起而长嗟。
惟觉时之枕席，失向来之烟霞。
世间行乐亦如此，古来万事东流水。
别君去兮何时还㉒，且放白鹿青崖间㉓，
须行即骑访名山。
安能摧眉折腰事权贵，使我不得开心颜！

注释

①天姥（mǔ）：山名，在今浙江新昌县东。②海客：来往海上的人。瀛洲：古以蓬莱、方丈、瀛洲为三座仙山。③越：指今浙江一带。天姥山唐时属越州。④拔：超越。掩：盖过。赤城：山名，在今浙江天台县北。⑤天台两句：意谓天台虽高，但比起天姥，却像是低倾向东南。⑥我欲句：意谓日思游天姥，入夜则开始了梦游吴越。⑦镜湖：在今浙江绍兴。⑧剡（shàn）溪：在浙江省嵊州市南，曹娥江上游。⑨谢公宿处：南朝谢灵运游天姥，曾在剡溪投宿。⑩渌（lù）水：清澈的水流。⑪谢公屐（jī）：谢灵运为登山所特制的木屐。⑫半壁：半山腰。⑬天鸡：传说桃都山中有大树名桃都，上有天鸡，日出照此木，天鸡则鸣，天下之鸡皆随之鸣。⑭暝：天黑，黄昏。⑮殷（yǐn）：震动。⑯澹澹：水波荡漾闪动的样子。⑰列缺四句：意谓忽然间电闪雷鸣，山峰为之坍塌。仙洞石门，轰然大开。訇（hōng）然：即轰然。⑱金银台：神仙所居的金阙银台。⑲云之君：指神仙。⑳虎鼓瑟：老虎鼓瑟。鸾回车：鸾鸟拉车。㉑列如麻：言其众多。㉒别君句：李白作此诗时准备由东鲁下吴越，君指东鲁的友人。㉓白鹿：传说仙人常乘白鹿。

【赏析】

这是一首记梦诗，是李白的代表作之一。诗以写作者寻求仙境而不能得起兴，继而写因听说吴越之地有天姥山，山高势险，云霞明灭，或可与仙境媲美，因而于梦中寻去，并由此揭开了梦游天姥的序幕。诗人将神话传说与对山水的真实体验融为一体，尽脱现实时间、空间的拘羁，任由想象驰骋，为我们展开了一幅幅瑰丽奇幻、异彩纷呈的画面；虽是描写梦境，却真切自然、毫不做作，在渲染离奇诡谲的气氛上尤其出色。诗的末尾部分抒发了作者梦醒后的感想，既有对“世间行乐亦如此，古来万事东流水”的慨叹，又有对“且放白鹿青崖间，须行即骑访名山”的向往。然而情感最强烈的当属那“安能摧眉折腰事权贵”的反诘，其中寄托了他对现实的强烈不满和反抗，抒发了他对自由生活的热爱之情。

走马川行奉送封大夫出师西征[1]

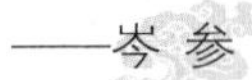

——岑参

君不见走马川，雪海边，平沙莽莽黄入天。
轮台九月风夜吼[2]，一川碎石大如斗，随风满地石乱走。
匈奴草黄马正肥，金山西见烟尘飞[3]，汉家大将西出师。
将军金甲夜不脱，半夜军行戈相拨[4]，风头如刀面如割。
马毛带雪汗气蒸，五花连钱旋作冰[5]，幕中草檄砚水凝[6]。
虏骑闻之应胆慑[7]，料知短兵不敢接，车师西门伫献捷[8]。

【赏析】

岑参在担任安西北庭节度使判官时，为出兵西征的封常清写下了这首送行诗。本诗的笔触雄奇有力，描写边塞战斗生活的豪迈。

诗人开篇极笔描写了恶劣的环境，并用反衬的手法重点表现了边疆战士不畏困难、斗志昂扬的爱国情操。前三句没有一个“风”字，却恰切地抓住了风“色”：白天，狂风怒吼，飞沙走石，不见天日。接着三句从暗写转到明写，行军从白天进入黑夜。虽看不见风“色”，但能听见风声：狂风肆虐，一个“吼”字形象地突出了风势之大；石头被风吹得满地飞滚，一个“乱”字更是表现了风的狂躁。

下面，诗人通过虚写汉代军队与匈奴交战，来实写唐代军士对严寒的天气毫不畏惧，冒雪作战。草黄马壮之时，敌军开始进攻。“烟尘飞”是对报警的烽烟和敌军铁骑卷起的烟尘交织在一起的景象的描写，不仅渲染了战前的形势，也点明了唐军早有准备。通过典型的环境和细节描写，诗人描写了唐军的英勇：“夜不脱”写了将军的以身作则；“戈相拨”写大军夜晚疾行时的严整肃穆；“风头如刀面如割”则是描写边疆的寒冷，与前面对风的描写呼应，也是诗人对大军行进的感受。接下来的三句中，诗人对马汗成冰、砚水冻结进行了细致的描摹，极力渲染了寒冷的天气、艰苦的环境和紧张的战前气氛，充分描写出军士们充满豪情的战斗精神。

结尾三句，诗人断定敌人必定望风溃逃，预祝唐军凯旋。

本诗文字流畅，自然天成。

注释

①封大夫：即唐朝名将封常清。②轮台：在今新疆米泉县境。③金山：即新疆境内的阿尔泰山。烟尘飞：指敌人进犯。④拨：碰撞。⑤五花连钱：毛色斑驳的良马。旋作冰：指马出的汗立刻凝结成冰。⑥草檄：起草讨敌文书。⑦虏骑：敌骑。⑧车师：唐北庭都护府所在。

轮台歌奉送封大夫出师西征

——岑参

轮台城头夜吹角[1]，轮台城北旄头落[2]。
羽书昨夜过渠黎[3]，单于已在金山西。
戍楼西望烟尘黑[4]，汉兵屯在轮台北。
上将拥旄西出征[5]，平明吹笛大军行。
四边伐鼓雪海涌，三军大呼阴山动。
虏塞兵气连云屯[6]，战场白骨缠草根。
剑河风急雪片阔，沙口石冻马蹄脱[7]。
亚相勤王甘苦辛[8]，誓将报主静边尘。
古来青史谁不见，今见功名胜古人[9]。

注释

①角：军中号角。②轮台：今新疆米泉县境。旄（máo）头落：指胡人败亡之兆。旄头：星宿名，旧时以为胡星。③羽书：紧急文书。渠黎：西域国名，亦作渠犁。④烟尘黑：指敌军迫近。⑤旄：旗竿上的饰物，指军旗。⑥虏塞：敌方要塞。屯：聚集。⑦剑河、沙口：均在今新疆境内。⑧亚相：封常清官御使大夫，位次于宰相。勤王：操劳王事。⑨今见句：意在赞美封常清功业胜过古人。

【赏析】

本诗和《走马川行》是同一时间、同一事件、赠馈同一对象的作品。但本诗的手法和前诗不同，是直接描写战阵。

前六句写战前双方严阵以待的紧张形势。与《走马川行》先写自然环境不同，本诗直接描写战阵，表明军队已经进入战备。前两句两次用“轮台城”渲染当时的战斗气氛。而“夜吹角”“旄头落”两词，在烘托我军同仇敌忾情绪的同时，也暗示了我军的必胜气势。气势渲染到一定程度，诗人却宕开一笔，点明局势紧张的因由。这种倒置的手法使开头更加奇崛。“单于已在金山西”与“汉兵屯在轮台北”句式相同，表现了两军对垒局势的紧张，也说明大战即将开始。

下面四句写白天出兵。诗人极笔描写了吹笛伐鼓的军队声势。至此，出师时的从容和开头的紧张对比强烈，更加突出军队的声势。

后四句描写艰苦的战斗。“虏塞兵气连云屯”说明对方军队人数众多。这里，诗人是通过描写对方兵力之强来衬托我方兵力更强，是以强写强。“战场白骨缠草根”说明战后必有大量的伤亡。以下两句又极写天气寒冷。“剑河”“沙口”这些地名显露出浓重的杀气，是泛指。“风急雪片阔”“石冻马蹄脱”则更加表现了边疆气候的特点。通过描写寒冷与牺牲，诗人歌颂了军士奋不顾身的精神。

结尾四句用歌颂收束全文，提前预测凯旋，照应题目。

白雪歌送武判官归京

——岑参

北风卷地白草折，胡天八月即飞雪。
忽如一夜春风来，千树万树梨花开。
散入珠帘湿罗幕，狐裘不暖锦衾薄[1]。
将军角弓不得控，都护铁衣冷难着[2]。

注释

①衾（qīn）：被子。②着（zhuó）：穿。③瀚海：大沙漠。阑干：纵横貌。④中军：此指中军帐内。⑤风掣（chè）句：意谓红旗已然冰冻，风吹时也不再飘动。⑥天山：在今新疆境内。

瀚海阑干百丈冰[3]，愁云惨淡万里凝。
中军置酒饮归客[4]，胡琴琵琶与羌笛。
纷纷暮雪下辕门，风掣红旗冻不翻[5]。
轮台东门送君去，去时雪满天山路[6]。
山回路转不见君，雪上空留马行处。

【赏析】

西北边地，八月飞雪，雪降有如一夜春风忽起，吹得万树枝头梨花绽放。

边地的雪纷纷扬扬，雪花飘入珠帘，浸湿了罗幕，那份冰冻寒冷，让狐裘不暖，锦被嫌薄，将军拉不开擅长的强弓，都护难以穿上护身的铠甲。无垠瀚漠，纵横的是百丈坚冰，天色惨淡，凝结着万里愁云。

就是在这样的一天，作者的朋友武判官将要返京，大家为他在中军帐置酒饯行。在胡琴、琵琶与羌笛的合奏声中，他们依依惜别，难分难舍，直至傍晚雪势又盛。

作者于轮台东门送别武判官，他看到皑皑白雪早把山路覆盖，心中不禁为友人的前程担忧。当友人的身影终于消失在这雪暮的山回路转之中，他空望着雪地上友人远走的行迹，久久不肯离去……

韦讽录事宅观曹将军画马图[1]

——杜甫

国初已来画鞍马[2]，神妙独数江都王[3]。
将军得名三十载，人间又见真乘黄[4]。
曾貌先帝照夜白[5]，龙池十日飞霹雳[6]。
内府殷红马脑盘[7]，婕妤传诏才人索[8]。
盘赐将军拜舞归[9]，轻纨细绮相追飞[10]。
贵戚权门得笔迹，始觉屏障生光辉[11]。
昔日太宗拳毛騧[12]，近时郭家狮子花[13]。
今之新图有二马，复令识者久叹嗟。
此皆骑战一敌万，缟素漠漠开风沙[14]。
其余七匹亦殊绝[15]，迥若寒空动烟雪[16]。
霜蹄蹴踏长楸间[17]，马官厮养森成列[18]。
可怜九马争神骏[19]，顾视清高气深稳[20]。
借问苦心爱者谁，后有韦讽前支遁[21]。
忆昔巡幸新丰宫[22]，翠华拂天来向东[23]。
腾骧磊落三万匹[24]，皆与此图筋骨同。
自从献宝朝河宗[25]，无复射蛟江水中[26]。
君不见金粟堆前松柏里[27]，龙媒去尽鸟呼风[28]。

注释

①曹将军：曹霸，以善画马著名，玄宗时官左武卫将军。②国初已来：指唐开国以来。③江都王：唐太宗之侄李绪，以画马著名。④乘黄：传说中的神马。⑤貌：描绘。照夜白：玄宗所乘宝马。⑥飞霹雳：喻马腾跃之姿。⑦内府：皇家府库。马脑：玛瑙。⑧婕妤、才人：都是宫中妃嫔的称号。⑨拜舞：古代臣下朝见皇帝的礼节。⑩轻纨细绮：指赐精美织品。⑪屏障：屏风。⑫拳毛騧（guā）：唐太宗六骏之一。⑬郭家：名将郭子仪家。狮子花：唐代宗赐郭子仪的御马。⑭缟素句：谓展开画绢只见风沙漠漠中有骏马在奔腾。缟素：白绢。⑮殊绝：与众不同。⑯迥若句：谓画中之马如寒空下烟和雪在飘舞。⑰霜蹄：马蹄。长楸（qiū）：古人常种楸树于道旁，这里指大道。

【赏析】

本诗为诗人的咏画名作。全诗盛赞了曹霸将军画马技艺的高超和声名的隆盛，以及他的画作《九马图》的栩栩如生，美妙超绝。全诗也通过描写观画寓托诗人对世事盛衰兴亡的感慨。在经历了玄宗、肃宗、代宗三代帝王相继当政的不安定生活后，诗人难免生出世事变换、人世沧桑、浮生如梦之感。于是，诗人在代宗广德二年作了本诗。当时，诗人的友人韦讽出任阆中录事参军，家藏曹霸画马图。曹将军，即曹霸，开元中名画家，常奉召画御马及功臣，官至左武卫将军。安史之乱后，他流落在四川。诗人在本诗中借马喻人，明写马的筋骨气概，实则寄托诗人的情感和抱负。诗人通过对《九马图》大加赞赏，表达自己对先帝的无比忠诚。这正如浦起龙在《读杜心解》中所说："身历兴衰，感时抚事，惟其胸中有泪，是以言中有物。"

本诗在结构和章法上都有独到绝妙之处。在章法上，诗人开篇所描写的意境奇妙高远，中间的叙述跌宕起伏，结尾处看似突兀，实则颇为含蓄。第一段的四句皆为称赞曹霸画技高超、无与伦比之语；第二段一共八句，叙述曹霸当年为皇帝画马后所得到的奖赏、荣誉及恩宠；接下来的十句为第三段，描写曹霸所绘《九马图》中每匹马的姿态；最后八句为第四段，与前文提到的"先帝"相照应，抒发今非昔比的感叹。在结构上，如杨伦在《杜诗镜铨》中提到的："尤须玩其结构之妙，将江都王衬出曹霸，又将支遁衬出韦讽，便增两人多少身分。本画九马，先从照夜白说来，详其宠赐之出；本结九马，却想到三万匹去，不胜龙媒之悲，前后波澜亦阔。中叙九马，先将拳毛、狮子二马拈出另叙，次及七马，然后将九马并说，妙在一气浑雄，不了着迹，真属画工之笔。"

值得一提的是，诗人借描写《九马图》，对玄宗时代的一些人、事进行了追忆，从而暗示了世事难料、人世沧桑。全诗主要描写骏马，写得形象逼真，而从侧面表达出来的情感又感人至深，意味深远。

注释

⑱厮养：养马的役卒。⑲可怜：可爱。⑳清高：指马昂首时的神情。㉑支遁：东晋名僧，以爱马著称。㉒新丰宫：指华清宫。㉓翠华：皇帝仪仗中用翠鸟毛做装饰的旗帜，此指皇帝车驾。㉔腾骧（xiāng）：腾跃。磊落：纷多。㉕自从句：用河宗献宝之后周穆王归天典喻玄宗死。㉖无复句：元封五年，汉武帝亲射蛟江中，获之。此句是说玄宗已死，不能再巡游了。㉗金粟堆：指玄宗陵寝，玄宗葬于今陕西蒲城县金粟山。㉘龙媒：指良马。鸟呼风：意谓良马去尽徒见林鸟于风中啼鸣。

【诗评】

《丹青引》与《画马图》一样做法，细按之，彼如神龙在天，此如狮子跳踯，有平涉、飞腾之分；此在手法上论。所以古人文章贵于超忽变化也。

——《岘斋诗话》

丹青引 赠曹将军霸

——杜甫

将军魏武之子孙①，于今为庶为清门②。
英雄割据虽已矣③，文采风流今尚存。
学书初学卫夫人④，但恨无过王右军⑤。
丹青不知老将至⑥，富贵于我如浮云。
开元之中常引见⑦，承恩数上南薰殿。
凌烟功臣少颜色⑧，将军下笔开生面。
良相头上进贤冠⑨，猛将腰间大羽箭。
褒公鄂公毛发动⑩，英姿飒爽来酣战。
先帝御马玉花骢⑪，画工如山貌不同⑫。
是日牵来赤墀下⑬，迥立阊阖生长风⑭。
诏谓将军拂绢素，意匠惨淡经营中⑮。

注释

①魏武：指魏武帝曹操。②清门：寒门。③英雄割据：指魏、蜀、吴三足鼎立。④卫夫人：东晋著名书法家。⑤王右军：指曾任右军将军的王羲之。⑥丹青句：意谓曹霸一生沉浸于笔墨丹青中而不知老之将至。⑦引见：由内臣引领应诏朝帝。⑧凌烟功臣：贞观十七年二月，唐太宗命画功臣像于凌烟阁。开元时，玄宗曾命曹霸重画。少颜色：画的颜色因年久而暗淡。⑨进贤冠：唐代百官上朝时所戴的黑色礼冠。⑩褒公鄂公：指褒国公段志玄和鄂国公尉迟敬德。⑪玉花骢（cōng）：玄宗所乘骏马名。⑫画工句：意谓画工虽多，均不能得原马风神。

斯须九重真龙出[16]，一洗万古凡马空。
玉花却在御榻上[17]，榻上庭前屹相向[18]。
至尊含笑催赐金，圉人太仆皆惆怅[19]。
弟子韩幹早入室[20]，亦能画马穷殊相。
幹惟画肉不画骨，忍使骅骝气凋丧[21]。
将军画善盖有神，必逢佳士亦写真。
即今漂泊干戈际，屡貌寻常行路人[22]。
途穷反遭俗眼白，世上未有如公贫。
但看古来盛名下，终日坎壈缠其身[23]。

注释

⑬赤墀（chí）：皇宫内用红漆涂的台阶。⑭迥立：昂头屹立。阊（chāng）阖（hé）：本指天门，此代宫门。⑮意匠句：指曹霸苦心构思。⑯斯须：一会儿。真龙：神马。⑰玉花：指画中的玉花骢。却在：反在。⑱榻上句：意谓榻上马图和阶前真马两两相对，昂首屹立。⑲圉（yǔ）人：养马的马倌儿。太仆：掌管皇帝车马的官。惆怅：慨叹。⑳韩：玄宗时官太府寺丞，初以曹霸为师，后自成一派。入室：得师傅传授。㉑骅（huá）骝（liú）：骏马。㉒屡貌句：意谓曹霸罢官后，漂泊零落，甚至常常给路人画像为生。㉓坎壈（lǎn）：困顿。

【赏析】

诗从曹霸的家世写起，称赞他风流文采一脉相承，潜心研习书画而不慕富贵；继而回顾他奉旨再绘凌烟功臣和摹写玄宗爱骑玉花骢诸事，酣畅淋漓地展现出画家的高超技艺和辉煌过去。然而时过境迁，一代大师晚年非常落拓，作者以悲凉的笔调，满含同情地描述了曹霸因战乱流落民间后的艰苦生活、窘困境遇，抒发了对其遭遇的愤愤不平之情。结尾两句作慰藉语，说古来负盛名者多穷困失意，既是慰人，也是慰己。

寄韩谏议注

——杜甫

今我不乐思岳阳，身欲奋飞病在床。
美人娟娟隔秋水[1]，濯足洞庭望八荒[2]。
鸿飞冥冥日月白[3]，青枫叶赤天雨霜。
玉京群帝集北斗[4]，或骑麒麟翳凤凰[5]。
芙蓉旌旗烟雾落，影动倒景摇潇湘。
星宫之君醉琼浆[6]，羽人稀少不在旁[7]。
似闻昨者赤松子[8]，恐是汉代韩张良[9]。
昔随刘氏定长安，帷幄未改神惨伤[10]。
国家成败吾岂敢，色难腥腐餐枫香[11]。
周南留滞古所惜[12]，南极老人应寿昌。
美人胡为隔秋水[13]，焉得置之贡玉堂[14]。

注释

①美人：指友人韩注。②濯足：用《孟子·离娄上》“沧浪之水浊兮可以濯我足”句意。八荒：最远之处。③鸿飞冥冥：鸿雁高飞于天际。此喻韩注归隐不出。④玉京：道家元始天尊的居处。群帝：众神仙。⑤翳：骑跨。⑥星宫之君：天神。⑦羽人：身穿羽衣的仙人。⑧赤松子：传说中的仙人。⑨张良：韩人，曾帮高祖刘邦兴汉，后弃功名，传其随赤松子游。⑩帏幄：刘邦曾赞张良“运筹帷幄之中，决胜千里之外”。⑪国家两句：意谓国家之兴衰成败我岂敢作壁上观，只是厌恶腥腐世道宁可洁身退居山林。⑫周南句：汉武帝前往泰山封禅，太史公司马谈随行，至周南而病危，滞留不得归。⑬胡为：为何。⑭贡玉堂：指做官事君。玉堂：朝廷。

【赏析】

本诗是唐代宗大历二年（767年）杜甫在夔州时写给韩注的。诗人以神奇浪漫的手法，把韩注喻为神仙赤松子，把朝廷近侍贵臣喻为玉京群仙，借以表现当时权臣对贤才的排挤，表达了诗人对韩注遭际的同情和对国事的关心。标题中的“韩谏议注”，谏议是官名，韩是姓，注是名。生平不详。

全诗一共可分为四段。前六句为第一段，写诗人对远在洞庭的韩注与日俱增的思念之情；接下来的六句为第二段，写在朝廷小人得势、奸臣当道的情形下，韩注不肯与奸佞同流合污，早已罢官离朝；从“似闻”以下六句为第三段，写出韩注罢官的原因，并把他比做张良，借以歌颂他的高洁品格；最后四句是第四段，抒发了诗人自己的感想：诗人希望韩注能重新回到朝廷，为国效力。

本诗结构严密，构思严谨，格调清新，写法隐晦，意境含蓄，若非反复吟咏，实难体会其中之韵味。

古柏行

——杜 甫

孔明庙前有老柏，柯如青铜根如石①。
霜皮溜雨四十围②，黛色参天二千尺③。
君臣已与时际会，树木犹为人爱惜。
云来气接巫峡长，月出寒通雪山白。
忆昨路绕锦亭东④，先主武侯同閟宫⑤。
崔嵬枝干郊原古⑥，窈窕丹青户牖空⑦。
落落盘踞虽得地，冥冥孤高多烈风。
扶持自是神明力，正直原因造化功。
大厦如倾要梁栋，万牛回首丘山重。
不露文章世已惊⑧，未辞翦伐谁能送。
苦心岂免容蝼蚁⑨，香叶曾经宿鸾凤⑩。
志士仁人莫怨嗟，古来材大难为用。

注释

①柯（kē）：树枝。②霜皮溜雨：指树皮白而润滑。③黛色：青黑色。④锦亭：杜甫在成都所建草堂的中庭名。⑤先主句：先主指刘备，成都的武侯庙附于先主庙，故云“同閟宫”。閟（bì）：幽深。⑥崔嵬：高大貌。⑦户牖（yǒu）：窗户。⑧文章：指美丽的色彩。⑨苦心：柏心味苦。岂免：难免。⑩宿：栖宿。

【赏析】

杜甫晚年在夔州时作此诗，歌颂夔州武侯庙内的古柏。这些古柏枝似青铜，根似磐石，树干高大，因为诸葛亮与刘备的君臣情义千百年来为人称颂，所以它们也受到当地人的爱护。

诗人联想到多年以前居住过的成都，那里武侯祠中的古柏，一样的高大挺拔，有如神明扶持。它们不辞剪伐，愿意充当支撑大厦的栋梁，但因为过于巨大而不能被拖出山；看来它们虽然苦心独具，但终不免为蝼蚁所伤了。

古柏的身世正如许多志士仁人的身世，作者吟咏古柏，意在抒发“古来材大难为用”的愤慨之情。

观公孙大娘弟子舞剑器行① 并序

——杜甫

大历二年十月十九日，夔府别驾元持宅，见临颍李十二娘舞剑器，壮其蔚跂，问其所师，曰："余公孙大娘弟子也。"开元三载，余尚童稚，记于郾城观公孙氏舞剑器浑脱，浏漓顿挫，独出冠时，自高头宜春、梨园二伎坊内人，洎外供奉，晓是舞者，圣文神武皇帝初，公孙一人而已。玉貌锦衣，况余白首，今兹弟子，亦非盛颜。既辨其由来，知波澜莫二。抚事慷慨，聊为《剑器行》。昔者吴人张旭，善草书书帖，数常于邺县见公孙大娘舞西河剑器，自此草书长进，豪荡感激，即公孙可知矣。

昔有佳人公孙氏，一舞剑器动四方。
观者如山色沮丧②，天地为之久低昂。
㸌如羿射九日落③，矫如群帝骖龙翔④。
来如雷霆收震怒，罢如江海凝清光。
绛唇珠袖两寂寞⑤，晚有弟子传芬芳⑥。
临颍美人在白帝⑦，妙舞此曲神扬扬。
与余问答既有以⑧，感时抚事增惋伤。
先帝侍女八千人⑨，公孙剑器初第一。
五十年间似反掌，风尘澒洞昏王室⑩。
梨园子弟散如烟，女乐余姿映寒日⑪。
金粟堆前木已拱⑫，瞿唐石城草萧瑟⑬。
玳筵急管曲复终⑭，乐极哀来月东出。
老夫不知其所往，足茧荒山转愁疾。

【赏析】

杜甫在夔州看到李十二娘舞剑，问其师从何人，得知她是公孙大娘的弟子。公孙大娘是开元年间著名的舞蹈家，尤善舞剑，每当剑舞一起，观者如山，天地嗟叹。那闪烁的剑光，好似后羿射下的太阳划过天际，她矫健的身姿，有如仙子乘龙凌空飞翔，至于气势，发如雷霆震怒，收若江海凝光。在玄宗能歌善舞的八千侍女当中，公孙大娘的剑舞首屈一指。

与已不年轻的李十二娘谈及往事，作者与她都不胜伤感，倏忽而过的五十年间，盛衰巨变，玄宗墓前的树木已然可以合抱，公孙大娘也已寂寞无闻，而她的高徒则流落至此偏远山城。

最后一支乐舞结束的时候，月亮升起于东天，作者沉浸在更为深切的悲慨之中，心绪烦乱。他不顾脚茧碍步，却漫无目的地疾走在荒山野地之间。

【诗评】

此诗见剑器而伤往事，所谓抚事慷慨也。故咏李氏，却思公孙；咏公孙，却思先帝。全是为开元五十年治乱兴衰而发。

——《杜臆》

注释

①公孙大娘：唐玄宗开元间著名的女舞蹈家。②色沮丧：惊讶失色的样子。③㸌（huò）：闪光貌。羿：后羿。④矫：矫捷。群帝：群仙。骖（cān）：驾驭。⑤绛唇：指歌。珠袖：指舞。⑥芬芳：公孙大娘舞蹈的精华。⑦临颍美人：指李十二娘。⑧既有以：即序中"既辨其由来"之意。⑨先帝：指唐玄宗。⑩澒（hòng）洞：弥漫无际的样子。⑪女乐余姿：指李十二娘的舞蹈犹存着开元盛世的风貌。⑫金粟堆：位于金粟山的玄宗陵。木已拱：意谓墓前的树木已长得双手可以合抱了。⑬瞿唐石城：指白帝城。⑭玳筵：玳瑁饰制的弦乐器。急管：节奏急促的管乐。

石鱼湖上醉歌 并序

——元结

漫叟以公田米酿酒，因休暇，则载酒于湖上，时取一醉。欢醉中，据湖岸引，臂向鱼取酒，使舫载之，遍饮坐者。意疑倚巴丘酌于君山之上，诸子环洞庭而坐，酒舫泛泛然触波涛而往来者，乃作歌以长之。

石鱼湖，似洞庭，夏水欲满君山青[①]。
山为樽，水为沼[②]，酒徒历历坐洲岛[③]。
长风连日作大浪，不能废人运酒舫[④]。
我持长瓢坐巴丘，酌饮四座以散愁。

注释

①君山：又名洞庭山，在洞庭湖中。②沼：池。③历历：一个个的。④废：阻止。

【赏析】

唐代宗时元结曾担任道州刺史。当时，他写了多首吟咏石鱼湖的诗作。他在《石鱼湖上作序》中写道："泉南上有独石在水中，状如游鱼。鱼凹处，修之可以贮酒。水涯四匝，多欹石相连，石上堪人坐，水能浮小舫载酒，又能绕石鱼洄流，及命湖曰石鱼湖，镌铭于湖上，显示来者，又作诗以歌之。"另外，他还在诗里写道："吾爱石鱼湖，石鱼在湖里。鱼背有酒樽，绕鱼是湖水。"

这首诗赞美了石鱼湖的美丽风光，表达了诗人无意于宦途进取，想要隐居的情怀。本诗开头以石鱼湖比作洞庭湖，以石鱼比做君山；随后，诗人描述了在石鱼湖与众友人把酒作乐的情景；最后，诗人抒发了大风浪也无法阻挡把酒作乐、借酒消愁的豪放情怀。本诗是乘兴之作，笔调清新，毫无拘谨之感，可见诗人旷达的胸怀和及时享乐的思想。整首诗自然率真，有民歌特色，蕴含着诗人丰富的想象力，颇有趣味。

山 石

——韩愈

山石荦确行径微[①]，黄昏到寺蝙蝠飞。
升堂坐阶新雨足，芭蕉叶大支子肥[②]。
僧言古壁佛画好，以火来照所见稀。
铺床拂席置羹饭，疏粝亦足饱我饥[③]。
夜深静卧百虫绝[④]，清月出岭光入扉。
天明独去无道路[⑤]，出入高下穷烟霏[⑥]。
山红涧碧纷烂漫，时见松枥皆十围[⑦]。
当流赤足踏涧石，水声激激风生衣。
人生如此自可乐，岂必局束为人鞿[⑧]。
嗟哉吾党二三子[⑨]，安得至老不更归。

注释

①荦（luò）确（què）：形容山路的险峻不平。②支子：即栀子，常绿灌木，夏季开白花，有浓香。③疏粝（lì）：粗糙的饭食。粝：粗米。④百虫绝：指虫声已静。⑤无道路：指信步走在清晨的山谷中。⑥穷烟霏：走到烟雾深处。⑦枥：同"栎"。⑧局束：局促、拘束。鞿（jī）：马缰绳，这里指受牵制、束缚。⑨吾党二三子：与作者志趣相投的几个人。

【赏析】

作者沿着崎岖不平的山间小路行走，黄昏时到达了惠林寺。新雨过后，他坐在寺堂前台阶上闲看风景，看到大叶的芭蕉，肥硕的栀子。热情的寺僧向作者推荐寺中的壁画，让他大饱眼福，又为他整理床铺、端来斋饭，虽然简陋，但作者非常满意。

山中的夜安静极了，甚至没有虫鸣，作者静卧在床上，看明月转出山岭，看门前一地的月光。第二天清晨，他又独自前往山间，饱览了火红山花、碧绿涧水的烂漫相映，领略了松树、栎树的高大挺拔，还光着脚过溪踏石，任清风穿过衣裳。

人生如此便可以快乐，作者于是不愿再去过仰人鼻息的幕僚生活，他宁愿在此，一直到老。

八月十五夜赠张功曹①

——韩 愈

纤云四卷天无河，清风吹空月舒波。
沙平水息声影绝，一杯相属君当歌②。
君歌声酸辞且苦，不能听终泪如雨。
洞庭连天九疑高③，蛟龙出没猩鼯号④。
十生九死到官所，幽居默默如藏逃⑤。
下床畏蛇食畏药，海气湿蛰熏腥臊⑥。
昨者州前捶大鼓⑦，嗣皇继圣登夔皋⑧。
赦书一日行千里，罪从大辟皆除死⑨。
迁者追回流者还，涤瑕荡垢清朝班。
州家申名使家抑⑩，坎轲只得移荆蛮⑪。
判司卑官不堪说⑫，未免捶楚尘埃间⑬。
同时流辈多上道⑭，天路幽险难追攀⑮。
君歌且休听我歌，我歌今与君殊科⑯：
一年明月今宵多，人生由命非由他，
有酒不饮奈明何。

注释

①张功曹：张署，河间人。②属（zhǔ）：劝酒。③九疑：即苍梧山，在今湖南宁远县境内。从此句起至“天路幽险”句，皆是张功曹歌。④猩：猩猩。鼯（wú）：大飞鼠。⑤幽居句：意谓谪居荒僻之地，默默受苦有如罪犯藏逃。⑥下床两句：意谓下床常常怕蛇咬，吃饭时时怕中毒，近海地湿蛰伏着蛇虫，到处散发着腥臊之气。⑦州：指郴州衙署。⑧嗣皇：指唐宪宗。登夔皋：喻任用贤良。夔、皋是舜帝时的贤臣。⑨大辟：死刑。除死：免死。⑩州家句：意谓刺史已为我申报赦免，却被观察使所阻拦。⑪坎轲：坎坷。移荆蛮：指调往江陵任职。⑫判司：对诸曹参军的统称。⑬捶楚：鞭打。⑭上道：去往京城长安。⑮天路：指进身朝廷之路。⑯殊科：不为同类。

【赏析】

诗从中秋月色写起，继而援引张署悲歌，述说了贬谪之地自然环境的险恶，谪居生活的凄苦，谈到了此次大赦二人遇到的不公待遇，表达了对于黯淡前路的畏怯之情。

诗人既已借友人之口一吐心中郁忿，便只再自作三句歌词完结全篇，一句赞今宵月光最好最多，一句说人生有命，难以自己掌握，一句道有酒且醉，不管明朝如何；看似旷达，实则寄慨遥深。

谒衡岳庙遂宿岳寺题门楼

——韩 愈

五岳祭秩皆三公[1]，四方环镇嵩当中[2]。
火维地荒足妖怪[3]，天假神柄专其雄[4]。
喷云泄雾藏半腹[5]，虽有绝顶谁能穷[6]？
我来正逢秋雨节，阴气晦昧无清风。
潜心默祷若有应，岂非正直能感通[7]？
须臾静扫众峰出，仰见突兀撑青空。
紫盖连延接天柱[8]，石廪腾掷堆祝融[9]。
森然魄动下马拜，松柏一径趋灵宫[10]。
粉墙丹柱动光彩，鬼物图画填青红。
升阶伛偻荐脯酒[11]，欲以菲薄明其衷[12]。
庙令老人识神意[13]，睢盱侦伺能鞠躬[14]。
手持杯珓导我掷[15]，云此最吉余难同[16]。
窜逐蛮荒幸不死[17]，衣食才足甘长终[18]。
侯王将相望久绝，神纵欲福难为功[19]。
夜投佛寺上高阁，星月掩映云朣胧[20]。
猿鸣钟动不知曙，杲杲寒日生于东[21]。

注释

①祭秩皆三公：祭祀都是按照祭奠三公的等级进行的。三公：泛指人臣的最高爵位。②嵩当中：泰山、衡山、华山、恒山各镇东、南、西、北四方，嵩山位于中心，故云。③火维句：衡山处于炎热荒僻的南方，古人以为其地多妖怪。维：隅落。④假：授予。柄：权力。⑤半腹：山腰。⑥穷：登顶。⑦正直：指岳神。⑧紫盖、天柱与下面的石廪、祝融都是山峰名。⑨腾掷：形容山势跌宕逶迤的样子。⑩一径：一路。趋：朝向。灵宫：指衡岳庙。⑪伛（yǔ）偻（lǚ）：曲身示敬。荐脯酒：进献肉和酒。荐：进献。⑫菲薄：指菲薄的祭品。明其衷：表明自己的敬意。⑬庙令：掌管寺庙的人。⑭睢（suī）盱（xū）：此处是凝视的意思。侦伺：窥察。能鞠躬：惯于鞠躬。⑮杯珓（jiào）：占卜用具。导我掷：教给我投掷的方法。⑯云此句：意谓老人说此卦相最吉，其他卦相难以与之相比。⑰窜逐蛮荒：指远谪阳山事。⑱衣食句：意谓衣食刚足温饱，但甘愿长此而终。⑲侯王两句：意谓侯王将相之望早已断绝，纵使神明想要赐福于我，也难奏效。⑳朣（tóng）胧：朦胧的样子。㉑杲（gǎo）杲：形容日色明亮。

【赏析】

由郴州前往江陵赴任途中，作者有幸来到云雾缭绕、巍峨险峻的南岳脚下，他不禁联想起历代对于五岳的隆重祀典，想到关于衡山的悠久传说，越发感到它神秘莫测、令人景仰。

适逢秋雨季节，本没有希望看到壮丽的景色，然而经过作者一番“潜心默祷”，须臾之间云开雾散，奇峰秀峦突兀而出，这虽说是巧合，但作者却认为是神灵有知。

为了向神灵表达敬意，他沿山而上，来到衡岳庙贡献祭品。庙令老人提出为他占卜，得“最吉”一卦。作者心想：前些时候被贬蛮荒之地未死已是幸运，而今只求衣食无忧，早已断绝侯王将相之望，纵然神明想要赐福怕也只会徒劳无功。

作者夜宿佛寺，心怀坦荡地酣睡过去，连第二天清晨的寺钟猿鸣也不能将他吵醒，直至明亮的太阳从东方升起。

石鼓歌

——韩愈

张生手持石鼓文，劝我试作石鼓歌。
少陵无人谪仙死[①]，才薄将奈石鼓何。
周纲陵迟四海沸[②]，宣王愤起挥天戈[③]。
大开明堂受朝贺，诸侯剑佩鸣相磨[④]。
蒐于岐阳骋雄俊[⑤]，万里禽兽皆遮罗[⑥]。
镌功勒成告万世[⑦]，凿石作鼓隳嵯峨[⑧]。
从臣才艺咸第一，拣选撰刻留山阿。
雨淋日炙野火燎，鬼物守护烦撝呵[⑨]。
公从何处得纸本，毫发尽备无差讹。
辞严义密读难晓，字体不类隶与蝌[⑩]。
年深岂免有缺画，快剑斫断生蛟鼍[⑪]。
鸾翔凤翥众仙下[⑫]，珊瑚碧树交枝柯[⑬]。
金绳铁索锁纽壮[⑭]，古鼎跃水龙腾梭[⑮]。
陋儒编诗不收入[⑯]，二雅褊迫无委蛇[⑰]。
孔子西行不到秦，掎摭星宿遗羲娥[⑱]。
嗟余好古生苦晚，对此涕泪双滂沱。
忆昔初蒙博士征[⑲]，其年始改称元和。
故人从军在右辅，为我度量掘臼科[⑳]。
濯冠沐浴告祭酒[㉑]，如此至宝存岂多？
毡包席裹可立致，十鼓只载数骆驼。
荐诸太庙比郜鼎[㉒]，光价岂止百倍过[㉓]？
圣恩若许留太学[㉔]，诸生讲解得切磋。
观经鸿都尚填咽[㉕]，坐见举国来奔波[㉖]。
剜苔剔藓露节角[㉗]，安置妥帖平不颇[㉘]。
大厦深檐与盖覆，经历久远期无佗[㉙]。
中朝大官老于事，讵肯感激徒媕婀[㉚]。
牧童敲火牛砺角[㉛]，谁复著手为摩挲[㉜]。
日销月铄就埋没，六年西顾空吟哦[㉝]。

注释

①少陵：杜甫。谪仙：李白。②周纲：周朝的朝纲。陵迟：衰败。③宣王：周宣王，周室中兴之主。挥天戈：喻宣王之开疆扩土、平定叛乱。④诸侯句：形容朝拜的诸侯众多，以致剑佩相磨而鸣响。剑佩：剑上的玉饰。⑤蒐（sōu）：打猎。岐阳：岐山之南。⑥遮罗：被网围拦捕。⑦镌功勒成：刻功业成就于石上。勒：刻。成：成就。⑧隳（huī）：毁坏。⑨撝：通“挥”。呵：喝叱。⑩隶：隶书。蝌：指蝌蚪文，一种古文字。⑪快剑句：此句是写石鼓文已然残缺。斫（zhuó）：砍。蛟鼍（tuó）：蛟龙。⑫鸾翔句：形容字体活泼灵动，有如鸾飞凤舞，天上众仙飘忽而下。翥（zhù）：飞。⑬珊瑚句：形容文字相互交错。⑭金绳铁索句：喻字体的苍劲钩连。⑮古鼎跃水：形容字体沉稳而有灵气。龙腾梭：古有龙化梭的传说。⑯诗：指《诗经》。⑰二雅：指《诗经》中的《大雅》、《小雅》。褊（pián）迫：狭小。委蛇：迂远壮阔的样子。⑱孔子两句：意谓孔子因未到秦地，故采诗未收石鼓文，就像只取了星宿而遗漏了太阳和月亮。掎（jǐ）摭（zhí）：摘取。羲：羲和，指太阳。娥：嫦娥，指月亮。⑲忆昔句：指元和元年韩愈召为国子博士。⑳臼科：埋石鼓的坑穴。㉑濯（zhuó）：洗涤。

羲之俗书趁姿媚[34]，数纸尚可博白鹅[35]。
继周八代争战罢，无人收拾理则那[36]？
方今太平日无事，柄任儒术崇丘轲[37]。
安能以此上论列[38]，愿借辩口如悬河。
石鼓之歌止于此，呜呼吾意其蹉跎[39]。

注释

㉒荐：进献。郜鼎：太庙中的神器。㉓光价：声价。㉔太学：国子监。㉕观经鸿都：到鸿都门观看、摹写经文。鸿都门：藏书之所。填咽（yè）：拥塞。㉖坐：即将。㉗节角：文字的棱角。㉘颇：歪斜。㉙无佗：不出其他问题。㉚讵（jù）肯：岂肯。媕（ān）婀（ē）：无主见，犹豫不决。㉛敲火：敲石取火。砺：磨。㉜摩挲：抚摸玩赏。㉝六年西顾：此诗是元和六年作。㉞羲之：东晋王羲之。㉟数纸句：王羲之爱鹅，曾书写《道德经》以换一山阴道士之鹅。㊱则那（nuó）：又奈何。㊲柄任儒术：尊儒之意。丘轲：指孔子与孟子。㊳论列：议论。㊴其蹉跎：意谓将只是白费心思而已。

【赏析】

我们仍旧能从这篇《石鼓歌》上领略石鼓文当日的风貌。诗中“辞严”八句便是对石鼓文形态气韵的极佳写真。但作者作此篇的目的并不在描画石鼓文上，而是在替石鼓千年来历尽雨打风吹水淹火烧而不为人知的身世痛惜叹惋，希望它们的珍贵价值有朝一日能被人们所认识，能被完好地保存起来，为更多的人所研究琢磨。韩愈一生勤于治学，尤其喜欢钻研古代文献，他以如此激情为石鼓谱写下史诗般的赞歌，可见其对古文化的深爱之情。而这篇作品也因“体势恢弘，音韵铿訇”而为人所称道。

【诗评】

大开大阖，段落章法井然，是一篇绝妙文字。

——《历代诗发展》

渔　翁

——柳宗元

渔翁夜傍西岩宿[1]，晓汲清湘燃楚竹[2]。
烟销日出不见人，欸乃一声山水绿[3]。
回看天际下中流，岩上无心云相逐。

注释

①西岩：在湖南零陵县西湘江外。②燃楚竹：指烧竹煮水。③欸（ǎi）乃：行船时的摇橹声。

【赏析】

渔翁夜晚泊舟在西山脚下，早上汲清湘之水，燃楚竹为薪。当雾散日出时，他的小舟便已不见踪影，但青山绿水间却时而传来那清寥悠长的摇橹之声。此诗作于柳宗元被贬永州期间，写渔翁而意在自况，传寄出诗人萧然世外、悠游自适的洒脱情怀。结尾两句从渔翁角度写出：他驾小舟顺流而下，回望来处，只见西岩上白云浮动，好像在互相追逐。恬然意境，令人神远。

长恨歌

——白居易

汉皇重色思倾国①，御宇多年求不得②。
杨家有女初长成，养在深闺人未识。
天生丽质难自弃，一朝选在君王侧。
回眸一笑百媚生，六宫粉黛无颜色。
春寒赐浴华清池，温泉水滑洗凝脂。
侍儿扶起娇无力，始是新承恩泽时。
云鬓花颜金步摇，芙蓉帐暖度春宵。
春宵苦短日高起，从此君王不早朝。
承欢侍宴无闲暇，春从春游夜专夜。
后宫佳丽三千人，三千宠爱在一身。
金屋妆成娇侍夜，玉楼宴罢醉和春③。
姊妹弟兄皆列土④，可怜光彩生门户。
遂令天下父母心，不重生男重生女。
骊宫高处入青云，仙乐风飘处处闻。
缓歌慢舞凝丝竹⑤，尽日君王看不足。
渔阳鼙鼓动地来⑥，惊破霓裳羽衣曲。
九重城阙烟尘生，千乘万骑西南行。
翠华摇摇行复止⑦，西出都门百余里。
六军不发无奈何，宛转蛾眉马前死。
花钿委地无人收⑧，翠翘金雀玉搔头⑨。
君王掩面救不得，回看血泪相和流。
黄埃散漫风萧索，云栈萦纡登剑阁⑩。
峨嵋山下少人行，旌旗无光日色薄。
蜀江水碧蜀山青，圣主朝朝暮暮情。
行宫见月伤心色，夜雨闻铃肠断声。
天旋地转回龙驭⑪，到此踌躇不能去。
马嵬坡下泥土中，不见玉颜空死处。
君臣相顾尽沾衣，东望都门信马归⑫。
归来池苑皆依旧，太液芙蓉未央柳⑬。
芙蓉如面柳如眉，对此如何不泪垂？

注释

①汉皇：指唐玄宗。②御宇：统御天下。③醉和春：醉意伴随着春意。④列土：分封领地。⑤凝丝竹：喻歌舞紧扣音乐声。⑥渔阳句：指安禄山在渔阳起兵叛乱。鼙（pí）鼓：中国古代军队中用的小鼓。⑦翠华：皇帝仪仗中用翠鸟羽毛作装饰的旗帜。⑧花钿（diàn）：花朵形首饰。⑨翠翘、金雀、玉搔头：均是杨妃所佩带的钗簪。⑩云栈（zhàn）：高入云霄的栈道。剑阁：在今四川剑阁县东北大剑山、小剑山之间，为由陕入川的必经之路。⑪天旋句：指局势转变，玄宗还京。龙驭（yù）：皇帝的车驾。⑫信马归：任马驰骋而归。⑬太液:太液池。未央：未央宫。⑭椒房：后妃们住的地方。阿监：指宫中女官。⑮临邛（qióng）句：意谓来自蜀中，作客长安的道士。临邛：今四川邛崃县。鸿都：汉宫门名，此指长安。⑯致魂魄：将灵魂召来。⑰方士：有道术的人。⑱太真：杨贵妃为女道士时号太真。⑲扃（jiōng）：门户。⑳转教：指请侍女通报。小玉、双成：指太真侍女。㉑珠箔：珠帘。迤逦开：谓层层敞开。㉒新睡觉：刚睡醒。㉓袂（mèi）：衣袖。㉔阑干：形容泪水横流的样子。㉕凝睇（dì）：凝视。㉖擘（bāi）：分开。

春风桃李花开日，秋雨梧桐叶落时。
西宫南内多秋草，落叶满阶红不扫。
梨园弟子白发新，椒房阿监青娥老[14]。
夕殿萤飞思悄然，孤灯挑尽未成眠。
迟迟钟鼓初长夜，耿耿星河欲曙天。
鸳鸯瓦冷霜华重，翡翠衾寒谁与共。
悠悠生死别经年，魂魄不曾来入梦。
临邛道士鸿都客[15]，能以精诚致魂魄[16]。
为感君王辗转思，遂教方士殷勤觅[17]。
排空驭气奔如电，升天入地求之遍。
上穷碧落下黄泉，两处茫茫皆不见。
忽闻海上有仙山，山在虚无缥渺间。
楼阁玲珑五云起，其中绰约多仙子。
中有一人字太真[18]，雪肤花貌参差是。
金阙西厢叩玉扃[19]，转教小玉报双成[20]。
闻道汉家天子使，九华帐里梦魂惊。
揽衣推枕起徘徊，珠箔银屏迤逦开[21]。
云鬓半偏新睡觉[22]，花冠不整下堂来。
风吹仙袂飘飘举[23]，犹似霓裳羽衣舞。
玉容寂寞泪阑干[24]，梨花一枝春带雨。
含情凝睇谢君王[25]，一别音容两渺茫。
昭阳殿里恩爱绝，蓬莱宫中日月长。
回头下望人寰处，不见长安见尘雾。
惟将旧物表深情，钿合金钗寄将去。
钗留一股合一扇，钗擘黄金合分钿[26]。
但教心似金钿坚，天上人间会相见。
临别殷勤重寄词，词中有誓两心知。
七月七日长生殿，夜半无人私语时。
在天愿作比翼鸟，在地愿为连理枝。
天长地久有时尽，此恨绵绵无绝期。

【赏析】

白居易的《长恨歌》是古典诗歌中的不朽之作，从它问世到现在十二个世纪的漫长岁月里，始终是传唱不衰，保持着极强的生命力。作者作此歌的初衷本是“惩尤物，窒乱阶，垂于将来”（《长恨歌传》），可以说是将《长恨歌》的主题定为了“耽色误国”，然而却在写作的过程当中为李、杨二人凄美的爱情故事所裹挟，不由自主地写出了这首千古绝唱。全诗将叙事、写景、抒情三者完美地结合在一起，将一幅幅浸透人间悲喜、饱含荣枯变化的画面展现在人们面前，动情讲述了一个朝代由盛而衰的历史，一位帝王由喜而悲的爱情，旷世的爱情与流传千古的佳句同样具有无穷魅力，超越了时空的阻隔和生命的极限，最终达到一种永恒的境界。

【诗评】

《长恨歌》一篇，其事本易传，以易传之事，为绝妙之词，有声有情，可歌可泣，文人学士，既叹为不可及，妇人女子，亦喜闻而诵之，是以不胫而走，传遍天下。

——《瓯北诗话》

琵琶行　并序

——白居易

元和十年，余左迁九江郡司马。明年秋，送客湓浦口，闻舟中夜弹琵琶者。听其音，铮铮然有京都声。问其人，本长安倡女，尝学琵琶于曹、穆二善才，年长色衰，委身为贾人妇。遂命酒，使快弹数曲。曲罢悯然，自叙少小时欢乐事，今漂沦憔悴，转徙于江湖间。余出官二年，恬然自安，感斯人言，是夕始觉有迁谪意。因为长歌以赠之，凡六百一十二言，命曰《琵琶行》。

浔阳江头夜送客，枫叶荻花秋瑟瑟。
主人下马客在船，举酒欲饮无管弦。
醉不成欢惨将别，别时茫茫江浸月。
忽闻水上琵琶声，主人忘归客不发。
寻声暗问弹者谁，琵琶声停欲语迟[①]。
移船相近邀相见，添酒回灯重开宴。
千呼万唤始出来，犹抱琵琶半遮面。
转轴拨弦三两声[②]，未成曲调先有情。
弦弦掩抑声声思，似诉平生不得志。
低眉信手续续弹，说尽心中无限事。
轻拢慢捻抹复挑，初为霓裳后六幺[③]。
大弦嘈嘈如急雨，小弦切切如私语[④]。
嘈嘈切切错杂弹，大珠小珠落玉盘。
间关莺语花底滑[⑤]，幽咽泉流水下滩。
冰泉冷涩弦凝绝，凝绝不通声渐歇[⑥]。
别有幽愁暗恨生，此时无声胜有声。
银瓶乍破水浆迸，铁骑突出刀枪鸣[⑦]。
曲终收拨当心画[⑧]，四弦一声如裂帛。
东船西舫悄无言，唯见江心秋月白。
沉吟放拨插弦中，整顿衣裳起敛容。
自言本是京城女，家在虾蟆陵下住。
十三学得琵琶成，名属教坊第一部。
曲罢曾教善才服[⑨]，妆成每被秋娘妒[⑩]。
五陵年少争缠头[⑪]，一曲红绡不知数。
钿头银篦击节碎[⑫]，血色罗裙翻酒污。

注释

①欲语迟：欲说还休。②转轴：转动琵琶上琴柱调音色。③霓裳：《霓裳羽衣曲》。六幺：曲名。④大弦、小弦：分别指琵琶上最粗的弦和最细的弦。⑤间关：象声词。形容婉转的鸟鸣声。⑥冰泉冷涩两句：意谓琵琶声好像冰泉冷涩一样渐缓渐停，直至中断。⑦银瓶两句：形容琵琶声忽而铿然响起，如同银瓶迸裂水浆四溅，又如铁骑突出刀枪齐鸣。⑧拨：拨弦的用具。当心画：用拨当着琵琶的中心用力一划。⑨善才：善弹者。⑩秋娘：泛指歌妓。⑪缠头：唐时艺妓表演完毕，观者多以绫帛为赠，称为缠头。⑫钿头句：意谓欢乐时便以首饰击节打拍，以至于首饰常常断裂破碎。钿头银篦：两端镶有金玉花形的银篦子。⑬颜色故：姿容衰老。⑭浮梁：今江西景德镇市。⑮阑干：指泪水横流的样子。⑯湓（pén）城：在今江西瑞昌，临九江。⑰独倾：独酌。⑱呕哑、嘲哳（zhā）：形容声音杂乱刺耳。⑲促弦：拧紧琴弦。⑳青衫：唐官员品级最低的服色。

今年欢笑复明年，秋月春风等闲度。
弟走从军阿姨死，暮去朝来颜色故[13]。
门前冷落车马稀，老大嫁作商人妇。
商人重利轻别离，前月浮梁买茶去[14]。
去来江口守空船，绕船月明江水寒。
夜深忽梦少年事，梦啼妆泪红阑干[15]。
我闻琵琶已叹息，又闻此语重唧唧。
同是天涯沦落人，相逢何必曾相识。
我从去年辞帝京，谪居卧病浔阳城。
浔阳地僻无音乐，终岁不闻丝竹声。
住近湓城地低湿[16]，黄芦苦竹绕宅生。
其间旦暮闻何物，杜鹃啼血猿哀鸣。
春江花朝秋月夜，往往取酒还独倾[17]。
岂无山歌与村笛，呕哑嘲哳难为听[18]。
今夜闻君琵琶语，如听仙乐耳暂明。
莫辞更坐弹一曲，为君翻作琵琶行。
感我此言良久立，却坐促弦弦转急[19]。
凄凄不似向前声，满座重闻皆掩泣。
座中泣下谁最多，江州司马青衫湿[20]。

【赏析】

《琵琶行》是继《长恨歌》之后的又一部极为优秀的长篇叙事诗，是白居易谪居浔阳时所作。那一年的秋天，诗人于浔阳江头送别友人，主客正因宴席上缺少管弦相伴而无法畅饮，忽然被一阵从江上传来的琵琶声感动，于是逐音寻去，见到了本诗的女主人公，这位琴艺精湛却已年长色衰的琵琶女。

在作者的细腻而深刻笔下，她的情态声貌、举意动容无不透露着伤心人的矜持，她那时而幽婉、时而铿锵、高回低转的琵琶声中寄寓着无限心事，她关于自己身世的叙述，是对辉煌过去的追忆，是浮华过后的凄凉。而当这一切听在作者耳中，看在作者眼里，他终于不胜伤感，潸然泪下，发出了“同是天涯沦落人，相逢何必曾相识”的深沉叹息。

全诗结构缜密，譬喻精妙，感情深挚；情节波澜起伏，时有绝处逢生之妙，而且诗中流传的千古佳句颇多，真是不朽名篇。

韩碑

——李商隐

元和天子神武姿，彼何人哉轩与羲[1]。
誓将上雪列圣耻[2]，坐法宫中朝四夷[3]。
淮西有贼五十载，封狼生貙貙生罴[4]。
不据山河据平地，长戈利矛日可麾。
帝得圣相相曰度，贼斫不死神扶持[5]。
腰悬相印作都统[6]，阴风惨淡天王旗[7]。
愬武古通作牙爪[8]，仪曹外郎载笔随[9]。
行军司马智且勇[10]，十四万众犹虎貔[11]。
入蔡缚贼献太庙[12]，功无与让恩不訾[13]。
帝曰汝度功第一，汝从事愈宜为辞[14]。

注释

①轩：轩辕氏。羲：伏羲氏。②列圣耻：唐王朝从安史之乱起便形成了外敌入侵、藩镇割据的局面，宪宗之前的几个皇帝曾因为吐蕃与地方军阀的叛乱而出奔。③法宫：皇帝处理政务的正殿。四夷：泛指四方边地。④淮西两句：意谓淮西等地为奸贼割据了五十多年，而这些武臣的残暴又是代代相承的。貙（chū）、罴（pí）：都是凶猛的野兽。⑤帝得圣相两句：意谓唐宪宗得到贤明的宰相名叫裴度，贼寇们暗杀他不死是神明的辅助。⑥都统：军队的统帅。⑦天王旗：皇帝的旗帜。

愈拜稽首蹈且舞[15]，金石刻画臣能为。
古者世称大手笔，此事不系于职司[16]。
当仁自古有不让，言讫屡颔天子颐[17]。
公退斋戒坐小阁[18]，濡染大笔何淋漓。
点窜尧典舜典字[19]，涂改清庙生民诗[20]。
文成破体书在纸[21]，清晨再拜铺丹墀[22]。
表曰臣愈昧死上[23]，咏神圣功书之碑。
碑高三丈字如斗，负以灵鳌蟠以螭[24]。
句奇语重喻者少[25]，谗之天子言其私。
长绳百尺拽碑倒，粗砂大石相磨治[26]。
公之斯文若元气，先时已入人肝脾。
汤盘孔鼎有述作，今无其器存其辞。
呜呼圣王及圣相，相与烜赫流淳熙[27]。
公之斯文不示后，曷与三五相攀追[28]？
愿书万本诵万遍，口角流沫右手胝[29]。
传之七十有二代，以为封禅玉检明堂基[30]。

注释

⑧愬（sù）、武、古、通：指裴度手下的大将李愬、韩公武、李道古、李文通。⑨仪曹外郎：礼部员外郎李宗闵。⑩行军司马：指韩愈，其时他担任军中顾问。⑪貔（pí）：传说中的猛兽。⑫入蔡句：指元和十二年十月李愬夜袭蔡州，擒叛将吴元济，解至长安一事。⑬恩不訾（zī）：意谓皇上对他的恩遇也不可估量。訾：计量。⑭宜为辞：指诏命韩愈作《平淮西碑》。⑮稽（qǐ）首：叩头。⑯此事句：此事重大不能交给一般文字官员，须亲自执笔。⑰讫（qì）：毕。颔：点头。颐：下巴。⑱公：指韩愈。⑲点窜：指修改字句。⑳清庙、生民：《诗经》篇名。㉑破体：行书的一种。㉒丹墀(chí)：皇宫前的红色台阶。㉓昧死：冒死。㉔灵鳌（áo）：负碑的大龟。螭（chī）：无角龙。此指碑上所刻的螭形花纹。㉕喻：理解。㉖谗之三句：指李愬之妻入宫向宪宗言碑文不实，宪宗遂命磨去碑文，遣人重撰一事。㉗烜（xuǎn）赫：显赫。㉘公之两句：意谓韩碑碑文若不能昭示后世，宪宗功业又如何与三皇五帝相承接。㉙胝（zhī）：茧。㉚玉检：封存封禅文书的器具。明堂：天子处理政务、召见诸侯的地方。

【诗评】

生硬中饶有古意，甚似昌黎而清新过之。

——《玉溪生诗意》

【赏析】

本诗由宪宗决心削平藩镇开始写起，详尽叙述了裴度率军平定淮西的功绩，以及韩碑从撰碑、树碑到推碑的过程，热情赞颂了韩愈碑文的不朽价值。全诗叙议相兼，写得高古雄拔，直追韩愈之风。

燕歌行 并序

——高适

开元二十六年，客有从御史大夫张公出塞而还者，作《燕歌行》以示适。感征戍之事，因而和焉。

汉家烟尘在东北，汉将辞家破残贼[1]。
男儿本自重横行，天子非常赐颜色。
摐金伐鼓下榆关[2]，旌旗逶迤碣石间[3]。
校尉羽书飞瀚海[4]，单于猎火照狼山。
山川萧条极边土，胡骑凭陵杂风雨[5]。
战士军前半死生，美人帐下犹歌舞。
大漠穷秋塞草衰，孤城落日斗兵稀。
身当恩遇常轻敌，力尽关山未解围。
铁衣远戍辛勤久，玉箸应啼别离后[6]。
少妇城南欲断肠，征人蓟北空回首。
边庭飘摇那可度，绝域苍茫更何有？
杀气三时作阵云，寒声一夜传刁斗[7]。
相看白刃血纷纷，死节从来岂顾勋？
君不见沙场争战苦，至今犹忆李将军。

注释

①残：凶残。②榆关：即今山海关。③碣石：古山名，在今河北省昌黎县西北。④羽书：紧急军书。瀚海：大沙漠。⑤凭陵：侵扰。⑥玉箸：形容眼泪像玉制的筷子。⑦刁斗：古代军中白天来烧饭，晚上用来敲击巡更的铜器。

【赏析】

烽火起于东北边境，汉家大将告别家乡征讨敌寇。男儿生当纵横驰骋，再加上天子特别的激励和奖赏，所以汉将率领着大军，一路金鼓雷鸣。前方校尉快马传书，说匈奴单于正在狼山扬威耀武，战争因此而正式揭幕。在那偏远荒凉的边境上，战士们每每与狂风暴雨般袭来的匈奴铁骑拼死相搏，而汉将却沉迷在美人歌舞中。寒冷的边塞之秋来临了，能够作战的士兵越来越少，然而身受皇恩、大意轻敌的汉将却始终没能让敌人退去。可怜那些跟随他远征至此的战士，他们受尽艰苦，可怜战士们的妻子，她们望眼欲穿，肝肠寸断。短兵相接、血肉横飞，舍命拼杀的战士难道是为了功勋吗？让人伤感的是像飞将军李广一样的统帅已难寻觅。

古从军行

——李颀

白日登山望烽火，黄昏饮马傍交河[1]。
行人刁斗风沙暗[2]，公主琵琶幽怨多[3]。
野营万里无城郭，雨雪纷纷连大漠。
胡雁哀鸣夜夜飞，胡儿眼泪双双落。
闻道玉门犹被遮，应将性命逐轻车[4]。
年年战骨埋荒外，空见蒲桃入汉家[5]。

【赏析】

在边塞，战士们白天登山守望烽火，黄昏又到交河边上让马儿喝水，那一路的风沙尘日，怕只有和亲的公主和经过那里的行人才有最深最真的体会。

边塞之地，渺无人烟，由军营四望，万里空旷，不见城镇；雨雪来时，纷纷洒洒连接着大漠。这样恶劣的环境，即便是生长在那里的胡人也常为之愁苦不堪。

威尊命贱，君王一声令下，将军踏上战车，士卒跟随在后，从此远征绝域，不得归路。若问年年战亡者的尸骨埋没在荒草之中到底换到了什么，换来的不过是一串串葡萄献入汉家宫廷。

诗文一句紧似一句，直到最后一句画龙点睛，旨在讽刺帝王好大喜功，穷兵黩武，视人民生命如草芥的行径。

注释

①交河：在今新疆吐鲁番县西北。②刁斗：古代军中白天来烧饭，晚上用来敲击巡更的铜器。③公主句：指汉武帝时将江都王之女远嫁乌孙一事。④闻道两句：意谓已然出了玉门关就没有归去的道路，只能追随将领一同出生入死。⑤蒲桃：即葡萄。

【诗评】

以人命换塞外之物，失策甚矣。为开边者垂戒，故作此诗。

——《唐诗别裁》

洛阳女儿行

——王　维

洛阳女儿对门居，才可容颜十五余[1]。
良人玉勒乘骢马[2]，侍女金盘脍鲤鱼[3]。
画阁朱楼尽相望，红桃绿柳垂檐向。
罗帏送上七香车，宝扇迎归九华帐[4]。
狂夫富贵在青春[5]，意气骄奢剧季伦[6]。
自怜碧玉亲教舞[7]，不惜珊瑚持与人[8]。
春窗曙灭九微火[9]，九微片片飞花琐[10]。
戏罢曾无理曲时，妆成只是熏香坐。
城中相识尽繁华，日夜经过赵李家。
谁怜越女颜如玉，贫贱江头自浣纱。

【赏析】

刚嫁入对门的洛阳女儿看上去也就十五有余，她的夫家富有。谈到出行，她的丈夫总是骑着佩饰华丽的高头大马，后面跟有托着美味佳肴的侍女，她则是出乘七香车，入则宝扇迎。

丈夫年轻气盛，行为举止很像从前的富豪石崇，怜香惜玉的他会手把手地教洛阳女儿歌舞，意气用事的他喜欢与人斗富比阔，他在家会时通宵达旦地欢娱作乐，而当他不在家的时候，梳妆完毕的洛阳女儿便只能熏香闲坐，无所事事。至于夫家的交往，无不是豪门富户、公子王孙。

洛阳女儿早入豪门，尽享富贵奢华，然而在她的年纪，芳华绝代的西施姑娘却还在溪边浣纱，过着贫贱无闻的生活，人生的命运，有时竟是如此的不公。

注释

①才可：恰好。②良人：丈夫。勒：马嚼子。骢马：青白杂色的马。③脍（kuài）：鲤鱼片。④宝扇：古代贵族出行时的遮蔽用具。⑤狂夫：古代妻自称其夫的谦词。⑥剧：戏弄，轻视。季伦：晋石崇字季伦，以奢豪著称于世。⑦碧玉：此指洛阳女儿。⑧珊瑚：石崇曾以拥有珊瑚树大小多少与人斗富。⑨春窗句：意谓通宵欢娱，每每到清晨才熄灭灯火。九微：指珍贵的灯具。⑩花琐：指雕窗。

老将行

——王 维

少年十五二十时，步行夺得胡马骑。
射杀山中白额虎，肯数邺下黄须儿[1]？
一身转战三千里，一剑曾当百万师。
汉兵奋迅如霹雳，虏骑奔腾畏蒺藜[2]。
卫青不败由天幸[3]，李广无功缘数奇[4]。
自从弃置便衰朽，世事蹉跎成白首。
昔时飞雀无全目[5]，今日垂杨生左肘[6]。
路傍时卖故侯瓜[7]，门前学种先生柳[8]。
苍茫古木连穷巷[9]，寥落寒山对虚牖[10]。
誓令疏勒出飞泉[11]，不似颍川空使酒[12]。
贺兰山下阵如云[13]，羽檄交驰日夕闻[14]。
节使三河募年少[15]，诏书五道出将军[16]。
试拂铁衣如雪色，聊持宝剑动星文[17]。
愿得燕弓射大将[18]，耻令越甲鸣吾君[19]。
莫嫌旧日云中守[20]，犹堪一战立功勋。

注释

①肯数：岂可只推。邺：曹操封魏王后都于邺。黄须儿：指曹操第二子曹彰，须黄而刚烈勇猛。②虏骑：指匈奴的骑兵。蒺藜：此指铁蒺藜，战地所用的障碍物。③卫青：汉代名将，屡败匈奴而建功。但卫青最初被封官是因为姐姐卫子夫受到汉武帝的宠爱而沾了光，故本句说他“由天幸”。④李广无功：李广屡立奇功，但一生却坎坷不遇，终未封侯，故曰“无功”。缘：因为。数奇：命运不好。⑤飞雀无全目：形容射艺之精，能使飞雀双目不全。⑥垂杨生左肘：指因为长时间不操弓箭而双肘僵硬。⑦故侯瓜：秦亡后，东陵侯召平曾在长安城东种瓜为生。⑧先生柳：晋陶渊明弃官归隐后，因门前有五株杨柳，自号“五柳先生”。⑨穷巷：深巷。⑩牖（yǒu）：窗户。⑪誓令句：东汉耿恭据守疏勒城，匈奴断其水源，耿恭于城中掘井而祈祷，后得水。⑫颍川空使酒：西汉颍阴人灌夫，为人刚直，好恃酒使气。⑬贺兰山：在今宁夏境内，唐代为战地。⑭羽檄：紧急军书。节使：持有朝廷符节的使臣。⑮三河：今河南一带。⑯诏书句：意谓诏令众将军分五路出兵。⑰星文：指剑上所嵌的七星文。⑱燕弓：燕地出产的劲弓。⑲耻令句：意谓以敌人甲兵惊动国君为可耻。用春秋越国进犯齐国，雍门子狄认为战事惊动国君是自己的耻辱事。⑳莫嫌句：汉魏尚为云中太守时，匈奴不敢犯境。他曾因所缴敌首差六级被削爵，后来汉文帝遣冯唐持符节赦其罪，复其官职。

【赏析】

本诗塑造了一位昔日跃马疆场，后因年老而被废置的老将形象：他少年从军，骁勇善战，屡建奇功，却不曾得到朝廷尺土之封，老来还不得不靠躬耕叫卖为生。然而虽遭如此冷遇，他的那颗志在杀敌报国、平定边土的壮心却并不曾改变。每当烽火起时，他便会拂甲按剑，希望能够重蹈沙场，再立功勋。全诗用典虽多，却熔裁合度，极显磅礴气势，将老将的博大胸襟和不灭豪情烘托刻绘得淋漓尽致，同时反映出其时朝廷对于有功之士的薄恩寡义、刻薄无情。

【诗评】

此种诗纯以对仗胜。学诗者不能从李、杜，入右丞、常侍，自有门径可寻。

——《唐诗别裁》

（“寥落寒山”句）写得闲散，意象如画。（“贺兰山下”句）前路迤逦，其势蓄极，到此乃喷薄而出，须知其谐处俱不失其健。

——《唐贤三昧集笺注》

桃源行

——王　维

渔舟逐水爱山春[1]，两岸桃花夹古津[2]。
坐看红树不知远，行尽青溪忽值人。
山口潜行始隈隩[3]，山开旷望旋平陆。
遥看一处攒云树[4]，近入千家散花竹。
樵客初传汉姓名，居人未改秦衣服。
居人共住武陵源，还从物外起田园[5]。
月明松下房栊静[6]，日出云中鸡犬喧。
惊闻俗客争来集[7]，竞引还家问都邑[8]。
平明闾巷扫花开[9]，薄暮渔樵乘水入。
初因避地去人间，及至成仙遂不还[10]。
峡里谁知有人事，世中遥望空云山[11]。
不疑灵境难闻见[12]，尘心未尽思乡县。
出洞无论隔山水，辞家终拟长游衍[13]。
自谓经过旧不迷[14]，安知峰壑今来变。
当时只记入山深，青溪几度到云林。
春来遍是桃花水，不辨仙源何处寻。

注释

①逐水：沿着溪水。②古津：古渡口。③隈（wēi）隩（yù）：曲窄幽深。④攒：聚集。⑤物外：世外。⑥房栊（lóng）：房舍。栊：窗户。⑦俗客：指误入桃花源的渔人。⑧竞：竞相。引：引领。⑨闾巷：里巷。⑩初因两句：意谓桃源之人最初是为了逃避战乱而来此地的，后来过惯了神仙般的生活就不再想回故乡了。⑪峡里两句：意谓桃花源中的人已不知俗世之事，而俗世中人也只能空自遥望云山而已。⑫灵境：仙境。⑬出洞两句：意谓渔人出洞后又觉得桃源值得逗留，不管山高水远，还是想辞家来此长住。游衍：留连不去。⑭自谓：自以为。

【赏析】

当《桃花源记》中的情节被王维以诗的方式重新写来，更是别具一番风情——武陵渔人因为喜爱春天的山水，所以任小舟沿着两岸开满桃花的清溪一路漂流，在不知不觉中到达了清溪尽头的桃源洞口。他小心谨慎地穿过山洞，一片平旷的原野豁然眼前，他好奇于原野中一处云树朦胧的地方，走到近前才发现那里坐落着千家万户，掩映着茂盛的花竹。

樵夫报来的还是汉朝的姓名，居民们穿的依旧是秦时的衣裳，与之交谈，方才明了他们于世外建起美丽田园的因由。在这里居住，渔人真正感受到了月夜的恬静，日出的蓬勃，他喜欢看人们于清晨扫开满地的落花，看黄昏时分渔夫樵父乘舟归来，当然，他也十分繁忙，因为人们竟相将他请到家中问起俗世的短长。村人因避世乱而至此成仙，从此隔绝尘世，渔人虽然知道仙境难得，但却因为思念家乡而离去，然而他终于不能忘记桃源，于是又在一个春天殷勤寻来。这一次，自认为过路不忘的他迷茫在了山水之间，因为“春来遍是桃花水，不辨仙源何处寻”。

蜀道难

——李白

噫吁嚱，危呼高哉，蜀道之难难于上青天。
蚕丛及鱼凫[1]，开国何茫然。
尔来四万八千岁，不与秦塞通人烟[2]。
西当太白有鸟道[3]，可以横绝峨嵋巅。
地崩山摧壮士死[4]，然后天梯石栈相钩连[5]。
上有六龙回日之高标[6]，下有冲波逆折之回川[7]。
黄鹤之飞尚不得过，猿猱欲度愁攀援[8]。
青泥何盘盘[9]，百步九折萦岩峦[10]。
扪参历井仰胁息[11]，以手抚膺坐长叹。
问君西游何时还，畏途巉岩不可攀[12]。
但见悲鸟号古木，雄飞雌从绕林间。
又闻子规啼夜月[13]，愁空山。
蜀道之难难于上青天，使人听此凋朱颜。
连峰去天不盈尺，枯松倒挂倚绝壁。
飞湍瀑流争喧豗[14]，砯崖转石万壑雷[15]。
其险也若此，嗟尔远道之人胡为乎来哉。
剑阁峥嵘而崔嵬，一夫当关，万夫莫开。
所守或匪亲，化为狼与豺[16]。
朝避猛虎，夕避长蛇。磨牙吮血，杀人如麻。
锦城虽云乐[17]，不如早还家。
蜀道之难难于上青天，侧身西望长咨嗟[18]。

注释

①蚕丛、鱼凫：均为传说中的古蜀国国王。②秦塞：秦地。古蜀国本与中原不通，至秦惠王灭蜀，始与中原相通。③太白：秦岭峰名。鸟道：仅能容鸟飞过的道路，形容山路狭窄。④地崩句：相传秦惠王曾嫁五美女于蜀，蜀遣五壮士迎之，返回途中遇大蛇入洞穴中，五人牵住蛇尾而用力外拉，结果山崩，力士和美女都被压死，山也分成五岭。⑤石栈：于岩壁上凿石架木而成的通道。⑥上有句：谓有能挡住太阳神六龙车的高峰。六龙：相传太阳神所乘之车有六条龙来拉。高标：最高的山峰。⑦回川：萦回的川流。⑧猱（náo）：猕猴。⑨青泥：山名，在今陕西略阳县。盘盘：盘旋曲折。⑩萦岩峦：指峰岭迂回环抱。⑪参、井：均为星宿名。扪参历井是说蜀道之上伸手便可触及星辰。胁息：屏住呼吸。⑫巉（chán）岩：险峭的山岩。⑬子规：杜鹃。⑭喧豗（huī）：喧闹碰撞的声音。⑮砯（pīng）：水击岩石的声音。⑯所守两句：谓镇守这里的人若不可靠，一旦叛乱就会变成凶狠的豺狼。⑰锦城：即成都。⑱咨嗟：叹息。

【赏析】

本诗是一首浪漫主义的代表作，最能体现李白豪放、奇丽的诗风，大概是唐玄宗天宝初年，李白第一次到长安时所写。本诗分为三个部分，分别按照从古至今、从秦入蜀的顺序来展示蜀地山水的特色，突出蜀道的险峻难行。

第一部分从开头到“然后天梯石栈相钩连”。诗人开篇咏叹，并用一系列神话故事和历史传说点明蜀道难的主题，奠定了全诗豪放的基调。第二部分从“上有六龙回日之高标”到“使人听此凋朱颜”。诗人先用神话传说引入主题，又用黄鹤难越、猿猱愁攀来巧妙衬托山的高险。第三部分从“连峰去天不盈尺”到结尾。先写山川的险峻，再由静而动地写飞流、山石等令人惊恐的场面。接着这种氛围，诗人挥笔指向要塞剑阁，从对剑阁险要的慨叹中，写到了对政治的分析。诗人反复咏叹的写法给人强烈的震撼，令人动容。

行路难

——李白

金樽清酒斗十千[①]，玉盘珍馐值万钱[②]。
停杯投箸不能食[③]，拔剑四顾心茫然。
欲渡黄河冰塞川，将登太行雪满山[④]。
闲来垂钓碧溪上[⑤]，忽复乘舟梦日边[⑥]。
行路难，行路难，多歧路，今安在。
长风破浪会有时[⑦]，直挂云帆济沧海。

注释

①斗十千：一斗酒值十千钱。②珍馐（xiū）：名贵的菜肴。③箸：筷子。④太行：太行山。⑤闲来句：相传姜子牙未遇周文王前曾在溪边垂钓。⑥忽复句：相传伊尹受商汤聘用之前，曾梦乘舟过日月之边。⑦长风句：南朝宋宗悫曾言志说："愿乘长风破万里浪。"

【赏析】

有金樽盛着的清冽佳酿，有玉盘盛着的珍贵菜肴，然而诗人举杯又住，欲食又停，撂下筷子，起身拔剑四顾，心绪茫然。世路艰难，诗人来到长安施展抱负，无奈欲渡黄河却有河冰相阻，欲登太行却看到白雪满山，起初的踌躇满志变成了如今的惆怅失意。他也曾神游在远古时代吕尚和伊尹先抑后扬的经历中，想要以前人事迹作为慰藉和自勉，但神游归来，现实却使他转而大声疾呼：行路难！歧路多！今后的道路又在哪里？

愤懑则愤懑矣，诗人并没有失去信心，因为他坚信总有一天会乘风破浪、纵横江海。

将进酒

——李白

君不见黄河之水天上来，奔流到海不复回。
君不见高堂明镜悲白发，朝如青丝暮成雪。
人生得意须尽欢，莫使金樽空对月。
天生我材必有用，千金散尽还复来。
烹羊宰牛且为乐，会须一饮三百杯[①]。
岑夫子，丹丘生[②]，将进酒，杯莫停。
与君歌一曲，请君为我倾耳听。
钟鼓馔玉不足贵[③]，但愿长醉不愿醒。
古来圣贤皆寂寞，唯有饮者留其名。
陈王昔时宴平乐[④]，斗酒十千恣欢谑[⑤]。
主人何为言少钱，径须沽取对君酌[⑥]。
五花马[⑦]，千金裘[⑧]，呼儿将出换美酒，与尔同销万古愁。

注释

①会须：正应当。②岑夫子、丹丘生：指岑勋和元丹丘。二人都是李白的朋友。③钟鼓馔玉：泛指豪门的奢华生活。钟鼓：指富贵人家宴会时使用的乐器。馔玉：精美的饭食。④陈王：指曹操之子曹植，曹植曾被封为陈王。⑤恣（zì）：尽情。⑥径：直接地。⑦五花马：毛色呈五种花纹的良马。⑧千金裘：价值千金的皮衣。

【赏析】

全诗融入了李白自长安放还以来胸中的诸多感慨，真实反映了他当时复杂而矛盾的思想感情，不但有对于时光易逝、人生苦短的慨叹，有对于人生应当及时行乐、放情言欢的强调，也有“天生我材必有用”的自我肯定，以及对于“古来圣贤皆寂寞”的悲愤。这种种情感与愁绪的宣泄都是围绕“酒”字展开，诗人在酒中找到了解脱苦闷的方法，满腔的激愤也终于在此畅饮时刻得以喷薄而出。从他这种无所节制、恣意纵情的豪饮当中，我们能够深深感受到他内心难以言状的无奈和痛苦，并且为他哀而不伤、悲而能壮的洒脱情怀所打动。

【诗评】

全诗跌宕起伏，气象万千，纵逸处如大河奔流，一泻千里，委婉处又极尽劝侑之能，娓娓动听，李白之旷世诗情，永远可以穿越时空，震撼人心。

兵车行

——杜甫

车辚辚[①]，马萧萧[②]，行人弓箭各在腰。
爷娘妻子走相送[③]，尘埃不见咸阳桥。
牵衣顿足拦道哭，哭声直上干云霄[④]。
道旁过者问行人，行人但云点行频[⑤]。
或从十五北防河[⑥]，便至四十西营田[⑦]。
去时里正与裹头[⑧]，归来头白还戍边。
边庭流血成海水，武皇开边意未已[⑨]。
君不闻汉家山东二百州，千村万落生荆杞[⑩]。
纵有健妇把锄犁，禾生陇亩无东西[⑪]。
况复秦兵耐苦战[⑫]，被驱不异犬与鸡。
长者虽有问，役夫敢申恨[⑬]？
且如今年冬，未休关西卒[⑭]。
县官急索租，租税从何出？
信知生男恶[⑮]，反是生女好。
生女犹得嫁比邻，生男埋没随百草。
君不见青海头[⑯]，古来白骨无人收。
新鬼烦冤旧鬼哭，天阴雨湿声啾啾。

注释

①辚（lín）辚：车行时发出的咯咯的声音。②萧萧：形容马的嘶鸣声。③妻子：妻子和儿女。④干：犯，冲。⑤点行：的按丁口册强制点征入伍。⑥北防河：黄河以北设防。⑦营田：即屯田，士兵们不作战时垦荒种田。⑧里正：即里长，管理户口、赋役等事。与裹头：替被征者裹头巾。因应征者年龄尚小，所以由里正替他裹头。⑨武皇：汉武帝，他在历史上以开疆扩土著称。此处喻唐玄宗。⑩荆杞：即荆棘。⑪无东西：指庄稼长得不成行列。⑫秦兵：来自秦地的兵士。⑬役夫：被征集的士兵。⑭未休句：指因连年交战，关西的士兵不能回家。⑮信知：真的明白。⑯青海：青海湖，唐和吐蕃多交战于此。

【赏析】

诗从父母妻子送征人上路的一幕写起，极言送别场面的凄惨悲恸。就是因为诸多的壮年男子被强征入伍，千家万户因此而失去了家中的顶梁柱，农村中形成了“千村万落生荆杞”的局面，何况官府税赋日重。既然男儿的结局总是战死沙场、埋尸荒野，所以民间流传着“反是生女好”的歌谣。作者以对青海古战场凄惨景象的描写完结全篇，沉痛抒发了对朝廷穷兵黩武行为的愤慨，以及对广大人民所遭受苦难的同情。

丽人行

——杜　甫

三月三日天气新[①]，长安水边多丽人。
态浓意远淑且真[②]，肌理细腻骨肉匀[③]。
绣罗衣裳照暮春，蹙金孔雀银麒麟[④]。
头上何所有，翠微㔩叶垂鬓唇[⑤]。
背后何所见，珠压腰衱稳称身[⑥]。
就中云幕椒房亲[⑦]，赐名大国虢与秦[⑧]。
紫驼之峰出翠釜[⑨]，水精之盘行素鳞[⑩]。
犀箸厌饫久未下[⑪]，鸾刀缕切空纷纶[⑫]。
黄门飞鞚不动尘[⑬]，御厨络绎送八珍[⑭]。
箫鼓哀吟感鬼神，宾从杂遝实要津[⑮]。
后来鞍马何逡巡[⑯]，当轩下马入锦茵[⑰]。
杨花雪落覆白蘋，青鸟飞去衔红巾[⑱]。
炙手可热势绝伦，慎莫近前丞相嗔[⑲]。

注释

①三月三日：上巳节。古人常于这一天来到水边祭祀以求去除不祥，后来逐渐变成春游欢宴的节日。②淑且真：优雅而自然。③骨肉匀：指体态匀称。④蹙（cù）：此指刺绣。⑤翠微：薄薄的翡翠片。㔩（è）叶：妇女的发饰。⑥腰衱（jié）：裙带。⑦云幕：画着云彩的帐幕。椒房亲：指杨贵妃的家族。⑧虢（guó）与秦：杨贵妃的两个姐姐被封为虢国夫人和秦国夫人。⑨紫驼之峰：驼峰上的肉。釜：锅。⑩水精之盘：水晶盘。素鳞：洁白的鱼。⑪犀箸：犀牛角做的筷子。厌饫（yù）：因饱而厌食。⑫鸾刀：带有铃铛的刀。缕切：切丝。空纷纶：指厨人们空忙了一番。⑬黄门：宦官的通称。鞚（kòng）：马缰绳。不动尘：喻马跑得轻快。⑭八珍：泛指各种珍贵菜肴。⑮杂遝（tà）：纷杂。要津：要职。⑯后来鞍马：指杨国忠。逡巡：形容左顾右盼，甚是得意的样子。⑰锦茵：锦绣地毯。⑱青鸟：传说中的神鸟，为西王母的使者。红巾：红帕。以上两句实是暗指虢国夫人与杨国忠之间的暧昧关系。⑲丞相：指杨国忠。嗔：发怒，生气。

【赏析】

《丽人行》约作于天宝十二载（753年），诗的主旨是对杨贵妃兄姐妹们嚣张气焰的指斥和鞭笞。

诗开头从一般丽人写起，描写上巳日曲江水边踏青的丽人如云，体态娴雅、姿色优美、服饰华美，既是陪衬，又十分含蓄。继而笔锋一转，点出虢国夫人与秦国夫人，盛言其排场的盛大、宴游的豪奢及趋炎附势者之众，见出杨氏兄妹的骄宠之态。最后写杨国忠威势煊赫、意气骄恣，并暗示了其淫乱行为。结尾两句将主题点出，但依然不着议论，而是让读者自去批评。

全诗语极铺排，富丽华美中蕴含清刚之气。虽然不见讽刺的语言，但在惟妙惟肖的描摹中，隐含犀利的匕首，讥讽入木三分。

哀王孙

——杜 甫

长安城头头白乌[1]，夜飞延秋门上呼[2]。
又向人家啄大屋，屋底达官走避胡[3]。
金鞭断折九马死，骨肉不得同驰驱。
腰下宝玦青珊瑚[4]，可怜王孙泣路隅[5]。
问之不肯道姓名，但道困苦乞为奴。
已经百日窜荆棘，身上无有完肌肤。
高帝子孙尽隆准[6]，龙种自与常人殊。
豺狼在邑龙在野[7]，王孙善保千金躯。
不敢长语临交衢[8]，且为王孙立斯须[9]。
昨夜东风吹血腥，东来橐驼满旧都[10]。
朔方健儿好身手，昔何勇锐今何愚[11]。
窃闻天子已传位，圣德北服南单于[12]。
花门剺面请雪耻[13]，慎勿出口他人狙[14]。
哀哉王孙慎勿疏[15]，五陵佳气无时无[16]。

【赏析】

本诗是哀念战乱中王孙的纪事诗。安史之乱中，玄宗逃蜀，长安大乱。安禄山部属杀戮宗室皇族百余人，王孙们隐匿逃窜。诗人耳闻目睹这些悲惨情景，写诗反映了当时的史实，对王孙的不幸命运表示同情和悲伤，同时安慰他们各自保重，家国复兴指日可待，表现了诗人渴望国家安定统一的心愿。全诗用语古朴，气势恢弘。

注释

①头白乌：白脑袋的乌鸦，旧时以为乌鸦是不祥之物。②延秋门：唐宫苑西门，安史之乱唐玄宗即从此门逃走。③胡：指安禄山叛军。④玦（jué）：环形而有缺口的玉佩。⑤路隅：路边街角。⑥高帝：指汉高祖刘邦，此处是以汉喻唐。龙准：高鼻。此句是说王孙们自有皇族的特征。⑦豺狼句：指安禄山占据京城，玄宗出奔巴蜀。⑧长语：长谈。交衢（qú）：四通八达的道路。⑨斯须：一会儿。⑩橐（tuó）驼：骆驼。⑪朔方两句：指唐名将哥舒翰因遵从杨国忠的出战策略弃守为攻，麾下朔方军二十万为安禄山所败之事。⑫圣德句：指肃宗即位，与回纥结好之事。⑬花门：借指回纥。剺（lí）面：用刀割脸以示忠诚。⑭慎勿句：意谓慎防为贼人耳目所察。⑮疏：疏忽。⑯五陵：玄宗以前的唐室有五陵。佳气：指陵墓间郁郁葱葱之气。本句是说唐朝随时都有中兴之望。

经鲁祭孔子而叹之

——唐玄宗

夫子何为者[1]，栖栖一代中[2]。
地犹鄹氏邑[3]，宅即鲁王宫[4]。
叹凤嗟身否[5]，伤麟怨道穷[6]。
今看两楹奠[7]，当与梦时同。

【诗评】

雄健有力，开盛唐一代先声。

——《唐诗别裁》

注释

①夫子：对孔子的尊称。何为者：为了什么。②栖栖：忙碌不安的样子。③鄹（zōu）：春秋鲁国地名，孔子家乡。④宅即句：相传汉鲁恭王刘余（景帝子）曾欲平孔子旧宅以广其宫，开工时闻金石丝竹之音，于是不敢再进行。⑤叹凤句：《论语·子罕》有"凤鸟不至，河不出图，吾已矣夫"之语，是孔子在叹息自己生不逢时。否（pǐ）：蹇涩，不顺利。

【赏析】

诗为唐玄宗做太子时过鲁祭孔而作。诗中感叹孔子一生的栖遑不遇，“叹凤嗟身否，伤麟怨道穷”二句极写孔子一生对于理想孜孜不倦地追求和现实中他所遭逢的诸多坎坷，让人联想起孔子“知其不可为而为之”的用世精神。结尾二句，意谓现在作者前来致祭，祭奠的礼制正和孔子生前的梦想相同，表达了玄宗对孔子的崇敬之情。

注释

⑥伤麟：相传鲁哀公十四年，狩猎获麒麟，孔子闻之而叹曰：吾道穷矣。⑦两楹奠：孔子曾经梦见自己坐于两楹之间受人祭奠。两楹：指祭殿前的两根立柱。奠：致祭。

望月怀远

——张九龄

海上生明月，天涯共此时。
情人怨遥夜①，竟夕起相思②。
灭烛怜光满，披衣觉露滋③。
不堪盈手赠④，还寝梦佳期⑤。

注释

①情人：有情之人。遥夜：长夜。②竟夕：整夜。③灭烛两句：意谓灭去蜡烛而见月光明亮；夜凉披衣，但觉夜露滋于衣上。④盈手赠：双手捧起来赠与你。⑤还寝：重新睡下。梦佳期：于梦中得到与你相会的佳期。

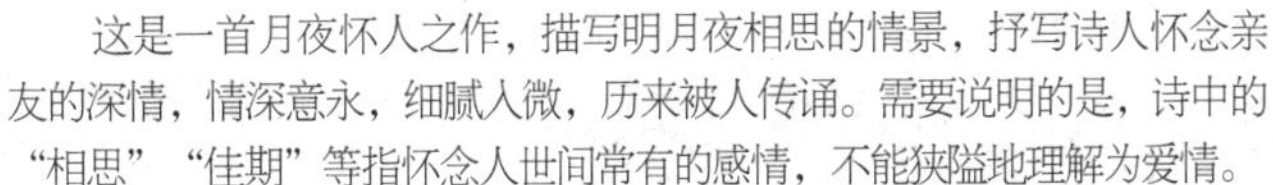

【赏析】

这是一首月夜怀人之作，描写明月夜相思的情景，抒写诗人怀念亲友的深情，情深意永，细腻入微，历来被人传诵。需要说明的是，诗中的“相思”“佳期”等指怀念人世间常有的感情，不能狭隘地理解为爱情。

诗的首联高华浑融，“海上生明月，天涯共此时”为千古佳句，意境雄浑豁达。第一句“一望无际的大海上升起一轮明月”，此是写景，第二句则是因景生情，“令人想起了远隔千山万水的亲朋好友，此时此刻他们也与我观赏着同一轮明月”。这两句诗与谢庄《月赋》中“美人迈兮音尘绝，隔千里兮共明月”的句子有异曲同工之妙，只是更显得自然流畅、不事雕琢，意境也就更加恢弘。第一句写“望月”，第二句写“怀远”，两句均紧扣诗题，但看上去却不着痕迹。

颔联直抒胸臆，表达诗人对远方友人的殷切思念。“情人”，可指多情的人、有怀远情思的人，此处是诗人自称；“遥夜”指长夜；“竟夕”意为通宵。诗人想念远方好友，竟至于通宵不眠，还因此埋怨起夜太漫长。本诗是一首五言律诗，律诗严格要求颔联和颈联的对仗。这一联是流水对，浑然天成，颇具美感。

颈联紧承颔联，详细描述了诗人难以入眠的情形，生动形象，很是传神。“怜”，意为爱怜、怜惜；“滋”，打湿之意。第五句写诗人在房间徘徊，熄灭蜡烛后见到地上铺满银色的月光，不禁生出爱怜之意；第六句写夜色深沉，诗人独自在庭院流连，感觉到露水打湿了披着的衣裳。本联对仗工整，细致入微。

尾联进一步表达了诗人对友人的深情厚谊。“不堪”，指不能；“盈手”，满手之意；“佳期”，指重聚之日。这两句诗意为：我无法手捧月光送给千里相隔的亲友，只盼望在梦中与你们相会。此处化用陆机《拟明月何皎皎》中“照之有余辉，揽之不盈手”一句的诗意，加以升华，表达出了缠绵不绝的情思。

全诗描写层层深入不紊，语言明快铿锵，意境清新，寄兴深远，细细品味，甚是动人。

【诗评】

全诗浑成与精巧同存，天然与人工并妍，意境清幽而情感深挚，是寄月抒情诗中不可多得的佳作。

送杜少府之任蜀州[1]

——王 勃

城阙辅三秦[2]，风烟望五津[3]。
与君离别意，同是宦游人[4]。
海内存知己，天涯若比邻。
无为在岐路[5]，儿女共沾巾。

注 释

①少府：县尉。之任：赴任。②辅：环抱。三秦：项羽灭秦后，分秦之旧地为雍、塞、翟三国，统称"三秦"。③五津：指岷江的五大渡口，即白华津、万里津、江首津、涉头津、江南津，皆在蜀中。④宦游人：出外做官之人。⑤无为：不要。岐路：分岔路口，古人送行常至路的岔口而分手。"岐"同歧"。

【诗评】

此等诗气格浑成，不以景物取妍，具初唐之风骨。

——《古唐诗合解》

【赏析】

这是王勃在长安送别一位到蜀地任县令的杜姓朋友时所作的抒情诗，为赠别名篇。

诗的首联写景，对仗工稳，气象壮阔，生动地写出了送别时的环境。当时诗人在长安做官，他要送好友杜少府赴蜀地任职。两人一同出长安城，来到分手之处，心中有千言万语，却无从说起。诗人只好借浏览周围的景致来克制自己的情绪。"城阙辅三秦"，写长安的城垣、宫阙被广阔无边的三秦大地所"辅"（护卫），气势恢弘；"风烟望五津"，"五津"指岷江的五大渡口，泛指川西岷江流域，句意为自长安遥望蜀川，视线被茫茫的风烟所阻隔，什么都难以分辨。秦地和蜀地万里相隔，诗人用一个"望"字 就将两地巧妙地联系起来，实在是妙笔。另外，"风烟"二字也暗示出路途遥远，行路艰难，表达了诗人对朋友的关切。 颔联以散调承之，文情跌宕。"与君离别意"承首联写惜别之感，诗人欲吐还吞。"同是宦游人"是诗人的宽慰之词，指出了与朋友分别的必然性。正所谓千里搭长棚，天下无不散之筵席，朋友之间不管情谊多么深长，都不可能始终相聚，总有一天会因各种原因面临别离。而对诗人和杜少府来说，分别的原因就是"同是宦游人"。两人都是朝廷命官，都要遵守王命、忠于职守，命令一来，自然就要各奔东西。但是，不管距离多远、分开多久，朋友间的深情厚谊是不会有所改变的。 颈联更进一步，奇峰突起。诗人一方面强调友谊的真诚与持久，另一方面也鼓励友人乐观地对待人生。这两句诗含义绵长，是全诗的核心，展现出诗人的宽广胸襟和远大志向，也使两人深厚的友情得以升华。人们称惺惺相惜的朋友为"知己"，知己有时在身边，有时却在天南地北。然而不论空间的距离多远，时间过去了多久，知己间的情谊是不可动摇的。同时，决不能狭隘地认定"知己"仅此一人：天下之大，到处都有与自己志同道合之人，也时时可能跟他们成为朋友。怀着这样的认知送别友人就不会感到凄凉落寞，反而会产生一种奋发向上的心态，对前路充满信心。 尾联紧接上联，诗人不仅点明"送"的主题，而且继续劝勉朋友："无为在岐路，儿女共沾巾。""在岐路"，点出题面"送"字。岐路者，岔路也，古人送行，常至大路分岔处分手，所以往往把临别称为"临岐"。诗人语重心长，力劝朋友在道别之时，千万莫像孩童，悲伤难忍，泪水涟涟，甚至拿出手帕来擦眼泪，而是要充满信心，乐观积极地走向新的生活。本诗格调高妙，难以超越，实在不愧为千古佳作。

在狱咏蝉

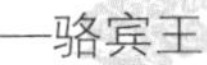

——骆宾王

西陆蝉声唱[1]，南冠客思深[2]。
不堪玄鬓影[3]，来对白头吟[4]。
露重飞难进，风多响易沉。
无人信高洁，谁为表予心[5]？

注释

①西陆：秋天。②南冠：此为囚徒之意。《左传·成公九年》载："晋侯观于军府，见锺仪，问之曰：'南冠而縶者谁也？'有司对曰：'郑人所献楚囚也。'"③玄鬓：魏宫人莫琼树所制蝉鬓，飘渺如蝉翼。④白头吟：汉司马相如发迹后对卓文君爱情不专，文君作《白头吟》给相如，中有"愿得一心人，白头不相离"句，作者此处引来喻自己对国家的一片赤诚被辜负。⑤予：我。

【赏析】

本诗是骆宾王在狱中所作，抒发了诗人被朝廷冷落，贬黜入狱后的悲愤心情。

首联以蝉声开篇，描写秋末冬至，生命即将走到尽头的蝉的凄凉鸣声。听到此音，身陷囹圄的诗人不禁感怀、伤情。此联对仗严谨，音律优美。颔联"不堪"与"来对"相互呼应，诗人由蝉的现状联想到自己，表达了内心的伤感和对朝廷黑暗的愤懑。"白头吟"是古时乐府佳作，描写一名被爱人抛弃的女子的哀怨心情，表现了她对爱情专一的渴望。诗人以此自喻，表明自己屡次被贬，仕途坎坷，黑发渐渐斑白的凄凉现状。诗人在狱中看到窗外的秋蝉仍是"玄鬓"，对比之下难免伤感。多年来，诗人为成就功业劳碌奔波，刚刚升任侍御史却再次遭人陷害，抑郁之情油然而生。

颈联看似说蝉，却也是托物言己，把诗人多年来的坎坷经历全然呈现。整句运用多处比喻，"露重""风多"即周遭事物的不尽如人意；"飞难进"是对诗人难以在官场有所作为的描写；"响易沉"暗喻诗人的观点看法受到打压。结尾以一句设问点明，虽拥有蝉的高洁品质，但却含冤入狱，诗人的怨愤跃然纸上。

整首诗流畅自然，比喻精妙，托物言志，寓意深远，是咏物诗中的佳作。

和晋陵陆丞早春游望[1]

——杜审言

独有宦游人[2]，偏惊物候新[3]。
云霞出海曙[4]，梅柳渡江春[5]。
淑气催黄鸟[6]，晴光转绿蘋。
忽闻歌古调[7]，归思欲沾巾[8]。

注释

①和（hè）：以诗相和。晋陵：今江苏常州市。陆丞：陆姓县丞。②宦游人：在外做官的人。这里既指陆丞，又指自己。③物候：景物变化的征状。④曙：晓色。⑤梅柳句：意谓春色由江南到了江北。⑥淑气：和暖的气候。催黄鸟：催着黄莺啼叫。⑦古调：指陆丞的《早春游望》。⑧沾巾：流泪。

【赏析】

永昌元年（689年），诗人宦海沉浮近二十年，诗名大震，却仍远离京洛，在江阴当小官。早春时节，诗人与友人一起出游踏青，本是赏心乐事，诗人却心情不悦，写下本诗。这首诗是陆丞所作《早春游望》的和作，是山水诗中的杰作。诗人准确地把握住了早春时节物候的变化及客居他乡游宦之人的心理感受。诗题中的“和”，指用诗应答。晋陵，即今江苏常州，唐代属江南东道毗陵郡。陆丞，诗人的友人，不详其名，时在晋陵任县丞。大约武则天永昌元年前后，杜审言在江阴县任职，与陆某是同郡邻县的僚友。他们同游唱和，可能即在其时。陆某原唱已不可知。杜审言这首和诗是用原唱同题抒发自己宦游江南的感慨和归思。诗人采用拟人手法，写江南早春，历历如画。全诗对仗工整，结构细密，字字锤炼；因物感兴，即景生情。

诗一开篇，诗人点明自身的处境，既“宦游”且“独”，可见诗人孤身一人远离家乡，进而指明这样的人对季节的变化特别敏感，触目惊心，容易产生思乡之情。

中间二联具体写“惊新”，着重描写江南早春景象。颔联概写早春晨景：日出之前，云蒸霞蔚，五彩缤纷，曙色似乎是云霞从海中带出的；春归大地，红梅吐艳，绿柳催芽，似乎春天是梅柳从江南渡过来的。这两句将“云霞”与“曙”“梅柳”与“春”的关系倒置，构思独特，精警洗练，成为千古名句。颈联进一步描写了早春的景物，黄鸟啼鸣，浮萍飘绿，声色相间，凸显春色。

尾联“忽闻”突转，点出诗人的早春游望之诗作，进而勾起自身触景之情。“归思欲沾巾”响应首联“偏惊物候新”，前后呼应，点明思归和道出诗人伤春的本意。

诗人通过描写异地季节的变化，抒发了在外做官的感慨与思乡的情绪。全诗语言生动，对仗工整，结构细密，因物感兴，即景生情。

【诗评】

初唐五言律，“独有宦游人”第一。

——《诗薮》

三、四句如精金百炼。……“曙”“春”一字一句，古人琢意之妙。起结意势冲盈。

——《唐诗镜》

杂诗

——沈佺期

闻道黄龙戍[1]，频年不解兵[2]。
可怜闺里月，长在汉家营。
少妇今春意，良人昨夜情[3]。
谁能将旗鼓[4]，一为取龙城[5]。

【诗评】

五、六就本句看，极是平常；就通首看，则无限不可说之话尽缩此两句内，初唐人微妙至此。

——《唐诗消夏录》

【赏析】

本篇为沈佺期的代表作之一，写因边事长年不息而导致的夫妇离别的相思之苦。丈夫戍守边关，妻子独守空闺，这是唐诗描写的夫妻生活常见的一幕，诗中说“频年不解兵”，更可以想见他们分离时间之长和相见之日的遥遥无期。于是每逢月明之时，便有万千妻子征人对月伤怀，因为只有这悬挂于中天的月儿，见证了夫妻往昔生活的和谐美满，见证着望月之人的苦苦相思。

少妇又是一春的刻苦思念，犹如丈夫夜夜不断的无限深情，而情到浓时，则化为一句由衷的祝愿：愿朝廷早日派遣良将荡平胡虏，使我大唐能得长治久安，使我夫妇终能团圆。全诗借写思妇的内心感受而道出了战争给人们带来的巨大痛苦，寄托出人们对于战争早日结束的深切期望，以小而言大，可谓别具新意。

注释

①闻道：听说。黄龙戍：即黄龙冈，今辽宁开原县北，唐时边防要地。②不解兵：战事不断。③良人：丈夫。④将：持。⑤一为：一举。龙城：今蒙古人民共和国境内，匈奴祭天处。此处泛指侵略者的大本营。

题大庾岭北驿[1]

——宋之问

阳月南飞雁[2]，传闻至此回。
我行殊未已，何日复归来。
江静潮初落，林昏瘴不开[3]。
明朝望乡处，应见陇头梅[4]。

注释

①大庾岭：位于今江西大庾，山岭多梅花，又名梅岭。古人以此岭为南北的分界，有十月北雁南飞至此而止的说法。②阳月：阴历十月。③瘴不开：指林中瘴气弥漫，一片迷蒙。④陇头：岭头。南朝陆机曾有诗云：“折梅逢驿吏，赠与陇头人。江南何所有，聊赠一枝春。”

【赏析】

诗为宋之问流放钦州，途经大庾岭北驿时所作。古时有鸿雁南飞至大庾岭而折回的说法，诗人身临此地，感叹鸿雁尚可至此折回，而自己的行程还远没有结束，什么时候能够回到家乡更不可知，心中因而悲伤不已。江潮初落，江水安静下来，树林瘴气缭绕，昏昏然让人徒增愁苦。作者想到明天登岭望乡时，应能看见大庾岭上早开的梅花，他想起南朝陆凯托信差把自己折的梅花送给家乡亲友的故事，不禁也要以同样方式寄走自己的思乡之情。

【诗评】

（前）四句一气旋折，神味无穷。

——《唐诗三百首》

次北固山下[1]

——王　湾

客路青山下，行舟绿水前。
潮平两岸阔，风正一帆悬[2]。
海日生残夜，江春入旧年。
乡书何处达，归雁洛阳边[3]。

注释

①次：停泊。北固山：在今江苏镇江市北，三面临水。②风正：风顺。③归雁句：古人相信大雁能传书，所以作者希望大雁能把家书带回故乡（作者故乡在洛阳）。

【诗评】

全诗极见作者炼字造句的功力，体现出一种盛唐诗人独有的宏阔气势，历代评论家都推崇备至。

【赏析】

本诗是诗人旅途思乡之作。诗人以准确精练的字词描写冬末春初时，他在北固山下远眺所见到的壮丽之景，抒发了深深的思乡之情。全诗写景鲜明，风格壮美。诗题中的“次”是停歇的意思，此处指船停泊。“北固山”在今江苏镇江市北，三面临江，地势险固。

诗以对偶句开篇，自然工巧，令人耳目一新。诗人乘舟，沿着“客路”在“绿水”中前行，两边皆是茫茫青山。本联先写“客路”，后写“行舟”，已在字里行间流露出诗人身在江南、怀念家乡的羁旅之思，同时也与尾联的“乡书”“归雁”遥相呼应。

颔联写诗人江上行船，情景恢弘阔大。春潮暴涨，江水茫茫，诗人远远望去，江面似乎已经齐岸，极大地拓宽了行舟上面的人们的视野。“潮平两岸阔”一句颇有气势，下句“风正一帆悬”则更显精彩。“正”字兼有“顺”“和”二意。诗人以“风正”代“风顺”，暗示了“风顺”是无法保证“一帆悬”的，只有既是顺风，又是和风之时，帆才能够“悬”。

颈联写拂晓行船的情景。“日生残夜”“春入旧年”，都暗示了时光流逝，而且是匆匆忙忙、迫不及待，不禁令身在“客路”的诗人乡思满怀。诗人将“日”与“春”视为美好的新生事物，同时用“生”字和“入”字加以修饰，以拟人的手法使它们拥有了人的意念和思想。表面上看，诗人无意说理，但却通过描写这时序、节令，流露出一种自然的理趣：“海日”在“残夜”初升，驱走了漫天黑暗；江边已经露出“春意”，必将赶走严冬。该联不仅写景逼真，而且揭示了人生哲理，充满了乐观向上的情绪，缔造出不容忽视的艺术效果，因此历来为人所称道。

尾联紧承上联而来，遥应首联，写诗人的淡淡乡思。海日东升，春意萌动，诗人放舟绿水之上，继续向青山之外驶去。这时，一群北归的大雁掠过晴空。诗人想起了“雁足传书”的故事，于是产生了“托雁传书”的想法。

全诗用笔自然、情感真切，是难得的佳作。

破山寺后禅院

——常建

清晨入古寺，初日照高林。
曲径通幽处，禅房花木深。
山光悦鸟性①，潭影空人心。
万籁此皆寂②，惟闻钟磬音。

注释

①悦：使之愉悦。②万籁：自然界的各种声响。

【赏析】

本诗写的是常建于清晨入古寺的所见、所闻、所感。诗人清晨入寺，但见旭日照耀着高高的山林。寺里有迂曲小径通向清幽之处，循径而行，到得层层花木掩映下的禅房。寺后青山沐浴着阳光，鸟儿自由自在地飞翔欢唱；在清潭中照见自己的影子，顿觉心中一片空明澄澈。

全诗着力烘托古寺内环境的清幽，旨在抒写作者所领悟的禅意。末联对于万籁俱寂,唯闻钟磬之音的描写，实应理解为一种定态，并非自然中真是寂静无声，而是耳中只闻佛音罢了。

【诗评】

诗中运用了以静显静、以动显静的表现手法，塑造出安详和平、自然高远的境界，实是动人心弦的佳作。

寄左省杜拾遗①

——岑参

联步趋丹陛②，分曹限紫微③。
晓随天仗入，暮惹御香归。
白发悲花落，青云羡鸟飞④。
圣朝无阙事⑤，自觉谏书稀。

【赏析】

唐肃宗至德二载（757年），诗人由杜甫推荐而任右补阙。诗题中的“杜拾遗”，即杜甫。岑参与杜甫在唐肃宗至德二年至乾元元年初（757–758年）同仕于朝：岑任右补阙，属中书省，居右署；杜任左拾遗，属门下省，居左署，故称“左省”。岑、杜二人，既是同僚，又是诗友。本诗是岑赠杜之作，表露心迹，暗抒感慨。描写了谏议官左拾遗的官场生活。诗人自伤迟暮，无法尽力，规劝别人继续进取。全诗笔法隐晦，曲折地抒发了诗人内心之忧愤，词藻艳丽，雍容华贵。

前两联写二人同时上朝景象，以“丹陛”“紫微”“天仗”“御香”渲染华贵环境。但揭开诗中这些华丽辞藻堆砌出来的“荣华显贵”的帷幕，我们不难看出朝官生活的真实面目：空虚、无聊、死板、老套。朝官们每天煞有介事、诚惶诚恐地小跑入朝廷，看似兴师动众，却办不了什么大事，唯一的收获就是沾染一点“御香”之气而“归”罢了。

颈联，诗人直抒胸臆向老友吐露内心悲愤。一个“悲”字概括了诗人对朝官生活的态度和感受。诗人为大好年华浪费于“朝随天仗入，暮惹御香归”的无聊生活而悲。因此，诗人低头见庭院落花而倍感神伤，抬头睹高空飞鸟而顿生羡慕。尾联是全诗的高潮。“圣朝无阙事”看似称颂，实为反语。只有那昏庸的统治者，才会自以为“无阙事”，拒绝纳谏，使身任“补阙”的诗人见“阙”不能“补”。一个“稀”字，反映出诗人对当时朝政的失望。

这首诗寓贬于褒，绵里藏针，用婉曲的反语来抒发诗人内心忧愤，有寻思不尽之妙。

注释

①左省：唐代的门下省，因位于皇宫之左，故称“左省”。其时杜甫任“左拾遗”，属门下省。②趋：小步而行。丹陛：宫殿前的红色台阶。③曹：官署。紫微：古人以紫微星位喻皇帝居处，此处指朝会时皇帝所在的宣政殿。中书省位于殿西，门下省位于殿东，故有“分曹”之语。④白发两句：实际上是写身在朝中虚度光阴而无所作为，繁文缛节的朝官生活让作者对自由飞翔于天际的鸟儿心生羡慕。⑤阙：同“缺”。

【诗评】

写得雍容，有体有度。

——《唐诗直解》

赠孟浩然

——李白

吾爱孟夫子①，风流天下闻②。
红颜弃轩冕，白首卧松云③。
醉月频中圣④，迷花不事君。
高山安可仰⑤，徒此揖清芬⑥。

注释

①夫子：对孟浩然的尊称。②风流：风雅潇洒。③红颜两句：言孟浩然少壮时便放弃仕途，老来更是隐居山林。红颜：年轻少壮。轩冕：古代官吏出行时的车轿伞盖。④频中圣：频频酒醉。⑤高山句：引《诗经》中的“高山仰止，景行行止”，表达对孟浩然的崇敬之情。⑥徒此：唯有在此。揖清芬：向孟浩然的高风雅致深施一礼。

【赏析】

本诗是李白游襄阳访孟浩然后所作。李白与孟浩然的友谊是诗坛上的一段佳话。风流潇洒的诗人性格，邈然超世的隐者之心，是两位诗人成为知交的根本原因，而这首诗就是他们二人友谊的见证。全诗推崇孟浩然风雅潇洒的品格。首联点题，抒发了对孟浩然的钦慕之情；二、三两联描绘了孟浩然摒弃官职，白首归隐，醉月中酒，迷花不仕的高雅形象；尾联直接抒情，把孟氏的高雅比为高山巍峨峻拔，令人抑止。李白通过描写孟浩然不慕名利自甘淡泊的清高品格，表达了真挚的崇敬之情，也流露出自身对隐逸生活的向往。

首联点题，开门见山地表达了李白对孟浩然的钦敬仰慕之情。一个“爱”字为全诗奠定了基调，提纲挈领，总摄全诗。孟浩然比李白长十二岁，襟怀磊落，生性潇洒，诗才出众，李白仰慕不已，故以“夫子”相称。

中间两联集中笔墨刻画了这位儒雅悠闲的“孟夫子”形象。颔联的“红颜”对“白首”，概括了孟浩然漫长的人生旅程；“轩冕”对“松云”，分别象征着仕途与隐遁、富贵与淡泊。孟浩然宁弃仕途而取隐逸，弃达官之车马华服而取隐士之松风白云，可见其高风亮节。

颔联纵写孟浩然的生平，而颈联则横写他的隐居生活：皓月当空，他把酒临风，醉卧花丛之中，流连忘返。颔联用由反而正的写法，即由弃而取；颈联则自正及反，由隐居写到不事君。正反纵横，笔法灵活。

尾联直接抒情，充分展示了孟浩然自甘淡泊、不慕名利的品格。孟浩然是李白仰望的高山，但这座山太巍峨了，因而李白有了“安可仰”的感叹，只能在此向孟浩然纯洁芳馨的品格拜揖。以“高山”喻对方，使对方的形象更加生动。

全诗语言自然古朴，诗情如行云流水般舒卷自如，表现出李白的率真个性。同时，诗歌采用抒情——描写——抒情的方式，以一种舒展唱叹的语调，表达了李白深切的敬慕之情。

渡荆门送别[1]

——李 白

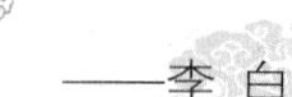

渡远荆门外，来从楚国游[2]。
山随平野尽，江入大荒流[3]。
月下飞天镜，云生结海楼[4]。
仍怜故乡水，万里送行舟。

注 释

①荆门：荆门山，在今湖北宜都西北，古时为楚蜀交界。②从：向。③大荒：广阔的田野。④海楼：海市蜃楼。

【诗评】

（清）丁龙友：胡元瑞谓：“山随平野尽，江入大荒流”，此太白壮语也；子美诗“星垂平野阔，月涌大江流”二语，骨力过之。予谓李是昼景，杜是夜景；李是行舟暂视，杜是停舟细观，未可概论。

【赏析】

本诗是诗人出蜀东下所写的告别故乡的抒怀诗。开元十四年（726年），诗人满怀“仗剑去国，辞亲远游”的情怀离开蜀地东下。本诗就是在旅途中写的。从诗的内容上看，本诗应该是诗人在船里吟诵的，他与送行的人应该是同舟共发。本诗描写了诗人路过荆门时所见的两岸的瑰丽景色，表现了诗人壮阔的胸襟和奋发进取的精神。诗题中的荆门是山名，在今湖北宜都县西北，在长江南岸，与北岸虎牙山相对。

首联两句说明了诗人远游的目的地——楚国。诗人从水路走，乘船过巴渝，经三峡，一路奔向荆门之外。他主要是想去楚国故地的湖北、湖南游历。当时，诗人坐在船上，一路上兴致勃勃地观赏着大江两岸高耸入云的崇山峻岭。

颔联写随着船的前行，诗人眼中景色的变化。当船行驶到荆门一带的时候，两岸的崇山峻岭突然不见了，取而代之的是一马平川的旷野平原。诗人一眼望去，江水奔涌，天地辽阔，诗人的视域顿时由狭窄变得开阔起来，心情也随之变得更加畅快。“江入大荒流”中的“入”字用得既贴切又极有分量。随着滚滚奔腾的江水，看着溅起的朵朵浪花，听着“哗哗”的流水声，诗人顿时焕发了青春的朝气。这两句的笔力可以和杜甫的“星垂平野阔，月涌大江流”相比，甚至可以看成是李白泛舟游历，杜甫停船细观。

接着，诗人采用移步换景的手法，不再写山势与流水了，而写到了从不同角度观察到的长江的近景和远景。夜晚，江面好像从天上飞下来的一面镜子，可以从中看到月亮的影子。白天，云彩瑰丽、变幻无穷，生成海市蜃楼一样的奇异景色。诗人用云彩结成的海市蜃楼反衬天空的辽远、江堤的广阔，用水中的月亮衬托水面的平静，对比效果突出。

尾联写乡情。面对荆门附近的风光和流过家乡的江水，诗人突然开始思念家乡。但诗人不说自己思乡，而是用“故乡水流经万里为他送行”的别致写法，表达了自己的思乡之情。

全诗结构层次分明，波澜起伏；意象瑰丽，风格宏伟，意境高远。尤其是第二联两句诗，更是写得大气非凡，体现了诗人开阔的胸襟，历来为人称颂。

春 望

——杜 甫

国破山河在[①]，城春草木深[②]。
感时花溅泪，恨别鸟惊心。
烽火连三月[③]，家书抵万金[④]。
白头搔更短[⑤]，浑欲不胜簪[⑥]。

注释

①在：依旧。②草木深：指草木丛生。③烽火：战火。连三月：三月不断，指整个春天。④抵：值，相当。⑤白头：白发。⑥浑：简直。不胜簪：插不上发簪。

【赏析】

大乱之年，山河依然如故，国家却已是残破不堪，春来，被叛军焚掠过后的长安城杂草丛生、乱树幽深，一派凄凉景象。虽然也能见到春花，听到鸟鸣，但这一点美好的东西更是让作者感慨今昔巨变，他因见春花而泪洒花上，闻鸟鸣而动魄惊心了。

连月不灭的烽火，让家国支离破碎，让人们颠沛流离，家书一封是万金难换的，作者已然因国事而忧恨重重，又因惦念家人安危而寝食难安，陷入了无尽的愁烦与焦急当中。焦愁的他不停地搔弄着自己的白发，以至于白发短而又短，近来，连发簪也难以插牢。

月　夜

——杜　甫

今夜鄜州月①，闺中只独看②。
遥怜小儿女③，未解忆长安④。
香雾云鬟湿⑤，清辉玉臂寒。
何时倚虚幌⑥，双照泪痕干⑦。

注释

①鄜（fū）州：今陕西富县。②闺中：指妻子。③小儿女：尚不懂事的子女。④解：懂得。忆长安：思念身在长安的父亲。肃宗至德元载（756年），叛军攻陷潼关，杜甫携家眷逃至鄜州，闻肃宗在灵武即位，于是前往效力，途中为叛军所俘，被解回长安。⑤香雾：月夜的雾气。⑥虚幌：薄纱帐。⑦双照：指月光同时照着身处异地的夫妻二人。

【赏析】

天宝十五载（756年）六月，安禄山叛军攻入潼关后，玄宗去了蜀地，杜甫携妻小来到鄜州（今陕西富县）。同年七月，肃宗在灵武（今属宁夏）即位。杜甫于八月间只身前去投奔，不料途中被叛军掳至沦陷后的长安。在这样悲苦的境遇中，杜甫于一个月明之夜，思念远方的亲人，写了这首诗。

这首诗的开头十分独特，诗人欲写思念妻子的心情，却不从长安这边说起，而是借助想象，先写妻子在明月之下思念自己。首联中一个“独”字，写尽了妻子的孤单、寂寞和忧愁。

颔联上承首联，写年幼的儿女陪着母亲看月亮，却不解母亲的思念之情。试想，诗人的心中浮现出这样的画面时，该是多么思念自己的儿女啊！“遥怜小儿女”一句，从表面上看，与首联中的“独看”似乎有些矛盾，其实不然。妻子在明月之下思念夫君，而儿女尚小，不能理解母亲的心事和苦衷。儿女的“不解忆”正反衬出妻子的“忆”。此外，以前诗人尚能与妻子同看鄜州之月，妻子有了悲苦自己也可为她分忧，但如今，妻子“独看”鄜州之月而“忆长安”，天真的小儿女除了增加她的负担外，又能对她有何帮助呢？因而说“怜”，这一字真彻地写出了诗人内心的深情，含蕴深广，余味无穷。

颈联写的也是诗人想象中的画面：妻子思念丈夫，夜不能寐。雾气沾湿了云鬟，月光浸凉了玉臂。在这样凄冷的月夜中，她望月的时间越长，就越思念自己的丈夫;月色越好，她心中的苦闷就越多。想到这里，诗人能不深切思念自己的妻子吗？

尾联，诗人盼望自己能够早日与妻子相聚，携手共诉离愁别绪，将战乱所带来的痛苦忘掉。“双照”与“独看”相呼应，“泪痕干”，诗人与妻子相对泪流满面的情景与妻子独自望月思念诗人的情景形成对比，从侧面表达了诗人盼望团圆的愿望及痛恨战乱的心情。

由上所述可见，这首诗与同类题材的诗篇相比，在表现技巧上更胜一筹。这就是它成为千古名篇的主要原因。

【诗评】

王嗣奭曾评此诗云：“公本思家，偏想家人思己，已进一层，至念及儿女不能思，又进一层。鬟湿臂寒，看月之久也，月愈好而苦愈增，语丽情悲。末又想到聚首时对月舒愁之状，词旨婉切，见此老钟情之至。”

天末怀李白

——杜甫

凉风起天末[1]，君子意如何。
鸿雁几时到[2]，江湖秋水多[3]。
文章憎命达[4]，魑魅喜人过[5]。
应共冤魂语[6]，投诗赠汨罗[7]。

【赏析】

诗人因为天边刮来凉风而怀想李白，他满含深情地向风中寄语：不知道你现在的心情是什么样的啊？他盼望着朋友的一纸书信，因为在凄凉肃杀的季节里，江湖的水处处有风波险阻，朋友的安危牵动着诗人的心。李白的不平遭遇引起了诗人内心深处的共鸣，他要安慰李白，流传后世的文章不出自命运显达者之手，世上的邪恶奸佞总在盯着人的过失。满腹的冤屈可以写成诗文投到汨罗江中，向那含冤而死，但是高洁一世的屈原诉说衷肠。

注释

①天末：天边。②鸿雁：指书信。③秋水多：指路途艰难多险。④文章句：意谓文采出众的人总是命途多舛。⑤魑魅句：意谓鬼怪精灵则是喜人之过。实指李白受谗蒙冤流放之事。⑥冤魂：指屈原。⑦汨罗：汨罗江，屈原投水处，今湖南湘阴。

【诗评】

盖文章不遇，魑魅见侵，夜郎一窜，几与汨罗同冤，说到流离生死，千里关情，真堪声泪交下，此怀人之最惨怛者。

——《杜诗详注》

旅夜书怀

——杜甫

细草微风岸，危樯独夜舟[1]。
星垂平野阔，月涌大江流。
名岂文章著，官应老病休[2]。
飘飘何所似，天地一沙鸥。

注释

①危樯(qiáng)：高耸的船桅。独夜舟：夜晚独自行舟。②老病休：因年老多病而离职。

【赏析】

微风吹拂着江岸细草，诗人的孤舟停泊在岸边。星光闪烁，天幕低垂向平野尽头；江水粼粼，拥着月光流向远方。诗人眼观壮阔景象，俯思人生得失，以往坎坷的遭遇，眼下凄凉的境况，让他时而发出“名声岂止是因为我文章作得好”的悲问，时而又转向“年老多病也就应该辞官退休”的沉吟。平静下来，他知道明天依然是孤独漂泊，不禁自问自答地叹道：我这样飘然一身像个什么？不过像广阔天地间的一只沙鸥罢了。诗文蕴含着杜甫才不见用、志不得展的孤愤，还有他老病无靠、转徙漂泊的悲哀。

【诗评】

通首神完气足，气象万千，可当雄浑之品。

——《瀛奎律髓》

登岳阳楼

——杜 甫

昔闻洞庭水，今上岳阳楼。
吴楚东南坼[1]，乾坤日夜浮。
亲朋无一字，老病有孤舟。
戎马关山北[2]，凭轩涕泗流[3]。

注释

①坼（chè）：分裂。②戎马：指战事。关山北：指北方边境。③凭轩：倚着窗户。涕泗：眼泪鼻涕。

【赏析】

从前只听说过洞庭湖水气象非凡，如今登上了岳阳楼观看，杜甫不由得被深深地震撼了。他为我们这样形容所看到的景象：浩翰的洞庭湖水，在东南方分开了吴地与楚地的疆界，它洋洋于天地间，吞吐日月，整个宇宙好像日夜飘浮。

洞庭湖的宏奇伟丽，并不能舒展杜甫“亲朋无一字，老病有孤舟”的悲怀，但那一日，让他真正为之凭窗而流泪的，是那北方关塞仍然不休的战事，以及风雨飘摇的山河。

【诗评】

杜甫“吴楚东南坼，乾坤日夜浮”，孟浩然“气蒸云梦泽，波撼岳阳城”，刘长卿“叠浪浮元气，中流没太阳”，为咏洞庭湖景色三大名联。但孟、刘两诗于此气力用尽，而杜诗下文仍绰有余力。高立云霄，纵怀身世，胸襟气象，一等相称，故古人至推此诗为“盛唐第一”。

——《诗薮》

山居秋暝[1]

——王 维

空山新雨后，天气晚来秋。
明月松间照，清泉石上流。
竹喧归浣女，莲动下渔舟。
随意春芳歇[2]，王孙自可留[3]。

注释

①秋暝：秋天的傍晚。②随意春芳歇：意谓春花要凋谢就凋谢吧。③王孙自可留：王孙可以在此居住。《楚辞•招隐士》有“王孙游兮不归，春草生兮萋萋”和“王孙兮归来，山中兮不可久留”句，意思是说，既然春天已过，王孙就请归来吧，山中冷清，不可长久居住。本诗反用其意，抒发的是作者愿居山林而不愿返回喧嚣市朝的情怀。

【赏析】

空山新雨过后，秋凉渐渐透出，山林中一派爽洁之气。如水的月光倾泻松间，清清的泉流淌于石上。竹林间响起阵阵喧闹声，那是年轻的女子们浣纱归来；池塘中荷叶摇动，那是渔舟在顺水行走。这有如世外桃源一样的地方必要到尘世之外才能得到，《楚辞・招隐士》中说：王孙兮归来，山中兮不可久留。隐居山中的诗人却说：这里即使不是春天也非常地美丽，王孙们可以留下吧。

归嵩山作

——王　维

清川带长薄[1]，车马去闲闲[2]。
流水如有意，暮禽相与还[3]。
荒城临古渡，落日满秋山。
迢递嵩高下[4]，归来且闭关[5]。

注释

①薄：草木茂密的地方。②闲闲：从容的样子。③暮禽：日暮的归鸟。相与还：结伴而还。④迢递：遥远的样子。⑤闭关：闭门谢客。关：门。

【诗评】

看右丞此诗，胸中并无一事一念。口头语，说出便佳；眼前景，指出便妙。情境双融，心神俱寐，三禅天人也。

——《唐律消夏录》

【赏析】

本诗为诗人辞官归隐回嵩山途中所作，写出了诗人辞官归隐途中的所见所感。全诗清新淡远，描写了嵩山下江野清冷萧条的暮色，抒发了诗人淡泊的情怀，也流露出诗人淡淡的感伤情绪。整首诗景的展开很有层次，前六句可以说是一句一景，一景一画，每句中都有一个主导的意象：清川、车马、流水、暮禽、荒城、落日，把整个画面生动地展现在读者面前。嵩山，即嵩高山，古时称中岳，因居五岳之中山势又高，因此被称为嵩高，位于河南省登封县北。

首联写诗人归隐出发时的情景：清澈的河川环绕着一片长长的水草丰茂的沼泽地，诗人乘坐的车马从容不迫、缓缓前行。

颔联写水与鸟，其实是托物寄情，移情及物。诗人将“流水”和“暮禽”都拟人化了，写自己归山悠然自得之情，如流水归隐之心不改，如禽鸟至暮知还。“流水如有意”承“清川”，“暮禽相与还”承“长薄”，这两句又由“车马去闲闲”直接发展而来，承接自然。

颈联寓情于景，写荒城古渡，落日秋山。寥寥十字，四组景物：荒城、古渡、落日、秋山，构成一幅色彩鲜明的图画：荒凉的城池临靠着古老的渡口，落日的余晖洒满了萧飒的秋山。这是诗人归隐途中所见秋景，黯淡凄凉，正反映了诗人感情上的变化。

尾联写山之高，点明诗人的归隐地，并表明诗人归隐的宗旨。“迢递”是形容山高远的样子；“嵩高”，即嵩山，交代归隐的地点，照应诗题；“闭关”，不仅指关门，而且暗含闭门谢客之意，表明诗人要与世隔绝，不再过问世事的宗旨。

全诗层次整齐，情景并举，丁景中寄寓深情。在诗人笔下，既有归山途中的美丽景色，也有隐约可见的诗人感情的细微变化：从安详从容，到凄凉悲苦，再到恬淡安适。诗人既表现了对辞官归隐的向往，也表现了对现实的愤激不平与无可奈何。

终南山

——王　维

太乙近天都[1]，连山到海隅[2]。
白云回望合，青霭入看无[3]。
分野中峰变[4]，阴晴众壑殊[5]。
欲投人处宿，隔水问樵夫。

注释

①太乙：终南山主峰，也是终南山别名。天都：京都长安。②连山：连绵不断的山势。到海隅（yú）：延伸到海角。③霭（ǎi）：雾气。④分野：大地按星辰位置划分的范围。中峰：指太乙峰。⑤众壑：万千山谷。殊：不同。

【赏析】

这是一首咏叹终南山宏伟壮大的五言律诗。寥寥四十字，便将偌大一座终南山传神地刻画出来，足见诗人创作功底之深厚。本诗是山水诗名篇。诗人从不同角度描绘终南山的雄伟壮丽，笔墨豪雄中又有细腻，壮美中又有妩媚。全诗气势磅礴，境界阔大。终南山，在今陕西省长安县南。

首联以夸张的语言写远景，极言山之高远，勾画出终南山的总轮廓。终南虽高，去天甚遥，诗人却说它"近天都"，是夸张，也有道理：诗人在远处遥望终南，终南的主峰"太乙"在诗人的视野里的确与天连接，这显然是一种视觉上的真实。同时，终南山西起甘肃天水，东止河南陕县，远未到海隅，诗人却说它"接海隅"，固然也是夸张，然而从长安遥望终南，西不见头，东不见尾，确实有"接海隅"之势，虽夸张而愈见真实。

颔联写近景，写的是诗人身在山中的所见。诗人身在终南山中，朝前看，白云弥漫，看不见路，也看不见其他景物，仿佛再走几步，就可以浮游于白云之间；然而继续前进，白云依然可望而不可即；回头看，两边的白云又合拢成茫茫云海。诗人走出茫茫云海，前面又是蒙蒙青霭，仿佛继续前进，就可以摸着那青霭了；然而走了进去，却看不见了；回头看，那青霭又合拢来，蒙蒙漫漫。这两句，诗人用细致的笔法铺叙云气变幻，移步变形，极富含蕴。

颈联进一步写诗人从山北遥望所见的景象：山之南北辽阔和岩石沟壑的形态。诗人立足"中峰"，纵目四望，收全景于眼底，见南北辽阔，千岩万壑，千姿百态。

末联写，诗人为了入山穷胜，想投宿山中人家，便有了"隔水问樵夫"句。诗人既到"中峰"，这里的"水"可能是指深沟大涧。这两句中，人物的出现使全诗更加生意盎然。

总的看来，这首诗的主要特点和优点在于以个别显示一般，以不全求全，从而使诗歌产生了"以少总多""意余于象"的艺术效果。

【诗评】

首联是总构，次联是着色，三联是勾勒，尾联是特写。诗人为读者绘就了奇丽清冷的终南山景图。

酬张少府[1]

——王 维

晚年惟好静，万事不关心。
自顾无长策[2]，空知返旧林[3]。
松风吹解带[4]，山月照弹琴。
君问穷通理[5]，渔歌入浦深。

注释

①酬：以诗酬答。②自顾：自念。长策：超人的本领。③空：徒然。④解带：解带敞怀。⑤穷通理：困顿与发达的道理。

【诗评】

意思闲畅，笔端高妙，此右丞第一等诗，不当于一字一句求之。

——《唐诗援》

【赏析】

本诗为诗人晚年之作，描写诗人晚年安静闲适的生活，表现诗人超然物外的情绪。这首诗的基调和诗人晚年获罪被贬职，因此情绪消沉有关，也是诗人受佛教思想影响所致。诗题中的张少府生平不详。少府，官名，县尉。

诗的开头四句全是写情，曲折地表达了诗人无法实现抱负的苦闷之情。诗人开篇便说自己老了，只喜欢清静，不关心任何事情了。表面上看起来是对什么事都漠不关心了，但仔细品味之后不难发现诗人也是无可奈何。他此时虽然在朝为官，但对朝政已经不再抱有幻想，于是开始过起了半隐居的生活，“晚年惟好静，万事不关心”，正是他晚年生活的真实写照。“自顾无长策”，则体现了他曾经的矛盾和痛苦。诗人表面上说自己没有才德，实际上是满腹牢骚。当理想无法实现、痛苦不得化解时，诗人唯一的出路就是离开是非之地、归隐田园。“空知返旧林”，看似得到解脱，实际上只是无奈之举。由此可以看出，在诗人宁静淡泊的外表之下隐藏着失落和愤慨。

既然如此，诗人接下来为何还表现出对闲暇生活的满足和肯定呢？联系上文我们可以体会到，“松风吹解带，山月照弹琴”的归隐生活实际上只是诗人在苦闷之中追求精神解脱的一种表现。这种表现既体现出诗人某种程度上的宁静闲适，又通过与官场生活的对比来表现诗人对黑暗官场的否定和批判。挣脱政治的束缚，诗人于山中明月下弹琴自娱，说他不敢直面现实也好，自我放逐也好，但总胜于助纣为虐、同流合污。诗句通过描写诗人隐居生活中的两个细节，将松风、山月赋予人情，勾勒出一幅情景交融、意境和谐的画面，极大地增强了诗的感染力，体现了诗人极高的写作技巧。

最后两句点题，以问答的形式作结，既照应了题目中的“酬”字，又妙在以不答作答，含蓄不尽，余韵悠然。多少幽趣，都回荡在那阵阵的渔歌声中。

过香积寺[1]

——王　维

不知香积寺，数里入云峰。
古木无人径[2]，深山何处钟。
泉声咽危石[3]，日色冷青松[4]。
薄暮空潭曲[5]，安禅制毒龙[6]。

注释

①香积寺：长安城外寺名，故址在今陕西长安县南。②无人径：人迹罕至的林间小径。③咽危石：形容山石嶙峋，泉水于其间不能畅快流淌。④冷青松：谓夕阳西下，青松的颜色也因之暗淡下来。⑤薄暮：黄昏。⑥安禅：安然进入禅境。毒龙：喻机心妄念。

【赏析】

作者曾闻香积寺之名，却不知其究竟在山中何处，此诗写他偶然路过其处时向山中探访寺院的情景。山行数里，深入云峰，古木森森，小路幽静。山林深处传来悠远的钟声，泉流呜咽在嶙峋的山石下，日光因为照在青松之上而显得清冷。日暮时分，作者来到一方清澈无物的水潭旁，不由得联想起西方高僧以佛法制服水中毒龙的传说。诗文通篇未写寺院风光，然而所咏寺外幽景，正体现着香积寺不同寻常的氛围，“薄暮空潭曲，安禅制毒龙”一联隐含修禅可净除邪恶之意，将禅寺宗旨延展开来。

【诗评】

以幽深本色语，不杂一句，洁净玄微，无声无色。

——《唐诗广选》

临洞庭上张丞相

——孟浩然

八月湖水平①，涵虚混太清②。
气蒸云梦泽③，波撼岳阳城。
欲济无舟楫④，端居耻圣明⑤。
坐观垂钓者，徒有羡鱼情⑥。

注释

①湖水平：湖水涨得饱满。②涵虚：水气浩渺的样子。太清：天空。③云梦泽：古大泽名，包括今湖南湖北两省的部分。④济：渡。舟楫：船只。⑤端居：闲居。耻圣明：有愧于此圣朝明世。⑥坐观两句：这两句是作者将"临渊羡鱼，不如退而结网"的古语另翻新意。

【诗评】

"临洞庭"是览景，"上张丞相"是干谒，二者本无干系，然而作者却能由状写洞庭景色开始，以"欲济无舟楫"，"徒有羡鱼情"的比喻含蓄表达了请求引荐的心情，温雅蕴藉，不卑不亢，是干谒诗中难得的佳句。

【赏析】

这首诗从大处落笔，通过浩瀚的湖水、蒸腾的水汽、澎湃的波涛等景色，表现洞庭湖的水天一色、汪洋壮阔。全诗气势磅礴，格调雄浑。诗题中的张丞相指张九龄。

这是一首干谒诗。所谓"干谒"，即是向达官贵人呈献诗文，以求引荐录用。玄宗开元二十一年（733年），孟浩然西游长安，将本诗献予当时的丞相张九龄，以求录用。全诗颂对方，而不过分；乞录用，而不自贬，不亢不卑，十分得体。

诗的前两联写洞庭湖波澜壮阔、气势雄伟的景象，象征开元的清明政治。首联写洞庭湖的汪洋浩瀚，水天相接，容纳百川。颔联写洞庭湖的水汽和烟波，烟波浩渺，润泽万物。而"波撼"两字放在"岳阳城"上，衬托出湖水的澎湃有力。在湖波的激荡下，湖滨的岳阳城也变得不安起来。诗人笔下的洞庭湖不仅广阔，而且充满活力。

后两联即景生情，抒发诗人进身无路，闲居无聊的苦衷，表达出诗人急于出仕的决心。颈联是诗人向张丞相表明心事，说明自己欲仕无门：诗人面对浩渺湖水，想到自己还是在野之身，无人引荐，正如渡湖人没有船只一样。在这个"圣明"的太平盛世，诗人闲居无事，碌碌无为，感到非常羞耻，立志要作出一番事业来。之后，诗人在尾联发出呼吁。"垂钓者"暗指当朝执政的人物，其实是指张丞相。尾联的意思是：张大人，我非常钦佩您能出来主持国政，可惜我只是一介平民，不能追随您左右，为您效劳，只能在此徒然地表达对您的钦慕之情。诗人巧妙运用"临渊羡鱼，不如退而结网"的古语，另翻新意，表达倾慕之情；而且，"垂钓"正好同"湖水"照应，不露痕迹。但只要仔细品味，读者很容易就能体会出诗人希望得到引荐的心情。

全诗写景气象宏大，波澜壮阔；抒情不露痕迹，实乃妙作。

与诸子登岘山①

——孟浩然

人事有代谢②，往来成古今。
江山留胜迹③，我辈复登临。
水落鱼梁浅④，天寒梦泽深⑤。
羊公碑尚在，读罢泪沾襟。

注释

①岘山：又名岘首山，在今湖北襄阳县南。②代谢：交替，变换。③胜迹：名胜古迹。④鱼梁：鱼梁洲，位于襄阳。⑤梦泽：即云梦泽。

【赏析】

这是一首吊古伤今、览古抒怀的诗。据《晋书·羊祜传》记载，羊祜镇守荆襄时，常到此山置酒言咏，他曾对同游者喟然叹说："自有宇宙，便有此山，由来贤达胜士，登此远望如我与卿者多矣，皆湮灭无闻，使人悲伤！"羊祜生前政绩斐然，死后，襄阳百姓在岘山为他建碑立庙。诗人求仕不遇，心情苦闷。他登上岘首山，看到羊公碑，想到羊祜当年说过的"登此山者多矣，皆湮灭无闻"的话，对照自己空有抱负不得施展的处境，触景生情，泪下沾襟，吊古伤今，感慨颇多，便写下本诗。全诗情景交融，抒写了诗人有志难申的悲愤和哀伤。诗题中的岘山在今湖北襄樊。

首联，诗人凭空落笔，似不着题，却点出一个平凡的真理，引出感慨：人间事物总是在不停变化，朝代的更替，家族的兴衰，人的生老病死、悲欢离合；寒来暑往，春去秋来，时光流逝，便分古今。

颔联紧承上联。"江山留胜迹"承"古"，"我辈复登临"承"今"。诗人的伤感情绪便是来自今日的登临。

颈联写诗人登山之所见。诗人登山远望，水落石出，草木凋零，一片萧瑟。由于"水落"，鱼梁洲更多地呈露出水面，故称"浅"；辽阔的水泽之地，一望无际，故称"深"。诗人抓住了当时当地特有的景物，既表现出时序，又烘托了自身伤感的心情。

尾联抒发感慨。一个"尚"字，包含了非常复杂的内容。诗人想到四百多年前的羊祜：他为国效力，为民谋福，所以名垂千古，与山俱传；而自己至今仍为"布衣"，无所作为，死后难免湮没无闻。这二者鲜明的对比，令人伤感，诗人不禁潸然泪下。

从内容上看，本诗的前两联是"说理"，后两联又转为"写景"，描写形象生动，暗含了诗人深厚的感情。因而，本诗依然是"诗人之诗"而非"哲人之诗"。从语言上看，本诗语言通俗易懂，感情真挚，语淡意浓，富有情趣。

【诗评】

浩气回旋，前六句含情抱感，末一句一点，通体皆灵。

——《历代诗发》

宴梅道士山房①

——孟浩然

林卧愁春尽②，搴帷览物华③。
忽逢青鸟使④，邀入赤松家⑤。
金灶初开火⑥，仙桃正发花。
童颜若可驻⑦，何惜醉流霞⑧。

注释

①山房：指道士的房舍。②林卧：林中闲卧。③搴（qiān）帷：撩起帐帷。物华：美好的景物。④青鸟使：传说中的神鸟，西王母的使者。此处喻道士遣人前来。⑤赤松家：指梅道士之家。赤松：赤松子，传说中的仙人。⑥金灶：道家的炼丹炉。⑦驻：驻留。⑧流霞：传说中的仙酒。

【诗评】

全诗多用道家术语，颇有些游仙韵味，语言上追求清新活泼的风格，正与诗的主题相吻合，显现了孟诗清朗秀丽的一面。

【赏析】

诗人正愁春去，忽逢梅道士派使僮邀他前去做客，于是转忧为喜，心中畅快了许多。及至道家，但见金灶初开炉火，仙桃正在发花，真是别有天地，无半分尘俗气息，不禁为之心驰神醉。既然道士之仙术能使春天驻留，是否也可以让人永葆童颜呢？想到此处，作者襟怀尽展，不辞一醉，愿与道人共赴陶然忘忧之乡。

岁暮归南山

——孟浩然

北阙休上书[1]，南山归敝庐[2]。
不才明主弃，多病故人疏[3]。
白发催年老，青阳逼岁除[4]。
永怀愁不寐[5]，松月夜窗虚。

注释

①北阙：指朝廷奏事处。②敝庐：破旧的居所。③故人疏：老朋友因之而疏远。④青阳：春天。⑤永怀：郁于胸怀而不去。

【赏析】

仕途失意以后，孟浩然只好重新归隐南山。他在诗文中心情沉重地说："我的才学不够，所以受到圣明君主的弃置；因为身体多有疾病，亲朋好友也都渐渐地和我疏远了。"

头上有了白发，就更觉得年老的速度在加快；春天回归人间的时候，就意味着这一年即将走到终点。老大无成的诗人用"催"和"逼"形容时光的流逝，足见他心中的不甘和无奈。

愁绪满怀，诗人夜不能寐，窗间松影月光虚迷一片，衬托着他惆怅落寞的心情。

【诗评】

"不才"两句所蕴含的感情十分复杂，自贬中暗含着有才不被人识的感慨，哀叹里寄寓着诗人对于世态炎凉的怨意。

过故人庄

——孟浩然

故人具鸡黍[1]，邀我至田家。
绿树村边合[2]，青山郭外斜。
开轩面场圃[3]，把酒话桑麻。
待到重阳日[4]，还来就菊花[5]。

【赏析】

本诗为田园诗名篇，写诗人应友人之邀来到田家小饮的生活情景，既描绘出了一幅闲适恬静的乡村图画，又表现出诗人情趣的高雅和朋友间友情的淳朴。全诗朴实无华，清新隽永，自然流畅。

首联，诗人平铺直叙，用极其朴素的文字，写了友人的热情相邀。友人以“鸡黍”相邀，既显田家之风味，又见待客之简朴。这种不讲虚礼和排场的招待，往往更容易打开彼此心扉。这个开头，不甚着力，奠定了全诗平静自然的基调。

颔联写乡村的自然风光。诗人先画近景，“合”字足见树木之多；再绘远景，“斜”字足见青山之远。诗人走进村里，顾盼之间全是清新的美景：绿树层层环抱的村庄坐落平畴而又遥接青山，清淡幽静。此处只写绿树青山，却能让人看见更广阔的天地。

颈联写朋友间的开怀畅饮。“场圃”“话桑麻”流露出浓浓的乡土气息。正是因为处于“故人庄”这样的环境中，所以宾主打开轩窗，临窗举杯，“把酒话桑麻”。“开轩”也似乎是不经意写入诗的，但有了颔联两句对村庄外景的描绘作铺垫，也就毫不突兀。诗人与友人坐在屋里，饮酒交谈，打开轩窗，轩窗前的一片打谷场和菜圃映入眼帘，令人心旷神怡。绿树、青山、村舍、菜圃、桑麻，一幅优美宁静的田园图出现在读者面前。本联只写把酒闲话，却能反映出自然环境与诗人心情的契合，表现出人的惬意。

尾联，诗人因为被这种农家生活深深吸引，真率地表示待到重阳日，还来赏菊痛饮。淡淡两句，故人款待的热情，诗人做客的欢愉，两人相处的融洽，跃然纸上。诗人写重阳再来，自然流露出了对村庄和故人的恋恋不舍，从侧面烘托出乡村生活的美好。

一个普通的农庄，一次并不十分丰盛的招待，在诗人的笔下竟被渲染得如此诗情画意。本诗描写的都是眼前的景物，使用的是近乎直白的语言，叙述的层次也完全是顺其自然，表达的情感也是淡淡的，却达到了形式与内容的高度一致。全诗恬淡亲切而不肤浅枯燥，平淡之中见深情。

注释

①具：准备。鸡黍：农家丰盛的饭菜。黍（shǔ）：黄米饭。②合：环绕。③轩：窗户。场圃：打谷场和菜圃。④重阳日：阴历九月初九重阳节，古人有登高饮菊花酒的习俗。⑤就：赴。

【诗评】

此诗句句自然，无刻划之迹。

——《瀛奎律髓》

真景实情人说不到，高兴奇语正不在多。

——《唐诗选胜直解》

秦中寄远上人①

——孟浩然

一丘常欲卧②，三径苦无资③。
北土非吾愿④，东林怀我师⑤。
黄金燃桂尽⑥，壮志逐年衰。
日夕凉风至，闻蝉但益悲⑦。

注释

①秦中：指京都长安。远上人：名远的僧人。上人：对僧人的尊称。②丘：小山。③三径：指隐居的家园。王莽专权时，蒋诩辞官回乡，在院中开辟了三条小径，只与友人求仲、羊仲往来。④北土：指京都长安，此处代求仕做官。⑤东林：指远上人所在的寺庙。⑥燃桂：谓烧柴像烧桂枝一样贵，喻长安的生活费高昂。⑦但：只。益：愈加。

【诗评】

孟公五律，笔洁气逸，为品最高；较之诸生，尤为神足。故能指作自如，不窘边幅。自是一代家数，未易轩轾也。

——《闻鹤轩初盛唐近体读本》

【赏析】

本诗是孟浩然滞留长安寄给远上人的诗。从这首诗的内容看，当为孟浩然在长安落第之后的作品。诗中充满了失意、悲哀与追求归隐的情绪，是一首坦率的抒情诗。诗题中的秦中在这里指京城长安一带。上人是对僧人的称呼。

首联从正面写“所欲”。诗人的所欲，本为隐逸；但诗中不用隐逸而用“一丘”“三径”的典故。“一丘”颇具山野形象，“三径”自有园林风光。诗人用形象表明隐逸思想，是颇为自然的。然而“苦无资”三字却又和“所欲”发生了矛盾，透露出诗人穷困潦倒的景况。

颔联“北土非吾愿”从反面写“不欲”。“北土”指“秦中”，亦即京城长安，是士子追求功名之地。此句表明了诗人不愿做官的思想。因而，诗人身在长安，不由怀念起庐山东林寺的高僧来了。“东林怀我师”是虚写，诗人用一个“怀”字，表明了对“我师”的尊敬与爱戴，暗示诗人追求隐逸的思想，并紧扣诗题中的“寄远上人”。这两句诗正反相对，以“北土”对“东林”，以“非吾愿”对“怀我师”，可谓珠联璧合、相得益彰，也更能表达诗人的所思所想。

颈联描绘了诗人滞留长安时的处境和遭遇。“黄金燃桂尽”，表明他花完了旅费，已经陷入穷困潦倒的局面；“壮志逐年衰”，则体现出他心灰意冷的情绪。这两句对偶自然流畅，读来琅琅上口。

尾联写“凉风”“蝉鸣”。诗人描写这些秋天的景物，恰好扣住题目的“感秋”。秋风萧瑟，蝉鸣声声，令人容易心生伤感。况且当时诗人身在长安，旅资耗尽，做官无门，面对这样的景色，怎能不“益悲”呢？

许多诗人在写诗的时候，往往借物抒情，很少直接抒情。因为感情过于抽象，难于直接抒发。本诗却一反常法，诗人通过“苦无资”“非吾愿”“怀我师”“益悲”等满怀感情的语句直写心中的忧郁和愁绪。这种白描的手法使感情表达更为直接，令人感到一种扑面而来的悲伤，也因此更能打动人心。

秋日登吴公台上寺远眺①

——刘长卿

古台摇落后②，秋入望乡心。
野寺来人少，云峰隔水深。
夕阳依旧垒③，寒磬满空林。
惆怅南朝事④，长江独自今。

注释

①吴公台：扬州府城北，刘宋沈庆所筑弩台，陈将吴明彻增筑，故名。②摇落：零落。③旧垒：指吴公台。④南朝：指在金陵（今南京）建都的宋、齐、梁、陈四朝。

【赏析】

本诗是诗人旅居扬州，秋日登吴公台写下的吊古咏怀诗。

首联写诗人观吴公台引发的感慨，即景生情。古台在风雨的多年侵袭下已有颓圮的倾向，丛生的草木也在秋日纷纷凋零，这样的景象不由使身在他乡的诗人怀念起故乡。颔联写古迹所在之地已非往昔般繁华喧闹，成为少有游人、封闭于野地间的残台。上句，诗人写近在眼前的古台，后句，诗人将视线拉远，遥望那远远的山峦。颈联，诗人以夕阳衬旧垒，以寒磬衬空林，将旧日辉煌的场所如今的凄凉景象展现得淋漓尽致。尾联写江山依旧，人物不同。古台依旧，青山依旧，钟磬依旧，而那时的英豪早已不在，唯有秋日夕阳里滚滚的长江水不停歇地奔涌。“独自今”三字，悲凉慷慨，道出诗的神韵。有人认为，最后两句有“大江东去，浪淘尽，千古风流人物”之气韵。

全诗抚今追昔，写景寄情，感情深沉。诗中，诗人所闻所见的秋声、古台、野寺、夕阳、故垒、寒磬、空林都和诗人一样满怀惆怅，而独有长江水依然滚滚东流，把历史的烟云淘尽。诗的神韵尽在不言中。

【诗评】

全诗抚今追昔，写景寄情，语虽平淡，却蕴藏颇深，余韵不尽。

送李中丞归汉阳别业[①]

——刘长卿

流落征南将，曾驱十万师。
罢归无旧业[②]，老去恋明时[③]。
独立三边静[④]，轻生一剑知[⑤]。
茫茫江汉上，日暮欲何之[⑥]。

注释

①中丞：御史中丞。别业：别墅。②罢归：罢官而归。无旧业：意谓家乡没有产业。③明时：清明的时代。④三边：幽、并、凉三州，此处泛指边疆地带。⑤轻生：不畏死亡。⑥何之：去向何处。

【赏析】

这是一首送别诗。从诗意上看，李中丞是一位曾经为国家立下赫赫战功的将军，他曾经率领十万之众南征，为报效国家不惜殒身损命，也曾独镇北土，使得三边安定无事。然而就是这样一位功勋卓著的老将军，一朝得罪权奸，便遭到罢免，从此孤身飘零于江湖，并无家产旧业以为养老之资，茫茫然不知该往何处。本诗回顾了李将军当年的雄风，热情地讴歌了他英勇无畏、舍身为国的英雄气概，对将军晚年罢官漂泊的遭遇寄予了无限同情和关切，蕴含着对朝廷小人当道，功臣无所归依的深深愤慨和不平。

【诗评】

章法明练，句律雄浑，中唐佳品。

——《唐诗选脉会通评林》

送僧归日本

——钱起

上国随缘住[①]，来途若梦行。
浮天沧海远[②]，去世法舟轻[③]。
水月通禅寂，鱼龙听梵声。
惟怜一灯影，万里眼中明。

注释

①上国：此指大唐。②浮天：形容船只远去海上，如浮于天际。③去世：脱离尘世。法舟：指日本僧人所乘之舟。

【诗评】

天宝以还，钱起、刘长卿并鸣于时，与前诸家实相羽翼，品格亦近似。至其赋咏之多，自得之妙，或有过焉。

——《唐诗品汇》

【赏析】

这是一首写给来大唐旅行、学习的日本僧人的送别诗。诗虽然是写送别，却都是以佛语说出，融浸着丝丝禅意。比如说僧人前来大唐是因“缘”而来，归去时则是乘“法舟”而去。其中的“轻”字，还隐隐蕴含了已然得道的意味，因为“身轻”与“心轻”，是佛家修炼的一大境界。诗中更是对僧人乘舟海上的情景作了大胆的想象，说他于水月之间参禅，又为海中鱼龙传道，可谓饱含颂扬之情。末联中的“一灯影”，既指舟灯，又指禅灯，既表达作者对友人的关切，又由禅语点化而来，一语双关，深见作者苦心。

淮上喜会梁川故人

——韦应物

江汉曾为客[1]，相逢每醉还。
浮云一别后，流水十年间。
欢笑情如旧，萧疏鬓已斑[2]。
何因不归去，淮上有秋山。

注释

①江汉：即汉江。②萧疏：稀疏。斑：斑白。

【赏析】

本诗写了诗人与久别十年的梁州故人，不意之间在淮上（今江苏淮阴一带）重逢的喜悦，抒发了人世沧桑、青春不再的感慨。诗题虽写"喜会"故人，但诗歌中表现的却是"此日相逢思旧日，一杯成喜亦成悲"的悲喜交集的复杂情绪。诗如行云流水，韵致悠远。

首联，诗人回忆了与故人曾经共饮的美好时光，以及两人之间的情谊。诗人回忆往日每每出游宴饮必定扶醉而归的场景，心中一定是充满甜蜜和慰藉的。然而把过去的美好与相别后的时光对比，诗人不由黯然，生发出岁月不饶人的感慨。

颔联直接抒写阔别十年的感慨。"浮云"原本就有无定感，飘浮在空中，没有方向。"流水"不为世人情感停留，常常在诗中作为无情的象征。诗中"浮云""流水"不是写实，都是虚拟的景物，借以抒发诗人的主观感情，表现一别十年的感伤。"一别"与"十年"形成鲜明对照，也有一种世事沧桑感。此句选用了常见的意象，以流水对的方式，表现出了人生无定、时光飞驰、岁月蹉跎。此联境界空灵，意蕴悠长。

颈联点题，写了相逢时刻的"欢笑"。久别重逢，的确令人欣喜。诗人和故人还是像往日一样开怀畅饮，把酒言欢，然而这欣喜，只能说是暂时的，里面包含着无尽的辛酸，所以诗人又写道："萧疏鬓已斑。"十年里四海为家，两人都已经鬓发斑斑，青春不再。诗人描绘了两人的衰老之态，不言悲而悲情表露无遗，无数悲伤、感叹尽在不言之中。该联一喜一悲，笔法多样；一正一反，对比强烈。

末联笔锋一转，诗人反诘，为什么还不归去呢？答案是"淮上有秋山"。秋色中，满山红树，令人流连忘返。这个答案表达了诗人携友同游的愿望，似乎回答了"何因不归去"的问题，但又好像什么都没回答。

【诗评】

一气旋折，八句如一句。

——《唐诗三百首》

人如浮云易散，一别十年，又若流水去无还期，二语道尽别离情绪。

——《唐诗选脉会通评林》

酬程近秋夜即事见赠

——韩翃

长簟迎风早[1]，空城澹月华[2]。
星河秋一雁，砧杵夜千家[3]。
节候看应晚[4]，心期卧已赊[5]。
向来吟秀句[6]，不觉已鸣鸦[7]。

注释

①簟（diàn）：竹席。②澹（dàn）：荡漾。月华：月光。③砧（zhēn）杵：捣衣用具。古代妇女多在秋夜捣衣，好把捣得平服的棉衣寄给远方亲人。④看：估量。⑤心期句：意谓因心心相印而酬赠，连睡眠也迟了。赊：迟。⑥秀句：指程近《秋夜即事》的诗句。⑦鸣鸦：指天开始亮起来时乌鸦的聒噪。

【赏析】

本诗为写给友人程近的酬赠之作，按程近《秋夜即事》的诗题和诗。首联和颔联写景，描写了秋夜空旷寂寥的景色，有声有色，具有一种清淡之美；颈联和尾联抒写诗人对友人钦敬之情，表达和友人心心相通的友谊。诗歌并无深意，但描景秀逸，调韵清新，意境隽永，自然亲切，是一首颇具特色的唱和诗。

诗的前四句紧扣秋夜。“长簟迎风早，空城澹月华。星河秋一雁，砧杵夜千家”：长竹最早遇到西风，空城荡漾明月光华，一只秋雁掠过银河，砧声夜响万户千家。诗人通过描写“风吹长竹”“天高月淡”“星河飞雁”“千家夜砧”等一系列景致，将澄净疏朗、空旷寂寥、独具特色的秋景生动传神地展现出来。颔联“星河秋一雁，砧杵夜千家”对仗工整，自然秀逸，为唐诗中的名句。

后四句紧扣“秋夜即事”的题意。“节候看应晚，心期卧已赊。向来吟秀句，不觉已鸣鸦”：节气看来该是晚秋，只想和诗难以下榻，一直吟诵您的佳句，不觉天亮鸦声嘈杂。颈联承上而来，说照这季节气候来看，应是已经到了更深夜阑时候，诗人却因心期赋诗而不得入眠。尾联结构颇为严密，写诗人吟咏赠诗，不觉已鸦噪天曙，可见程诗之美。诗人巧妙地描绘秋夜和诗，写自己为了酬答吟诗而夜不成眠的情形。诗人这样写，不仅表明了自己与友人情谊的深厚，同时也想直抒胸臆，赞美友人，让友人欣喜。

【诗评】

“秋”“夜”二字极寻常，一经炉锤，便成诗眼。

——《瀛奎律髓》

阙　题

——刘昚虚

道由白云尽[1]，春与青溪长。
时有落花至，远随流水香。
闲门向山路，深柳读书堂。
幽映每白日，清辉照衣裳。

注释

①道由句：指山路起自于白云尽处。

【诗评】

水远、花香、山深、林密，书堂正当其处，何乐如云！看他“长”字、“时”字、“至”字、“远”字、“香”字，回环勾锁，一字不虚。

——《唐律消夏录》

【赏析】

本诗原本有题名后不知何故失落了，因而唐代殷璠在《河岳英灵集》中收录这首诗时只得以“阙题”来命名。阙题，即缺题，“阙”同“缺”，指题目原缺。诗歌描写了深山中的一栋别墅及周围幽深静寂的环境。首联的“道由白云尽”指出通往隐舍的路是由云深尽头蜿蜒而出，可见地势之高峻。诗以此开头，便省略了关于爬山的大段文字，避免了情节的拖沓，同时也暗示诗人正走在通往别墅的路上，离别墅已经很近了。颔联紧接上文，进一步勾勒青溪和春色，透露了诗人的喜悦之情。颈联粗略介绍隐舍。诗人沿途观景而来，终于得以见到隐舍。由门是往山路方向而设可见，隐舍主人极爱深山之隐蔽清幽，故而隐舍的门就成了“闲门”。诗人缓步前行，推开院门，便发现藏匿在院内柳影丛中的读书堂。原来这位主人是在山中一心一意钻研学问的读书人。尾联只就别墅之光影描写。虽然是发生在白天的事，却因隐舍置身深山老林，所以只偶有清幽光芒片片洒落在诗人衣上。全诗至此戛然而止，似意犹未尽，又留下思索的空间，更添韵味。

江乡故人偶集客舍

——戴叔伦

天秋月又满，城阙夜千重[1]。
还作江南会[2]，翻疑梦里逢[3]。
风枝惊暗鹊，露草泣寒虫[4]。
羁旅长堪醉[5]，相留畏晓钟。

注释

①城阙：指京城长安的宫城。千重：形容宫城的千重门户。②江南会：指其时与江南故人会集于客舍。③翻：反而。④寒虫：秋虫。⑤羁（jī）旅：客居他乡。

【赏析】

“他乡遇故人”是古人认为人生的四大喜事之一，何况是偶遇，其惊喜和兴奋可想而知，怪不得诗人说是“翻疑梦里逢”。欣喜之余，彼此叙起异乡作客的孤凄，心中又不由得沉重起来，“风枝”二句，正是烘托羁旅之人此时心境的惝恍与不安。诗人欲与友人们一醉方休，一则慰藉因漫长羁旅而销得憔悴不堪的心，二则尽享这可遇而不可求的相聚之夜。无奈把酒夜谈固然惬意，但终会因晓钟鸣响而告结束，友人们也会就此作别。想到此处，诗人虽然更劝友人们再尽一觞，心中却暗念着晓钟不要鸣响。……

【诗评】

近体诗亦多可观，如“风枝惊暗鹊，露草泣寒虫”，“对酒惜余景，问程愁乱山”，“竹暗闲房雨，茶香别院风”，语皆清警。

——《载酒园诗话又编》

送李端

——卢纶

故关衰草遍[1]，离别正堪悲。
路出寒云外，人归暮雪时。
少孤为客早[2]，多难识君迟。
掩泣空相向，风尘何所期[3]。

注释

①故关：旧关。②少孤：指自己从小丧父。为客早：意谓从很早的时候便开始了漂泊的生活。③风尘：纷乱的世道。何所期：不知后会何期。

【赏析】

本诗是送别名篇，抒发了诗人与友人离别时难舍难分的深情。

首联写了送别时边关路上凄凉荒寒的场景：颓圮的边关，在一片连天的衰草中孤零零地矗立着；寒风劲吹，吹不散天上仿佛冻硬的云朵；一条曲折的土路延续到天边，在衰草与冻云交界的地方隐去不见，仿佛延伸到了云外。荒野苍茫，暮雪纷飞，此时诗人一人独行更觉孤寂。颈联，诗人开始自述身世。诗人追忆起少年时漂泊他乡，遭遇动乱，几经磨折，直到遇到这个友人，心灵上才有了依靠。友人对于诗人来说，是乱世中最珍贵的礼物。尾联写诗人在旷野上送别友人，沐雪独归，回忆往事之后，遥望远方，独自挥泪，盼望相聚的场景。全诗用白描手法绘景抒情，语言清新，情致哀切，动人心魄，令人回味无穷。

【诗评】

刘长卿外，卢纶为佳。其诗亦以真而入妙，如“少孤为客早，多难识君迟”，“貌衰缘药尽，起晚为山寒”……皆能使人情为之移，甚者欷歔欲绝。

——《载酒园诗话又编》

喜见外弟又言别[1]

——李 益

十年离乱后[2]，长大一相逢。
问姓惊初见，称名忆旧容。
别来沧海事，语罢暮天钟。
明日巴陵道[3]，秋山又几重。

注释

①外弟：表弟。②十年离乱：指安史之乱。③巴陵：今湖南省岳阳市，即诗中外弟将去的地方。

【赏析】

先问到姓氏，心中已在惊疑，待说出名字，这才想起旧时容貌，不禁化惊为喜。他们原是表兄弟，因为战乱十年不曾见面，彼此脑海中对对方的印象依旧是十年之前的，故而相见时对于沧桑巨变、事殊人异的感慨是颇深的。兄弟二人互相诉说着十年以来彼此的经历，谈论着故旧亲人的情况，等到语毕，已然是暮钟响起。在这短暂的相逢之后，表弟明日又将踏上前往巴陵的路途，可能又是一个十年的分别，兄弟间又会重新面临一段阻隔，如那层层的秋山，不能知其远近；这不免让作者黯然神伤。

【诗评】

李益曰："问姓惊初见，称名忆旧容"，则情尤深，语尤怆，读之几于泪不能收。

——《载酒园诗话又编》

云阳馆与韩绅宿别[1]

——司空曙

故人江海别，几度隔山川。
乍见翻疑梦[2]，相悲各问年[3]。
孤灯寒照雨，深竹暗浮烟。
更有明朝恨[4]，离杯惜共传[5]。

注释

①宿别：同宿后又分别。②乍见：突然相见。翻：反而。③各问年：由于别后相隔时间太长，故相见后互问年龄。④明朝恨：明日再次离别之恨。⑤共传：相互举杯。

【诗评】

久别倏逢之意，宛然在目，想而味之，情融神会，殆如直述。前辈谓唐人行旅聚散之作最能感动人意，信非虚语。

——《对床夜话》

司空文明每作得一联好诗，辄为人压卷。如"乍见翻疑梦，相悲各问年"，可谓情至之语。

——《载酒园诗话又编》

【赏析】

与老朋友韩绅重逢在云阳馆，诗人惊慨万分。慨是感慨与故人江海相别后，久久为山水阻隔，相会不易。惊是惊疑在这里突然重逢，好像是做梦一样。他们百感交集地相互询问着年龄，寒夜里，孤灯暗淡的光线映照着蒙蒙夜雨，馆外竹林深处，似浮动着淡淡的烟云。

今日重逢，但明天又要分别，两位朋友恋恋不舍，只有互道珍重，举杯劝饮，聊慰今宵。

蜀先主庙

——刘禹锡

天地英雄气，千秋尚凛然。
势分三足鼎，业复五铢钱[1]。
得相能开国，生儿不象贤[2]。
凄凉蜀故伎，来舞魏宫前[3]。

注释

①业复句：王莽篡汉后曾废汉币五铢钱，至光武帝时得以恢复。这里指匡复汉室。②儿：指刘禅。③凄凉两句：蜀汉降魏后，刘禅迁至洛阳，被封为安乐公。一天，魏太尉司马昭宴请他，让蜀国女乐在他面前歌舞，以看他的反应，当时蜀国旧臣都感伤不已，只有刘禅嬉笑自若。

【赏析】

诗人来到先主庙凭吊，不由得追怀起刘备一生的卓著功业和英雄气概，称赞他英气长存，一度鼎足而分天下，匡复了衰微的汉室。只是刘备虽然在贤相诸葛亮的帮助下得以开国，无奈儿子刘禅却不能继承发扬事业，最终落得国灭身俘。从前蜀国的歌女舞伎，也被迁往魏宫，满怀凄凉地表演歌舞。这一段故事，临先主像想起，更让人感慨万千。诗人写下此诗垂戒世人，其中也包含着对盛世不常、英雄难觅的深深叹惋。

【诗评】

前写先主英雄，何等气概！后及后主昏暗，致坠先业，而蜀伎之舞，正其明证，足为后主之殷鉴。

——《历代诗评注读本》

没蕃故人

——张　籍

前年戍月支[1]，城下没全师[2]。
蕃汉断消息，死生长别离。
无人收废帐[3]，归马识残旗。
欲祭疑君在，天涯哭此时。

注释

①戍：指出征。月支：西域国名，此代吐蕃。②没：覆没。全师：全军。③废帐：遗弃的帐篷。

【诗评】

诗为吊绝塞英灵而作，苍凉沉痛，一篇哀诔文也。

——《诗境浅说》

【赏析】

本诗是诗人为怀念一位存亡未卜的出征友人而作的。这首诗描写了战争的残酷，充分地抒写了诗人对友人的情谊，真挚感人。

“前年戍月支，城下没全师”两句，点明在前年的一次战斗中，唐军全军覆灭。“蕃汉断消息，死生长别离”两句，是说从此以后蕃汉断绝了往来，消息无法传递，因此，诗人无法确切得知自己友人的生死。战争是残酷的，诗人不用亲眼望见也可以想见，战争过后，战场满目疮痍的惨状。空荡无人的营帐，倒地残破的军旗和失去主人的“归马”组合在一起，将战后的凄凉景象展露无遗。尾联“欲祭疑君在”一句，是诗人的内心活动。诗人深深思念他的友人，理智上明白他必死无疑，因此想奠祭他；但感情上又不愿接受，内心还残存一线希望，希望友人还活着。

草

——白居易

离离原上草[1]，一岁一枯荣。
野火烧不尽，春风吹又生。
远芳侵古道，晴翠接荒城[2]。
又送王孙去[3]，萋萋满别情[4]。

注释

①离离：形容草长得茂盛。②晴翠：指阳光下草色翠绿鲜亮。③王孙：游子。《楚辞·招隐士》有"王孙游兮不归，春草生兮萋萋"。④萋萋：茂盛的样子。

【赏析】

繁荣茂盛的原上小草，蓬勃生长。它们年年都要经历一枯一荣，纵使被野火烧成一片灰烬，春风再来的时候，依然会长出芽叶，绿满大地。芳草蔓延向远方，侵入古老的道路，晴天的时候，翠绿闪光的草色连接着荒凉的城墙。那一天，诗人踏着草原又送走了一位朋友，望着萋萋芳草，胸中充满了离情别绪。

【诗评】

诗的语言如此浅易，千百年来为人传诵，皆因其寓意深刻，那就是有着深厚根基而又普遍存在的事物并不易为外力所毁败，一旦得遇时机，便自然会蓬勃而起。但作者写诗时的用意，是以原上草的茂盛比喻离情的浓厚。

旅 宿

——杜 牧

旅馆无良伴[1]，凝情自悄然。
寒灯思旧事，断雁警愁眠[2]。
远梦归侵晓，家书到隔年。
沧江好烟月，门系钓鱼船[3]。

注释

①良伴：好朋友。②断雁：离群之雁。警：惊醒。③系：系结。

【赏析】

本诗为旅宿抒怀诗，含蓄隽永。全诗描写了诗人旅途中没有良伴，一个人孤独无依的寂寞凄凉，抒发了诗人生活失意的愁苦和对家乡的深切思念之情。

"旅馆无良伴，凝情自悄然"：诗人旅宿外地，人地生疏，在旅馆里也没有好友做伴，因而感到悄然寂寞，生出浓浓乡愁。一个"无"字和一个"自"字精准地道出了诗人客居他乡的孤独寂寞。"寒灯思旧事，断雁警愁眠"：诗人夜晚在幽暗的灯光下回忆往事，却听见大雁的鸣叫，让人更加哀伤愁闷。"远梦归侵晓，家书到隔年"：此联极言家乡遥远、愁绪万千。诗人做梦都想回家，但这并不现实，因为离家太远，连家书也不能捎回去。"沧江好烟月，门系钓鱼船"；看到江上的风光那般美好，渔船是那般悠闲自在，诗人更加思念家乡。尾联描绘江上月色以及江边渔船，看似跳出了乡思，实际上还是在借这他乡之物，表达思乡感情之真切。

【诗评】

牧之诗含思悲凄，流情感慨，抑扬顿挫之节，尤其所长。以时风委靡，独特拗峭，虽云矫其流弊，然持情亦巧矣。

——《唐音癸籤》

秋日赴阙题潼关驿楼①

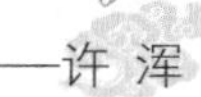

——许 浑

红叶晚萧萧，长亭酒一瓢②。
残云归太华③，疏雨过中条④。
树色随关迥⑤，河声入海遥⑥。
帝乡明日到⑦，犹自梦渔樵⑧。

注释

①赴阙：即去京城。阙是宫门前的望楼，常用来象征京城。②长亭：古时供行人休息的亭子，常作饯别处，此指潼关驿楼。③太华：华山，在潼关西。④中条：中条山，亦名首阳，在潼关东北。⑤迥（jiǒng）：远。⑥河：黄河。⑦帝乡：指京城长安。⑧梦渔樵：指怀念隐居时的生活。

【赏析】

本诗为诗人赴京求仕途中有感而作。诗中描写了诗人在潼关驿楼眺望所见山野疏朗萧索的秋日暮色，抒写了诗人虽来京求仕，但仍留恋乡居隐逸生活的心理，表现了诗人茫然的思绪和隐微的愁情。阙，宫阙，这里指都城长安。潼关，在今陕西省潼关县。

首联以简练的笔墨勾勒出一幅秋日行旅图。“红叶晚萧萧”，写景之中透露出一缕悲凉的意绪；“长亭酒一瓢”，叙事之中传出客子的旅途况味。本诗诗题一作《行次潼关，逢魏扶东归》，这个背景可以帮助读者了解诗人为什么在长亭送别、借酒浇愁。颔联和颈联四句笔势急转，诗人大笔勾画潼关的典型风物，笔法雄浑苍茫。诗人极目远眺：南面是巍峨高峻的西岳华山；北面隔着黄河又是苍翠起伏的中条山。残云隐匿在华山山洞中，表示天将放晴；疏雨乍过中条山，空气清新。诗人以“残云归”一语来点染华山，又以“疏雨过”来形容中条山，如此一来，华山和中条山的景色就不是静景而是动景。诗人化静为动的书写，让浩渺无边的沉寂中现出了一抹灵动。接着，诗人收回目光，又望见苍茫树色随关城渐渐远去。关外便是黄河，它从北面奔涌而出，在潼关外急转直下，径向三门峡翻滚而去，呼啸着流入渤海。“河声入海”后诗人用一个“遥”字，使黄河更显气势。诗人居高远望，眼见树色苍茫，耳听波涛汹涌，感受自然真切异常。两联四句景句，如巨鳌四足，缺一不可，丝毫没有画蛇添足、臃肿累赘之嫌。

依常理，诗人此时距长安只剩一天路程。即将进入帝京，诗人本应对那繁华都市满怀幻想，可他却“犹自梦渔樵”——还是想念家乡的渔樵生活，令人大感意外。实际上，诗人恰恰是以这句话含蓄委婉地表示出了他对功名利禄的淡泊以及对隐居生活的热爱。

【诗评】

五律之“红叶晚萧萧”，全局俱动，为晚唐之翘秀也。

——《养一斋诗话》

早 秋

——许 浑

遥夜泛清瑟①，西风生翠萝。
残萤栖玉露，早雁拂金河②。
高树晓还密，远山晴更多。
淮南一叶下，自觉洞庭波。

注释

①遥夜：长夜。瑟：弦乐器，似琴。②金河：秋日夜空中的银河。

【诗评】

字字切“早”。

——《唐诗三百首》

【赏析】

本诗描写初秋山野高远淡雅的景色。前四句写初秋夜色，后四句写初秋昼景，全诗抒写了淡淡的愁情。诗人在描摹秋色时，注重高低远近的层次，落笔有致而逻辑清晰。首联写景抒情，写诗人一整夜都听见瑟瑟的秋风声。秋风是秋天是使者，是秋天典型的事物，它在一条条高悬的藤弦间轻轻掠过，奏出了清脆悦耳的音调，令人心感愉悦。一个“翠”字，让人在瑟瑟的秋风中感到无限的生机。由此可以看出，诗人在首联刻意避免渲染悲秋的气氛，力图带给读者一份新鲜的快意。颔联展示了一片秋色秋声。玉露、虫、大雁都是秋天的典型景物，因而具有很强的说服力和感染力。此外，银河变成了金河，也是秋天色温所致。一个“残”字，透出秋的萧瑟，给人以秋愁的暗示。颈联、尾联四句清晰地描绘出一幅早秋清晨图。颈联中，诗人选择了辽远的山与高大的树来展现秋晨美景，将读者的思绪从因上一句而产生的淡淡秋愁中拉回到秋高气爽的意境中。这一联也为最后一联的抒情作铺垫。尾联乃点睛之笔，深化了本诗的主题，表达了诗人对早秋深深的喜爱之情。本来无甚感情色彩的早秋景观，因为这一句，就充满了浓重的浪漫主义色彩。在“高树晓还密，远山晴更多”的佳境中，竟然有“淮南一叶下”。它为何而下？自然是因为受到了“洞庭波”的召唤。“洞庭波”典出屈原《九歌•湘夫人》中“袅袅兮秋风，洞庭波兮木叶下”之句。“洞庭波”与“木叶下”本都是秋风所致，况且淮南与洞庭千里相隔，诗人在此却抛开花草，用“自觉洞庭波”来解释“淮南一叶下”，可谓别出心裁，浪漫至极，能令读者感受到一种动人心魄的魅力。本诗通篇写秋景，诗人的描写层次清晰，渐入佳境，充满新奇与浪漫的色彩。同时，颔联和颈联结构严密、对仗工整，可谓天衣无缝。

蝉

——李商隐

本以高难饱[①]，徒劳恨费声。
五更疏欲断，一树碧无情。
薄宦梗犹泛[②]，故园芜已平[③]。
烦君最相警[④]，我亦举家清。

注释

①本以两句：古人认为蝉是餐风饮露的，故此处说它栖于高树而难得一饱，纵然作怨恨之声也是枉然。②薄宦：官卑职微。梗（gěng）犹泛：形容自己漂泊不定的生活就好像树梗浮了水面。③芜：荒草。④君：指蝉。

【赏析】

它居住在高高的树上，本就难得腹中充实，却还整天费尽气力地长鸣不停。长长的夏日里，它一直要鸣叫到五更时分，直到声嘶力竭。然而日夜哀鸣并不曾改变了什么，连栖身的大树也依然是青翠如故，丝毫不为所动。作者笔下的蝉实际上是他自身的写照，蝉的哀鸣正如他在困境中的痛苦呻吟，而那毫不动情的树木则代表着冷漠世情。诗的末联是作者对蝉的寄语：真是烦劳你常常用鸣声来提醒我，其实我和你一样，也是洁身自好，举家清贫。

【诗评】

三首二句写蝉之鸣，三、四写蝉之不鸣；“一树碧无情”，真实追魂取气之句。五、六先作“清”字地步，然后借“烦君”二字折出结句来，法老笔高，中晚一人也。

——《唐律消夏录》

风　雨

——李商隐

凄凉宝剑篇[①]，羁泊欲穷年[②]。
黄叶仍风雨，青楼自管弦[③]。
新知遭薄俗[④]，旧好隔良缘[⑤]。
心断新丰酒，消愁又几千[⑥]。

注释

①宝剑篇：武则天召见唐将郭震，索其文章，郭震呈上明志之作《宝剑篇》，并因此而得到重用。②羁（jī）泊：漂泊无定。羁，古同"羁"。穷年：终年。③青楼：指富家的高楼，古时富贵人家的楼阁常为青色。④新知：新交的知己。遭薄俗：指为浅薄的世俗所指责诋毁。⑤隔良缘：指缘分渐浅渐尽。⑥几千：几千文，指酒资。

【赏析】

诗人也曾胸怀大志，却没有郭震向皇帝呈上《宝剑篇》而得到重用那样幸运，只能在漂泊生涯中度过了一年又一年，面对着达官显贵们不停享乐的笙歌管弦，他觉得自己犹如一片凋残的黄叶，在凄风苦雨中挣扎。新结识的知己多遭到世俗的诋毁，旧日的好友也与自己日渐疏远，想要暂时忘掉挫折烦恼，怕是只有以新丰美酒浇之。用几千钱的酒消愁，是酒贵还是愁多？

【诗评】

当凄凉羁泊时，风雨之夕，听青楼管弦，因感新知旧好，而思斗酒消愁，情甚难堪。

——《玉溪生诗意》

落　花

——李商隐

高阁客竟去，小园花乱飞。
参差连曲陌[①]，迢递送斜晖[②]。
肠断未忍扫，眼穿仍欲归。
芳心向春尽，所得是沾衣。

注释

①参差：指落花堆叠不平的样子。曲陌：曲折的小路。②迢递：远远地。

【诗评】

落花诗全无脂粉气，真是艳诗好手。

——《五朝诗善鸣集》

【赏析】

李商隐作诗，一向以善于用典、精于藻饰闻名。但他也有用语质朴、风格淡雅的佳作，本诗就是其中之一。本诗为咏物诗，作于唐武宗会昌六年（846年），当时诗人为母守孝，正闲居永业，又因陷入牛李党争之中，处境艰难，因此心绪不宁。他忧愁怨恨的心情在本诗中即有所表露。诗人借咏落花的飘零，抒写自己身世之感，抒发自己一生失意的幽怨。全诗忧郁悲凉，曲折深婉。

首联上句叙事，下句写景。客人们陆续离开，人去楼空，满园静寂，诗人才注意到四散的落花，顿生同病相怜之心，寂寞惆怅的愁绪也涌上了心头。因本诗人描写落花，实际是为了引出本诗的主旨——愁思。

颔联从多种角度描写落花的情状。上句从空间入手：落花在空中飞舞，参差的花枝连着弯曲的小路；下句从时间着眼：落花绵绵不断，无休无止。对“斜晖”的点染，折射出诗人内心的不安。整个画面色调黯淡，充满了沉重感，流露出一种悲伤的情绪。颈联，诗人直抒胸臆。“肠断未忍扫”：诗人肝肠寸断也不忍心清扫落花，这并不是一般的惜花之情，而是一种复杂的、难以言表的情绪。诗人以花自比，望花自伤，自然就难以将落花彻底扫为垃圾尘土。而“眼穿仍欲归”一句表露出诗人的痴心与坚定。尾联意蕴深藏：花朵用自己短暂而绚烂的一生装点了春天，最后却落得凋残、衰败的下场；诗人满怀抱负，却一生坎坷、屡屡碰壁，结局也是凄凉悲苦、令人同情。

全诗语言清淡疏朗，诗人咏物伤己，以物喻己，感伤无尽。

送人东游

——温庭筠

荒戍落黄叶①，浩然离故关②。
高风汉阳渡③，初日郢门山④。
江上几人在，天涯孤棹还⑤。
何当重相见⑥，樽酒慰离颜。

注释

①荒戍：荒废的防地营垒。②故关：旧时的关塞。③汉阳渡：在今湖北武汉。④郢门山：在今湖北宜都。⑤棹（zhào）：舟楫。⑥何当：何时。

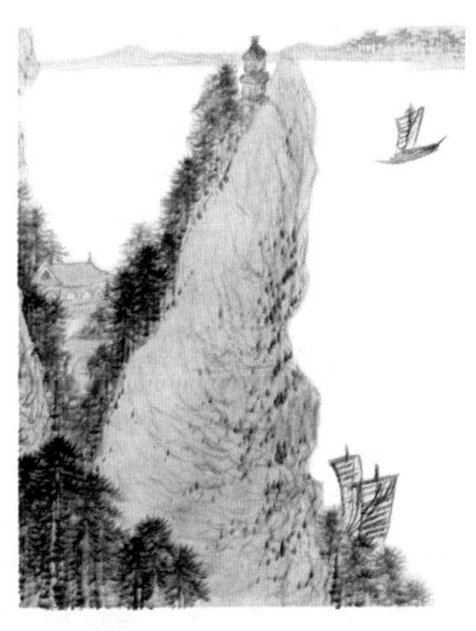

【赏析】

本诗大约是诗人宣宗大中十三年（859年）被贬隋县之后，懿宗咸通三年（862年）自江陵东下之前创作的。在这首诗中，诗人想象了友人的一路跋涉，盼望着日后重逢，抒写了与友人离别的感伤，表达了对友人的真挚情谊。全诗意境高阔，格调雄浑。

首联围绕送别主题，寓情于景。首句“荒戍落黄叶”通过景物描写，点出时令和地点。“浩然离故关”一句则确立了本诗的感情基调。地依荒野故关，时逢萧索深秋，这样的时地与友人话别，惜别之情应当难以抑制。可是第二句起笔令人意想不到，诗人没有悲秋，没有写惜别之情，而是写友人远行时胸中浩然。在这里，壮美的景物与柔美的情感融合在一起，产生了很好的艺术效果。 颔联采用互文的手法，说明别离之时在早上。汉阳渡、郢门山两地相距千里，当然不会尽收眼底。诗人意在综述楚地山水，表现宏阔伟丽的景象。 颈联两句写诗人联想到故人东行，江东的亲戚友人苦候的图景。诗人早年常在江淮地区游历，结识了不少友人。在这里，诗人既希望这位东行的友人一路顺风，又吐露了自己对江东故交的思念。 尾联写诗人的感慨：何时我们才能再次相见呢？还是举杯畅饮忘却离愁别绪吧。这两句使惜别之情更加突显。诗人构思奇特，描秋景而不伤秋，写离别而不纵悲。全诗结构宏阔，是送别诗中的上乘之作。

【诗评】

首联领起，通篇有势，中四语结撰亦称。如此写离情，直觉有浩然之气。

——《唐诗笺注》

灞上秋居①

——马 戴

灞原风雨定，晚见雁行频。
落叶他乡树，寒灯独夜人。
空园白露滴，孤壁野僧邻。
寄卧郊扉久②，何年致此身③。

注释

①灞上：今陕西西安市东，因地处灞水之西的高原上而得名。②郊扉：郊居。③致此身：为国出力。

【诗评】

此诗纯写闭门寥落之感。

——《诗境浅说》

【赏析】

这是一首写景抒情诗。诗人融情于景，通过对灞上萧瑟秋景的描绘，表现了客居异乡的孤独与凄清，抒发了怀才不遇、壮志难酬的感慨。灞上，即霸陵、霸上，在今陕西西安市东。

首联写灞上萧瑟的秋气：秋风秋雨初定，在暮霭沉沉的天际，雁群频飞。一个“频”字，既道出了雁群之多，也让人联想到了雁儿匆忙投宿的悽惶之状。在古代诗词中，“雁回”与明月一样，最易惹乡思。颔联继续写景，不过视角由天际转向了地面，由晚行雁转向了“独夜人”。“落叶他乡树”一句含义深远。民间有句俗语，“树高千丈，叶落归根”。诗人在他乡目睹落叶，很自然地想到了自己客居异乡的悲凉，因此深受触动。何时才能回归故里呢?诗人无数次自问，也没有答案，只能将心中的凄凉渗透到诗句的字里行间。“寒灯独夜人”一句，一个“寒”字，一个“独”字，写尽了客居他乡的悲伤孤独。试想，夜已深沉，一灯如豆，孤独的诗人独坐灯旁，若有所思。寒意渐渐袭来，烛光更显黯淡，诗人心中的凄苦也更深切。“寒灯”使夜显得更加漫长；“独坐”则更让诗人感到逼人的寒意。

颈联还是写景，视角又从地面转向了空园，由“他乡树”转到了“白露滴”，由“独夜人”转向了“野僧邻”。“空园白露滴”一句，露珠缓缓滴在枯叶上发出了声音，虽然微弱，却很清晰。此时更深露重，万籁俱寂，连秋虫都已不再鸣叫。诗人特意巧妙运用以动衬静的手法，以一个“滴”字，写尽了秋声，比写完全无声更能体现环境的静谧。“孤壁”句同样用衬托的手法，诗人明明想写自己孑然一身，孤立无援，却说自己还有一个邻居，而这个邻居竟是一个出尘脱俗、不慕凡尘的僧人。有这样的邻居，更显诗人的孤单与落寞。尾联，诗人直抒胸臆，抒发怀才不遇、进身渺茫之感慨。诗人以求仕为目的到了长安，在灞上客居多日，始终未找到进身之法，所以在此直言怀才不遇的苦闷和前途渺茫的失落。本诗题材在唐诗中很是常见，但是写景都为眼前所见，不事雕琢；写情情真意切，绝不无病呻吟，因此能够不落俗套，表现出极大的艺术魅力。

楚江怀古①

——马 戴

露气寒光集，微阳下楚丘②。
猿啼洞庭树，人在木兰舟③。
广泽生明月④，苍山夹乱流。
云中君不见，竟夕自悲秋。

注释

①楚江：此指湘江。②微阳：微弱的日光。楚丘：指湘江两岸的山丘。③木兰舟：木兰树所制的小舟。④广泽：广阔的水泽。

【诗评】

全诗风格古朴疏朗，语言凝练明净，蕴含着作者极为深挚的情感，虽时隔千载，犹能让人为之伤怀。

【赏析】

唐宣宗大中初年（847年），原在山西太原幕府掌书记的马戴，因直言被贬为龙阳（今湖南汉寿）尉。从北方来到江南，徘徊在洞庭湖畔和湘江之滨，马戴触景生情，追慕前贤，感怀身世，写下了《楚江怀古》五律三篇。这里所选录的是其中的第一首。诗人描写了洞庭湖的风景，通过对屈原的凭吊，抒发了欣羡屈原的情怀，表达了苦闷忧伤的心境。全诗含蓄深沉，苍凉雄浑。楚江，这里指湘江。

首联写景，先点明薄暮时分，江上雾气初生，露气迷茫，寒意侵人，夕阳西下，渐逼楚山。这种萧瑟清冷的秋暮景色，隐约透露出诗人悲凉的心境。

颔联继续写景，上句写物，入耳的是阵阵的猿鸣，入目的是洞庭湖边的秋树；下句写人，也就是诗人自己，驾一条木兰舟，漂流江上。这不禁让人想起了屈原的诗歌：“袅袅兮秋风，洞庭波兮木叶下”（《楚辞•九歌•湘夫人》），“船容与而不进兮，淹回水而凝滞”（《涉江》）。诗人泛舟湘江上，对景怀人，想到屈原。

颈联两句分别从水、山两个角度写夜景，黄昏已尽，一轮明月从广阔的洞庭湖上升起，深苍的山峦间夹泻着汩汩而下的乱流。“一切景语，皆情语也”，“广泽生明月”的阔大和静谧，曲折反映出诗人远谪的孤单落寞；“苍山夹乱流”的迷乱，正好反映出诗人内心深处的彷徨。

尾联才点出“怀古”的主旨，以悲愁作结。诗人俯仰于楚江天地间，不禁想起了楚地古老的传说和屈原《九歌》中的云中君。“不见”与“自”相呼应；“悲秋”二字点明孤独悲愁之意，同时在时间和节候上与开篇相呼应，使全诗在错综变化中呈现出和谐完整之美。

全诗借景抒怀，清丽婉约，情真意切。

书边事

——张乔

调角断清秋[1]，征人倚戍楼[2]。
春风对青冢[3]，白日落梁州[4]。
大漠无兵阻，穷边有客游[5]。
蕃情似此水，长愿向南流。

注释

①调角：吹角。断：停止。②戍楼：防地的城楼。③青冢（zhǒng）：指昭君墓。④梁州：指凉州，唐时凉州为边塞之地。⑤穷边：绝远的边地。

【诗评】

此诗高视阔步而出，一气直书，而仍有顿挫，亦高格之一也。

——《诗境浅说》

【赏析】

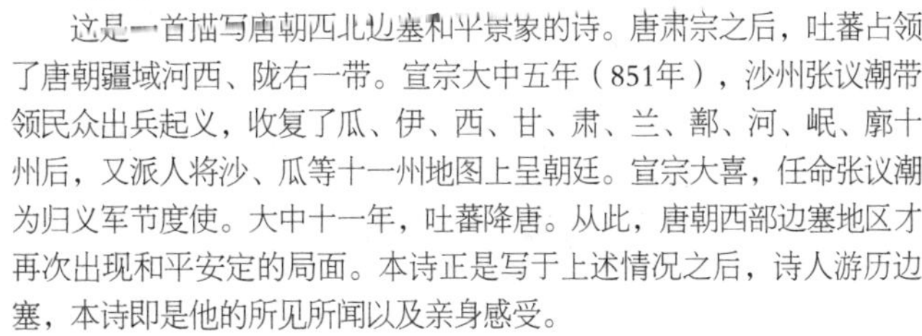

这是一首描写唐朝西北边塞和平景象的诗。唐肃宗之后，吐蕃占领了唐朝疆域河西、陇右一带。宣宗大中五年（851年），沙州张议潮带领民众出兵起义，收复了瓜、伊、西、甘、肃、兰、鄯、河、岷、廓十州后，又派人将沙、瓜等十一州地图上呈朝廷。宣宗大喜，任命张议潮为归义军节度使。大中十一年，吐蕃降唐。从此，唐朝西部边塞地区才再次出现和平安定的局面。本诗正是写于上述情况之后，诗人游历边塞，本诗即是他的所见所闻以及亲身感受。

首联写戍边将士安宁的军旅生活。“调角断清秋，征人倚戍楼”：清秋的边地听不到号角的声响，征人悠闲地倚着哨楼向远处眺望。颔联“春风对青冢，白日落梁州”二句，写边塞的景色。“春风”，不是实指，而是虚写；“青冢”，是汉代昭君墓。颈联“大漠无兵阻，穷边有客游”，写出边塞的辽阔与和平。尾联是诗人对民族团结的良好祝愿，寓意高阔而深远。

除夜有怀

——崔涂

迢递三巴路[1]，羁危万里身[2]。
乱山残雪夜，孤烛异乡人。
渐与骨肉远，转于僮仆亲。
那堪正飘泊，明日岁华新[3]。

注释

①三巴：指巴郡、巴东、巴西，都在今四川东部。②羁危：指漂泊于三巴的艰险之地。③岁华新：又是新的一年。

【诗评】

读之如凉雨凄风飒然而至，此所谓真诗，正不得以晚唐概薄之。

——《载酒园诗话又编》

崔涂《除夜有怀》，说尽苦情苦境矣。

——《围炉诗话》

【赏析】

本诗为怀乡之诗，诗人崔涂，字礼山，光启四年郑贻矩榜进士及第。“工诗，深造理窟，端能竦动人意，写景状怀，往往宣陶肺腑。亦穷年羁旅，壮岁上巴蜀，老大游陇山。家寄江南，每多离怨之作。”（《唐才子传》）本诗写阴历年三十夜的感慨，为诗人身居异乡除夜怀乡之诗，系诗人客居四川时的作品。

诗中描写除夕夜，诗人在异乡生活的寂寞凄凉，抒发了诗人漂泊流离的辛酸和失意坎坷的愁苦以及对家乡的深切思念之情。

“迢递三巴路，羁危万里身”一联写游子离乡的遥远，意境高远，气象阔大，并不给人以萧瑟的感觉。“迢递”“羁危”等用词精练、准确。

“乱山残雪夜，孤烛异乡人”一联写四川除夕夜的特点，诗人真切地描摹出当时当地的景色：在乱山丛中，冬尽雪残，一丝微弱的烛光，映照着孤独的异乡人。凄清的除夕夜景，将游子寂寞的情怀表现得淋漓尽致，真切感人。这一联和马戴的“落叶他乡树，寒灯独夜人”有异曲同工之妙。

“渐与骨肉远，转于僮仆亲”一联写游子孤身在外，骨肉亲人遥不可及，故而感到身边的童子仆人也很亲近，这种写法更真切地表现了游子思乡之情切。此句系从王维《宿郑州》：“他乡绝俦侣，孤案亲僮仆”化出。这两句作为“万里身”“异乡人”的深绘，更加悲恻感人。

“那堪正飘泊，明日岁华新”一联则写，游子寄希望于明年，祈求不再漂泊流离。此联顺理成章，真切自然。

全诗意境苍凉，语言清丽，含蓄隽永；抒写游子怀乡思亲之情，真挚细腻，感人至深。

孤　雁

——崔涂

几行归塞尽[1]，念尔独何之[2]。
暮雨相呼失[3]，寒塘欲下迟。
渚云低暗度[4]，关月冷相随。
未必逢矰缴[5]，孤飞自可疑[6]。

注释

①几行：指雁群。②尔：你，指孤雁。何之：何往。③相呼失：指失去了与伙伴的呼应。④渚（zhǔ）：水中的小洲。⑤矰（zēng）：古代用来射鸟的拴着丝绳的短箭。缴（zhuó）：系在箭上的丝绳。⑥孤飞句：意谓只是孤雁失群而飞，毕竟会疑惧恐慌呀。

【赏析】

这首题为《孤雁》的诗，全篇都是写孤雁，诗人通过对孤雁失群后情态的描写，寄予了自身深切的悲凉之感。“孤”字是全诗的“诗眼”，正是这个“孤”字将全诗的主题和意境凝聚在一起，浑然天成。

首联点出孤雁的失群，写出“离群”这个背景，为孤雁的出场渲染出悲凉的气氛。“几行归塞尽，念尔独何之。”诗人一生浪迹天涯，心中多有漂泊羁旅之感。此时他站在这驿楼之上，独自远眺：苍穹之下，几行大雁，飞回塞外，渐渐地，远去不见，只剩下一只孤雁，独自徘徊。从“归塞”二字，点出雁群的目的地是北方。同时暗示出此时为春天，因为鸿雁是在春分以后才向塞外飞去。此二句中“行”“独”两字，造成强烈的对比，突出了孤雁。而“独何之”三字，一语双关，既蕴含着诗人对孤雁的同情，又借孤雁写出自己羁留客地的哀愁。

颔联写出孤雁失群后的哀鸣和胆怯。“暮雨相呼失”一句写雁声，孤雁在暮雨中悲哀地呼叫，四处找寻失散伙伴，增添了全诗的悲痛情绪；“寒塘欲下迟”写孤雁的情态，它想落下寒塘却又害怕，迟疑又彷徨。

颈联写孤雁的独自漂泊之苦。前句点出孤雁失群的原因，后句写孤雁失群后的表现。此二句既描绘出孤雁所处的自然环境，又细致入微地刻画出孤雁仓皇的状态。

尾联写的是诗人对孤雁的安慰语以及自己内心的矛盾之情。“未必逢矰缴，孤飞自可疑”，意思是说孤雁未必就会遭到羽箭的射击，但独身孤飞总会是惊恐万状。从语气上看，好似安慰之词——既是安慰孤雁，又是自我安慰。但实际上，孤飞的恐惧，比遭到羽箭的射击更让人惊魂。两句的意思是：你未必就会遭到羽箭的射击，但独身孤飞总会是惊恐万状。全诗直到最后一句才正面点出“孤”字，诗眼到此显豁通明。诗人此时远离故乡，世路峻险，于是在本诗中以孤雁比喻自己，抒发了内心孤苦寂寞的羁旅之情。

【诗评】

诗人咏孤雁，实是以离群之雁的遭遇自比。虽然唐诗多有以“孤雁”为题材者，然而若论描摹孤雁凄惶疑惧之态，当以本诗为最佳。

春宫怨

——杜荀鹤

早被婵娟误①，欲妆临镜慵②。
承恩不在貌，教妾若为容③？
风暖鸟声碎④，日高花影重。
年年越溪女⑤，相忆采芙蓉。

注释

①婵娟：形态美好。②妆：梳妆。慵：慵懒。③若为容：如何修饰容貌。④鸟声碎：鸟声嘈杂。⑤越溪女：指西施浣纱时的女伴。

【赏析】

年纪还不大的时候，她就为自己的美丽所耽误，被选入了孤寂的深宫。每天晨妆的时间，她临镜而坐却慵懒无心。皇宫中承恩得宠的规则啊，并不在于人的美貌，她总是疑惑不解，所以发出了“教我打扮又有何用”的反问。春风正暖，鸟语清脆而嘈杂，随着太阳慢慢升高，花木投下重重影子。在这美好的春天，她独自度日，一遍又一遍地回忆着和女伴们一起采莲浣纱的快乐时光。

【诗评】

此诗虽为宫人写怨，哀窈窕而感贤才，作者亦以自况。失意文人，望君门如万里，与寂寞宫花，同其幽怨已。

——《诗境浅说甲编》

章台夜思①

——韦庄

清瑟怨遥夜，绕弦风雨哀。
孤灯闻楚角②，残月下章台。
芳草已云暮，故人殊未来③。
乡书不可寄④，秋雁又南回。

注释

①章台：章华台，在长安中。②楚角：楚地的号角声。③殊：绝。④乡书：指家书。

【赏析】

这是一首怀人思乡之作，大概是寄给越中家属的。全诗先描绘了一幅凄清的晚秋夜景图，然后写故人情，相思恨，寄寓感慨，感人至深。

诗以“夜思”为题，首联却不写思，而写秋夜之所闻、所见，借清瑟写怀。瑟是古代的一种弹拨乐器，其声悲怨。古诗中，瑟是一个常见意象，多与悲相联系。这两句诗托伤情于瑟曲，凄婉动人。一个“怨”字，一个“哀”字，突出愁思怨恨，为全诗奠定感情基调。

颔联继续写秋夜之所闻、所见。诗人用“孤灯”“楚角”“残月”“章台”等意象加以渲染，突出“夜思”之苦。上句写诗人独坐孤灯下，又闻苍凉悲切的“楚角”声。下句未述闻之所感，径直以实景烘托，一钩残月即将西沉。诗人望月起相思，月却是残月，更添几许凄凉。“章台”是唐诗中通用的意象，原为汉代京城长安街道名，街多柳树，唐时称“章台柳”。这两句借景写情，写尽寄居他乡之孤独、悲凉。

颈联点题，揭示思的内容：芳草已暮，韶华已逝，故人未来。诗人用“芳草已云暮”起兴，衬托他的守候之苦。“云暮”，即“迟暮”之意。芳草绿了，又枯了；而故人依然久久未来，可见诗人的失落与怅惘。“芳草”亦是唐诗常见意象，多指代春天，或象征美好的青春等。韦庄诗常用“芳草”喻指美好时光之难永驻。“已”“殊”两字形成鲜明对照，表达了诗人望穿秋水而不得的失落。

尾联承“故人”句递进一层，揭示诗人的思乡之苦。“殊未来”，长期不知“故人”音讯，于是诗人想到了写家书；可是山长水远，“乡书不可寄”，这就更添几分悲苦。末句以景语作结，点明当时正值清秋时节，更令人愁思不断。一个“又”字，说明这样的日子，诗人已过了多年，可是身不由己、无可奈何。这一联将悲情推向了一个新的高潮。

全诗一气呵成，感情真挚，幽怨清晰，感人至深。

【诗评】

起得有情，接得有力，所谓万钧石在掌上转也。此诗与飞卿“荒戍落黄叶”之作，皆晚唐之绝品也。

——《唐贤小三昧集续集》

寻陆鸿渐不遇

——僧皎然

移家虽带郭①，野径入桑麻。
近种篱边菊，秋来未著花②。
扣门无犬吠，欲去问西家③。
报道山中去④，归来每日斜。

注释

①移家：迁居。带：近。②著花：开花。③西家：西边的邻居。④报道：回答说。

【赏析】

这首诗是陆羽迁居后，皎然过访新居不遇所作。皎然，俗姓谢，字清昼，湖州长城卞山（今浙江长兴）人，中唐著名诗僧。陆鸿渐，即陆羽，字鸿渐，竟陵（今湖北天门县）人，曾授太子文学，不就。后隐居，著有《茶经》，后人尊为“茶神”。诗人去访问友人没有遇到，便描写了友人新居周围的景色和隐者生活的自在闲逸，抒写了诗人对隐逸生活的向往。此外，本诗还将陆羽疏放不俗的形象刻画得入木三分。全诗有乘兴而来，兴尽而返的情趣，语言淳朴自然，清新流畅，充满诗情画意，优美和谐。近人俞陛云曾评价道：“此诗之萧洒出尘，有在章句外者，非务为高调也。”

首联和颔联写陆羽新居之景，有“陶氏田园”之韵。陆羽新居虽离城不远，但很幽静，一条小径，桑麻遮道，通往深处。虽然秋天已到，篱笆两边新种的菊花却还未开花。这几句诗平淡清新，点出诗人造访陆羽的时间为风高气爽的秋季。两联一为承接，一为转折；一为正用，一为反用，一反一正都表现了环境的幽僻。

颈联和尾联写诗人寻人不遇的情况。诗人来到了门前，敲门，不但无人应答，连犬吠的声音都没有。这时诗人满怀不舍，不忍离去，于是他决定问一问西边的邻居。邻人答道：陆羽往山中去了，经常要到太阳西下的时候才回来。这与贾岛《寻隐者不遇》中“只在此山中，云深不知处”的诗句有异曲同工之妙。“每日斜”的“每”字，活脱地勾画出西邻说话时（对陆羽整天流连山水）迷惑不解的神态。诗人写“问西家”，一方面表明对陆羽的思慕和相访不遇的惆怅；另一方面则借西家之口，从侧面烘托出陆羽不以尘事为念、高蹈尘外的逸士襟怀和风度。

本诗用语空灵、韵味悠长，前两联写陆羽隐居之处的景色，后两联写诗人访友不遇的情形。诗人鲜少在陆羽身上着墨，但本意还是为了吟咏陆羽。幽僻的住所，遍地的菊花，无犬吠的门户，西邻的描述，都从侧面反映出陆羽淡泊宁静、乐居山野的性情。至此，虽无一字写隐士，但一个超尘绝俗的隐士形象仿佛已出现在读者眼前。

【诗评】

全诗风格纯朴自然，语句清新流畅，看似信手写来，却层次分明，有条不紊，可以“优美和谐”四字称之。

黄鹤楼

崔颢

昔人已乘黄鹤去①，此地空余黄鹤楼。
黄鹤一去不复返，白云千载空悠悠。
晴川历历汉阳树②，芳草萋萋鹦鹉洲③。
日暮乡关何处是④，烟波江上使人愁。

注释

①昔人：指传说中的仙人。②历历：景物清晰分明的样子。汉阳：在武昌（黄鹤楼所在地）西。③鹦鹉洲：在今武汉市西南长江中，相传因东汉祢衡在此作《鹦鹉赋》而得名。④乡关：家乡。

【诗评】

“黄鹤”二字在诗中三次出现，这本是律诗的大忌，然而本诗被后人评为七言律诗第一，被评为“擅千古之奇”的作品，皆因全诗无论起兴、承转还是引事、抒情都自然超妙、浑然天成，让人难以企及。

【赏析】

这首诗是吊古怀乡之佳作。诗人登临黄鹤楼，览眼前景物，即景生情，诗兴大作，脱口而出，一泻千里，写成了本诗。本诗既自然宏丽，又饶有风骨，成为历代所推崇的珍品。诗虽不协律，但音节嘹亮而不拗口。传说李白登此楼，目睹本诗，大为折服。说："眼前有景道不得，崔颢题诗在上头。"这个传说可能是后人附会，未必真有其事。然而李白确曾两次作诗拟本诗格调。其《鹦鹉洲》诗前四句说："鹦鹉东过吴江水，江上洲传鹦鹉名。鹦鹉西飞陇山去，芳洲之树何青青。"与崔诗如出一辙。

黄鹤楼因其所在之武昌黄鹤山（又名蛇山）而得名。传说古代仙人子安乘黄鹤过此（见《齐谐记》）；又传说费文伟登仙驾鹤于此（见《太平寰宇记》）。本诗就是从楼名之由来写起，借传说落笔，然后生发开去。仙人跨鹤，本属虚无，本诗却偏偏"以无作有"，写出了岁月不再，古人不见，白云苍狗，世事茫茫的高渺境界。

诗的前四句就楼名来历起兴，写到人、鹤俱去，空留此楼；而黄鹤一去不复返，只剩得白云空在。诗人言语中对此楼的今昔变化感慨不已。前人有"文以气主说"，这四句用散文的句法，连贯直下，冲破了格律的束缚。虽然接连用三个"黄鹤"，却因气势恢弘、语调激昂，而使读者心情迫切地读下去，无暇挑剔。其实诗人这样做，已经触犯了格律诗的大忌，七律要求"前有浮声（平声），后须切响（仄声）"，本诗一、二句，第五、六字都是"黄鹤"；第三句几乎全用仄声；第四句又用"空悠悠"这样的三平调（诗句中最后三个字都是平声字就叫做三平调，这是格律诗的大忌，是绝不允许出现的）作结；同时这四句仿佛完全没有考虑到对仗，所用皆为古体诗的句法。这是因为当时七律诗尚未成型吗？当然不是。崔颢自己就写过严格遵守格律的七律。那么是诗人故意违背七律的规范吗？这样说似乎也不妥。那他是想象与他同时代的诗人杜甫一样，自创别调吗？这个猜测也无从考证。看来这个问题，只能引用《红楼梦》中的一句话来解答了，林黛玉教香菱作诗时曾说："若是果有了奇句，连平仄虚实不对都使得的。"崔颢在此，就是本着"诗以立意""不以词害意"的原则，妙笔生花，写出了这首七律中的奇葩。后四句实写诗人登楼北望的所见所想。诗人的视线由远而近，先是触及江北汉阳历历可辨的树木，接着看到了鹦鹉洲头的芳草。而近看楼下，大江之上烟波一道，江空暮色苍茫，雾霭遮断归乡之路，这些自然使他忧愁顿生。

本诗首联、颔联与颈联、尾联看似断成两截，其实文势是从开头一直贯穿到结尾的。从律诗的起、承、转、合上来说，这种似断实续的衔接，也是很值得称道的。元代学者杨载在《诗法家数》中论律诗颔联时说："此联要接破题（首联），要如骊龙之珠，抱而不脱。"本诗就做到了这一点。首联叙述了仙人乘鹤离去的传说，颔联紧承首联，说黄鹤飞去后再也没有回来。两联结合紧密，可谓浑然一体。在论律诗颈联时，杨载说："与前联之意相避，要变化，如疾雷破山，观者惊愕。"就是说颈联不应承接颔联之意，而应求变、求奇，出人意料。本诗可以说做到了这一点。前两联未能遵守格律，于是第三联由变归正，转而遵守格律，境界也截然不同。此外，首联和颔联叙仙人驾鹤飘然远去，给人以虚无缥缈的感觉；颈联则忽现晴川、树木、芳草、汀州，所有景象都历历在目。这样一转折、一对比，尾联中诗人登高远眺的愁绪就更加容易让人理解了，也使得文势波澜起伏、扣人心弦。并且"烟波江上使人愁"一句再次将诗歌带到了虚无缥缈的境界，如豹尾绕颔，很好地照应了开头，也很符合律诗的规范。本诗在艺术手法上达到了炉火纯青的境界，历来被人们推为题黄鹤楼的绝唱。清代著名诗人沈德潜在《唐诗别裁》中曾评价本诗说："意得象先，神行语外，纵笔写去，遂擅千古之奇。"可以说是至为精当。

行经华阴

——崔颢

岧峣太华俯咸京[①]，天外三峰削不成[②]。

武帝祠前云欲散[③]，仙人掌上雨初晴[④]。

河山北枕秦关险[⑤]，驿路西连汉畤平[⑥]。

借问路旁名利客，何如此地学长生。

注释

①岧（tiáo）峣（yáo）：高峻貌。太华：指华山。咸京：本指秦都咸阳，这里借指长安。②三峰：指华山之莲花、明星、玉女三峰。削不成：指非人力所能成形。③武帝祠：指巨灵祠，汉武帝华山登顶后建。④仙人掌：指华山仙人掌峰。⑤秦关：指函谷关。⑥畤（zhì）：秦汉时祭天地五帝的祭坛。

【诗评】

此览华阴山水之胜，而有栖隐之意也。

——《唐诗训解》

【赏析】

本诗描写了诗人行经华阴所见的鬼斧神工的华山三峰的雄奇壮阔景色，表现了祖国山河的壮美瑰丽，抒发了洋人鄙薄功名的情怀。华阴，指位于华山北面的陕西华阴县。

诗题《行经华阴》，既是"行经"，必有所往；所往之地，就是求名求利的集中地——"咸京"(今陕西西安)。诗中提到的"太华""三峰""武帝祠""仙人掌""秦关""汉畤"等等都是唐代京都附近的名胜与景物。当时京师的北面是雍县，东南面就是崔颢行经的华阴县。县南有五岳之一的西岳华山，又称太华。华山山势高峻。华阴县北就是黄河，隔岸为风陵渡，此岸是秦代的潼关(一说是华阴县东灵宝县的函谷关)。华阴县不但河山壮险，而且是由河南一带西赴咸京的要道，行客络绎不绝。

这首诗写诗人行旅华阴时所见的景物，抒发了诗人吊古论今的情感。诗的前六句全为写景。写法为先总后分，由此及彼，井井有条。首句下笔不俗：诗人将拥有神仙洞府的华山凌驾于满是王侯贵族的京师之上。"岧峣"两字极言华山之高峻，一个"俯"字更道出崇山压顶之势，彰显出一种神力。接着，诗人由整体转为局，以三峰为例，论证华山之"岧峣"。"削不成"三字暗示人间利器难堪大用之意，似乎在纯然的景物描写中要表达神力胜于人力，出世胜于入世的含义。

首联写远景，颔联则摄近景。诗人途经华阴时，正值云消雨霁，遥见三峰苍翠如洗，武帝祠前乌云将散，仙人掌青葱可爱，这些雨后初晴的新鲜景象，自然美妙，令人心旷神怡。另外，诗句对仗工整，"武帝祠"和"仙人掌"更为诗尾的"学长生"埋下伏笔，可谓于平淡处见新奇。颈联则充满想象，描写了一片虚幻之景。第五句一个"枕"字把黄河、华山都人格化了，大有"顾视清高气深稳"的气势，"险"字又有意无意地暗示了世人为追求仕途经历的坎坷与挫折。第六句一个"连"字，将"汉畤"与颔联中"武帝祠""仙人掌"联系起来，一同照应尾句的"长生"一词；"平"字又与首联"岧峣""天外"相对照，以驿路的平坦反衬华山的高峻，同时也暗示长生之道比求仕之路更为坦荡。总体来说，五六句中，一"险"一"平"为人们指明了出路，也照应了首句中的"俯"字；"枕"字、"连"字用法巧妙，故前人称之为诗眼。本联中，诗人眼中无而意中有，在双目所及的景象基础上，充分展开了想象。在华山下同时看到黄河与秦关以及望见咸京以西的汉畤是不符合现实的，但诗人"胸中有丘壑""思接千载，视通万里"，自然下笔如有神，因此能够描摹出此等气势雄伟的画面。古人论诗有"眼前景"与"意中景"之分，前者着眼于描写客观景物，后者则往往能体现出诗人的才思和胸怀。本诗首联、颔联着意于"眼前景"，接着在颈联引出"意中景"，衔接自然又充满了新奇的想象。晚清大学者王国维在《人间词话》中说"一切景语皆情语也"，联想到全诗在写景的过程中夹杂的暗示性的话语，也可以看出诗人的情思。尾联两句是经过前三联的表述后自然落笔的，笔意潇洒，风流蕴藉。崔颢的传世诗作大都严守格律，然而本诗却打破了律诗起、承、转、合的传统规范，别具一格。前三联层次分明、着意写景，尾联上句则笔锋陡转，然后末句以反问的句法收尾，点明本诗"何如学长生"的主旨。

崔颢两次进京，都在天宝年间，本诗劝人"学长生"，大概与当时尊奉道教、供养方士的社会风气有关。其实，诗人此次路过华阴，也与其他行客一样，都是要进京求仕，但他一见华山的高峻，联想到出尘脱俗的闲适自得，又想到自己为了名誉仕途终日奔波，难免感慨万千，因此在此劝喻旁人。纵观全诗，诗人将神灵古迹与山河胜景融于一炉，使得诗歌气势雄浑、意蕴深远，清人方东树曾评道："写景有兴象，故妙。"可说是至为精当。

望蓟门[1]

——祖 咏

燕台一去客心惊[2]，笳鼓喧喧汉将营。
万里寒光生积雪，三边曙色动危旌[3]。
沙场烽火侵胡月，海畔云山拥蓟城。
少小虽非投笔吏[4]，论功还欲请长缨[5]。

【赏析】

本诗为边塞诗，是一首借古感今的优秀之作，通过对边地壮丽景色和将士紧急备战防卫森然的描写，赞颂边地将士英勇戍边的爱国精神，抒发诗人投笔从戎的豪情。全诗气势壮阔，笔力雄健。蓟门，唐时边塞要地，在今北京市西北。

第一、二句起句突兀，暗用典故。燕台，为战国时燕昭王所筑，用来招揽贤才，在诗里指代燕地的平卢、范阳一带。面对久负盛名的边塞重镇，诗人刚到此地便被其天地的辽阔、山川的险要所震撼，生发出无限豪情。但他真正“惊”的，是阵阵笳响鼓动所代表的军营的威武。

第三、四句紧扣一个“望”字写景，格调高昂。诗人将目光放远、放高，将心“惊”的原因向深处挖掘，写“望”中所见，抒“望”中所感。极目远眺，连绵万里的积雪反射出道道寒光，令人目眩，诗人感觉仿佛一切都变得模糊了。朦胧中，诗人只看见那飘扬的旗帜高悬半空，给人一种庄严肃穆的感觉。这里是用肃穆的景象，暗暗烘托出汉将营中庄重的气派和严整的军容。

第五、六句从军事上落笔，着力勾画山川形胜，意象雄伟阔大。远处的烽火连着月光，天边的云团拥着边城。在边境艰苦的自然环境中，军人的豪迈之情也随之而生。

最后两句卒章显志，表达出诗人投笔从戎的意愿，圆满结束全诗。其中，“投笔吏”引用了东汉班超投笔从戎的典故；“请长缨”引用了西汉终军自请出使南越的典故。

全诗洋溢着一种昂扬的精神，围绕着“望”字展开，抒发情感，格调高昂，很有震撼力。

注释

①蓟门：唐边防要地，在今北京德胜门外。②燕台：即幽州台。③三边：古称幽、并、凉三州为三边，此指蓟城一带边地。危旌：高扬的旗帜。④投笔吏：东汉班超年少时曾是抄写文字的小吏，后投笔从戎，立功西域，封定远侯。⑤请长缨：终军曾向汉武帝请求：“愿受长缨，必羁南越王而致之阙下。”

【诗评】

全诗气势雄伟，境界壮阔，体现着一种积极进取的人生态度，是令人精神振奋的好作品。

九日登望仙台呈刘明府①

——崔曙

汉文皇帝有高台，此日登临曙色开。
三晋云山皆北向②，二陵风雨自东来③。
关门令尹谁能识④，河上仙翁去不回。
且欲近寻彭泽宰，陶然共醉菊花杯⑤。

注释

①九日：指重阳日。望仙台：相传仙人河上公曾授汉文帝以《老子》而去，后文帝于西山筑台以望之，故名望仙台。②三晋：指战国时韩、魏、赵三家分晋。③二陵：指殽南北两山。④关门句：相传老子至函谷关，关令尹喜留他著书，老子成书五千言后离开，关令尹喜也随他而去。⑤且欲两句：陶渊明辞彭泽令归隐后，曾于重阳节因无酒而到宅边菊丛中枯坐，逢王弘送酒至，于是二人大醉而归。宰：指地方官。

【诗评】

此篇句律典重，通篇匀称，情景分明，又一意直下，固足为法。

——《批点唐音》

【赏析】

这是一首怀古投赠诗，描写的是诗人在重阳节登望仙台所见的壮美景色。全诗气象雄阔，诗人在诗的结尾慨叹神仙虚无缥缈，不如邀友人赏菊，陶然共醉，表现了诗人旷达洒脱的胸怀。九日指重阳节。明府，唐时对县令的尊称。

首联从望仙台的由来写起，点出诗人登高的地点和具体的时间。望仙台，汉文帝为观仙人河上公而建的楼台。诗人在重阳节这一天，登临望仙台，适逢朝日初出、阳光四照。

颔联写的是诗人登临仙台所见之景：北面能望见三晋高耸入云，山岭蜿蜒；东面能看见殽山南北二陵，意境开阔，气势雄浑。此联为诗中的佳句。

颈联写诗人远眺函谷关，联想到官员尹喜追寻老子出关西去、羽化为仙以及河上公成仙的传说。这一句点出神仙已去不会再回来。

尾联承接上句，转到节日抒怀。这两句的意思是：找不到神仙，还不如就在附近寻个像陶潜般的人，与他一起在菊丛中举杯同醉，欢乐开怀。此处的“彭泽宰”指的是诗人的朋友刘明府。诗人以陶渊明为比，旨在说明既然重九登高，而神仙不再回来，又何必欲求神仙，不如就近邀请好友刘明府来一起畅饮菊花酒吧。“陶然共醉菊花杯”乃化引陶渊明之“采菊东篱下，悠然见南山”之诗意，语意真挚，浑然天成。

全诗既有时间地点，又有人物情节。诗人先是描写了仙台雄伟壮丽之景，然后指出寻访神仙远不如就近邀友畅饮舒适畅快。全诗转承流畅自然，一气呵成。清人沈德潜在《唐诗别裁》中评本诗为“一气转合，就题有法”。这种说法非常妥帖。

送魏万之京[1]

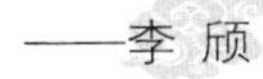

——李　颀

朝闻游子唱离歌，昨夜微霜初渡河。
鸿雁不堪愁里听，云山况是客中过。
关城曙色催寒近[2]，御苑砧声向晚多[3]。
莫是长安行乐处，空令岁月易蹉跎[4]。

注释

①之：前往。②关城：指潼关。③御苑：皇家园林。砧（zhēn）声：捣衣声。④蹉跎：光阴虚度。

【赏析】

因为头天夜里已然初降薄霜，所以清晨听到将行的魏万唱起别离的歌曲，作者为他的前程感到隐隐的忧虑。在他设身处地的想象中，魏万会在满怀乡愁时怅望鸿雁南飞，会在途经云山时感受客中的凄凉，会在通过城关时看到萧萧的树色，即便是在到达京城后，也要独听那晚来渐多的捣衣之声。作者也没有忘记叮嘱魏万：长安有很多行乐之所，你不要在那里虚掷光阴，要抓紧成就一番事业。

【诗评】

其致酸楚，其语流利。

——《唐诗直解》

登金陵凤凰台[1]

——李白

凤凰台上凤凰游，凤去台空江自流。
吴宫花草埋幽径[2]，晋代衣冠成古丘[3]。
三山半落青天外[4]，二水中分白鹭洲[5]。
总为浮云能蔽日，长安不见使人愁。

注释

①金陵：今江苏南京。凤凰台：凤凰台在金陵凤凰山上，相传南朝刘宋年间有凤凰集于此山，乃筑台，山和台也由此而得名。②吴宫：三国时吴国王宫。③衣冠：指名门世族。古丘：指坟墓。④三山：山名，在南京西南长江边上。⑤二水：秦淮河经南京后入长江，被横于其间的白鹭洲分为二支。

【诗评】

爱国忧君意，远过乡关之念，善占地步矣。

——《归田诗话》

【赏析】

李白很少写律诗，而《登金陵凤凰台》却是唐代律诗中广为传诵的杰作。天宝三载，李白离开朝廷后，曾多次造访金陵，并写下诗文。这首诗约作于天宝四年到十四年之间。相传，诗人崔颢登黄鹤楼时，写下了著名的《登黄鹤楼》。李白来到此地，触景生情，便要提笔作诗，但看到墙上崔颢的诗作之后，遂罢笔。不久，他又登临南京凤凰台，写下这首诗，与崔颢之诗相竞。金陵，今江苏省南京市。凤凰台，故址在今南京凤凰山上，南朝宋文帝所建。

本诗首联写凤凰台的传说，十四字中连用三个“凤”字，却无重复之嫌，而且音节流转流畅明快。“凤凰台”在金陵凤凰山上，相传南朝刘宋永嘉年间有凤凰集于此山，乃筑台，山和台也由此得名。古时，凤凰是吉祥的象征。当年凤凰来游象征着王朝的兴盛；如今凤去台空，六朝的繁华也一去不复返了，只有悠悠长江水仍独自空流。

颔联承“凤去台空”，诗人进一步发挥写吴宫、晋都。三国时的吴和后来的东晋，都建都于金陵。诗人观眼前金陵景象，感慨万分，说吴国昔日繁华的宫廷已经荒芜，东晋的一代风流人物也早已进入坟墓。那一时的显赫，最终又留下了什么呢?

颈联由怀古转到写景，对仗工整，气象壮丽。诗人没有沉浸在对历史的凭吊中，而把目光又投向大自然，投向那“三山”“一水”。“三山”在金陵西南长江边上，三峰并列，南北相连。白鹭洲把长江分割成两道。诗人将三山在空中半隐半现、江水被沙洲分流两端的景象描写得恰到好处。这两句诗气象壮丽，对仗工整。

尾联写诗人由六朝帝都金陵联想到了唐都长安，登高远望，视线却为浮云所蔽。此联寄寓深意：长安是朝廷之所在，日是帝王的象征。这两句诗暗示皇帝被奸邪包围，而自己报国无门，心情沉痛。“不见长安”暗点诗题的“登”字，诗人触境生愁，意寓言外。

本诗与崔诗相比，正如方回《瀛奎律髓》所说：“格律气势，未易甲乙。”但本诗抒发了诗人忧国伤时的怀抱，意旨更为深远。

送李少府贬峡中王少府贬长沙

——高适

嗟君此别意何如，驻马衔杯问谪居[1]。
巫峡啼猿数行泪，衡阳归雁几封书[2]。
青枫江上秋帆远[3]，白帝城边古木疏[4]。
圣代即今多雨露[5]，暂时分手莫踌躇。

【赏析】

这是诗人送别两位被贬友人而作，描写了两位友人在旅途中将遇到的艰辛，对两位友人表示同情、关切，并给予安慰和鼓励。全诗情景交融，情意深厚。少府，唐时县尉的别称。李、王二人事迹不详。峡中，此指夔州巫山县。

首联总写诗人对李、王二少府二位友人遭受贬谪的关切和同情之心。诗一开篇就以强烈的感情，给读者以深刻的印象。“嗟君此别意何如”以问句开始，“嗟”意思是说叹息之声，置于句首，贬谪分别时的痛苦，溢于言表。“此别”“谪居”四字，又不着痕迹地点出标题中的“送”和“贬”。“驻马衔杯问谪居”写诗人在送别之地下马，为李、王二少府举杯饯别，谈论二人贬谪的地方。

中间两联针对李、王二少府的处境，双双分写。颔联上句“巫峡啼猿数行泪”，写因为李少府被贬峡中，诗人想起古民谣“巴东三峡巫峡长，猿鸣三声泪沾裳”的说法，联想到李少府在峡中的荒凉之地可能听到凄厉的猿啼声，不由得留下了眼泪；“衡阳归雁几封书”写王少府被贬长沙，诗人由长沙想到衡阳的回雁峰，嘱咐王少府到长沙后多写信。

颈联上句“青枫江上秋帆远”是诗人想象长沙青枫江的风光，是再写王少府；下句“白帝城边古木疏”是诗人想象白帝城（在夔州，当三峡之口）的风光，是再写李少府。诗人准确地写出二人所去之地的风光，将内心的愁情别恨寄予景色之中。

尾联两句“圣代即今多雨露，暂时分手莫踌躇”，是诗人对二位友人的劝慰之辞。同时，诗人对前景作了乐观的展望：此次遭贬，我们的分别都只是暂时的，你们不要踌躇不前，重归之日不久就会到来。至此，全诗结束，既照应了首联，又给读者留下想象的余地。

注释

①衔杯：饮酒。谪居：贬往的地方。②衡阳归雁：古人认为大雁南飞至衡阳而止。③青枫江：在湖南长沙。④白帝城：在四川奉节。⑤雨露：喻朝廷的恩泽。

【诗评】

中联以二人谪地分说，恰好切潭、峡事，极工确，且就中便含别思；末复收拾以应首句，然首句便已含蓄。

——《碛砂唐诗纂释》

此虽律诗八句，其实一席老练人情世故说话也。

——《唐诗摘抄》

和贾至舍人《早朝大明宫》之作

——岑 参

鸡鸣紫陌曙光寒，莺啭皇州春色阑[1]。
金阙晓钟开万户[2]，玉阶仙仗拥千官[3]。
花迎剑佩星初落，柳拂旌旗露未干。
独有凤凰池上客[4]，阳春一曲和皆难[5]。

注释

①阑：残，尽。②金阙晓钟：指皇宫中报晓的钟声。万户：指宫门。③仙仗：指皇帝的仪仗。④凤凰池：指中书省。客：指贾至。⑤阳春一曲：指贾至作的《早朝大明宫》。

【赏析】

长安道上雄鸡报晓，曙光清亮；黄莺婉转地鸣唱，时序已然到了春末夏初。随着晓钟敲响，皇宫中的千门万户尽皆打开，文武百官在仪仗的簇拥之下走上白玉台阶。晨星初落，鲜花掩映着宝剑玉佩，柳丝拂过旌旗，枝叶上的露水尚未风干。凤凰池上贾舍人写的《早朝》大作独步一时，阳春白雪，欲和却难。

奉和圣制从蓬莱向兴庆阁道中留春雨中春望之作应制

——王 维

渭水自萦秦塞曲[①]，黄山旧绕汉宫斜[②]。
銮舆迥出千门柳[③]，阁道回看上苑花[④]。
云里帝城双凤阙[⑤]，雨中春树万人家。
为乘阳气行时令[⑥]，不是宸游玩物华[⑦]。

注释

①渭水：即渭河，源出甘肃省，经陕西流入黄河。秦塞：指长安城近郊。②黄山：指黄麓山，在长安西北。汉宫：指唐宫。③銮舆：皇帝的车驾。迥（jiǒng）出：高出。千门：指皇宫内的重重门户。④上苑：泛指皇家园林。⑤双凤阙：泛指皇宫中的楼台。⑥阳气：指春气。时令：按季节颁布的政令。⑦宸（chén）游：指皇帝出游。宸：帝王的代称。物华：美好的景物。

【赏析】

题目中的"蓬莱"，指的是唐大明宫，诗文所写的景色，是陪伴皇帝走在由大明宫前往兴庆宫的空中阁道上所观赏到的春色。因为阁道的位置很高，可以俯览长安胜景，诗就从长安郊外萦回的渭水，唐宫脚下环抱的黄麓山写起。阁道上皇帝的车驾高出了宫门宫柳，走出一段，回看宫苑，只见云雾缭绕，花木掩映，高大的宫殿只在云雾间托出一对高耸的凤阙。而向下看，广阔长安的万千人家、迷蒙春树又映入了眼帘。收束两句说皇帝此行并非为了游赏美景，而是为了颁行时令，虽然是曲意维护，但写得自然而然，不落窠臼。

【诗评】

这是一首应制诗，是受皇帝之命而作的带有命题性质的作品。与诸多拘泥于歌功颂德、死板僵化而缺乏韵味的应制诗相比，本诗不但达到了颂扬的目的，更融入作者的无限才情，真是诗中有画，气象万千。

积雨辋川庄作

——王维

积雨空林烟火迟[1]，蒸藜炊黍饷东菑[2]。
漠漠水田飞白鹭，阴阴夏木啭黄鹂。
山中习静观朝槿[3]，松下清斋折露葵[4]。
野老与人争席罢[5]，海鸥何事更相疑[6]。

注释

①空林：萧疏的树林。②藜（lí）：指蔬菜。黍（shǔ）：此指饭食。饷（xiǎng）：送饭。菑（zī）：初耕的田地。③朝槿（jǐn）：木槿，其花朝开暮落。④清斋：指吃素。葵：葵菜。⑤野老：作者自指。⑥海鸥：用鸥鹭忘机典。

【赏析】

连日的雨水过后，炊烟的升腾仿佛慢了许多。家家户户的农妇们正在忙碌于备办饭食，好给还在田里耕作的男人们送去。广漠的水田上白鹭在悠然自得地飞翔，繁茂的树冠中传来黄鹂婉转的歌唱，一切都显得那样的安闲自在、恬静祥和。

脱离了喧嚣的俗世，诗人来到山中习静，他曾在观看朝开暮落的槿花时感悟人生，曾于松下清斋前折下带露的绿葵。如今的他，不再会与人争夺些什么，他要告诉盘旋的海鸥：我已毫无机心，你们也再不必有所疑惧，就请放心地前来与我做伴吧。

【诗评】

本篇是王维隐居辋川时所作，此时的他已经年逾五旬，心境由曾经的为仕途不得意所困惑转为自甘淡泊，所以全诗充满了清幽恬淡的情调。

赠郭给事

——王维

洞门高阁霭余晖[1]，桃李阴阴柳絮飞。
禁里疏钟官舍晚[2]，省中啼鸟吏人稀[3]。
晨摇玉佩趋金殿[4]，夕奉天书拜琐闱[5]。
强欲从君无那老[6]，将因卧病解朝衣。

注释

①洞门：重重相通的宫门。霭：云气。②禁里：指宫中。③省：指门下省。④趋：小步而行。⑤天书：皇帝的诏书。琐闱：有雕饰的门，此指宫门。琐：门窗上的连环形花纹。⑥强：勉强。君：指郭给事。无那：无奈。

【赏析】

日暮的宫禁，重重洞门、巍巍楼阁无不静沐在夕阳的余晖里，簇簇桃李枝叶幽暗，丝丝柳絮随风轻扬，门下省中吏人稀少，只有稀疏的晚钟和不时响起的鸟鸣打破着静穆祥和的氛围。郭给事晨趋金殿，夕颁诏令，为官恭谨却能于闲静从容中将国家治理得政治清明、太平无事，无怪乎天子倚重、门生满朝。作者向郭给事表达心意，说自己虽然想要追随左右却终因老病而不能如愿，所以只好辞去官职，解下朝衣。

【诗评】

此诗为酬赠之作，通过写景状物表达赞颂之意，委婉道出辞官归隐的心愿，清淡自然，言约意丰，是此类题材中别开生面之作。

蜀 相[1]

——杜 甫

丞相祠堂何处寻，锦官城外柏森森[2]。
映阶碧草自春色，隔叶黄鹂空好音。
三顾频烦天下计[3]，两朝开济老臣心[4]。
出师未捷身先死[5]，长使英雄泪满襟。

注释

①蜀相：指三国时蜀国丞相诸葛亮。②锦官城：指成都。③三顾：指刘备三顾茅庐一事。频烦：同"频繁"。④两朝：指先主刘备、后主刘禅两朝。开济：开创基业，匡危济难。⑤出师句：蜀建兴十二年（234年），诸葛亮出师伐魏，因积劳成疾病逝于五丈原。

【赏析】

诗题《蜀相》指三国时蜀国丞相诸葛亮。东汉建安二十六年（221年），刘备在蜀称帝，国号为汉（后人称蜀汉），以诸葛亮为丞相。

这首诗是上元元年（760年）春，杜甫刚刚弃官来到蜀地，游武侯祠时所作。诗人通过描写蜀相诸葛亮一生的功绩，表达了自己对诸葛亮的敬仰、惋惜之情，并赞扬了诸葛亮鞠躬尽瘁、死而后已的精神。这首诗集游览与咏史于一身，意味颇深。

全诗在内容上分为写景和叙事两部分，每部分各四句话。

前四句是第一部分，着力描写武侯祠堂的景色。首联两句一问一答，构成设问句式。自问自答之中，点明了祠堂的位置及四周的风貌：在相距几里地之远的锦官城外，翠柏郁郁葱葱，排列成林。第二联的两句话分别与首联中的"堂"与"柏"相应，一个"自"和"空"字，凸显出了祠堂荒凉的景象。同时这两句话也写出了祠堂无人凭吊的悲哀。

后四句叙事，是全诗的第二部分。诗人用"天下计""老臣心"分别写出了诸葛亮的雄才大略和鞠躬尽瘁、死而后已的报国忠诚。"出师"两句则流露出诗人对诸葛亮未能实现夙愿的惋惜之情。此时的杜甫正仕途失意，虽有报效国家、拯救百姓的宏愿，无奈生不逢时，怀才不遇，一身才华终无用武之地。所以第二部分的四句话虽然字面上在写诸葛亮，实际上诗人已经把自己和诸葛亮联系起来。尾联两句既是诗人对英雄丰功伟绩的渴望，同时又是对自己壮志难酬的哀叹。

全诗以景开篇，在叙事中抒情结尾，寓情于景，情景一体，渲染出一种慷慨凄凉的氛围。

【诗评】

悲凉慷慨，吊古深情，淋漓于杵墨之间。

——《唐七律隽》

客 至

——杜 甫

舍南舍北皆春水[1]，但见群鸥日日来。
花径不曾缘客扫[2]，蓬门今始为君开。
盘飧市远无兼味[3]，樽酒家贫只旧醅[4]。
肯与邻翁相对饮[5]，隔篱呼取尽余杯[6]。

注释

①舍：居舍。②缘客扫：因为有客要来而打扫。③盘飧（sūn）：饭食。兼味：两种以上的味道。④醅（pēi）：没有过滤过的米酒。⑤肯：能否。⑥余杯：余下来的酒。

【赏析】

本诗是一首叙事诗，字里行间充满了浓厚的生活气息，读来能让人从中感觉到诗人的至情至性和淳朴好客的品格。诗人曾为本诗自注："喜崔明府相过"，这说明"客至"中的"客"，是指崔明府。崔明府的具体情况不详。另有一说，因杜甫的母亲姓崔，所以有人认为，"客"可能是他的母姓亲戚。

在第一联中，前句只用一个"皆"字，就把春天江水涨溢的景象形象地描画了出来。后句通过描写"群鸥""日日"到来，既写明了诗人生活环境之幽静，又给诗人的生活染上了一层隐逸的色彩。群鸥，古时常作为水边隐士的伴侣出现在文学作品中。"但见"，只看见之意，与群鸥相连，传达出另外一层意思：只见群鸥，却看不到其他的访客，生活也不免有些单调了。这两句以户外景色为着眼点，交代了时令、地点，刻画了诗人生活的环境。诗人在写景中，融入情感，描绘出了悠闲、安逸的江村生活。

第二联中的地点发生转移，由户外转到了庭院之中，这是因为有客而至。这一联中的两句话互相衬托，借互文的修辞手法，揭示出隐藏其中的另一层意思：庭院小路还未曾因为迎客而打扫过，今天因为你的到来才打扫；用蓬草编成的门还未曾打开，今天因为你的到来，才第一次打开。语句不但构思巧妙，而且很好地表现出了诗人对客人到来的喜悦和招待客人的诚意。同时诗人以谈话的方式来写，增强了生活气息。

在第三联中，读者仿佛看到了诗人热情待客的画面。诗人一边频频劝饮，一边因酒菜欠丰盛而说一些歉疚的话：离街市太远，买东西不方便，只能略备一些简单的菜肴；好酒买不起，只能用家中的陈酿来招待你。这些话，听起来平常，平常之中却给人一种亲切的感觉。这段对待客场景的实写，正是诗人所着力刻画的，从中体现出宾主之间的深情厚谊。

最后一句写诗人邀邻共饮。此处写法与陶渊明的"过门更相呼，有酒斟酌之"有异曲同工之妙。不需要事先邀请，随意来饮，体现出质朴的人际关系带来的自然之乐。这处细节描写，不但使诗的气氛达到了高潮，还取得了峰回路转、别开境界的艺术效果。

【诗评】

这首诗语言明白如话，表达了作者对于客至的喜悦之情，充满了浓郁生活气息，可见杜诗不止沉郁，也有爽朗。

野　望

——杜　甫

西山白雪三城戍[①]，南浦清江万里桥[②]。
海内风尘诸弟隔[③]，天涯涕泪一身遥。
惟将迟暮供多病[④]，未有涓埃答圣朝[⑤]。
跨马出郊时极目[⑥]，不堪人事日萧条。

注释

①西山：在成都西，主峰终年积雪。三城：在松维等州之界。②清江：指锦江。万里桥：在成都城南。③风尘：比喻战乱。④迟暮：指年老。⑤涓埃：细流与微尘，比喻微小。⑥极目：极目远望。

【赏析】

本诗作于上元二年（761年），诗人居住在成都浣花草堂期间。全诗主要表达了诗人感伤时局、怀念诸弟的思想感情。全诗意境壮阔深广，基调沉郁悲凉。

首联写诗人跃马出郊时所见之景，以及诗人由野望之景触发的家国和个人的情思。颔联由战乱引出诗人怀念诸弟、自伤流落之情，真情实感令人为之动容。其中“风尘”指安史之乱造成的战乱局面。正是由于这“风尘”，诗人与诸弟远隔天涯而不能相见。想到此，诗人不禁“涕泪”满面。颈联由“天涯”“一身”引出诗人残年“多病”的凄惨状况，以及“未有涓埃答圣朝”的愧疚之意。当时诗人已年过半百，故言已入“迟暮”之年。想到自身的状况，诗人不禁叹息着说：“我现在只好将暮年交付与多病之身了，可惜没有一丝一毫的功劳可以报答圣朝啊！”悲哀无奈之情，溢于言表。颔联和颈联分别用了对偶的句式，写出了诗人忧家、忧国的心情和渴望报效朝廷的忠心。尾联点出“野望”的方式，并抒发了诗人深沉的忧思。当时西山三城重兵防戍，蜀地百姓的赋役负担尤为繁重。面对这种情况，忧国忧民的诗人产生了民不堪命、国势日衰的担忧。正是由于诗人“跨马出郊”，“极目”远望，才看到了近处的“南浦清江万里桥”，同时也看到了远处的“西山白雪三城戍”。而“三城戍”又使诗人想到了如今的战乱烽火，“万里桥”则使诗人萌生了出蜀的念头。结语二句既点明了诗人忧家、忧国的原因，同时也深化了全诗的主题。

纵观全诗，诗人从草堂“跨马”，外出郊游，本是为了遣愁解闷，但所见之景却引发了他对弟兄离别、自身飘零和国家局势的种种反思。片刻间，怀念同胞、伤感疾病、报效国家、担忧时局等情感，一下子涌上了诗人的心头，使他愁肠百结，忧心万分。从这首诗中，我们也可以更深刻地体会到杜甫终生不渝的“忧国忧民”之情。

闻官军收河南河北

——杜甫

剑外忽传收蓟北[1]，初闻涕泪满衣裳。
却看妻子愁何在，漫卷诗书喜欲狂[2]。
白日放歌须纵酒[3]，青春作伴好还乡[4]。
即从巴峡穿巫峡，便下襄阳向洛阳。

注释

①剑外：剑门关外。此指蜀地。蓟北：指今河北北部地区，是安史叛军的根据地。②漫卷：胡乱卷起。③放歌：放声歌唱。④青春：指春光正好。

【赏析】

本诗是诗人寓居梓州时听说官军收复河南河北狂喜而作，诗人通过描写自身的神态、动作和心理，鲜明真切地表达了他无限喜悦兴奋的心情。

全诗通篇表现一“喜”字，抒写了诗人忽闻叛乱已平的捷报，急于奔回老家的喜悦情景。起句来势迅猛，恰切地表现了捷报的突然。次句直写诗人闻知喜讯后喜极而泣的场面。“初闻”紧承“忽传”。“涕泪满衣裳”以形传神，再现了诗人“初闻”捷报的刹那所迸发出的感情波涛，逼真地表现了诗人喜极而悲、百感交集的心情。颔联以转作承，落脚于“喜欲狂”，用“却看妻子”“漫卷诗书”两个连续动作，表现诗人惊喜的情感洪流所涌起的更高洪峰。当诗人“涕泪满衣裳”之时，自然想到多年来同甘共苦的妻子儿女。在颈联中，诗人就“喜欲狂”作进一步抒写，并设想自己回乡的情景。“青春”指春季，春天已经来临，诗人在鸟语花香中与妻子儿女“作伴”，正好“还乡”。回乡有期，又怎能不“喜欲狂”！尾联写诗人狂想展翼而飞，身在梓州，弹指之间，心已回到故乡。诗人惊喜的感情洪流于洪峰迭起之后卷起连天高潮，全诗至此结束。

【诗评】

本一气流注，不见句法字法之迹。

——《唐诗别裁》

登　高

——杜　甫

风急天高猿啸哀，渚清沙白鸟飞回[1]。
无边落木萧萧下，不尽长江滚滚来。
万里悲秋常作客，百年多病独登台[2]。
艰难苦恨繁霜鬓[3]，潦倒新停浊酒杯[4]。

注释

①渚：水中的小洲。回：回旋。②百年：一生。③繁霜鬓：两鬓白发日增。④潦倒句：这时杜甫正困顿多病而戒酒。

【赏析】

这首诗是杜甫于大历二年（767年）秋寄寓夔州时所作。诗人描绘了自己登高时所见的秋江之景，借此抒发了自己独自在外漂泊，孤苦无依的愁苦之情。本诗被称为“古今七言律诗之冠”。

首联围绕夔州的特定环境，写登高所见景象。夔州向以猿多著称，峡口更以风大闻名。秋日天高气爽，这里却猎猎多风。诗人登上高处，峡中不断传来“猿啸”之声，使人不禁想到“空谷传响，哀转久绝”之语。颔联集中描写了夔州秋天凄清肃杀、空旷辽阔的景色。诗人仰望苍茫无边、萧萧而下的木叶；俯视奔流不息、滚滚而来的江水，借景抒情，表达了自己凄苦的情怀。“无边”与“不尽”，“萧萧”与“滚滚”不仅对仗工整，而且放大了落叶、江水的阵势，将枯叶飘落时窸索的声音，江水奔流时光汹涌的情状描写得惟妙惟肖。首联和颔联描写秋景却未着一个“秋”字，直到颈联，诗人才通过“万里悲秋常作客”一句，明确点出了“秋”字。诗人“独登台”，目睹眼前苍凉萧索的秋景，不禁联想到自己漂泊异乡，年老多病，孤独无助的凄惨处境，于是顿生无限悲愁。最后，诗人将这深深的悲愁“归罪于”秋，认为是这秋景使自己如此悲伤，于是说“万里悲秋”。“常作客”说明诗人常年在外漂泊，居无定所。“百年”在这里指人到暮年。首联、颔联、颈联给人一种“飞扬震动”的感觉，而尾联突然以“软冷收之”。诗人这种写法，更使人感到一种深深的悲凉、凄惨之情。

统观全诗，前四句为写景，后四句为抒情。首联就像一幅工笔画一样，将眼前的具体景物从形、声、色、态等各方面进行描绘；颔联则像一幅写意画，将秋天肃杀的气氛渲染得淋漓尽致；颈联从时间、空间两方面进行叙述，写出了诗人漂泊在外、病苦迟暮的悲伤；尾联写诗人疾病逐日加重，终日困顿潦倒，而造成这一切的“罪魁祸首”却是艰难纷乱的世事。通过这两句，诗人将自己忧国忧民的情怀表露了出来。

【诗评】

一篇之中句句皆律，一句之中字字皆律，而实一意贯通，一气呵成。骤读之，首尾未尝有对者，胸腹若无意于对者；细绎之，则锱铢钧两，毫发不差，而建瓴走坂之势，如百川东注于尾闾之窟。至用句用字，又皆古今人必不敢道、决不能道者，真旷世之作也。

——《诗薮》

登　楼

——杜　甫

花近高楼伤客心，万方多难此登临。
锦江春色来天地[1]，玉垒浮云变古今[2]。
北极朝廷终不改，西山寇盗莫相侵[3]。
可怜后主还祠庙[4]，日暮聊为梁甫吟[5]。

注释

①锦江：在今四川成都市南。②玉垒：山名，在今四川灌县西北。③西山寇盗：指吐蕃。④可怜句：意谓后主刘禅庸碌，但依靠诸葛亮的辅佐，故至今还有祠庙。⑤梁甫吟：乐府篇名，相传诸葛亮南阳隐居时好为此歌。

【赏析】

代宗广德二年（764年）春，已是诗人客居成都第五个年头。上年正月，官军收复河南河北，平定安史之乱；十月便有吐蕃叛乱，攻陷长安，代宗奔陕州；虽然郭子仪随后复京师，乘舆反正；年底吐蕃又破松、维、堡等州（在今四川北部），继而再陷剑南、西山诸州。国难当头，战乱不断，诗人感慨万千，便写下本诗。

本诗写诗人登楼远眺，想到国家多难，兵戈遍地；想到古今变化如浮云，世事无常，不禁伤心悲愤。首联点出题眼，起势不凡。“万方多难”为全篇之题眼，也是全诗写景抒情的出发点。当此万方多难之际，诗人满怀愁思，登上高楼，虽是繁花触目，却叫人更加伤心。在此联中，诗人以繁花反衬伤心，以乐景写哀情。 颔联紧承“登临”，写登楼所见之景。上句从空间角度开阔视野，下句就时间角度驰骋遐思，天高地迥，古往今来，形成阔大悠远、囊括宇宙的境界，饱含着诗人对祖国山河的赞美和对民族历史的追怀。这两句即景抒情，思接千载，宏丽奇幻，境界阔大。 颈联正面叙写“万方多难”的时局，也是诗人登临所想。上句“终不改”，反承第四句的“变古今”，是从去岁吐蕃陷京、代宗旋即复辟一事，明言大唐帝国气运久远；下句针对吐蕃的觊觎，诗人寄语相告：莫再徒劳无益地前来侵扰！尾联，诗人就登楼之所见、所想，发表感慨，用语委婉而讽刺深切。这里，诗人完全是借眼前古迹，慨叹刘禅任用小人而亡国，对唐代宗宠信宦官程元振、鱼朝恩以致酿成万方多难盗寇相侵的局面予以尖锐而深刻的讽刺。结句，诗人自伤寂寞，言当此万方多难之际，自己只能像躬耕陇亩时的诸葛亮“好为《梁甫吟》”一样，登楼吟诗。 本诗抒写了诗人对国家灾难的深重忧思和自己报国无门的无限感伤，悲怆感人。

【诗评】

全诗对仗工整，气象雄浑，历来为诗家所推崇。沈德潜曾评价说：“气象雄伟，笼盖宇宙，此杜诗之最上者。”

咏怀古迹（其一）

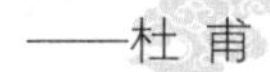

——杜 甫

支离东北风尘际①，飘泊西南天地间。
三峡楼台淹日月②，五溪衣服共云山③。
羯胡事主终无赖④，词客哀时且未还⑤。
庾信平生最萧瑟⑥，暮年诗赋动江关。

注释

①支离：流离。东北：从蜀地讲，关中是东北。风尘际：战尘四起的年代。②淹：滞留。日月：岁月。③五溪衣服：泛指夔州地区少数民族的服装。共云山：是说自己与当地夷人一同居住。④羯胡：指安禄山。⑤词客：南北朝时羁滞于北国而不得南归的诗人庾信，作者用来比喻自己。⑥萧瑟：庾信平生常作凄凉悲楚的诗，故云。

【赏析】

杜甫非常推崇庾信的诗文，一方面是出于艺术上的欣赏，一方面是身世相近——晚年都因国难而漂泊异乡。诗文中说，因为关中的战乱而流落西南蜀地，在三峡夷人居住的地方，已经滞留很长时间了。由于羯胡安禄山的狡猾反复，使得自己遭受了和庾信一样的羁滞命运。

末二句赞扬庾信生平虽然坎坷悲凉，然而文风却因此而大变，暮年诗赋震动江关。这实际上又写入了作者自己的影子。

咏怀古迹（其二）

——杜 甫

摇落深知宋玉悲[1]，风流儒雅亦吾师。
怅望千秋一洒泪，萧条异代不同时。
江山故宅空文藻[2]，云雨荒台岂梦思[3]？
最是楚宫俱泯灭，舟人指点到今疑。

注释

①摇落句：宋玉《九辩》有，“悲哉秋之为气也，萧瑟兮草木摇落而变衰”。②空文藻：空留下来文采。③云雨句：宋玉曾作《高唐赋》，述楚王游高唐时曾于梦中见一妇人，自称是巫山之女，楚王因而幸之。神女离去时而告辞说：“妾在巫山之阳，高丘之岨，旦为行云，暮为行雨，朝朝暮暮，阳台之下。”

【赏析】

诗人看到秋天里草木摇落衰败，想起宋玉当日面对相同情景写下的悲歌，他感叹宋玉风流儒雅堪为人师，并由其一生遭遇联系到自己的身世，发出了时代不同但萧条失意却并无差别的慨叹。宋玉在《高唐赋》中叙写了巫山神女与楚王梦中相会的故事讥刺君王淫惑，然而他的华丽的文章却被后人看做是描写荒淫梦境的代表，人们至今还在楚宫遗址猜测着故事发生的地点。杜甫因此而深为宋玉不平，故而发出了“云雨荒台岂梦思”的反问。

咏怀古迹（其三）

——杜 甫

群山万壑赴荆门[1]，生长明妃尚有村[2]。
一去紫台连朔漠[3]，独留青冢向黄昏[4]。
画图省识春风面[5]，环佩空归月夜魂[6]。
千载琵琶作胡语，分明怨恨曲中论。

注释

①荆门：荆门山，在湖北宜都县西北。②明妃：即王昭君。昭君村在归州东北。尚有村：尚有她生长的村庄。③紫台：指汉宫名。朔漠：指匈奴所居之地。④青冢：即昭君墓。传说每到深秋时节，北方草木皆枯，唯独昭君墓上小草青青依旧。⑤画图句：意谓汉元帝对着图画岂能得知昭君美丽的容颜。画图：指画工毛延寿因昭君不肯行贿于他而故意丑化她的事。省（xǐng）识：认识。⑥环佩：指代昭君。月夜魂：指昭君生不得归汉，只有死后的灵魂从月夜归来。

【赏析】

谁说昭君生长的地方，不需用如此雄奇的笔力来描绘？这位去国和亲的一代名妃身上，不正凝聚着天地山川的灵慧秀美？然而昭君的美丽却只因一张故意作难的画像就被弃置一旁，致使她一朝远嫁匈奴，身后唯留下青草覆盖的坟冢面向着大漠黄昏，生她养她的故乡也只空等来女儿返归的游魂。悠悠千载，世间依旧流传着昭君因为思念故乡而时时弹起的琵琶曲，而琵琶声声里，分明寄寓着她生前无限的忧思怨恨。

长沙过贾谊宅

——刘长卿

三年谪宦此栖迟①，万古惟留楚客悲②。
秋草独寻人去后，寒林空见日斜时。
汉文有道恩犹薄③，湘水无情吊岂知④。
寂寂江山摇落处，怜君何事到天涯。

注释

①谪宦：贬官。西汉贾谊曾被贬往长沙三年。②楚客：指羁留楚地之人。③汉文句：意谓汉文帝是有道的明君，但终是不能重用贾谊。④湘水句：贾谊往长沙而渡湘水时曾作赋吊屈原。

【赏析】

本诗是诗人被贬潘州（在今广东境内）途经长沙时所作，借对贾谊不幸遭际的痛惜，抒写自己被贬的悲愤。

首联写贾谊三年谪宦，落得“万古”留悲。诗人明写贾谊，暗寓自身迁谪。贾谊，汉文帝时著名政论家，因被权贵中伤，出为长沙王太傅三年，后虽被召回京城，但不得重用，抑郁而死。类似的遭遇，使诗人怀古伤今，感慨万千。“三年谪宦”，只落得“万古”留悲，上下句钩连相生，呼应紧凑，给人以抑郁沉重之感。“栖迟”的鸟儿是惶恐不安的，暗喻贾谊的失意，非常贴切。一个“悲”字，直贯篇末，奠定了全诗的基调。

颔联围绕题目中的“过”字，描写古宅萧条冷落的景色。“秋草”“寒林”“人去”“日斜”，古宅四周一派黯然气象。而在这样的暗淡气氛中，诗人还要“独寻”，种种描写使诗人益发显得凄凉。寒林日斜，不仅是诗人眼前所见，也是当时李唐王朝岌岌可危形势的写照。“空见”二字，更将诗人回天乏术、无可奈何的痛苦心情抒写得淋漓尽致。

颈联，诗人由当年贾谊见疏，凭吊屈子，联系到如今自己凭吊贾谊。第五句中的一个“有道”，一个“犹”字，颇有韵味。号称“有道”的汉文帝，对贾谊尚如此薄恩，那么当时昏聩无能的唐代宗，对诗人自身又会如何，自然可想而知；诗人被一贬再贬，沉沦坎坷。接着，诗人笔锋一转，写出了这一联的对句，也颇得含蓄之妙。“吊岂知”，贾谊出为长沙王太傅，经湘水时曾作《吊屈原赋》，凭吊战国时楚国大诗人屈原，亦兼寄自伤之情。湘水无情，流去经年。屈原哪能知道上百年后，贾谊会来到湘水之滨吊念自己。同样，贾谊更想不到近千年后的诗人又会来凭吊自己。诗人苦苦寻求知音而不得，抑郁无诉、徒然自呼的心境跃然纸上。

尾联抒发诗人被放逐天涯的哀惋叹喟。诗人在贾谊故宅前徘徊，暮色更浓，秋色更深，江山更趋寂静。一阵秋风掠过，黄叶纷纷飘落。此般深秋黄昏之景正象征着当时国家的衰败局势。此联也正与“日斜时”相应。“君”，既指代贾谊，也指诗人自己；“怜君”，不仅是怜人，更是怜己。

诗人吊古伤今，怀人抒怀；全诗意境悲凉，真挚感人，为唐代七律中之精品。

赠阙下裴舍人①

——钱 起

二月黄鹂飞上林[2]，春城紫禁晓阴阴。
长乐钟声花外尽[3]，龙池柳色雨中深[4]。
阳和不散穷途恨[5]，霄汉常悬捧日心[6]。
献赋十年犹未遇[7]，羞将白发对华簪[8]。

【赏析】

本诗是一首投赠诗，诗人在落第期间作了本诗，书赠显官裴舍人，向他承情以求援引。在诗中，诗人含蓄地赞颂了裴舍人，并委婉地陈述了自己的心事，不落卑俗，干求得体。阙下，宫阙之下，阙是宫门前的望楼，这里阙下借指朝廷。舍人指中书舍人，其职责是草拟诏书，任职者须有文学资望。

诗的开头四句描绘宫中热闹的春景。诗人用生花妙笔，描绘了一幅浓丽的宫苑春景图：早春二月，上林苑里，黄鹂成群地飞鸣追逐。拂晓时分，树木掩映之下的紫宫，笼罩在一片淡淡的春阴中。长乐宫的钟敲响了，钟声飞过宫墙，飘到空中，又缓缓散落在花树之外。那龙池周围，千万株春意盎然的杨柳，在细雨之中越发显得苍翠欲滴。这四句，写的是皇宫苑囿殿阁的景色，暗赞裴舍人受宠得幸：随皇帝行幸上林，临朝紫宫，在长乐宫草诏，又随皇上起居龙池，借以烘托裴舍人的身份和地位。这四句虽无一字写裴舍人，却句句恭维，不露痕迹。“长乐钟声花外尽，龙池柳色雨中深”，也是“标雅古今”的名句。

后四句笔锋急转，抒心志，伤不遇。颈联说，虽有和暖的太阳，毕竟无法使自己的穷途落魄之恨消散。但我还是仰望天空，时刻赞颂着太阳（指当朝皇帝）。这句是诗人表明自身一心朝向天子朝堂的忠贞。尾联接着说，可我十年献赋（指参加科举考试），不遇知音。如今连头发都熬白了，看见插着华簪的贵官，我不能不感到惭愧。这句含蓄婉转，隐含了诗人内心强烈的不满。

本诗虽是请求，却不露骨，恭维表现得隐约曲折，可见诗人技艺之娴熟。

注释

①阙下：宫阙之下，借指朝廷。舍人：指中书舍人，负责草拟诏书。②上林：指皇宫宫苑。③长乐：本汉宫名，此处借指唐宫。④龙池：泛指宫中的池塘。⑤阳和：指春天温暖的气候。⑥捧日心：东汉末年程昱年轻时曾梦见自己两手捧日，后兖州叛乱，曹操赖程昱保全三城，为其改名为“昱”（程昱本名立）。⑦献赋：以辞赋献于皇帝，此指应考。⑧华簪：华贵的冠饰。

【诗评】

诗中“长乐钟声花外尽，龙池柳色雨中深”两句尤为著名，高仲武《中兴间气集》中评为“特出意表，标雅古今”。

寄李儋元锡

——韦应物

去年花里逢君别，今日花开又一年。
世事茫茫难自料，春愁黯黯独成眠。
身多疾病思田里[1]，邑有流亡愧俸钱[2]。
闻道欲来相问讯，西楼望月几回圆。

注释

①思田里：指想要归隐田园。
②邑：指自己管辖的县邑。

【诗评】

简淡之怀，百世犹为兴慨。

——《韦孟全集》

【赏析】

这首诗是韦应物晚年任滁州刺史时的作品，大约写于唐德宗兴元元年（784年）春天，描述了韦应物与友人分别之后的思念。德宗建中四年（783年）初夏，韦应物由尚书省比部员外郎调任滁州（今安徽滁州市）刺史，离开长安。韦应物的好友李儋在长安与韦应物分别后，曾托人问候。次年春，韦应物写了这首诗寄赠李儋。

诗的首联以花期为标志，写了去年花开时节诗人与友人分别，不觉中，春花再绽，分别已有一年。诗人以景入情，暗叹时光易逝，也表现出与友人分别后对境况变化的感慨。在颔联中，诗人写了世事纷乱和自己的愁闷苦恼。“世事茫茫”既指国家动荡，前途难料，也包含着对个人命运的担忧。当时长安为朱泚所盘踞，皇帝逃难至奉先，情况不明。目睹国家动荡、民生凋敝，诗人流露出担忧之情。“春愁黯黯”，写诗人因动乱而心绪烦乱，心情也阴沉黯淡。“难自料”承接“又一年”，写苍茫世事中命运的难料；“独成眠”承接“逢君别”表明诗人与友人分别后的孤单。在颈联中，诗人写了自己的思想矛盾。诗人首先写了因“身多疾病”而想要辞官归家，同时，又痛心人民的困苦。但诗人个人能力有限，没办法使百姓摆脱水深火热，只能自责，认为自己空占官位，愧对国家。此句体现了诗人的责任感与爱民心，也写出了乱世为官的无奈。在尾联中，诗人感激朋友的问候，并表达了期盼朋友前来探望的愿望。本诗起于分别，终于相约，体现了朋友间的深挚情谊，感情细腻动人。

同题仙游观

——韩翃

仙台初见五城楼①，风物凄凄宿雨收②。
山色遥连秦树晚，砧声近报汉宫秋③。
疏松影落空坛静，细草香生小洞幽。
何用别寻方外去④，人间亦自有丹丘⑤。

注释

①五城楼：传说中神仙的居所，这里借指仙游观。②宿雨：前夜的雨。③砧声：捣衣声。古代捣衣多在秋晚。④方外：世俗之外，指神仙的居处。⑤丹丘：指神仙居处。

【赏析】

这是一首游览诗，描绘了雨后仙游观高远开阔、清幽雅静的景色，盛赞道家观宇胜似人间仙境，表现了诗人对道家修行生活的企慕。仙游观，《旧唐书·潘师正传》载，道士潘师正居嵩山逍遥谷，唐高宗临东都，曾召见他，并令于逍遥谷开一门，号称仙游门。

诗的前三联描绘了雨后仙游观观内观外的景色。首联“仙台初见五城楼，风物凄凄宿雨收”，点出了当时的天气状况：宿雨初晴、风物萧瑟。诗的第一句以传说中的神仙居处“五城楼”代指仙游观，可见诗人对仙游观印象颇佳。颔联“山色遥连秦树晚，砧声近报汉宫秋”，着意描绘仙游观秋夜之景：茫茫夜色中，山色与秦地的树影遥遥相接，捣衣声仿佛在宣告汉宫步入秋季。颈联“疏松影落空坛静，细草香生小洞幽”：稀稀落落的青松投下凌乱的树影，道坛上安静幽寂，细草生香，仙洞幽深。尾联“何用别寻方外去，人间亦自有丹丘”，意思是说何必再去寻找世外仙境，人世间本就有神仙洞府！诗人直抒胸臆，称赞仙游观乃神仙洞府，表达了对闲适生活的向往。

本诗语言清新，文字秀美，韵律和谐，含蓄隽永，极富情趣。

【诗评】

诗气息沉雄，笔下有萧散之气。

——《精选评注五朝诗学津梁》

春　思

——皇甫冉

莺啼燕语报新年，马邑龙堆路几千[1]？
家住层城临汉苑[2]，心随明月到胡天。
机中锦字论长恨[3]，楼上花枝笑独眠。
为问元戎窦车骑[4]，何时返旆勒燕然[5]？

注释

①马邑：今山西朔县。龙堆：白龙堆，在今新疆。以上两地都是泛指边塞。②层城：指京城。③机中锦字：前秦安南将军窦滔出镇襄阳，其妻苏蕙很是思念，于是织璇玑图给他，共八百四十字，纵横反复，皆能成诗。④元戎：主将。⑤返旆（pèi）：班师回朝。旆：古代旗末端状如燕尾的飘带。勒燕然：东汉窦宪大破匈奴后，曾于燕然山上勒功而还。勒：刻。

【赏析】

这是一首闺怨诗，诗人借思妇的角度抒写春怨，抒发了万千思妇期望战事早日结束，征夫能功成名就归来的美好心愿，并暗藏了诗人自身对战争的厌恶和愤恨。全诗情意缠绵，含蓄隽永。

头两句点题。第一句点“春”，第二句点“相思”。马邑在今山西朔县，汉朝曾和匈奴争夺此城。新年临近，到处“莺啼燕语”。此刻，征夫正戍守远在千里之外的马邑龙堆。

三、四句交代思妇与征夫的处所相隔遥远，分别在长安和胡地。身在长安的思妇思念远在胡地的征夫，渴望着一颗心随着明月一起飞到边疆的胡地，思夫之情急切。

五、六句，诗人借用典故和拟人的手法写春情离恨。窦滔是前秦皇帝苻坚的秦州刺史，后被贬龙沙。其妻苏蕙能文善思，给丈夫寄去织在锦上的回文旋图诗，诉说了绵绵的相思。那首诗共八百四十个字，纵横反复皆通文意。借用锦文，诗人表达了思妇的相思之恨。下句用了拟人的手法，写连楼上的花枝也取笑思妇在春光中独眠。

最后两句，诗人用汉将窦宪的事迹，故意反问征夫何时功成返乡。东汉时，窦宪是车骑将军，大败匈奴后曾登上燕然山，命班固写铭文刻在石上。

本诗借汉咏唐，讽刺穷兵黩武，表达了反战的思想。

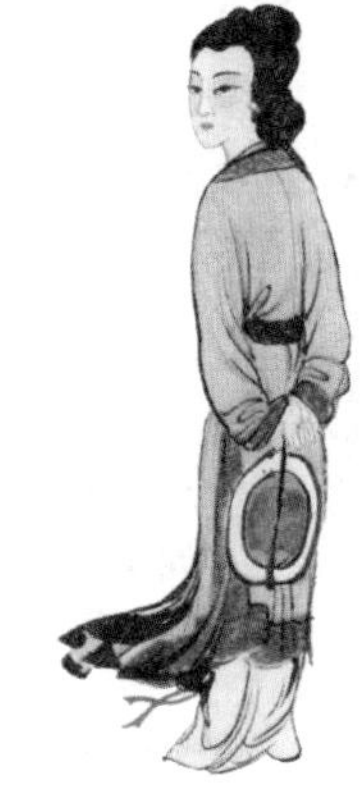

【诗评】

一气蝉联而下，新丽自然。

——《唐诗笺注》

晚次鄂州[1]

——卢　纶

云开远见汉阳城，犹是孤帆一日程。
估客昼眠知浪静[2]，舟人夜语觉潮生[3]。
三湘愁鬓逢秋色[4]，万里归心对月明。
旧业已随征战尽[5]，更堪江上鼓鼙声[6]？

注释

①次：停泊。②估客：商人。③舟人：船家。④三湘：漓湘、潇湘、蒸湘的总称。⑤旧业：指家中产业。⑥鼓鼙（pí）：指军鼓。

【诗评】

一归心急，二有咫尺千里意。中四“衰（愁）鬓”“归心”，人眼中耳中无限凄凉，故客眠人语，秋色月明，种种堪愁。用意深妙，全以神行，若与题无涉者。结言归亦无益，将来不知作何景象，愁无已时也。

——《唐诗成法》

【赏析】

本诗是诗人在安史之乱平复后于行船途中所写的抒怀诗，通过对秋江凄清夜色的描绘，抒写了诗人长期漂泊，急切思归的苦闷情怀，表达了诗人渴望安定统一、和平安居的美好愿望。一首好诗，贵在有真情实感。卢纶的这首诗写自身在乱世中的背井离乡、颠沛奔波之苦，情真意切，不事雕琢，佳句自出。

首联扣题，写诗人“晚次鄂州”，但不露痕迹。浓云散开，诗人举目远眺，汉阳城依稀可见，一种喜悦的情绪流露而出。诗人在战乱中漂泊，早已厌倦了行旅生涯，巴不得早有个安憩之所。云开见汉阳城，怎能不喜？次句诗人笔锋突转，说因为天晚，不得不在鄂州停泊。一个“犹”字，道出了诗人的急迫心情，一个“孤”字，流露出了诗人旅途中的寂寞情绪。

颔联描绘舟中情景，诗人以简笔勾勒出身在船舱中百无聊赖的生活。白天风平浪静，单调的行旅生活使人昏昏欲睡，同船的商贾不觉入梦；夜间江潮看涨，船家絮语，让诗人更觉长夜漫漫。估客昼眠，独寻美梦；舟人夜语，自得其乐。这一昼一夜的描写更加衬托出诗人昼夜难眠的焦躁心情。

颈联借景抒怀，抒发诗人的身世飘零之感和彻骨的思乡之情。诗人飘零于江湘之间，国难家愁，已使他双鬓星霜，恰巧又逢寒秋，他满怀愁绪无处排解！离家万里，欲归不能，这一片乡情，他只能托与天上明月。一个“逢”字，将白发与秋色融入一炉，愁绪倍增；一个“对”字，把有心与无情结为一体，意蕴深远。而上句的“秋”与下句的“心”，正好合成一个“愁”字，可见诗人构思巧妙。

尾联诗人直陈心中感慨。“旧业”指家中原有用来维持生计的家业。“鼓鼙”借指战乱。原有家业已随战乱化为乌有。诗人飘零江湖，忽然听到江上传来战鼓的声音，情何以堪！这两句，诗人将思乡之情与忧国愁绪结合起来，深化了主题。

登柳州城楼寄漳汀封连四州刺史

——柳宗元

城上高楼接大荒[1]，海天愁思正茫茫。
惊风乱飐芙蓉水[2]，密雨斜侵薜荔墙[3]。
岭树重遮千里目，江流曲似九回肠。
共来百越文身地[4]，犹自音书滞一乡。

注释

①大荒：边远荒凉的地方。②飐（zhǎn）：吹动。芙蓉：荷花。③薜（bì）荔：一种常绿蔓生植物。④百越：即百粤，指当时五岭以南的各少数民族地区。文身：古代南方少数民有在身上刺花纹的风俗。

【赏析】

本诗是诗人被贬柳州后怀念友人之作。诗寓情于景，描写了诗人登柳州城楼所见的茫茫大荒、海天、惊风密雨等凄厉景色，抒发了诗人心中汹涌澎湃的悲愤，表达了诗人对同遭贬谪的友人的深切怀念。漳汀封连四州，指的是漳州（今福建龙溪县一带）、汀州（今福建长汀一带）、封州（今广东封开县一带）、连州（今广东连县一带）。

首联描写的是诗人登上城楼后的所见之景，属破题之笔。“高”与“接大荒”极写城楼的高，这是诗人远眺的基础。城楼高，所以视野辽阔，诗人才能放眼于千里之外，看到水天相接之处。此刻，诗人由所见之物引发感慨，借物抒发了“愁思”之情。“愁思”二字奠定了诗歌凄惨、悲凉、怨叹的基调。

颔联由远及近，诗人特意选取带有象征意义的“芙蓉”和“薜荔”展开描写。这两句是说狂风吹打着池塘的荷花，大雨斜打着满墙的木莲。此联兼用了赋、比、兴三种写法。芙蓉和薜荔是象征之物，前者象征人格的美好，后者则象征着人性的高洁。芙蓉出水，本于风无碍，但“惊风”仍然要将之摧毁；薜荔满墙，“密雨”本难侵入，但“密雨”偏要对其斜侵。清代学者纪昀评这两句云：“赋中之比，不露痕迹。”

颈联写的是诗人于风雨中看到的远景：层层叠叠的密林遮住了诗人远眺的视线，楼下的江流弯弯曲曲，流向远方。诗人眼随心动，转向了漳、汀、封、连四个地方，由景生情，引发无限愁绪。

尾联以诗人的感慨结篇。诗人和友人们被贬到偏远荒凉之地，已然万分孤寂，然而彼此之间却连音信都无法传达。这种处境又让诗人感到一丝悲凉。

全诗景中有情，境中有意，赋、比、兴兼用而又不着痕迹，表现出诗人与四位友人之间深厚的情谊，也蕴涵着天各一方、音书难通的痛苦之情。

西塞山怀古[1]

——刘禹锡

王濬楼船下益州[2]，金陵王气黯然收[3]。
千寻铁锁沉江底，一片降幡出石头[4]。
人世几回伤往事，山形依旧枕寒流。
从今四海为家日，故垒萧萧芦荻秋[5]。

注释

①西塞山：今湖北大冶东长江边，为长江中游要塞，三国时吴国以此为江防前线。②王濬（jùn）：晋益州刺史。③金陵：今江苏南京，三国时吴国建都于此。④石头：石头城，故址在今江苏南京清凉山，吴孙权时筑。⑤故垒：旧时的城垒。

【赏析】

长庆四年（824年），诗人由夔州刺史调任和州刺史，沿江东下，途经西塞山，即景抒怀，写下本诗。

首联以历史人物领起，咏怀古事。王濬，字士治，弘农湖县（今河南灵宝西南）人，家世二千石。太康元年（280年）晋武帝命王濬率领以高大的战船组成的水军，顺江而下，讨伐东吴。诗人便以“楼船下益州”写出这件史事。益州与金陵，相距甚远，诗人却说楼船一下，“金陵王气”便黯然“收”。双方之强弱对比顿显。颔联顺势而下，直写战事及其结果。东吴的亡国之君孙皓，欲凭借长江天险，在江中暗置铁锥，用千寻铁链横锁江面，自以为万无一失，谁知王濬用大筏数十，冲走铁锥，以火炬烧毁铁链，直取金陵。颈联点出西塞山之所以闻名，是因为其曾是军事要塞。而今山形依旧，可是人事全非。这一联拓开了诗的主题。“寒”字和结句的“秋”字相照应。尾联，诗人宕开一笔，直写“今逢”之世：往日的军事堡垒，如今已荒废在一片秋风芦荻之中。而这残破荒凉的遗迹，便是六朝覆灭的见证，便是分裂失败的象征，也是“今逢四海为家”、江山一统的结果。全诗借古喻今，沉郁感伤，但繁简得当，直点现实。

遣悲怀（其一）

——元稹

谢公最小偏怜女[1]，自嫁黔娄百事乖[2]。
顾我无衣搜荩箧[3]，泥他沽酒拔金钗[4]。
野蔬充膳甘长藿[5]，落叶添薪仰古槐[6]。
今日俸钱过十万，与君营奠复营斋[7]。

注释

①谢公句：东晋宰谢安最爱其侄女谢道韫。此指妻子从小娇生惯养。②黔娄：指自己家境贫困。③顾：看到。荩（jìn）箧（qiè）：荩草编成的箱箧。④泥他：软言求她。⑤甘：甘心。藿（huò）：豆叶。⑥仰：依仗。⑦营：办理。奠：祭品。斋：指请僧人超度。

【赏析】

此作回顾作者未发达之前夫妻二人的艰苦生活，极写韦氏这从小受到千娇百宠的相府千金嫁给自己后尽心相助、安于贫贱的高贵品行；拔钗沽酒、野蔬充膳诸般描述无不生动形象、感人肺腑。结尾说自己如今俸钱超过十万，独自在此为妻子经营祭奠，愧疚之情、哀伤之意尤为深沉。

遣悲怀（其二）

——元稹

昔日戏言身后意[1]，今朝都到眼前来。
衣裳已施行看尽[2]，针线犹存未忍开。
尚想旧情怜婢仆，也曾因梦送钱财。
诚知此恨人人有，贫贱夫妻百事哀。

注释

①身后意：死后的打算。②行：行将。

【赏析】

韦氏从前曾经与作者戏言死后的事情，谁知玩笑话却变成了眼前的现实。作者因为不愿睹物思人，所以把妻子穿过的衣服施舍出去，将妻子做的针线活原封不动地保存了起来，不忍打开。他因为感念家中婢仆与妻子的旧日情份而对他们格外哀怜，因为梦到妻子仍然贫寒而烧送冥钱。他知道夫妻之间终不免阴阳两隔，只是想起妻子，想起她与自己共守贫贱、苦乐相伴的日子，每一点每一滴无不让他感到格外的悲伤。

遣悲怀（其三）

——元 稹

闲坐悲君亦自悲，百年多是几多时？
邓攸无子寻知命[1]，潘岳悼亡犹费词。
同穴窅冥何所望[2]，他生缘会更难期。
惟将终夜长开眼，报答平生未展眉。

注释

①邓攸无子：晋邓攸在战乱中为拯救亡兄之子，丢弃了自己的儿子，以为自己还可以生养，但终无子嗣。②同穴：合葬。窅（yǎo）冥：深远，渺茫。

【赏析】

独自闲坐的时候，作者想起了妻子，他感到悲伤，悲伤妻子的早逝，悲伤自己失去人生的良伴。人寿有限，纵然百年也终有完结之日，其间又常常闪过命运难以捉摸的影子，善良的邓攸终生不再有子，这不就是最好的例子吗？妻子早亡，许是命中注定，只是人死无知，作者想要为她写上一篇潘岳悼妻那样的诗篇，也是终觉徒然。他知道纵使与妻子同穴而葬，也会因为地下窅冥而哀情难通，知道他生再续前缘相见更是难以期待，他说，只有用自己长夜不寐的思念，去报答妻子平生未展的眉头。

自河南经乱关内阻饥兄弟离散各在一处因望月有感聊书所怀寄上浮梁大兄於潜七兄乌江十五兄兼示符离及下邽弟妹

——白居易

时难年荒世业空[1]，弟兄羁旅各西东。
田园寥落干戈后[2]，骨肉流离道路中。
吊影分为千里雁，辞根散作九秋蓬[3]。
共看明月应垂泪，一夜乡心五处同。

注释

①世业：祖上的产业。②干戈：指战乱。③蓬：飞蓬，喻漂泊不定。

【赏析】

本诗为当年河南动乱时诗人怀念亲人之作，真切地描写了动乱时期田园荒芜、骨肉分离的情景，表现了战乱给人民带来的灾难，抒写了兄弟姐妹间的骨肉之情。全诗浅而有致，淡而有味。

前两联是诗人自述由战争带来的苦难生活。在这灾难深重的年代，诗人家徒四壁，一无所有；兄弟姐妹们也丢家弃业，沦落天涯；故乡的田园已被战乱破坏得一片荒芜；失散的骨肉同胞，都在异乡劳碌奔波。颈联两句是人们广为传诵的名句。诗人把离散的兄弟姐妹比做千里孤雁、九秋断蓬。借此一比，诗人将骨肉分离的惨景展现在读者眼前。吊影分飞、辞根离散，在这样传神的描写中，战乱带来的零落之苦被深刻地刻画了出来，给人孤苦凄凉之感。尾联中，诗人以他真挚的情思，描画出一幅五地望月共生乡愁的图景来。诗人用这样的画面收尾，使诗歌淳朴真切，引人共鸣。全诗语言清丽，没有任何修饰，像话家常一般，但却紧紧扣住了主题，情真意切，意味深长。

【诗评】

末二句折到望月，一语总摄，笔有余情。

——《唐诗绎》

锦 瑟

——李商隐

锦瑟无端五十弦[1]，一弦一柱思华年。
庄生晓梦迷蝴蝶[2]，望帝春心托杜鹃[3]。
沧海月明珠有泪[4]，蓝田日暖玉生烟[5]。
此情可待成追忆，只是当时已惘然。

注释

①锦瑟：装饰华美的瑟。②庄生句：庄子曾经梦见自己化成蝴蝶翩翩起舞。③望帝句：相传蜀望帝杜宇死后其魂化为子规，即杜鹃鸟，鸣声凄厉哀怨，啼血方止。④沧海句：传说南海外鲛人，泣泪而成珠。⑤蓝田：山名，在今陕西，产美玉。

【赏析】

这首诗是李商隐的代表作，极负盛名，爱诗者无不喜吟乐道；然而，它又是最难懂的一首诗。对于本诗的主题，自宋元以来，众说纷纭，莫衷一是，有"爱情""悼亡""音乐"等。诗题"锦瑟"，用了起句的头二个字。旧说中有一种观点，认为这是一首咏物诗。但近来注解家似乎都主张：这首诗与瑟事无关，实是一篇借瑟以隐题的"无题"之作。从诗意来揣摩，认为本诗是诗人自伤身世之作的说法还是占主流。

首联两句，诗人以锦瑟起兴，引起对"华年"的追忆，有无限伤感之意。次句中的"一弦一柱"指一音一节，其关键在于"思华年"三字。一个"思"字，为全诗奠定了基调。

颔联中，诗人连用庄周和杜宇的典故，托故事言己情。"庄生晓梦"隐约包含着美好之意，却又是缥缈的梦境。在《寰宇记》中，子规就是杜鹃。这些与锦瑟又有什么关系呢？可能是锦瑟之妙音怨曲，引起了诗人无限的情思：往事如梦幻一般，所遭遇的不幸，无处倾诉，只好如望帝托杜鹃诉说春心。

颈联中，诗人连用传说，融情于其中，创造出了一种难以言说的完美境界。相传，珍珠是由南海鲛人（神话中的人鱼）的眼泪变成的。鲛人泣泪，颗颗成珠，是海中的奇情异景。月本天上明珠，珠似水中明月。由此皎月落于沧海之间，明珠泣于眼波之际，月、珠、泪，三位一体，在诗人笔下，构成了一个清怨的妙境。而传说盛产美玉的蓝田，经过旭日照射，会升腾起"玉气"（古人认为玉中藏有精气）。但玉气妙在只能远观，近看就消散无踪。因此，"玉生烟"是形容一种渴望不可即的处境。"珠泪""玉烟"相互映衬，体现了诗人一种难以言表的惆怅心境。

尾联拢束全篇，明白提出"此情"二字，与首联中的"思华年"相呼应。诗人用两句话表出了几层曲折，而几层曲折又只是为了说明"此情"。"此情"到底为何情，耐人寻味。

全诗巧妙运用比喻和象征，情意含蓄，感慨深长，为难得的诗中上品。

【诗评】

李义山《锦瑟》中二联是丽语，作适怨清和解，甚通。然不解则涉无谓，既解则意味都尽。以此知诗之难也。

——《艺苑卮言》

隋 宫

——李商隐

紫泉宫殿锁烟霞[1]，欲取芜城作帝家[2]。
玉玺不缘归日角[3]，锦帆应是到天涯。
于今腐草无萤火[4]，终古垂杨有暮鸦[5]。
地下若逢陈后主[6]，岂宜重问后庭花[7]。

【赏析】

本诗为咏史名篇。诗人通过描写隋宫表现了隋炀帝的奢淫腐败，揭露了他祸国殃民不惜消耗天下财力以供其一己私欲的暴君面目，并借以警戒唐朝统治者。

首联点明本诗题旨，写长安宫殿上空已经被一片烟霞笼罩了，隋炀帝却丝毫不理会这些，只一味贪图享受。诗人把长安的宫殿与“烟霞”联系起来，旨在表现它的巍峨壮丽、高耸入云端。但就是这样壮丽的宫殿，却被隋炀帝视而不见，只能空锁于烟霞之中。颔联别具一格，诗人不写江都帝家之事，而是作了一种假想：如果不是因为皇帝玉玺落到了李渊的手中，隋炀帝是不会满足于游江都，他很可能会游遍天下吧！在这一联中，诗人深刻地表现了隋炀帝的骄奢淫逸，并对他导致亡国却至死不悟非常愤慨。接着，在颈联中，诗人列举了隋炀帝两个逸游的事实。“于今无”和“终古有”相互照应，形成对比，暗示萤火虫是“当日有”，而暮鸦“昔时无”，渲染了亡国后凄凉的气氛。两相对比，最终的目的却是表现其中一个方面，让人们从这一方面去想象另一方面，融酣畅淋漓和含蓄蕴藉于一体。尾联化用隋炀帝与陈叔宝梦中相遇的典故，用假设反诘的语气，揭示了荒淫亡国的主题。陈叔宝是历史上有名的荒淫亡国的君主，《后庭花》为他所制的反映宫廷淫靡生活的舞曲，后人称其为“亡国之音”。诗人在这里提到它，其用意在于：隋炀帝目睹了陈叔宝荒淫亡国的事实，却不吸取教训，如果他在泉下见到陈叔宝，怎么好意思再要求听《后庭花》呢？只问不答，余味无穷。

注释

①紫泉：即紫泉宫，此代指长安隋宫。②芜城：指江都，旧名广陵，即今江苏扬州市。③日角：旧说额头中央部分隆起如日，为帝王之相。④于今句：隋炀帝曾于长安、洛阳等地征集萤火虫，夜游时放出观赏。腐草：古人认为萤火虫是腐草变的。⑤垂杨：隋炀帝开凿运河，沿堤植柳两千里，后称“隋柳”。⑥陈后主：南朝陈的第五个皇帝，荒淫误国，后陈为隋所灭，故世常以陈后主代亡国之君。⑦后庭花：《玉树后庭花》，为陈后主所作，后被视作亡国之音。

无　题

——李商隐

昨夜星辰昨夜风，画楼西畔桂堂东。
身无彩凤双飞翼，心有灵犀一点通①。
隔座送钩春酒暖②，分曹射覆蜡灯红③。
嗟余听鼓应官去④，走马兰台类转蓬⑤。

注释

①灵犀：旧说犀牛角中有白纹如线，直通两端。②送钩：古时的一种游戏，将钩暗中传递，藏于一人手中，未猜中者罚酒。③分曹：分组。射覆：将东西放在器物下面让人猜。④鼓：更鼓。应官：办理官差。⑤兰台：即秘书省。

【赏析】

关于昨夜的记忆，最亲切的感触是闪烁的星光，温馨的和风，而在画楼西、桂堂东，作者又遭遇了最动人的邂逅。那份两情相悦的默契，让你相信即便没有彩凤的双翼，心灵间的灵犀也能冲破重重阻隔，清楚而完满地传递表达各自的心意。

昨天晚上的欢宴，隔座送钩，分组射覆，因为有了她的存在而更觉春意融融，酒格外暖心，灯红得迷人。

在清寥的今夜回忆醉人的昨夜，作者想到她是否正身处新一轮的笑语欢歌。在不知不觉中，上差的鼓声已经敲响，他又不得不走马兰台，孤单渺小得就好像是随风飘转的飞蓬。

【诗评】

定翁云：起句妙。冯己苍先生云：妙在首二句。次联衬贴流丽圆美，“西昆”一世所效，然义山高处不在此。

——《义门读书记》

无题（其一）

——李商隐

来是空言去绝踪，月斜楼上五更钟。
梦为远别啼难唤，书被催成墨未浓。
蜡照半笼金翡翠[①]，麝熏微度绣芙蓉[②]。
刘郎已恨蓬山远[③]，更隔蓬山一万重。

注释

①笼：笼罩。金翡翠：用金线绣成翡翠鸟图案的被子。②麝熏：用麝香熏染。③刘郎句：相传东汉刘晨、阮肇入山采药，路遇两位美丽的仙女，邀他们结为眷属。半年后，刘、阮想要回家中探望，二女并没有阻拦，他们到家时才发现人间已经过了七代。等到他们再回去找两位仙女，却再也寻不到了。蓬山：指仙境。

【赏析】

说好了不久就会回去，但走后便无觅影踪。月儿低斜的五更时分，小楼上，睡梦中，他看到她因别离而悲泣，呼唤她却不答应。恍然惊起后，他急忙下榻写了书信给她。

在灯下想象她于烛光半笼的锦被旁静坐的样子，想象她在麝香初沁的芙蓉帐思念自己的情形，心中不禁生出无限愧疚怜惜之情，他因而悔恨当初的离开，无奈于相聚的重重阻隔；正如诗中所说："刘郎已恨蓬山远，更隔蓬山一万重。"

【诗评】

诗文将缠绵凄恻的爱情表达得曲折哀婉，荡气回肠。

无题（其二）

——李商隐

飒飒东风细雨来，芙蓉塘外有轻雷。
金蟾啮锁烧香入[①]，玉虎牵丝汲井回[②]。
贾氏窥帘韩掾少[③]，宓妃留枕魏王才[④]。
春心莫共花争发，一寸相思一寸灰。

注释

①金蟾：古人认为蟾蜍善闭气，故用以饰锁。②玉虎：井上的辘轳。丝：井绳。③贾氏句：晋韩寿英俊，司空贾充招他为僚属时，其女于窗中窥见韩寿，于是喜欢上了他。④宓妃：指洛神。留枕：相传曹植将过洛水时，忽见一美丽女子飘然而来，颇似自己故去的嫂嫂甄氏。甄氏赠以在家时所用玉枕以慰思念，曹植因之而作《洛神赋》。

【赏析】

诗写一位女子追求爱情失败后的痛苦。东风细雨，塘外轻雷，这般景象正如女主人公此时的心境，抑郁沉闷，怛恻不安。世间的事情，不论如何困难，都有办法可以达成心愿，比如香炉紧锁但香烟可以进入，比如井水虽深但长绳可以汲之；唯独爱情常常难以左右，它有时是贾女与韩寿水到渠成的缘分，有时是曹植爱慕甄氏一样的徒增遗憾。爱情让她苦受煎熬，她所以自诫道：爱人的心还是不要和春花争荣竞艳了吧，寸寸相思到头来都是化为灰烬。

【诗评】

末则如怨诉，相思之至，反言之而情愈深矣。

——《唐诗鼓吹注解》

无题（其三）

——李商隐

相见时难别亦难，东风无力百花残。
春蚕到死丝方尽，蜡炬成灰泪始干。
晓镜但愁云鬓改[1]，夜吟应觉月光寒。
蓬山此去无多路[2]，青鸟殷勤为探看[3]。

注释

①云鬓：形容女子如云朵一样的头发。②蓬山：蓬莱。③青鸟：传说中的神鸟，是西王母的使者。

【诗评】

绮靡浓艳，伤春悲秋，至于“春蚕到死”“蜡炬成灰”，深情罕譬，可以涸爱河而干欲火。

——《李义山诗集笺注》

一息尚存，志不可少懈，可以言情，可以喻道。

——《唐诗三百首》

【赏析】

因为相见本就不易，所以分别就更让人感到依依不舍、苦在心头，那份缠绵悱恻，有如身处暮春无力的东风中、面对着凋残的百花。而当情思如春蚕之丝到死方尽，别泪如蜡炬之泪成灰方干，那么有情人在早晨愁看镜中渐染霜色的鬓发时，在清寒的月光下独吟诗篇时，那落寞的心境与浓重的思念又是何其难捱！诗的尾联作宽慰之语，意谓幸好你我相隔不算遥远，希望今后能时常探望对方；以美好的期盼和愿望来解释现实中不能长相厮守的遗憾。

春　雨

——李商隐

怅卧新春白袷衣[1]，白门寥落意多违[2]。
红楼隔雨相望冷，珠箔飘灯独自归[3]。
远路应悲春晼晚[4]，残宵犹得梦依稀。
玉珰缄札何由达[5]，万里云罗一雁飞。

注释

①袷（jiá）衣：即夹衣。②白门：指江苏南京。意多违：许多事都与愿望相违。③珠箔：珠帘。④晼（wǎn）：太阳落山的样子。⑤玉珰（dāng）：玉耳饰。缄札：指密封的书信。

【赏析】

“怅卧新春白袷衣，白门寥落意多违”，本诗开篇点明时令，即新春。新春之夜，惆怅的主人公穿着“白袷衣”深切思念着远方的情人。“白门”是他以前经常和情人约会的地方，热闹非凡，而现在却因情人的不在而变得寥落冷清。“红楼”是情人以前住过的地方，但最后一次寻访时他却没有勇气走进去。因为没有了情人的红楼空荡而凄清。他就只能在红楼门前呆呆地站着，不知道过了多久，才猛然回过神来。“远路应悲春晼晚，残宵犹得梦依稀”，情人恐怕也在为春之将暮而伤感吧！但是，如今我们远隔千山万水，只能在依稀的梦中相见了。这两句将主人公的思念之切、心境之哀表现得淋漓尽致。“玉珰缄札何由达，万里云罗一雁飞”，思考过后，他拿出“玉珰”和“缄札”，把它们托付给冲破万里云霄的鸿雁，相信它一定能把自己的心意传达到。在这里，诗人创造性地借助自然景物，把“锦书难托”的抽象预感形象化，将怅惘的情绪与广阔的云天融为一体，真实感人。

利州南渡

——温庭筠

澹然空水带斜晖[1]，曲岛苍茫接翠微[2]。
波上马嘶看棹去[3]，柳边人歇待船归。
数丛沙草群鸥散，万顷江田一鹭飞。
谁解乘舟寻范蠡[4]，五湖烟水独忘机[5]。

注释

①澹然：水波荡漾的样子。②翠微：青翠的山色。③棹（zhào）：指船。④范蠡：春秋楚人，曾助越灭吴。功成名就后辞官乘舟而去，泛于五湖。⑤机：机心。

【赏析】

本诗是诗人在广元渡嘉陵江时有感而作。这是一首寓情于景的抒情诗，所描写的晚渡情景真切动人。诗人以朴实、清新的笔触描绘了一幅声色并茂、诗情画意的晚渡图，表达了自己打算效仿范蠡了却红尘、急流勇退、隐居山林的想法，流露出厌弃官场，无心功名的心绪。利州，唐属山南西道，治所在今四川省广元县，南临嘉陵江。南渡，指南渡嘉陵江。

首联总体描绘渡头景致，交代天色已晚：广阔的水面在夕阳的照射下波光粼粼；弯弯的岛屿同周围碧绿的山峦连在一起，一片云雾渺茫。一个“带”字，用得极其生动形象。颔联细致地写了江水中与江岸上的情形：船只缓缓远去，船上的马在嘶叫；江岸垂柳下，几个人边休息边等着船回来。这是何等地悠然自得。颈联细腻地描写了水鸟：沙草中的鸥鸟四散而去；万顷江田之上孤单的鹭鸟在翱翔。诗人实际是以鸟喻人，字里行间饱含深意。

借前面六句对景物由远及近继而由近而远的描绘，日暮渡口浑然天成的美景被充分展示出来。末联诗人触景生情，兴起与世无争、放浪江湖的感慨：谁能理解功成名就后的范蠡为何乘船归去？面对五湖烟波浩渺的湖水，唯有他能忘掉功名利禄。诗人借范蠡助越王勾践灭掉吴后急流勇退的典故，表明自己欲脱离尘世羁绊，归隐山林的出世思想。

整首诗层次分明，色彩明朗，用词朴实无华，余味悠长。

【诗评】

全诗风格清丽超逸，语言闲婉秀雅，堪称温庭筠七律诗中的佼佼者。“独忘机”其实何曾能忘？感叹而已！全诗八句都从水上着眼，以有“水”字句起，以有“水”字句终，很有章法但不落俗套。

苏武庙

——温庭筠

苏武魂销汉使前[1]，古祠高树两茫然。
云边雁断胡天月，陇上羊归塞草烟。
回日楼台非甲帐[2]，去时冠剑是丁年[3]。
茂陵不见封侯印[4]，空向秋波哭逝川[5]。

注释

①苏武：于汉武帝天汉元年奉命赴匈奴，被匈奴扣留流放至北海牧羊。他羁留匈奴长达十九年，始终坚贞不屈，汉昭帝时遣使将其迎回长安。销魂：极度的感慨和激动。②甲帐：汉武帝用的帷帐。本句是讲苏武归来时武帝已死。③丁年：壮年。④茂陵：汉武帝陵墓。⑤逝川：逝去的时间。

【赏析】

这是一首凭吊古人的咏史诗。苏武是历史上有名的坚持民族气节的英雄人物。武帝天汉元年（前100年），苏武出使匈奴，被扣留。匈奴多次逼降，他坚贞不屈，后被流放到北海牧羊。直至昭帝始元六年（前81年），苏武才返回汉朝。温庭筠瞻仰过苏武庙后，感慨万千，便挥笔写了这首追思凭吊之作。

首联两句紧扣诗题，分写“苏武”与“庙”。汉昭帝时，匈奴与汉和亲。汉使到匈奴后，得知苏武尚在，乃诈称汉帝得苏武雁书，匈奴方遣苏武回国。首句，诗人想象苏武与汉使初次会见时的情景。“魂销”二字，生动地描画出苏武当时悲喜交加、感慨万端的情状。次句，诗人由人到庙，由古及今，描绘眼前苏武庙景物。“古祠高树”四字，渲染出浓郁的历史气氛，透露出诗人的崇敬追思之情。

颔联两句分别描绘了“云边雁断”和“陇上羊归”两幅图景，寓情于景，写苏武的思归情。“云边雁断”图形象地表现了苏武在音讯隔绝的漫长岁月中对故国的深长思念和欲归不得的痛苦。“陇上羊归”图，不仅展示了苏武牧羊的单调、孤寂生活，而且用“羊归”反衬苏武的“不得归”，对比鲜明，反衬强烈。这两句生动地概括了苏武十九年的幽禁生活。

颈联，诗人遥想苏武“回日”“去时”之所见所感。甲帐，据《汉武故事》记载，武帝以琉璃珠玉、天下奇珍为甲帐，次第为乙帐。甲以居神，乙以自居。苏武归国时，见往日楼台依旧，但“甲帐”已不复存在，流露出一种物是人非的感慨。此句隐含着苏武对武帝的追思。这两句诗由“回日”忆及“去时”，以“去时”反衬“回日”，令人感慨。

尾联集中抒写苏武归国后对武帝的追悼。这种故君之思，融忠君与爱国为一体，将一个爱国志士的形象，生动地展现在读者面前。晚唐国势衰颓，民族矛盾尖锐，正需要这样的忠君爱国精神。而本诗表彰民族气节，歌颂忠贞不屈，也是时代的需要。

宫 词

——薛 逢

十二楼中尽晓妆①，望仙楼上望君王。
锁衔金兽连环冷，水滴铜龙昼漏长②。
云髻罢梳还对镜，罗衣欲换更添香。
遥窥正殿帘开处，袍袴宫人扫御床③。

注释

①十二楼：本指神仙所居之处，此指宫女居住的楼台。②水滴铜龙：龙首滴水的铜壶滴漏。③袴（kù）：同“裤”。

【赏析】

此诗写闭居深宫之中的宫妃的苦闷和怨恨。前六句以铺叙的手法描述了幽闭的宫门内宫妃们从早到晚多次梳洗打扮，盼望君王临幸的情景，真实地反映出宫中生活的单调无聊，以及身处其中的女性的悲惨命运。末联写宫妃窥见宫人打扫御床以备皇上驾临正宫，猛然觉得自己远不及那些洒扫的宫人接近皇上，心里愈加怨恨。

【诗评】

通过细节描写而烘托主人公内心起伏的手法，虽不是极情尽意地描述悲喜，却独具意味。纵观全诗，可谓构思巧妙，刻画入微，作者当年作此诗的时候并不见得就是意在反映宫妃生活之苦痛，中唐时写宫词是种风气，然而却无心插柳地成就了一篇真实记录，让后人得以对宫廷生活窥豹一斑。

贫　女

——秦韬玉

蓬门未识绮罗香[1]，拟托良媒亦自伤。
谁爱风流高格调，共怜时世俭梳妆。
敢将十指夸针巧，不把双眉斗画长。
苦恨年年压金线[2]，为他人作嫁衣裳。

注释

①蓬门：茅屋的门。此指贫苦之家。②压金线：指刺绣。

【诗评】

诗文通过写贫女的遭遇而抒发了万千久居下僚的孤高正直之士的心声，语意双关，非常富有感染力，为历来怀才不遇之士所共鸣。

【赏析】

这首诗历来以语意双关、含蕴丰富而为世人所传诵。诗人借一个未出嫁的贫女的独白和不幸遭遇，反映了不公平的世态人情，字里行间流露出诗人怀才不遇、寄人篱下的感恨。

首联从贫女的衣着谈起。贫女自述生在蓬门，自幼粗衣布裳，从未有绫罗绸缎沾身。寥寥七字，勾画出一位纯洁朴实的女子形象。因为家贫，她虽早已是待嫁之年，却总不见媒人来问。抛开女儿家的羞怯矜持请人去做媒吧，可是每生此念，便倍加伤感。在这一联，少女矜持而复杂的心理被诗人刻画得淋漓尽致。

颔联转向描写外面的世界，刻画流俗的世情：如今，人们竞相追求时髦的华美服装，还有谁来欣赏我这不同流俗的“俭梳妆”？

颈联转回贫女自身，写她的个性：我有一双巧手，针线活出众，敢在人前夸口；决不迎合流俗，将眉毛画得长长的，同别人争妍斗丽。

尾联又写了贫女不幸的现实处境。这一联紧承上联中的“针巧”，贫女说自己的亲事茫然无望，却每天压线刺绣，不停地为别人做出嫁的衣裳！最后一句蕴含着广泛深刻的内涵，浓厚的生活哲理，使全诗拥有了更大的社会意义。

诗人刻画贫女形象，既没有凭借景物气氛的烘托和居室陈设的衬托，也没有在女子的相貌衣物和神态举止的描摹上着太多的笔墨，而是借她在矛盾冲突中的自白来表达她内心的苦楚和哀痛。从语言表述上来看，诗人既没有化用典故，也没有用其他艺术手法，完全是书写了女子的喃喃自语。诗中的女主人公从家庭环境谈到自己的亲事，从社会风气谈到个人的志趣，亦含蓄、亦直接，越说越陷入沉重的烦恼苦痛中，直到吐出一句“苦恨年年压金线，为他人作嫁衣裳”。这最后一声疾呼蕴含了丰富的人生哲理，使全诗具有更大的社会意义。这首诗很可能也是诗人生活的真实写照，反映了封建社会贫寒士人不为世用的愤懑和不平。

独不见[1]

——沈佺期

卢家小妇郁金堂[2]，海燕双栖玳瑁梁[3]。
九月寒砧催下叶，十年征戍忆辽阳[4]。
白狼河北音书断[5]，丹凤城南秋夜长[6]。
谁知含愁独不见，使妾明月照流黄[7]。

【赏析】

尽管身居用郁金香涂壁的华丽堂屋，但女主人公并不快乐，她看到画梁上双宿双栖的海燕，心中满是幽怨。凉秋九月，到处响着妻子们为征人捣制寒衣的砧声，听到这声音，少妇感到更加地凄凉寂寞，在她的眼中，纷纷木叶也仿佛是被砧声催落。十年光阴，她无日不在思念着戍守辽阳的丈夫，自从夫君音讯断绝，独守空闺的她忐忑不安、忧思重重地度过了一个又一个不眠之夜。

恼人的秋月，又一次将少妇的黄罗帐照得明晃晃的，引起了她“唯你不见我满心忧愁”的迁怒。

注释

①独不见：《乐府解题》云：独不见，伤思而不得见也。按：此题诸本多作“古意”，今从郭茂倩《乐府》本改正。又：少妇作小妇，郁金香作郁金堂，木叶作下叶，谁为作谁知，更教作使妾。凡《乐府》字句有与别本异者，皆从茂倩本故也。②卢家小妇：梁武帝萧衍《河中之水歌》有，“十五嫁为卢家妇，十六生子字阿侯。卢家兰室桂为梁，中有郁金苏合香”。这里指长安富家少妇。③玳（dài）瑁（mào）梁：指画梁。玳瑁：一种海龟，甲壳黄褐色，有黑斑，很光滑，可做装饰品。④辽阳：今辽宁辽阳一带。唐时为边防重地。⑤白狼河：即今辽宁大凌河。⑥丹凤城：指京城。⑦流黄：彩色的丝织品。

【诗评】

此诗虽被归入乐府，实是七律。沈佺期这首诗被后人评价为开创了盛唐七律体的模范，在唐诗中占有重要的一席之地。

鹿　砦[1]

——王　维

空山不见人，但闻人语响。
返景入深林[2]，复照青苔上。

【赏析】

王维有《辋川集》组诗二十首，均描写辋川胜景，本诗为二十首中的第四首，为王维后期的山水诗代表作。诗歌写的是鹿柴傍晚时的清幽景色，非常有名。鹿砦，地名，砦，同“寨”，篱栅。

本诗很有创意，落笔先写“空山”寂绝人迹，接着以“但闻”一转，引出“人语响”。这里，诗人用短暂的、局部的“人语响”来衬托长久的、整体的寂静，恰是“立静”，而不是“破静”。后两句的描写对象从声音转到光色，从对空山语响的描写转到对深林返景的描写。表面上看，这一丝余晖能给阴暗的深林带来光亮。但是，当阴暗的森林中突然出现一丝余晖，照到斑驳树影中的青苔上时，巨大阴暗和局部光影形成了强烈对比，使森林的阴暗更加深邃。其中，“返景”点明了阳光的短促和微弱，也说明接着光影而来的还是无尽的阴暗。

本诗的衬托手法很出色，前两句用声音衬托寂静，后两句用光明衬托阴暗，声响光影融为一体。诗中有画，画外有音，音画相融，共合一诗，遂成难得的绝妙之作。

注释

①鹿砦，是辋川的地名。②返景：日光返照。

【诗评】

无言而有画意。

——《王孟诗评》

竹里馆[1]

——王 维

独坐幽篁里[2]，弹琴复长啸。

深林人不知，明月来相照。

注释

①竹里馆：辋川别墅胜景之一。②幽篁：幽深的竹林。

【诗评】

人不知而月相照，正应首句“独坐”二字。

——《唐诗选汇编》

【赏析】

在本诗中，诗人描写了在山林弹琴歌啸的闲适生活情趣，表现了清幽宁静、高雅绝俗的境界。整首诗仅二十个字，却是既有清幽之景又有孤独之情，既有弹琴长啸之声又有深林月光之色，既有独坐之静又有弹啸之动，既有实写（前两句），又有虚写（后两句）。

诗的前两句，写诗人独坐于幽静繁茂的竹林中，边弹琴边对天长啸。曲高必然和寡，因此诗人在后面两句写道：“深林人不知，明月来相照。”说的是，自己独居于深林中没有人陪伴，但也并不感觉孤寂，因为那轮明月还在时刻照耀着自己。此处，诗人运用了拟人的修辞手法，将遍洒清辉的明月当做心灵相通的知心朋友。

本诗虽然用字很简单，对人物和景色的描写也很平淡，如果把这四句诗分开来看，没有任何新奇之处。诗人写景只用了“幽篁”“深林”“明月”三个词，这是此类诗中的常用词，且“幽篁”和“深林”是指同一事物；描写人物也只用了“独坐”“弹琴”“长啸”三个词，这在其他的诗词中使用频率也非常高。然而其妙处在于四句话连起来后，能呈现出一种极富诗意的美好景致，产生出别样的艺术效果：月夜幽林之中，空明澄静，诗人坐在竹林中抚琴长啸，物我两忘，怡然自得。这里，心灵澄静的诗人与明月以及月下的清幽竹林融为了一体，成为自然景色中的一部分。诗人从整体上营造了一种境界、一种艺术美，使本诗产生了别样的艺术魅力，为后人长久传颂。本诗对景物和人物的描写看似信手拈来，实则匠心独运。

相 思

——王 维

红豆生南国，春来发几枝？

愿君多采撷[1]，此物最相思。

注释

①撷（xié）：摘。

【诗评】

“愿君……”者，即谆嘱无忘故人之意。

——《唐诗评注选本》

【赏析】

本诗另题为《江上赠李龟年》，可以看出是诗人思念友人，借咏物寄托相思之情之作。

“南国”是红豆的产地，也是友人的所在地。首句“红豆生南国”因物而起兴，语句简单却形象饱满。紧接着，“春来发几枝”一句轻声发问，承接自然。诗人用问句的形式，使诗的语气变得亲切自然。在这里，诗人只问红豆不问友人，其实恰恰是借询问生长在南国的红豆来问候身在南国的友人。这一句借物传情，语浅情深，语淡情浓，耐人寻味。接下来一句，诗人寄语他人多多采摘红豆，仍然是言在此处而意在彼处。这一句表面看来，诗人只是劝友人多多采摘红豆，其实诗人是以红豆借指自己的思念，暗示自己对友人深厚的情谊；同时，这一句还隐含着诗人对友人殷殷的期盼：友人采摘红豆的时候，应该也会思念自己吧！诗人以这样含蓄隽永的方式表露内心的情怀，使诗情曲折而动人，语意深沉而绝妙。末句“此物最相思”点明题意，“相思”和第一句的“红豆”相照应，不但切合“相思子”之名，且又与相思之情相关联，具一语双关之妙。

送崔九

——裴　迪

归山深浅去，须尽丘壑美。
莫学武陵人[1]，暂游桃源里。

注释

①武陵人：指陶渊明《桃花源记》中的武陵渔人。

【赏析】

这是一首劝勉诗，写送友人归山，旨在劝勉友人崔九既然要隐居，就应该坚定不移，常驻山林；不要三心二意，入山复出，不甘久隐。本诗语言虽浅白，含意却颇为深远。崔九，即崔兴宗，曾为右补阙，为王维的妻弟。

诗的前两句“归山深浅去，须尽丘壑美”，是说友人此次回归山里后，无论山峰低谷，皆要前去，看尽山林美景。这自然是劝导友人不要再眷恋尘世的生活，将对山水的情感上升到一种和尘世生活对立的高度，这与他们对当时社会现状的厌烦及不满有关。诗的后两句“莫学武陵人，暂游桃源里”，是劝勉友人归隐山林。既然友人已在山水间发现生活的乐趣，就别再从那个境界回到现实中了。这既体现了诗人对归隐生活的肯定，也体现了他对社会现状的不满。那么，诗人为何要让友人留在那个“不知有汉，无论魏晋”的桃源仙境呢？裴迪大约生活在唐玄宗和唐肃宗在位时期，当时，唐玄宗重用口蜜腹剑的李林甫，专宠杨贵妃，导致政治非常黑暗，处于社会下层的知识分子不能入朝做官，而像裴迪、崔兴宗这种出身寒微的读书人更是毫无出路。因此他们甘愿归隐山林，过那种与世隔绝的生活。全诗简单明了，通俗易懂，却又立意很深；文字清丽优美，把诗人的心声表达得形象生动，不失为一首好诗。

【诗评】

此兴自高，人道不得。

——《批点唐音》

终南望余雪

——祖　咏

终南阴岭秀[1]，积雪浮云端。
林表明霁色[2]，城中增暮寒。

注释

①终南：终南山，今陕西省西安市南。阴岭：向阴的山岭。

②林表：树林的外表。霁色：雪后的阳光。

【赏析】

这是一首眺望终南积雪的小诗。诗虽短，却朴茂奇崛，剪刻蕴藉。本诗是诗人在长安应进士试的诗作，按要求应试诗为五言六韵十二句，但他只作了四句便交卷。旁人问其原因，他回答说：“意尽。”

首句写终南山峰高谷深，林木流翠。开篇应题，也突出“积雪”的特色。远眺终南山，其山岭秀色，尽收眼底，但诗人仅以一个“秀”字概过，着重写出山上“积雪”。第三句接着描写雪景。一个“明”字，写尽雪景之意。“林表”二字是上承“终南阴岭”写的，“林”自然是在终南山的高处。仅有终南山高处的树林表面才能“明霁色”，说明太阳已经落下半边。夕阳的余晖照射过来，将树林表面都照红了，自然也将“浮于云端”的余雪照亮了。尾句的一个“暮”字，也随之跃然纸上了。前三句都是写“望”中所见；末句写“望”中所感。一个“增”字，真实而贴切地写出了当时的气候特点及人的感受，景足意尽，神完韵远。

宿建德江

——孟浩然

移舟泊烟渚，日暮客愁新。
野旷天低树，江清月近人。

【诗评】

天低月近，本不见愁，承“客愁”便觉凄凉。

——《删订唐诗解》

【赏析】

这是一首刻画秋江暮色，抒写羁旅之思的小诗，写出了诗人漂泊东南的感受。全诗情景相生，淡中有味，含而不露，风韵天成，为五绝中的写景名篇。诗人以拟人的手法，描绘了旷野天低、江清月近的清新景色，抒写了淡淡的羁旅客愁。建德江，在今浙江上游建德县，在新安江、兰溪合流处。

首句写羁旅夜泊，回应主题，为下句抒情作好铺垫：诗人将船停靠在江中的一个小洲旁，而这小洲被迷蒙的烟雾重重笼罩。这烟雾就像诗人的满心愁绪一样。次句抒情，别有味道：“日暮”承接上文，续写新愁。因为日落黄昏，所以要泊船停宿；也因为日落黄昏，江面上才水烟蒙蒙。本来诗人停船靠岸，想要静静地休息一夜，谁知在这众鸟归林、牛羊下山的黄昏时刻，羁旅之愁蓦然而生。

后二句远眺近观，写诗人日暮所见。日暮时刻，旷野无垠，一片苍茫。诗人放眼望去，天地相接，远处的天空比近处的树木还要低。夜渐临近，高挂在天上的明月，映在澄清的江水中，与船中的诗人是如此接近。在暮色苍茫的秋江上，诗人举目远眺，天空开阔，气氛孤寂。诗人低头俯视脚下静静的江水，天上孤寂的明月似乎也看透了他的心事，抚慰他寂寞的心灵。这种化静为动的写法，赋予本无生命的明月以无限的情感，既生动形象，又亲切近人。这两句虽是写景，也无愁字，但“秋”色逼人，回应“日暮客愁新”。诗人巧妙地将他的新愁与孤寂清冷的秋色融为一体，创造出一种凄清、宁静、优美的意境。正是在这种别具一格的描绘中，诗人将自身的羁旅之愁表现得淋漓尽致。

全诗虽然以景结篇，但意犹未尽。诗人曾带着多年的准备与满腔的希望入京求仕，却被弃置，而今只能怀着一腔忧愤南寻吴越。身处异乡、孑然一身的诗人，面对茫茫四野、悠悠江水、孤舟明月，那羁旅的劳顿，对故乡的思念，仕途的失意……千愁万绪纷至沓来，便有了这首千古绝唱。

春晓

——孟浩然

春眠不觉晓，处处闻啼鸟。
夜来风雨声，花落知多少。

【诗评】

诗到自然，无迹可寻。“花落”句含几许惜春意。

——《唐诗笺注》

朦胧臆想，构此幻境。“落多少”可以不说，又不容不说，诚非妙语，不能有此。

——《唐诗笺要续编》

【赏析】

这是一首仅仅二十字的惜春小诗，是诗人隐居在鹿门山时所作。本诗抒发了诗人晨起所感，处处表现了诗人爱春、惜春的心情，意境优美深远。春眠初醒，闻啼鸟而喜春，又忆及夜间风雨，担心吹落春花……初读似觉平淡无奇，再读便觉诗中另有天地。诗人抓住春晨生活的一个片段，以自己一觉醒来后瞬间的所听、所感为切入点，用极少的笔墨描绘了一幅清新明媚的春之晨景。

本诗在时间的跨越上，以及情感的细微变化上，都非常富有情趣，读来令人回味无穷。 全诗语言明白晓畅，读起来朗朗上口，同时不失优美的韵致，情景交融，意味隽永，超凡脱俗，为五言绝句中之上上作，千百年来一直为人们所喜爱和传诵。

静夜思

——李　白

床前明月光，疑是地上霜。
举头望明月，低头思故乡。

【诗评】

小诗明白好懂，清新朴素，通过几个简单的动作将思乡人的内心活动表现得真切感人，情意含蓄不尽，连音律都是悄然而令人心动的感觉。

【赏析】

这首小诗用简单平实的叙述来抒发远客的思乡之情，虽然没有新颖神奇的想象、华美艳丽的辞藻，但却情真意切，耐人回味，成为传诵千载的佳作。

客居他乡的人，应该都会有这样的感觉：白天一切都还好说，可到了夜深人静的时候，心头就会不可抑制地泛起阵阵思乡之情，尤其是在月白如霜的秋夜！“床前明月光，疑是地上霜”，写清秋的夜晚，月白霜清。此处用霜色来形容月光，是古典诗歌中的常见写法。“疑是地上霜”不是摹拟形象的状物之辞，而是叙述之辞，是诗人在秋夜这种特殊环境里产生的一刹那错觉。怎么会有这样的错觉产生呢？可以想见，这四句诗展现的是诗人客居他乡，深夜无法入眠、小梦乍回的情景。此刻，庭院是空寂的，从窗外透进的月光射到床前，不可避免地带上了一层秋夜寒意。诗人睡眼惺忪地望去，在恍惚中，好像看见地上铺了一层白色的浓霜；再稍稍定神细瞧，周围的环境告诉他，这不是霜而是皎洁的月光。月光引领着他又抬头望去，一轮明月挂于窗前，秋夜的天空真是明净非凡！此刻，诗人清醒过来了。一个“霜”字表达出了三层含义：一方面突出了月光的明亮、皎洁，另一方面又暗示了天气的寒冷，同时也烘托出了诗人当时的孤独寂寞之感。

秋夜的月格外明亮，同时倍显清冷，特别容易勾起孤独远客的旅思情怀。所以诗人“举头望明月”，遐想无限，想起家乡的亲人，想到家乡的一切。在冥想中，头又渐渐低了下去，沉浸在沉思中。结句“低头思故乡”中的“思”字写出了诗人对故乡亲朋好友、山水草木的思念。

诗人的内心由“疑”到“举头”，由“举头”到“低头”的这一串动作，为读者展现了一幅形象逼真的月夜思乡图，使人们从中领会到李白绝句的“自然”和“无意于工而无不工”。

怨　情

——李　白

美人卷珠帘，深坐颦蛾眉[1]。
但见泪痕湿，不知心恨谁。

注释

①深坐：久久呆坐。颦（pín）：皱。

【诗评】

全诗没有一个“怨”字，但通过对女子动作、情态的描写透露出深深的怨情。“不知心恨谁”一句戛然而止，留给人不尽的想象和回味。

【赏析】

这是一首写弃妇怨情的诗。诗中描写美人卷珠帘，夜半皱眉落泪的情景，含蓄地表达了她盼望爱人归来不得而哀伤怨恨之情。在中国古典文化中，达到一定高度和境界的作品，无论是诗歌还是绘画，都讲究气韵生动，讲究“意境”和“留白”。这首诗描写弃妇闺怨的诗歌，虽然只有短短四句，寥寥二十个字，却真正做到了充分留白，意蕴无穷；同时在刻画女性神态上也是真切细微，气韵生动，层次分明，引人入胜。

前两句描写美人等待盼望时的动作和神态。美人卷起珠帘，盼望着爱人早点归来。她静静地坐着，等啊等，一直等到双眉紧蹙，也没有见到爱人出现。一个“深”字，不仅点明了等待时间之长，而且还暗含有门庭深邃之意。后两句生动形象地描写了美人不见心上人的幽怨神情：她殷切期盼的心上人始终没有出现，不禁潸然泪下，泪流满面。全诗最后一句以问句结尾，写法巧妙。明明是怨恨情人不来，却偏要说“不知心恨谁”，这样写不仅做到了充分留白，而且这样收束全篇也使得诗歌读起来更加含蓄隽永，韵味无穷。

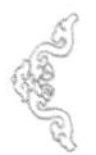

八阵图[1]

——杜 甫

功盖三分国，名成八阵图。
江流石不转[2]，遗恨失吞吴。

注 释

①八阵图：昔时诸葛亮曾布“八阵图”，垒石为阵，由“天、地、风、云、龙、虎、鸟、蛇”八阵组成，用来操练军队或作战。②石不转：指水涨时八阵图之石岿然不动。

【赏析】

本诗为咏怀诸葛亮的吊古之作，作于大历元年（766年），抒发了诗人对诸葛亮卓绝功绩的敬佩之情以及对他未能实现统一大业的遗憾之情。

第一、二句，诗人以工整的对仗，着力颂扬了诸葛亮的伟大功绩，尤其是他的军事才能和成就。前一句总写，高度赞扬了诸葛亮在三足鼎立局势形成中所起的作用。第二句分写，指出诸葛亮自创的八阵图在他的既有功绩上又添了闪亮的一笔。第三、四句，诗人直抒胸臆，发出感慨。前半句是对八阵图特征的描写。根据相关记载，八阵图遗址由细石堆积而成，有五尺高，六十围，纵横交错，星罗棋布，共排列六十四堆，始终保持不变。无论是夏天受到大水冲击之时，还是冬天万物失态之际，八阵图的石堆都稳如泰山，成为一处带有传奇色彩的历史遗迹。这个特征被诗人用五个字就带了出来，语言十分简洁、凝练。末句诗人由此联想到刘备吞吴失败，累及到诸葛亮联吴抗曹统一中国的宏图大业，不由得发出叹惜之声。

登鹳雀楼[1]

——王之涣

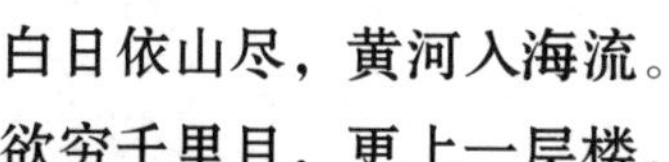

白日依山尽，黄河入海流。
欲穷千里目，更上一层楼。

注 释

①鹳雀楼：在现山西永济。楼有三层，面对中条山，下临黄河。常有鹳雀停留其上，因称鹳雀楼。

【诗评】

日没河流，目前之景；穷目之观，更在高处。

——《唐诗解》

空阔中无所不有，故雄浑而不疏寂。

——《唐诗摘钞》

【赏析】

这首诗写诗人在登高望远中表现出来的不凡的胸襟抱负。诗句朴实简练，言浅意深，反映了盛唐时期人们昂扬向上的进取精神。鹳雀楼，唐代河中府西南城上的一座楼，因楼上常栖鹳雀，故名，在今山西省永济县蒲州镇。

本诗前两句侧重写“所见”。首句写远景，重点写山，写得景色恢弘、气象万千：诗人登楼遥望一轮落日向着楼前一望无际、连绵起伏的群山西沉，在视野的尽头冉冉而没。次句写近景，重点写水，写得景象壮观、气势磅礴：诗人目送流经楼前下方的黄河呼啸奔腾、滚滚南来，就像一条金色的丝带，飞舞在崇山峻岭之间，又在远处折而东向，流向大海。本诗后两句侧重写“所想”。“欲穷千里目”，写诗人一种无止境探求的愿望，还想看得更远，看到目力所能达到的最远处，而唯一的办法就是站得更高些，“更上一层楼”。“千里”“一层”，都是虚数，是诗人想象中纵横两方面的空间。“欲穷”“更上”中又包含了多少希望，多少憧憬。这两句诗是千古传诵的名句，既别翻新意，出人意表，又与前两句诗承接得十分自然紧密，表现了诗人向上进取的精神、旷达开阔的情怀，也道出了站得高才看得远的哲理。

弹　琴

——刘长卿

泠泠七弦上①，静听松风寒②。

古调虽自爱，今人多不弹。

注释

①泠（líng）泠：形容声音清越。七弦：古琴七弦，故又称七弦琴。②松风寒：指琴曲《风入松》。

【赏析】

这是一首借物言志的诗，诗人通过慨叹古调受冷遇，不为世人看重，借以抒发自己怀才不遇的悲愤，舒解世少知音的遗憾。

因古琴有七根弦，“七弦”就成为琴的代称，首句点明了所咏的意象。“泠泠”原用于形容山泉击石所发出的清越响声，此处用以描摹琴音，清越之外有一种澄明清澈之感。古时上品的琴音用高山流水来形容，可见古调之超俗清逸。“松”为高洁象征，古来多有隐者士人于山间卧听松声。“松声”相较于“泠泠”的水声，少一分婉转圆润，多几分凄清肃杀，若是“松涛”则更雄浑豪迈了。以“静听”连缀这样声调清越骨气清健的古乐，描摹出听者的专注，此外，“静”也暗含了孤独之意。琴曲中，有曲调名为《风入松》，或为双关，语义高妙。

以头两句描摹音调为基础，后两句转入抒发情感，点明全诗主旨。因汉魏六朝多战乱，民族融合，胡乐渐兴，仅南方清乐尚用琴瑟。至唐，音乐变革，“燕乐”变为主流，主曲演奏以西域传入的琵琶为主。胡乐是更能表达世俗欢快心声的新乐，它有民歌的纯真热烈，又不乏绮丽悠扬，因此受到民众欢迎。如松风的古乐虽美妙，而今却只是“古调”了。“虽自爱”表现出诗人曲高和寡的孤独感与遗憾，“多不弹”则确证了古调广泛意义上的衰落。推而广之，不仅诗人自己知音难求，世上爱古调的人都寥寥可数了。诗人借古调的衰落表达了怀才不遇、知音难觅的慨叹。

全诗从对琴声的赞美，转而对时尚慨叹，流露出诗人孤高自赏，不同凡俗，稀有知音的情操。刘长卿才华卓绝，但却因诬陷等数遭贬谪。对高洁的坚持使他不能与流俗相合，与众人为伍。这首诗贯穿了他对于高雅高尚高洁的赞美，抒发了他对不与世俗同流合污的坚持以及坚持背后的遗憾与清寂。

秋夜寄丘员外①

——韦应物

怀君属秋夜②，散步咏凉天。

空山松子落，幽人应未眠。

注释

①丘员外：名丹，曾任尚书郎，后隐于平山。②属：正值。

【赏析】

此为一首怀念友人的诗。丘员外，指丘丹，是韦应物在苏州时交往密切的好友，二人之间常有唱和。当时，丘丹在临平山习道修行，韦应物写下这首诗以寄托情怀。

第一句“怀君属秋夜”，点出时间是秋天的晚上，而这“秋夜”的景致和“怀君”的情愫正好相互映衬。第二句“散步咏凉天”，自然地承接上句，与上句之意紧紧相扣。第三、第四句，是诗人想象所怀之人此刻在远方的情况，隐士经常以松子作为食物，因此松子掉落时节就会忆起对方。最后两句是虚写，出于诗人的想象，不仅是由前两句生发，而且也加深了前两句的诗情。从全诗来看，诗人综合使用实写和虚写两种写作手法，令眼前之景和意中之景同时呈现，将怀念友人之人和所怀念之人连到一起，进而抒发了两地相思的深挚情感。全诗笔墨不多，却蕴含着无限意味；语淡而情浓，言短而意深。

听　筝

——李　端

鸣筝金粟柱[1]，素手玉房前。

欲得周郎顾，时时误拂弦[2]。

注释

①金粟柱：指筝的弦轴细而精美。柱：枕弦定音之物。②欲得两句：东吴名将周瑜精通音律，每逢他人奏曲有误，他必能辨知，并且一定要回头看一看，故吴中有歌谣云："曲有误，周郎顾。"

【赏析】

这是一首描写女子弹筝的小诗，主要描写弹筝者的心理。从诗意看，这首小诗写一位弹筝女子为博意中人青睐而故意出错的情态，写得婉转细腻，富有情趣。

首句写琴之美，次句写弹筝者之美。"柱"是系弦的部件。"金粟"形容筝柱的装饰华贵。"素手"表明弹筝者是一位美丽的女子。前两句写出了一个美丽的女子坐在华美的房舍前，用纤细的手指拨动琴弦，悦耳的筝声就从华美的琴畔流转开来。 三、四句诗是全诗的关键所在，描写了"误拂弦"的心理。"周郎"指东汉末年时吴将周瑜，在此处比喻弹筝女子心仪的知音者。"时时"是强调她一再出错，显出故意撩拨的情态，表明她的用心不在献艺寻求知音，而在其他。为了所爱慕的人顾盼自己，故意将弦拨错，弹筝女可爱的形象跃然纸上。

本诗的巧妙之处就在于诗人通过仔细观察，抓住了日常生活中表现人物内心状态的典型细节，把弹筝女子复杂而难以捉摸的心理，想博取青睐的心情，委婉地写了出来，非常生动、逼真。

新嫁娘词

——王　建

三日入厨下[1]，洗手作羹汤。

未谙姑食性[2]，先遣小姑尝[3]。

注释

①三日：按照古代的习俗，新娘嫁到夫家的第三天要下厨做菜，俗称"过三朝"。②谙（ān）：熟悉。姑：婆婆。③小姑：丈夫的妹妹。

【赏析】

本诗描写了新妇出嫁第三天，进厨房煮饭烧菜的情景。诗人通过对"下厨"这一生活细节的描写，将新妇小心谨慎、勤劳聪敏的形象刻画得入木三分，既反映了封建家庭中媳妇地位的低下，也暗绘出封建文人初登仕途时谨慎小心、希求恩宠的心态。

诗的前两句是平白叙述。女子出嫁后第三天开始下厨做饭，是中国古代的习俗，俗称"过三朝"。羹汤，这里泛指饭菜。第三句"未谙姑食性"是个转折，使诗情出现波澜。在封建制度下的家庭中，"姑"，也就是婆婆，是当家之人，对新妇来说是非常重要的长辈。尾句"先遣小姑尝"，是整首诗的华彩之处，言虽少而意味浓厚。在此之前，新媳妇其实有一个推理过程：小姑子与婆婆长期生活在一起，必然会有相近的饮食习惯；小姑子是婆婆抚养长大的，必然和婆婆的饮食习惯相似。只要知道了小姑子的习惯，便可知道婆婆的习惯了。如果按照这样的推理写下来，本诗难免落入俗套，没有新意，所以诗人别出心裁，选取新妇小心翼翼准备食物的典型场景作细致描写，显得韵味十足。整首诗仅有二十个字，毫无铺陈雕饰，但若反复玩味，就能体会到其中的妙处。

行 宫

——元 稹

寥落古行宫，宫花寂寞红。
白头宫女在，闲坐说玄宗。

【诗评】

白头宫女，闲说玄宗，不必写出如何伤感，而哀情弥至。

——《诗法易简录》

【赏析】

从安史之乱结束到元稹写这首诗，时间已经过去了四十多年，国家的主人已然换了几任，前朝遗留下来的东西，除了江河日下的国势以外，还有已经无人问津的行宫，以及其中被遗忘了的宫女。行宫中的花儿寂寞地开着，曾经青春靓丽的宫女们已是白发苍苍。她们坐着、谈着，记忆好像只停在了开元、天宝年间，谈话的内容也只限于有关玄宗的陈年旧事。小诗短小精湛，意味隽永，倾诉了宫女无穷的哀怨之情，寄托着作者心中深沉的盛衰之感。

江 雪

——柳宗元

千山鸟飞绝，万径人踪灭。
孤舟蓑笠翁[1]，独钓寒江雪。

注释

①蓑笠翁：披蓑衣、戴斗笠的渔翁。

【赏析】

这首五言绝句，是柳宗元的代表作品之一，约作于谪居永州（今湖南零陵）期间。柳宗元被贬永州，政治的失意使他的精神上受到了很大打击。于是，他就借描写山水景物，借歌咏隐居在山水之间的逸士，来寄托自己清高而孤傲的情寂悲凉之情。全诗虽然只有二十字，但画面感极强，且情景交融，浑然一体。

本诗的构思十分精巧，诗人综合使用了对比、衬托的写作手法：以千山万径的辽阔衬托孤舟渔翁的微小；以鸟绝人无的寂灭对比渔翁垂钓的情趣；以画面的静谧、清冷衬托人物内心思绪的翻涌。

本诗的特点，首先是营造了冷峻、凄寒的艺术氛围。单纯就诗的字词来看，第三句“孤舟蓑笠翁”好像是诗人描写的重点，占了整个画面的主要位置：一个披蓑戴笠的老渔翁独坐于小舟上垂钓。这一句中的“孤”“独”两字显示出老翁的远离凡尘，及其超凡脱俗、清高孤傲的个性特点。诗人所要表达的主题在此已经显示出来，然而诗人还觉得意兴不够，便又为渔翁用心营造了一个辽阔无垠、万物无声的艺术境界：远处山峰高耸，万条小路纵横，只是山间没有一只飞鸟，路上没有一个行人。大雪带来的寒冷造就了一个白茫茫的清冷世界。这一背景清晰地衬托出老渔翁孤单、渺小的身影。在这一时刻，他的内心会是多么孤寂、凄冷啊！此处，诗人运用烘托和渲染的写作手法，着重描写老渔翁垂钓之时的天气情况及周边景致，轻描淡写，寥寥数语就营造出冷峻、凄寒的抒情氛围。

本诗的第二个特点是，生动地表现了诗人被贬永州后不甘屈从而又深感孤寂的内心状态。在“永贞革新”失败之后，柳宗元接连遭到贬谪，但仍保持着一种坚贞不屈的精神状态。他所作的“永州八记”，专门描写偏远穷困地区的风景，借文章表达思想，寄托情怀。在柳宗元的诗文中，不论是一棵草还是一株树，都反映出他极其孤寂、凄苦、落寞的心情，充分体现了他超凡脱俗、清高孤傲的个性。本诗中的老渔翁，独处凄寒、清冷的境界而依然故我，进入杳无人烟的环境仍泰然自若。他的风度、气概，以及坚贞不变的心态，难道不令人敬慕吗？

结构清晰、构思巧妙，是本诗的另一个特点。诗的题目为“江雪”，然而诗人落笔处并未点题。他先描写了千山万径的寂静和凄冷。随后，诗人突转笔锋，描写了正在孤船中垂钓的披蓑戴笠的渔翁形象。直至诗的结尾诗人才写出“寒江雪”三个字，正面点破题目。茫茫的天际，白雪覆盖的大地，这种辽远的景象十分吸引人。读到最后，倒过头来再读整首诗，读者心中就会不禁生发出一种豁然开阔明亮的感觉。

玉台体

——权德舆

昨夜裙带解，今朝蟢子飞[1]。

铅华不可弃[2]，莫是藁砧归[3]？

注释

①蟢（xǐ）子：长脚蜘蛛，也作喜子。②铅华：用来化妆的铅粉。③莫是：莫不是。藁（gǎo）砧（zhēn）：古代女子称丈夫的隐语。

【赏析】

本诗写女子盼望夫君归来的心理，运用双关隐语，生动地表现了女子的真挚情意，富有江南民歌风味。玉台体，指艳情诗体。权德舆这首诗，写明是效仿“玉台体”，描写的是妇人思念丈夫之情，感情诚挚、朴素、蕴藉，可以说是通俗而不庸俗，快乐而不淫佚。

人们在寂寥烦闷的时候，经常会左顾右盼，寻找好运的征兆。尤其是春闺独自守空房时，更容易出现这样的心绪与举动。在我国古代，妇女束腰系裙的带子，有的是丝束，有的是帛缕，有的是绣绦，一不注意，就会使绾结松开。而这从古代以来，绾结松开一直被视为夫妻好合的征兆。见到“裙带解”，痴情的女主人公便立刻将这个偶然的现象和自己思念丈夫之情联系到一起——难道是丈夫要归来了?她欢喜不已，晚上都未能安睡，第二天早上，她又看见房屋顶上捕捉蚊子的蟢子在飞来飞去。所谓“蟢”者，即“喜”也。“今朝蟢子飞”也是一个好的征兆。吉兆接连出现，这应该不会是偶然吧？最后两句“铅华不可弃，莫是藁砧归”，是说惊喜不已的女主人公不禁默想道：“我还是应该用心梳妆打扮一下，可能夫君外出就要回来了!”

本诗的语言朴素自然，却将女主人公的感情刻画得非常细腻。比如“裙带解”“蟢子飞”这些不会引起大多数人留意的小事，却激起了女主人公内心深处无法平复的波澜。另外，本诗写得委婉蕴藉，耐人玩味。丈夫外出后，女主人公的境况、心情怎么样，诗人都没有进行说明，然而通过“铅华不可弃”的内心独白就可推知一二。

问刘十九

——白居易

绿蚁新醅酒[1]，红泥小火炉。

晚来天欲雪，能饮一杯无。

注释

①绿蚁：指浮在新酿的没有过滤的米酒上的绿色泡沫。蚁同蚁。醅（pēi）：没有过滤的酒。

【赏析】

这是一首劝酒诗，诗人以此邀友人刘十九（即刘轲，河南登封县人，白居易的朋友）来饮酒叙谈。酒能醉人，本诗却比酒还醇浓。“绿蚁新醅酒，红泥小火炉”这二句选取了富有代表性的新酒和火炉，将一幅整席待客、温馨恬静的画面呈现出来：新酿的美酒犹未滤清，尚且浮着微绿色的酒渣；小巧又朴素的泥炉里，嫣红的炉火烧得正旺。面对这些描述，读诗之人怎能不酒虫大动，忍不住想要同挚友欢饮一番呢？而此时此刻又恰好“晚来天欲雪”。想到夜雪若是洒下，寒气弥漫开来的情形，就更勾起了读诗之人喝上几杯的愿望。加上暮色低沉，大家已经闲了下来，守在火炉边小酌一番，不是正适合这雪前的黄昏吗？于是就在这时，诗人不失时机地发出了“能饮一杯无”的询问，又或者说是邀请，将希望与友人共饮的愿望表达得令人心醉。有如此诱人的美酒、红火，更有友人如此深厚的情谊，包括刘十九在内的所有读者，都会为之心驰神往吧！

诗人并未在开门见山地写到了酒之后马上切入主题，而是十分含蓄地、一层层地渲染着，直到最后才以“能饮一杯无”这样一个问句发出了邀请。我们不妨想象一下，刘十九接到这首小诗之后，一定会立刻赶到诗人家中，同诗人围炉饮酒，“忘形到尔汝”。这时天空真的下起雪来，两个人就着炉火的温暖，赏雪、欢饮、畅谈……这些温馨的场面并未在诗中出现，但联想起来却十分自然。这便是诗人层层渲染而又凝练含蓄的写作手法所达到的艺术魅力。诗人通过近乎口语般质朴不加修饰的语言，将雪夜邀请友人饮酒这一场景所蕴涵的浓厚的生活气息展现无遗，并且赋予了作品极强的艺术感染力，使之耐人寻味，堪称佳作。

何满子

——张 祜

故国三千里，深宫二十年。

一声《何满子》，双泪落君前。

【赏析】

本诗写幽闭深宫的宫女的痛苦和怨恨，句句用数字，两两对比，突出表现宫女遭遇的悲惨，揭露封建后宫制度的残酷性，唱出了千万宫女的普遍心声。《何满子》，唐代教坊舞曲名，曲调婉转悲凉。

这是一首短小精致的宫怨诗。与一般短小的宫怨诗相比，这首诗有其特殊之处。大多数以绝句体裁写成的宫怨诗，在表达方式上讲究婉转含蓄，内容上通常也只写宫人悲惨生活的一个片段，留下更多的空间让读者去想象。而这首诗则与众不同，它不但对宫人的生活画面进行了全景展示，而且直叙其事，直写其情。将宫人寂寥凄凉的人生遭际直截了当呈现出来，引人慨叹。

“故国三千里，深宫二十年”两句，诗人以加一倍、进一层的表现手法，把宫女不幸的境遇，深重的苦痛、怨恨集中描写了出来。首句着眼于空间，点明宫女离家之远；次句落笔于时间，点明宫女入宫之久。宫女在宫中生活，既饱受思念亲人之苦，又没有被宠幸的幸福可言，这对正值芳龄的青春少女而言，本身就是难以忍受的酷刑，更不用说“故国三千里，深宫二十年”了。在这里，诗人仅用十个字就写出了宫人远离故乡、幽闭深宫的不幸遭遇。这两句诗语言简洁凝练，极具感染力，看似轻描淡写，实则举重若轻。

“一声《何满子》，双泪落君前”两句诗不藏不掖，直接描写宫女在君前挥泪的怨恨之情，写出一个失去幸福自由的女子的真实情感。久积成怨之下，一声悲歌，两泪齐落，正是女主人公心中深埋的怨情直接抒发的结果。这两句诗以强烈取胜，不以含蓄见长。一般宫怨诗多写宫女失宠或不得幸的哀怨，而本诗却一反其俗，写在君前挥泪怨恨，还一个被夺去幸福自由的女性的本来面目。事直说，情直抒，这也是本诗的独到之所在。

全诗只用了“落”字一个动词。其他全部以名词组成，因而显得简括凝练，强烈有力。而每句诗中又都嵌入了一个数字，将事件表达得清晰而明确。

登乐游原

——李商隐

向晚意不适①，驱车登古原②。
夕阳无限好，只是近黄昏。

注释

①意不适：心情不舒畅。②古原：即乐游原，是长安附近的名胜，登原后能眺望整个长安城。

【赏析】

这是一首登高望远，即景抒情的诗。诗中描写了诗人傍晚驱车前往乐游原观赏夕阳的情景，并在“夕阳无限好，只是近黄昏”的喟叹中，吐露了诗人感怀自身处境、忧虑国事兴衰的心境。

乐游原，本名“乐游苑”。在汉代时，汉宣帝的皇后许氏难产而死，葬于此地，于是汉宣帝在这里设立了庙苑。因为“苑”“原”谐音，遂传为“乐游原”。在乐游原上可以眺望长安城，中晚唐之际，长安的平民百姓们喜欢来这里游玩，仕宦才子们也喜欢来这里吟诗作赋。诗人另有一首七言绝句《乐游原》：“万树鸣蝉隔断虹，乐游原上有西风。羲和自趁虞泉宿，不放斜阳更向东。”也是登临古原，触景萦怀，抒写情志之作。看来，乐游原是诗人素所深喜、不时来赏之地。

这首小诗开篇点题，“向晚意不适，驱车登古原”两句交代了登乐游原的原因是“向晚意不适”。“向晚”说的是天快黑的时候，“意不适”三字，为全诗奠定感情基调。诗人心中抑郁，为排遣愁怀，因此才驾着车子登上古原。“古原”即乐游原。

后面两句写登上古原触景生情，为整首诗的意义所在。诗人来到乐游原，放眼望去，锦绣山河一览无余，夕阳下的景色美不胜收，禁不住发出了“夕阳无限好”的感叹，表达出对眼前大好河山的热爱。然而，诗人在精神得到享受的同时也感受到了西山日暮的沉郁苍凉。于是诗人笔锋一转，借“只是”一词，表达出自己心中深深的哀伤之情。万千感慨都凝聚到了“只是近黄昏”五个字上。最后两句口吻看似平常，实则寄寓了诗人无限情思，发人深省。诗人透过当时大唐的表面繁荣，预见到了严重的社会危机。同时，这两句诗也可以理解为：人生到了垂暮之年，表现出老者对往昔峥嵘岁月的无限怀恋，吐露出“劝君惜取少年时”的意味。

在唐代诗人留在乐游原的近百首绝句中，本诗是最为出色的一首，世代为人们传诵。

寻隐者不遇

——贾 岛

松下问童子，言师采药去。
只在此山中，云深不知处。

【赏析】

这是一首问答诗，诗人采用了寓问于答的手法，将诗人进山寻访隐者不遇的心情起落描摹得淋漓尽致。其言繁，其笔简，情深意切，白描无华。

这首诗最大的特点就在于精练。贾岛是苦吟派诗人，以炼字闻名。他不仅着眼于锤字炼句，在谋篇构思方面也同样狠下苦功。在本诗中，他把三轮问答精简于四句诗中，短短二十字，意蕴无穷。首先，在一二句之间，诗人省略了一句自己的问话。“松下问童子”，必有所问，只是问题被诗人隐去了。但从童子所答“师采药去”四字推出，诗人见松下童子所问的是“师往何处去”。之后，在二三句之间，诗人依旧延续隐去问题的手法，省略了“采药在何处”这一问句，只保留了童子的回答“只在此山中”。这一隐一答如同画中大片的留白，给人以想象的空间。末句则再次拓展了想象的空间，把人带到更为空灵的境界中：远山云雾缭绕，如同仙境，在其中采药的隐者如同神仙，来去无踪。

然而，这首诗的成功，不仅在于简练。单言繁简，还不足以说明它的妙处。诗贵善于抒情。这首诗的最大抒情特色在于平淡中见深沉。一般访友，问知友人不在，也就扫兴而走了。但这首诗中，诗人一问之后并不罢休，又二问三问。这三番答问，逐层深入，表达感情有起有伏。“松下问童子”时，心情轻快，满怀希望，“言师采药去”，答非所想，坠入失望：“只在此山中”，失望之中又萌生了一线希望；及至最后一答：“云深不知处”，就惘然若失，无可奈何了。

诗除了要通过艺术形象来抒发感情之外，还讲求画面感。表面上看，本诗好像没有一点色彩，全为白描，而且是淡淡着墨，不是浓重泼洒。实际上，诗中的形象很自然，色彩明亮，浓淡适宜。繁茂的青松，飘浮的白云，这松和云，青和白，形象及色彩正好与云山深处的隐士身份相吻合。而且，没见到隐者之前先看到美丽的画面，挺立的青松中蕴含着蓬勃的生机；之后见到飘浮不定的白云，使人不禁产生“秋水伊人”无处找寻的联想。从诗中形象的交替变化，色彩的先后差异中也反映出诗人感情的转换。本诗中的隐士以采集药物、济世救人为生，因此诗人对他十分敬慕。诗中的白云显出他的高尚脱俗，青松显出他的傲骨，既是写景，又是比兴。只有这样，诗人敬慕而未能遇到，便更显出其惆怅之情了。

渡汉江

——宋之问

岭外音书绝[①]，经冬复立春。
近乡情更怯，不敢问来人[②]。

注释

①岭外：岭南。②来人：从家乡来的人。

【诗评】

隔岁无书，故近乡反不敢问，忧喜交集之词。

——《唐诗解》

【赏析】

这首诗是诗人由贬所泷州逃归洛阳，途经汉江（指襄阳附近的汉水）时所作。

这首诗的前两句追叙诗人贬居岭南的情况。诗人被贬斥到蛮荒之地，本来就很悲惨，更何况和家人又音讯隔绝，彼此不知生死。在这样的情形下，诗人熬过漫长的岁月，历经寒冬，迎来新春，心情更加凄苦。在本诗中，诗人未平行列出空间的阻隔，音信的断绝，时间的悠远这三层意思，而是逐层递进、逐步展现，这就增强和深化了游子贬居蛮荒时的愁苦、烦闷，以及对故乡和亲人的思念之情。“绝”“复”两字，看似未着力，却可见诗人的用心。诗人居于贬所之时那种与尘世隔离的孤独，丧失所有精神安慰的困苦，还有度日如年的煎熬，皆清晰可感。乍读起来，这两句平平叙起，似乎无惊人之处，却在无形中为下两句出色的抒情作好了铺垫。后两句着重言情，细腻生动，真切感人。一位远离家乡的游子，踏上归途，当然心情欢悦，而且这种欢悦会随着家乡的临近而越来越强烈。通过“情更怯”和“不敢问”，读者能强烈地感受到诗人当时竭力压制的迫切愿望及因此带来的巨大的精神痛苦。这种抒发情感的方式，既真实，而又富有情趣，耐人玩味。

春　怨

——金昌绪

打起黄莺儿，莫教枝上啼。

啼时惊妾梦，不得到辽西①。

注释

①辽西：辽河以西，此代边地。

【赏析】

这是一首闺怨诗，为脍炙人口、广为传诵的五绝名篇之一。本诗构思新奇，取材单纯而含蕴丰富，意象生动，语言活泼，具有民歌色彩。它通篇词意联属，句句相承，环环相扣，四句诗形成了一个不可分割的整体，达到了“就一意圆净成章”的效果。

首句突兀而起，令人疑惑。黄莺本是讨人欢喜的鸟，而诗中的女主角为什么却要“打起黄莺儿”呢？人们读了这一句无法知道本诗要表达什么意思，不禁会产生疑惑，于是就会急着从下句找答案。次句果然对第一句作出了解释，原来“打起黄莺儿”的目的是“莫教枝上啼”，明确了是黄莺的啼叫声打扰了女主人公。然而鸟儿的啼鸣和花儿的芳香本来皆是春天的美妙事物，尤其黄莺的啼声又特别清脆动听，人们不禁还要追问：为什么她不让莺啼呢？于是又要在下句中寻找答案。果然，第三句诗又给出了解释，之所以“莫教啼”，是因为“啼时惊妾梦”。可是，她为何这么在意她的梦呢？接二连三的疑惑最终归向最后一句，答案也昭然若揭：原来，女主人公的这个梦不是一般的梦，而是去辽西的梦。她唯恐梦中“不得到辽西”。至此，读者才看出，本诗原来运用的是逐层倒叙的写作手法。本来是女主人公怕吵醒好梦而不让莺儿啼鸣，为了不让莺儿啼鸣而要打莺儿，但诗人却倒着写，最终才给出答案。然而，这最终的答案依然蕴含着未表之意。诗人还给读者留下了一串疑问：一名闺中少女为何要做到辽西的梦呢？她有何亲眷在辽西？她为何想要背井离乡，远赴辽西？本诗的题目为《春怨》，诗中人究竟怨的是什么呢？莫非怨的仅是黄莺，仅怨莺啼惊扰了她的好梦吗？以上这些，不用一一道破，却又仿佛不言自明，任凭读者浮想联翩。如此一来，此首小诗就不止在诗内见婉曲，更在诗外见深意了。它也就不仅仅是一首抒发儿女之情的诗，而是具有深刻的社会时代内容，表现了当时兵役制度下广大民众所忍受的巨大痛苦。

【诗评】

句法圆紧，中间增一字不得，着一意不得。

——《艺苑卮言》

哥舒歌

——西鄙人

北斗七星高，哥舒夜带刀。

至今窥牧马①，不敢过临洮②。

注释

①窥：窥伺。②临洮（táo）：今甘肃岷县，唐时常与吐蕃交战于此。

【诗评】

与《敕勒歌》同是天籁，不可以工拙求之。

——《唐诗别裁》

【赏析】

哥舒翰于天宝年间任安西节度使，屡破吐蕃兵，控地数千里，本篇就是当时流行于西部边境的一首歌颂哥舒翰赫赫战功的诗歌。这首诗可以说是五言诗与民歌的结合体，既有诗的和谐音韵，又不失民歌自然流畅、朴实淳厚的风格；尽管年代相去久远，如今读来，亦能感受西域民众对于哥舒翰将军的无限仰慕之情。

玉阶怨

——李 白

玉阶生白露，夜久侵罗袜。
却下水精帘[1]，玲珑望秋月。

注释
①水精：水晶。

【赏析】

《玉阶怨》，见郭茂倩《乐府诗集》，属《相和歌辞•楚调曲》，与《婕妤怨》《长信怨》等曲，从古代所存歌辞看，都是专写“宫怨”的乐曲。

本诗表达了一位贵妇人因想念丈夫而产生的哀怨情绪。全诗极力突出主人公的一个“怨”字，而这“怨”的背后，是她对丈夫的一往情深，“怨”正道出了她对丈夫的深切思念和浓厚的感情。

开篇两句写贵妇人站在门外，注视着远方的路。夜色已深，露水渐重，即使露水已经将罗袜浸湿，但她依然伫立着，好像她思念的丈夫正从远处走来。这两句通过含蓄的语言，写出了贵妇人焦急的神态。

后两句表现贵妇人因想念丈夫而产生的缱绻情怀。“却下水精帘，玲珑望秋月”，迟迟不见丈夫归来，那皎洁的明月，似乎更增加了她的愁思，旧欢新愁一同涌上心头，使她备受煎熬。“却下”二字，是虚字却极传神，历来为诗家推崇。这种转折，似断实连；好像要一笔荡开，忘却愁怨，实际却更添愁绪，字少情重，直入幽微。“却下”，好像是无意下帘，其实饱含幽怨。本来夜、怨都深，无可奈何而入室。入室之后，又怕隔窗的明月照入室内，更显孤独，因此下帘。下帘之后，这凄清无眠的夜晚却更难度过，无可奈何之下，又去隔帘望月。这等忧思徘徊，恰如李清照的“寻寻觅觅、冷冷清清、凄凄惨惨戚戚”，如此微妙的思绪通过“却下”二字生动传神地表现出来。“却”字贯穿下文，可以理解为：“却下水精帘”，“却去望秋月”。这两个动作之间，愁思转折反复，意蕴悠长。中国古代诗歌讲究“空谷传音”，就是如此。“玲珑”二字，看似漫不经心，实则功力深厚。用月之玲珑，衬托人之哀怨，对面着笔，远胜正面直叙。

纵观全诗，不见一“怨”字，但“怨”意却贯穿始终，哀怨溢于言表，但这种“怨”都是由“爱”引出，正是由于贵妇人对丈夫的一往情深，才使“爱”“怨”缠绵，感人至深。

【诗评】

此篇无一字言怨，而隐然幽怨之意见于言外。

——《诗品汇》

从未有过下帘望月者，不言怨而怨自深。

——《唐诗援》

长干行（其一）

——崔 颢

君家何处住，妾住在横塘。
停船暂借问，或恐是同乡。

长干行（其二）

——崔颢

家临九江水，来去九江侧。
同是长干人，生小不相识。

【赏析】

《长干曲》是南朝乐府中"杂曲古辞"的旧题。这是组诗《长干行》四首的第一、二首。这两首诗恰如民歌中的对唱，前者是女青年天真无邪的问，后者是男青年厚实淳朴的答。一问一答，以白描手法，朴素自然的语言，刻画了一对经历相仿的男女，表达出同乡青年萍水相逢、"他乡遇故知"的喜悦之情。这两首诗虽然继承了前代民歌的遗风，但既不艳丽柔媚，又非浪漫热烈，却以素朴真率见长，写得干净健康，状人形态惟妙惟肖，生动自然，为抒情诗中的上乘之作。

第一首写女主人公的问。住在横塘的女主人公，离乡背井，水宿风行，孤零无伴，没有一个可与共语之人，在泛舟时忽闻乡音，自然倍感亲切，于是停舟相问。诗人运用了倒叙手法，省掉许多叙事环节，单刀直入，开篇就让女主人公出口问人。一个"君"字指出对方是男性。女子又不待对方答复，就急于自报"妾住在横塘"，从她娇憨的语气中自然地反衬出她的年轻和天真无邪。次句借女主人公之口点明了说话者的性别与居处，又用"停舟"二字，表明是水上的偶然遇合。而从她闻乡音而急于"停舟"相问的举止看，她的内心非常孤寂。寥寥二十字，诗人仅用问的口吻，就把女主人公的音容笑貌写得活灵活现。

第二首写男主人公的答唱。"家临九江水"是对第一首中"君家何处住"的答复；"来去九江侧"说明自己也是风行水宿之人。这里初步点醒了两人的共同点。"同是长干人"中的一个"同"字把双方的共同点又加深了一层。末句诗人笔意一转，未说今日之幸而相识，却追惜往日之未曾相识。寥寥五字，流露出相见恨晚之情。

全诗具有浓郁的民歌风味，清脆洗练，玲珑剔透，语言朴素自然，极富魅力。

塞下曲（其一）

——卢纶

鹫翎金仆姑[①]，燕尾绣蝥弧[②]。
独立扬新令[③]，千营共一呼。

注释

①鹫（jiù）翎：指用雕的羽毛做的箭羽。②蝥（máo）弧：旗名。③扬新令：挥旗下达新的命令。

塞下曲（其二）

——卢纶

林暗草惊风，将军夜引弓。
平明寻白羽，没在石棱中。

塞下曲（其三）

——卢纶

月黑雁飞高，单于夜遁逃[①]。
欲将轻骑逐，大雪满弓刀。

注释

①单（chán）于：本指匈奴的首领，此指入侵者。

塞下曲（其四）

——卢 纶

野幕敞琼筵①，羌戎贺劳旋②。
醉和金甲舞，雷鼓动山川③。

注释

①野幕：设在野外的营帐。琼筵：丰盛精美的宴席。②羌戎：古时对西北少数民族的通称。③雷：通“擂”。

【诗评】

四首前后布置，层次井然，可作一首读。

——《唐诗三百首注疏》

【赏析】

塞下曲，乐府旧题，多写边地军事生活。这里收录了卢纶《塞下曲》组诗六首的前四首。诗人通过描写下令出征、将军骑射、月夜追击和庆祝凯旋等几个片段，连缀出边塞征战生活的全景，表现了守边军士的英勇威武。整组诗歌气势磅礴，摄人心魄，人物、情节、场面俱全，形象生动传神，风格雄浑豪迈。

第一首写营前将军发号施令的阵势。前两句通过详细描写士兵的箭羽、旗帜，来展现戍边将士军容威武，并为将军的出场作好铺垫；后两句写将军发布新令，士兵们一呼百应、呼声震天，来突出戍边将士军纪严明。诗人抓住壮烈的出征场面，字里行间充满豪迈的英雄气概，淋漓尽致地反映出众将士必胜的信念和乐观的精神。全诗读来令人热血沸腾。

相比第一首来说，第二首更为出名。本诗取材于汉代名将李广将军的事迹。据《史记•李将军列传》载，李广任右北平太守时，“广出猎，见草中石，以为虎而射之。中石没镞，视之石也。因复更射之，终不能复入石矣”。这首诗就再现了当时的场景。诗人抓住“射石”这一绝妙典故，写出了李广将军的非凡武功。首句“林暗草惊风”，写将军在林中射猎。当时，天色已晚，阴风习习，密林野草簌簌而动。这一句不仅交代了射猎的时间地点，而且渲染出一种异常紧张的气氛。右北平地区常有猛虎出没，深山老林正是猛虎的藏身之地，黄昏又恰是猛虎活动之时。诗人用一个“惊”字，让人自然联想到山中有虎，同时又暗示了将军敏锐的警惕性，为下文“引弓”作好铺垫。次句紧承上句，但是诗人并未写将军“射”，而只写将军“引弓”，言有尽而意无穷，给读者留下无限的想象空间。同时，这一句又写出了将军临险的从容与镇定，在“惊”之后，旋即搭箭开弓，动作敏捷有力、不慌不忙。这一句使将军的形象愈加鲜明，气势不凡。后二句笔锋急转，写将军“中石没镞”的奇迹。诗人将描述时间拉到翌日清晨，搜寻猎物，发现中箭者并非猛虎，而是蹲石。将军的箭竟然入石三分，“没在石棱中”！射虎急转直下成为射石，将军之功可见一斑，全诗的戏剧性也昭然若揭。

第三首写将军雪夜准备率兵追敌的壮举。前两句“月黑雁飞高，单于夜遁逃”，写的是敌军仓皇溃逃的情景。诗由写景开始，“月黑”，则茫无所见，点出这是一个漆黑的夜晚；“雁飞高”，则无迹可寻，表明四处寂静无声。这样的景，显然并非诗人眼中之景，而是意中之景。正是趁着这样一个天昏地黑、万籁俱寂的夜晚，敌军偷偷溜走了。寥寥五字，既交代了时间，又烘托了战前的紧张气氛。“夜遁逃”三字，暗示敌军已全线溃散。但他们趁夜逃跑的举动，还是被戍边将士发现了。“欲将轻骑逐，大雪满弓刀”，写我军准备出击追敌的场面。诗人以寥寥数字，描绘出一幅骑兵列队欲出，而大雪刹那间覆盖了弓刀的画面，有力地烘托出当时扣人心弦的紧张气氛，表现了众将士不畏艰苦，奋不顾身，连夜追击逃敌的英雄气概。但敌军是否被追回，诗中并未点明，而是给读者留下想象的余地，神龙见首不见尾，让人觉得意犹未尽。

第四首写将士们得胜庆功的场面。“野幕敞琼筵，羌戎贺劳旋”二句，苍凉而雄壮。将士们在野地营帐中，陈设筵席，连“羌戎”都光临庆功宴，恭贺将士凯旋。这二句不仅描绘出将士们获胜后热烈而又欢快的庆贺场面，又侧面反映了盛唐时期民族和睦的景象。后二句续写宴席之欢腾，将军醉酒，穿着金甲狂舞，而四周鼓声雷动，热烈欢腾的场面可想而知。全诗语言凝练，气氛活跃，耐人寻味。诗人大胆剪裁，巧妙构思，抓住典型环境与典型场景，才会写出如此精彩的佳作。

江南曲

——李益

嫁得瞿塘贾，朝朝误妾期。
早知潮有信，嫁与弄潮儿。

【赏析】

江南曲，乐府民歌旧题，《相和歌辞•相和曲》名，《江南弄》七曲之一。这是一首闺怨诗。在唐代，有两类以闺怨为题材的诗：思念远征的丈夫；嗔怨作为商人的丈夫。这种文学现象是有特定历史原因及社会背景的。唐代疆土辽阔，边境不宁，大量将士被派去戍守边疆；另外，唐代商业发达，长期在外经商的人日益增多。这两类人的妻子难免要独守空闺，寂寞度日。于是对应这种社会现象，出现了很多反映这类问题的文学作品。

经商的丈夫长年在外，行踪无定，独守空房的妻子寂寞孤独。极度苦闷中，她竟突发奇想：潮水总是准时起落，不会延误时间，当初还不如嫁给弄潮人。这既是无奈之语，也是情至之言，虽是“荒唐之想”，却又至情至理，正是妻子由盼生怨、由怨生悔的生动心理过程。诗人有意模仿民歌，以商妇的口吻，内心独白的方式表现了她候夫“未有期”的不幸命运和独守空闺的凄苦生活。

诗的前两句是白描，以商妇平淡朴实的口吻讲出了可悲可叹的事实，道破丈夫外出经商，自己独守空闺的孤寂。读者在这平实之中却得到了一种心灵的震撼。这是因为，事情本身就具有动人的感染力，表现手段愈平实，读者愈能清楚地看到事情真相。

后两句，诗人笔锋急转，语出惊人，以过人的想象力曲折而传神地表达了商妇的怨情。夫婿无信，而潮水有信，早知如此，应当嫁给能如潮守信的弄潮之人。这两句诗，看似轻薄荒唐，实则情真意切。其实，潮有信，弄潮之人未必有信，商妇宁愿“嫁与弄潮儿”，既是望夫不止的痴情语、天真语，也是苦语、无奈语。语言平实，不事雕饰，空闺苦，怨夫情，跃然纸上。从“早知”二字，可见商妇并非妄想他就，而是望夫不至之痴情痴语。

全诗运笔自然，逻辑严密。商妇由夫婿“朝朝”失信，而想到潮水“朝朝”有信，进而生发出所嫁非人的悔恨，细腻地展现了商妇的内心矛盾。

【诗评】

潮来有信而郎去不归，喻巧而怨深。古乐府之借物见意者甚多，皆喻曲而有致，此诗其嗣响也。

——《诗境浅说续编》

回乡偶书

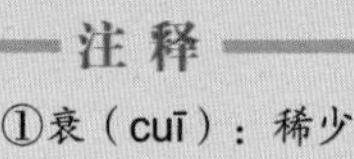

——贺知章

少小离家老大回，乡音无改鬓毛衰[1]。
儿童相见不相识，笑问客从何处来？

注释

①衰（cuī）：稀少。

【诗评】

情景宛然，纯乎天籁。

——《唐诗解》

【赏析】

唐天宝三载（744年），贺知章辞掉朝廷官位，返归故乡越州永兴（今浙江萧山）。当时，他已经八十六岁，离开故乡已经有五十余年了。诗人少年离家考取功名时充满远大抱负，雄姿英发，但再次返乡时却已鬓发斑白，人生暮年。看到故乡物是人非，诗人心头不禁涌出万般慨叹，因此写下本诗，表达了年华易逝、尘世沧桑的慨叹。本诗是难得的感怀佳作。《回乡偶书》中的“偶”字，不仅是说作本诗的偶然，还吐露出本诗的诗情源于生活、发于内心。

在前两句的描写中，诗人身处故乡熟悉而又陌生的环境中，一路走来，心情复杂，难以平静：当初离开故乡时，青春年少，风姿勃发；今朝返乡，鬓毛已斑白稀疏，不由得感慨万千。第一句，诗人以“少小离家”和“老大回”的对比，总括出自己几十年客居他乡的情况，暗露自己因“老大”而伤感的情绪。第二句，诗人用“鬓毛衰”承接上句，具体描写自己的衰老之态，并用未变的“乡音”衬托已变的“鬓毛”，暗含“我未忘故乡，故乡是否还记得我”的疑问，为下面两句写儿童因不认识而发问打下了伏笔。

诗的后面两句，诗人由描写充满慨叹的自我画像，转为描写富有戏剧性的儿童含笑发问的场面。“笑问客从何处来”一句，在儿童看来，仅是简单的一问，语尽则意尽；在诗人心中，却是一个沉重的打击，引出了他不尽的慨叹。诗人年老体衰及反主为宾的哀伤，全都蕴含在这看似平常的一句问话中了。整首诗就在这“有问无答”处悄悄结束。而诗句之外的含义却像空谷余音，哀伤婉转，久久萦绕不去。

就整首诗来看，前两句还算平淡，后两句，诗人却急转笔锋，另辟新境，写得十分巧妙：虽然抒写哀伤之情，却借助欢乐的场景来展现；虽然为了写自己，却通过写儿童来体现。而且，诗中所写的儿童发问的场景又非常富有生活趣味。就算读者不被诗人多年客居他乡、如今年老体衰的感伤所感染，也必定会被这一别有情趣的生活场景所感动。

桃花溪

——张　旭

隐隐飞桥隔野烟，石矶西畔问渔船①。

桃花尽日随流水，洞在清溪何处边？

注释

①矶（jī）：水边突出的岩石。

【赏析】

这是一首描写景物的诗，是借陶渊明《桃花源记》的意境而作的。

本诗从远处入笔，描写山谷幽深，云雾缭绕，恍若仙境。首句写远景；横跨山溪上的长桥在云烟中忽隐忽现，似有似无，恍若在虚空里飞腾。在这里，桥的静和烟的动相得益彰：野烟将桥的静化为动，使桥看上去缥缈虚无；桥将野烟的动转为静，让烟宛如垂挂的轻纱帷幔。隔着这“帷幔”看桥，别有一番朦胧之美。随后，诗人的写作视角移到近处，描写桃花溪水，渔船轻摇，询问渔人，寻觅桃源。第二、三句写近景。近处，如岛如屿的岩石突出水面，溪水上飘零着朵朵桃花。碧波之上，小舟轻泛，空灵现于朦胧之中。诗人站在古老的石矶之旁，看着溪上漂流不尽的桃花瓣及渔船遐想，自然地想到那“林尽水源”，恍恍惚惚之间，仿佛将眼前的渔人当成当年曾走进桃花源里的武陵渔人。因此，那“问”字就顺口说出。这一“问”字，使诗人自己也进入了画面中，令读者在这一山水画里，不仅见到了山水的秀美风光，还见到了人物的情态。“问渔船”三个字，生动地展现出诗人一心向往的情态。诗人问得很有趣：“桃花尽日随流水，洞在清溪何处边？”他仿佛真的以为这随水漂流的桃花瓣是从桃花源中流过来的，因此由桃花联想到进入桃花源的洞。诗至此戛然而止，但尾句的问题却又引人无限遐思。诗人的笔墨精巧轻快，从远及近，从实到虚，接连变化角度来展示景物。同时，诗人又不进行繁复、细腻的描绘，只是轻描淡写，勾勒轮廓，融情于景，让诗成为一幅写意画作，悠远蕴藉。

九月九日忆山东兄弟

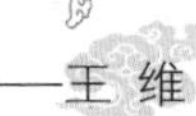

——王 维

独在异乡为异客，每逢佳节倍思亲。
遥知兄弟登高处，遍插茱萸少一人[1]。

注释

①茱萸（yú）：落叶小乔木,开小黄花，有浓香，古人每逢重阳佩插它以辟邪。

【赏析】

这首诗是王维十七岁旅居长安时所作。九月九日重阳节本是亲人团聚的佳节，但诗人为考取功名，旅居长安，孤身独处，难免在这一日生起思亲之情，于是写下这首诗。

在本应合家团圆的“佳节”，诗人却独处异乡，非常思念家人，其悲凉寂寥的生活可见一斑。本诗第一句点题，一个“独”字点出了诗人的寂寞。“异乡为异客”只是说客居他乡，然而两个“异”字所形成的艺术效果，却较之一般地述说客居他乡要更加强烈。诗人“孤独无依”和“遇逢佳节”的处境，为下面作了充足的铺垫，使那句流传千古的名句“每逢佳节倍思亲”水到渠成。第三、第四两句是说，今日，身在遥远故乡的兄弟们带着茱萸登高之时，却发现少了一个兄弟。在这里，诗人觉得遗憾的似乎并非是自己不能回家过节，反而是兄弟们不能团聚在一起；诗人自己独自客居他乡的处境似乎并不值得倾诉，反而是兄弟们的遗憾之感更需要安慰。这种转换角度的曲笔写法看似有悖常理，却收到了比平铺直叙更生动的效果。

芙蓉楼送辛渐[1]

——王昌龄

寒雨连江夜入吴，平明送客楚山孤[2]。
洛阳亲友如相问，一片冰心在玉壶。

注释

①芙蓉楼：旧址在今江苏镇江市。辛渐：王昌龄的朋友。
②平明：清晨。

【赏析】

本诗大约是在开元二十九年（741年）以后，王昌龄在江宁（今南京市）任县丞时所写，是诗人为朋友辛渐所写的送别诗。芙蓉楼，在唐代润州城上西北，故址在今江苏镇江市。

第一句从昨夜之雨写起，为送别营造了清冷的氛围。蒙蒙的细雨笼罩着江宁，交织成一片没有边际的网。夜晚的雨增添了清寒的秋意，也渲染出离别的感伤气氛。第二句里的“平明”点出送友人的时间；“楚山孤”三个字，不仅写明了友人的去处，而且暗中表达了诗人送友人时的心情。第三、四句，诗人写的是自己，却仍与送别之意相吻合。上句一个“孤”字如同感情的引线，自然而然牵出了诗人后两句的临别叮咛之辞：“洛阳亲友如相问，一片冰心在玉壶。”诗人从清透无瑕的玉壶中捧出一颗晶莹纯洁的冰心，就比任何相思的言辞都更能表达他对亲友的深情。此外，诗人在这里也是用玉壶、冰心自喻，以表现自己高洁的品格和坚贞的信念。全诗情景交融，浑然融为一体，蕴涵着无穷的韵味。

闺 怨

——王昌龄

闺中少妇不知愁，春日凝妆上翠楼[1]。
忽见陌头杨柳色[2]，悔教夫婿觅封侯。

注释

①凝妆：盛装。②陌头：道边。

【赏析】

诗以“闺怨”为题，起笔却写道“闺中少妇不知愁”。难道闺中少妇果真不知道发愁吗？当然不是。诗人这样写更突出强调了由“不知愁”到“悔”的幽怨、离愁和遗憾。当时正处于大唐盛世，远征他乡、建立战功、封侯封爵是绝大多数有志男儿的毕生追求。这位闺中少妇想必也是希望自己的夫君能有朝一日“建功封侯”，所以“不知愁”也是合情理的。

紧接下来的第二句勾勒出这位少妇在阳光明媚的日子里“凝妆”登楼远眺的画面。春日清晨，闺中少妇精心梳妆打扮后，却不能随便出门，只能独自一人在自家的高楼远望。这两句既表现了她的“不知愁”，又为下句的“悔”作了铺垫。

第三句是全诗的诗眼之所在。少妇所见不过寻常之杨柳，何以谓之“忽见”？其实诗句的关键在于少妇见到杨柳后忽然触发的心理变化和联想。在古代人的心中，杨柳不只代表着“春色”，同时也是友人分别时互相赠送的礼物。很早以前，古人就有折柳相送的习俗。因为那迷蒙的杨花柳絮与人的离情有着某种内在的相似之处，所以少妇看见春风吹拂下的杨柳，必然会联想起许多事情，而眼前这美妙的春光却没有人和她一起欣赏……也许她还会想到，丈夫驻守的边关，不知道是黄沙漫天，还是与家乡一样杨柳依依呢？

在这一系列的联想之后，少妇心里那积聚已久的哀怨、离情及缺憾感就突然变得强烈，并一发不可收拾。于是，“悔教夫婿觅封侯”就成了少妇自然流露出的情感。“忽见”二字说明，杨柳色仅是引起少妇情绪变化的一个媒介，只是外部原因。如果没有少妇平日感情的积聚，她的希望和无可奈何，她的幽怨和哀愁，杨柳是不可能这样强烈地触发其“悔”的情感的。因此说，少妇的情绪变化看起来很突然，实际上却并不突然，而全是合情合理的。

春宫曲

——王昌龄

昨夜风开露井桃，未央前殿月轮高。
平阳歌舞新承宠，帘外春寒赐锦袍。

【赏析】

失宠者在春夜暖风中独自徘徊，悲凉无限；得宠者在料峭春晨收得锦袍之赐，感受主上无限关怀。二者的境遇都以气候衬出，以暖衬冷，以冷衬暖，诗人借此强烈对比，来替历代失宠者抒发心中怨意。

下江陵①

——李 白

朝辞白帝彩云间②，千里江陵一日还。

两岸猿声啼不住，轻舟已过万重山。

注释

①江陵：今湖北江陵县。②白帝：白帝城，在今重庆奉节。

【赏析】

肃宗乾元二年（759年）三月，李白流放夜郎，取道四川赴贬地，行至夔州白帝城，遇赦得还。李白忽闻赦书，惊喜交加，旋即放舟下江陵，故诗题又作“下江陵”。本诗是一篇富于意境的经典名篇，诗人把疾迅的舟行和两岸景色风物融为一体，通过飞舟疾下的画面生动表现了他获赦的喜悦欢快心情。

首句写早上开船时的情景：诗人清晨辞别江边山顶上的白帝城，此刻白帝城云雾缭绕，云雾在初升的太阳的照耀下显得色彩缤纷，非常漂亮。诗人从山下仰望，白帝城就像藏在彩云中间一样。“彩云间”三字，极写白帝城的高峻，为全篇写船下水行快作好铺垫。这一句同时交代了辞别的时间是彩云萦绕的早晨。诗人在这曙光初灿的清晨，告别白帝城，兴奋之情溢于言表。

第二句紧承上句，写江陵之远，舟行之迅速。“千里”形容路程之远，“一日”说明行舟之快。“千里”和“一日”，诗人用空间之远与时间之短做悬殊对比，更加突写了船快。更妙的还是“还”字，将诗人急于“回家”的急切心情表现得淋漓尽致，也隐隐透露出诗人遇赦还乡的喜悦。

三、四句转到对途中两岸景物的描绘上，实际上是对上句的具体描述。古时长江三峡，常有高猿长啸，然而何以“啼不住”呢？只因舟行如飞，两岸风光目不暇接，诗人听着不绝于耳的猿啼声，不知不觉，“轻舟已过万重山”。“轻”字再次强调舟行之快，从中可以看出诗人心情舒畅、归心似箭。“猿啼不住”与“轻舟已过”相互映衬，描绘出一幅雄伟壮丽的锦绣山河图，表达了诗人不畏艰难险阻、毅然前进的胸襟和气概。

全诗洋溢着诗人经过艰难困苦之后突然迸发的一种激情，雄峻而欢悦，使人神远。

送孟浩然之广陵

——李 白

故人西辞黄鹤楼，烟花三月下扬州。

孤帆远影碧空尽，惟见长江天际流。

【诗评】

诗文表达了李白对孟浩然的厚谊深情，其中“烟花”一句尤为人们称颂，它写意传神地表现了江南三月轻烟薄雾、繁花似锦的景色，寄寓着诗人对孟浩然此行前景的美丽想象。

【赏析】

唐玄宗开元十八年春，李白正游历于汉口一带，恰逢落第而归的孟浩然要东游吴越，李白为之送行。而两位风流潇洒的伟大诗人之间的离别，无疑是一种诗意的离别。李白作为一位浪漫诗人，在写下本诗时自然充满浓郁的畅想。本诗为送别诗的经典名篇。诗人把对友人无限眷恋、难舍难离的惜别深情，借孤帆渐渐在碧空消失，唯见长江水在天际流的场景，含蓄生动地表现出来，情景交融，余味不尽，给人无限的美感享受。广陵，今江苏扬州市。

首句点明送别的地点——黄鹤楼。唐代黄鹤楼处于武昌西黄鹤矶上，踞山临江，得形势之要，登楼八面来风，凭栏可极目千里，素有“天下江山第一楼”的美誉。登临送客，诗人自然诗兴大发，文思泉涌。友人要走了，还是在曾经共游的胜地分手，诗人心中的惋惜、不舍之情自是不用言说。

次句写明送别的时间——阳春三月和友人的去处——扬州。诗人在“三月”前加上“烟花”二字，将送别的环境描绘得诗意十足，不仅再现了那暮春时节、繁华之地的迷人景色，而且也透露了开元盛世的时代气氛。“下扬州”之扬州，更是当时最繁华的都会。在这春光明媚的时节，老朋友要去那繁华的大都市扬州，诗人不禁心生羡慕。

但最妙的还是后两句以景写离情，表现了老朋友离去之后诗人的惆怅。诗人伫立江边，目送孤帆远去。直到帆影消失在碧空尽头，翘首凝望的诗人才注意到“惟见长江天际流”，足可见他目送时间之长。这两句实写的是眼前景象，可是谁又能说这是单纯地写景呢？诗人对老朋友的一片深情，还有无限的向往之情，不正像这浩浩东去的一江春水吗？

寓离情于写景中，以景物写出离愁，是本诗的最大特色。诗人将当时的所见所闻、所感巧妙地融合在一起，将对友人的依依不舍之情表现得淋漓尽致。全诗文字绮丽，意境优美，为千古丽句。

江南逢李龟年

——杜甫

岐王宅里寻常见①，崔九堂前几度闻②。
正是江南好风景，落花时节又逢君。

注释

①岐王：睿宗第四子李范，封岐王。②崔九：殿中监崔涤，玄宗宠臣。

【赏析】

代宗大历五年（770年）暮春时节，在阔别四十多年后，杜甫与友人李龟年在潭州（今湖南长沙）偶然重逢。此时二人境遇相似，都居无定所，四处漂泊。相同的境遇、凄凉的晚年生活、过往生活的巨大反差，让诗人感慨良多，就此写下本诗。

李龟年是盛唐时期著名的音乐家，长于歌唱，也会作曲，并熟知地方音乐。他在音乐上才华卓绝，所以受到了唐玄宗的垂青。但安史之乱后，李龟年被迫流落江湘。

第一、二句，是诗人对当年与李龟年交往情景的回忆。“岐王”，即唐玄宗的弟弟、唐睿宗（李旦）的儿子李范，因好学爱才扬名，雅善音律。“崔九”，名涤，是中书令崔湜的弟弟，经常出入皇宫，是唐玄宗的宠臣，曾任秘书监。“岐王宅里”“崔九堂前”是开元盛世时期两个有名的文艺名流汇集的地方。当年诗人常常出入其间，结交李龟年这样的有才之人。而今，这已经成为可望而不可即的梦境，诗人只能在回忆中寻找当年的美好时光。在这追忆当中，流露出诗人对开元盛世的深深眷恋和怀念。第三、四句，诗人停止追忆，回到现在。正是江南风景秀美的大好时节，置身其中，原本应该流连美景，但诗人现在看到的却是凋零的落花和颠沛流离的白发人。哀景衬出悲情。“落花时节”里，身世之感，时代之痛，显现其中。“正是”和“又”，一转一跌，隐藏着诗人的深深慨叹。全诗未用一个伤感之字，但感伤之情却在叙述当中如涓涓细水，一点点流出，耐人寻味。

逢入京使

——岑参

故园东望路漫漫，双袖龙钟泪不干①。

马上相逢无纸笔，凭君传语报平安。

注释

①龙钟：湿漉漉的样子。

【赏析】

这是一首边塞诗。本诗约写于天宝八载（749年），诗人此时三十四岁，前半生功名不如意，无奈之下，出塞任职。诗人第一次远赴西域，辞别了居住在长安的妻子，踏上了漫漫征途。可以想见，远离京都和家园的诗人，他的心情是无限凄凉的。西出阳关后，也不知走了多少天，诗人又遇上了和自己反向而行、去往长安的人。两个人互叙寒温后，诗人得知对方要返京述职，不免更加感伤。但同时，诗人又想安慰家人，报个平安，于是想请去往长安的人给家里捎个信。本诗就描写了这一情景。这样朴素的人之常情，被诗人用朴实无华的叙述式语气道出，更觉得真切感人。入京使，即入京城长安的官使。

首句写眼前实景。“故园”指的是诗人在长安的家园。“东望”点明家园的位置，也说明诗人在走马西行。诗人辞家远征，回望故园，自觉长路漫漫，平沙莽莽，真不知家在何处。“漫漫”二字，让人有一种茫茫然的感觉。

次句带有夸张的意味，强调诗人对亲人的思念之情。“龙钟”本意思是说淋漓沾湿，在这里是说诗人涕泗横流，万分悲伤。“龙钟”与“泪不干”用得非常形象，将诗人对亲人的无限思念表现得淋漓尽致。有道是“男儿有泪不轻弹，只是未到伤心处”，诗人此时止不住流泪，都是因为他太伤心了。这些描写虽然有些夸张，但显然是诗人真情实感的流露。

三、四句写诗人以匆匆的口气，让京使捎口信：走马相逢，没有纸笔，我也顾不上写信了，就请你给我捎个平安的口信到家里吧！诗人此行抱着“功名只向马上取”的雄心，因而此刻，他的复杂心情可想而知：他一方面对家乡亲人无限眷念，另一方面又渴望建功立业、鹏程万里。

这首诗的好处就在于不假雕琢，信口而成，真挚自然。诗人善于把许多人心头所想、口里要说的话，用艺术手法加以提炼和概括，使之具有典型的意义。诗歌在平易之中显出丰富的韵味，自能深入人心，历久不忘。

滁州西涧①

——韦应物

独怜幽草涧边生，上有黄鹂深树鸣。

春潮带雨晚来急，野渡无人舟自横。

注释

①滁州：今安徽滁县。西涧：西面的山间溪流。

【赏析】

这是一首山水名篇，也是韦应物的代表作之一。德宗建中年间，韦应物出任滁州刺史，不久又罢官改任。本诗大约写于此时。滁州，其治所在今天的安徽滁县，位于淮河之南，长江之北，是一座山城。西涧，在滁州西门外，俗名上马河，在北宋欧阳修于仁宗庆历年间守滁州时已“无所谓西涧者”，即淤塞无水了。

纵观全诗，诗人通过描写涧边幽草、深树莺啼、带雨春潮、野渡横舟等有声有色的自然景色，表现了滁州西涧优美淡远的风光。全诗紧扣诗题，写西涧的优美、幽静。首句写涧边，二句写涧上，三句写涧潮，四句写涧渡。虽然全篇只有一个“涧”字，但句句不离涧水，将“西涧”之景描绘得真切动人。

凉州词

——王　翰

葡萄美酒夜光杯，欲饮琵琶马上催。

醉卧沙场君莫笑，古来征战几人回。

【诗评】

作悲伤语读便浅，作谐谑语读便妙，在学人领悟。

——《岘傭说诗》

【赏析】

本诗是描绘边塞生活的名曲之一。全诗描写了广袤边塞来之不易的一次盛宴，勾画出戍边将士尽情畅饮、欢快愉悦的场面，表现了将士们视死如归的英雄气概，也抒发了诗人痛恨战争的愤慨之情。诗人自身的旷达豪迈在本诗中表现得淋漓尽致。凉州曲：唐乐府名，属《近代曲辞》。凉州即今甘肃省武威县。

首句，诗人用饱蘸激情的笔触，铿锵激越的音调，绚丽优美的词语，将一个五光十色、酒香四溢的盛大酒宴场景活灵活现地描写出来。耀眼炫目的酒杯，飘香四溢的酒气，此等景象多么使人惊喜，令人兴奋。这一句为全诗的抒情渲染了气氛，定下了基调。第二句用"欲饮"两字，将热闹的豪饮场景进一步展现出来。"马上"二字，往往使人联想到"出发"，事实上，来自西域的乐器琵琶本来就是胡人骑在马上弹奏的。"琵琶马上催"一句，意欲勾勒出盛宴中欢快轻松的画面：正在大家"欲饮"未得之时，乐队奏起了琵琶，昭示宴会的开始。那短促有力的音律仿若劝酒令，敦促将士们开怀畅饮，使已经热烈的气氛瞬间达到了高潮。

三、四句描写了盛宴上将士们互相斟酌劝饮，尽情尽致，乐而忘忧的场面。耳听着阵阵欢快、激越的琵琶声，将士们兴致高昂，开怀畅饮，不一会便有阵阵醉意袭来。不胜酒力的人想要撂杯，却听到他人高呼："我们早已将死生之念抛于脑后，即便是醉卧沙场，也请在座各位莫要笑话，醉不醉就随它去吧！"这三、四两句正是席间的劝酒之词，借由"醉卧沙场"表现出来的不仅是豪爽旷达的感情，还有着视死如归的勇气。

诗中征人们所饮的酒，为西域特产的葡萄美酒；所用的杯，是西胡人用白玉精制而成，如"光明夜照"般璀璨夺目，因此叫做"夜光杯"；所奏的乐器，是胡人的琵琶；此外"沙场""征战"等词语，都体现出浓厚的地方特色和军营生活的韵味。

枫桥夜泊

——张　继

月落乌啼霜满天，江枫渔火对愁眠。

姑苏城外寒山寺[①]，夜半钟声到客船。

注　释

①姑苏：苏州。寒山寺：传高僧寒山居此而得名。

【赏析】

这是一首记叙诗人夜泊枫桥时所看到的景象和自身感受的诗。一个秋天的夜晚，诗人泊舟苏州城外的枫桥。江南水乡秋夜幽美的景色，吸引着这位怀着旅愁的客子。平凡的桥，平凡的树，平凡的水，平凡的寺，平凡的钟，使他领略到了一种难言的诗意美。经过诗人的再创造，一幅情味隽永的江南水乡夜景图呈现出来，成为流芳千古的名作。霜天凄清，残月朦胧，乌啼悲凉，疏钟远送，游子愁对渔舟，独伴渔火，这些诗中景象渲染了清冷孤寂的气氛，刻画了幽深的意境。诗人运思细密，短短四句诗中包蕴了六景一事。一动一静，一明一暗，江边岸上，景物的搭配与人物的心情达到了高度默契，千百年来脍炙人口。

首句，诗人写了午夜时分三个密切关联的景象：月落（所见）、乌啼（所闻）、霜满天（所感）。残月西沉，令人压抑；乌啼凄哀，催人泪下；霜华满天，寒气逼人。诗人开篇连用比兴，三管齐下，创设出一番清冷凄凉的意境，为后面抒发愁绪作好铺陈。“霜满天”，并不符合实际的自然景观，却完全切合诗人的感受：深夜侵肌砭骨的寒意，从四面八方围向诗人夜泊的小舟，使他感到身外的茫茫夜气中正弥漫着满天霜华。

次句，诗人接着描绘“枫桥”附近的景象和自身的感受。朦胧夜色中，江边的树只能看到一个模糊的轮廓，之所以称“江枫”，也许只是因枫桥这个地名而引起的推想。透过雾气茫茫的江面，可以看到点点“渔火”，特别引人注目。“江枫”与“渔火”，一静一动，一暗一明，一江边，一江上，景物配搭颇具用心。“愁眠”，当指满怀旅愁的诗人。一个“对”字，包含了“伴”的意蕴。孤孑的诗人面对霜夜江枫渔火，缕缕轻愁，挥之不去。

前两句共十四字，写了六种景象，后两句却只写了一件事：卧闻山寺夜钟。在如此凄凉、静谧的暗夜中，突然传来一阵钟声，听觉冲击力特别强烈。这“夜半钟声”就不但衬托出了夜的静谧，而且揭示了夜的深永和清寥。诗人卧听钟声时的种种难以言传的感受也就尽在不言中了。枫桥的诗意美，有了这古刹钟声，显得更加丰富，动人遐想。

寒　食

——韩翃

春城无处不飞花，寒食东风御柳斜。
日暮汉宫传蜡烛，轻烟散入五侯家。

【赏析】

相传韩翃的知制诰官职便是凭借本诗获得：韩翃早年并不得意，称病在家。一天半夜，他的好友韦贺上门道喜：“韩员外已拜官为驾部郎中知制诰。”韩翃非常吃惊，认为朋友一定是弄错了。原来，德宗曾十分赏识本诗，为此特赐多年失意的诗人以“驾部郎中知制诰”的显职。由于当时江淮刺史也叫韩翃，德宗特御笔亲书本诗，并批道“与此韩翃”，成为一时流传的佳话。

前两句描写寒食时节长安的迷人风光。“春城”指春日里的都城长安，这两个字高度凝练而华美。“无处不飞花”，是诗人抓住的典型画面。春意浓郁，笼罩全城，诗人不说“处处飞花”，因为那只流于一般性的概括，而说是“无处不飞花”，这双重否定的句式极大加强了肯定的语气，有效地烘托出全城皆已沉浸于浓郁春意之中的盛况。“飞花”即花瓣随风纷纷飘落。不说“落花”而说“飞花”，明写花而暗写风。一个“飞”字，蕴意深远。第二句专写皇城风光，这里，诗人并未直接写到游春盛况，而是剪取无限风光中风拂“御柳”这一个典型镜头。一个“斜”字也是间接地写风。

后两句从侧面写出了寒食节禁火的独特风俗。寒食节普天之下一律禁火，唯有得到皇帝许可，才能例外。除了皇宫，近侍宠臣的家庭也可得到这份恩典，“日暮”两句写的就是这种情况。诗人写赐火时用一“传”字，不但状出动态，而且意味着挨个赐予，可见封建等级之森严。“轻烟散入”四个字，生动描绘出一幅中官走马传烛图，仿佛使人嗅到了烛烟的气味，恍如身临其境。同时，这两句诗也自然而然地使人联想到中唐以后宦官专权的政治弊端，有如汉末之世。诗人以“汉”代唐，显然暗寓讽喻之情，让人体会到更多的言外之意。

月　夜

——刘方平

更深月色半人家，北斗阑干南斗斜[①]。
今夜偏知春气暖，虫声新透绿窗纱。

注释

①阑干：横斜。

【赏析】

本诗为诗人春夜感怀之作，描写了蕴含勃勃生机的早春月夜景色，春虫鸣啼，春气宜人。诗人以对物候细微变化的敏锐感受，表现了初春月夜气候转暖的舒适氛围，抒写了喜悦而怅惘的复杂心理。

唐诗用春与月作题的较多，有的吟咏春天之景而抒怀，有的遥望明月而触发情思。本诗描写春景，不仅没有从杨柳桃花之类的事物落笔，反而借着夜幕把这些看似最有春日景色特点的事物遮蔽起来。描写月色，也不细致描写光影、感慨圆缺，而仅是在夜色中调入一半月色。如此一来，夜色不会太深，月色也不会太亮，形成一种迷蒙而和谐的景致。

诗的前两句描绘月夜的静谧，颇具画意。第一句中的“更深”两个字，给下面的景色描写奠定了基调，也给整首诗笼罩上一种独特的气氛。“月色半人家”为“更深”两个字的具体表现。夜半更深，朦胧的斜月映照着家家户户，庭院一半沉浸在月光下，另一半笼罩在夜影中。这明暗的对比越发衬出了月夜的静谧，空庭的阒寂。天上，北斗星和南斗星都已横斜。这不仅进一步从视觉上点出了“更深”，而且把读者的视野由“人家”引向寥廓天宇。这两句共同营造出春夜的宁静和肃穆，意境深远。首句中，月光半照暗含月已西斜，与下句星斗横斜相互衬托，构成了两句间的内在联系。

后两句写虫声，独辟蹊径，匠心独运。夜半更深，正是一天中气温最低的时刻，然而就在这夜寒、人静之际，清脆、欢快的虫鸣声悄然响起。它标志着生命的萌动、万物的复苏，所以它在敏感的诗人心中所引起的，便是春回大地的美好联想。从虫介之微而知春之暖，说明诗人有着深厚的乡村生活的经验。一个“新”字，既是说清新，又含有欣悦之意，饱含了诗人对乡村生活的深情。

【诗评】

这首诗写月夜，观察细致，语言生动，满含喜悦之情，散发着沁人心脾的春的气息。

春　怨

——刘方平

纱窗日落渐黄昏，金屋无人见泪痕[①]。
寂寞空庭春欲晚，梨花满地不开门。

注释

①金屋：汉武帝少时曾言愿筑金屋藏其妹阿娇。这里指妃嫔所居之华丽宫室。

【赏析】

诗的第二句暗用“金屋藏娇”典，点出了这是一首宫怨诗。女主人公虽然得住金屋，却冷冷清清，无人关怀问候；随着日影移动，天近黄昏，她的新泪痕盖过了旧泪痕。眼看着春天就要过去了，她寂寞的庭院里落满了凋零的梨花，诗中写“梨花满地不开门”,含蓄而深刻地烘托出女主人公心境的无限凄凉。

征人怨

——柳中庸

岁岁金河复玉关[①]，朝朝马策与刀环。
三春白雪归青冢，万里黄河绕黑山[②]。

注释

①金河：即黑河，在今内蒙古呼和浩特市。玉关：玉门关。②黑山：在今内蒙古呼和浩特市东南。

【赏析】

边塞诗是唐诗的重要组成部分，具有思想深刻、想象力丰富、艺术感染力强等特点。边塞诗题材开阔，内容丰富，主要包括以下几种题材：描述边疆风光；记述边疆兵士的艰苦生活；展现边疆兵士杀敌报国、戍守边疆的宏大抱负；抒写边疆战士的思乡之情等等。本诗是流传广泛的边塞诗，主要写单于都护府的征人久戍不归、思乡情切所生的怨情。

前两句中使用了两个叠词，“岁岁”“朝朝”写出了戍边时间之长、征战的频繁。首句“金河复玉关”写出了辗转征战的地域之多，“马策与刀环”说明几乎每日都有征战，以致达到马不卸鞍、人不解甲的境地，把征战生活的单调与无奈表现得淋漓尽致。战士在边疆日复一日、年复一年地征战，转战于不同的战场，奔波劳顿。

第三句写得颇为凄凉，“三春白雪”原本应该是很美好的事物，然而终归青冢。“青冢”是西汉时与匈奴和亲的王昭君的坟墓，在今呼和浩特市境内，远离中原，僻远荒凉。传说塞外草白，唯独昭君墓上草色发青，故称青冢。诗人用“归”字，写出了归宿感：征人也许再也不能回到故乡，只会终归坟墓，如王昭君一样长留塞外。

第四句的笔力足有千钧。黄河之水绵长，不停奔涌；暮春时节，征人们想到中原，而眼前的却是黑山。诗人就以“绕”字消除距离，描述了征人们想象黄河之水绕过黑山又继续向前流淌的内心画面。最后一句虽是虚写，但其中的黑山与上句的白雪形成鲜明对照。在古诗中，有些作为地名的颜色名词虽不指颜色，却与诗中其他词语辉映，造成一种色彩丰富、对比强烈的感觉。本诗中最后两句就是典型。其中的“白雪”“青冢”“黄河”“黑山”像浓重的色块，颜色明晰而深重，所占空间广大，造成一种感觉冲击，很有艺术感染力。

本诗写了一种悲壮的怨情，笔法巧妙，境界阔大。

宫 词

——顾 况

玉楼天半起笙歌，风送宫嫔笑语和。
月殿影开闻夜漏，水精帘卷近秋河[①]。

注释

①秋河：秋夜的银河。

【赏析】

这是一首宫怨诗，虽然“宫怨”这一题材在唐诗中颇为常见，但是这首诗在顾况的作品中是独具一格的。本诗和别的宫怨诗不一样的地方，是运用了对比的修辞手法：本诗前半部分写受宠者笙歌笑语，及时享受欢乐；后半部分写失宠者独听更漏之声，愁望银河，突出表现了失意宫妃的幽怨痛苦之情。悲喜相照，形成强烈对比，无须过多笔墨描绘，“怨”的主题就呈现出来。这首诗用极其简洁、凝练的语言，形象、逼真的描写，美丽、清新的艺术形象，将宫女嫔妃中两种完全不一样的遭遇、境况鲜明地展示了出来，并精巧地将幽怨之情寄托于凄凉、寂寞、冷清的生活里。

本诗的前面两句“玉楼天半起笙歌，风送宫嫔笑语和”，极力描绘了受到皇帝恩宠的宫妃的欢快、愉悦：高高的玉楼之上响起了悠扬、欢快的笙歌，轻柔的夜风又将宫妃的欢笑声、嬉闹声吹送过来，这两句着重渲染了气氛的热闹和欢腾。诗的后面两句“月殿影开闻夜漏，水精帘卷近秋河”，则描写了无法获得皇帝恩宠的宫妃的孤寂、凄凉：深深的宫院中冷冷清清，十分静谧。漫漫长夜，仅能听到时断时续的更漏之声，让人难以安然入眠，她只好轻轻卷起水晶珠帘，愁苦万分地遥望着秋日的银河，默默发呆，幽幽叹息，暗暗伤怀。这两句诗极力渲染了氛围的凄凉、冷清。诗的前后两部分：欢乐喧腾与孤独清冷，热闹与死寂形成强烈对比，失意宫妃的幽怨之情表露无遗。

整首诗结构严谨，层次明晰，构思巧妙，笔墨细致、精巧，单纯通过客观描写来抒发失意宫妃的内心情感，显得更加委婉曲折，深沉蕴藉，意味深长。

夜上受降城闻笛①

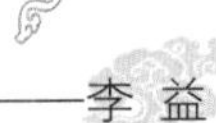

——李益

回乐峰前沙似雪②，受降城外月如霜。
不知何处吹芦管③，一夜征人尽望乡。

注释

①受降城：唐代修筑有西、中、东三座受降城，以防突厥入侵。此指西受降城。②回乐峰：灵州回乐县附近的烽火台，在今宁夏灵武县一带。③芦管：芦笛。

【赏析】

这是一首抒写戍边将士乡情的诗作。本诗通过描写受降城凄凉的夜色和幽怨的芦笛声，强烈地抒发了戍边塞外的征人对故乡的思念之情，真切感人。诗题中的受降城，是灵州治所回乐县的别称。在唐代，这里是防御突厥、吐蕃的前线。

前面两句，描写诗人登城的时候所看到的月下之景。第一句写远景：回乐城东面几十里的丘陵上，高耸着一排烽火台。丘陵下面为一大片沙地。在月光的照耀下，沙子如同积雪一样泛着寒光。第二句写近景：高城外面，天上地下皆是洁白、凄清的月光，就像秋天的寒霜那样让人感觉到寒意。这霜一样的月光与雪一样的沙地，正是引起征人思乡之情的典型环境。而恰恰是在这凄清宁静的夜晚，夜风吹送来了哀婉、悲凉的芦笛之声。这悲乐更加唤醒了征人遥望故乡、思念故乡之情。第三句“不知何处吹芦管”中的“不知”二字，写出了征人怅惘的心情；第四句“一夜征人尽望乡”中的“尽”字，又抒写了他们毫无例外的无限思乡之愁。

从整首诗来看，前面两句是写色，第三句是写声，尾句抒发心中之感，是写情。前面三句皆是为尾句的直接抒情进行的烘托、铺陈。开头，诗人从视觉角度抒写了淡淡的思乡之情，进而从听觉角度淡淡的思念酝酿成澎湃的感情波涛。前面三句已蓄足气势，通常尾句就会直接抒发情感。而诗人却另辟蹊径，让蓄满的情感在结尾处打了一个回旋，以想象中的征人遥望故乡的镜头进行表现，令人觉得语尽而意未尽。诗歌在戛然停止之处依然“诗情一荡”。

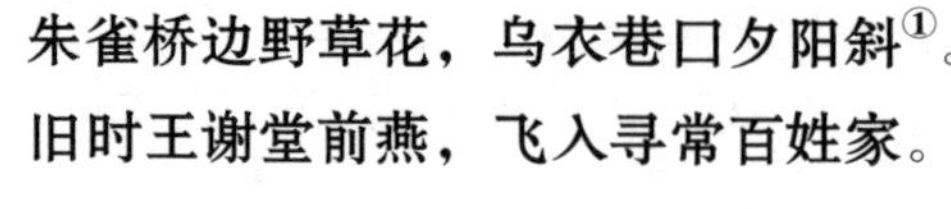

乌衣巷

——刘禹锡

朱雀桥边野草花，乌衣巷口夕阳斜[1]。

旧时王谢堂前燕，飞入寻常百姓家。

注释

①斜：发“霞”音。

【赏析】

这是一首怀古诗，为《金陵五题》中的第二首，是刘禹锡最得意的怀古名篇之一。诗人抓住燕子自王、谢堂前飞入寻常人家的细节，描写了乌衣巷的巨大变化：并感事伤怀，抒发了深沉的今昔沧桑之感。

前两句以桥名、巷名为对，妙语天成。朱雀桥横跨在金陵秦淮河上，是由市中心通往乌衣巷的必经之路。朱雀桥同河南岸的乌衣巷，不仅地点相邻，而且都是历史上的名地。从字面上看，朱雀桥又和乌衣巷是天成的工整对仗。第一句中引人注意的是桥边杂生的“野草花”。“草花”之前加上一个“野”字，这就使景色增加了荒凉、偏僻之感。第二句中，诗人描绘“夕阳”又加上了一个“斜”字，突出了日落西山的暗淡情景。繁荣时代的乌衣巷口，应当是车马喧腾、人声鼎沸的；而今，诗人却用一点落日余晖，令乌衣巷全部笼罩在空寂、暗淡、悲凉的气氛之中。诗的后面两句，诗人忽然把笔墨转向乌衣巷上空正要回巢的飞燕，让人们顺着燕子飞翔的方向去了解，现在乌衣巷里住的已经是寻常的老百姓了。诗人还特别提到，这些飞进普通老百姓家中的燕子，就是曾在豪门世族高堂上栖居过的那些燕子。“旧时”两字，赋予燕子以历史见证人的身份。“寻常”二字，又特别强调了今日的居民是多么不同于往昔。从这两句中，我们可以清晰地听到诗人对这一变化发出的沧海桑田的无限感慨。整首诗含蓄蕴藉，意味深长。诗中意象别具匠心，感慨与议论藏而不言。

春　词

——刘禹锡

新妆宜面下朱楼[1]，深锁春光一院愁。

行到中庭数花朵，蜻蜓飞上玉搔头[2]。

注释

①宜面：指妆与面色搭配得恰到好处。②玉搔头：玉簪。

【赏析】

这是一首宫怨诗，但这首宫怨诗与其他同类诗迥然不同，描写一位宫女扮好新装却无人赏识，无人为伴，只能百无聊赖查数花朵解闷，引得蜻蜓飞上头来的别致场景。

第一句先写一个精心梳妆、仪容得体的年轻宫女的一系列动作，并通过这些动作写出了她由期待转为失望的心情。第二句承上启下，写宫女下得楼来，见春光明媚，柳丝长，桃花红，确实是良辰美景；然而庭院深深，院门紧锁，这样美好的春光却无人共赏，于是宫女反而更生寂寞。第三句写百无聊赖的她，只能用数花来消磨大好春光，排解心中的愁绪。她也不知道究竟有几枝花，就拿手指在枝头轻轻点着。此句含蓄地写出了宫女深藏寂寞的悲哀。这时，一只蜻蜓忽然飞上了宫女头上的玉搔头。也许宫女的容颜太美丽，使蜻蜓以为这是院中最美的花朵。最后一句写只有蜻蜓欣赏宫女的美，更加突出了宫女的寂寞和无人赏识，哀情更深。

宫 词

——白居易

泪尽罗巾梦不成，夜深前殿按歌声[①]。

红颜未老恩先断，斜倚熏笼坐到明[②]。

注释

①按歌声：打着拍子歌唱。

②熏笼：香炉上的罩笼。

【赏析】

夜深了，然而前面的宫殿中依然笙歌阵阵，歌声传入她的耳中，让她无法入眠。她独自在居处偷偷哭泣，因为自己悲凉的处境，因为红颜未老但皇上的恩宠已经断绝。这一夜，她彻夜不寐，斜倚熏笼，坐到天明……

赠内人

——张 祜

禁门宫树月痕过，媚眼惟看宿鹭窠。

斜拔玉钗灯影畔，剔开红焰救飞蛾。

【诗评】

全诗词语艳丽，语意含蓄，字里行间无不透露出宫人寂寞孤苦的心情。

【赏析】

本诗是一首婉转含蓄的宫怨诗，通过描写深锁宫廷的宫女百无聊赖，夜看树上鹭鸶、拔钗救飞蛾等细节，表现宫女像扑向红焰的飞蛾一样的凄苦命运。全诗词采艳丽，语意含蓄，耐人寻味。

诗的第一句，“禁门宫树”点明地点。但诗人称门为“禁门”，称树为“宫树”，就渲染出了皇宫宫门深闭、重门紧锁的低沉气氛。“月痕过”，点出时间。但诗人称月为“月痕”，就给人以朦胧缥缈之感，同时又加了个“过”字，更有无限深意：既暗示将要出场的主人公已经因空虚无聊而伫立许久，同时也取时光流逝之意点出此人正在虚度年华。

第二句紧承第一句，引出了凝眸独立的主人公。“媚眼”二字，明确指出这是一位女性，而且是一位颇有姿色的少女。但是，这位丽人空有明丽的双眸，却看不到宫门外的世界，令人叹息。此时月光倾泻，她在看什么呢？原来是在看宿鹭的巢穴，岂止是看，简直是“惟看”。或许就是因为她身在皇宫，如陷牢狱，四周虽有佳景无限，却只有树梢上的鹭窠充满生活气息，所以才吸引了她的眼球。诗人接下来没有分析她此时的心理活动，给读者留下了不尽的想象空间。我们可以试着假设一下她的想法：此时月过林梢，飞鸟栖息，飞鸟尚且有个归处有个“家”，也能够在广阔的天地中自由翱翔，那自己呢？何时才能够走出“监牢”，自由自在地生活？可以想见，主人公的目光，定是饱含着对自由的憧憬、对幸福的企盼。

诗的三四句场景发生改变，镜头从宫院转移到了室内，描绘了一个“斜拔玉钗救飞蛾”的近景。“斜拔玉钗”笔法极为细腻，以一个看似简单却并不简单的动作体现出了主人公的优雅，可谓风姿绰约。而主人公做出这个动作却并非为了展示风姿，她的目的是“剔开红焰救飞蛾”。这样，一个寂寞娴静、美丽善良的主人公形象便跃然纸上了。此处诗人依然没有揭示她的心理活动，但读者还是可以想象：主人公看到飞鸟归巢会羡慕飞鸟的自由，感伤自己受到禁锢，而看到飞蛾扑火或许会联想到自己的命运也是个悲剧，剔开红焰救了飞蛾既是因为同情飞蛾，大概也是因为怜惜自己吧。

题金陵渡[1]

——张祜

金陵津渡小山楼，一宿行人自可愁。
潮落夜江斜月里，两三星火是瓜州[2]。

注释

①金陵渡：在今江苏省镇江市附近。②瓜州：在今江苏扬州南，与镇江隔江相对，因州形似瓜而得名。

【赏析】

这首小诗是诗人漫游江南，夜宿镇江渡口时所写。第一、二句交代诗人夜宿的地点，点出诗人的心绪。首句是点题之笔。“金陵津渡”应是诗人夜宿的地点，“小山楼”应是诗人当时寄居的地方。第二句写的是诗人的感慨。既是夜宿，大概已经走了很久了，人随船漂泊，没有固定的行踪，诗人心中不由得产生思乡之情。“自可愁”三字即是诗人心情的真实写照。第三、四句实写长江夜景，借此衬托出诗人孤独落寞的心境。斜月西沉，潮水退落，漆黑的长江对岸摇曳着两三点灯火。这样凄迷幽寂的景色，伴以潮落之声，映入在小山楼上的诗人眼中，诗人孤独寂寞的思乡愁绪油然而生。

整首诗旨意深远，颇具内涵，在艺术构思方面更是独树一帜：

第一，全诗的视觉效果简洁明快。诗人夜宿小楼，居高远眺，对“夜江”“落潮”“斜月”等夜景的描绘比较简单，不事雕琢，随兴而发。这既是诗人所见到的景色的真实反映，又是诗人刻意而为。全诗以景诱人，情景交融，使人拥有无限的想象空间，深刻体会到艺术的美感。

第二，融情入景的写法层次分明。绝句一般都是一、二句写景，三、四句抒情；或者一、二句叙事，三、四句写景；也可能是一、二句抒情，三、四句叙事。本诗的结构则是一、二句抒情，三、四句写景，可谓别出心裁。以情融景，侧重的是图画美；以景结情，追求的是意蕴美，真是耐人寻味。

第三，场景设置前疏后密，颇有新意。一、二句仅写诗人“一宿小楼”之“愁”，三、四句则一气呵成，连写落潮、夜江、斜月、星火、瓜州等五景，既构成了全诗的重心，又透过鲜明的画面传递出诗人在当时的情境下，生发出的思乡之情和夜里难以成眠的愁苦。值得一提的是，三、四句是全诗的点睛之笔，其艺术魅力千年不减。

第四，笔调平中见奇。张祜诗作多淡墨、虚笔，下笔轻灵，令人回味悠长。如“两三星火”之描写，“星火”绝不可视为“江枫渔火对愁眠”之“渔火”。这是因为“渔火”乃近景，而诗人居高望远，无法分辨见到的是渔火还是人家的灯火，所以简单地用“两三星火”来概括，生动又不失真，反倒为读者增加了想象空间，具有一种空灵之美。

总之，本诗境界清宁之至，幽美之至；结构简洁之至，明快之至。

近试上张水部

——朱庆馀

洞房昨夜停红烛，待晓堂前拜舅姑。
妆罢低声问夫婿，画眉深浅入时无？

【赏析】

张水部，即张籍，长庆二年（822年），张籍由国子博士迁水部员外郎。近试，临近考试之意。说明这首诗是诗人在应试前献给张籍的。唐代应进士科举的士子有向名人行卷的风气，以希求其称扬和介绍于主持考试的礼部侍郎。朱庆馀本诗投赠的对象，是水部郎中张籍。朱庆馀平日向他行卷，已得到他的赏识，临到要考试了，以新妇自比，以新郎比张，以公婆比主考，写下了这首诗，征求张籍的意见。据记载，读过朱庆馀的献诗后，张籍特意作了一首《酬朱庆馀》，以示答应。朱的赠诗写得好，张也答得妙，真可谓珠联璧合，千百年来传为诗坛佳话。

本诗为行卷诗。诗借描写“新嫁娘在拜见公婆前精心梳妆打扮并征求夫婿意见，担心画眉是否入时”，来比喻“士子应试前担心文章是否合格，能否得到考官赏识”，表现了待考知识分子彷徨不安的期待心理，也反映了当时科举考试中依傍豪门的社会风气。比喻新巧恰切，单作闺情诗看，也是佳作。

按照古代习俗，结婚次日清早有新媳妇拜见公婆的传统。诗人以新娘的口吻，重点描写拜见公婆之前的心理状态。前两句渲染特定的情境：“洞房”交代了诗中人物所处的地点。“昨夜”“待晓”四字表明时间，由晚至晓整整一个通宵。“拜舅姑”，就是拜见公婆。从“洞房昨夜停红烛”，到“待晓堂前拜舅姑”，这两句诗表现了时间的转换和地点的推移，也展示了人物内心感情的变化。

后两句细致地描绘新娘拜见姑婆前的复杂心理。“妆罢’二字，从上句“待”字生出，隐隐点出她已梳妆了很久。用心梳好妆，画好眉之后，新嫁娘还是觉得没有把握，只好问问身边的丈夫。“低声”二字用得极其准确，表现出了新嫁娘拘谨、娇羞的神态。以问句作结，韵味无穷。

本诗比喻新奇，有一箭双雕之巧妙，值得好好品味。

宫中词

——朱庆馀

寂寂花时闭院门，美人相并立琼轩①。
含情欲说宫中事，鹦鹉前头不敢言。

注释

①琼轩：白玉长廊。

【赏析】

本诗为宫怨诗名篇，描写了幽闭深宫的宫女在大好春日并肩赏花，想说心事但怕鹦鹉学舌而不敢言的情景，含蓄地表现了宫禁的森然可怖和宫女生活的心酸。

全诗开篇写景。第一句“寂寂花时闭院门”，既是以景衬情，又是景中见情。说它以景衬情，是因为它是以百花齐放之景，从反面来衬托本诗所要传达的美人哀怨的情思，以此取得“以乐景写哀情”的艺术效果，为全诗的基调打下基础；说它景中见情，是因为它虽然写了正是百花齐放的时候，却又将场景置于重门深锁的境地，令人感到无尽的孤寂与失落。第二句中两位主人公入场时，也不必再费笔墨去描绘她们身处深宫的悲切和哀伤了，那一幅“美人相并立琼轩”的画面已经让美人的悲切和哀伤尽显无余。第三句诗人为我们安排了一个两位美人含情不吐、欲说还休的场面。读过第四句后，想必所有的人都恍然大悟了：两位美人无法言语只是因为在“鹦鹉前头”有所顾忌，而不敢随随便便说话。但众所周知，鹦鹉虽会学舌，却不会告密。因此这显然是个借口。这在暗示读者什么呢？“花时”“琼轩”“美人”“鹦鹉”，它们构成了怎样美好而温馨的画面啊，可这画面背后隐藏的却是一个隔墙有耳的恐怖世界。身处深宫的人不仅失去了青春和自由，甚至连言语自由也无法拥有，这是怎样凄苦、可怖的世界！这首独出心裁的宫怨诗，揭示的就是这样一个沉重的主题，展示的也正是这样一幕人间悲剧。

【诗评】

“含情欲说宫中事，鹦鹉前头不敢言”，真妙于比拟。

——《载酒园诗话又编》

赤壁

——杜牧

折戟沉沙铁未销，自将磨洗认前朝。

东风不与周郎便，铜雀春深锁二乔[①]。

注释

①铜雀：即铜雀台，建安十五年曹操在邺城所建。故址在今河北省临漳县。因台上有楼，楼顶有一丈五尺高的铜雀而得名，为曹操晚年享乐之处。二乔：大乔、小乔，以美貌著称于世。大乔嫁给了孙权，小乔嫁给了周瑜。

【赏析】

诗人杜牧任黄州刺史期间，曾游览赤壁（即今湖北省武昌县西南赤矶山）这个著名的古战场，有感于三国时代的英雄成败，抚今追昔，怀古咏叹，便作本诗。诗以地名为题，实则是怀古咏史之作。诗人借观看赤壁遗物断戟追想当年周瑜的成功是由于巧遇东风出于侥幸，不然连二乔都将为曹操所有。本诗构思精巧，含蓄地抒写了诗人怀才不遇的愤激和苦闷。

诗的前两句借一件古物来表达诗人对前朝旧事——赤壁之战的感慨。这件古物是一支折断的铁戟，被埋没在水底泥沙中六百多年，一直没有被腐蚀掉，终于被人发现。经过后人考证，确定了它是赤壁之战的遗物。这件不太起眼的破损兵器使诗人心中不禁涌出了一种“怀古之幽情”，他联想到了汉末那个天下大乱的时代，想起了那次决定了三国鼎立之势的重大战役，以及那一战中起了决定作用的人物。

三四句是议论。在赤壁之战中，东吴主将周瑜凭借火攻，以少胜多，大胜曹军八十万。而火攻能够发挥作用，恰恰是因为战争的关键时刻刮起了强劲的东风。所以诗人评论这场大战的成败缘由，就从获胜者周瑜以及他赖以取胜的东风着笔了。又因为取胜的原因最终要归于东风，所以诗人将东风置于更重要的位子上。不过，诗人并没有正面描述东风为周瑜取胜发挥了多大作用，而是从反面论述：要是东风没有给周瑜行方便，那么赤壁之战就是另外一个结局，历史走向就会发生改变。接下来，诗人假设了曹军取胜，刘备、孙权联军失败的后果。他没有从政治、军事方面来铺陈直叙，而只是假设了两个闻名于时的美女——孙策的妻子大乔和周瑜的妻子小乔的命运。诗人认为，曹操真成了胜利者，一定会将大乔和小乔掳走，关在铜雀台（位于今河北临漳县境内，古称邺，曹操曾在此修铜雀、金虎、冰井三台），供自己享乐。诗人通过“铜雀春深锁二乔”这一形象生动的诗句，以小见大，体现了他在艺术处理上的独特之处。

泊秦淮

——杜牧

烟笼寒水月笼沙，夜泊秦淮近酒家。

商女不知亡国恨，隔江犹唱后庭花[①]。

注释

①后庭花：陈后主、袁大余等为友客共赋新诗，采其尤艳者有《玉树后庭花》等曲。

【赏析】

金陵作为六朝古都，曾繁华一时，尤其是秦淮河两岸，更是当时豪门贵族、官僚士大夫享乐游宴的场所，“秦淮”也渐渐成为“纸迷金醉”生活的代名词。

首句写景，竭力渲染秦淮河两岸夜色的清淡素雅。烟、水、月、沙，被两个“笼”字和谐地融合在一起，传神地勾画出秦淮河两岸朦胧淡雅的景象。第二句叙事，点明时间、地点，平淡之中既照应诗题，也引出下文，交代了事件发生的缘由。此句承前说明前面所述景色是夜泊所见，又引起下文。诗的后两句是诗人听商女唱后庭遗曲所引发的感慨。诗人因“近酒家”而引出商女之歌，酒家多有歌女，所唱的多为靡靡之音，毫无家国之忧。诗人在此明为批评歌女“不知亡国恨”，实际上是在批判高官显贵不知忧国忧民，反而沉湎于声色犬马之中。接着，诗人又由“亡国恨”引出了“后庭花”的曲调，借陈后主之故事，影射权贵们的荒淫，可谓鞭辟入里。本诗融景、事、情、意于一炉，景为情设，情因景至，语言自然妥帖，构思巧妙严谨。

寄扬州韩绰判官

——杜　牧

青山隐隐水迢迢，秋尽江南草未凋。
二十四桥明月夜[1]，玉人何处教吹箫？

注释

①二十四桥：相传有二十四美人夜吹洞箫扬州西城外小桥，此处泛指扬州的桥梁。

【赏析】

本诗为月夜怀友之作。唐文宗大和七年（833年）到九年（835年）初，杜牧在淮南（今扬州）节度使牛僧孺幕中做幕僚时，和韩绰相识，当时韩任节度判官。本诗大致作于大和九年秋或开成元年秋，是诗人离开扬州幕府后不久寄赠韩绰之作。韩绰死后，杜牧还为他写过一首《哭韩绰》，足见两人感情之深。本诗着意刻画深秋的扬州依然绿水青山、草木葱茏，二十四桥月夜仍然乐声悠扬，调侃友人生活的闲逸，也表达了对过往扬州生活的深情怀恋。寓情于景，意境悠远。韩绰：生平不详。判官：唐时节度使、观察使的属官。

诗的前两句回忆江南秋景，点明所怀念故人之背景。第一句从大处着笔，勾勒出一幅远景：青山逶迤，隐于天际；绿水如带，潺潺不绝。“隐隐”和“迢迢”两字叠用，既写出了山清水秀、绰约多姿的江南风貌，也隐约暗示着诗人对江南美景的思念和眷顾，以及诗人与友人之间那种无法阻隔的思念和祝福。第二句写虽已深秋，可草木未凋，风光依旧，突出了江南之秋的生机勃勃。这与诗人现在所处之地的萧条冷落形成了鲜明的对比。正因如此，诗人才格外眷恋江南的山水，越发怀念远方的友人，这也为下文作好了铺垫。

后两句诗，诗人化用扬州二十四桥的典故，点醒寄赠之意。扬州佳景无数，诗人记忆中最美的则是扬州二十四桥。一说扬州城里原有二十四座桥，故称为“二十四桥”，因古时有二十四位美人在桥上吹箫而得名。“玉人”，既可形容美丽洁白的女子，也可比喻风流俊秀的才郎。从末句中“教”字可看出，此处玉人应该指韩绰。诗人本是问候友人现状，却故意用开玩笑的口吻与友人调侃，问他当此秋尽之时，在何处教女子吹箫游乐。两人相知之深由此可见。

这首诗意境优美，清丽俊爽，情趣盎然，千百年来为人们所传诵，历久不衰。

遣　怀

——杜　牧

落魄江湖载酒行，楚腰纤细掌中轻[1]。
十年一觉扬州梦，赢得青楼薄幸名。

注释

①楚腰：用楚灵王好细腰典。掌中轻：用汉赵飞燕体轻能在掌上起舞典。

【赏析】

这首诗是诗人追忆当年扬州生活的抒情之作。文宗大和七年（833年）至九年（835年），诗人在淮南节度使牛僧孺的幕府任职，居于扬州。当时他三十出头，风华正茂，颇好宴游。从本诗看，他与扬州青楼女子来往甚多，诗酒风流，放浪不羁。故日后追忆，大有恍惚如梦，不堪回首之意。《唐人绝句精华》云："才人不得见重于时之意，发为本诗，读来但见其兀傲不平之态。世称杜牧诗情豪迈，又谓其不为龌龊小谨，即此等诗可见其概。"

诗的前两句是诗人对昔日扬州生活的回忆：寄人篱下，潦倒江湖，以酒为伴；秦楼楚馆，美女陪伴，放浪形骸。次句借用"楚王好细腰"和"赵飞燕体轻能为掌上舞"这两个典故，描写当时放浪不羁的浪漫生活。楚腰，指美人的细腰。《韩非子•二柄》载："楚灵王好细腰，而国中多饿人。"掌中轻，指赵飞燕。《飞燕外传》云："体轻，能为掌上舞。"此处用两个典故，表面看似夸赞女子貌美诱人，但细细品味"落魄"两字就能体会到：诗人不满自己寄人篱下、无所作为的境地，因而追忆往日的放荡生活时，并未感到洋洋自得，反而大有悔之不及之感。最后两句抒发感慨"十年一觉扬州梦"，是诗人由衷的感叹，看似突兀，实际上是前两句诗的延续和发展。"十年"和"一觉"对比鲜明，愈显诗人感叹之深。而这感叹又完全归结到了"扬州梦"的"梦"字上：昔日放荡不羁、声色犬马的生活，表面上喧嚣浮华，实际上沉闷低俗，是痛苦的回忆，是不堪回首的梦……这就是诗人想表达的情绪。诗人回首悠悠十载，扬州往事如梦般虚无寂寥，最终自己一事无成，只留下"青楼薄幸"的"美名"。"赢得"二字，既是调侃，也是自嘲，更是悔恨，其中心酸苦楚，只有诗人自知。最后一句是诗人对自己早年放荡生活的进一步否定。然而，诗人的放浪生活，是与他的仕途坎坷有关的，因此，不能将本诗仅解作"忏悔之意"，还应该看到，诗中也有诗人如梦如幻、一事无成的喟叹。

秋 夕

——杜 牧

银烛秋光冷画屏，轻罗小扇扑流萤①。
天阶夜色凉如水②，卧看牵牛织女星。

注释

①轻罗小扇：轻巧的丝质小团扇。②天阶：皇宫里的石阶。

【赏析】

这是一首宫怨诗，描写秋夜一位宫女无聊地用小扇扑萤和深夜不眠卧看天上星星的情景，含蓄地表现了幽闭深宫的寂寞孤独和难以诉说的满怀心事。本诗意境凄凉。秋夕，指秋夜。诗题一作《七夕》。

前两句，诗人以冷峻轻灵的笔触描绘出了一幅深宫生活的图景：在秋风清冷的夜晚，烛光微弱，画屏幽冷，一个孤独的宫女正用小扇扑打着流萤。首句中一个"冷"字，既点明已到寒秋时节，又写出了女主人公内心的孤独凄切，奠定了全诗的感情基调。女主人公生活在一个令人窒息的环境中，气氛低沉，没有亲朋好友，自然也没有爱的包围以及生活的乐趣。诗中的三个意象含义深远："银烛"，指白蜡烛，以其清冷之色衬托出宫女的孤寂；"小扇"，因秋天到来，天气渐寒而被弃置不用，所以在古诗中常用来比喻被冷落的女子；"流萤"，古人有"腐草化萤"之说，而萤火虫总是生于荒僻之地，宫女居住之地竟然有流萤，可见她居所的偏僻，被冷落的境况。

后两句，诗人继续描写宫女的孤独生活和凄凉心境。"天阶夜色凉如水"一句，比喻君王薄幸。"夜凉如水"说明秋夜寒冷，也暗指君王冷落这个宫女很久了，可是她依旧坐在冰冷的石阶上，仰望牵牛织女星，也许是牵牛织女的故事触动了她的心事，使她想起自己不幸的身世和凄惨的现实。在这里，望星也暗指宫女在期盼着君王的驾临。牵牛星、织女星的意象也值得注意：两星同时象征爱情与离别，不过那离别是能够令人心存希望的离别。这位宫女被冷落许久，也许早就失去了受到宠幸的希望，但她始终热切地等待着，因为这种期待是她生存的唯一意义。诗人在此不动声色地写出了深宫怨女在孤寂的岁月中无尽的痛苦与哀伤。其中"坐看"两字，最能表现宫女怅然若失的复杂心情。

全诗用典含蓄，蕴藉丰富，耐人寻味。

夜雨寄北

——李商隐

君问归期未有期，巴山夜雨涨秋池[1]。
何当共剪西窗烛，却话巴山夜雨时。

注释

①巴山：巴蜀东部的山。

【诗评】

全诗将现实与设想绾合一体，情韵缠绵，回环反复，正可见作者与妻子之间的伉俪情深。

【赏析】

这是一首抒情诗。诗题又作《夜雨寄内》，“内”就是“内人”，也就是妻子。但有人考证，以为本诗是大中五年（851年）七月至九月间，诗人入东川节度使柳中郢梓州幕府时所作。当时其妻王氏已殁（王氏殁于大中五年夏秋间）。因此本诗应是寄给长安友人。今传李诗各本均作《夜雨寄北》，“北”就是北方的人，可以指妻子，也可以指朋友。从诗的内容看，按“寄内”理解，似乎更合适一些。其实，诗人入梓幕，与其妻仙逝，均在大中五年夏秋之际，即使王氏仙逝居先，诗人诗作在后，当时交通阻塞、信息不灵，也是完全可能的。即使是诗人得到了妻子去世的消息，本诗作追忆解，也未尝不可。

前两句，诗人以问答和对眼前环境的描写，阐发了孤寂的情怀和对妻子深深的怀念之情。首句一问一答，将无法摆脱的矛盾陈列出来，起伏有致，极富表现力。羁旅之愁与不得归之苦，两相对立，已跃然纸上，为全篇营造出悲怆沉痛的氛围，奠定了哀伤的基调。次句“巴山夜雨涨秋池”，看似写眼前景，实际包含了无尽的相思情。诗人将心中那绵绵羁旅愁、无尽相思苦与夜雨交织在一起，将归期而未有期的沉痛情绪渲染得更加充分。诗人独自一人寄居在他乡，夜雨淅淅沥沥，此情此景本身就惹人伤感。再加上涨满秋池这一精细而又富于实感的景象，让人感觉诗人内心无法摆脱的愁思，似乎也弥漫于巴山蜀水之间了。

后两句，诗人从眼前景生发开去，驰骋想象，另辟新境，写出了团聚时的幸福景象。“共剪西窗烛”化用杜甫《羌村三首》中“夜阑更秉烛，相对如梦寐”的诗意。前句着“何当”二字，意思是说“什么时候才能够”，与开篇的“未有期”相呼应，诗人心中热切的盼望与难以料定的惆怅融合在一起，更见浓情。来日相聚时，同在西屋的窗下窃窃私语，情深意长，彻夜不眠，以致蜡烛结出了蕊花。两个人一起剪去蕊花，仍有叙不完的离情，言不尽的喜悦。于是，诗人想象中的乐，自然更反衬出今夜的苦；而诗人今夜的苦又成了剪烛夜话的谈资，增添了重聚时的乐。

这首诗是诗人即兴而作，表现出其内心刹那间的情感变化。全诗语浅情深，曲折而含蓄，在遣词造句上无一丝矫揉造作之气，充分体现了李商隐诗的另一面：质朴自然而又“寄托深而措辞婉”的艺术风格。

隋宫[1]

——李商隐

乘兴南游不戒严，九重谁省谏书函[2]。
春风举国裁宫锦，半作障泥半作帆[3]。

注释

①隋宫：指隋炀帝在江都（今江苏扬州市）所建的行宫。②九重：指宫廷。省（xǐng）：识得。③障泥：垂于马背两侧以遮障泥土的马具。

【赏析】

这是一首咏史诗，对象是以荒淫无道著称的隋炀帝。诗的前两句先作概述，说隋炀帝兴致一来便携带宫眷僚属水陆齐发下江南，心思只在玩乐之上，全然不顾什么天子威仪、出行礼数；而因为他的暴戾恣睢，朝中更无人敢对他的行为有所异议。后二句撷取他下江南时征集锦缎制泥障、做船帆的片断，以小见大，矛头直指隋炀帝当国时的穷奢极欲、靡费腐化。诗中蕴含着成败兴亡的深刻道理，联想晚唐江河日下、败相纷呈的现实，李商隐作此诗的用意似乎也不难想见。

贾　生

——李商隐

宣室求贤访逐臣[①]，贾生才调更无伦。
可怜夜半虚前席，不问苍生问鬼神[②]。

注释

①宣室：汉未央宫正殿，此指代汉文帝。逐臣：贬谪之臣。
②苍生：百姓。

【赏析】

本诗之意在于借古讽今。贾生，指贾谊，西汉著名文学家、政治家，他力主改革弊政，曾提出许多重要政治主张，但却遭谗被贬，一生抑郁不得志，死时仅三十二岁。他被贬长沙的经历，被历代文人借以表达自己的不得志之意。诗人别出心裁，以贾谊奉诏由长沙返回京都，深夜谒见汉文帝的史实为题材写了这首诗。

前两句直接叙述文帝与贾谊宣室中夜对的情形。第一句"求贤访逐臣"，似乎是要称颂皇帝礼贤下士。第二句暗指汉文帝对贾生的才华学识十分钦佩。后两句的笔调急转直下，将全诗的题旨道破，是理解这首诗的关键。诗人独抒新见，以贾谊怀才不遇之事，表达自己的不得志之意。整首诗措辞犀利辛辣，寄意深刻，极抑扬顿挫之能事。

瑶　池

——李商隐

瑶池阿母绮窗开，黄竹歌声动地哀。
八骏日行三万里[①]，穆王何事不重来。

注释

①八骏：穆王乘的八匹骏马。

【赏析】

本诗借周穆王不能应西王母之约重来相会的故事，讽刺封建统治者追求长生不死的愚蠢荒唐。全诗用词辛辣、立意巧妙。

诗人通过想象西王母盼望穆王"复来"，而穆王也许会履行诺言，虚构了这样一个情节：西王母推开雕饰精美的窗户，远眺东方，却不见穆王的踪迹，只听见他的哀民诗《黄竹歌》响彻云霄。第一句以"绮窗"一词衬托仙境的豪华，第二句用"动地哀"一词反映人间的凄惨。两句诗形成强烈的对比。这样的对比表达了两层含义：一是暗喻《黄竹歌》的诗人周穆王已经死去，空留诗歌在人间，仙境再美，他也无缘永驻，由此暗讽求仙的人；二是以《黄竹歌》暗示百姓正生活在水深火热之中，而统治者却在追求长生不老，以图永享富贵，有谴责之意。

诗的三、四句是写，西王母因穆王不来赴约而产生的心理活动：穆王马车上的八匹骏马纵横驰骋，一日能行三万里，他若想来轻而易举，况且自己又是盛情邀请。穆王也曾许下重诺，可是他为何还不来赴约呢？答案只有一个，那就是穆王已死。因此，就算西王母一直开窗远眺、殷勤盼望，也等不到穆王了。连仙人西王母都不能使她所看重的穆王免于一死，那人间那些所谓的长生不老之术，不是无稽之谈又是什么呢？诗人妙就妙在不发一字议论而使读者自己得出这个结论。需要注意的是，第四句是西王母心中的疑问，而不是诗人提出的反诘之辞。

不发一字议论也是本诗最大的特色。诗人没有直白地讽刺嘲弄，而是将讽刺的意味完全隐藏在对西王母的行为和心理活动的描述当中。这种写法使诗歌生动异常，令人回味。因此，本诗的批判、嘲讽意味虽然尖锐、犀利，但却表达得非常委婉，使得全诗明白酣畅又含义深远，显示出了诗人构思之独特。

瑶瑟怨

——温庭筠

冰簟银床梦不成[1]，碧天如水夜云轻。

雁声远过潇湘去，十二楼中月自明[2]。

注释

①簟：竹席。②十二楼：传说昆仑山上有五城十二楼，是仙人住处。

【赏析】

这是一首闺怨诗。然而全诗只描绘清秋夜景，没有透出一个“怨”字。诗中所写乃“梦不成”后之所感、所见、所闻。瑶瑟，是玉镶的华美的瑟，瑟声悲怨。诗题“瑶瑟怨”，也暗示着诗中所写的是女子的别离悲怨。

第一句正面描写主人公。冰簟银床，指冰凉的竹席和银饰的床，都有一种“冷”的感觉。“梦不成”三个字耐人寻味：它的意旨不在于写女主人公因相思而无法入睡，而是侧重写她寻梦难成。第二句宕开写景。诗人描绘了一幅清寥淡远的碧空夜月图：秋天的长夜，碧空无际，月光如水，偶尔有几片浮云在空中轻盈飞过，更彰显出夜空的广阔与清澄。这是一个空镜头，境界空灵，显出无边的寂寞。它既是女主人公活动的环境和背景，又是她眼中所见之景；不仅衬托出了轻灵美好的人物形象，也暗示了孤居独处的女主人公内心的清冷寂寞。

已凉

——韩偓

碧阑干外绣帘垂，猩色屏风画折枝[1]。

八尺龙须方锦褥[2]，已凉天气未寒时。

注释

①猩色：猩红色。折枝：特指花卉画中只画连枝折下的部分。②龙须：龙须草。

【赏析】

本诗是一首情诗。韩偓的《香奁集》里有许多以男女恋情为主题的诗歌，本诗是其中的代表作，胜在构思巧妙，笔调蕴藉。

整首诗结构清晰地描写了一间精巧典雅的居室：镜头由室外逐渐移到室内，透过门前的“阑干”、当门的“绣帘”、门内一个“画折枝”的猩色屏风等一道道阻障，聚影在那张铺着龙须草席和织锦被褥的八尺大床上。房间这种“深而曲”的结构，明确地告诉读者，这是一位富家少妇的卧房。

除了结构和布局，最吸引读者眼球的，还有它那光怪陆离、缤纷夺目的色调：翠绿的栏槛，朱红的画屏，帘栊上的彩绣，华丽的被面，共同烘托出一种甜蜜温馨的气氛，不仅显示出卧室的华美，也为主人公生发出缠绵的情思提供了恰当的氛围。

纵观整首诗，主人公始终不曾正面出现，她在做什么、想什么也没有提及。但朱红的画屏上雕绘着的折枝图，却很容易让人想起“花开堪折直须折，莫待无花空折枝”的诗句。面对这样的画面，主人公会不会将画中的鲜花与自己联系起来，从而发出青春易逝、韶华白头的感叹呢？况且此时又到了换季的时候，门帘轻垂，竹席上加了被褥，说明夏日已过，秋凉方降。诗末明确点出“已凉天气未寒时”，绝非无心之笔。此情此景最容易让人生出光阴似箭的感慨，而主人公的心情会不会也如波涛般起伏不定呢？事实上，折枝图、竹席再加上锦褥，已经很明显地暗示出主人公百无聊赖的寂寞生活以及对爱情的渴盼了。

本诗无一字提及“情”，无一句触及“人”，纯粹依靠环境描写来暗示人物心情、烘托人物情思，似这般笔意曲妙、构思奇特、委婉蕴藉的情诗，在唐诗中是难得一见的，也因此令人回味无穷，传诵至今。

马嵬坡

——郑 畋

玄宗回马杨妃死[1]，云雨难忘日月新[2]。
终是圣明天子事，景阳宫井又何人[3]。

注释

①回马：指唐玄宗由蜀中回长安。②云雨句：意谓玄宗、贵妃之间的恩爱虽难忘却，而战乱已平，国家有中兴之望。③景阳宫井：亡国之君陈后主闻隋兵至，携宠妃张丽华投景阳宫井中躲藏。

【赏析】

这是一篇咏史佳作。唐玄宗天宝十五载（756年）六月，安史叛军攻占潼关，长安危在旦夕，玄宗仓皇西逃入蜀，途经马嵬坡（位于今陕西省兴平县西）时，六军哗变，杀奸相杨国忠，迫使玄宗赐贵妃杨玉环自缢，史称马嵬坡事变，这是本诗的历史背景。诗的首句中，“玄宗回马”指安史之乱平定，东京洛阳和西京长安收复后，已成为太上皇的唐玄宗从蜀地返回长安。当时距“杨妃死”已有多年，诗人两下并提，意在暗示玄宗得以返回长安，是以牺牲杨贵妃为代价的，可谓含义深远。唐玄宗的确是靠着牺牲杨贵妃暂时扭转局势，但一直到死，他都没能从此事造成的痛苦中解脱出来。尽管等到了“日月新”，他依然对杨贵妃念念不忘，所以诗人在此用了“云雨难忘”一词。“云雨难忘”与“日月新”合为一句，体现了玄宗矛盾复杂的心情。

诗的后两句可说是耐人寻味。“终是圣明天子事”，有人说这是在称赞玄宗临危之际，以大局为重，果断赐死杨贵妃，缓和了局面，所以堪称“圣明”，但按照第四句“景阳宫井又何人”推测，好像又并非如此。第四句引用了陈后主的旧事。当年，隋兵攻进陈都金陵，陈后主和其宠妃张丽华躲在景阳宫井内，最终未能幸免，沦为了阶下囚。唐玄宗与杨贵妃、陈后主与张丽华，同是帝妃情事，又都曾共同面临兵戈之祸，很有可比性。玄宗没有如陈后主一般落魄，的确是件幸事，但说到“圣明”，也仅仅是比陈后主略微强些。第三句以“圣明”一词将唐玄宗大大称赞一番，第四句却用著名的亡国之君陈后主来作比，其中的嘲讽之意，令人玩味。

那么，可以说诗人对玄宗只有讽刺、毫无同情吗？也不尽然。唐人曾将杨贵妃的死归咎于玄宗的无情无义，而本诗“云雨难忘”等语又表达了玄宗并未忘情之意，所以也可以说，“终是圣明天子事”一句隐含着希望人们体谅玄宗的意味。

清代学者吴乔在《围炉诗话》说：“古人咏史但叙事而不出己意，则史也，非诗也；出己意、发议论而斧凿铮铮，又落宋人之病；用意隐然，最为得体。”本诗对玄宗有婉讽，又隐含体谅之意，可谓既“出己意”又“用意隐然”，不愧为一首杰出的咏史诗。

金陵图

——韦 庄

江雨霏霏江草齐，六朝如梦鸟空啼[1]。
无情最是台城柳[2]，依旧烟笼十里堤。

注释

①六朝：指建都于金陵（今南京）的吴、东晋、宋、齐、梁、陈六个朝代。②台城：六朝宫城，又名苑城。

【赏析】

金陵为六朝建都所在，六朝更迭，如云聚云散，频繁而无常，故后人诗歌凡咏金陵者，多提及六朝，凡提及六朝者，又多抒发兴亡之感。此诗也是吟咏兴亡，所不同者，诗中重墨写柳之无情，以其见证人世变迁而无动于衷、空自繁茂来衬托人之有情，抒发诗人对于世事如梦似烟的感慨。

【诗评】

多少台城凭吊诗，总被“六朝如梦”四字说尽。

——《五代诗善鸣集》

陇西行

——陈　陶

誓扫匈奴不顾身，五千貂锦丧胡尘①。
可怜无定河边骨②，犹是春闺梦里人。

注释

①貂（diāo）锦：汉羽林军着貂裘锦衣。此处指出征将士。
②无定河：黄河中游支流，因流急且深浅不定而得名。

【赏析】

陈陶的《陇西行》共有四首，本诗为第二首，是唐代边塞诗中的名篇。这首诗歌颂了边关将士舍生忘死的精神，同时也反映了战争给百姓造成的苦难，抒发了诗人对阵亡将士家属的深切同情。

诗的前两句以精练概括的语言，描述了慷慨悲壮的激战场面：唐军奋勇杀敌，勇往直前，结果五千将士全部为国捐躯。首句中的“誓扫”与“不顾身”表现了唐军将士忠勇敢战的气概和献身精神。次句，诗人笔锋急转，道出了战争的结果：五千将士全部丧身“胡尘”。三四句，诗人笔锋再转，道出主题：“可怜无定河边骨，犹是春闺梦里人。”这两句没有正面描写战场上的凄惨场面，也没有直接描述将士家属的悲痛欲绝，而是独出心裁，将“河边骨”和“春闺梦”联系起来，写将士远在家乡的妻子不知丈夫已经殉国、化为白骨，夜里仍梦见与其相聚，从而产生了一种震人心魄的悲剧力量。

全诗虚实相对，用意工妙，含义深刻，感人至深，反映了唐代战乱不断带给人民的痛苦和灾难，表达出强烈的反战情绪。

寄　人

——张　泌

别梦依依到谢家①，小廊回合曲阑斜。
多情只有春庭月，犹为离人照落花。

注释

①谢家：唐诗中常以谢娘称自己所喜爱的女子。

【诗评】

不知作者深爱的邻女收到此诗没有，若收到，会当圆此梦境。

【赏析】

这是一首诗人与情人别后的寄怀诗。诗人通过对梦中景色及梦醒后宁静清幽月色的描写，寓情于景，抒写了对心上人的思念和深情。以诗代柬，来表达自己心里要说的话，这是古代常有的事。这首题为《寄人》的诗，就是用来代替一封信的。

从这首诗深情婉转的内容来看，诗人曾与一女子相爱，后来却分手了。然而诗人对她始终没有忘怀。在封建宗法社会的“礼教”阻隔下，诗人不能直截痛快地倾吐衷肠，只好借用诗的形式，曲折而又隐约地加以表达，希望她到底能够了解自己。这是题为《寄人》的原因。

本诗从叙述一个梦境开篇。前两句，诗人写了自己入梦之由与梦中所见之景，向对方表明自己思忆之深。“谢家”代指女子的家。大概诗人曾经在女子家中住过，或者在她家里和她见过面。曲径回廊，原本是他们当年旧游或定情的地方。所以诗人进入梦境以后，便迷迷糊糊地来到了她的家里。只见眼前的一切还和以前一模一样：院子里的小廊回环，栏杆弯曲横斜。可是，偏偏自己所思之人不见了。诗人四处寻找，依然不见她的踪影，他的梦魂便在院子里失望地徘徊着，连他自己都不知该如何走出这难堪的梦境。一个“梦”字说明此景为虚写，同时也为本诗增添了几分凄婉的色彩。“依依”二字用得极妙，将主人公那种小心翼翼又情意绵绵的情状刻画得活灵活现。

既然找不到想见的人儿，那院子里还剩下些什么呢？于是诗人在后两句写道：多情的明月依旧挂在天空，它那幽冷的清光照在地面片片落花上，反射出一片惨淡之色。明月、落花在文人渲染离情的诗句里经常可以看到，在这里，诗人将哀怨的感情寄托在明月和落花之中，暗含了诗人对心上人鱼沉雁杳的埋怨。“花”虽然已经落了，然而，天上的明月依旧多情，诗人言外之意是希望和心上人一通音讯。据说，当诗人把这首诗寄给心爱的女子时，她泪流不止。

本诗创造的艺术形象鲜明准确，含蓄深厚。诗人表达了内心深沉曲折的情感，不直接抒情，却寓情于景；不需要更多的语言，一切尽在不言中。这种含蓄的写法使本诗更具有动人心弦的强大力量。

杂　诗

——无名氏

近寒食雨草萋萋，著麦苗风柳映堤[①]。

等是有家归未得[②]，杜鹃休向耳边啼。

注释

①著：吹入。②等是：同是。

【赏析】

临近寒食，雨雾蒙蒙，春草萋萋，和风吹拂着青青的麦田，杨柳掩映着长长的河堤。作者于异乡雨中独行，心中满是有家而不能回的凄凉与落寞，所以当杜鹃鸟“不如归去”“不如归去”地鸣唱起来的时候，引出的是他“杜鹃休向耳边啼”的牢骚。本诗写景寄情，景色柔美，情真意切。

【诗评】

“等是”二句，责怪杜鹃无情，益见有家难归之隐，意更深沉。

——《千首唐人绝句》

秋夜曲

——王　维

桂魄初生秋露微[1]，轻罗已薄未更衣。

银筝夜久殷勤弄，心怯空房不忍归。

注释

①桂魄：月亮的别称，相传月中有桂树，故名。

【赏析】

本诗是一首婉转含蓄的闺怨诗，语言委婉，情感细腻，着意描写寒意萧瑟的秋夜，女子深夜弹筝怕回空房的情景，抒写了女主人公的寂寞哀怨之情。《秋夜曲》，属乐府《杂曲歌辞》。

纵观全诗，前三句实际上在不断地为读者制造疑问，第一句“桂魄初生秋露微”，秋月已经升起，到了入夜之时，主人公为何还不回房？第二句“轻罗已薄未更衣”的疑问前文已经交代；第三句“银筝夜久殷勤弄”，弹筝已经很久，主人公为何还不回房？三个疑问，层层推进，其实只有一个答案：“心怯空房不忍归。”此种心境，引用蘅塘退士的一句话概括，至为精当：“貌似热闹，心实凄凉。”

本诗并非王维的代表作，但全诗语言清丽淡雅、宁静致远，在浅吟低唱中给人以美的享受，的确担得起苏轼对王维诗作的评价：“诗中有画。”

渭城曲

——王　维

渭城朝雨浥轻尘[1]，客舍青青柳色新。

劝君更尽一杯酒，西出阳关无故人[2]。

注释

①浥：润湿。②阳关：在今甘肃敦煌西南，与玉门关一南一北，均为通西域的要隘。

【赏析】

这是一首送别友人的名作，写诗人送别友人出使安西的情景，表现了诗人家乡的风光美好、人情淳朴和诗人对故人的深厚情谊，抒写了诗人与故人惜别的怅惘感伤之情。本诗流传很广，被谱入乐曲《阳关三叠》，成为千古绝唱。题一作《渭城曲》。安西，是唐中央政府为统辖西域地区而在龟兹城设立的安西都护府的简称，治所在今新疆库车县境。唐代时，从长安往西去，都要在渭城这里送别。渭城即秦都咸阳故城，在长安西北，渭水北岸。

诗的开头两句交代了诗人和友人分别的时间、地点和环境氛围：清晨，渭城旅舍；自东向西延伸、一望无际的驿道；驿道两旁、旅舍四周的柳树……这一切本是平淡无奇的景观，在这首诗中出现却令人顿觉风光如画、抒情意味极浓。寻其缘由，大概是因为“朝雨”在这里起了非常关键的作用。这场雨很小，仅仅能打湿尘土。此处西去的大路，往日车马飞奔，总是尘烟四起，今天却因这场“朝雨”显得干净、清新。三、四两句语意连贯，将一个最普通的送别场面写得非常感人。临别在即，千言万语却无从说起，无言的沉默只能令人更加伤感，因本诗人“劝君更尽一杯酒，西出阳关无故人（再干了这杯吧，出了阳关，可就再难见到老朋友了）”，企图打破这种沉默，也表达了他对朋友的深情厚谊。这“一杯酒”融入了诗人的全部感情，不仅有依依惜别的不舍，也有对友人即将面临处境的担忧，更有希望友人一路珍重的美好祝愿。

总之，本诗语短情长，风流蕴藉，诚挚的惜别之情更使它适合于许多饯行宴席，因此后来被编入乐府，成为传唱不衰的名曲。

出　塞

——王之涣

黄河远上白云间，一片孤城万仞山。

羌笛何须怨杨柳[1]，春风不度玉门关。

注释

①杨柳：指乐府横吹曲《折杨柳》。

【赏析】

前二句尺幅万里，极写塞外山河气势，将群山之苍茫迴拔，黄河之绵长逶迤，由东至西，由低至高，逆笔绘出，其间更加孤城一座，俯视四野，雄浑苍凉之气浮于纸面。后二句借埋怨呜咽羌笛无需再奏凄怆《杨柳》，陈述千载难解玉关之情，尽寓世世征人悲苦，代代胡汉恩怨，读罢让人悱恻伤怀。

清平调（其一）

——李　白

云想衣裳花想容，春风拂槛露华浓[1]。

若非群玉山头见，会向瑶台月下逢[2]。

注释

①槛：栏杆。②会：应是。瑶台：与前面的群玉山都是传说中西王母的居处。

【诗评】

此首咏太真，着二“想”字妙。次句人接不出，却映花说，是“想”字之魂。“春风拂槛”想其绰约，“露华浓”想其芳艳，脱胎烘染，化工笔也。

——《唐诗笺注》

清平调（其二）

——李　白

一枝红艳露凝香，云雨巫山枉断肠[1]。

借问汉宫谁得似，可怜飞燕倚新妆[2]。

注释

①云雨巫山：用巫山神女会楚王典。此处是指有杨贵妃在侧，即便是巫山神女也无法吸引君王的视线。②倚：倚仗。

清平调（其三）

——李白

名花倾国两相欢，常得君王带笑看。

解释春风无限恨①，沉香亭北倚阑干。

注释

①解释：消释。

【赏析】

这三首诗都是李白在长安做翰林时所写的，是诗人在长安期间创作的流传最广、知名度最高的诗歌。据说，唐朝兴庆宫东面的沉香亭畔，栽种有不少名贵的牡丹，到了花开时节，紫红，浅红，全白，各色相间，煞是好看。天宝三载春天的一日，唐玄宗和杨贵妃一同前往赏花，戏子正准备表演歌舞以助兴。唐玄宗却说："赏名花，对妃子，岂可用旧日乐词"，于是急召翰林学士李白进宫，创作新词。李白进得宫来，在金花笺上写了三首《清平调》诗送上。在三首诗中，李白把牡丹与杨贵妃交融在一起写，花即是人，人即是花，人面花光浑融一片，共沐皇恩。唐玄宗看了十分满意，当即重赏了李白。

第一首以牡丹比贵妃，歌咏她的美艳。"云想衣裳花想容"一句，将贵妃的衣服比作云霞，将容貌比作花朵，将杨贵妃的美丽形象地描绘了出来。"春风拂槛露华浓"一句用"露华浓"来形容花容，充实上句，同时将君王的恩泽比作雨露，表现人与花皆受宠幸。下面，诗人开始调动丰富的想象力，飞升至西王母住的群玉山瑶台。诗人故意用"若非"和"会向"两个词来表示一种选择的意味，但表达的却是非常肯定的意思：美丽的花色、美丽的容貌都如此超凡脱俗，看来也只能在仙境中才能见到吧！

第二首运用典故，以牡丹带露比贵妃得宠。"一枝红艳露凝香"一句，从字面上看来似乎是在写牡丹的颜色和牡丹的香味，但仔细品味后，不难体会，李白仍是想借花写人，写贵妃自身之美，以及她承恩露之美。"云雨巫山枉断肠"一句，借用楚襄王的故事，将第一句的花比作人，写使楚王断肠的梦中仙女，根本就比不上面前的美人。三、四句写汉成帝的皇后赵飞燕即使扮上新妆，也无法和不施粉黛的杨贵妃相比。

第三首回归现实，总承一、二两首，写尽牡丹、贵妃与君王。"名花倾国两相欢"一句，用"两相欢"将牡丹和"倾国"美人联系在一起，诗歌写到此处，才正面点出"倾国"的美人正是杨贵妃。"常得君王带笑看"一句中的"带笑看"，将牡丹、杨贵妃和唐玄宗三者融合在一起。这样写，既能讨得贵妃的喜爱，也能博得君王的欢心。由此引出第三句"解释春风无限恨"，此句显得水到渠成、顺理成章。最后，诗人通过"沉香亭北倚阑干"一句，巧妙地点出了唐玄宗和杨贵妃是在沉香亭北观赏牡丹的。

这组诗构思精巧，辞藻艳丽，句句金玉，字字流葩，而最突出的是将花与人浑融在一起写，人花交映，迷离恍惚，无怪乎深为玄宗欣赏。诗中"云想衣裳花想容"等都是清新自然的佳句。

【诗评】

三首人皆知合花与人言之，而不知意实在重人，不在花也，故以"花想容"三字领起。"春风拂槛露华浓"，乃花最鲜艳、最风韵之时，则其容之美为何如？说花即是说人，故下二句极赞其人。

——《诗法易简录》

长信怨

——王昌龄

奉帚平明金殿开[1]，暂将团扇共徘徊。

玉颜不及寒鸦色，犹带昭阳日影来[2]。

注释

①奉帚：手持扫帚。②昭阳：赵合德所居之昭阳宫。

【赏析】

本诗是诗人《长信秋词》五首之一，借描写汉代班婕妤失宠被贬长信宫的故事，以汉喻唐，表现了唐代被遗弃失宠宫女的幽怨之情。汉成帝时，班婕妤美而善文，起先很受成帝宠爱，可是后来成帝转而宠幸赵飞燕、赵合德姐妹，班婕妤为避赵氏姐妹妒害，随即恳请前往长信宫内侍奉太后，度过寂寞一生。古乐府歌辞中有一篇《怨歌行》（又名《团扇诗》），据传为班婕妤所写，其辞为："新裂齐纨素，皎洁如霜雪。裁为合欢扇，团团似明月。出入君怀袖，动摇微风发。常恐秋节至，凉飚夺炎热。弃捐箧笥中，恩情中道绝。"本诗中，班婕妤以不复使用的团扇来比喻失去君王宠爱的女子，以委婉的方式表达了内心深沉的怨愤。长信怨：一作《长信秋词》。长信：汉宫殿名。

诗的前两句描述的是班婕妤日常侍奉太后的事。天刚蒙蒙亮，金銮大殿开启之时，就是每日死板的打扫生活的开始，足见班婕妤日常生活之单调无味。闲暇时刻，她只能借手中之团扇徘徊踱步，求得片刻的安宁与思索的空间。也唯有此扇可以徘徊与共，分担其失宠的悲切命运。班婕妤孤寂无聊的心情在此展示得淋漓尽致。

后两句仍然借用班婕妤的故事，通过比喻和对比展现了一个失宠宫女内心的忧怨愤懑之情。寒鸦尚且可以自由飞翔于昭阳殿上空，分享皇帝恩德，而今处幽冷深宫之人却不及它——空有玲珑秀美的容颜，却只能无奈地在冷宫深处空耗似水年华。相形对比之下，更见宫人命运之悲。三、四句借寒鸦、日影为喻，想象奇特，设喻巧妙，素为人称赏。李瑛《诗法易简录》说："不得承恩意，直说便无味，借'寒鸦''日影'为喻，命意既新，措词更曲。"

全诗构思奇特，怨意悠远。

出　塞

——王昌龄

秦时明月汉时关，万里长征人未还。

但使龙城飞将在[1]，不教胡马度阴山。

注释

①但使：只要。龙城：在今河北省喜峰口一带，为汉代右北平郡所在地。汉武帝曾用李广为右北平太守。匈奴闻之，数年不敢来犯。龙城飞将：指西汉名将李广，匈奴称之为"汉之飞将军"。

【赏析】

这是一首著名的边塞诗，表达了诗人希望统治者起用良将，平定边塞战事，早日使百姓安居乐业的愿望。《出塞》本是乐府《横吹曲辞》的旧题，原诗二首，此为第一首。

诗的首句“秦时明月汉时关”从写景入手，勾勒出一幅冷月照边关的苍茫景色。本句使用了“互文”的修辞手法，不能从字面上理解为“秦时的明月汉时的关”。理解此句时，要把“秦时明月”“汉时关”的意思互相补充，简单来说就是“秦汉时的明月，秦汉时的关”。诗人要表达的意思是自秦汉以来，边关一直战乱不断，体现了时间的久远。第二句“万里长征人未还”，“万里”指边关和内地的距离，此是虚指，运用了夸张的手法。而“人未还”一语则令人联想到战争的残酷以及百姓承受的灾难，表达了诗人的无限愤慨之情。皎洁的月光和巍峨的边关，既引人感叹那自古以来就不曾停止的战争，又是古往今来的将士们驰骋疆场、奋勇杀敌的历史见证。

三、四句“但使龙城飞将在，不教胡马度阴山”，可见诗人将拯救苍生的希望寄托在良将身上。“龙城飞将”指汉武帝时功勋昭著的飞将军李广，但在此处却并不仅仅指李广，而是代指汉朝众多的抗匈名将。“不教”，意思是说不允许；“胡马”，代指入侵的外敌；“度阴山”，即越过阴山。阴山是我国北方东西走向的大山脉，汉代时为北方边地的天然屏障。这两句诗的意思是：“假设当年威震匈奴的飞将军李广尚在人间，绝不会允许外敌越过阴山”，诗意含蓄，表达巧妙。诗人将汉将抵御匈奴的历史与现实联系起来，就是希望边关有“不教胡马度阴山”的“龙城飞将”，以结束“万里长征人未还”的世世代代的悲剧。其实，这不仅是诗人的愿望，更是受尽战乱之苦的百姓的共同愿望。

本诗声调高亢，气势雄浑，场面宏大，历史感沉重，字里行间充满了强烈的爱国主义精神和激昂的战斗精神，因此被誉为唐代七绝诗的压卷之作，千古流传。

金缕衣

——杜秋娘

劝君莫惜金缕衣，劝君惜取少年时。

花开堪折直须折[①]，莫待无花空折枝。

注释

①直须：就须。

【赏析】

这首诗歌流行于中唐时期。诗以浅近的语言、形象的比喻，劝告人们不要追求荣华富贵，而要爱惜光阴，珍惜青春。全诗富有哲理性，含义深远。具体诗人是谁已不可考，有的唐诗选本将其作者直接注为杜秋娘。据记载，杜秋娘是金陵人，十五岁成为李锜之妾，后因李锜谋反被送入宫中，得到宪宗宠爱。后穆宗即位，封她为皇子傅母。皇子被废后，她回到故里，穷困凄苦，无依无靠。金缕衣，当属唐代乐府新题。

一、二句句式相同，都以“劝君”开始。“惜”字两次出现，但第一句是“劝君莫惜”，第二句是“劝君惜取”，形成重复中的鲜明对比。“金缕衣”是华贵之物，诗人却“劝君莫惜”，可见还有比它更珍贵的东西，那就是“少年时”。因此诗人“劝君惜取少年时”。诗人一劝再劝君，使用对白，情意殷切。第一句否定，第二句肯定，否定第一句是为了肯定第二句，这种写法使诗歌形成了一个反复咏叹的过程，使诗歌的旋律和节奏曲折缓慢，既体现了歌曲的韵律美，又展现了楚楚动人的风韵。

三、四句构成第二次反复和咏叹，还是强调莫负好时光。从句式来看，三、四句与一、二句类似，但在表现手法上又有所差异。一、二句直抒胸臆，三、四句却用了譬喻的方式，重复之中变化可见。三、四句不似一、二句那般句式整齐，但含义是彼此呼应恰到好处的。第三句劝告对方“有花”时应如何做，第四句假设“无花”时的后果。另外诗人又以“须”字和“莫”字对立，使两句话的意思紧密地联系起来。“有花堪折直须折”从正面劝告人们珍惜光阴、及时行乐；“莫待无花空折枝”从反面说不能珍惜时光的后果，再次表达同样的意思。这两句可以看做“劝君”的继续，但语调却由缓慢变得急促、激烈，力度很强。“花”字出现两次，“折”字竟然出现了三次，形成了一种回文式的美感。诗句大胆表达了对快乐的追求、对青春的热爱，热情真挚、豪放直率，令人深受感染。此外，一系列的字与字的重叠、句与句的反复，更使得诗歌朗朗上口，充满韵律美，含义也愈加显得悠远绵长。

卷二 宋词

菩萨蛮

——李 白

平林漠漠烟如织①，寒山一带伤心碧。暝色入高楼②，有人楼上愁。

玉阶空伫立③，宿鸟归飞急。何处是归程？长亭更短亭④。

注释

①平林：林树远望齐平之貌。②暝(míng)色：暮色。③伫（zhù）立：长时间地站着。④更：连续，连接。

【赏析】

词写思归之情。黄昏时分，作者伫立于高楼之上，眼前是一片苍茫暮色。平林、寒山、烟霭交织在一起，构成了一幅清冷凄迷的画面。见鸟儿归飞甚急，他心头泛起天涯游子的悲凉：鸟儿尚能归巢，而我的客居生活却不知何日结束；通往家乡的道路，长亭连接着短亭，漫长得望也望不到尽头！

【词评】

以词格论，苍茫高古，一气回旋。

——《唐词选释》

忆秦娥

——李 白

箫声咽①，秦娥梦断秦楼月。秦楼月。年年柳色，灞陵伤别②。

乐游原上清秋节③，咸阳古道音尘绝④。音尘绝。西风残照，汉家陵阙。

注释

①箫声咽：《列仙传》："箫史者，秦穆公时人也。善吹箫，能致孔雀、白鹤于庭。穆公有女字弄玉，好之，公遂妻焉。日教弄玉作凤鸣，居数年，吹似凤声，凤凰来止其屋。公为作凤台，夫妇止其上，不下数年，一日皆随凤凰飞去。"②灞陵：即"霸陵"，因汉文帝葬于此而得名，为唐人送别之处。③乐游原：在今陕西西安市南，是唐代的登游胜地。④咸阳古道：唐时从长安西去，咸阳为必经之地。音尘绝：音信断绝。

【赏析】

箫声呜咽，扰断秦娥梦境，她醒来看到月色朦胧。

多少次月下怀想，年年的杨柳枯荣，当年与恋人在灞陵分别的情景还历历在目。只是清秋节里,乐游原的胜景如今只能自己一人前去游赏，只是自从分别，迎来送往的咸阳古道便再没有传来他的消息。

音信全无，但苦盼依旧，西风残照中，汉家陵园外，是女子独自守候的身影。

【词评】

《菩萨蛮》《忆秦娥》二词，为百代词曲之祖。

——《唐宋诸贤绝妙词选》

秋风清

——李　白

秋风清，秋月明。落叶聚还散，寒鸦栖复惊。相思相见知何日，此时此夜难为情！

【词评】

几行如话的文字，一丝沁心的清寒，让人黯然神伤，同叹这万古惆怅。

【赏析】

秋风清，秋风明，独自静默怀远，词中人不胜伤怀。

落叶随风，聚而又散，乌鸦鸣寒，栖而复惊。别离以后，时常怅问的是“思念你，但不知何时才能再见你”；此时此夜，暗自叹息的是秋月秋风下，愈浓的思念让我难以为情。

渔歌子

——张志和

西塞山前白鹭飞[1]，桃花流水鳜鱼肥[2]。
青箬笠，绿蓑衣，斜风细雨不须归。

注释

①西塞山：即道士矶，在湖北大冶县长江边。②鳜（guì）鱼：俗名花鲫鱼,亦称“桂鱼”。

【赏析】

西塞山前悠闲地飞翔着几只白鹭，西塞山下桃花含笑，春江水涨，鳜鱼正肥。如果是晴天前往自可感受春之明丽，如果赶上丝丝细雨，便可戴起青箬笠，披上绿蓑衣，在斜风细雨中闲支钓竿，感受春的温柔。这首小令是渔歌，写的是渔隐之乐，轻轻数语，不但写尽春意美景，更写出作者恬和淡雅的情怀。

调笑令

——戴叔伦

边草，边草，边草尽来兵老。山南山北雪晴，千里万里月明。明月，明月，胡笳一声愁绝[1]。

【赏析】

词写一位戍边老兵思乡的悲苦：边塞的野草啊，边塞的野草！当你葱郁的生命即将枯萎时，我这久戍的士兵也熬老了。这里山南山北都被茫茫白雪覆盖，凄清，洁净；每当千里万里同看一轮明月升起，我便对着它思念我的故乡。明月啊，明月，悲凉的胡笳声响起，我就会十分忧伤，愁绪满怀。

注释

①胡笳：古代北方民族的一种吹奏乐器，似笛。

调笑令

——王 建

团扇[1]，团扇，美人病来遮面。玉颜憔悴三年，谁复商量管弦？弦管，弦管，春草昭阳路断[2]。

注释

①团扇：圆形的扇子。②昭阳：昭阳殿。汉成帝与宠妃赵合德歌舞行乐的地方。

【赏析】

词中美人因病憔悴三年，再也唤不回陪伴君王调弦弄管、商量歌舞的日子，因而叹息春天虽来，然而承恩受宠的“昭阳路”已断，剩下的只有凄恻忧伤。

竹枝词

——刘禹锡

山桃红花满上头，蜀江春水拍山流。
花红易衰似郎意，水流无限似侬愁[1]。

注释

①侬（nóng）：我。

【赏析】

满山遍野火红的山桃花，拍山而流的蜀江春水。女子用山桃开放得热烈但却不能长久比喻情郎对自己的情意之浅溥，用无休无止的水流比喻自己深深的哀愁。小令充满了民歌情调，真挚朴素，十分感人。

潇湘神

——刘禹锡

斑竹枝，斑竹枝，泪痕点点寄相思。楚客欲听瑶瑟怨，潇湘深夜月明时。

【赏析】

湘妃竹上的点点与斑斑，是传说中娥皇、女英在舜帝去世后因为思念而留下的泪痕。作者贬谪楚地，对竹凭吊，心中满是哀怨。他说在楚地为客的人如果想要听到湘灵弹奏的《瑶瑟怨》，就须要等到潇湘深夜月明时分。

忆江南

——白居易

江南好，风景旧曾谙[1]。日出江花红胜火，春来江水绿如蓝[2]，能不忆江南？

注释

①谙（ān）：熟悉。②蓝：蓝草，其叶可制青绿染料。

【赏析】

这一首以色彩取胜,作者不遗余力，以浓墨重彩渲染江南风景。然而这色彩与画布上所能呈现的又有不同，因为花红胜火、水绿如蓝的描绘不仅有色，更带出了春天热烈奔放、蓬勃兴旺的生意。这种高度的艺术提炼，千百年让人们永忆这胜似画图的江南春。

长相思

——白居易

汴水流[1]，泗水流[2]，流到瓜洲古渡头[3]。吴山点点愁。

思悠悠，恨悠悠，恨到归时方始休。月明人倚楼。

注释

①汴水：源于河南，与泗水合流后入淮河。②泗水：源于山东曲阜，至徐州与汴水合流入淮河。③瓜洲：在今江苏省扬州市南面，因形状似瓜而得名。

【赏析】

此词写一位女子对于远行的爱人的思念。汴水汇入泗水后经瓜洲渡而入淮河，这大概也就是女子的丈夫出行时所走的路线。行人至今未归，女子望穿秋水，心中千般惦念万般相思结成了忧丝愁网，纠缠难解，无怪乎在她眼中那点点吴山似也知情识意地黯淡了颜色，与她一起忧愁。

她想啊，盼啊，由爱而生恨，恨丈夫的久出不归。然而这恨却是有期限的，那就是丈夫归来之时。

月明星稀的夜晚，她又如往常一样地倚楼独坐，默默地在思索着些什么……

花非花

——白居易

花非花，雾非雾。夜半来，天明去。来如春梦不多时，去似朝云无觅处。

【赏析】

这是一首描写歌妓的词。作者形容歌妓似花而不是花，似雾而不是雾，不但写出了她们的美丽、轻盈和绰约的风姿，同时表现出她们神秘飘忽、难以捉摸的特征。她们夜半前来侑酒侍宴，天明之时便各自离去，来如美好短暂的春天梦境，去似朝云流散，无觅踪影。

浪淘沙①

——白居易

借问江潮与海水，何似君心与妾心？
相恨不如潮有信，相思始觉海非深。

注释

①《浪淘沙》：本是白居易的自度曲，形式与七言绝句相同，到宋代逐渐发展为长短句。

【赏析】

盼人不归的女子借问江潮与海水：何似君情，何似妾心？她恨情人不能像潮水一样来去有定时，想他的时候她深深地体会到，海深不如思念之深。

【词评】

小令的言语通俗活泼，寓情朴素深挚，女子多情而专爱的形象呼之欲出。

采莲子

——皇甫松

菡萏香连十顷陂[①]，小姑贪戏采莲迟。晚来弄水船头湿，更脱红裙裹鸭儿。

注释

①菡萏（hàndàn）：荷花。陂（bēi）：池塘。

【赏析】

此词刻画了一位天真活泼的少女形象。十里荷塘，处处洋溢着荷花的清香，这位小姑娘玩耍其中，几乎忘记了还有莲蓬要采。天色渐晚，可她却不着急不着慌，坐在船头赤脚打着水，将船头溅得湿淋淋的。眼见她站起身来，还道她是要撑船回家了，哪料到她脱下了自己的红裙，轻轻地将鸭儿裹抱。

【词评】

这首小令虽然简短通俗，却将少女清纯可爱、活泼顽皮的形象刻画得惟妙惟肖，充满着生活的情趣。

梦江南

——皇甫松

兰烬落[①]，屏上暗红蕉。闲梦江南梅熟日，夜船吹笛雨潇潇。人语驿边桥[②]。

注释

①兰烬：香烛的余烬。②驿：驿亭，古时公差或行人休息的地方。

【赏析】

此词写作者梦回江南的情景。夜已深沉，香烛燃尽，屏风上艳红的美人蕉图案也随之黯淡了下去。寂寞的作者闲梦起那个梅子初熟的江南夏日，那天的潇潇夜雨，还有客船上传来的悠悠笛声。作者的梦并非是真梦，而是回忆。“人语驿桥边”写出别离，还有依依不舍的呢喃细语。

望江南

——温庭筠

梳洗罢，独倚望江楼。过尽千帆皆不是，斜晖脉脉水悠悠。肠断白蘋洲。

【赏析】

这是一首很有名的小令，写的是闺思。女子自清晨梳洗完毕便倚楼眺望直到夕阳西下，看千帆过尽，独不见游子的归船，心中满是伤感与失望。“斜晖脉脉水悠悠”不但写景，同时也是写倚楼人的情脉脉、思悠悠，而“肠断白蘋洲”的戛然而止，语简、情深，余意不尽。

【词评】

痴迷、摇荡、惊悸、惑溺，尽此二十余字。

——《草堂诗余别集》

菩萨蛮

——温庭筠

小山重叠金明灭①，鬓云欲度香腮雪②。懒起画蛾眉，弄妆梳洗迟③。

照花前后镜，花面交相映。新帖绣罗襦④，双双金鹧鸪⑤。

注释

①小山：指屏风上所画的小山。②鬓云：似云般的鬓发。③弄妆：梳妆打扮。④罗襦（rú）：丝绸短袄。⑤金鹧（zhè）鸪（gū）：指用金线绣成的鹧鸪鸟。

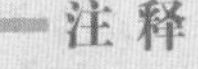

【赏析】

画屏上重叠的小山伴随着阳光的移动忽明忽暗，暗示出时间已经不早了。美人缓缓起得床来，光滑的秀发半垂香腮，宛如乌云度雪。她懒洋洋地起身画蛾眉，恹恹无聊地梳洗上妆。梳妆完毕后用前后两面镜子察看面容发髻是否都已满意，双镜辉映着她如花般的容貌。词文最后写美人新制罗袄上金线绣成的一对鹧鸪，以它们的华丽但却没有生气衬托美人的生活，以它们的成对成双对比美人的孤单寂寞。深含“岂无膏沐，谁适为容”的幽怨。

更漏子

——温庭筠

柳丝长，春雨细，花外漏声迢递[1]。惊塞雁，起城乌，画屏金鹧鸪。

香雾薄，透帘幕，惆怅谢家池阁[2]。红烛背，绣帘垂，梦长君不知。

注释

①漏声：更漏的滴水声。迢（tiáo）递：遥远。②谢家：此处指代闺中。

【赏析】

柳丝长长，春雨绵绵，花外传来悠远漏声。漏声清寥，惊起栖于关隘的大雁，惊起宿于城头的乌鸦，但无动于闺阁内画屏上的金鹧鸪。闺阁内香雾缥缈，透入层层帘幕，弥漫了女子的卧榻。女子惆怅不眠，继而背向红烛，放下绣帘，欲寻一梦，在梦中与他相会；却又不禁想到：纵使一夜长梦，他也未必知道，自己这份痴情终是徒劳无益啊。

【词评】

"梦长君不知"，在似说未说间戛然而止，留给人一片余味不尽的空白，这就是典型的温词风格。

菩萨蛮

——韦 庄

人人尽说江南好，游人只合江南老。春水碧于天，画船听雨眠。

垆边人似月[1]，皓腕凝霜雪。未老莫还乡，还乡须断肠。

注释

①垆边人：卖酒的姑娘。垆：放酒坛子的土墩。

【赏析】

"人人尽说江南好，游人只合江南老。"江南的美好是人人皆知的，但没有真正到过江南的人恐怕不会有如此强烈深刻的感受。碧于天的春水，听雨眠的画船，这般景致情调，已经令人流连忘返，不思归计，哪堪再被那皓腕凝雪、当垆卖酒的"垆边人"含情相视？无怪乎作者会发出"未老莫还乡，还乡须断肠"的感慨。

【词评】

词写江南景好，更写江南人妙，旨在抒发作者对它无限的爱恋，可与白居易的《江南好》并读。

女冠子

——韦庄

四月十七，正是去年今日，别君时[1]。忍泪佯低面[2]，含羞半敛眉。

不知魂已断，空有梦相随。除却天边月，没人知。

注释

①君："君"可以指男也可以指女，此处当是指韦庄的旧恋人。②佯：假装，有意掩饰。

【赏析】

四月十七日这天对于作者来说是一个特殊的日子，去年的这一天，他离开了自己心爱的人。他还能清楚地记得离别时刻她假装低头实则强忍泪水的样子，忘不掉她娇羞可人的面容，还有那半蹙的柳眉间隐约可见的忧伤。作者与她分别时但觉肝肠寸断，分别后则是魂系梦牵。

岁月流逝，转眼间一年过去，伊人已不知去向。今天，四月十七，他仰望夜空，向她遥寄自己难释的情怀，叹息情之深、思之苦怕只有天边的月儿才能明了。

女冠子

——韦庄

昨夜夜半，枕上分明梦见。语多时。依旧桃花面，频低柳叶眉。

半羞还半喜，欲去又依依[1]。觉来知是梦，不胜悲。

注释

①依依：恋恋不舍的样子。

【赏析】

作者于梦中见到了朝思暮想的她，并向她倾诉了多时。她依旧是那样的美丽可人，面似桃花，频频低下柳叶一样的眉毛；半带娇羞，半带喜色，欲走还留，依依不舍。

一觉醒来，知道一切都是梦境，作者不胜悲怀。

【词评】

词写离别情深，语淡而悲，尤见沉挚。

思帝乡

——韦　庄

春日游，杏花吹满头。陌上谁家年少、足风流[①]。妾拟将身嫁与、一生休[②]。纵被无情弃，不能羞。

注释

①陌：田间小道。②拟：打算。

【赏析】

春游中的少女在田间小路上偶遇少年，少年的风流潇洒深深地打动了女子，让她顿生爱慕之情。冲动之下，女子暗自在心中作出了要将终身托付给少年的决定，并且愿意为这样的决定承担风险，所谓“纵被无情弃，不能羞”——就算是有一天被无情地抛弃，我也是无怨无悔。

【词评】

小令将少女的活泼、泼辣、敢于追求、敢于去爱的性格表现得真实而生动，在礼教社会中很少见到这样炽烈直白的爱情。

浣溪沙

——薛昭蕴

红蓼渡头秋正雨[①]，印沙鸥迹自成行。整鬟飘袖野风香[②]。

不语含颦深浦里[③]，几回愁煞棹船郎。燕归帆尽水茫茫。

注释

①蓼（liǎo）：水蓼。生于水边，花白色或浅红色。②整鬟：梳理头发。③含颦（pín）：愁眉不展。浦：水滨。

【赏析】

秋雨渡头，红蓼深浦，沙滩上印着成行的燕鸥足迹。一位女子独立渡口，时而用手理一下被风吹乱的鬟发，冷冷的空气中，飘散着她罗袖里透出的清香。她是在送别爱人，当爱人的小舟即将离岸而去，她的眉头紧锁、愁容满面又怎能不让他牵肠挂肚，欲走还留？这送别时分的儿女情长是撑船人眼中的麻烦事，但饱含着离人千般的难分难舍。

天色渐晚，燕子回巢，爱人的小船早已在视线中消失，而女子却还在江边久久伫立，眼前是一片烟水茫茫。

梦江南

——牛 峤

衔泥燕，飞到画堂前。占得杏梁安稳处，体轻唯有主人怜。堪羡好姻缘。

【赏析】

本篇为咏物词，借咏燕写闺怨。春日里，一双燕子飞去飞回，正匆匆忙忙地衔泥筑巢。它们将巢安在房屋的杏色梁栋之上，小夫妻从此有了安身落脚的地方，成就了美好的姻缘。这一幕被屋内的女子看在眼里，羡慕在心中。燕子双宿双飞，可自己却终日独守空闺，打发着寂寞无聊的时日，她的心头不禁泛起阵阵悲酸。虽然形影不离、恩恩爱爱的只是燕子，但看着它们过着幸福生活，总算让女子冰冷的世界里多了一丝暖意，她因而对它们格外怜爱，就像呵护自己理想中的爱情。

【词评】

小令含蓄委婉，情感真挚，音韵悠扬，如秋水芙蓉，倚风自笑。

生查子

——牛希济

新月曲如眉，未有团意。红豆不堪看①，满眼相思泪。

终日劈桃穰②，人在心儿里。两朵隔墙花，早晚成连理③。

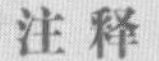

注释

①红豆：又名相思子。王维《相思》有："红豆生南国，春来发几枝。劝君多采撷，此物最相思。"②桃穰（ráng）：桃核。③连理：指不同根却生长在一起的草木。

【赏析】

词写少女苦恋之情。上阙写女子眼含相思热泪，不忍看窗外红豆累累；见新月如眉，更觉团圆的遥遥无期。将相思之苦刻画得入木三分。下阙用"终日劈桃穰，人在心儿里"比喻恋人深藏在自己心里，含蓄道出此生不渝的深深情意。结句更以"两朵隔墙花，早晚成连理"寄托出有情人终成眷属的执著信念。

【词评】

以南朝乐府民歌风味抒写爱情，以景物喻情，以谐音寓意，反复咏叹，足见情深。

巫山一段云

——李 珣

古庙依青嶂①，行宫枕碧流②。水声山色锁妆楼③，往事思悠悠。

云雨朝还暮④，烟花春复秋。啼猿何必近孤舟，行客自多愁。

注释

①青嶂：青翠的山峰。②行宫：当指高唐宫观。宋玉随楚襄王游云梦台馆，望高唐宫观，言先王（怀王）梦与巫山神女相会于此。③妆楼：指女子梳妆起居之所。④云雨句：宋玉《高唐赋》言楚怀王曾与巫山神女幽会，神女辞别时说自己“旦为朝云，暮为行雨”。

【赏析】

神女祠坐落在青翠的巫山脚下，细腰宫枕着碧澄的溪流。在水声山色中，作者望见宫墙内的妆楼，不禁想起楚怀王梦会巫山神女的前尘往事。他继而因这段象征着男欢女爱的传说忆起自己轻狂的年少，那时的自己终日混迹于烟花柳巷，遍尝了感情的苦辣酸甜，经历了几多欣慰，几多哀愁，荒废了多少青春岁月；如今思来，怎不让人悲慨万分？伤情之下，作者已无法再承受山间传来的猿猱哀鸣声，他不禁向这猿声抱怨道：“何必一再地要飘进我这小舟呢，行人已经不胜忧愁了。”

南乡子

——李 珣

乘彩舫，过莲塘。棹歌惊起睡鸳鸯①。游女带香偎伴笑，争窈窕，竞折团荷遮晚照②。

注释

①棹歌：船歌。②竞：竞相。

【赏析】

词写一群姑娘在夏日莲塘中泛舟游乐嬉戏的情景。她们乘着画船，笑着，闹着，相互依偎着，唱起清悠婉转的船歌，欢声笑语充斥在莲塘的上空，沉睡的鸳鸯也为之惊醒。当太阳走到了天的西边，她们又竞相折下荷叶，用它来遮挡晚照。其实遮挡晚照是假，看谁在柔美霞光的衬托下最为美丽才是真。

【词评】

小令得东粤民歌风情，以简单明快的语言将姑娘们天真而妩媚的姿态，活泼而俏丽的风神展现得惟妙惟肖，洋溢着浓郁的生活气息，是花间词中的佳作。

诉衷情

——顾敻

永夜抛人何处去①？绝来音。香阁掩，眉敛，月将沉。争忍不相寻②？怨孤衾③。换我心，为你心，始知相忆深。

注释

①永夜：长夜。②争忍：怎忍。③衾：被子。

【赏析】

长夜漫漫，心上人丢下自己，音信全无，不知所踪。女子虚掩房门，半皱柳眉，静坐良久，直到月儿将沉。不眠是因为相思，她又因相思而生怨，怨枕只被单，怨自己无法不想他。她说：将我的心换成了你的心，你就会知道我对你的依恋是多么深挚了！

【词评】

王国维《人间词话》中说它与一般词家以景寓情不同，属于“专作情语而绝妙者”，并称“此等词古今不多见”。当代词学家刘永济也说：“此乃人人意中语，却能说出，所以可贵。”

浣溪沙

——孙光宪

蓼岸风多橘柚香，江边一望楚天长。片帆烟际闪孤光。

目送征鸿飞杳杳①，思随流水去茫茫。兰红波碧忆潇湘。

注释

①征鸿：远飞的大雁。

【词评】

此词寓情于景，用递增法，句句景，句句情，愈转愈深，历来为评论家们所称道。

【赏析】

词写送别。凉秋季节，作者于长满蓼花的江岸目送友人的小船渐行渐远，心中有说不出的伤感和眷恋。那片孤帆在日光下闪闪烁烁，若隐若现，最后消失在楚天辽远的天际。此时伴随在作者身边的，只剩下阵阵冷风，还有弥散在风中的橘柚的清香。

朋友之去，宛如大雁远飞，而作者的思绪也随着载送朋友行舟的流水茫茫远去。他希望友人能记住这里盛开的红兰，澄碧的江水，记住美丽的潇湘，记住生活在潇湘的自己。

谒金门

——冯延巳

风乍起[①]，吹皱一池春水。闲引鸳鸯香径里，手挼红杏蕊[②]。

斗鸭阑干独倚，碧玉搔头斜坠[③]。终日望君君不至，举头闻鹊喜[④]。

注释

①乍：忽然。②挼（ruó）：揉搓。③碧玉搔头：即碧玉发簪。④闻鹊喜：古人认为闻鹊声意味着有喜事来临。

【赏析】

忽然到来的一阵和风，不但吹得一池春水波光粼粼，更让一位思妇的心中荡起了波澜。春光正好，她时而于花径之上闲引鸳鸯，时而百无聊赖地揉搓红杏花蕊，时而闲倚着栏杆看鸭儿争斗，出神得连碧玉发簪斜坠到鬓边也没有意识到。是鸭儿争斗使女子聚精会神地观赏而忘了自己吗？——是孤独的愁思让她走了神，她正为“终日望君君不至”而愁苦和恹恹着。

深锁的庭院，隔绝了尘世，却将思念之情浓缩。当几声喜鹊的喧闹传入女子耳中，她抬起头来，满脸是对郎君归来的喜讯的渴盼。

鹊踏枝

——冯延巳

谁道闲情抛掷久？每到春来，惆怅还依旧。日日花前常病酒[①]，不辞镜里朱颜瘦。

河畔青芜堤上柳[②]，为问新愁，何事年年有？独立小桥风满袖，平林新月人归后。

注释

①病酒：因常醉酒而病。②芜（wú）：小草。

【赏析】

谁说闲情抛弃了很久，作者说，每到春来，他还是惆怅依旧。作者的闲情缘于惜春，他面对鲜花而心忧明媚春光转瞬即逝，所以日日病酒遣怀，不辞镜里容颜日渐消瘦。

漫步在堤岸，看到河畔草青青，堤上柳依依，作者问起为何新愁如青草、绿柳一样春来即长，年年不尽。他独立小桥，任凉风鼓荡衣袖，直到新月从平齐的树林间升起，直到行人尽归，月明林静。

【词评】

词虽然从春愁写起，但文行至结尾处，其中所蕴含的伤感情绪却要广义得多。表达个性鲜明的感情意境，是冯词特点，影响到北宋晏殊、欧阳修等人。

清平乐

——冯延巳

雨晴烟晚，绿水新池满。双燕飞来垂柳院，小阁画帘高卷。

黄昏独倚朱阑[1]，西南新月眉弯。砌下落花风起，罗衣特地春寒[2]。

注释

①朱阑：红色栏杆。②特地：特别，异常。

赏析

雨过天晴，暮烟渐浓，雨后的一池绿水更加新鲜饱满。一双燕子比翼飞来栽种着垂柳的庭院，庭院里的闺阁画帘高卷。女主人公独倚窗前的红色栏杆，由黄昏坐到西南天空升起眉弯新月，坐到楼下石阶刮起落花夜风，身着罗衣的她，但觉今夜春寒让人格外难耐。

【词评】

通过“双燕飞来”“画帘高卷”写少妇思春之情，通过“落花风起”、罗衣寒来写她惜春恐老的感慨，艺术手法极为高超。

长命女

——冯延巳

春日宴，绿酒一杯歌一遍[1]，再拜陈三愿[2]：

一愿郎君千岁，二愿妾身常健；三愿如同梁上燕，岁岁长相见。

注释

①绿酒：新酿的米酒。未经过滤的新酒，上面浮有绿色的泡沫，故称。②陈：陈述。

赏析

此词以一个女子的口吻说出了她的三个心愿：一愿郎君长寿，二愿自己永远健康，三愿两人如同梁上燕，每年都能有相见的时候。值得玩味的是，“如同梁上燕”的祝愿透露出了女子的身份。因为燕子是候鸟，并不是一年四季都在同一个屋檐下住着，所以曲中的这对恋人并非是长相厮守的正式夫妻，女子也应是歌妓一类的身份，但这并不成为男女间深深情意的梗碍。

【词评】

词文充满着浓郁的民歌情调，质朴率真中但见女子的情深意长。平凡情境有极美意境，“虽置在古乐府，可以无愧”。

——《能改斋漫录》

浣溪沙

——李　璟

手卷珠帘上玉钩，依前春恨锁重楼。风里落花谁是主？思悠悠。

青鸟不传云外信，丁香空结雨中愁。回首绿波春色暮，接天流。

【赏析】

轻卷珠帘，闲挂玉钩，年年依旧的春恨笼罩着重重阁楼；风起花落，落花有谁为之做主，词人思绪悠悠，总盼青鸟能带来云外的慰抚，但唯有雨中的结子丁香，伴他一同凝愁。情深无奈，词人怅然回望，充然在目的是将尽的春色，还有一波绿水流向暮色苍茫的天边，便似他弥漫于无际的脉脉忧愁。

【词评】

全词情景融为一体，气象雄伟，意境深沉委婉，留有余韵，称词中之神品，不为过誉。

——《唐宋词赏析》

乌夜啼

——李　煜

昨夜风兼雨，帘帏飒飒秋声。烛残漏断频欹枕[1]，起坐不能平。

世事漫随流水，算来一梦浮生。醉乡路稳宜频到，此外不堪行。

注释

①漏：漏壶，古代滴水计时的仪器。欹：通“倚”。

【赏析】

昨夜风和雨，帘帏间沙沙作响的，是凄凉萧瑟的秋声。蜡烛已残，滴漏已断，夜已经很深的时候，词人还是辗转反侧，频频拽枕斜靠，甚至起得床来，始终是难以为眠。不眠是因为回忆侵上心头，那空随流水的往事前情，恍若一梦的命运变幻让词人不堪回首，清醒面对现实的痛苦让他不断前往醉乡寻求解脱。

用酒麻醉，似乎是最好的办法，深夜醒而不眠的词人，伤叹“此外不堪行”。

【词评】

词文不务藻饰,只作白描，是作者用一己之悲表现出了人生最普遍的感慨，难怪千百年来人人感动。

虞美人

——李煜

注释

①砌：台阶。

春花秋月何时了，往事知多少？小楼昨夜又东风，故国不堪回首月明中。

雕栏玉砌应犹在[1]，只是朱颜改。问君能有几多愁？恰似一江春水向东流。

【赏析】

春花秋月本是世间美好的景物，然而李后主却发出了“何时了”的感慨，因为春花秋月会引他想起那风流旖旎的过往。只是时移世变，如今身为臣虏，过往因而变得那样的不堪回首。

欲思不忍，不思却不能，后主想到了故国的宫殿，想着那雕花的栏杆，白玉的台阶应还在，不禁叹息红润的容颜却已更改。他自问心中到底有多少忧愁，怅然自答：“那便似一江春水向东流。”

【词评】

尼采谓：“一切文学，余爱以血书者。”后主之词，真所谓以血书者也。

——《人间词话》

相见欢

——李煜

无言独上西楼，月如钩。寂寞梧桐深院锁清秋。

剪不断，理还乱，是离愁。别是一般滋味在心头。

【赏析】

全词明白如话，却蕴含着无限的愁苦情绪，字里行间都能感受到作者深深的落寞与惆怅。他清楚地知道，所有的这些痛苦，都起因于他心中缱绻不去的阵阵“离愁”。这离愁，是告别故国时说不尽的悲痛与悔恨；这离愁，是面对宫人相送时满面的泪水和愧疚；这离愁，是沦为臣虏后对往事的欲思不忍、罢思不能；这离愁，像千万条没有头没有尾的丝织成的网笼罩在心头，剪不断，理还乱,正所谓“别是一般滋味”，让作者无从解脱，苦不堪言。

【词评】

此词最凄婉，所谓“亡国之音哀以思”。

——《唐宋诸贤绝妙词选》

长相思

——李　煜

一重山，两重山，山远天高烟水寒。相思枫叶丹。

菊花开，菊花残，塞雁高飞人未还。一帘风月闲[1]。

注释

①风月：指男女情爱。

【词评】

词以清淡之笔、质朴语言写怀远之思，情韵高远，耐人寻味。

【赏析】

词写闺情。女子的丈夫去了北国，久久未归，这让深闺中的她惆怅不已。如今又到秋天，她日日远眺，希望能在这万物思归的季节盼回丈夫；然而，充满她视野的只有寥廓的天际，重重的山峦和浩渺的烟水。这些都是她与丈夫之间的阻隔啊，并且随着秋凉的到来显得格外的冰冷和寒气袭人，她与之抗衡的，只有那如红枫般已经烧得热烈的相思之心。

寒暑交替，花开花残，青春在空自守候中慢慢流逝，她如何能对他毫无怨言？那高飞的大雁北往南迁尚且有个时日，而他的归来却是遥遥无期，他是否忘记了家中还有娇妻？

闺中之苦，苦在思念，苦在一帘柔情爱意无从给予他。

浪淘沙

——李　煜

帘外雨潺潺[1]，春意阑珊[2]，罗衾不耐五更寒。梦里不知身是客，一晌贪欢[3]。

独自莫凭栏，无限江山。别时容易见时难。流水落花春去也，天上人间。

注释

①潺（chán）潺：雨水声。②阑珊：残，将尽。③一晌（shǎng）：片刻，一会儿。

【赏析】

帘外雨声潺潺，听雨声便可晓得，春天将过。

五更梦断，是因为罗被难以抵挡破晓前的寒气，作者因寒冷而醒，醒来回想梦境，深叹梦中可以忘掉现实的残酷，享受须臾的欢乐。

他继而警醒自己：独自不要凭栏怀远吧，那南国的无限江山是别时容易见时难。悠悠过往真如水流花落春去，离开故土以后，人生从此由天上而人间。

清平乐

——李煜

别来春半，触目愁肠断。砌下落梅如雪乱，拂了一身还满。

雁来音信无凭，路遥归梦难成。离恨恰如春草，更行更远还生。

【赏析】

从弟弟入宋到现在，春已过半，看到春光仍在一点一滴地流逝着，作者愁情无限。

伫立在台阶上，阶下落梅似雪般纷乱，花瓣沾衣，拂去一身片刻便又落满。

有雁飞过，但不曾带来远人的片纸音讯，山长水阔，远路使梦中也难觅归影。

作者离恨满怀，他将之比为春草，无处不在，无限地蔓延，滋生。

【词评】

写落梅似雪乱，拂了一身还满透露出词人愁思的纷乱和挥之不去；写恨如春草，强调出恨的日益增长。

此词即景生情，情景交融，充分表现了李后主丰富的生活感受和深厚的艺术功力，无怪乎有人慨叹："做个才人真绝代，可怜薄命做君王。"

捣练子令

——李煜

深院静，小庭空，断续寒砧断续风①。无奈夜长人不寐，数声和月到帘栊②。

注释

①寒砧：指深秋夜晚传来的捣衣之声。砧（zhēn）：捣衣石。②帘栊（lóng）：挂有帘子的窗户。栊：窗框。

【赏析】

秋天的深夜，空静的庭院，断断续续的秋风吹送着断断续续的捣衣声。长夜漫漫，人儿辗转难眠，无奈那捣衣声，和着秋风，伴着月明，偏偏又来到了她的窗户上。

【词评】

全词看来无一惊人之语，却活画出一个闺中思妇的形象。俞陛云《南唐二主词辑述评》中说：此词"通首赋捣练，而独夜怀人情味，摇荡于寒砧断续之中，可谓极此题能事"。

破阵子

——李煜

四十年来家国[①]，三千里地山河。凤阁龙楼连霄汉，玉树琼枝作烟萝。几曾识干戈[②]？

一旦归为臣虏，沈腰潘鬓消磨[③]。最是仓皇辞庙日[④]，教坊犹奏别离歌[⑤]。垂泪对宫娥。

【赏析】

以阶下囚的身份对亡国往事作痛定思痛之想，自然不胜感慨系之。四十年来家国基业，三千里地的秀美河山，耸入云霄的凤阁龙楼，玉树琼枝般的奇花佳木，看惯了歌舞升平的后主何曾识得干戈。

只是一朝成为臣虏，他的精神与肉体都倍感折磨。最让他失魂落魄的记忆是那辞别宗庙、肉袒北上的日子，旧臣都已风流云散，只剩教坊之人仍前来为他奏起别离悲歌，后主千言万语终作无声泪水，他垂泪对宫娥。

注释

①四十年句：南唐始祖建国到最后为宋所灭，历三朝共三十八年。②干戈：指战争。③沈腰：《南史·沈约传》记载，沈约怀才不遇，曾写信给好友说自己因病消瘦，以至于要收束腰带。后人因以形容人憔悴消瘦。潘鬓：晋潘岳《秋兴赋》序中云："余春秋三十有二，始见二毛。"后人因以形容人的鬓发斑白。④辞庙：辞别宗庙。指离开南唐祖业，被押赴宋廷。⑤教坊：古时宫廷中管理音乐的官署。

【词评】

吴梅的《词学通论》中说："二主词，中主能哀而不伤，后主则近于伤矣。然其用赋体不用比兴，后人亦无能学者也。"说出了李煜词直抒胸臆的特点。

临江仙

——徐昌图

饮散离亭西去，浮生常恨飘蓬[①]。回头烟柳渐重重。淡云孤雁远，寒日暮天红。

今夜画船何处？潮平淮月朦胧。酒醒人静奈愁浓[②]。残灯孤枕梦，轻浪五更风。

注释

①飘蓬：飘飞的蓬草，古人常以飘蓬比喻人的漂泊不定。②奈：怎奈，奈何。

【赏析】

饯别宴散，离亭西去，作者踏上了另一段征程。他怨恨这飞絮飘蓬般四处流落的生活，但行舟一发，岸边烟柳便无可避免地模糊起来，举目所见：淡云孤雁远，寒日暮天红。

自问今夜泊船何处，推想中应在那月光朦胧、潮平浪轻的淮河岸边。作者暗自思忖：那该是一个怎样的夜晚？在人皆睡去的静谧里，在酒的麻醉作用退去之后，在只有残灯与孤枕相伴的深更，哪怕徐风轻浪，自己也会因之而从梦里惊醒，继而陷入长长的忧愁与乡思当中。

【词评】

词人以沉郁之情写凄情之景，因而形成词境的深浑厚重。俞陛云评"残灯孤枕梦，轻浪五更风"云："状水窗风景宛然，千载后尤想见客中情味也。"

——《五代词选释》

菩萨蛮

——敦煌曲子词

枕前发尽千般愿：要休且待青山烂[1]。水面上秤锤浮，直待黄河彻底枯。

白日参辰现[2]，北斗回南面。休即未能休，且待三更见日头[3]。

注释

①休：休弃。②参（shēn）辰：皆为星宿名。参星在西，辰星（即商星）在东，此消彼现，永不相见。③三更见日头：意谓半夜三更看见太阳。

【赏析】

全词从爱情的巅峰一泻而下。爱极深而惧变，于是她在枕前反复立誓发愿：和我分手须等到青山烂，黄河彻底枯，水面上浮秤锤，大白天看到参星、辰星一起出现，北斗星跑到了南天。如此还嫌不够，女子继而又追加道：即使这些事情全部实现也还不能分手，你须半夜三更看到太阳！

【词评】

此词用博喻法，女子一口气举出“青山烂”“秤锤浮”等六事喻爱之坚贞，感由心动，又以口写心，典型民歌风格也。

——《唐宋词选释》

鹊踏枝

——敦煌曲子词

叵耐灵鹊多谩语[1]，送喜何曾有凭据？几度飞来活捉取，锁上金笼休共语。

比拟好心来送喜[2]，谁知锁我在金笼里。欲他征夫早归来，腾身却放我向青云里。

注释

①叵（pǒ）耐：不可忍耐。灵鹊：古人认为鹊能报喜，故称“灵鹊”。谩（màn）语：不实之语。②比拟：原来准备。

【赏析】

此词通过人与鹊的对话来传达闺情。上阙是少妇语，她在责怪喜鹊：我真是再也受不了你的虚言妄语了，你每每来送喜，可是何曾灵验过？我如今将你逮住锁在笼里，你且安安静静地反省一下吧！

下阕是喜鹊语，它满腹委屈地说：我来送喜是好心啊，可你却把我锁在了笼子里。继而又满含期待地叨念：让她的丈夫早些归来吧，我想，到那时候，他一定会打开笼门，腾身将我放飞向青云里。

【词评】

灵鹊报喜是我国民俗。《西京杂记》有“干鹊噪而行人至”一条。此词上片是少妇迁怒灵鹊，下片是善良灵鹊表白委屈和祝愿，两片合成，活生生看见少妇思夫的深情。

浣溪沙

——敦煌曲子词

五两竿头风欲平[1]，张帆举棹觉船轻。柔橹不施停却棹[2]，是船行。

满眼风光多闪烁，看山恰似走来迎。子细看山山不动[3]，是船行。

注释

①五两：古人测风力、风向，以鸡毛五两系于竿头，视鸡毛为风动之状貌来判断风势。②橹：比桨长大的划船工具,安在船尾或船旁。③子细：仔细。

【赏析】

竿头五两已然被风吹得平直了，足见风势之大，在这样的风势之下张帆举棹，船儿的轻快是可以想见的。不用摇橹，停住长棹，让船自在地顺风而行，满眼的风光明灭隐约，令人心旷神怡；前方青山越来越近，好似走上前来热情相迎。

但仔细看山山不动，船上人方才从错觉中醒识到：是船在行。

【词评】

文章写行船感受，真切生动，意趣天成。暗示之妙，出自天然，这是敦煌词特点之一。

望江南

——敦煌曲子词

天上月，遥望似一团银。夜久更阑风渐紧[1]，与奴吹散月边云。照见负心人。

注释

①更阑：谓长夜将尽。

【赏析】

明月当空，夜阑人静，女子整夜辗转难眠。她希望这渐紧的夜风吹散月边浮云，让月光照见负心人。

【词评】

小令语短情深，内含女子复杂的情感，其中不但有“思”，有“怨”，还有女子对于男子回心转意的深深期盼。所谓“听话听友话，心爱叫冤家”。

点绛唇

——王禹偁

雨恨云愁，江南依旧称佳丽[1]。水村渔市，一缕孤烟细。

天际征鸿，遥认行如缀[2]。平生事，此时凝睇[3]，谁会凭阑意[4]。

注释

①江南句：意谓江南风光即使在阴雨天气也一样美丽。②行（háng）如缀：谓雁阵行列整齐。③凝睇（dì）：凝望。④凭阑：倚着栏杆。

【赏析】

即使是细雨浓云天气，江南的风景也依旧秀丽。水村渔市坐落的地方，一缕炊烟袅袅，恬静祥和。天边雁阵飞过，行列整齐，遥看宛若连缀在一起。作者感怀平生伤心事，叹息无人懂得自己凭栏怅望的心意。

【词评】

《词苑》评此词说："清丽可爱，岂止以诗擅名。"

酒泉子

——潘阆

长忆观潮[1]，满郭人争江上望[2]。来疑沧海尽成空，万面鼓声中。

弄潮儿向涛头立[3]，手把红旗旗不湿。别来几向梦中看，梦觉尚心寒。

注释

①观潮：指观每年中秋前后的钱塘潮。古人在钱塘潮来临之日要举行隆重的观潮盛典，人们会倾城而出，争相到江堤上观望。②郭：城。③弄潮儿：戏潮的健儿。

【赏析】

经常回忆起观看钱塘潮的情景：人们倾城而出，争相到江堤上观望。当钱塘潮汹涌而来的时候，好像大海的水全被倾泻到了钱塘江中；潮声轰鸣，犹如千万面战鼓齐响。弄潮健儿们手举红旗，迎潮而立，靠着娴熟的技艺踏浪而行，与巨浪狂涛共舞。这一幕幕动人心魄，紧张惊险的场面让作者难以忘怀，所以虽然离开了杭州，还时而梦到。而每次梦醒时，他还总是心有余悸，手脚冰凉。

【词评】

此词一时盛传。东坡爱之，书于玉堂屏风，石曼卿使画工绘之作图。

——《古今词话》

长相思

——林 逋

吴山青，越山青，两岸青山相送迎。谁知离别情？

君泪盈，妾泪盈，罗带同心结未成[1]。江头潮已平。

注释

①罗带句：古时女子常将罗带打成心形的结，送给自己的爱人以示永不分离之愿，此句是说同心结未打成，爱人就要离去了。

【赏析】

处在钱塘江两岸的吴山、越山，自古以来便见惯了人间的迎来送往；山色青翠，不曾因为人间的儿女情长而动容。然而在此分别的人们，常常是怀着缠绵悱恻的心情，忍受着肝肠寸断的痛楚，这滋味，从词中女子“谁知别离情”的反问中不难体会。

分别的时刻，他泪眼盈盈，她也泪眼盈盈，两人虽然情投意合，但却避免不了这一场分别。当潮水涨到和堤岸齐平，他终于要乘船远去，在这“江头潮已平”的结语中，蕴含的是难言的不舍与伤情。

【词评】

林处士梅妻鹤子，可称千古高风矣。乃其惜别词如“吴山青，越山青”一阕，何等风致。

——《金粟词话》

踏莎行

——寇 准

春色将阑[1]，莺声渐老，红英落尽春梅小。画堂人静雨蒙蒙，屏山半掩余香袅[2]。

密约沉沉[3]，离情杳杳。菱花尘满慵将照[4]。倚楼无语欲销魂[5]，长空黯淡连芳草。

注释

①将阑：将尽。②屏山：画有山水的屏风。③密约：指离人曾经许下的誓愿。④菱花：梳妆镜。⑤销魂：形容人极度感伤，如魂魄离体。

【赏析】

春色将尽，初夏就要来到，莺声已不如往日那般清脆动听，花儿落尽后，青梅初露，又嫩又小。深院画堂中，悄无人声，屋外下着蒙蒙细雨，屋内山水屏风半掩，香料燃尽，余烟袅袅。

与情人定下的密约如今已然沉寂无音，离愁别恨深远无尽，故而词中人任灰尘落满菱花镜，也懒将它拾起，对镜妆照。她独自倚楼眺望，静默无语，柔肠百结，在她眺望的视野中，长空黯淡，天连芳草。

【词评】

词写思念久别不归的心上人的心情，细腻有致，逼真感人。沈祥龙《论词随笔》说“写景贵淡远有神”，于此词可见。

苏幕遮

——范仲淹

碧云天，黄叶地，秋色连波，波上寒烟翠。山映斜阳天接水，芳草无情，更在斜阳外。

黯乡魂，追旅思，夜夜除非，好梦留人睡。明月楼高休独倚。酒入愁肠，化作相思泪。

【赏析】

这是词人秋日旅途思乡之作。词以绚丽多彩的笔墨描绘了碧云、黄叶、翠烟、斜阳、水天相接的江野的辽阔苍茫景色，词人触景伤怀，抒写夜不能寐、高楼独倚、借酒浇愁、怀念家园故里的深情。

上片着重写景，词以“碧云天，黄叶地”开篇，展开一幅天高气爽、黄叶满地的苍莽秋景图。“秋色连波，波上寒烟翠” 写在广袤无垠的天地中浓郁的秋色和绵邈秋波：萧瑟秋色与江中水波的相连，苍翠的寒烟迷漫在江波之上。这秋日特有的景象，渲染出悲秋的情绪。“山映斜阳天接水”一抹斜阳映照群山，天连着水，接下来两句由眼中实景转为意中虚景：凄凄连绵的“无情芳草”蔓延无边。此情此景，怎能不惹人伤感?

下片抒情，“黯乡魂，追旅思”是相思愁苦的原因所在，只因词人离乡背井，故“夜夜除非，好梦留人睡”，除非是夜夜都做好梦，在好梦中才能得片刻安睡。此处词人运用反衬的手法，意为除去酣梦，日日为相思所困扰。“明月高楼”不敢登，劝告自己“休独倚”，怕登楼远眺，勾起思念。明月圆圆，反衬孤独与怅惘，他只有频频地将苦酒灌入愁肠，但却杯杯都“化作相思泪”，怀乡之情和羁旅之思萦绕心头，挥之不去。

此词的意境开阔，气势宏大，但又柔情似水，细腻感人，而又不失沉雄清刚之气，不愧为宋词中的名篇。

【词评】

这首词黄升《花庵诗选》题作“别恨”。张惠言《词选》说：“此去国之情。”黄蓼园《蓼园词选》说：“文正当宋仁宗之时，扬历中外，身肩一国之安危。虽其时不无小人（他认为芳草喻小人），究系隆盛之日，而文正乃忧愁若此，此其所以先天下之忧而忧矣。”我们所见的是思乡深愁、阔远意境和绚丽秋景自然融为一体的北宋词佳作。

渔家傲

——范仲淹

塞下秋来风景异，衡阳雁去无留意[1]。四面边声连角起[2]。千嶂里[3]，长烟落日孤城闭。

浊酒一杯家万里，燕然未勒归无计[4]。羌管悠悠霜满地。人不寐，将军白发征夫泪。

注释

①衡阳雁去：古人认为大雁南飞至衡阳而止。②边声：边境上的马嘶、风号等声音。角：军中号角。③嶂：形容高险如屏障的山峦。④燕然未勒：意谓外患未平。燕然：东汉窦宪大破北匈奴后，曾登燕然山（蒙古杭爱山）刻石纪功。勒：刻。

【赏析】

这首词作于仁宗康定元年（1040年）至庆历三年（1043年）间，当时词人正在西北边塞的军中任职。

词的上半部分着重写景，景中有情。上片写塞北风光，词人通过“风景异”“衡阳雁去”“四面边声”“千嶂”“长烟落日”以及“孤城”等一系列意象的连缀勾勒出一幅当地独有的戍边图。塞北秋寒，荒芜萧索，边声连角，雁到不息，可见此地的条件是何等艰苦。词的下半部分着重抒情，沉重的乡愁，付与一杯浊酒；满腔的离恨，化作羌音悠悠。夜深人静的时候，呜咽的羌音、满地的寒霜让人心生凄凉和哀愁。主人公不能入眠，想到这些将士的心理：既想固守边塞，杀敌报国，又受乡情萦绕，挥之不去。此处暗含着词人对统治者治国政策的质疑，同时也流露出渴望保家卫国、战场杀敌的爱国豪情。

凤栖梧

——柳　永

伫倚危楼风细细[1]，望极春愁，黯黯生天际。草色烟光残照里，无言谁会凭阑意[2]。

拟把疏狂图一醉[3]，对酒当歌，强乐还无味。衣带渐宽终不悔，为伊消得人憔悴[4]。

注释

①伫（zhù）：久站。危楼：高楼。②会：理解。③拟：想要。④伊：她。

【赏析】

在高楼上凭栏久立、凝望远方的时候，和风一直在轻轻吹拂；恍惚中，春愁从天边涌起，然后蔓延开来。夕阳残照里，草色暮色一派迷茫，静默之中，词人轻叹无人能理解自己凭栏凝伫的心意。

会想到放浪狂荡地以醉消愁，但真正对酒当歌时，深深感到的是勉强作乐的索然无味；眼看衣带渐宽，人渐憔悴，但既是为她而这样，心中是始终如一的无怨无悔。

【词评】

小词以含蓄为佳，亦有作决绝语而妙者。如韦庄“谁家年少足风流，妾拟将身嫁与一生休。纵被无情弃，不能休”是也。柳耆卿“衣带渐宽终不悔，为伊消得人憔悴”亦即韦意，而气加婉矣。

——《皱水轩词筌》

定风波

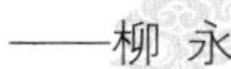

——柳　永

自春来、惨绿愁红，芳心是事可可。日上花梢，莺穿柳带，犹压香衾卧[1]。暖酥消，腻云亸[2]，终日厌厌倦梳裹[3]。无那[4]，恨薄情一去，音书无个。

早知恁么[5]，悔当初、不把雕鞍锁。向鸡窗[6]，只与蛮笺象管[7]，拘束教吟课。镇相随[8]，莫抛躲，针线闲拈伴伊坐[9]。和我，免使年少，光阴虚过。

注释

①衾（qīn）：被子。②亸（duǒ）：垂下。③厌厌：没精打采的样子。④无那：无奈。⑤恁（nèn）么：如此。⑥鸡窗：书房的窗子。⑦蛮笺（jiān）：纸。象管：象牙笔管的笔。⑧镇：整日。⑨伊：他。

【赏析】

本篇为写闺怨的名作，词人以代言体的形式写出歌妓内心的痛苦，字里行间充满词人的怜惜之情。

上片以景衬情，描写了歌妓的外表，借明媚的春光反衬出女子的愁苦和心烦意乱。开篇即写春来：“自春来、惨绿愁红，芳心是事可可。”春天以来，他就一直杳无音讯；桃红柳绿，都是伤心触目的颜色，一颗芳心无处能安放。太阳已升上树梢，黄莺也已在柳条间鸣啼穿梭，可她却只管懒压绣被、不愿起床，更不愿梳妆打扮，只是愤愤然地喃喃自语：“恨薄情一去，音书无个。”下片侧重心理描写，词人以歌妓的口气直抒胸臆，表现了女子的生活理想和愿望，贴切而细腻。

全词语言通俗，未加雕琢，词人以民间词常用的代言体写法细致入微地刻画出人物的生活情态与心理活动，任情放露，体现出柳词的风格，为柳永俚词的代表作之一。

雨霖铃

——柳 永

寒蝉凄切。对长亭晚，骤雨初歇。都门帐饮无绪[①]，留恋处、兰舟催发。执手相看泪眼，竟无语凝噎[②]。念去去、千里烟波，暮霭沉沉楚天阔。

多情自古伤离别，更那堪、冷落清秋节！今宵酒醒何处？杨柳岸、晓风残月。此去经年[③]，应是良辰好景虚设。便纵有、千种风情，更与何人说？

注释

①都门帐饮：意谓于京城郊外搭帐设宴饯别。②凝噎（yē）：形容喉咙里像塞了东西，说不出话来。③经年：年复一年。

【赏析】

这首词作为柳永同时也是宋朝婉约词派的代表作，真切再现了情人别离时恋恋不舍、缠绵哀怨的情景，至今仍被人们反复咏唱。

上片细腻地刻画了情人诀别的场景，抒发离情别绪。一开篇，词人便用“寒蝉凄切。对长亭晚，骤雨初歇”三句点明了送别时的环境：凄清阴冷的深秋，雨后黄昏，京城外的长亭边。夜幕苍茫，大雨初停，晚蝉哀鸣，凡所见闻，处处悲凉。“都门”以下五句，顿挫有致，回环往复，把读者的同情之心都勾动起来，与词人同悲伤、同啜泣。此刻烦乱的心绪，只能用“剪不断，理还乱”来描摹了。面对即将到来的别离，珍馐美食也失去了滋味，可见两人感情之深。然而，两人正难舍难分，却无奈“兰舟催发”。此句将词人不忍离去、恋恋不舍，却又不能不离去的无奈和现实的不解人意、残酷无情表达了出来，言简而意丰。“执手”二句又进一步描摹当时的痛苦。两人手牵手，久久相望，千言万语，已经不知该从何说起。“念去去”三句，则似奔腾的江流一泻千里一样，直抒胸臆，爽快干脆。“念”字作领，设想别后道路多么遥远。“去去”二字用得极妙，远行之人不愿走，却不得不走，想想到时越走越远，眼前只剩“千里烟波，暮霭沉沉楚天阔”的情景，就让人感到无比凄楚。虽然从表面上看，浩渺的烟波、沉沉的暮霭、辽阔的天空，都是在写景，但实际上，这些景物无不包含着浓浓的愁绪，暗示远行之人前途渺茫，一对恋人相见遥遥无期。通过这两句的承接，很自然便由上片的实写转到下片的虚写。

下片中，词人着重摹写想象中别后的凄楚情状。一开头，词人并没有着急设想别后的情景，而是宕开一笔，说“多情自古伤离别”，通过“自古”二字，把目前自己的个别情况提升为一个广泛现象。而“更那堪、冷落清秋节”，又从普遍现象回归到自己的个别情况，强调自己与别人相比，承受了更多的痛苦。江淹的《别赋》中有“黯然销魂者唯别而已矣”之句，而本词词人正是把这种感受揉进自己的作品中，并为之赋予新意，使这种别情更“黯然销魂”。“今宵”三句接着前面的设想，进一步想象别后的孤独凄凉。远行之人独自饮酒、醉酒，酒醒后看到了“杨柳”“残月”，感受到了“晓风”。而这几处“景”却个个都表达了词人的“情”，即所谓的“用景写情”，“景语即情语”。明写杨柳依依，实则通过“柳”与“留”之谐音，暗写别时依依不舍之情；明写“晓风”，实则通过写其清冷萧索，暗写别后的孤独寒心；明写“残月”，实则通过写其破碎，暗写与恋人难以相见。通过景语写情，词作显得更加含蓄，别后之人孤独、忧伤、惆怅的心绪，也被表现得更加形象、真实，从而产生了一种独特的意境。正因如此，此句也成为了千古传诵的名句。“此去”二句继续对别后的情况进行设想，想象自己孤身一人，纵使有良辰好景，对于自己来说也是形同虚设。心中的痛苦又被加深了。最后两句顺着上面的设想继续深入，感叹就算有万种风情，也由于后会无期而不知向谁诉说，从而把离情艺术地推向高潮。

这首词遣词造句不着一丝痕迹，绘景直白自然，场面栩栩如生，起承转合优雅从容，情景交融，蕴藉深沉；笔下的各种景物莫不含情，把一腔离愁铺满天地古今，而又不失于做作。若此者，柳屯田之外，词坛又有几人！

望海潮

——柳 永

东南形胜[①]，三吴都会[②]，钱塘自古繁华。烟柳画桥，风帘翠幕，参差十万人家。云树绕堤沙，怒涛卷霜雪，天堑无涯[③]。市列珠玑[④]，户盈罗绮[⑤]，竞豪奢。

重湖叠巘清嘉[⑥]，有三秋桂子，十里荷花。羌管弄晴，菱歌泛夜[⑦]，嬉嬉钓叟莲娃。千骑拥高牙[⑧]，乘醉听箫鼓，吟赏烟霞。异日图将好景[⑨]，归去凤池夸[⑩]。

注释

①形胜：形势重要，交通便利。②三吴：此处泛指江浙的广大地区。③天堑：天然的险阻。此处指钱塘江。④珠玑（jī）：珠宝。⑤罗绮：绫罗绸缎。⑥重湖：北宋时西湖已有里湖、外湖之分，故云。叠巘（yǎn）：层叠的山峦。⑦菱歌：采菱女子们欢唱的歌曲。⑧高牙：本指军前大旗，此处指高官的仪仗旗帜。⑨异日：他日。图：描绘。⑩凤池：凤凰池，此处指代朝廷。

【赏析】

既是东南地区的交通枢纽，又是三吴等地的重要都市，杭州自古以来便以繁华闻名。那轻烟笼罩的杨柳，美丽精致的画桥，各式各样的竹帘翠幕，参差错落在十万人家之间。你还能看到望之如云的树木环抱着沙堤，澎湃似怒的海潮卷起白浪，以及壮美钱塘江的无边无涯。如果走在街市，眩目的是处处的珠光宝气、锦缎光华。

谈到秀美多姿，那就一定要说说杭州的重湖群山。你可以于秋季向山中寻桂子，可以在夏季观览湖中的十里荷花；坐在西湖岸边，可以晴天听羌管，夜来听菱歌，喜看湖中的渔翁和采莲姑娘。如果有幸跟随将军的盛大仪仗出游，则可以乘醉听箫鼓，吟赏烟霞。

作者赞叹杭州的富庶美丽，他不但以文记述，更要以画描摹，以便他日前往京城时，好向同僚夸。

迷仙引

——柳 永

才过笄年[①]，初绾云鬟[②]，便学歌舞。席上尊前，王孙随分相许。算等闲、酬一笑，便千金慵觑。常只恐、容易蕣华偷换[③]，光阴虚度。

已受君恩顾，好与花为主。万里丹霄，何妨携手同归去？永弃却、烟花伴侣。免教人见妾，朝云暮雨。

注释

①笄年：古代特指女子十五岁，到了可以盘发插笄的年龄，即成年。笄（jī）：古代盘头发或别住帽子用的簪子。②鬟（huán）：妇女的梳成环形的发卷。③蕣（shùn）华：短暂的年华。

【赏析】

才过及笄之年，她就模仿妇人的样子结起如云的发鬟，开始学唱习舞。酒席宴旁，面对王孙们的调笑戏弄，她只能随遇而安，曲意逢迎。但她说，如果有人能够对她报以哪怕是一个平平常常的理解的微笑，那么她连千金也会不屑一顾。她还总是担心如花年华轻易流逝，朝来暮去只是光阴虚度。如今得遇知己，这位妙龄歌妓满怀期望，她希望他能为自己做主，与自己携手同去万里云霄，永远地离开烟花之地，从此不用再周旋在生张熟魏之间，矫情应酬，朝云暮雨。

八声甘州[1]

——柳 永

对潇潇暮雨洒江天，一番洗清秋。渐霜风凄紧[2]，关河冷落[3]，残照当楼。是处红衰翠减，苒苒物华休[4]。惟有长江水，无语东流。

不忍登高临远，望故乡渺邈[5]，归思难收。叹年来踪迹[6]，何事苦淹留[7]？想佳人，妆楼颙望[8]，误几回、天际识归舟。争知我[9]、倚阑干处，正恁凝愁[10]！

注释

①八声甘州：《甘州》为唐教坊大曲，杂曲中也有《甘州子》，属边塞曲。《八声甘州》是从大曲《甘州》改制而成，由于整首词共八韵，故称《八声甘州》。②凄紧：秋风渐冷渐疾。③关河：泛指关塞河川。④苒苒：渐渐地。⑤渺邈：遥远。⑥年来：近年来。⑦淹留：久留。⑧颙（yóng）：举首凝望。⑨争知：怎知。⑩恁（nèn）：如此，这样。

【赏析】

本篇为词人的名篇，融写景抒情于一体，通过描写羁旅行役之苦，表达了强烈的思归情绪，语浅而情深。

上片写所望之景色，词人以如椽之笔描绘江野暮秋萧瑟寥廓、浑莽苍凉的景色：以“潇潇”暮雨、“凄紧”的霜风、江流展现了风雨疾骤的秋江雨景；以“冷落”的关河、夕阳“残照”描绘了骤雨冲洗后苍茫浩阔、清寂高远的江天景象，充满了萧瑟、肃杀的悲秋情调。“苒苒物华休”比喻青春时光的短暂，只剩下“无语东流”的长江水，暗示词人的惆怅和悲愁无处诉说。

下片写登高远眺的感想，抒写了思乡怀人欲归不得的愁苦。“不忍登高”说明词人所处的位置，“不忍”二字点出曲折，增加了一番情致。接下来几句层层说明了缘何“不忍”，一是“望故乡渺邈”，因而“归思难收”；二是“叹年来踪迹”，深感游宦淹留；三是“想佳人”之思绪，此乃“不忍”之根源。“误几回、天际识归舟”，不知她会有多少回误认归舟？相思太苦。最后两句转到自己身上，“争知我、倚阑干处，正恁凝愁”，怎会知道我身倚栏杆苦苦思念满怀忧愁？

在词人多篇写羁旅行役的长调中，本篇是最富于意境的典范之作。词的写景层次清晰有序，抒情淋漓尽致，写尽了他乡游子的羁旅哀愁。全词语言通俗，将思乡怀人之意绪表达得明白如话，然感情真挚而强烈，跌宕起伏。词中“渐霜风”几句为千古登临名句，苏轼赞为“此语于诗句不减唐人高处”。

【词评】

苏轼云：人皆言柳耆卿词俗，然如“渐霜风凄紧，关河冷落，残照当楼”，唐人佳处，不过如此。

——《侯鲭录》

安公子

——柳 永

远岸收残雨，雨残稍觉江天暮。拾翠汀洲人寂静[1]，立双双鸥鹭。望几点，渔灯隐映蒹葭浦[2]。停画桡[3]，两两舟人语。道去程今夜，遥指前村烟树。

注释

①拾翠句：意谓原本有少女采摘香草的汀洲，现在也是人去洲静。②蒹(jiān)葭（jiā）：芦苇。③桡（ráo）：船桨。④孤：辜负。⑤杜宇：杜鹃。古人言杜鹃啼声似“不如归去”。

游宦成羁旅，短樯吟倚闲凝伫。万水千山迷远近，想乡关何处？自别后，风亭月榭孤欢聚[4]。刚断肠，惹得离情苦。听杜宇声声[5]，劝人不如归去。

【赏析】

词写作者乘舟泛游时面对春日暮景而产生的思乡情怀。残雨过到远岸才止，江天之间，暮色初呈。汀洲寂寂，静立鸥鹭双双；芦苇浦中，隐映着几点渔火。作者的小舟暂时停泊，船工遥指前方的村落，商量着今夜的行程。作者感慨在外做官，却不曾想到从此羁滞异乡难以回归，愁苦之中，他时而吟咏遣怀，时而出神伫立。

万水千山让故乡邈远难望，作者思念家乡，慨叹自从与亲友别后，错过了多少良辰美景，辜负了熟悉的月榭风亭。当此时，离愁别恨一齐涌上心头，却又逢杜鹃鸟“不如归去”的凄苦叫声传入耳畔……

【词评】

后阙音节态度，绝类《拜星月慢》。清真“夜色催更”一阕，全从此脱化出来，特更较跌宕耳。

——《宋四家词选》

鹤冲天

——柳永

黄金榜上，偶失龙头望[1]。明代暂遗贤，如何向[2]？未遂风云便[3]，争不恣狂荡[4]？何须论得丧。才子词人，自是白衣卿相[5]。

烟花巷陌，依约丹青屏障。幸有意中人，堪寻访。且恁偎红倚翠[6]，风流事，平生畅。青春都一晌。忍把浮名，换了浅斟低唱。

注释

①龙头：状元。②如何向：怎么办。③风云便：风云际会，得到好的遭遇。④争：怎。恣：放纵。⑤白衣：没有官职。⑥恁：如此。

【赏析】

虽然是不幸落第，作者却没有自贬自责，他将这次失手视为圣明的朝代暂时遗落了贤才。没有能够乘时乘势施展抱负，作者索性顺遂自己的狂荡，不问得失，高唱“才子词人，自是没有授官的公卿大夫；烟花巷陌，也可比那屏风上的高贵图画”。他还庆幸风尘女子中，有意中人可以寻访。

“就这样偎红倚翠吧，”他自语道，“风流快活的生活本是我平生所喜好，青春多么短暂，不如抛去浮名，浅斟酒杯，低宛歌唱。”

【词评】

耆卿“忍把浮名，换了浅斟低唱”，荒谩语耳，何足为韵事。稼轩“悲莫悲生离别，乐莫乐新相识，儿女古今情。富贵非吾事，归与白鸥盟”，愤激语而不离乎正，自与耆卿迥别。然读唐人“忽见陌头杨柳色，悔教夫婿觅封侯”之句，情理两融，又婉折多矣。

——《白雨斋词话》

天仙子

——张先

时为嘉禾（今浙江嘉兴）小倅（判官），以病眠不赴府会。

水调数声持酒听[①]，午醉醒来愁未醒。送春春去几时回？临晚镜，伤流景[②]，往事后期空记省[③]。

沙上并禽池上暝[④]，云破月来花弄影。重重帘幕密遮灯，风不定，人初静，明日落红应满径。

注释

①水调：曲调名，相传为隋炀帝所作。②流景：流逝的时光。③记省（xǐng）：思念和省悟。④并禽：双宿双飞的鸟儿。暝（míng）：昏暗。

【词评】

“临晚镜，伤流景”中多有细数沧桑的感慨，“往事后期空记省”中多含怅然若失之情怀。

【赏析】

此篇为暮春伤怀之作，是张先脍炙人口的名篇之一。词中描写词人醉酒浇愁，为春光流逝、往事成空、后会无期而感伤。

上片主要写词人的思想活动，颇具平淡之趣。前两句写词人原本想借听调喝酒排遣心中的愁闷，但结果却是“醉醒来愁未醒”，醉意虽然消除了，但心中的愁却没有减去一分。于是，词人不由得发出慨叹：“送春春去几时回？”此句中有两个“春”字，然意思不尽相同，前一个“春”字指季节，即指大好春光；下一个“春”字指时光，“春去”既表达了词人对年华易逝的感伤之情，还蕴涵着对年少青春时光的追忆和惋惜之情。这就照应了下文的“往事后期空记省”。“临晚镜，伤流景”是反用杜牧诗句：“自悲临晓镜，谁与惜流年？”以“晚”易“晓”，主要在于写实。杜牧原诗是写女子早晨梳妆，感叹时光易逝，因而用的是“临晓镜”；而本词中将“晓”改为“晚”，是因为词人午醉之后，又休息半晌，此刻已接近黄昏，一直躺着却仍然不能消愁解忧，于是起来“临晚镜”。这个“晚”字用得极妙，可谓一语双关，既表明了天色已晚，又隐指自己已到晚年。“伤流景”三个字进一步补充，更加明确地表达出了词人对时光易逝、青春不再、人到晚年的感伤。“往事后期空记省”一句中的“后期”其实本为“悠悠”。而词人最终之所以选用了稍嫌朴拙的“后期”，而未采用看起来更加空灵、更加传神的“悠悠”，是因为相比而言，“后期”与前面提到的“愁”“伤”等词联系得更紧密些。“后期”一词，既暗含着往事已经如过眼云烟一样逝去，一去不复返，又流露出了因错失机缘而耽误期约的后悔之情。但是后悔也无济于事，只能“空记省”，以追忆往事。然而，即使回忆往事的一些美好片断，也并不能从中得到些许安慰，反而会平添更多的烦恼。正因如此，词人想到即便纵情于美酒和歌舞之中，也不能消除自己的愁闷，所以索性连盛大的宴会也干脆不去参加了。

下片写动态之景，极有空灵之美。由于没有去参加盛大的宴会，所以夜幕降临的时候，词人便独自到小园中散步，希望以此来排遣一整天都郁积在心中的苦闷。“沙上并禽池上暝”，词人在夜幕中看到了这样温馨的景色，遗憾的是，夜空中本来应该有月亮的，而此时的夜空中却只有浓云，毫无月色。词人只好带着遗憾准备回住处。没想到，正在这时，“云破月来花弄影”，一阵风吹开了浓云，露出了藏在云里的月亮。同时，花儿也被风吹动，在明亮的月光下婆娑弄影。看到此情此景，词人孤寂的心情才感到了一丝丝欣慰。通过此句，词人不仅表达了自己忧伤中略带欣慰的复杂心情，更让读者从中体会到了一丝喜悦，看到了一幅美景。接下来，词人写到“重重帘幕密遮灯”，因为外面有风，词人生怕大风将屋里的灯焰吹灭，于是进了屋后赶紧把帘幕拉起来，遮住灯焰。但是，风越来越大，帘幕已经不能很好地遮挡灯焰了，此时灯焰在不停地闪动。一句“人初静”，既表现出夜深人静之时，风势愈加迅猛的情境，又与上片提到的“不赴府会”相照应。“明日落红应满径”一句，是说刚刚还在月光中婆娑弄影的花朵，经过这一夜春风的摧残，一定会落红满径。其中既蕴涵着词人对春天逝去的感伤，又有对自己已经迟暮的叹惋，还有对自己赏春偶得佳景的欣喜。

本词字句凝练，体现了张词的艺术特色。尤其是词中“云破月来花弄影”一句，描绘出了一幅绝美的图画，实为神来之笔。

千秋岁

——张先

数声鶗鴂[1]，又报芳菲歇[2]。惜春更把残红折。雨轻风色暴，梅子青时节。永丰柳[3]，无人尽日飞花雪。

莫把幺弦拨[4]，怨极弦能说。天不老，情难绝。心似双丝网，中有千千结。夜过也，东窗未白凝残月。

注释

①鶗（tí）鴂（jué）：亦作“鹈鴂”，即杜鹃。②芳菲歇：意谓春日已过，又是花儿凋谢的时候。③永丰柳：唐时洛阳永丰坊西南角荒园中有垂柳一株被冷落，白居易赋《杨柳枝词》以喻家妓小蛮。后传入乐府。后因以“永丰柳”泛指园柳，比喻孤寂无靠的女子。④幺弦：琵琶的第四弦，音细。此处指代琴弦。

【词评】

不愿拨起幺弦，因为拨之无益，只会徒增伤感。“天不老”四句，如杜鹃啼血，倾诉对爱情的执著。“夜过也”两句，极见作者的孤寂忧苦。

【赏析】

此词抒写惜春、相思情怀，是一首抒写悲欢离合之情的曲折幽怨词。词人以女子的口气写就，表达了其对爱情忠贞不贰的坚定信念。

词的上片以景烘托情，描绘风雨摧折芳菲的残春景色，以杜鹃幽啼、柳絮飞雪渲染暮春的凄凉气氛，抒写词人对美好春日的眷恋珍惜和对摧残春花的风雨的怨愤。惜春即是惜人，风雨摧残春花即是比喻爱情横遭阻抑摧残。词人以鸣声悲切的开篇，诏告美好的春光又逝去了，此情此景勾起了人们的惜春之情，故“惜春更把残红折”，此处的“残红”象征遭破坏但又坚贞的爱情。下面两句“雨轻风色暴，梅子青时节”是上片的词眼，一语双关，写时令与景物，暗喻爱情受阻遭破坏，因而“无人尽日飞花雪”。爱情如柳絮一般逝去了，词人怎能不悲伤?

词的下片描写了词人对分离的恋人的深情相思，“莫把幺弦拨，怨极弦能说”，幺弦为琵琶的第四弦，怨极，才能倾诉出不平的最强音。在这极怨的气氛的烘托下，词人表明其反抗的决心：“天不老，情难绝”，此处化用李贺“天若有情天亦老”的诗句，然诗意不尽相同，这里强调天不会老，爱情也不会有断绝的时候。这样的爱情“心似双丝网，中有千千结”，千万个结把彼此牢牢实实地系住了，谁想破坏它都是徒劳的，表达了对恋人的爱恋永不会灭绝的坚定信念。情思未了，却已“夜过也”，东方未白，摇曳的残灯也要熄灭了，全词到此结束，言尽而味永。

全词借景喻情，含蓄深婉，情味隽永，又激越真切，别有风致，兼有婉约与豪放的风致与妙处。“心似双丝网，中有千千结”是本词的名句，亦是宋词中流传千古、经久不衰的名句。

青门引

——张先

乍暖还轻冷[1]，风雨晚来方定。庭轩寂寞近清明，残花中酒[2]，又是去年病。

楼头画角风吹醒，入夜重门静。那堪更被明月，隔墙送过秋千影。

注释

①乍暖：天气忽然转暖。②中酒：醉酒。

【赏析】

此词为一首春日感怀之作，抒写寂寞情怀。词描写和渲染风雨初停后暮春月夜的萧瑟凄清，表达词人孤栖无奈的感伤悲愁。

词的上片写词人对春日天气变化的感触和心理感受。“乍暖还轻冷，风雨晚来方定”写春天频繁的天气变化。“乍暖”二字写出天气是突然由寒变暖；“还”字一转，引出天气的又一次变化：风雨突袭，有点轻冷之感。词人敏锐的感触，不仅体现在对天气频繁变化的感觉上，更表现在对词语的运用上：天暖的感觉是“乍”，天冷的感觉是“轻”，风雨消停是“定”。词人的遣词是如此精确，暗含了微妙的个人感情。“庭轩寂寞近清明”点出此时已到清明，直言词人的感受是“寂寞”。“残花中酒”进一步点出“寂寞”的原因：春天已到迟暮之时，花朵凋零，词人由此联想到世事的沧桑，感叹一切美好的事物都会破灭。因此词人借酒消愁，谁料更加重了心头的愁闷；“又是去年病”点出全篇的主旨，去年如此，今年同样如此，表达了词人不尽的忧愁。

下片写词人酒醒后的寂寞和伤怀。“楼头画角风吹醒”，兼写视觉和听觉：凄厉的角声，轻冷的晚风把酣醉的人惊醒。“醒”字写出听到晚风吹过来的角声，酒醉之人不得不苏醒的那一刻的反应，也暗含了酒醉的程度很深，而被迫醒来又是多么痛苦不堪；“入夜重门静”，已是深夜，重重的院门显得更加宁静，词人的心情更加孤寂。词人以环境象征痛苦的心境。“那堪更被明月，隔墙送过秋千影”指出重重之门也阻隔不了内心的愁闷之感，溶溶月光居然隔墙送来少女荡秋千的倩影。“秋千影”透露出词人的所念所想，这样隐约朦胧的透露，更增加了词的情致和韵味。“那堪”二字，意在揭示词人因秋千影而触动的情怀，也深刻表现出词人抑郁的心绪。

全词情景交融，含蓄婉转，意味隽永，充分体现了词艺术上的含蓄和韵味，表现了张先词的风格。

【词评】

词写残春时节诗人寂寞的心情。“隔墙送过秋千影”后人称为“描神之笔”。词人没有直接提到怀念的打秋千的少女，只提到秋千的影子，这正是历来词话家们所欣赏的张先的含蓄与韵味。

醉垂鞭

——张先

双蝶绣罗裙，东池宴，初相见。朱粉不深匀，闲花淡淡春。

细看诸处好，人人道，柳腰身。昨日乱山昏，来时衣上云。

【赏析】

初次见到她，是在东池的酒宴上。她穿着绣有双飞蝴蝶的罗裙，淡搽脂粉，悠闲恬静，散发着天然的青春风韵。

如果仔细地观察她的美好，人人都夸她婀娜如杨柳的腰身，昨日乱山昏暗，她飘然而来时衣上竟携带着丝丝白云。

【词评】

词人由女子衣上的云纹而联想到山上的云，且不写云，先写山，不但写山，而且写的是乱山。读来宛如她在浮云的衬托下从乱山中徐徐而来，亦幻亦真，美不胜收。

浣溪沙

——晏殊

一曲新词酒一杯，去年天气旧亭台。夕阳西下几时回？

无可奈何花落去，似曾相识燕归来。小园香径独徘徊。

【词评】

什么都可以得到，但得不到时光倒流，此词抒写年华流逝而引发的闲愁，清新秀雅，纯粹天然，却给人永恒的哲理启示。

【赏析】

本篇为暮春伤怀之作，是晏殊最为著名的词作之一。本词描写词人因傍晚饮酒听曲引起对往事的回忆，慨叹时光流逝物是人非，惋惜春光美景不能常驻。词中表露出对美好事物消逝的深深惆怅感伤，蕴涵了珍视人生的哲理。

词以"一曲新词酒一杯"开篇，写对酒听歌的境况，这潇洒安闲的状态不由得勾起"去年天气旧亭台"的回忆：去年是和今年一样的天气，还是这座"旧亭台"，一样的清歌美酒，但在这一切表象下，有些东西分明已不知不觉发生了变化。岁月悠悠流逝了，世事亦改变了，想到这些，词人不禁发出感叹："夕阳西下几时回？"此句不仅仅是即景兴感，仅限眼前情景，还扩展到整个人生，包含对逝去时光的留恋，对美好事物难以重现的失望。夕阳西下，无法阻止，但却有再东升的时候，可流逝的时光、过去的人和事，却再也追寻不来了。词人哲理性的沉思，为本词罩上了哀伤的情调。

"无可奈何花落去，似曾相识燕归来"一联自然工丽，风韵天然，被誉为"奇偶"。这也是本词出名的原因。这一联蕴含的意境同样忧伤：花落春逝，同样是不可抗拒的自然规律，任凭怎样惋惜流连也"无可奈何"，承接上文的"夕阳西下"；但在这暮春季节中，同样还有让人欣慰的景象：那翩翩飞回的燕子不就是去年的相识吗？恰呼应上文的"几时回"。虽然花落、燕归都是眼前景，但"无可奈何""似曾相识"却扩大了它们的内涵，使它们成为美好事物的象征。这些惋惜和欣慰交织在一起，说明某种人生哲理：虽有一些美好的事物必然会逝去并且我们无法阻止其消逝，但同时还有一些美好的事物仍会再现，生活不会变成虚无。只是那些重现不会原封不动地令美好的事物回归，不过"似曾相识"而已。"小园香径独徘徊"转回写景，词人以此结尾，含蓄而意味深长。

全词语言通俗晓畅，情中有思，笔调婉雅，语意蕴藉含蓄，耐人寻味，是宋词中脍炙人口、广为传诵的名篇。

清平乐

——晏殊

红笺小字[1]，说尽平生意。鸿雁在云鱼在水[2]，惆怅此情难寄。

斜阳独倚西楼，遥山恰对帘钩。人面不知何处，绿波依旧东流。

【词评】

斜阳、遥山、人面、绿水、红笺、帘钩，语语平淡，句句深情，很代表了晏殊“娴雅而有情致”的艺术风格。

注释

①红笺（jiān）：一种精美的小幅红色信纸。②鸿雁句：古人认为鱼雁都能传递书信。

【赏析】

本篇为念远怀人之词，抒写了词人对远方情人的思念之情，为晏殊千古传颂的名篇之一。词人以红笺细书情意、书成难寄无比惆怅、暮倚西楼独伫久望等情景描写，一波三折，抒写思念的深情和离别的愁绪，细腻雅致，写情之笔超绝。

词的上片抒写了词人对情人的一片深情。起句“红笺小字，说尽平生意”看似简单，实则包含了无数的情事和无限的情思，词人用精美的小幅红纸，密密匝匝地写满对心上人的爱慕之意，说尽平生。但却“惆怅此情难寄”，写成后的信无从传递，即使天上有鸿雁和水中有游鱼都无法帮忙。此处词人化用古人“雁足传书”和“鱼传尺素”的说法，浓缩在一句“鸿雁在云鱼在水”中，用典却出新，说明无法驱遣它们送信传书，比李玉“断鸿难倩”等化用典故更见风致。

下片着重渲染主人公的孤独寂寞，点名相思之意。由“斜阳独倚西楼，遥山恰对帘钩”过渡到写景，红日偏西，斜晖照在登楼远望的孤影，景象凄清，远处的山正对着窗户，词人寥寥数语即营造出一个充满离愁别恨的意境。“远山”句以景抒情，象征了两情相对而遥相阻隔，惆怅难言。而词人原本想倚楼远眺排遣相思，谁料愁思更为浓重。末两句“人面不知何处，绿波依旧东流”化用崔护“人面不知何处去，桃花依旧笑春风”诗意，点出相思之情：那奔流向东的绿水，也许映照过如花的人面，而如今流水依然东流，但却不知人面在何处，只剩下相思之情，随着流水悠悠东去了。浓浓的相思此时化开，词人心中蕴藏的情感也由此婉曲细腻地表现出来，令人感动。

全词情景交融，语淡而情深，风格典雅细腻，情调隽永含蓄，是最能代表晏殊婉约词风的词作之一。

山亭柳

——晏殊

家住西秦，赌薄艺随身。花柳上，斗尖新[1]。偶学念奴声调[2]，有时高遏行云。蜀锦缠头无数[3]，不负辛勤。

数年来往咸京道，残杯冷炙漫销魂。衷肠事，托何人？若有知音见采，不辞遍唱阳春[4]。一曲当筵落泪，重掩罗巾。

注释

①花柳二句：意谓在描写男女情爱的歌词上别出心裁，花样翻新。②念奴：指擅歌的名妓。③缠头：演出完毕客人赠艺人的锦帛。④阳春：战国时代楚国的一种高雅乐曲，熟知者甚少。

【赏析】

这首词以叙事的笔法，记述了一个歌女在声色生涯上由盛转衰的感慨和悲哀，表达出了作者对她的遭遇的同情。

这位歌女家住西秦，开始只是靠小小的随身技艺维持生活，后来通过辛勤学艺，在吟词唱曲上苦下工夫，最终脱颖而出，受到看客们的青睐。

但随着年长色衰，近几年来，她不得不风尘仆仆地往来于咸京道路献技糊口，处处受到冷遇，所挣得的不过是一些剩酒冷饭。女子满腹心事不知该讲与何人，她说如果有人能够理解和赏识她，她不辞为之奉献出自己最擅长的才艺。

她遇到了作者，一个愿意听她讲述身世的人。当无数心事化作一曲悲歌唱出时，她终于不能自持，潸然落泪。

蝶恋花

——晏殊

槛菊愁烟兰泣露[①]，罗幕轻寒[②]，燕子双飞去。明月不谙离恨苦[③]，斜光到晓穿朱户。

昨夜西风凋碧树，独上高楼，望尽天涯路。欲寄彩笺兼尺素[④]，山长水阔知何处。

注释

①槛菊：栏杆旁的菊花。②罗幕：丝罗做的帷幕，此指屋内。③谙：知晓。④彩笺兼尺素：指书信、题诗。

【赏析】

此词为一首伤离怀远之作，词人以疏淡的笔墨、温婉的格调、谨严的章法，传达出暮秋怀人之情。

上片描写的是苑中景物，是词人清晨所见。“槛菊愁烟兰泣露”写秋晨的菊花和兰花，在词人看来，菊花笼罩着一层愁惨的烟雾，兰花上的露珠好像是它饮泣的泪珠，这一亦真亦幻的场景，透露出词人悲凉、迷离而又孤寂的心境。“罗幕轻寒，燕子双飞去”写清晨燕子穿过帘幕飞出去的情景，表面上写燕子因罗幕轻寒而飞走，实则是词人感情的写照。接下来两句借明月烘托愁苦，词人责怪“明月不谙离恨苦”，其实是嫉妒月光的皎洁，反衬出自己的悲凉。

下片写登楼望远，“昨夜西风凋碧树”写西风之凛冽，吹落绿树，为固有的凄楚气氛平添出几分落寞与萧瑟；“独上高楼”明写孤独，而“望尽”极言眺望之远，也反映出其凝神已久，但“望尽天涯路”，仍看不见所思念之人；“欲寄彩笺兼尺素”写词人想寄书传情，但却不知邮寄何处，词人以无可奈何的问句结尾，言犹未尽，让人顿生情也悠悠、恨也悠悠之感。词的下片于广远之中蕴含愁苦，西风、路远、山长、水阔，这一切景物都充满了凄楚、冷寂、荒远的气氛，很好地表达了离愁别恨的主题。

【词评】

这首词情致深远，意境寥廓，写尽对恋人的追寻思念之情，受到词家普遍赞赏，王国维更以“昨夜西风”三句形容成就大学问大事业的第一境界。

破阵子

——晏殊

燕子来时新社[①]，梨花落后清明。池上碧苔三四点，叶底黄鹂一两声。日长飞絮轻。

巧笑东邻女伴[②]，采桑径里逢迎。疑怪昨宵春梦好，元是今朝斗草赢[③]，笑从双脸生。

注释

①新社：即春社。古时祭祀土神的日子有春社、秋社之分，一般在立春、立秋后第五个戊日。②巧笑：美丽的笑容。③斗草：古时妇女常做的一种游戏，以手中草赌斗输赢。

【词评】

词中对于少女心理的揣摩可谓细致入微，尽显少女天真俏丽、活泼灵透的一面。天时人事，物态心情，全是明丽美好，难得更在如此传神！

【赏析】

燕子来时，春社在即，梨花落后，清明便为期不远。在这个季节，池塘中会疏疏落落地点缀着几点绿苔，树荫里则不时传来一两声莺啼，白昼渐长，尽日飘飞的是轻轻的柳絮。

忽而笑声盈耳，原来是互为邻里的两位女子在采桑小径上相逢，二人继而玩起了斗草游戏。斗赢的一方充满欢乐，她随即想到：怪不得昨天晚上做了那样的一个好梦，原来是今天斗草要赢的兆头。想到这里时，笑容已然绽放在她的脸上。

离亭燕

——张昇

一带江山如画，风物向秋潇洒[1]。水浸碧天何处断？霁色冷光相射[2]。蓼屿荻花洲[3]，掩映竹篱茅舍。

云际客帆高挂，烟外酒旗低亚[4]。多少六朝兴废事[5]，尽入渔樵闲话。怅望倚层楼，寒日无言西下。

注释

①风物：景物。②霁（jì）色：雨后晴空的颜色。③蓼（liǎo）屿：生长着蓼草的岛屿。荻：多年生草本植物，生在水边，叶似芦苇，秋天开紫花。④低亚：低垂。⑤六朝：指先后在金陵（今南京）建都的吴、东晋、宋、齐、梁、陈六个朝代。

【诗评】

词文借景抒发怀古之情，前人评之为“极尽苍凉萧远之致”。

【赏析】

金陵一带，江山如画，秋天一到，风光景色明净爽朗。水与碧天连成一片，浑然不见分界，霁色与秋水的寒光交相辉映；蓼荻丛生的小岛上，几处竹篱茅舍隐约可见。水天尽头，客船的船帆好似高挂云边；烟雾之外，探出酒旗一支低低地飘扬。

作者怀想六朝旧事，慨叹人世变迁、盛衰更迭到头来只成为渔父樵夫闲谈的话题，心中泛起沧桑悲感。怅然之下，他独倚高楼，默看寒日无言西下……

木兰花

——宋祁

东城渐觉风光好，縠皱波纹迎客棹[1]。绿杨烟外晓寒轻，红杏枝头春意闹。

浮生长恨欢娱少，肯爱千金轻一笑[2]？为君持酒劝斜阳，且向花间留晚照。

【词评】

宋祁因此词而得名“红杏尚书”。人生在世，乐少忧多，此是珍惜生命之词，不是伤心之词。

注释

①縠（hú）皱：形容水波纹如绉纱一样褶皱。②肯：怎肯。

【赏析】

本篇为词人代表作，亦为宋词名篇，是当时誉满词坛的佳作。词中描绘了早春绚丽多彩的风光，抒写词人伤逝嗟老的情绪和今朝有酒今朝醉、及时行乐的思想。

上片从游湖写起，讴歌春色，词人在想象中勾勒出了一幅春意盎然的美丽图画：荡漾在波光粼粼的小溪上，悠哉游哉，目之所见都是清新的绿色，沁人心脾。“縠皱”句将水波拟人化，赋予了水波以无尽的灵性，仿佛是它们面带微笑，款款迎接游人。“绿杨烟外晓寒轻”把远处杨柳如烟、似梦似幻的美景勾勒得栩栩如生，描绘了清晨寒气淡淡、空气清新的美景。“红杏”句则通过对盛开着的杏花的着力描绘，渲染出浓浓的春意。词人极力渲染对春天的喜爱之情，可谓言在此而意在彼，他真正的目的是为下片伤春的情绪作铺垫。

下片笔锋一转，由表达对春天的赞美之情转而描写自己对人生苦短的感叹：既然人生在世匆匆数十载，忧患总是多于欢乐，何不潇潇洒洒地做一个享乐者呢？于是引出了“为君持酒劝斜阳，且向花间留晚照”两句，抒写词人举杯挽留夕阳，希望它能在花丛间多停留一段时间，以使自己和同游的伙伴得以尽兴，不留遗憾。词人以此作结，表达了自己对美好春光即将逝去的留恋之情。

在语言风格上，整首词言辞优美，风格新颖，别具一格，韵味十足；在构思上，结构严谨，疏放自如，对仗工整，词藻虽华美但不俗艳，情感虽缠绵但不轻浮，而珍惜美好时光、不要荒废人生等主题思想也被表达得清晰明了，着实精巧。

此外最值得一提的是，本词有一句千古名句“红杏枝头春意闹”，王国维称其“著一‘闹’字而境界全出”。它把视觉和听觉完美地结合在一起，化视觉为听觉，表现了姹紫嫣红、蜂蝶争喧的生意盎然的春色，极为动人。尤其是一个“闹”字，更是把杏花争艳斗丽的神态描绘得栩栩如生，淋漓尽致，也将词人自己对春天的喜爱之情渲染到了极致，其境界之高令人赞叹，词人也因此获得了“红杏尚书”的雅号。

贺圣朝

——叶清臣

满斟绿醑留君住[1]，莫匆匆归去。三分春色二分愁，更一分风雨。

花开花谢，都来几许[2]？且高歌休诉。不知来岁牡丹时，再相逢何处？

注释

①绿醑（xǔ）：绿色的美酒。醑：古代用器物滤酒，去糟取清叫醑。②都来：算来。

【赏析】

满斟一杯绿色的美酒劝朋友再作停留，不要匆匆归去，然后叹息春色三分，中含二分离愁，还有风雨带来的一分春愁。因为伤感，作者所以言及花儿会开也就必然会谢的道理，但刚刚就此劝友人忘掉人生聚散，暂且高歌舒怀，便又黯然神伤于“不知来岁牡丹时，再相逢何处”的怅然自问。

【词评】

花开自会落，聚过终须散，虽然懂得此理，作者仍为离愁所困。此词言语明白如话，但情意殷切，极见波澜。

诉衷情

——欧阳修

清晨帘幕卷轻霜，呵手试梅妆。都缘自有离恨，故画作远山长。

思往事，惜流芳，易成伤。拟歌先敛，欲笑还颦[①]，最断人肠！

注释

①拟歌先敛二句：是说唱歌之前先做愁态，笑之前先要皱眉，以此来增添妩媚。

【词评】

全词全从“眉”字落笔，通过眉的形态传出女主人公的哀婉情感，独具匠心。

【赏析】

本篇描写的是一位歌女的生活片断，抒写了歌女的相思离恨之情，将其内心深处的痛苦和愁闷表现得淋漓尽致。

词的上片写歌女清晨梳妆，白描歌女清晨试梳梅花妆和画远山眉的细节，以又细又长的眉黛象征离愁如远山绵长不尽，用意奇巧。“清晨帘幕卷轻霜”，清晨卷起结着轻霜的幕帘，点明歌女起床后的活动——卷帘，卷起“轻霜”，言此时已到微寒时节，因而“呵手”，这一细节写出歌女的娇怯状。接着她开始“试梅妆”，意思是试画新式梅花妆，反衬出歌女的秀美俏丽。“都缘自有离恨，故画作远山长”，既可理解为词人的揣度，也可理解为歌女的心理，都因为内心有太多离愁别恨，故而将双眉画得像远山般浅淡而细长。清朝学者陈廷焯《词则闲情集》评言：“纵画长眉能解离恨否？笔妙。能于无理中传出痴女子心肠。”

词的下片写歌女悲伤忧愁的心理，先是回忆昔日，后又转写今朝。“往事”“流芳”，表达其对往昔回忆的眷恋与惋惜之情。“拟歌先敛，欲笑还颦”是歌女此时的情态：想唱歌心里却发紧，想欢笑眉头却紧皱，表现歌女强颜欢笑的愁恨苦闷。这样的日子“最断人肠”，直言其内心的无比哀伤，隐含着词人对其深深的同情，语简意深，十分传神。

全词章法自然顺畅，上片写歌女化妆的场景，下片刻画其心理活动，以白描的手法，着重描写了歌女的动作和情态，刻画出歌女的离恨别伤，可谓构思新颖。

踏莎行

——欧阳修

候馆梅残[①]，溪桥柳细。草薰风暖摇征辔[②]。离愁渐远渐无穷，迢迢不断如春水。

寸寸柔肠，盈盈粉泪。楼高莫近危阑倚[③]。平芜尽处是春山[④]，行人更在春山外。

注释

①候馆：驿馆。②摇征辔（pèi）：指策马远行。③危阑：高楼上的栏杆。④平芜：绵延不断、向远方伸展的草地。

【词评】

“平芜尽处是春山，行人更在春山外。”又：“郴江幸自绕郴山，为谁流下潇湘去。”此淡语之有情者也。

——《艺苑卮言》

【赏析】

本篇抒写远别离愁。

上片写远行人在春日离家后随着行程的渐远，愁也越来越重，越强烈。“候馆梅残，溪桥柳细。草熏风暖摇征辔”是远行人途中所见之景，“梅残”“柳细”“草熏”等词渲染出悲情气氛；“离愁渐远渐无穷，迢迢不断如春水”写离家日渐遥远触发离愁，词人以春水迢迢比喻离愁的绵绵不断，真切生动，真实而自然地表现了其望归的愁情。

下片则从闺人着眼，悬想闺中人思念远行人的情态，表现闺中人相思的痛苦。“寸寸柔肠，盈盈粉泪”，寸寸柔肠痛断，行行盈淌粉泪，两对句、八字既写出闺中人的缠绵深切的相思之情。接下一句“楼高莫近危阑倚”，不要登高楼望远把栏杆凭倚，既是远行人对闺中人的深情的嘱托，又表现了闺中人倚楼望远而又不见所思之人的情景。“平芜尽处是春山，行人更在春山外”是补充说明上句，即使登楼也枉然，因为什么都看不见，你远眺到的只是平坦的、一望无尽的草地，原野尽头是重重青山，而你思念之人还在那重重春山之外，早已渺不可寻。即使望断春山也是徒然，更见闺中人的失望和感伤。此二句既刻画出闺中人的神态，又揭示出其内心深处悠远缠绵的情思，为宋词中的名句。今人唐圭璋《唐宋词简释》赞曰：“平芜已远，春山则更远矣，而行人又在春山之外，则人去之远，不能目睹，惟存想象而已。写来极柔极厚。”明王世贞《艺苑卮言》说：“此淡语之有情者也。”

全词委婉缠绵，别具一格，词人将游子思乡之情与闺中人的思念融合在一起，写出两地互为相思的情思，可谓新颖生动。虽为常见的离情别绪的题材，但词人所运用的奇妙手法，使本词跳出俗套，读来清新雅致，令人神往。整首词意境优美，融情于景，情寓景中，表现了欧词深婉的风格，是其最具代表性的词作之一。

生查子

——欧阳修

去年元夜时，花市灯如昼。月上柳梢头，人约黄昏后。

今年元夜时，月与灯依旧。不见去年人，泪湿春衫袖。

【词评】

在人生的岁月里，有些情景会永远的记忆犹新，“月上柳梢头”就是作者记忆中印象最深、最能代表旧时光的自然景色。写物是人非，词浅意切，“泪湿春衫袖”简洁五字，情深意挚，使一切修辞都变成多余。

【赏析】

此词是欧阳修脍炙人口的名篇之一，词人以少女口吻写成。

上片回忆去年的欢悦，那时灯好、月明，热恋中的约会也因元夜的欢乐而增添光彩。“去年元夜时”点明时间，引出下文的叙述，接下三句为当时的情景；“花市灯如昼”极言元宵夜的灯火辉煌，展示了欢聚的时空背景；“月上柳梢头，人约黄昏后”写去年元夜幽会的情景，为全词的词眼，其意境优美且情致浪漫，是欧词中传诵千古的名句。上片勾勒出一幅月下幽会的幸福场景，但快乐的时光总会很快消逝。

词的下片，词人笔锋一转，写今年元夜重临故地、物是人非的悲苦情景。“月与灯依旧”一句话即概括出今天的环境，景物与去年一般无二，依旧月光普照，灯市灿烂如昼。而人又是怎样呢？一句“不见去年人”——去年相会的人却不见踪影，道出无尽的哀伤。而为何“不见”，词人一字不及，更增添了悲凉之意。面对此情此景，少女怎能不伤感悲伤？“泪湿春衫袖”——只见那相思之泪不禁打湿了春衫的衣袖，词人只用五字就将这种淡漠冷清的伤感形象化、明朗化，足见其功底深厚。

蝶恋花

——欧阳修

庭院深深深几许？杨柳堆烟，帘幕无重数。玉勒雕鞍游冶处[①]，楼高不见章台路[②]。

雨横风狂三月暮，门掩黄昏，无计留春住。泪眼问花花不语，乱红飞过秋千去。

注释

①玉勒雕鞍：镶玉的马笼头和雕花的马鞍。游冶处：即冶游处。指歌楼妓馆。②章台：歌伎住所的代称。

赏析

本篇为一首暮春闺怨词，描写了暮春时节深闺女子怀人伤春的苦闷愁怨，是闺怨词中千古传诵的名作。

开首即连用三个“深”字，写出女子与世隔绝形如囚居一般的生活，暗示其孤身独处、怨恨莫诉的压抑之感，将女子独守空房的孤苦落寞之景刻画得入木三分。李清照《词序》曾赞曰：“欧阳公作《蝶恋花》有‘庭院深深深几许’之句，予酷爱之，用其语作‘庭院深深’数阕。”接下来词人对深闺女子的住处进行了细致的描绘，由远及近，近处是“杨柳堆烟”，一排排杨柳密密丛丛，雾气弥漫，好似一幅水墨画。远处是一重重的帘幕，“无重数”三字描写出这座庭院的幽深隐秘。下一句词人笔锋一转，“玉勒雕鞍游冶处”将视线转到其丈夫那里，而下一句又折笔描写女子独处高楼，凝神远望丈夫游冶之处。王国维《人间词话》言：“一切景语，皆情语也。”

词的下片借写风狂雨暴的黄昏，抒写出女子无限的伤春之感。末两句是欧阳修词中脍炙人口的名句之一，毛先舒《古今词论引》曾分析道：“永叔词云：‘泪眼问花花不语，乱红飞过秋千去。’此可谓层深而浑成。何也？因花而有泪，此一层意也；因泪而问花，此一层意也；花竟不语，此一层意也；不但不语，且又卵落、飞过秋千，此一层意也。人愈伤心，花愈恼人，语愈浅而意愈入，又绝无刻画费力之迹，谓非层深而浑成耶？”

全词语言优美，浅显易懂，然意境深远，深沉细腻，远胜花间词之清韵。

【词评】

因花而有泪，此一层意也；因泪而问花，此一层意也；花竟不语，此一层意也；不但不语，而又乱落，飞过秋千，此一层意也。人愈伤心，花愈恼人，语愈浅而意愈入，又绝无刻画费力之迹，谓非层深而浑成耶？

——《古今词论引》

渔家傲

——欧阳修

花底忽闻敲两桨，逡巡女伴来寻访[①]。酒盏旋将荷叶当[②]，莲舟荡，时时盏里生红浪[③]。

花气酒香清厮酿[④]，花腮酒面红相向。醉倚绿阴眠一晌[⑤]，惊起望，船头阁在沙滩上[⑥]。

【赏析】

荷花深处忽闻桨响，不多时便看到女伴前来寻访，她们旋即采摘荷叶作酒杯，随着莲舟摇荡，那“杯”中酒映着荷花，泛起层层红浪。花的清香与酒的醇香混在一起，花的红晕和脸的红晕两相映衬。酒喝得微醺，女子便借荷叶绿荫酣眠一晌，但不多时就惊起四望，原来是小船随波逐流，船头搁浅在了沙滩上。

注释

①逡（qūn）巡：顷刻。②旋：随即。当（dàng）：代替。③生红浪：莲塘泛舟，有莲影映于酒杯之中，故显出红色波纹。④清厮酿：形容花香酒香混成一片。⑤一晌：一会儿。⑥阁：同“搁”，搁浅。

【词评】

此词描写采莲姑娘在泛舟采莲时饮酒嬉戏的情景。作者用一连串传神的动词，撷取了一个个生动的情节，刻画出采莲女们天真烂漫、活泼俏丽的形象，将一幅有声音、有味道的风景画展现在读者面前。全词起、承、转、合，脉络清楚，层次井然，可为写词者之范例。

浪淘沙

——欧阳修

注释

①且共从容：意谓暂且一起悠闲一刻，不要急于离去。②紫陌：指京城郊外的道路。

把酒祝东风，且共从容[1]。垂杨紫陌洛城东[2]，总是当时携手处，游遍芳丛。

聚散苦匆匆，此恨无穷。今年花胜去年红，可惜明年花更好，知与谁同？

【词评】

因惜花而怀友，前欢寂寂，后会悠悠，至情语以一气挥写，可谓深情如水，行气如虹矣。

——《宋词选释》

【赏析】

此词作于明道元年（1032年）春，当时词人偕同友人梅尧臣旧地重游洛阳城，实为有感而作。本篇为一首惜春的小词，词人写旧地重聚，借赏花抒怀。

上片描写了词人昔日在洛阳与友人欢聚郊游的情景，表现了词人纵情游赏的潇洒自在，借景抒情，深化了词的意境，使感情愈加真挚。开头两句诗源自晚唐诗人司空图的《酒泉子》“黄昏把酒祝东风，且从容”，词人加添了一“共”字，便添了新意。“共从容”是针对人与风而言，词人希望能留住东风，留住光景，可以继续游赏，更希望人们能够慢慢游赏，尽兴而归。“洛城东”点明游赏的地点，即洛阳城东的公园。由“垂杨”“东风”几句，将暖风吹拂、翠柳飞舞、气候宜人的迷人景色展现在读者面前，此时正是游赏的好时候，此地正是观光的好去处。末两句抒情感叹，这些就是昔日携手同游过的地方，今天又全部重游了一次。“芳丛”点明此次郊游的主要目的为赏花。

下片慨叹人世无常、聚散匆匆，抒写了词人惆怅失落的感伤之情。前两句即发出深深的感叹，“聚散苦匆匆”意思是聚会本来就很难，可刚刚见面，又要匆匆告别，这怎能不带来深深的怅恨？一句“此恨无穷”扩及到各种离别，并不是只言词人的分别，而是言及古今亲人朋友之间的匆匆离别。末三句通过描写眼前所见鲜艳繁盛的景色，抒发了词人感伤的别离之情，正是“以乐景写惆怅”。词人将三年的花加以对比，“今年花胜去年红”，今年的花比去年开得更加繁盛，更加鲜艳，但“明年花更好”，却不知道能和谁再来共赏？词人以惜花写惜别，层层递进，诗意盎然，构思新颖，可谓惜别诗中的绝妙之笔。

全词语言凝练，婉丽隽永，含蕴深刻，耐人寻味。

凤箫吟

——韩 缜

锁离愁、连绵无际，来时陌上初熏[①]。绣帏人念远[②]，暗垂珠露，泣送征轮。长行长在眼，更重重、远水孤云。但望极楼高，尽日目断王孙[③]。

销魂。池塘别后，曾行处、绿妒轻裙[④]。恁时携素手[⑤]，乱花飞絮里，缓步香茵。朱颜空自改，向年年、芳意长新。遍绿野，嬉游醉眼，莫负青春。

注释

①初熏：指刚散发出的清新草气。②绣帏人：指闺中女子。③王孙：指代远行之人。④绿妒轻裙：意谓原来两人曾行的小径，现在也长满小草，草色葱翠得连裙子都开始嫉妒起来。⑤恁（nèn）时：那时。

【赏析】

本篇又题“芳草”，为咏芳草、抒离愁之词。全篇不见一个“草”字，但却处处咏草，以比喻女子离愁别恨的无穷无尽。像这样咏物而不滞于物，实为难得。

上片主要写送别的情景。“锁离愁”三句点出了离愁之重。刚刚和久别的游子重逢，没想到，他又要踏上旅途。此时此刻，送别者心中无尽的愁绪不知该怎样排遣，仿佛被那田间小路上刚刚散发出芳香的春草锁住了。她久居深闺绣帏，思念着远行的游子，“暗垂珠露”。此处“暗垂珠露”四个字，不仅刻画出了女子送别时泪流满面的形象，而且还赋予了碧草以人的感情，碧草上的露珠仿佛是泪滴，碧草好像也在为离别而落泪，如此一来，气氛更加感伤。“长行”三句写游子已远去，芳草却常在眼前，加上远水孤云，更增离愁。此处“孤”字运用得出神入化，准确地写出了送行者独自睹草思人的愁情。“但望极”两句，写游子渐行渐远，送行者即使站在高楼上远眺，也望不见游子的身影了，只能怀着满腔离愁别恨，空自怅望。这样一来，作品的感伤气氛显得更浓了。

下片笔锋再转，写别后游子的情绪，处处睹物伤怀。“销魂”四句由芳草池塘边的离别写起，转入回忆。“曾行处、绿妒轻裙”，写绿草好像都在嫉妒女子罗裙的碧色，以此来反衬女子的靓丽、可爱，从而使游子对女子的怀念之情更深一层。“恁时”三句仍是回忆旧日两人在一起的赏心乐事。“朱颜”三句以芳草年年常绿常新比衬人之朱颜改换、青春逝去之无可奈何。结句与开篇相照应，奉劝人们面对遍野的碧草，不要只顾触景伤情，以免辜负了大好的时光。

【词评】

全词引句用典恰当而不露痕迹，寄寓深远，具有很高的艺术性，因而成为别具一格的咏草名篇。

桂枝香

——王安石

登临送目，正故国晚秋[1]，天气初肃。千里澄江似练，翠峰如簇。归帆去棹残阳里，背西风，酒旗斜矗。彩舟云淡，星河鹭起，画图难足。

念往昔，繁华竞逐。叹门外楼头[2]，悲恨相续。千古凭高，对此谩嗟荣辱[3]。六朝旧事随流水，但寒烟、衰草凝绿。至今商女，时时犹唱，后庭遗曲[4]。

注释

①故国：指金陵。金陵为六朝旧都，故云。②门外楼头：杜牧《台城曲》有："门外韩擒虎，楼头张丽华。"隋将韩擒虎引大军灭陈时，陈后主还与宠妃张丽华在楼台上寻欢作乐。③谩嗟：空叹。④后庭遗曲：陈后主所作的《玉树后庭花》，后人常视为亡国之音。

【赏析】

这首词作于词人第二次被罢相、出知江宁府的时候，通过对金陵（即南京）景物的赞美和对历史兴亡的感喟，寄托了自己对当时朝政的担忧和对国家政治大事的关心。

上片侧重写景，写词人登高所见。在一派飒爽的晚秋天气中，词人登高临远，大笔挥洒，描绘秋日晚暮江山如画的景色，视野开阔，气象壮观。以"登临送目"起首，指出地点和时间，并引出下文的景物描写。结尾总收一笔，从侧面概说此地风物之美。

下片抒怀。词人发六朝兴亡的感慨，突出"门外楼头"的旧事，其实是借古伤今，别有言外之意。"千古"二句起笔高迈，从后人感怀的角度，把感叹的深度和力度推向极致。"六朝"两句融情入景，把深深的古之幽情寄于寒烟、衰草、商女、后庭等一系列凄清的意象，效果立现。过去的虽然已经过去，可至今犹唱的《后庭》遗曲不也是对今人的一种警醒吗？

这首词境界雄浑、阔大，伤怀吊古，暗寄讽谏之情，可以看出词人对统治者的劝诫和忧国忧民的情怀，可谓蕴藉深沉。

【词评】

金陵怀古，诸公寄调《桂枝香》者，三十余家，惟介甫为绝唱。

——《古今词话》

渔家傲

——王安石

平岸小桥千嶂抱，柔蓝一水萦花草[1]。茅屋数间窗窈窕[2]。尘不到，时时自有春风扫。

午枕觉来闻语鸟，欹眠似听朝鸡早[3]。忽忆故人今总老。贪梦好，茫然忘了邯郸道[4]。

注释

①萦：萦绕。②窈窕：幽深的样子。③欹（qī）眠：斜躺着。④邯郸道：引唐沈既济《枕中记》所写卢生于邯郸客栈中做黄粱美梦一事。

【赏析】

此词是作者罢相后的作品。词中写到所居环境的清幽秀雅，闲居生活的悠游惬意。结尾处言及朝中故人多因忧劳而衰老，不似自己能贪梦于美好的梦境，茫然间将仕途经济全部都忘掉。

【词评】

此必荆公退居金陵时所写。借渔家乐以写其恬退，首阕笔笔清奇，令人神往。次阕似讥故人之恋位者。然亦不过反笔，以写其幽居之乐耳。情词自超隽无匹，运用入化。

——《蓼园词选》

浪淘沙

——王安石

伊吕两衰翁[1]，历遍穷通[2]，一为钓叟一耕佣。若使当时身不遇，老了英雄！

汤武偶相逢，风虎云龙[3]，兴亡只在谈笑中。直至如今千载后，谁与争功？

注释

①伊：伊尹，商代大臣，曾帮助商汤灭亡了夏朝，建立了商朝。吕：吕尚，即姜太公，他曾帮助武王伐纣，建立了周朝。②穷通：困顿与通达。③风虎云龙：《易经》中说："云从龙，风从虎。"此指辅佐君主。

【赏析】

上阕写商代开国贤相伊尹和周朝兴邦重臣吕尚因为不遇而做农夫、做渔父的故事，推想若不是得遇商汤、周武两位明君便会空老了英雄。下阕赞叹明主贤臣一朝相逢，如同龙得云助，虎得风势，兴国大业在谈笑中便已完成，丰功伟绩光照千古，无人能及。

【词评】

此词咏史，其中暗含着作者志得意满的心情和对逢遇盛世明君的庆幸。

清平乐

——王安国

留春不住，费尽莺儿语。满地残红宫锦污[1]，昨夜南园风雨。

小怜初上琵琶，晓来思绕天涯。不肯画堂朱户，春风自在杨花。

注释

①宫锦：演出结束后客人为表嘉奖而赠艺人的锦帛。

【词评】

生机与自由不在画堂朱户之内，而在洁白烂漫的梨花枝头。小令用墨不多，内容却很深刻。《谭评词辨》称此词"结笔品格自高"，很恰当。

【赏析】

本篇抒写伤春惜春之情，虽题材不新鲜，但词人构思精巧，笔法奇妙，将自己的生活融进景色中，写出了自己的性情和风骨，堪称伤春词中的佳作。

词的上片以倒装句式写万花委地、残红碎锦的暮春萧条景色，抒写留春不住的感伤，表达了词人慨叹美好年华逝去的惆怅情怀，隐隐寄寓了词人英雄末路的悲慨。"留春不住，费尽莺儿语"从听觉入手，词人运用拟人的手法，写黄莺在耳边不停唱歌，劝说春天不要匆匆离去，然却"留春不住"，写出无计留春之苦；"满地残红宫锦污"写脏污的红锦落花满地零落，是从视觉入笔，表达了词人的惜春之情。下片抒写暮春伤逝念远的幽怨，以暮春纷飞的杨花不肯飞入权贵人家的画堂朱户，表达了词人不亲权贵的高尚品格。"小怜初上琵琶，晓来思绕天涯"再次付诸听觉。"不肯画堂朱户，春风自在杨花"转回视觉描写，词人描述了暮春漫天飞舞的杨花，不肯进入豪门大户的情景，暗喻自己不肯趋炎附势的风骨，手法新巧而又富有情趣。

卜算子

——王观

水是眼波横，山是眉峰聚。欲问行人去那边？眉眼盈盈处[1]。

才始送春归，又送君归去。若到江南赶上春，千万和春住。

注释

①盈盈：美好的样子。

【赏析】

浙东素以山清水秀闻名，因而词也就从山水写起。作者用女子含情脉脉的眼波来形容浙东的水，用女子蹙拢的眉来形容浙东的山，更用“眉眼盈盈”一语注入灵气，托显出江南山水的柔情绰态。

别离是伤感的，何况是在春日将尽的时候，惜春惜别之情一同搅缠于心中的滋味确实不好受。但作者想到友人此去江南兴许还能赶上春天在那里逗留的脚步，不禁又为他庆幸。他于是叮嘱友人，如果真的赶上了春天，千万要拣那春意最浓的地方住下。

【词评】

小令语言清新，设喻巧妙，用淡淡的谐谑情调化解着离别的伤感，在赠别词中可谓风格独具。

临江仙

——晏几道

梦后楼台高锁，酒醒帘幕低垂。去年春恨却来时[1]。落花人独立，微雨燕双飞。

记得小蘋初见[2]，两重心字罗衣[3]。琵琶弦上说相思。当时明月在，曾照彩云归。

注释

①却来：又来。②小蘋（pín）：歌女的名字。③心字罗衣：古时女子穿的衣领形如“心”字的罗衣。

【赏析】

词人朋友家中有四位歌女，这首词就是其怀念歌女小蘋而作，是其代表作之一。

上片写和小蘋分别后形单影只和对她刻骨铭心的相思之情。开篇就用两个六字对句描写了梦醒后的孤寂凄苦，虽然并没有直接抒情，但早已经是寓情于景，情在景中了，词人对小蘋深深的思念显露无遗。“去年春恨却来时”承上启下，接着，词人借用了五代翁宏《春残》诗的“落花人独立，微雨燕双飞”两句，在描写景色的同时，不露痕迹地把词人自己的惆怅寂寞之情融会其中，颇为新奇。

下片回忆和小蘋初识和分别时的情景。一开始就写他们以琵琶为媒，一见钟情。然后，他化用李白《宫中行乐词》中的“只愁歌舞散，化作彩云飞”，增添了更多更美妙的色彩。词虽以景语结尾，实则饱含无限深情，既写出了小蘋楚楚动人的形象，也写出了词人对小蘋的深深爱慕之情。全篇没有直接抒发感情，却让人感受到情感的真挚深沉。

蝶恋花

——晏几道

醉别西楼醒不记，春梦秋云，聚散真容易。斜月半窗还少睡，画屏闲展吴山翠。

衣上酒痕诗里字，点点行行，总是凄凉意。红烛自怜无好计，夜寒空替人垂泪[①]。

注释

①红烛两句：化用唐杜牧《赠别》中“蜡烛有心还惜别，替人垂泪到天明”句。

【词评】

一字一泪，一字一珠。

——《词则·大雅集》

【赏析】

本篇也是抒写离别之感，写的是伤别怀人。词人并没有描述具体的事件，而是描绘主人公寒夜无眠，追忆醉别西楼，感慨聚散短暂，睹物思人倍感凄凉，孤栖无依只有红烛垂泪相伴。写景、叙事、抒怀相结合。词中“春梦秋云”的比喻和红烛垂泪的拟人写法形象生动，耐人寻味。

上片写梦醒之后，感慨人生如梦如云。“醉别西楼醒不记”写昔日在西楼醉中一别，醒后全忘，点明离别之意，这好像是追忆往日某一幕的具体的醉别，又像是泛指所有的前欢旧梦，虚虚实实，“如幻，如电，如昨梦、前尘”。面对此情此景，词人不由得发出感叹：“春梦秋云，聚散真容易”，慨叹人生如飘忽不定的春梦秋云，聚无由，散容易。春梦虚幻而短暂，秋云缥缈而易逝，以此象征人生，真切而形象，惹人遐思。“斜月半窗还少睡，画屏闲展吴山翠”转而写景，因追忆前尘往事，感叹聚散，浑然不知此时已是“斜月半窗”了，独自一人看着那画屏悠闲地展现出吴山的葱翠，心中极度郁闷伤感。词人以“闲”字反衬出自己内心的苦闷。

下片写欢聚留下的酒痕诗文，“衣上酒痕诗里字”原是昔日西楼狂欢的象征，如今却“点点行行 ，总是凄凉意”。词人睹物生景，睹物生情，怎能不感到凄凉哀伤？连红烛都被“凄凉意”感动，它虽然同情人的凄凉，却“自怜无好计”，只能在寒寂的夜晚白白地替人长洒同情之泪。此句“红烛”与上片的“画屏”相对应，一翠一红，一无情一有情，相映成趣,足见词人构思之巧妙。

全词语淡情深，充满了无处排遣的惆怅和悲凉，风格沉郁悲凉，手法精妙，后人评价极高。“红烛自怜无好计，夜寒空替人垂泪”为其中名句，颇具晏几道的作词风格。

清平乐

——晏几道

留人不住，醉解兰舟去。一棹碧涛春水路[①]，过尽晓莺啼处。

渡头杨柳青青，枝枝叶叶离情。此后锦书休寄，画楼云雨无凭。

注释

①棹（zhào）：船桨。

【词评】

结语殊怨，然不忍割。

——《宋四家词选》

【赏析】

晏几道写情沉郁顿挫，一般都不直抒胸臆，而是用极其委婉的方式来抒写。此词是一首以深婉含蓄见长的言情词，写女子送别情景，抒发了女子挽留不住情人的怨愤之情。

上片四句主要是写景，用春天美好的事物反衬主人公哀怨的心情，比直接抒情更为感人。首句描绘了一个分别的情景：女子对情人依依不舍，苦苦挽留；行者不顾女子的哀求，去意已绝，执意要走，两人形成鲜明的对比。既然强留不住，女子只能放手了。一个“留”，一个“去”，为下面的抒情作铺垫。第二句写女子为情人举行饯行酒宴的情况。此时二人的态度同样形成对照：女子由于满腔离愁别绪，吃不下去；行者因为即将远行，心情愉悦，以至大醉。下面两句紧承上句，描绘了一幅美丽的春晨江景图。这些美好的景物其实并不是真实的，是女子对情人一路上风光的想象。那江水澄净碧绿，鸟声婉转动听，到处洋溢着喜人的气息，这不就是行者此刻心情的真实写照吗？此处再次把行者的高兴与女子内心的哀愁形成对比，把女子哀不胜哀、愁不胜愁的心境刻画得非常形象。

下片开始两句和篇首的“留人不住”遥相呼应，是女子想象情人离开后的情景。情人乘船走后，渡头空荡荡的，连垂柳都见之哀伤，叫多情的她怎么能不悲切呢？结句虽然也是写情，却显得有些突兀。女子面对情人离开伤心欲绝，以至违心地说“此后锦书休寄”，要和他从此断绝关系。青楼女子身份特殊，即便与情郎情深意切，终究还是要分开，大都没有好结局。既然如此，还不如断绝来往呢！这句话看起来很决绝，其实是负气之言，暗含幽怨。这两句以怨写爱，把女子因深爱而绝望，绝望却始终割舍不了与情人的感情的复杂心境表现得淋漓尽致。

本词在结构上没有特别之处，没有时间和空间上的跨越，仅仅围绕一个人物在送别时的感受展开，简单明快，却将女子的神态刻画得入木三分，极为传神，由此可见词人高超的技法。

鹧鸪天

——晏几道

小令尊前见玉箫[1]，银灯一曲太妖娆。歌中醉倒谁能恨，唱罢归来酒未消。

春悄悄，夜迢迢，碧云天共楚宫遥[2]。梦魂惯得无拘检，又踏杨花过谢桥[3]。

注释

①尊：酒器。②楚宫：指代玉箫居处。③谢桥：谢娘家的桥。谢娘为唐代妓人。

【赏析】

词写作者对一位美丽歌女的怀念之情。“玉箫”指代歌女，作者在一次宴会上偶然遇到她，久久不能忘怀。

酒宴歌席间第一次见到玉箫，银灯璀璨的光华下，她清歌一曲，让作者连连叹息“太妖娆”。他情愿歌中醉倒而无怨恨，宴毕后一路陶醉归来，酒意未消。

春悄悄，夜迢迢，作者空对碧色云天，叹息佳人远隔，不无惆怅。他于是求助于不受束缚的梦境，踏杨花，过谢桥，一路寻去，往见昼思夜想的玉箫。

【词评】

伊川（与晏几道同时代的道学家程颐）闻诵叔原词“梦魂惯得无拘检，又踏杨花过谢桥”，笑曰：“鬼语也！”意颇赏之。

——《词苑萃编》

阮郎归

——晏几道

旧香残粉似当初，人情恨不如。一春犹有数行书，秋来书更疏。

衾凤冷[1]，枕鸳孤[2]，愁肠待酒舒。梦魂纵有也成虚，那堪和梦无。

注释

①衾凤：被子上绣的凤。②枕鸳：绣着鸳鸯的枕头。

【赏析】

本篇为一首闺怨词，写女子怀人怨情。词人以跌宕波折之笔法，写女子虽怨恨情人负心、人情淡薄，但依然痴情不改，深切思念情人，极写女子爱情之深挚。

上片写物是人非，用剩的脂粉还像当初一样香，可叹“人情恨不如”感情连旧粉也不如；春天的时候还写过几行信，可如今“秋来书更疏”。从细节上表现了游子的负心，彰显出女子的敏感多情。上片写女子睹物思人，表现了她对负心情人的满腔怨恨之情。

下片写独居的冷清凄苦，一人盖被暖不透，独个双枕好孤独，愁肠百结只能“待酒舒”。头两句写女子的内心感受，把她清冷、凄凉的主观情感寄托在衾与枕上，将她的内心刻画得非常入神。词人之所以用凤和鸾来比喻衾和枕，是因为我国古代通常以凤凰和鸳鸯来比喻情侣相亲相爱，以凤凰与鸳鸯成单来暗示情侣分离的境况。词人的用意正在于此，暗喻今非昔比、物是人非。“愁肠”一句，写女子为了排解心中的烦闷，希望借酒消愁，哪怕得到的只是暂时的解脱也好。虽是“待酒舒”，却未必是真醉，反而陷入了更重的愁思之中。

【词评】

一片痴情，尽在字里行间；怨而不怒，正是小晏词特色。

卖花声

——张舜民

木叶下君山[1]，空水漫漫。十分斟酒敛芳颜。不是渭城西去客，休唱阳关。

醉袖抚危阑，天淡云闲。何人此路得生还？回首夕阳红尽处，应是长安。

注释

①君山：又名洞庭山，在洞庭湖中。

【词评】

制止歌女唱起《阳关三叠》是因为怕听了此曲会加深自己的迁愁谪恨。此词情意厚重，深挚含蓄，流传甚广。

【赏析】

落叶纷纷飘下君山，洞庭湖水与天相连，浩瀚无边。作者制止了将酒斟满，而后敛整姿容准备歌唱侑酒的女子，告诉她，自己并非要西迁大漠，所以不必唱起《阳关三叠》的凄凄别音。

酒醉后，扶着楼台的栏杆，看天淡云闲。他悲伤叹问远谪之人有多少能在有生之年得以归还，转而回望夕阳红尽的天边，怅然推想，那里应是牵系着命运和情感的长安。

水龙吟　次韵章质夫杨花词

——苏　轼

似花还似非花，也无人惜从教坠[1]。抛家傍路，思量却是、无情有思[2]。萦损柔肠，困酣娇眼，欲开还闭[3]。梦随风万里，寻郎去处，又还被、莺呼起[4]。

不恨此花飞尽，恨西园、落红难缀[5]。晓来雨过，遗踪何在？一池萍碎[6]。春色三分，二分尘土，一分流水。细看来，不是杨花，点点是离人泪。

注释

①从教坠：任其飘落。②无情有思：意谓杨花随风飘舞，看似无情，却也有它自己的思绪。③萦损三句：此三句是将杨花想象成闺中少妇，写尽夫婿远行后她整日百无聊赖的姿态。④莺呼起：唐金昌绪《春怨》："打起黄莺儿，莫教枝上啼。啼时惊妾梦，不得到辽西。"⑤落红难缀：意谓花儿纷纷凋落，再也不能连结在枝头了。缀：连结。⑥萍碎：古人认为杨花落水变成浮萍。

【赏析】

这首词作于哲宗元祐二年（1087年）前后，当时苏轼与章质夫都在汴京做官。这是一首唱和之作，词人明写杨花，暗抒离别的愁绪。

词的上半部分写杨花飘落的情景。开篇"似花"两句造语精巧，音韵和婉。一方面咏吟杨花，另一方面也是写人的情感。最后几句把花和人合为一体，极言离人的愁苦哀怨。词的下半部分言情。前两句笔势跌宕顿挫，用"不恨""恨"两相对照，抒发对杨花无人怜惜的惆怅。"晓来""春色"六句，是对前面"抛家""萦损"的详细解释，杨花最后的结局是"一池萍碎"，或被碾为尘土，或被流水带去。收尾三句总揽一笔，把池中"萍碎"的杨花喻为离人的泪滴，想象奇特。

定风波　南海归，赠王定国侍儿寓娘[1]

——苏　轼

常羡人间琢玉郎[2]，天应乞与点酥娘[3]。尽道清歌传皓齿，风起，雪飞炎海变清凉。

万里归来年愈少，微笑，笑时犹带岭梅香。试问岭南应不好，却道：此心安处是吾乡。

注释

①王定国：名巩，因受"乌台诗案"牵连而被贬官岭南。②琢玉郎：指善于相思的多情人。③乞与：给予。点酥娘：形容柔奴肌肤、资质的光洁柔美。

【词评】

此词虽然也写美人香软，但不同于一般艳词，透出明丽雅致的清新情调。而柔奴的一句"此心安处是吾乡"，也正是作者面对逆境的人生态度。

【赏析】

柔奴陪伴王定国贬谪南方回来，与作者问答，深得作者的欣赏。他所以写下此词来赞美柔奴。

词中说：我常常羡慕幸运的多情郎王定国，上天赐给他一位温柔美丽的好姑娘。人们都说她轻启皓齿，唱出那沁人心脾的歌声，就好像风起雪飞，让炎炎火海也变得清凉。她陪伴主人贬谪万里归来，容颜却越发地焕发着青春的风采，她常常微笑，微笑中还带着岭南的梅香。我问她贬地的风物应该不会太好吧，她却对我说：此心安处，便是故乡。

水调歌头

——苏轼

明月几时有？把酒问青天。不知天上宫阙，今夕是何年？我欲乘风归去，又恐琼楼玉宇[①]，高处不胜寒。起舞弄清影，何似在人间[②]？

转朱阁[③]，低绮户[④]，照无眠。不应有恨，何事长向别时圆？人有悲欢离合，月有阴晴圆缺，此事古难全。但愿人长久，千里共婵娟[⑤]。

注释

①琼楼玉宇：指月宫，也指朝廷。②在人间：也含有出任地方官的意思。③朱阁：朱红色的楼阁。④绮户：雕花的门窗。⑤婵娟：月亮。

【词评】

此老不特兴会高骞，直觉有仙气缥缈于毫端。

——《左庵词话》

【赏析】

这首词作于宋神宗熙宁九年（1076年），当时苏轼在密州任太守。他与弟弟苏辙已是七年阔别，再加上政事上的不顺心，又赶上丙辰年的中秋节，于是对月思人，尽抒情怀，乘醉而歌，写出了这首传颂千古的名篇。胡仔《苕溪渔隐丛话》说："中秋词自东坡《水调歌头》一出，余词尽废。"

词的上片写把酒问天，发欲升天之奇想，但又恐高处奇寒不如人间，一波三折，抒写词人由于政治失意想要超脱尘世但又热爱人间、眷恋人生的矛盾心态。下片由"人有悲欢离合，月有阴晴圆缺"慨叹人生好事难全，古今一样，进而表达"但愿人长久，千里共婵娟"的心愿，只希望人们能够永远健康长寿，即使相隔千里也能在中秋之夜共同欣赏天上的明月。这里既抒写怀念兄弟的深情以及对远方亲人的思念，也是表达一种祝福。

全词叙述跌宕起伏，情感放纵奔腾，充满浪漫主义情调，风格超旷飘逸，表现诗人开阔洒脱的胸襟和积极达观的品格。全词构思奇特，结构严谨，蕴含深广，通过对虚无缥缈的月宫仙境的幻想，表现了现实世界中自己内心的矛盾和迷茫，以及对人生的思考和认识。本词语言如行云流水，理性情趣兼有，是宋词的名作。其中的"人有悲欢离合，月有阴晴圆缺""但愿人长久，千里共婵娟"等句，是流传千古的名词佳句。

念奴娇 赤壁怀古

——苏轼

大江东去，浪淘尽、千古风流人物。故垒西边，人道是、三国周郎赤壁。乱石穿空，惊涛拍岸，卷起千堆雪。江山如画，一时多少豪杰。

遥想公瑾当年，小乔初嫁了，雄姿英发。羽扇纶巾[①]，谈笑间、樯橹灰飞烟灭[②]。故国神游[③]，多情应笑我，早生华发[④]。人生如梦，一樽还酹江月[⑤]。

注释

①纶（guān）巾：用青丝带做的头巾。②樯橹：指曹操水军。樯：桅杆。橹：船桨。③故国：指赤壁古战场。④华发：白发。⑤酹（lèi）：将酒倒在地上以表祭奠。

【赏析】

这首词是苏轼豪放词的杰作，也是整个豪放词派中的扛鼎之作。它写于神宗元丰五年（1082年）七月，当时苏轼刚刚因“乌台诗案”受贬，退居黄州。词中，词人挥洒巨笔描绘赤壁古战场雄奇壮丽的景色，表现三国名将周瑜风流儒雅、指挥若定的大将风采，歌颂了祖国大好江山和英雄人物，也抒写了自己政治失意、老大无成的迟暮之悲。

上片以“赤壁”为主题，写雄浑之景。开篇三句总起，由景到人，人由景出，在浩荡东流的滔滔江水之后，紧跟着引出千秋万代的风流人物，笔势雄奇，气势阔大，营造出一种历史的深厚感，让人感慨系之。“故垒”两句明言借古抒怀。“人道是”，显出词人的严谨。“周郎赤壁”，既合主题，又是对下文赞美周郎的铺垫。“乱石”三句，直写赤壁的景色，苍凉雄浑，制造出一种抒怀的氛围，最后用“江山如画”衬托历代英豪的丰功伟绩。

下片写怀古之情。用“遥想”总领，起笔六句分别从多个方面描写周瑜当年的英武形象，暗示自己垂垂老矣而一事无成，充满了郁郁不得志的愤慨。“多情”两句，写自己的一生，感慨自己尚无所作为却已老之将至，大好年华全都被虚度。最后两句情景交融，思接古今，看似是词人以酒祭月，表达自己对古人的缅怀之情，实则是借酒浇愁，体现出词人内心深处的无奈与苦闷。

全词气象宏阔，笔力遒劲。胡仔在《苕溪渔隐丛话前集》盛赞此词为“古今绝唱”。

西江月

——苏轼

世事一场大梦，人生几度秋凉。夜来风叶已鸣廊[1]，看取眉头鬓上。

酒贱常愁客少，月明多被云妨。中秋谁与共孤光[2]，把盏凄然北望。

注释

①风叶：被风吹落的树叶。
②孤光：月光。

【赏析】

世事一场大梦，人生几度秋凉，入夜后，秋风裹挟着落叶在廊间鸣响，作者有悲于秋意，对镜自顾眉头鬓上白发斑斑，不禁忧伤无限。酒价低贱的时候常愁的是客人稀少，而即便如明月之光也多被浮云妨碍；又逢中秋佳节，但无人可共饮酒赏月，满心愁苦，作者把盏凄然北望那由来的地方。

【词评】

词中饱含着对世事如梦、人生沧桑的感叹，对眼下凄凉境遇的忧伤，对世路艰难、人心险恶的牢骚与愤慨，以及对寻求理解的渴望。全词不用典故，不尚藻绘，情感深挚沉郁，词风悲凉苍劲，融会着作者对于人生的深刻体悟，有很强的感染力。

临江仙　夜归临皋

——苏　轼

夜饮东坡醒复醉①，归来仿佛三更。家童鼻息已雷鸣，敲门都不应，倚杖听江声。

长恨此身非我有，何时忘却营营②。夜阑风静縠纹平③。小舟从此逝，江海寄余生。

【赏析】

本篇为词人谪居黄州醉酒抒怀之作，作于神宗元丰五年，即苏轼被贬黄州的第三年。

词的上片写夜饮醉归情景，“夜饮东坡醒复醉”点明夜饮的地点和醉酒的程度，醉而复醒，醒而复醉，自然就回家很晚了。“归来仿佛三更”传神地勾勒词人醉眼蒙眬的醉态，表现纵饮的豪兴与诗人豪放旷达的心境。末三句写的是词人到达家门口的情景，家童早已睡着，敲门不应，只能“倚杖听江声”。至此一句，即勾勒出一个胸襟旷达、遗世独立的君子形象，表现了词人达观的人生态度，超旷的精神世界，以及独特的个性和真情。上片以动衬静，词人写家僮鼻息如雷和江声，从而反衬出夜深人静的现实世界，暗喻自己历尽宦海浮沉的浩茫心事和孤寂心情，惹人浮想联翩，为下片的人生反思作好了铺垫。

下片以一声慨叹“长恨此身非我有，何时忘却营营”开篇，化用了庄子“汝身非汝有也”“全汝形，抱汝生，无使汝思虑营营”之言，是词人对现实人生的思索和感叹，这种想要解脱而又无法解脱的人生困惑和感伤，既饱含哲理又直抒胸臆，是全词的枢纽。“夜阑风静縠纹平”，看似写景的寻常句子，实则亦景亦情，词人心与景会，神与物游，想要脱离现实社会和追求宁静安逸，于是倚靠江边，情不自禁地唱道“小舟从此逝，江海寄余生”，抒发了厌倦官场奔竞，希望回归自然，寄余生于江海的心愿。宋叶梦得《避暑录话》有言：“所谓‘夜阑风静縠纹平。小舟从此逝，江海寄余生’者，与客大歌数过而散。”

全词不假修饰，直抒胸臆，融景、情、理于一体，风格飘逸洒脱，颇能体现东坡词的艺术特色。

注释

①东坡：苏轼被贬黄州时曾筑室于黄州城外之东坡，因号东坡居士。②营营：为功名利禄而奔波劳碌。③縠（hú）纹：如绉纱一样褶皱的水波纹。

【词评】

元好问说：“自东坡一出，情性之外，不知有文字，真有‘一洗万古凡马空’气象。”

定风波

——苏　轼

三月七日，沙湖道中遇雨。雨具先去，同行皆狼狈，余独不觉。已而遂晴，故作此词。

莫听穿林打叶声，何妨吟啸且徐行。竹杖芒鞋轻胜马①，谁怕？一蓑烟雨任平生。

料峭春风吹酒醒，微冷，山头斜照却相迎。回首向来萧瑟处②，归去，也无风雨也无晴。

注释

①芒鞋：草鞋。②向来：刚才。

【词评】

此足征是翁坦荡之怀，任天而动。琢句亦瘦逸，能道眼前景，以曲笔直写胸臆，倚声能事尽之矣。

——《手批东坡乐府》

【赏析】

本篇为醉归遇雨抒怀之作。词人借雨中潇洒徐行之举动，表现虽处逆境屡遭挫折而不畏惧不颓丧的倔强性格和旷达乐观情怀。

词的上片以“莫听穿林打叶声”开篇，一方面写出了风大雨疾的情景，一方面又以“莫听”二字写出外物不足萦怀之意，即使雨再大，风再烈，都不会受影响；“何妨吟啸且徐行”承接上句，何不低吟长啸缓步徐行，突显出词人的情趣和兴致。“何妨”二字写出一丝俏皮之意，增添了和雨挑战的意味。前两句是全词的枢纽，以下词句皆是由此发出。“竹杖芒鞋轻胜马”写词人脚穿芒鞋手持竹杖雨中前行的情景，“轻胜马”三字传达出从容之意，“谁怕”二字诙谐可爱，值得玩味；“一蓑烟雨任平生”由眼前风雨进一步写到整个人生，表达了搏击风雨、笑傲人生的喜悦和豪迈。

下片写雨停后的情景，“料峭春风吹酒醒”写醉酒被春风吹醒，暗示雨停。“微冷”，风吹雨停，词人突然感觉有点冷，抬头一看“山头斜照却相迎”，已雨过天晴；“回首向来萧瑟处”，回头看看那刚下过雨的地方，发出感慨：“归去，也无风雨也无晴。”此乃本篇的点睛之笔，道出词人对天气微妙变化的顿悟，表达了词人宠辱不惊的超然情怀。“风雨”二字一语双关，既是大自然的风雨，又暗喻了政治风雨和人生的荣辱得失。

全词即景生情，语言幽默诙谐，值得一读再读。

卜算子　黄州定惠院寓居作

——苏轼

缺月挂疏桐，漏断人初静①。谁见幽人独往来②？缥缈孤鸿影。

惊起却回头，有恨无人省③。拣尽寒枝不肯栖④，寂寞沙洲冷。

注释

①漏断：漏壶里的水滴尽了，指夜已深了。②幽人：幽居之人，与下句的“孤鸿”都是作者自指。③省（xǐng）：理解，懂得。④拣（jiǎn）：选择。

【赏析】

此篇是词人被贬居黄州后的抒怀之作。词借咏孤雁夜飞抒写政治失意的孤寂忧愤之情，表现词人不同流俗清高自守的品格。

上片写词人独居定惠院的寂寞冷清。“缺月挂疏桐，漏断人初静”营造出一幅夜深人静的画面：半轮残月高高地挂在梧桐树梢，漏壶已尽，夜已深，四周一片寂静。在这样孤寂的夜里，“谁见幽人独往来”，谁能看见那幽居人独自往来呢？他隐约出没，就像那“缥缈孤鸿影”。词人以寥寥笔墨，即将一个独来独往、心思缜密的“幽人”形象描出来。

下片承接上文，专写孤鸿，借孤鸿寄托自己满腹怨恨而又不愿攀龙附凤的情怀。“惊起却回头”一语双关，既可言说孤鸿被惊起而回头，也可言说“幽人”猛回头。而下句“有恨无人省”也是两层意思，一层为孤鸿因无故被惊起，故心怀怨恨，无人理解。另一层意思为词人所思，言自己被贬谪黄州时的孤寂处境。“拣尽寒枝不肯栖，寂寞沙洲冷”写孤鸿选求栖息处的情景，宁愿在沙洲忍受寂寞凄冷，也不愿栖息高枝。词人运用象征的手法表现了自己高洁自许、不愿随波逐流的心境。

【词评】

此东坡自写在黄州之寂寞耳，初从人说起，言如孤鸿之冷落；下专就鸿说，语语双关，格奇而语隽。

——《蓼园词选》

洞仙歌

——苏 轼

冰肌玉骨，自清凉无汗。水殿风来暗香满。绣帘开、一点明月窥人，人未寝，攲枕钗横鬓乱[1]。

起来携素手[2]，庭户无声，时见疏星渡河汉[3]。试问夜如何？夜已三更，金波淡、玉绳低转[4]。但屈指、西风几时来？又不道、流年暗中偷换[5]。

【赏析】

本篇为续补蜀主孟昶佚词之作。词人以丰富的想象，向我们再现了五代时后蜀国君孟昶和他的贵妃花蕊夫人夏夜在摩诃池上消夏的情形，突出了花蕊夫人美好的精神境界，抒发了词人惜时的感慨。全词情思深婉，声调清越，“如空山鸣泉，琴筑并奏”。

词的上半部分写当时花蕊夫人在寝室内的仪态。“冰肌”二句，不仅写她容貌秀美，其中更隐含着一股圣洁之气。词的下半部分写花蕊夫人的举止和内心世界。“无声”，写夜的幽深静谧，暗指时光悄然逝去。“试问”四句，写两人含情脉脉，营造出一种柔情蜜意的氛围。

注释

①攲（qī）：斜靠着。②素手：女子洁白的双手。③河汉：天河。④金波淡：月光暗淡。玉绳：位于北斗柄尾的两颗星，此处泛指群星。⑤流年：流逝的年华。

江城子　密州出猎

——苏 轼

老夫聊发少年狂[1]，左牵黄，右擎苍。锦帽貂裘，千骑卷平冈。为报倾城随太守[2]，亲射虎，看孙郎[3]。

酒酣胸胆尚开张，鬓微霜，又何妨！持节云中，何日遣冯唐[4]？会挽雕弓如满月，西北望，射天狼[5]。

【赏析】

那一天，作者忽为少年般的豪情和狂放所冲动，他左手牵着黄狗，右手擎着苍鹰，戴锦帽，穿貂裘，带领着大队人马，席卷原野山冈。为了报答全城百姓的相随出猎，他要亲自射虎，仿效当年的孙郎。

猎罢开宴，作者酒酣耳热，心胸气魄更加豪放，他抒发了“鬓微霜，又何妨”的激奋，表达出对于重新受到朝廷重用的渴望，而那力挽雕弓，遥望西北，射落天狼的英雄形象，便是他对为国戍边抗敌的未来的慷慨设想。

【词评】

全词意气风发，豪情恣肆，一洗中唐以来绮罗香泽之词风，独树一帜，洋溢着高昂积极的精神。苏轼自己也不无得意地认为，这首词“虽无柳七郎风味，亦自成一家”。

注释

①聊：姑且，暂且。②倾城：举城的人。③看孙郎：三国孙权曾亲自射虎，此处是作者自喻。④持节二句：汉文帝时魏尚镇守云中以拒匈奴，功绩显著。后得罪，得冯唐上书相救。文帝遂遣冯唐持节赦之。此处作者是以魏尚自比，希望朝廷不计自己以前的过失，重新委以重任。⑤天狼：此处是泛指西北边陲进犯之敌。

江城子　乙卯正月二十日夜记梦

——苏　轼

十年生死两茫茫[1]，不思量，自难忘。千里孤坟[2]，无处话凄凉。纵使相逢应不识，尘满面，鬓如霜。

夜来幽梦忽还乡，小轩窗，正梳妆。相顾无言，惟有泪千行。料得年年肠断处，明月夜，短松冈。

注释

①十年：作者作此词时，其妻王氏辞世恰已十年。②千里孤坟：王氏死后葬于苏轼故乡眉州眉山，与苏轼其时所在的密州相隔千里。

【赏析】

本词为悼亡词名作，是苏轼怀念亡妻王弗所作。苏轼十九岁时，与四川青神县乡贡进士王方之女——年方十六的王弗完婚。王氏贤良聪慧，终日陪伴苏轼读书，二人情深意切，十分恩爱。宋英宗治平二年（1065年），王氏病逝；熙宁八年（1075年），苏轼到密州任知州。虽时隔十年，他仍然对王弗一往情深，因夜中梦见亡妻，于是写下这首凄楚哀怨的悼亡词。本词开了悼亡词之先河，被推崇为悼亡词中绝唱。

上片抒写对亡妻永远的思念之情和爱妻去世后自己生活的凄凉、辛酸和伤痛。词以十年里双方生死隔绝开篇，直陈对亡妻的怀念之情。“千里孤坟，无处话凄凉”表达了内心无处诉说的苦闷之情。十年来，词人在仕途中颠沛波折，历经忧患，早已是“尘满面，鬓如霜”，恐怕妻子认不出自己了，把对妻子的想念与现实中自己的遭遇联系起来，既道出了死者孤坟的凄凉，也写出了生者的辛酸。

下片写梦会亡妻，妻临窗而坐，对镜梳妆，再现当年闺房生活情景。这样幸福的生活场景，反衬出今日无处无人诉说的悲凉。“相顾无言，惟有泪千行”，刻画梦中悲伤相见的场面，此时酸甜苦辣涌上心头，却相对无言默默凝望，只有泪水簌簌流下千行，表现了深挚的夫妻情意。直到从梦中醒来，词人仍然沉浸在深深的哀痛之中，清冷的明月之夜，长满小松林的坟冈，都是自己思念妻子而柔肠寸断的地方，表达出对亡妻永不能忘怀的浓郁情思。

全词感情凝重，词人将梦境与现实结合在一起，构思巧妙，笔法率直，格调高尚、凄清。

蝶恋花

——苏　轼

花褪残红青杏小。燕子飞时，绿水人家绕。枝上柳绵吹又少，天涯何处无芳草！

墙里秋千墙外道。墙外行人，墙里佳人笑。笑渐不闻声渐悄，多情却被无情恼。

【赏析】

独自漫步于暮春之初，作者感受着杏树枝头残红落尽果实初现的盎然生意，放情于燕子低飞徘徊，绿水环绕人家的惬意舒松，既为柳絮渐少这春天将去的征兆而叹惋，也为茂盛葱翠、无处不生的芳草上寄挂的希望而欣慰。

由人家院外经过，他看到高出院墙的秋千架，听到了墙内女子游戏的欢笑声，于是驻足停留，陶醉遐想在这天真悦耳的声音中。可惜笑声渐渐隐去，不多时便只剩下满院的寂静。墙内人自是进行着日常的作息，墙外人却感到惆怅懊恼，但这墙内“无情”与墙外人短暂的遇缘，又何尝不是缘起于墙外人的善感多情？

【词评】

“柳绵”自是佳句，而次阕尤为奇情四溢也。

——《蓼园词选》

永遇乐

——苏轼

明月如霜，好风如水，清景无限。曲港跳鱼，圆荷泻露，寂寞无人见。紞如三鼓[1]，铿然一叶，黯黯梦云惊断。夜茫茫，重寻无处，觉来小园行遍[2]。

天涯倦客，山中归路，望断故园心眼。燕子楼空，佳人何在？空锁楼中燕。古今如梦，何曾梦觉，但有旧欢新怨。异时对[3]、黄楼夜景[4]，为余浩叹。

注释

①紞（dǎn）如三鼓：三更鼓响。紞：象声词。②觉来：醒来。③异时：将来。④黄楼：苏轼任徐州太守时于彭城东门所建高楼。

【词评】

“铿然一叶”最耐玩味，落叶坠地竟有金玉之声，足见夜之深静，梦之恍惚，和作者内心世界的不平静。

【赏析】

本篇为词人夜宿燕子楼感梦抒怀之作。

上片以倒叙笔法写惊梦游园，描写了燕子楼小园无限清幽的“清景”，词人以景生发，融情入景。“明月如霜”“圆荷泻露”的清幽秋夜是梦断后游园所见，抒写了词人平和澄澈的心境。

下片抒写凭吊燕子楼，词人登高远眺，直抒感慨，一个“倦”字写出其内心无限的迷茫与苦闷。面对眼前的燕子楼，不由得发出感叹：“燕子楼空，佳人何在？空锁楼中燕。”词人仅用十三字道尽燕子楼的悲欢离合，以及由这人亡楼空的情景生发起的古今如梦、世事无常的感慨，喟叹世人不曾梦觉，沉溺于旧欢新怨，还表现了词人希望摆脱俗情，追求清高境界的旷达超逸的情怀。

全词融情、景、理于一炉，虽为追怀名妓之作，但却不写红粉艳情，只用“梦云惊断”稍作点染，借燕子楼抒发对人生的思考和感慨，磊落超旷又不失和婉雅丽。

浣溪沙

——苏轼

山下兰芽短浸溪[1]，松间沙路净无泥。萧萧暮雨子规啼[2]。

谁道人生无再少？门前流水尚能西。休将白发唱黄鸡。

注释

①兰芽：兰草新发的嫩芽。②子规：杜鹃。

【赏析】

清泉寺临溪水，溪水向西流淌，溪畔浸生着短短的兰芽，通往寺门的松间沙路净洁无泥。

作者畅游了清泉寺，归来的时候赶上潇潇暮雨，听到杜鹃凄厉的啼声。不过他并没有因此而心生惆怅，倒是振作精神，说出了“谁说人生无再少？门前流水尚能西流，休对白发怨鸡啼”的壮语。

【词评】

词文表现了苏轼积极乐观的人生态度和坦荡的襟怀，认为人生只要执着于生命，就可以永葆青春。

卜算子

——李之仪

我住长江头，君住长江尾。日日思君不见君，共饮长江水。

此水几时休，此恨何时已。只愿君心似我心，定不负相思意！

【赏析】

本篇抒写相思深情，是李之仪的代表作，表现的是一个女子怀念情人的深挚缅邈、缠绕无尽的相思情态。词以长江为中心，用民歌句式，以回环复沓手法围绕江水，抒写女子相思的深挚情意和期盼得到心上人相知的心愿。毛晋《姑溪词跋》赞为“古乐府俊语”。

词的上半部分写相思之情。“我”和“君”身居长江头尾，分别日久，久盼却久不见，表达了女子的焦灼与渴盼，隐含着深深的担忧。“我住长江头，君住长江尾”，以江水之长喻指两人的相距之远，点明女子相思之苦的原因；“日日思君不见君，共饮长江水”承接前两句的意思，道出深切的相思之意。长江水既是隔绝两人的相见的障碍，又是维系两人感情的纽带，更是引发女子的相思之物。词人以平淡自然的语言，写出女子内心浓烈而真挚的情感，表现了东方传统女性的内心灼热、外在含蓄的情感发散方式，有着别样的风致与韵味。

词的下半部分直抒胸臆，是爱情的誓言。“此水几时休，此恨何时已”以比兴的手法，将流水与相思之恨连接到一起，暗喻思念之情如江水一样无穷无尽，表达了女子对爱情的矢志不渝和坚贞如一。“只愿君心似我心，定不负相思意”是女子对情郎的期望，虽隐含着担忧，但更显出女子心如磐石、情如江水的忠贞信念。

全词凝练精致，语言通俗，朗朗上口，极富民歌风味。虽只有短短的八句，却运用了大量复叠回环的手法，让人有一唱三叹之感，读来别有韵味，感人至深。

【词评】

全词不敷粉着色，尽系心声所发。明白如话，往复回环的心声，深得民歌风神。

减字木兰花　竞渡

——黄裳

红旗高举，飞出深深杨柳渚[1]。鼓击春雷，直破烟波远远回。

欢声震地，惊退万人争战气。金碧楼西，衔得锦标第一归。

注释

①杨柳渚：生长着杨柳的小洲。

【词评】

全词声形并茂地将端午节赛龙舟的场景真实地再现了出来，这是龙舟竞渡题材中罕见的佳作，弥足珍贵。

【赏析】

词写端午节赛龙舟的热烈场面。上阕写红旗高举的龙舟从杨柳茂密的小洲中疾驰而出，穿云破雾，来去如电，四面鼓声如雷。下阕写比赛结束时欢声动地，一扫比赛中如箭在弦、如疆场厮杀般的紧张气氛。获胜者在金碧楼西捧得锦标归来，驾龙舟行进于人们面前以示胜利。

眼儿媚

——王雱

杨柳丝丝弄轻柔，烟缕织成愁。海棠未雨，梨花先雪，一半春休。

而今往事难重省，归梦绕秦楼。相思只在，丁香枝上，豆蔻梢头。

【赏析】

本词情感细腻缠绵，从春愁写到离愁，抒发了作者既对妻子难以忘怀，又不忍重温往事的矛盾心情。结尾处说相思之情寄挂在丁香枝上、豆蔻梢头，一语双关，不但讲出了思念的无从断绝、遇时而发，也将妻子青春秀雅的样貌隐约其中，意蕴深长，耐人回味。

念奴娇

——黄庭坚

八月十七日，同诸甥步自永安城楼，过张宽夫园待月，偶有名酒，因以金荷酌众客。客有孙彦立，善吹笛。援笔作乐府长短句，文不加点。

断虹霁雨[①]，净秋空，山染修眉新绿[②]。桂影扶疏[③]，谁便道、今夕清辉不足？万里青天，姮娥何处[④]，驾此一轮玉？寒光零乱，为谁偏照醽醁[⑤]？

年少从我追游，晚凉幽径，绕张园森木。共倒金荷[⑥]，家万里，难得尊前相属[⑦]。老子平生[⑧]，江南江北，最爱临风笛。孙郎微笑[⑨]，坐来声喷霜竹[⑩]。

注释

①霁雨：雨停。②修眉新绿：此处用来形容山色如美人新画蛾眉之黛色。③桂影：月中之影。古人以为月上有宫阙，有桂树，故云。扶疏：形容月中桂影斑驳。④姮（héng）娥：嫦娥。⑤醽（líng）醁（lù）：美酒名。⑥倒金荷：倒酒在金荷叶中。⑦属（zhǔ）：劝酒。⑧老子：老夫，诗人自指。⑨孙郎：即序中之孙彦立。⑩霜竹：指笛子。

【赏析】

上阕描绘暮雨过后张园中所见美丽景色：彩虹消散，秋空明净如洗，山峰碧绿如染，不多时月亮升起来了，虽然中秋已过，但清辉不减，月光照着莹澈的美酒。下阕抒情，写当此良辰美景与诸甥辈在园中赏月饮酒的畅快惬意，表达出作者得欢便作乐，不以人生得失为意的旷达情怀。

水调歌头　游览

——黄庭坚

瑶草一何碧[1]，春入武陵溪[2]。溪上桃花无数，枝上有黄鹂[3]。我欲穿花寻路，直入白云深处，浩气展虹霓。只恐花深里，红露湿人衣。

坐玉石，欹玉枕，拂金徽[4]。谪仙何处[5]？无人伴我白螺杯。我为灵芝仙草，不为朱唇丹脸，长啸亦何为？醉舞下山去，明月逐人归。

注释

①瑶草：仙草。②武陵溪：用陶渊明《桃花源记》故事。③黄鹂：黄莺。④金徽：指代古琴。⑤谪仙：指李白。李白曾被贺知章称为“谪仙人”。

【赏析】

春天来到武陵溪，看到仙草丛生，青翠欲滴。一条清亮的小溪蜿蜒其间，溪旁有桃花无数，枝上有黄鹂的婉转歌唱。作者想要穿过桃花林，寻找那通向白云深处的道路，然后敞开胸怀，让浩气化作彩虹；但却顾虑花海深深，花露会打湿衣衫。他也想坐玉石、倚玉枕、抚瑶琴，畅快地享受悠兴闲情，只可惜潇洒疏狂的谪仙已然远去，没有知音陪伴他饮酒赋诗，笑谈人生。作者说：我是灵芝仙草，孤芳自赏，不愿媚世就俗，但我也不会公然地长啸抗世。一念及此，他仿佛已然确定处世之道，于是在月光的伴照下醉舞下山了。

【词评】

“只恐花深里，红露湿人衣”，反映出作者对于出世的迟疑；“我为灵芝仙草”三句，则体现出作者为自己选择的出路。

清平乐

——黄庭坚

春归何处？寂寞无行路。若有人知春去处，唤取归来同住。

春无踪迹谁知？除非问取黄鹂。百啭无人能解，因风飞过蔷薇。

【赏析】

怅问过“春归何处”，寂寞的词人凄凄而不知该向何方行路，他说如果有人晓得春天的去处，请将春天唤回同住。

四处找寻不到春天离去的行踪，词人想到去询问逢春而啼的黄莺，黄莺低回高啭地说了许多，但他不解莺语。

一阵风来，莺儿乘风飞入蔷薇丛中，蔷薇花开，说明夏已临，词人也终于清醒地认识到：春天确乎是不会回来了。

【词评】

全词言语清新淡雅，设思巧妙新奇。是黄庭坚词中不多的佳作。

望海潮

——秦观

梅英疏淡[1]，冰澌溶泄[2]，东风暗换年华。金谷俊游[3]，铜驼巷陌[4]，新晴细履平沙。长记误随车[5]。正絮翻蝶舞，芳思交加[6]。柳下桃蹊[7]，乱分春色到人家。

西园夜饮鸣笳。有华灯碍月[8]，飞盖妨花[9]。兰苑未空，行人渐老，重来是事堪嗟[10]！烟暝酒旗斜[11]。但倚楼极目，时见栖鸦。无奈归心，暗随流水到天涯。

【赏析】

冬去春来，年华暗换，词人忆起昔日与好友同游名都佳园，赏览春光的轻松惬意，忆起共饮西园的纵情欢乐，不禁感慨系之。佳园依旧，但人渐衰老，故地重游，事事皆堪哀叹。昏暗的暮烟中，一帘酒旗斜挑，倚楼极目处，时见晚鸦归巢。晚鸦归巢，词人思归之情，也“暗随流水到天涯”。

注释

①梅英：梅花。②澌（sī）：冰。③金谷：金故园，为晋人石崇所建，著名的饮宴游乐之处。俊游：指与诸俊杰同游。④铜驼巷陌：指铜驼路，因竖有铜驼而得名。⑤误随车：因车水马龙而跟错了车子。⑥芳思：春思。⑦桃蹊：两边种着桃花的小路。⑧华灯碍月：形容灯光明亮，连月亮也因之失去了光辉。⑨飞盖：飞驰的华舆。⑩是事：事事，每件事。⑪烟暝：指日近黄昏，暮烟霭霭。

【词评】

自梅英吐、年华换说到春色乱分处，兼以华灯、飞盖、酒旗，一寓目尽是旅客增怨，安得不归思如流耶?

——《草堂诗余隽》

八六子

——秦观

倚危亭，恨如芳草，萋萋刬尽还生[1]。念柳外青骢别后[2]，水边红袂分时[3]，怆然暗惊[4]。

无端天与娉婷，夜月一帘幽梦，春风十里柔情[5]。怎奈向、欢娱渐随流水，素弦声断，翠绡香减，那堪片片飞花弄晚，濛濛残雨笼晴。正销凝，黄鹂又啼数声。

【赏析】

独倚高亭，离恨如充满视野的萋萋芳草，除之又发、层出不穷。作者怀念旧日恋人，凄然回想起柳外系马，手执伊人红袖话别的情景，不由得心头一紧，怆然无限。女子虽身为歌妓，却是天生丽质，对自己情深意长。作者永难忘怀月夜下两人相依相悦的一帘幽梦，还有她那走遍十里扬州路都难以找到的柔情。无奈欢娱如流水逝去，她弹奏的清越琴音不可复闻，赠与自己的绿丝巾已然香消翠减，情意凄迷的作者面对落花片片、残雨笼晴的暮色，已经觉得不堪忍受。他正暗自伤神，耳边偏又传来数声莺啼，更增添了许多烦扰。

【词评】

恨如刬草还生，愁如春絮相接；言愁，愁不可断，言恨，恨不可已。

——《草堂诗余正集》

注释

①刬：同“铲”。②青骢（cōng）：淡青色的马。③红袂（mèi）：红袖。④怆（chuàng）然：悲伤的样子。⑤春风句：化用杜牧“春风十里扬州路，卷上珠帘总不如”句意。

满庭芳

——秦观

山抹微云，天连衰草，画角声断谯门[1]。暂停征棹，聊共引离尊[2]。多少蓬莱旧事，空回首、烟霭纷纷。斜阳外，寒鸦万点，流水绕孤村。

消魂。当此际，香囊暗解，罗带轻分。谩赢得、青楼薄幸名存[3]。此去何时见也？襟袖上、空惹啼痕。伤情处，高城望断，灯火已黄昏。

注释

①画角：军中号角。谯（qiáo）门：城门上的望楼。②聊共：姑且一同。离尊：离别之酒。③薄幸：薄情寡义。

【赏析】

本篇为词人写离情别恨名篇。词着意描绘秋日黄昏与恋人分别时的凄凉伤痛的情景，融入了词人仕途蹭蹬的身世之感。

上片主要写景，寓情于景。开篇三句描写眼前的景色，为抒发离愁作铺垫。“暂停”两句笔锋一转，回到眼前的宴席上，点明离别的主题。但出乎意料的是，词人并没有继续写宴席，而是开始回忆旧情往事。最后三句，词人再次调转笔头，把目光伸到远方。下片主要抒情，情景交融。前四句写解囊赠别时的情景。“消魂”二字承上启下，既是上片的延续，又领起下片的描写。“谩赢得、青楼薄幸名存”是词人想象他和心上人被迫分离后，世人对他的评价，表达了他内心知音难觅的深深的无奈之情。“此去何时见也？襟袖上、空惹啼痕”是词人对别后相思之情的想象。结尾三句，词人把思绪拉回到残酷的现实中，其愁苦不明而喻。全词一个很大的特色是，把深深的离愁别恨寓于惨淡伤感的晚秋景色中，情景交融、景中见情。全词凄婉凝重，清丽精工。

江城子

——秦观

西城杨柳弄春柔，动离忧，泪难收。犹记多情、曾为系归舟。碧野朱桥当日事，人不见，水空流！

韶华不为少年留，恨悠悠，几时休？飞絮落花时候一登楼。便作春江都是泪，流不尽，许多愁。

【赏析】

轻柔婀娜的西城杨柳，牵动了作者的离愁，他潸然落泪，不能自已，情不自禁地回忆起多情柳丝曾将自己归去的小舟缠绊挽留。

他曾在这里和情人漫步绿野、相候朱桥，只是故地重游，昔人已不见，唯有一江春水空自流淌。

他青春不为少年留，作者心中有愁恨悠悠；他在这飞絮落花的暮春时节登楼怅望，叹息哪怕眼前的江水全部化作泪水，也流不尽自己的许多愁。

【词评】

飞絮九字凄咽。以下尽情发泄，却终未道破。

——《词则》

行香子

——秦观

树绕村庄，水满陂塘[1]。倚东风，豪兴徜徉[2]。小园几许，收尽春光。有桃花红，李花白，菜花黄。

远远围墙，隐隐茅堂。飏青旗[3]，流水桥傍。偶然乘兴，步过东冈。正莺儿啼，燕儿舞，蝶儿忙。

注释

①陂（bēi）塘：池塘。②徜（cháng）徉（yáng）：自由自在来回地走动。③飏（yáng）：飞扬，飘扬。青旗：青色的酒幌子。

【赏析】

树绕村庄，水满池塘，在东风的吹拂下，词人意兴满怀，自在闲游。路过的园子虽然不大，但收尽春光，园子里桃花红，李花白，菜花黄。

远远地看到围墙，围墙中隐约坐落着几间茅屋，向那里走去，小桥流水，飘扬的酒旗也随之一一清晰起来。因为兴致不减，词人所以更走过了东面的山冈，那里啊，莺啼燕舞，蜂蝶儿正在繁忙。

【词评】

全词下笔轻灵，意兴盎然，洋溢着一种由衷的快意和舒畅，如此风格情调在秦观的词中并不多见，但崭然一出便别开一番天地，对后代词曲在题材和意境的开拓方面有着不可忽视的影响。

半死桐　思越人

——贺铸

重过阊门万事非[1]，同来何事不同归？梧桐半死清霜后，头白鸳鸯失伴飞。

原上草，露初晞[2]，旧栖新垅两依依[3]。空床卧听南窗雨，谁复挑灯夜补衣！

注释

①阊门：指苏州西门，作者旧居所在。②露初晞（xī）：意谓露水刚刚为太阳所蒸干。③垅：坟头。

【赏析】

作者重游旧居阊门，触景思人，想起曾随自己游宦至此却未得同归的妻子，不由得悲从中来。他以半死梧桐、失伴鸳鸯比喻如今的自己，足见其对亡妻的一往情深和失去妻子后难以自拔的悲痛。

清晨，青草上的露水很快被初阳晒干，作者感慨人生短暂有如朝露转瞬即逝；面对着依依相望的妻子新坟和旧时居所，则更令他肝肠寸断。夜晚，他躺在空空的床上听窗外的风雨，伤叹妻走以后，再没有人挑亮灯烛，于夜深时为自己缝补衣衫。

【词评】

掇拾人所遗弃，少加隐括，皆为新奇。

——《贺铸传》

杵声齐　古捣练子

——贺铸

砧面莹[1]，杵声齐，捣就征衣泪墨题。寄到玉关应万里，戍人犹在玉关西。

【赏析】

捣衣石被磨得晶莹光洁，捣衣声整齐而有节奏，响彻夜空。万千妻子捣罢征衣，用和着相思泪水的墨汁在裹衣的封套上写下丈夫的名字。这包裹传寄到荒凉的玉门关时应已走过万里之遥，让妻子们叹息的，是日夜思念的丈夫还远戍在玉门关西。

【词评】

鲜明的形象，生动的画面，深沉的感情，以及由此引起的种种联想，都在这二十七字当中。

注释

①砧：捣衣石。

芳心苦

——贺铸

杨柳回塘[1]，鸳鸯别浦[2]，绿萍涨断莲舟路。断无蜂蝶慕幽香，红衣脱尽芳心苦[3]。

返照迎潮，行云带雨，依依似与骚人语[4]：当年不肯嫁春风，无端却被秋风误。

【赏析】

这是一首咏物寄情的词，所咏者荷花，所寄托的是作者的心志和对身世的感伤。词中的荷花不但体现着红衣苦心、淡香幽远的绝俗风貌，更是独自开放在“回塘”“别浦”这样少有人迹的地方，身处在绿萍深处，蜂蝶不来采，莲女不来摘。遥想作者一生，何尝不似这荷花一般，因本性耿介、不合俗流而寂寞无闻，一任年华空逝；所赖唯是清洁自守、孤芳自赏。夕阳西下时，当晚潮涨起，天边一抹行云又夹带着寒雨而来，那随波摇曳的荷花仿佛要向作者诉说些什么。作者说那是它在叹息自己当年未随春风之便而展露芳容于人间，待到放下矜持，想要伺时绽放却暗惊秋风已至。这是荷花的悲哀吗？——这是作者的悲哀。

【词评】

“当年”二句写荷花的憾恨，所谓“被秋风误”，不只因无人赏识荷花的高洁，其孤芳自赏的性格亦是酿成悲剧的因由。这种情况在那时的知识分子中有普遍性。

注释

①回塘：曲折的水塘。②别浦：分支的入水口。③芳心苦：莲子味苦，故云。④骚人：诗人。

思越人

——贺 铸

紫府东风放夜时①，步莲秾李伴人归②。五更钟动笙歌散，十里月明灯火稀。

香苒苒，梦依依，天涯寒尽减春衣。凤凰城阙知何处，寥落星河一雁飞。

注释

①紫府：指京城。②步莲：莲步，形容女子步姿娇美。秾李：形容美人容貌如同秾艳的李花。

【赏析】

京城繁华热闹之景，莫过于元夜；而这夜的景象和人物，又给词人留下了最深刻美好的印象：佳节夜晚，京城解除了宵禁，花市赏灯之后，又有美人依伴，相携归来；然后是彻夜的歌舞欢乐，直到五更钟响，人们四散而去。明月朗照着十里长街，人声悄静，灯火稀疏。

从似梦般的回忆中醒来，面对的是流落天涯的现实。在这暮春时节的黎明，词人叹息京城迢递，难以回归；在晨星寥落，晨光熹微的天幕下，一只失群的大雁在孤单地飞翔。

【词评】

词文构思缜密，写景之句富于画意，情景交融。末尾以孤雁托喻身世之悲凉，意沉郁而笔势飞舞，正是贺词风格。

南柯子 忆旧

——仲 殊

十里青山远，潮平路带沙。数声啼鸟怨年华，又是凄凉时候在天涯。

白露收残月，清风散晓霞。绿杨堤畔问荷花：记得年时沽酒那人家?

【赏析】

远方是十里青山，绵亘不断，脚下是与潮水平齐的道路，路上满是退潮时遗留的泥沙。有鸟鸣传来，仿佛向人们诉说着年华易逝的伤感，词人满怀凄凉，又一次于凄凉时候漂泊在天涯。晨露晶莹，残月随之被送走；晓风清爽，吹散了天边的朝霞。走到那似曾相识绿杨堤畔，词人询问起塘中盛开的荷花：你还记得那年到此买酒喝的那个人吗?

【词评】

词文叹羁旅、怨年华，哀而不伤，情辞和婉，表现出清逸的风格。

诉衷情

——仲殊

清波门外拥轻衣，杨花相送飞。西湖又还春晚，水树乱莺啼。

闲院宇，小帘帏，晚初归。钟声已过，篆香才点[1]，月到门时。

注释

①篆香：有篆字形图案的香炉。

【赏析】

宝月山与西湖清波门相邻近，仲殊和尚将薄衫搭在手臂上，在飘飞杨花的相送下，由清波门而归宝月山；这西湖边的春晚，是长堤烟树，是燕语莺啼。

回来宝月山居所，庭院闲静，帘帷低垂，寺僧们都已安然就寝。这归来的时间，是寺院的钟声已经响过，是篆香吐出第一缕青烟，是月照轻悄地移入了门内。

【词评】

写景清雅，更可感受词人安闲淡定的心情。掇拾眼前景物，涉笔成趣，从容自在，深得词家三昧。

摸鱼儿 东皋寓居

——晁补之

买陂塘、旋栽杨柳[1]，依稀淮岸湘浦。东皋嘉雨新痕涨[2]，沙嘴鹭来鸥聚。堪爱处。最好是、一川夜月光流渚。无人独舞。任翠幄张天，柔茵藉地[3]，酒尽未能去。

青绫被[4]，莫忆金闺故步[5]，儒冠曾把身误。弓刀千骑成何事？荒了邵平瓜圃[6]。君试觑[7]。满青镜、星星鬓影今如许。功名浪语。便似得班超[8]，封侯万里，归计恐迟暮。

注释

①陂（bēi）塘：水塘。旋：随即。②东皋：指水边的向阳高地。③藉（jiè）地：铺地。④青绫被：供高官使用的被子。⑤金闺：即金马门，汉代官员于金马门外候旨听宣。⑥邵平：秦人，秦亡后隐居在长安城东种瓜。⑦觑（qù）：仔细地看。⑧班超：西汉名将，曾建功于西域，召还时已经年逾七十。

【赏析】

买池塘，栽杨柳，将斯地布置得仿佛淮水岸边。每逢好雨过后，池面涨起，沙洲上鸥鹭聚集，景色甚是喜人。

作者最爱夜来明月流光，川渚生辉。他会在月下独舞，头上是遮天的树荫，脚下是绵软的草地，直叫人酒尽而不忍离去。

经历了宦海沉浮，如今的作者欲要忘掉仕途故步，他现在认为读书做官无甚意义，只会使荒芜了家中园圃。面对镜中星星点点白发，作者感慨岁月蹉跎、功名尽是空话。他说，即便能像班超那样建功西域，也不过落得个迟暮之年才得以返归故里。

满庭芳　夏日溧水无想山作

——周邦彦

风老莺雏，雨肥梅子，午阴嘉树清圆。地卑山近，衣润费炉烟。人静乌鸢自乐，小桥外、新绿溅溅。凭阑久，黄芦苦竹，疑泛九江船。

年年，如社燕[1]，飘流瀚海，来寄修椽[2]。且莫思身外，长近尊前。憔悴江南倦客，不堪听、急管繁弦。歌筵畔，先安簟枕，容我醉时眠。

注释

①社燕：春来秋去的燕子。
②修椽（chuán）：支持屋顶盖的长木。

【赏析】

黄莺在夏风中逐渐变得成熟，梅子吸足了雨水，结得肥嫩而硕大。溧水这个地方，地低而近山，此时又值黄梅季节，湿气浓重，要使衣服干爽一些少不得费去许多炉火。正午，窗外的树荫望之亭亭如盖，人儿闲静，鸟儿自得其乐，绿水流过小桥，奔泻得愈发欢快。

虽有幽美的景物，但黄芦苦竹也是随处可见，结合流徙身世，作者恍如正在白乐天“住近湓江地低湿，黄芦苦竹绕宅生”的诗中，悲愁随即汹涌而来，他开始叹息身如社燕，四处飘泊寄居。

杜甫诗云：“莫思身外无穷事，且尽尊前有限杯。”作者决定如此散愁，但不料以酒消愁愁更愁，即使面前丝竹纷呈也无心欣赏，只能在筵旁先设枕簟，准备一醉了之。

苏幕遮

——周邦彦

燎沉香，消溽暑[1]。鸟雀呼晴，侵晓窥檐语[2]。叶上初阳干宿雨[3]。水面清圆，一一风荷举。

故乡遥，何日去？家住吴门，久作长安旅。五月渔郎相忆否？小楫轻舟，梦入芙蓉浦。

注释

①溽（rù）暑：潮湿闷热。②侵晓：拂晓。③宿雨：昨夜的雨。

【赏析】

夏日晨起，燃起沉香一支，驱散闷热的湿气。这时候，屋檐上的鸟雀们开始躁动起来，它们叽叽喳喳地聒噪着，报告着天晴的消息。阳光从空中直射下来，将荷叶上残留着的夜雨轻轻蒸干。池塘里，望去，满是一顶顶挺直了腰身的绿色小伞，微风吹来，清香阵阵。

作者由此想到家乡吴地的“十里荷花”，此时一定更加的嫣然可爱，他还思忖着家乡的友朋是否会想念自己，然后惆怅长久羁滞在外，不知何日才得回归。想着想着，他沉沉睡去，于梦中驾舟荡桨，前往那久违了的家乡荷塘。

【词评】

不必以词胜，而词自胜。风致绝佳，亦见先生胸襟恬淡。

——《云韶集》

少年游

——周邦彦

并刀如水[1]，吴盐胜雪[2]，纤手破新橙。锦幄初温，兽烟不断[3]，相对坐调笙。

低声问：向谁行宿？城上已三更。马滑霜浓，不如休去，直是少人行。

注释

①并刀：并州出产的刀，以锋利著称。②吴盐：吴地出产的盐。③兽烟：兽形香炉里冒出的香烟。

【赏析】

先是光洁如水的并刀，晶莹似雪的吴盐，而后是正在破开新橙的纤纤玉手，再后是织锦的床帷，香烟袅袅的金兽，最后才将相对而坐，男子调弄笙管，女子听音校准的情景呈现在读者眼前。上阕的写作手法有如一台由细节到全景的摄影机，着重突出着词中人高雅舒适的生活。下阕直录女子话语，她低声问他：已经三更了，你还要到哪里去住啊？继而又自语道：外面霜气正浓，连个人影都没有，就是现在出去，马儿也会打滑呀。——你不如就不要走了吧？短短几语，已将女子试探的神情，深深的关切，满心的期待完现出来，惟妙惟肖，呼之欲出。

【词评】

"马滑霜浓，不如休去，直是少人行"言马，言他人，而缠绵依偎之情自见，若稍涉牵裾，鄙矣。

——《填词杂说》

夜游宫

——周邦彦

叶下斜阳照水，卷轻浪、沉沉千里。桥上酸风射眸子。立多时，看黄昏，灯火市。

古屋寒窗底，听几片、井桐飞坠。不恋单衾再三起。有谁知，为萧娘，书一纸。

【词评】

写尽种种凝神沉思、激动不安的情状，只结尾"有谁知，为萧娘，书一纸"三句点出缘由，遂使前面所有描写都飞动凝聚起来，此是层层加倍写法。

【赏析】

本篇为怀人词。词描写主人公在深秋黄昏伫立桥上凝望，久久不动，表现其心事重重，结尾才点明此番情状是因为接到了情人的一封书信。结构巧妙，颇见匠心经营之功力。

上片写主人公黄昏时伫立桥头，极目远眺的情景。开始两句，词人描写了眼前的深秋黄昏景色，只见枯叶飘零，斜阳残照，水面上泛起细微的鳞波，溪流缓缓地流向远方。这两句点明了时间和地点：深秋时节，饱受思念之苦折磨的主人公越发觉得愁苦不堪，心中的愁思绵绵不尽。后面的四句写词人静静地伫立在桥上，在萧瑟的秋风中凝望着不远处已是华灯初上的闹市，久久不愿离开。从场景描写上来看，上片着重描写的是室外景物，笔墨亦粗亦细、或浓或淡，将一幅夕阳西下，一个受相思之苦的人，不顾萧瑟秋风的侵袭，伫立桥上远眺的画面刻画得极其传神。从"斜阳照水"到"灯火市"，时间从午后推至黄昏最后到夜晚，其表达的感情也随着时间的推移逐步加深。下片写室内情景，词人深夜独处，辗转不能寐。开始三句写夜晚之寂静，静到连庭院里的梧桐树叶飘落的声音都能听见。此时，词人已经回到屋里，只有古屋寒窗陪伴着他，因此他翻来覆去，无法入睡。夜的静，烘托出人的孤寂，反过来又更加体现了内心的不平静，深化了感情。"不恋单衾再三起"一句，点明本篇的主旨。"单衾"暗指词人一个人孤孤单单；"再三起"三字，把词人心神不宁、辗转难眠的情景刻画得形象逼真，揭示了他复杂的内心活动。最后三句，写希望得到心上人的书信之心切。

本词以时间的转换为线索，由午后写到黄昏，由黄昏写到入夜，再由入夜写到深夜，场景也不断发生变化，从室外到室内。就在这些转换中，词人的情感不断加强，直到篇尾迸发出来。

西河 金陵怀古

——周邦彦

佳丽地，南朝盛事谁记[1]？山围故国绕清江，髻鬟对起[2]。怒涛寂寞打孤城，风樯遥度天际。

断崖树，犹倒倚，莫愁艇子曾系。空余旧迹郁苍苍，雾沉半垒。夜深月过女墙来[3]，伤心东望淮水。

酒旗戏鼓甚处市？想依稀、王谢邻里。燕子不知何世，向寻常巷陌人家，相对如说兴亡，斜阳里。

注释

①南朝：指建都金陵的吴、东晋、宋、齐、梁、陈六个朝代。②髻（jì）鬟（huán）：环形发髻，此处比喻对起的山峦。③女墙：城上的短墙。

【赏析】

佳美秀丽的金陵啊，有谁还能记得你曾经经历的南朝盛事？青山环抱着旧时的京都，奔腾的长江绕城而流，两岸峰峦宛如佳人髻鬟对起，汹涌江涛年复一年地拍打着孤城，风鼓船帆，片片点缀在遥远的天边。

江畔断崖老树犹在，当年莫愁姑娘曾系小艇于此，只是时移世变，物是人非，而今空留旧迹，一派烟雾迷茫。深夜，月儿越过城头短墙，伤心凝望东流的秦淮河水。

那酒旗招展、戏鼓喧闹的集市是何地方？概有豪门望族如王、谢者曾经居住，但往日奢华已风流云散，唯燕子不知人世变迁，仍旧向着已经变为寻常百姓居住的普通街巷飞去，它们在斜阳里相对呢喃，好像在诉说着朝代的兴亡和更替。

虞美人

——周邦彦

疏篱曲径田家小，云树开清晓。天寒山色有无中，野外一声钟起、送孤篷。

添衣策马寻亭堠[1]，愁抱惟宜酒。菰蒲睡鸭占陂塘[2]，纵被行人惊散、又成双。

注释

①亭堠：古时观察敌情的岗亭。此借指驿馆。②菰蒲：两种水草名。

【词评】

此词妙在以情寓景，含而不露。全词虽然只有一处明写“愁抱”，但处处皆是愁景。

【赏析】

清晨行路，树木上方笼罩着轻烟薄雾，树林环抱着几间低小的农舍，篱笆稀疏，小路弯弯。抬头远望，寒气中山色若隐若现，晨钟一声，征人的孤帆随之启程。

加上一件衣服，然后策马扬鞭，寻向下一个驿站，满怀的羁旅行役之愁，作者觉得只能以酒驱散。马儿从菰蒲丛生的池塘经过，惊起一群正在栖息的鸭儿，它们四散飞去，而后又成双成对地落下，引得作者愁眼一番痴看。

蝶恋花　早行

——周邦彦

月皎惊乌栖不定，更漏将残，轹辘牵金井。唤起两眸清炯炯，泪花落枕红绵冷。

执手霜风吹鬓影。去意徊徨①，别语愁难听。楼上阑干横斗柄②，露寒人远鸡相应。

注释

①徊徨：彷徨。②阑干：横斜。斗柄：北斗的勺柄。

【赏析】

明月太皎洁了，以至于乌鸦误以为天明而惊起聒噪；但长夜确将过去，因为更残漏断，因为井边已传来辘轳汲水的声音。他唤起睡在身边的她，出乎意料地发现她的一双眸子清亮亮的，头下的红绵枕又湿又冷，显然，这一夜她流了许多泪水。

收拾好行装，他便将踏上征程，她的深情相送，让他去意彷徨。此时此刻，他的心中为万千离愁别恨所充斥，听不下她的殷殷叮咛，不忍看她悲伤的面容。

他最终还是远去了，夹霜带露的晨风中，只剩下女子在北斗横斜的楼头久久伫立，直到他不见了踪影，直到鸡鸣声此起彼伏，天光大亮。

【词评】

首一阕言未行前闻乌惊漏残，辘轳响而警醒泪落。次阕言别时情况凄楚，玉人远而惟鸡相应，更觉凄婉矣。

——《蓼园词语选》

玉楼春

——周邦彦

桃溪不作从容住①，秋藕绝来无续处。当年相候赤阑桥，今日独寻黄叶路。

烟中列岫青无数②，雁背夕阳红欲暮。人如风后入江云，情似雨余粘地絮。

注释

①桃溪：据《幽明录》载，东汉刘晨、阮肇入天台山采药，因饥渴而登山食桃、就溪饮水，于溪边遇到两位仙女，相爱成婚。半年以后，二人思家求归，仙女挽留不住。二人回到家中才知道人世间已经过去三百多年，回到山中再寻仙女，终不复见。②列岫：群山。

【赏析】

没有与她在美丽的桃溪多住些时候，如今不无后悔地慨叹秋藕断来无续处，作者于是走过当年等候她的朱栏小桥，走在黄叶堆积的小路上，苦苦追寻往日的痕迹。但举目所见，烟雾中群山成列，雁背上斜阳欲暮，仅此而已，更让人感到空旷寂寥。作者将她形容为风后入江之云，再也难觅影踪，他说自己此时的情感如同春雨过后粘在地上的柳絮，足见情思纠缠烦乱，无从解脱。

【词评】

美成词有似拙实工者，如《玉楼春》结句云："人如风后入江云，情似雨余粘地絮"，上言人不能留，下言情不能已，呆作两臂，别饶姿态，都不病其板，不病其纤，此中消息难言。

——《白雨斋词话》

点绛唇

——汪藻

新月娟娟，夜寒江静山衔斗。起来搔首，梅影横窗瘦。

好个霜天，闲却传杯手①。君知否？乱鸦啼后，归兴浓于酒。

注释

①传杯：宴会上传递酒杯。

【赏析】

新月升起，干净而明亮，清寒的夜色中，北斗静挂于远山之上，江水无声流淌。作者从闲睡中醒来，搔了搔自己的头发，目光停在了窗子上映着的几道清瘦梅影之上。

好一个霜天，远离了官场的作者不再受到同僚宴集赏景的邀约，但他却毫无遗憾。因为听过一阵乱鸦啼后，他心中的归隐兴味比酒更浓。

【词评】

清瘦梅影有如作者洁身远引的身影，乱鸦啼声正似官场上雍容揖让、虚意逢迎的喧嚣嘈杂，此词清淡几语，寓意遥深。

蓦山溪　梅

——曹组

洗妆真态①，不假铅华御②。竹外一枝斜，想佳人、天寒日暮。黄昏院落，无处着清香。风细细，雪垂垂，何况江头路。

月边疏影，梦到销魂处。结子欲黄时，又须作、廉纤细雨③。孤芳一世，供断有情愁。消瘦损，东阳也，试问花知否？

注释

①洗妆真态：洗净脂粉，露出真实的姿容。②铅华：用来化妆的铅粉。③廉纤：纤细，细微。

【赏析】

本篇为咏梅抒怀之词，全词咏物寓意，婉曲深永，是古诗词众多咏梅之作中的一篇佳作。

上片开头“洗妆真态，不假铅华御”开门见山，直入主题，舍弃了繁杂的铺陈，简洁明朗。接下来，词人继续用直接明快的风格写梅花“竹外一枝斜，想佳人、天寒日暮”。其中，“竹外一枝斜”化用苏轼的诗句“竹外一枝斜更好”，而“天寒日暮”则化用杜甫的诗句“天寒翠袖薄，日暮倚修竹”。“黄昏院落”以下几句描绘了一幅美丽的梅花映雪的图景。读者不仅能见其美，还能闻其香。

词人在下片不再状写梅花之美，转而抒发自己心中的烦闷。“月边疏影”四句中，“疏影”“销魂”“细雨”等词，无不让人感到沉郁。“孤芳一世”以下四句，词人以南朝沈约自况。统观全篇，词人先是用梅花的高洁来表明自己不与他人同流合污的气节，后又用沈约的怀才不遇、郁郁清瘦来表明自己孤傲的性情，最后又转回到花上来，说自己的气节和性情只有梅花知道。末句不是平白直叙，而是巧妙地使用反问手法，使整首词更加生动。

三台　清明应制

——万俟咏

见梨花初带夜月，海棠半含朝雨。内苑春、不禁过青门[①]，御沟涨、潜通南浦。东风静、细柳垂金缕，望凤阙、非烟非雾。好时代、朝野多欢，遍九陌、太平箫鼓。

乍莺儿百啭断续，燕子飞来飞去。近绿水、台榭映秋千，斗草聚、双双游女。饧香更、酒冷踏青路[②]，会暗识、夭桃朱户[③]。向晚骤、宝马雕鞍[④]，醉襟惹、乱花飞絮。

正轻寒轻暖漏永[⑤]，半阴半晴云暮。禁火天、已是试新妆[⑥]，岁华到、三分佳处。清明看、汉宫传蜡炬，散翠烟、飞入槐府[⑦]。敛兵卫、阊阖门开[⑧]，住传宣、又还休务。

注释

①内苑：宫苑。②饧：同"糖"，即麦芽糖。③夭桃：盛开的桃花。④骤：疾驰。⑤漏永：日长。⑥禁火天：指寒食，清明前一二日。⑦槐府：公侯府第。⑧阊（chāng）阖（hé）：宫门的正门。

【赏析】

词以铺叙手法描绘清明节京都的春景和朝野欢庆的喜庆场面，详尽地摹写出当时宫廷、民间于清明节的种种风俗和活动，旨在颂扬当时天下承平、万民和乐的景象。

【词评】

铺叙有条，如收拾天下春归肺腑状。

——《草堂诗馀隽》

好事近　渔父词

——朱敦儒

摇首出红尘，醒醉更无时节。活计绿蓑青笠，惯披霜冲雪。

晚来风定钓丝闲，上下是新月。千里水天一色，看孤鸿明灭。

【赏析】

作者告别了喧嚣尘世，垂钓于江湖之上，披蓑戴笠，顶霜迎雪，或醒或醉，全凭心意，好不痛快！

当晚来风定之时，他闲支钓竿，望着天上水中两轮新月互相映照，兴致盎然；又放眼千里一色的水天，看明灭隐约之鸿影，凡心尽洗，旋至忘情之境。

【词评】

全词语清意婉，情与景融化无迹。上片以抒情起，下片以写景结，虚实相生，意境高远。

燕山亭　北行见杏花

——赵佶

裁剪冰绡，打叠数重，淡着胭脂匀注。新样靓妆，艳溢香融，羞杀蕊珠宫女。易得凋零，更多少、无情风雨。愁苦。闲院落凄凉，几番春暮。

凭寄离恨重重，这双燕，何曾会人言语？天遥地远，万水千山，知他故宫何处？怎不思量，除梦里、有时曾去。无据。和梦也、新来不做。

【赏析】

花瓣似冰绡裁叠、色泽如胭脂淡染的杏花，娇嫩柔美，艳溢香融，胜似天宫仙女。但身为俘虏的徽宗观之，叹美丽花儿容易凋零，更叹无情风雨的横加摧残。他的内心充满愁苦，凄凉院落，春暮已到何时。

看到空中燕子，徽宗想要托付它们向故宫寄去满怀的离愁别恨，但燕子不识人语，何况故宫又在万水千山之外！

肠回九转的思量是免不了的，只是故地重游、旧事重现全在梦中，但如今，就算这样的梦也越发地难得了。

【词评】

徽宗思国，其情可哀，但这一切又都是因他的荒淫失政所致。但此词评者以为“以真胜”，血书如何不真呢？

南歌子

——李清照

天上星河转，人间帘幕垂。凉生枕簟泪痕滋，起解罗衣，聊问夜何其？

翠贴莲蓬小，金销藕叶稀。旧时天气旧时衣，只有情怀，不似旧家时！

【赏析】

天上星河移转，人间夜幕笼罩。秋凉从枕席间透出来，枕上褥边，点点斑斑是词人洒落的泪痕。

她难耐这秋夜的清寂与清寒，起身更衣，向他人问起夜已几何。而当取出那件贴着翠色莲蓬、金色荷叶绣样的襦衣，睹物之情更将悲怀深深触动。“旧时天气旧时衣，只有情怀，不似旧家时。”——同样的天气，同样的衣衫，只有历经沧桑的心情，不再和从前一样。

【词评】

此词借写一些生活细节来抒发作者的家国之痛和身世之感，深沉蕴藉，情真景真。

一剪梅

——李清照

红藕香残玉簟秋①。轻解罗裳，独上兰舟。云中谁寄锦书来？雁字回时，月满西楼。

花自飘零水自流。一种相思，两处闲愁。此情无计可消除，才下眉头，却上心头。

注释

①簟（diàn）：席子。

【赏析】

这是一首别离词，是词人和丈夫分离后的相思之作。

词的上半部分写词人怀远念归。开篇一句点出时令，大概在清秋时节。“红藕香残”写户外的莲藕，“玉簟秋”写室内的凉席，这两处描写都是在渲染节气。此句色彩明丽，含蓄深沉，景中含情。这一句内涵丰富，为全词营造出一种凄凉的氛围。随后五句交代词人一天的行动。“轻解罗裳”两句，写词人心事满怀，于是泛舟河上。“独上”二字，说明词人是独自一人。“云中”一句，直写相思之情。“雁字回时，月满西楼”，情景交融，营造出一种迷离的意境，使人愁绪暗生。

词的下半部分写离愁之深。“花自飘零”一句，上承前文的景物描写，下启后文的情感抒发，写落花流水之景，寓情于景，呼应上文的“红藕香残”“独上兰舟”两句。随后两句，直抒胸臆，写自己的相思之情，这里视角暗转，抒情对象不再只是词人一人，而是把其丈夫也并入其中，两人都为相思所苦，可见他们情意之深。最后三句，写相思之苦无法摆脱。词人笔法高超，“眉头”与“心头”相对应，“才下”与“却上”相对应，对仗工整，妙笔生花，把相思之情的微妙变化描绘得惟妙惟肖，感人肺腑。

【词评】

易安佳句，如《一剪梅》起七字云“红藕香残玉簟秋”，精秀特绝，真不食人间烟火者。

——《白雨斋词话》

渔家傲

——李清照

天接云涛连晓雾，星河欲转千帆舞。仿佛梦魂归帝所。闻天语，殷勤问我归何处？

我报路长嗟日暮，学诗谩有惊人句。九万里风鹏正举。风休住，蓬舟吹取三山去。

【赏析】

这也许是遥望海天时的遐想，也许是于缥缈梦境的游离，总之，那苍茫壮阔的云涛雾海，令人目眩的灿烂星河，还有随风舞荡的千叶白帆确乎是在同一时刻映入了李清照的眼帘，让她胸怀尽敞，飘飘乎如在回归天帝居处的路上。她也果真听到了似曾相识的声音从天空中清晰传来，亲切地问她将往何处。李清照率真作答，感叹求索之路漫长曲折，感伤满腹才华却不知有何用处；她不无激动地请求天帝让那举鹏高飞的九万里长风来辅助自己的小舟，将自己带到那理想的仙山琼阁。

【词评】

这首词体现出身为女子却才高志崇的李清照对于现实种种束缚的困惑和对摆脱桎梏、自由生活的渴求，境界之大，想象之奇，令人惊叹，是李词中仅见的浪漫主义名篇。

蝶恋花

——李清照

暖雨晴风初破冻，柳眼梅腮，已觉春心动。酒意诗情谁与共？泪融残粉花钿重①。

乍试夹衫金缕缝②，山枕斜欹③，枕损钗头凤。独抱浓愁无好梦，夜阑犹剪灯花弄。

【词评】

“独抱浓愁无好梦，夜阑犹剪灯花弄”二句历来为人称道，将思妇神不守舍而又虔诚至笃的内心状态表现得丰满而富有韵味，清代词人贺裳在《皱水轩词鉴》中誉此二句为“入神之句”。

注释

①花钿：花朵形的首饰。②夹衫金缕缝：金线缝制的夹衫。③山枕：垫得很高的枕头。欹：同“倚”。

【赏析】

此词是赵明诚在外为官，清照独居青州时所作。时值初春季节，已可显见的春意触动了词人的春心。眼看美丽的春天姗姗而至，而自己却孤身一人，正所谓酒意诗情无人共，玉容妆罢无人赏，她如何能不心生怨意，清泪暗洒？无可奈何之下，她也试图以试穿新衣来寻求宽慰、转移心思，但之后却又堕入山枕斜倚的无聊中，这一次，竟连髻上的凤头宝钗都折损了。怀抱浓愁一日，到该安寝时依然不得解脱，她于是闲拨灯烛，一来为打发苦寂时光，二来人言灯花出现乃是吉兆，她这也算是求吉乞好、祝夫早归吧。

鹧鸪天

——李清照

寒日萧萧上琐窗，梧桐应恨夜来霜。酒阑更喜团茶苦，梦断偏宜瑞脑香。

秋已尽，日犹长，仲宣怀远更凄凉。不如随分尊前醉，莫负东篱菊蕊黄。

【赏析】

这首词是李清照南渡后的作品。秋尽冬来之际，透入琐窗的阳光清冷了许多，窗外，梧桐树的叶子因为每夜的寒霜而逐渐枯黄凋落。此时的词人，喜欢在酒意阑珊时泡上一杯浓浓的团茶，品味它苦苦的味道，喜欢在梦断时燃起一片瑞脑，细闻它沁心的幽香。

背井离乡，流徙在外，词人的生活凄苦难耐，度日如年。她因此而常常想起从前漂泊辗转半生、满怀抑郁的三国人物王粲，对于他的登楼怀乡、临风堕泪产生了深沉的共鸣。当忉怛惨恻之情郁塞胸中而无计可施时，词人便选择对菊一醉，以寻求短暂的解脱。

醉花阴

——李清照

薄雾浓云愁永昼，瑞脑消金兽①。佳节又重阳，玉枕纱厨②，半夜凉初透。

东篱把酒黄昏后③，有暗香盈袖。莫道不消魂，帘卷西风，人比黄花瘦。

注释

①瑞脑消金兽：意谓香炉中的香快燃尽了。瑞脑：香料名。金兽：兽形的铜香炉。②纱厨：纱帐。③东篱：指植有菊花的地方。

【赏析】

此词意在抒发孤居独处的少妇情怀。

轻雾蒙蒙，浓云密布，整个白天正如词人之愁，阴郁，悠长。她点燃瑞脑香，看香烟从金炉中袅袅升起，寂寞，惆怅。

又到重阳佳节，无奈独自闺中，夜半不眠时，词人但觉玉枕纱帐渐为凉意浸透。她也曾在菊丛中把酒消愁，一直到黄昏以后，归来时却只空惹菊香淡淡盈袖。

她自语："谁说这一切不让人魂消神伤，帘幕被西风卷起，你会看到人儿比菊花还要清瘦。"

【词评】

幽细凄清，声情双绝。

——《自怡轩词选》

武陵春

——李清照

风住尘香花已尽①，日晚倦梳头。物是人非事事休，欲语泪先流。

闻说双溪春尚好②，也拟泛轻舟。只恐双溪舴艋舟③，载不动、许多愁。

注释

①尘香：尘土中的落花香。②双溪：在浙江金华县，唐宋时已成为文人骚客游赏吟咏的胜地。③舴（zé）艋（měng）舟：小船。

【赏析】

这是词人避乱金华时所作。她历尽离乱之苦，所以词情极为悲戚。上片极言眼前景物之不堪，心情之凄苦。下片进一步表现悲愁之深重，"载不动、许多愁"，将词人内心的愁苦和盘托出，意境深远。

全词充满"物是人非事事休"的痛苦，表现了她的故国之思。构思新颖，想象丰富。通过暮春景物勾出内心活动，以舴艋舟载不动愁的艺术形象来表达悲愁之多。写得新颖奇巧，深沉哀婉，遂为绝唱。此外，在表现手法上，本词巧妙运用了多种修辞手法，将抽象的感情以具体的形象表达出来，手法新颖，饶有特色。

【词评】

全词一波三折、一唱三叹，终未离开一个"愁"字，柔美隽永的韵调中，饱含着无限哀婉的情致。

点绛唇

——李清照

蹴罢秋千，起来慵整纤纤手。露浓花瘦，薄汗轻衣透。

见有人来，袜刬金钗溜[1]。和羞走。倚门回首，却把青梅嗅。

注释

①袜刬（chǎn）：只穿着袜子。

【赏析】

本词为李清照早年之作，是一首写少女情窦初萌的词。

上片写少女荡完秋千的情景，这时少女荡秋千的动作已经停止了，只见她“蹴罢秋千，起来慵整纤纤手”。少女看见花上的露水，才感觉到“薄汗轻衣透”。词人以白描的手法、生动而通俗的语言，将一个荡完秋千后的少女神态勾勒出来。下片描写少女初见客人的情景。“见有人来”，少女惊诧无比，低头看到自己的衣衫不整，于是连忙回避。词中虽对访客不着一字，但从少女的表情和神态，可以断定对方肯定是一位翩翩美少年。“倚门回首，却把青梅嗅”二句，词人以极为简练的语言将少女怕见又想见、想见又不敢见的微妙心理刻画得入木三分。

本词实为描写李清照闺中生活的词，词中生动形象地描述了李清照与赵明诚这两位对幸福爱情与婚姻充满了憧憬的青年男女见面的一个场景，从中也可看出李清照闺中生活的无忧无虑，充满了欢乐。全词语言通俗，风格明快，节奏轻松，是李清照早年的代表词作。

【词评】

片刻之间，娇羞万状，栩栩如生。

永遇乐

——李清照

落日镕金，暮云合璧，人在何处？染柳烟浓，吹梅笛怨，春意知几许？元宵佳节，融和天气，次第岂无风雨？来相召、香车宝马，谢他酒朋诗侣。

中州盛日，闺门多暇，记得偏重三五[1]。铺翠冠儿[2]，捻金雪柳[3]，簇带争济楚[4]。如今憔悴，风鬟雾鬓，怕见夜间出去。不如向、帘儿底下，听人笑语。

注释

①三五：指元宵节。②铺翠冠儿：嵌插着翠鸟羽毛的女士帽子。③捻金雪柳：以金丝做点缀的绢花。④簇带：成簇的插戴。济楚：整洁貌。

【词评】

晚年自南渡后，怀京洛旧事，赋元宵《咏遇乐》词云：“落日镕金，暮云合璧。”已至精工。至于“染柳烟浓，吹梅笛怨，春意知几许”气象更好。

——《贵耳集》

【赏析】

夕阳好像熔开了的金块，暮云托出玉璧般的新月。美好景色，不能消释词人孤身流落的愁怀，但看到柳色渐青，听到《梅花落》的笛声，她也恍然问起“春意几许”。

“气候虽然渐渐暖和起来，但难保没有风雨吧？”变幻莫测的世事，让词人常怀着疑惧的心情。她婉言谢绝了酒朋诗友们的热情相召，独处中，黯然追忆起在汴京欢度元宵的繁华往事。

如今憔悴，雾鬓风鬟，她不愿参加夜游庆典，今夜的她，只在帘儿底下，听人笑语。

声声慢

——李清照

寻寻觅觅，冷冷清清，凄凄惨惨戚戚。乍暖还寒时候，最难将息[1]。三杯两盏淡酒，怎敌他、晚来风急。雁过也，正伤心，却是旧时相识。

满地黄花堆积，憔悴损，如今有谁堪摘？守着窗儿，独自怎生得黑？梧桐更兼细雨，到黄昏、点点滴滴。这次第[2]，怎一个愁字了得？

注释

①将息：将养休息。②次第：情形，景况。

【赏析】

靖康之变后，李清照经历国破、家亡、夫死，伤于人事。这时期她创作的作品再不复当年的清新可人，风格转为沉郁凄婉，主要抒写她对亡夫赵明诚的怀念和自己孤单凄凉的景况。这首词就是通过对秋景的描绘，渲染出一种凄凉伤感的氛围，抒写了词人在漂流境遇中无限伤感、落寞的情怀。

上片以景写情，境界凄凉。七组叠词中，不见一个“愁”字，却让人读来有徘徊低迷、婉转凄楚之感，余味无穷。上片以雁过长天的仰视镜头收尾，下片则以黄花满地的俯视镜头开篇，过渡巧妙、自然。

总的看来，词人用直白的语言、铺陈的手法，融情于景，委婉含蓄地表现出了一种多侧面、多层次、深刻细腻的感情。前人评价这首词：“声声含泪，物物关情；一字一泪，满是悲愁。”非常有见地。词人不直接说愁，这愁情是在含蓄蕴和的表情方法和环境景物的烘托渲染下表现出来的，因而给读者留下了非常广阔的想象空间。

【词评】

近时李易安词云：“寻寻觅觅，冷冷清清，凄凄惨惨戚戚。”起头连叠七字，以一妇人乃能出奇如此！

——《鹤林玉露》

后幅一片神行，愈唱愈妙。

——《白雨斋词话》

蝶恋花

——范成大

春涨一篙添水面。芳草鹅儿，绿满微风岸。画舫夷犹湾百转[1]，横塘塔近依前远。

江国多寒农事晚。村北村南，谷雨才耕遍。秀麦连冈桑叶贱，看看尝面收新茧。

注释

①夷犹：犹豫迟疑不前。

【词评】

范成大善写田园词，词风通达自然、清新婉丽，后人称其可与田园诗派始祖陶潜并驾齐驱，读罢此词，便可感到此誉不虚。

【赏析】

这是一首吟咏农村田园春意的词。上阕写水乡春景：春水涨了有一篙深，两岸芳草茵茵，有鹅儿栖息其中。微风吹来，画舫在碧湾里百转不前，远远望去，横塘塔一如既往地岿然屹立。下阕写田园农事：水乡气温偏低，农事自然晚些，直到谷雨前后村南村北的田地才尽皆被耕种。现在秀麦一冈连着一冈，桑叶也多了起来，很快就可以尝新面和收新茧了，丰收已然在望。

采桑子

——吕本中

恨君不似江楼月，南北东西。南北东西。只有相随无别离。

恨君却似江楼月，暂满还亏。暂满还亏。待得团圆是几时？

【赏析】

同一事物，引发出两种感叹。一者感叹恋人不似“江楼月”，不能照耀自己南北东西，只有相随，没有别离；一者感叹恋人却似“江楼月”，才满便亏，不能与自己长久团圆。词文明白如话，用喻巧妙自然，尽系真情流露而成，所以尤为难能可贵。

忆秦娥

——向子諲

芳菲歇，故园目断伤心切。伤心切，无边烟水，无穷山色。

可堪更近乾龙节①，眼中泪尽空啼血。空啼血，子规声外，晓风残月。

注释

①乾龙节：君王的生日。此指宋钦宗的生日。

【赏析】

时逢暮春季节，四处残红零落，芳菲消歇。作者举首远望，见山长水阔，烟雾茫茫，想到故园渺远难归，不禁悲从中来。眼下又近钦宗生日，这个以往须举国同庆的日子而今却承载着太多的耻辱，一念及此，作者万分哀痛，故而以眼泪啼尽空啼血形容此时情态。

词尾以“子规声外，晓风残月”的凄凉晨景作结，结合上片“无边烟水，无穷山色”的暮色来看，暗含词人日夜伤心痛切之意。

忆秦娥

——房舜卿

与君别，相思一夜梅花发。梅花发。凄凉南浦，断桥斜月。

盈盈微步凌波袜。东风笑倚天涯阔。天涯阔，一声羌管，暮云愁绝。

【赏析】

一夜相思后，起身来到窗前，惊讶于窗前梅花尽已绽放。是上天怜念相思之苦，还是伊人担心我旅途寂寞？作者暗自思忖。梅花似人，那独立南浦断桥，月下清影暗投的梅花正如思绪悄然时的她；那盈盈含笑、倚风立于天涯的梅花正如乐观灵透的她。于是眼前株株怒放的梅花都变作了她的化身，安慰着这位刚刚踏上征程的旅人。

正思索间，远处传来一声羌笛，将作者从畅想拉回到现实当中。天边已是暮云堆叠，正似行人离愁，变得愈加浓厚起来。

【词评】

词文写思念，写离愁，写情人似梅风韵，无不真切传神，且意蕴无穷。

苍梧谣

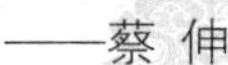

——蔡伸

天，休使圆蟾照客眠①。
人何在，桂影自婵娟②。

注释

①圆蟾：圆月，古人以为月中有桂树、玉蟾，故称。②婵娟：指月光美好。

【赏析】

前两句向天呼告：天啊，请不要让圆月照着我这在异乡作客的人。后两句一问一叹：我的心上人何在？明月桂影啊，可惜你白白呈现着圆满与美好！

【词评】

词写作者月夜中对于所爱之人的思念，寄托了作者无限的离愁。全词十六个字，曲折有致，含不尽之意于言外，确是以少胜多。

忆王孙　春词

——李重元

萋萋芳草忆王孙[1]，柳外楼高空断魂，杜宇声声不忍闻[2]。欲黄昏，雨打梨花深闭门。

注释

①萋萋句：《楚辞·招隐士》有，“王孙游兮不归，春草生兮萋萋”。②杜宇：杜鹃。

【赏析】

面对萋萋芳草思念远出不归的行人，空自在窗前柳枝轻拂的高楼上眺望、惆怅，不忍听杜鹃凄厉的啼声。

天向黄昏，晚风暮雨吹打梨花，少妇不忍看残花落地，于是深深地关闭了家门。

【词评】

这是一首闺情词。此词化用前人成句，又别出新意地以高楼密柳、杜鹃哀鸣、黄昏雨落等描写烘染凄迷惨淡的环境氛围，把幽居怀人之旧旨托现得更为凄恻感人；深婉哀怨的风格中，含着让人咀嚼不尽的情味。

临江仙　夜登小阁忆洛中旧游

——陈与义

忆昔午桥桥上饮[1]，坐中多是豪英。长沟流月去无声[2]。杏花疏影里，吹笛到天明。

二十余年如一梦，此身虽在堪惊。闲登小阁看新晴。古今多少事，渔唱起三更。

注释

①午桥：洛阳县南十里，为作者昔日与友人把酒言欢的处所。②长沟：长长的河道。

【赏析】

想起从前在午桥上宴饮的情景，在座的都是英雄豪杰，那一个个月光随溪水无声流走的夜晚，作者一干人等在杏花疏淡影子的笼罩下，聆听笛奏，直到天明。

转眼二十年过去，沧海桑田，恍若一梦；作者身虽健在，但回首一路经历，犹让人惊魂难定。他闲来登上小阁楼，仰望雨后晴朗的夜空，听古往今来多少人间事，都化入午夜悠扬的渔唱声中。

【词评】

全词追忆过往豪纵快活的时光，慨叹世事变迁恍若一梦，复又从无限历史长河的角度淡看盛衰，诚如《金粟词话》所评“绚烂之极归于平淡”者也。

贺新郎 寄李伯纪丞相

——张元幹

曳杖危楼去[1]。斗垂天、沧波万顷[2]，月流烟渚[3]。扫尽浮云风不定，未放扁舟夜渡。宿雁落、寒芦深处。怅望关河空吊影，正人间鼻息鸣鼍鼓[4]。谁伴我，醉中舞？

十年一梦扬州路[5]。倚高寒、愁生故国，气吞骄虏[6]。要斩楼兰三尺剑[7]，遗恨琵琶旧语[8]。谩暗涩、铜华尘土[9]。唤取谪仙平章看[10]，过苕溪尚许垂纶否[11]？风浩荡，欲飞举。

注释

①危楼：高楼。②斗：星斗。③烟渚：烟雾笼罩的小洲。④鼻息鸣鼍（tuó）鼓：鼻息有如鼍鼓般鸣响。鼍鼓：鼍皮制成的鼓。⑤十年一梦：宋高宗即位的建炎元年距此时已十年。十年间，金人尽占中原，扬州也由昔日的繁华都市变成了烽烟四起的前线。⑥骄虏：骄横的敌人。⑦斩楼兰：《汉书•傅介子传》载，傅介子出使西域，设计诛与匈奴狼狈的楼兰王归。此处以楼兰喻金人。⑧琵琶旧语：以当年王昭君因西汉王朝与匈奴的和亲政策而被迫嫁往匈奴来比喻南宋王朝与金人一味的屈膝求和。相传王昭君善弹琵琶，故曰“琵琶旧语”。⑨谩暗句：意谓空让宝剑锈蚀暗淡，沾惹尘土。⑩谪仙：指李白，贺知章曾称李白为“谪仙人”。平章：评论。⑪苕（tiáo）溪：水名，在浙江。垂纶：垂钓。

【赏析】

他独自拖着拐杖，登上高楼遥望。辽阔的夜空中，北斗高悬；月光倾泻，在波涛万顷的江面上，一方汀洲烟雾迷蒙。不久，起风了，变化不定的风吹散了浮云，也使得渡口无法开船。在那瑟瑟的芦丛深处，栖宿着一群大雁。人间都已安睡，只有作者怅望关河，形影相吊的他，却昂扬起舞，以此向李丞相寄出自己坚定的心志。

十年之间，扬州已成废墟，昔日繁华犹如一梦。作者忧愁光复难成，但心中豪气仍存，矢志吞灭胡虏。他希望朝廷重拾起杀敌三尺剑，不愿看到宝剑空积尘土，从此汉家妃子含泪入胡。他在此询问李丞相，山河破碎，虽然报国艰难，但是否就可撒手而去，归隐山林？此时长风浩荡，宛若欲送壮士再展宏图。

柳梢青

——杨无咎

茅舍疏篱，半飘残雪[1]，斜卧低枝。可更相宜：烟笼修竹，月在寒溪。

宁宁伫立移时[2]，判瘦损、无妨为伊[3]。谁赋才情，画成幽思，写入新诗？

注释

①残雪：指飘落的梅花瓣。②宁宁：静静地。③判：同“拚”。伊：指梅花。

【词评】

此词写景抒情，淡雅绰约，清意袭人。对梅花的热爱，寄托着作者不合污流、清贫自守的孤高情怀。

【赏析】

在那围着稀疏篱笆的茅草屋旁，种着一株白色梅花，花瓣落下，犹如雪片飘飞；它枝干低压，好似悠闲斜卧。但观看白梅自有更好的时间：当轻烟笼罩了它身边的修竹，当月光遍洒在它身下的寒溪。

词人静静伫立观赏梅花，不觉间时光流走。他爱梅之深，从“为了你，我愿拼却憔悴消瘦”的心语可以显见；他礼赞梅花的一片热忱，通过“谁与我才情，画出梅的幽思，将它写入新诗”的祈问得到表达。

饮马歌

——曹勋

此腔自虏传至边，饮牛马即横笛吹之，不鼓不拍，声甚凄断。闻兀术每遇对阵之际，吹此则鏖战无还期也。

边头春未到，雪满交河道。暮沙明残照，塞峰云间小。断鸿悲，陇月低①。泪湿征衣悄，岁华老。

注释

①陇月：高地上的月亮。

【赏析】

《饮马歌》是胡地民歌，抒写的是连年征战的胡兵的悲愁哀怨。小令融情入景，不但将边塞荒凉寂寥的景象摹写得历历如绘，更以失群的鸿雁、低垂的陇月烘托士兵们心中的哀怨凄恻，结尾处对于他们悄声饮泣、泪湿征衣，空叹年华老去的叙写，除却能让人真切感到其伤悲之深，亦可见战争并非广大胡人士卒的意愿。

满江红

——岳飞

怒发冲冠，凭阑处、潇潇雨歇。抬望眼，仰天长啸，壮怀激烈。三十功名尘与土，八千里路云和月。莫等闲、白了少年头，空悲切。

靖康耻①，犹未雪。臣子恨，何时灭？驾长车踏破、贺兰山缺②。壮志饥餐胡虏肉，笑谈渴饮匈奴血。待从头、收拾旧山河，朝天阙。

注释

①靖康耻：指靖康二年徽、钦二帝被掳入北廷之事。②贺兰山：在今宁夏境内，此代金人基地。

【赏析】

《满江红》是岳飞的代表作，充分反映了他抗金救国的雄心壮志和慷慨豪迈的英雄气概。

词的上半部分抒写词人渴望建功立业的凌云壮志。“怒发冲冠”一句，以磅礴的气势开篇，随即稍顿笔锋，颇有节奏感。之后笔锋直上，转为“仰天长啸”，抒发精忠报国的壮志豪情。然后词人借“三十功名尘与土，八千里路云和月”两句剖白心迹。这两句，把岳飞的豪情壮志表露无遗。最后三句紧承上文，是词人的自勉之语。词的下半部分引史入词，以史为鉴，以史为鞭，传达出词人杀敌报国的决心与自信。“靖康耻，犹未雪。臣子恨，何时灭”四句，是全词的中心，交代了词人如此渴望收复山河的原因。其后的“饥餐”“渴饮”，以夸张之笔表达了词人对敌人的憎恨，同时也展露出词人收复河山的信心和英勇的乐观精神。“待从头、收拾旧山河，朝天阙”，一方面表明词人对朝廷的忠诚，另一方面又体现出词人收复河山的坚定信心。

全词气势激昂，字里行间流露出一股浩然正气和英雄气概。

小重山

——岳飞

昨夜寒蛩不住鸣[1]，惊回千里梦，已三更。起来独自绕阶行，人悄悄，窗外月胧明。

白首为功名，旧山松竹老，阻归程。欲将心事付瑶琴，知音少，弦断有谁听。

注释

①蛩（qióng）：蟋蟀。

【赏析】

昨夜为蟋蟀鸣寒的声音所惊醒，我的梦魂从很远的地方飞回。在那三更的深夜，我不能继续入睡，于是起来，披衣在庭院徘徊。人们都悄然安睡，月光朦胧微明。

想起这一生白首为功名，故乡的青松翠竹也将老去吧，但我却身不由己，不能回到“她”的身边。我想要用琴声诉说我的心事，但知音稀少，就是弹断了琴弦，又有谁能明白？

【词评】

武穆《贺讲和赦表》云：“莫守金石之约，难充溪壑之求。”故作词云：“欲将心事付瑶琴，知音少，弦断有谁听？”盖指和议之非也。

——《藏一话腴》

鹧鸪天

——周紫芝

一点残红欲尽时[1]，乍凉秋气满屏帏。梧桐叶上三更雨，叶叶声声是别离。

调宝瑟，拨金猊[2]，那时同唱鹧鸪词。如今风雨西楼夜，不听清歌也泪垂。

注释

①残红：残灯。②金猊（ní）：雕成狮形的香炉。

【赏析】

这是一首秋夜怀人之作。词人用借景抒情，情景交融的写法，以委婉曲折的叙述方式，写了男主人公对一位歌女的深深相思之情。

词的上半部分写景，词人笔法高妙，把客观之景和人的主观感受有机结合，营造出一种凄凉的氛围，为下文作铺垫。词的下半部分是对往昔的追怀。这里记忆中的欢快之音与上片中离别后的悲凉雨声相呼应，两者形成鲜明对比，也正因此，男主人公抚今追昔，感慨万千。结句中的“如今”起了转折作用，使人不由得将过去的欢乐与现在的悲伤进行对比。这首词融视觉、感觉、听觉为一处，融主观和客观为一体，哀怨深沉，感人肺腑，具有极强的艺术感染力。词人妙用对比，以昔日之欢巧衬今日之愁，把一腔愁思表现得凄婉动人，让人读之黯然。

霜天晓角　蛾眉亭

——韩元吉

倚天绝壁，直下江千尺。天际两蛾凝黛，愁与恨、几时极?

暮潮风正急，酒阑闻塞笛。试问谪仙何处？青山外、远烟碧。

【赏析】

蛾眉亭踞绝壁之上，俯览长江，垂直千尺有余，奇峻险要；登之四望，但见远山似蛾眉紧蹙，近处江潮汹涌，实具让人牵愁起恨之景象，作者亦深受感染。作者的愁恨，缘于家国零落，当风吹酒醒后，他依稀听得边防军（其时宋军已退至此处设防）苍凉悲怆的笛声，忧国伤时之情因此而萦绕胸中，挥之不去。然而他最终为自己找到的出路是效仿诗人李白，纵情山水，不与世事，这样的思想不能不说是南宋文人们面对困厄艰难所呈现出的通病吧。

【词评】

本词写景状物真切自然，轮廓勾勒与工笔描绘兼有之，是同类题材作品中的佼佼者。

眼儿媚

——朱淑真

迟迟春日弄轻柔，花径暗香流。清明过了，不堪回首，云锁朱楼。

午窗睡起莺声巧，何处唤春愁？绿杨影里，海棠亭畔，红杏梢头。

【赏析】

春风轻轻吹拂着花枝，小径暗暗流动着花香，在这样的春色里，应感舒心惬意才是，而词中之人心中却愁绪绵绵，这是为何呢？“清明过了，不堪回首，云锁朱楼。”原来她已经在想清明时花残春尽的景象了。想到春之终期于尽，面对眼前的鸟语花香，自然是别有一番滋味在心头的。于是，“绿杨影里，海棠亭畔，红杏梢头”这些令人赏心悦目的春景，无一不染上了作者的春愁。

【词评】

清新婉丽，蓄思含情，能道人意中事，岂泛泛者所能及。

——《朱淑真断肠诗词序》

踏莎行 山居

——张抡

秋入云山，物情潇洒。百般景物堪图画。丹枫万叶碧云边，黄花千点幽岩下。

已喜佳辰，更怜清夜。一轮明月林梢挂。松醪常与野人期①，忘形共说清闲话。

【赏析】

秋天走入白云掩映的山林，各色景物干净而明丽，正合用图画加以描绘。蓝天，白云，山崖上的万叶红枫，幽岩下的千点黄菊,美丽的秋日让人欣喜，清爽的秋夜更惹人怜爱。当一轮明月挂上树梢，词人便携带着自酿的松醪前去赴约，与山农野老在月光下无拘无束地闲话家常，谈天说地。

注释

①松醪：用松膏酿制的酒。野人：山野之人。

【词评】

词文写景色彩明丽，精美绝伦。写仲秋赏月的情景，“一轮明月林梢挂”是良辰美景，“忘形共说清闲话”是赏心乐事，“四美”（良辰、美景、赏心、乐事）齐备，其中之人又怎能不陶然而忘情？词作表达了作者淡泊的心境和山居的乐趣，音韵之和谐，笔墨之灵秀，已臻化境。

瑞鹤仙

——袁去华

郊原初过雨。见败叶零乱，风定犹舞。斜阳挂深树。映浓愁浅黛，遥山眉妩。来时旧路，尚岩花、娇黄半吐。到而今、惟有溪边流水，见人如故。

无语。邮亭深静，下马还寻，旧曾题处。无聊倦旅。伤离恨，最愁苦。纵收香藏镜，他年重到，人面桃花在否？念沉沉，小阁幽窗，有时梦去。

【词评】

词文如流云遮山，若断若续，惝恍迷离，益增悲惋。

【赏析】

这是一首感伤离别的小词，记叙了词人寻访恋人，却不见恋人踪影之事，表达了深深的相思。

上片前六句均为景物描写，写到了郊原、落叶、清风、斜阳、远山等景物。从这些萧索的景物中我们可以看出，词人并不单单是在描写景物，而是通过它们来表达自己心中的凄惶。“来时”三句写昔日之景，“到而今”三句写如今之景，一昔一今，一乐一哀，形成了鲜明的对比。

下片“无语”二字紧接上文，写出了自己的无奈。虽然没有寻访到旧日恋人，词人还是不忍离去，于是“下马还寻，旧曾题处”。接下来，词人由写景、叙事转入了抒情，尤其是“伤离恨，最愁苦”六字直接点明了本词的主旨。“收香”是说晋代贾午在与韩寿离别时，赠韩寿以奇香，以此作为留念；“藏镜”是说南朝陈乐昌公主与爱人徐德言将一面镜子摔为两半，各自珍藏一半，以作为夫妻信物。“收香藏镜”四字化用典故，暗示恋人其实也深深爱恋着自己。然而，不管恋人如何爱恋着自己，也不管恋人曾赠给自己多少信物，现在终究难寻恋人踪迹。时过境迁，“他年重到”，旧地重游，却物是人非。于是词人发出“人面桃花在否”的疑问，暗含“人面不知何处去，桃花依旧笑春风”之意。至此，我们也明白了词人“伤离恨”的感慨中“离恨”之所指，原来是词人与恋人离别后，因担心重逢无望而产生的惆怅。最后三句是词人设想自己在梦中与恋人相会时的情景。一个“念”字，传达出词人对于现实的万般无奈。

本词采用了虚实相间的写法，用委婉曲折的诉说方式道出了心中的愁思。文笔清新淡雅，意境深沉哀婉。

钗头凤

——陆 游

红酥手[1]，黄縢酒[2]，满城春色宫墙柳。东风恶，欢情薄。一怀愁绪，几年离索。错，错，错！

春如旧，人空瘦，泪痕红浥鲛绡透[3]。桃花落，闲池阁。山盟虽在，锦书难托。莫，莫，莫！

注释

①红酥手：红润白嫩的双手。②黄縢酒：黄纸封坛的美酒。③浥（yì）：浸湿。鲛（jiāo）绡：丝帕。

【赏析】

这首《钗头凤》记述了陆游与表妹唐琬的一次别后重逢。唐琬是陆游的表妹，也是著名的才女。她自小与陆游青梅竹马，两小无猜，长大后结为夫妇，感情深厚。但陆母却因其误陆游求仕之心，极为厌恶唐琬，并强行拆散两人。陆游迫于母命，万般无奈，便与唐琬忍痛分离。后来，陆游依母亲的心意，另娶王氏为妻，唐琬也迫于父命嫁给同郡的赵士程。几年过后，两人在沈园相见，陆游感慨万千，忍痛挥笔写就了这首《钗头凤》，抒发了词人幽怨而又无处言说的苦痛。

上片感慨往事，下片从感慨往事回到现实。春光依旧，只是佳人空瘦，如此憔悴的形象，可见离索的几年，他们都是在痛苦折磨中度过。整首词富有极强的节奏感，声情并茂，词中未言泪，却尽带泪，未言情，情却深，其中六个叹词尤为出彩，生生把读者带入“无可奈何花落去”的悲凉意境中。

【词评】

三个“错”字，蕴寓无限怨恨与悔恨，三个“莫”字，满含有情人难成眷属，和恸不忍言、恸不能言的凄楚。

秋波媚 七月十六日晚登高兴亭望长安南山

——陆 游

秋到边城角声哀，烽火照高台。悲歌击筑[1]，凭高酹酒[2]，此兴悠哉。

多情谁似南山月，特地暮云开。灞桥烟柳[3]，曲江池馆[4]，应待人来。

注释

①筑：古击弦乐器，演奏时，以左手握持，右手以竹尺击弦发音。②酹（lèi）酒：将酒倒在地上,表示祭奠或立誓。③灞桥：在长安东面的灞水之上，为唐人送别之处。④曲江：曲江池，位于西安市南郊，曾是唐时极为富丽优美的园林。

【赏析】

秋天里来到边城，耳畔回荡着阵阵悲凉的角声，作者一行等待平安烽火燃过后，登上了高兴亭。他们凭高酹酒，慷慨悲歌，豪情四溢。大家意气相投，河山收复有望，词人无比高兴。

少顷，月出于南山之上，分开暮云，明亮非常。作者感叹月儿多情，使人能够遥见长安，让他们了解到，灞桥烟柳、曲江池馆，一切长安风物，都在深情盼望王师的到来。

【词评】

词写于作者一生最为意气风发的时候，无处不体现着收复失地的豪情壮志，同时也透露出他对故国山河的无限眷念。

卜算子　咏梅

——陆　游

驿外断桥边，寂寞开无主。已是黄昏独自愁，更着风和雨。

无意苦争春，一任群芳妒。零落成泥碾作尘，只有香如故。

【赏析】

本篇为咏梅抒怀的名作。上片写梅花无人爱惜、受风雨欺凌的遭际。面对看似无法承受的愁苦，梅花仍然“开”！足见其倔强、顽强的秉性。下片写梅花品格的高洁。在百花盛开、争奇斗艳的时刻，它却“无意苦争春”，所以就算“群芳”有“妒心”，也“一任”它们去嫉妒吧。此处词人借梅花表现了自己的不幸遭遇，进而表达了对苟且偷安的那些人的无情鄙视。末二句“零落成泥碾作尘，只有香如故”暗含词人的不屈服、不妥协的高尚品格。全词借物言志，表现了词人独持清高、孤芳自赏、不慕名利，绝不同流合污的高尚品格。

【词评】

作者即梅，梅即作者，物人化一，神理相通，自有一腔高风亮节在。

夜游宫　记梦寄师伯浑

——陆　游

雪晓清笳乱起①，梦游处、不知何地。铁骑无声望似水②。想关河，雁门西③，青海际④。

睡觉寒灯里，漏声断⑤，月斜窗纸。自许封侯在万里⑥。有谁知，鬓虽残，心未死！

【词评】

全词述梦抒情跌宕起伏、情深意笃，字里行间但见的一片爱国之热忱。

注释

①清笳：凄凉的胡笳声。②铁骑句：意谓铁骑含枚前行，远望有如一片波光。③雁门：雁门关。在山西代县北部，长城要口之一，北拒塞外高原。④青海：青海湖，为边防重地。⑤漏声断：漏壶里的水滴光了，指深夜。⑥自许封侯在万里：意谓自信能够在万里之遥的边关建功封侯。

【赏析】

听到清脆的胡笳声，看到无声的铁骑军容，作者恍惚而不知身在何处，于是暗自猜想：这是在雁门关西，还是在青海战地？醒来方知刚刚只是梦境，屋内灯光微弱，漏声已断，夜深人静，月光斜洒窗纸。

作者一直自信能够在万里之遥建功封侯，念念不忘到前方抗敌，只是蹉跎半生，终不能如愿。不过即便如此，他仍难释心结，自云：鬓发虽已脱落，但报国壮心不死。

鹊桥仙

——陆 游

华灯纵博，雕鞍驰射，谁记当年豪举？酒徒一一取封侯，独去作、江边渔父。

轻舟八尺，低篷三扇，占断蘋洲烟雨。镜湖元自属闲人[1]，又何必、君恩赐与。

【赏析】

在明亮的灯光下博弈，跨上雕有精美图案的马鞍奔驰骑射，当年壮举虽然豪气干云，但又有谁似自己一般记忆犹新？贪酒好财之人一一加官晋爵，而自己却落得被迫归隐，独去做了江边渔父。

撑起低矮的船篷三扇，荡起轻便的八尺小舟，往来在烟雨蒙蒙的沙渚蘋洲之间；在这里，作者可以无所顾虑地反诘抒愤：于山水间砍柴垂钓本就是闲隐之人原本的自由，又何必非要得到君王的首肯！

【词评】

"镜湖元自属闲人，又何必、君恩赐与"一句实是对万事都须当权者裁决定夺的愤慨。

注释

①镜湖：在今浙江绍兴南。天宝三载，贺知章因病而表请回乡为道士，玄宗许之。诏赐镜湖剡溪一曲，以给渔樵。

诉衷情

——陆 游

当年万里觅封侯，匹马戍梁州[1]。关河梦断何处？尘暗旧貂裘[2]。

胡未灭，鬓先秋[3]，泪空流。此生谁料，心在天山[4]，身老沧洲[5]。

【赏析】

陆游出生的第二年，北宋便为金人所灭。陆游青壮年时期一心向往北伐中原，收复失地。这首词便是陆游晚年退居山阴抒写此种情怀的名篇。

上片"当年万里觅封侯，匹马戍梁州"二句，词人回忆了昔日奔赴抗敌前线的勃勃英姿。"关河梦断何处？尘暗旧貂裘"写的是现在的情景，往日军旅生活依然历历在目，可此时关塞河防的愿望只能在梦中实现。下片抒写了壮志未酬、报国无门的感叹。"胡未灭，鬓先秋，泪空流"三句，每句三字，步步紧逼，短促而有力，诉尽平生不得志。"此生谁料，心在天山，身老沧洲"是词人的总结和自我反省：这一生谁能预料，原想一心一意抗敌在天山，如今却一辈子老死于沧洲！

【词评】

全词情感沉郁苍凉，语言通俗而雄浑，说尽忠愤，读罢令人荡气回肠。

注释

①梁州：今陕西汉中一带。②尘暗旧貂裘：意谓貂裘上积满了尘土，颜色也因日久而改变。借用苏秦典故说自己不受重用，未能施展抱负。③鬓先秋：意谓鬓发却先白了。④天山：在今新疆境内，汉唐时为西北边陲。⑤沧洲：江湖归隐之地。

钗头凤

——唐 琬

世情薄，人情恶，雨送黄昏花易落。晓风干，泪痕残，欲笺心事，独倚阑干。难，难，难！

人成个，今非昨，病魂常系秋千索。角声寒，夜阑珊①，怕人寻问，咽泪装欢。瞒，瞒，瞒！

注释

①阑珊：将尽。

【赏析】

世情凉薄，人情险恶，黄昏暮雨中花儿最易凋落。晨风吹干泪水，泪痕残留脸上，本想写下心事，却终作倚栏自语，唐琬哀叹："难，难，难。"

人已离散，今非昔比，如今的唐琬犹如秋千架上的绳索，摇摇荡荡，多病多忧。她每每长夜无眠，愁听清寒号角，直到夜色阑珊。她有苦无处倾诉，因为怕人询问，还要咽泪装欢，她只能将一切深深地隐瞒，隐瞒。

【词评】

三个"难"字包含了心中多少无奈与怨恨，三个"瞒"字尽抒改嫁后生活的痛苦与折磨。

卜算子

——程 垓

独自上层楼，楼外青山远。望到斜阳欲尽时，不见西飞雁。

独自下层楼，楼下蛩声怨。待到黄昏月上时，依旧柔肠断。

【赏析】

独自登楼眺望，楼外青山隐隐，望到夕阳将尽时，仍不见传递音书的西飞之雁。独自走下层楼，楼下蟋蟀鸣声如怨，直到黄昏月上时，依旧会是柔肠寸断，愁思无限。

【词评】

小令以时间的推移作为背景，平平淡淡一语"依旧柔肠断"，举重若轻，使愁怨绵延无极。

昭君怨 赋松上鸥

——杨万里

晚饮诚斋，忽有一鸥来泊松上，已而复去，感而赋之。

偶听松梢扑鹿[1]，知是沙鸥来宿。稚子莫喧哗，恐惊他。

俄顷忽然飞去[2]，飞去不知何处。我已乞归休，报沙鸥。

注释

①扑鹿：象声词，鸟儿振翅的声音。②俄顷：不一会儿。

【赏析】

此词是作者在诚斋晚饮时见一沙鸥栖于松上而复去，因之有感而作。

初读并不觉有特异之处，作者只是撷取了闲居生活中的一个片断，语句清明，一目了然；然而反复吟咏，愈觉其思致新颖，笔墨灵隽，寓意深远。杨万里为人正直敢言，因奸相专权而辞官居家终老，但其内心是颇为不平静的，心系国事却又无可奈何，只好以退隐思想来安慰自己，这首词就可以说是他当时心境的一个很好的反映。全词实际上有一个隐而未露的典故，即“鸥鹭忘机”典，惝恍失意的作者正是想忘掉世间的一切心机，与沙鸥相伴了此余生，这一层意思，是需要读者细心品味的。

好事近 七月十三日夜登万花川谷望月作

——杨万里

月未到诚斋[1]，先到万花川谷。不是诚斋无月，隔一林修竹。

如今才是十三夜，月色已如玉。未是秋光奇绝，看十五十六。

注释

①诚斋：杨万里给自己的书房取名为“诚斋”。

【赏析】

月亮还没到诚斋，却先到了万花川谷，其实也不是诚斋没有月亮，因为被一林修竹隔断了月光。作者所以登临万花川谷望月，虽然如今才是十三夜，而“月色已如玉”。他转念想到：今夜并不是月色最奇最美的时候，如要欣赏绝好月色，还须等到“十五十六”。

【词评】

一个“玉”字把柔滑、静美、细润、清凉的月光的色感和质感恰到好处地摹出，十分精当。全词洋溢着作者对优美月色的赞赏之情和对美好生活的热爱，语言清新谐趣，词情扬抑起伏，深显“诚斋体”明畅新巧、活泼自然的词风。

卜算子

——严蕊

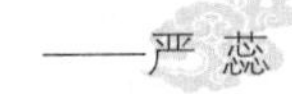

不是爱风尘[①]，似被前缘误。花落花开自有时，总赖东君主[②]。

去也终须去，住也如何住。若得山花插满头，莫问奴归处。

【赏析】

并非是自愿堕入风尘，好似是前定因缘的耽误，花开花落自有其时，但终归还要依靠东君做主。脱离苦海只在早晚，但身处其中着实难捱，若得自由自在地满插山花在头，便毋庸追问奴家将身归何处。

【词评】

全词词情哀婉却无乞怜之态，不卑不亢，语语入理，读之令人动容。

注释

①风尘：指艺妓生涯。②东君：司春之神。主：做主。

六州歌头

——张孝祥

长淮望断[①]，关塞莽然平[②]。征尘暗，霜风劲，悄边声[③]。黯消凝[④]。追想当年事[⑤]，殆天数[⑥]，非人力。洙泗上[⑦]，弦歌地，亦膻腥。隔水毡乡[⑧]，落日牛羊下，区脱纵横[⑨]。看名王宵猎[⑩]，骑火一川明。笳鼓悲鸣，遣人惊。

念腰间箭，匣中剑，空埃蠹[⑪]，竟何成！时易失，心徒壮，岁将零，渺神京[⑫]。干羽方怀远[⑬]，静烽燧，且休兵。冠盖使[⑭]，纷驰骛[⑮]，若为情[⑯]？闻道中原遗老，常南望，翠葆霓旌[⑰]。使行人到此，忠愤气填膺，有泪如倾。

【词评】

淋漓痛快，笔饱墨酣，读之令人起舞。

——《白雨斋词话》

注释

①长淮：其时宋金疆界东以淮水，西以大散关为界。②关塞莽然平：指建于淮水的关塞已然荒废，淹没在一片草木当中。③征尘三句：是说飞尘昏暗，寒风正紧，边地上一片寂静，暗指南宋王朝已然放弃了抵抗。④黯消凝：黯然伫立凝望。⑤当年事：指靖康之变金军陷中原，北掳徽、钦二帝之事。⑥殆：实在是。

【赏析】

这首词作于宋孝宗隆兴元年（1163年），当时张浚率兵北伐，但因为投降派的刁难和前线军队内部的不和，北伐受到了很大的影响。投降派掌握了主动权，决定休兵议和。时在建康任上的词人激愤满怀，谱下了这曲气势恢弘的爱国词章。

“长淮”二字，点出两国的边界，寄意深沉。绍兴十一年（1141年），南宋“与金国和议成，立盟书，约以淮水中流画疆”（《宋史•高宗纪》）。淮河曾是宋朝境内一条重要的河流，如今却变成国之边境。远望千里淮河，南岸一线只有草丛苍莽的原野，没有任何防御屏障。征战的烟尘早已消失，秋风萧瑟，边境寂静无声，一片荒凉。“黯消凝”一句，写词人对国事的关切，形象生动，手法高超。“追想”三句，写南宋朝廷的怯懦无能，任人宰割，词人心中痛极，却还不能明说，只能把原因归结于“殆天数，非人力”。“隔水毡乡”到“遣人惊”，写金兵用猎火照亮了北方的田野，笳鼓悲鸣，隐隐可闻，而南宋这边呢？萧条、冷寂，没有一丝生气，两相对比，词人自然倍感忧虑，可是对于昏庸的南宋朝廷，他又能如何？这些都是词人的泣血之言，读来令人扼腕。

词人空有“腰间箭，匣中剑”，壮志凌云，却无奈英雄无用武之地，只能眼看祖国山河破碎，无力回天。词人写出了自己的愤怒，把批判的矛头直指偏安一隅的南宋朝廷，谴责朝廷昏庸无能，激愤满怀。这是一首感怀之作，激昂慷慨，如江河之下，气势雄壮，令人读之惊心动魄。

注释

⑦洙泗：指洙、泗二水，孔子曾经在这里讲学。⑧隔水毡乡：意谓河的对岸已经成为金人毡包革帐之乡。⑨区（ōu）脱：泥堡土垒。⑩名王宵猎：指金国贵族夜晚射猎。⑪空埃蠹（dù）：意谓白白地落满尘埃，被虫蛀蚀。⑫渺神京：故都渺远，收复无期。⑬干羽方怀远：意谓用礼乐来教化安抚远地的人。实指南宋朝廷对敌媾和。干羽：两种舞具，盾和雉尾。怀远：安抚远地之人。⑭冠盖使：前往金国请和的使臣。⑮驰骛：奔走。⑯若为情：岂不难为情。⑰翠葆（bǎo）霓旌：皇帝的车驾，借指王师。

水调歌头 闻采石矶战胜

——张孝祥

雪洗虏尘静[①]，风约楚云留。何人为写悲壮？吹角古城楼。湖海平生豪气，关塞如今风景，剪烛看吴钩[②]。剩喜然犀处[③]，骇浪与天浮。

忆当年，周与谢[④]，富春秋。小乔初嫁，香囊未解[⑤]，勋业故优游[⑥]。赤壁矶头落照，肥水桥边衰草[⑦]，渺渺唤人愁。我欲乘风去，击楫誓中流[⑧]。

注释

①虏尘：胡虏所扬起的战尘。②吴钩：古代吴地出产的一种弯刀，后泛指锋利的刀剑。③然犀处：东晋温峤率军平叛，经采石矶之时见水中多怪物，大军畏不能前，温峤遂命将犀牛角点燃，须臾见水族覆灭。然：同“燃”。④周与谢：东汉末年周瑜与东晋谢玄，赤壁之战与淝水之战的主要将领。⑤香囊未解：谢玄少年时好佩香囊，此处指青春年少。⑥勋业故优游：意谓从容不迫地建立了功业。⑦肥水：即淝水。⑧击楫誓中流：《晋书•祖逖传》载，祖逖率兵北伐，渡江时曾击楫而誓曰：“祖逖不能清中原而复济者，有如大江。”

【赏析】

因为在楚地做官，没能参加“雪洗虏尘”的战役，词人于是要为将士们的悲壮事迹写下颂歌。

词人平生豪气纵横，今逢边事情形大变，不禁在灯下抚看宝刀，慨然遥想将士们江岸破敌的惊心动魄，继而联想当年周瑜、谢安谈笑间建立不朽功勋的潇洒从容。贤相良将俱成过往，惹人伤感，但词人如今年富力强，他所以要仿效前人，乘风破浪，扫清中原，收复故国。

【词评】

此词气雄而调雅，用典虽多，但熔裁合度，恰到好处。

念奴娇　过洞庭

——张孝祥

洞庭青草[1]，近中秋、更无一点风色。玉鉴琼田三万顷[2]，着我扁舟一叶。素月分辉，明河共影[3]，表里俱澄澈。悠然心会，妙处难与君说。

应念岭表经年[4]，孤光自照，肝胆皆冰雪。短发萧骚襟袖冷[5]，稳泛沧溟空阔[6]。尽挹西江，细斟北斗，万象为宾客[7]。扣舷独啸，不知今夕何夕。

【赏析】

这首词是月明之夜词人泛舟洞庭时所作，全词情景交融，充分体现了词人历经政治风波后仍能宠辱不惊的旷达心胸。

上片写景，意境清俊，非心胸旷达者不能写出。起首“洞庭”三句，总写洞庭之景，清疏淡远，不着一丝人间烟火，营造出一种清净、幽渺的氛围，为全词奠定了基调。随后两句，极言湖水之澄清、宽广。而浩浩洞庭三万顷，上面只有自己所乘的一叶扁舟，这是一种怎样的意境啊！这两句运笔巧妙，写洞庭之大，非但没有衬托出词人自身之渺小，反而有自己区区一人囊括整个洞庭的意味，堪称神来之笔。随后三句，写水天之明澈。结尾两句，总揽一笔，极言洞庭景色之美，不可言传。下片抒情，尽显词人慷慨胸怀。“肝胆皆冰雪”，写自己一身肝胆，这不仅是对词人一个人的描述，更是对古往今来所有英雄豪杰品性的概括。至“尽挹西江”三句，情感的抒发达到极致，词人豪情万丈，要以自己为主，万象为客，汲西江，斟北斗，一醉淋漓。最后两句，吟啸之处，浑然忘我，似空谷回音，袅袅不绝。

注释

①青草：青草湖，与洞庭湖相通，二者亦合称洞庭湖。②玉鉴琼田：形容湖水清亮有如玉镜琼田一样。③明河：天河。④岭表：指五岭以外，今两广一带。⑤萧骚：萧疏。⑥沧溟（míng）：苍茫浩瀚。⑦尽挹（yì）三句：意谓汲尽西江的水以为酒，把北斗星当作酒器慢慢斟酒来喝，邀请天上的星辰万象作为宾客。

西江月

——张孝祥

问讯湖边春色，重来又是三年。东风吹我过湖船，杨柳丝丝拂面。

世路如今已惯，此心到处悠然。寒光亭下水如天，飞起沙鸥一片。

【赏析】

作者再次来寻访三塔湖的春色，与前次来此已隔三年。东风习习，吹送他的小船驶过湖面；杨柳丝丝，轻轻拂过他的面颊。经历了世路的坎坷，饱览了世态的炎凉，作者如今已然淡看世事，一颗心四处悠然，随遇而安。他放开心怀悠然在寒光亭下碧广如天的湖面上，闲看汀洲上飞起沙鸥一片。

【词评】

此词信笔写来，无一着力语，看似浅易平淡，而意境深厚，耐人品味。

临江仙　暮春

——赵长卿

过尽征鸿来尽燕，故园消息茫然。一春憔悴有谁怜。怀家寒食夜，中酒落花天[①]。

见说江头春浪渺，殷勤欲送归船。别来此处最萦牵。短篷南浦雨[②]，疏柳断桥烟。

【赏析】

见春燕秋鸿而起归乡之思本是人之常情，而于其中打入家国之恨、身世之感，此情则益是凄怆。时值暮春之际，征鸿飞燕过尽而故园消息茫然，作者愁肠百结。孤独憔悴的他，在寒食之夜想家，在簌簌落花中醉酒。王国维《人间词话》中云："以我观物，故物皆染我之色彩。"由此推演，以思归之心观物，故物皆有送归之意，因而作者见江头春浪而感其"殷勤欲送归船"。但归家之梦终难实现，家国零落，故园生活的美好只停留在记忆当中，那雨中泛舟南浦的惬意，断桥边稀疏柳枝上笼着的轻烟，便叫他怀思无限，魂系梦牵。

注释

①中（zhòng）酒：醉酒。②短篷：指舟篷。

【词评】

精秀似唐人名句。

——《词则》

摸鱼儿

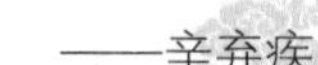

——辛弃疾

更能消、几番风雨，匆匆春又归去。惜春长怕花开早，何况落红无数。春且住！见说道、天涯芳草迷归路。怨春不语，算只有殷勤，画檐蛛网，尽日惹飞絮。

长门事，准拟佳期又误，蛾眉曾有人妒。千金纵买相如赋，脉脉此情谁诉[①]？君莫舞！君不见、玉环飞燕皆尘土[②]。闲愁最苦。休去倚危阑，斜阳正在，烟柳断肠处。

【赏析】

本篇为惜春抒怀之词。上片描写暮春衰残景色，惋惜春逝，隐含身世家国之痛。"更能消、几番风雨，匆匆春又归去。"写此时已到了暮春时节，经不起几回风雨，春天就会匆匆归去了。"惜春长怕花开早，何况落红无数"二句，写词人的惜春的心理。"春且住"三句，是词人对将要离开的"春"深情的倾诉。"算只有殷勤，画檐蛛网，尽日惹飞絮"，只剩下殷勤多情的雕梁画栋间的蛛网，为留住春光整天沾染飞絮。下片借写美人失宠抒发词人闲寂不遇的愁郁和满腔爱国热忱无处倾诉的痛苦。词人借古代宫中几个女子的遭遇，比喻自己此时境遇，进一步抒发其"蛾眉见妒"的感慨。最后以写景结尾，余味不尽。全词托物起兴，借古伤今，融身世之悲和家国之痛于一炉，沉郁顿挫。

注释

①长门事五句：司马相如《长门赋序》："孝武皇帝陈皇后，时得幸，颇妒（有谗人嫉妒），别在长门宫，愁闷悲思。闻蜀郡成都司马相如天下工为文，奉黄金百斤，为相如、文君取酒，因于解悲愁之辞。而相如为文以悟主上，陈皇后复得亲幸。"此处是说，因为有人嫉妒，纵然千金买得司马相如一赋，心中真情也是无从诉说的。②君莫舞两句：意谓善妒之人也不要得意忘形，你不见即便是像杨玉环、赵飞燕那样得宠的妃子终不是都化为尘土了吗？此处是以玉环、飞燕都不得善终来警告那些嫉贤妒能之辈。

【词评】

词文寓激愤于婉约之中，用典虽多却融化无痕，梁启超评价说："回肠荡气，至于此极，前无古人，后无来者。"

水龙吟 登建康赏心亭

——辛弃疾

楚天千里清秋，水随天去秋无际。遥岑远目[①]，献愁供恨，玉簪螺髻[②]。落日楼头，断鸿声里，江南游子。把吴钩看了[③]，阑干拍遍，无人会、登临意。

休说鲈鱼堪脍[④]，尽西风、季鹰归未[⑤]？求田问舍，怕应羞见，刘郎才气[⑥]。可惜流年，忧愁风雨，树犹如此[⑦]！倩何人，唤取红巾翠袖[⑧]，揾英雄泪[⑨]。

注释

①遥岑：远山。此指沦陷地区的群山。②玉簪螺髻：形容远山如玉簪，如盘起的发髻。③吴钩：古代吴地出产的一种弯刀，后泛指锋利的刀剑。④脍：将鱼肉切成细丝。⑤季鹰：张翰，字季鹰。《晋书·张翰传》载，“翰因见秋风起，乃思吴中菰菜、莼羹、鲈鱼脍，曰：‘人生贵得适志，何能羁宦数千里以要名爵乎？’遂命驾而归”。⑥求田问舍三句：以三国时刘备责许汜只知购置房产而全然不管国计民生之事来责备那些只为一己私利的人。⑦树犹如此：东晋桓温北征，见昔日所种柳树已粗十围，叹曰：“树犹如此，人何以堪。”⑧红巾翠袖：借指歌女。⑨揾（wèn）：擦拭。

【赏析】

词文上阕写登高远望之所见：天无际，水随天，远山层层叠叠，如“玉簪螺髻”。江山虽美，但在作者眼里竟为“献愁供恨”之物，因为他空握长剑而不能杀敌，满怀抱负却无处施展。下阕评古论今，表示自己不愿效仿张翰退隐，也不愿学许汜求田问舍，而是想报效国家，有所作为。继而又叹流年似水，光阴虚度。情到伤心，他不禁潸然洒泪。英雄末路之悲，让人嘘嗟不已。

菩萨蛮 书江西造口壁

——辛弃疾

郁孤台下清江水[①]，中间多少行人泪。西北望长安[②]，可怜无数山。

青山遮不住，毕竟东流去。江晚正愁予，山深闻鹧鸪[③]。

注释

①郁孤台：在今江西赣州市西南，唐宋时为游览胜地。②长安：指代北宋京师汴梁。③鹧鸪：其鸣声似“行不得也哥哥”。

【赏析】

郁孤台下的清江水，其中汇聚了多少流离逃亡之人的眼泪，举头向西北方向眺望长安，无数青山将视线遮拦。青山能遮断行人的望眼，却遮断不了江水的奔流，亦如胡虏虽猖、奸佞虽多，却挡不住仁人志士的抗敌报国的热血豪情。

江天渐晚，词人愁情又浓，岁月在屡受排挤、报国无门的苦闷中空流。这个时候，深山中又传来鹧鸪的叫声：“行不得也哥哥，行不得也哥哥。”

【词评】

罗大经《鹤林玉露》中点评此词说：“盖南渡之初，虏人追隆祐太后御舟至造口，不及而还，幼安自此起兴。‘闻鹧鸪’之句，谓恢复之事行不得也。”但近人邓广铭先生则提出了不同看法：“金人并不曾追隆祐太后至造口，且稼轩一生怀恢复之志、胜利信心，不曾改变，此词作年甚早，不应有如罗氏所云之感兴。词文意在抒发伤国而自伤之情。”

青玉案　元夕

——辛弃疾

东风夜放花千树，更吹落、星如雨。宝马雕车香满路。凤箫声动，玉壶光转[①]，一夜鱼龙舞。

蛾儿雪柳黄金缕[②]，笑语盈盈暗香去。众里寻他千百度；蓦然回首，那人却在，灯火阑珊处[③]。

注释

①玉壶：喻月亮。②蛾儿、雪柳、黄金缕：此三样皆为元夕时妇女们佩戴的饰物。③阑珊：零落。

【赏析】

本篇为元宵节记景之作。上片以生花妙笔描绘渲染元宵佳节火树银花、灯月交辉的欢腾热闹的风光。“东风夜放花千树”写元宵夜的灯光，以花喻灯，表明灯的灿烂多姿。“更吹落、星如雨”写焰火，烟花一明一灭，参差起落，洒落如星。“宝马雕车”写车马华美，“香满路”表明游人之多。“凤箫声动，玉壶光转，一夜鱼龙舞”，写的是彻夜欢腾的热闹场面。下片着意描写主人公在游人中千百回寻觅一位立于灯火零落处的自甘寂寞的孤高女子，表现了词人追求的境界之高，寓有深意。“蛾儿雪柳黄金缕，笑语盈盈暗香去”承接上片，继续描写元夜的盛况，但已转移到盛装出游的游女们身上。可在这些丽人中间却没有词人的意中人，“众里寻他千百度”极言寻觅之苦，失望之情跃然纸上。在这几近绝望的一刻，“蓦然回首”，忽然发现“那人却在，灯火阑珊处。”辛弃疾的词素以豪放著称于世，其实他的婉约词亦是，曼妙无比，这首词即是最好的证明。

【词评】

如此耐得清淡、耐得冷落之佳人，何尝不是作者的自喻，梁启超评此词“自怜幽独，伤心人别有怀抱”。

清平乐　村居

——辛弃疾

茅檐低小，溪上青青草。醉里吴音相媚好[①]，白发谁家翁媪[②]？

大儿锄豆溪东，中儿正织鸡笼。最喜小儿无赖[③]，溪头卧剥莲蓬。

注释

①吴音：吴地方言。②翁媪（ǎo）：老公公、老婆婆。③无赖：淘气调皮。

【赏析】

檐儿低低茅屋小，溪水两岸长满青青草。作者醉中听到亲切悦耳的吴音对话，那是一对白发皤皤的农家老年夫妇在茅屋前闲话家常。继而关注到他们的三个儿郎，竟是一律的忙碌：老大在溪东豆地锄草，老二在编织鸡笼，最年幼的小儿子也不甘清闲，淘气地趴在溪边剥着莲蓬。

【词评】

此词着力于刻画人物，表现农人日常生活的原有风貌，不隐晦，不高渺，朴实中但见一派和谐自然、生气勃勃景象。

水龙吟　过南剑双溪楼

——辛弃疾

举头西北浮云，倚天万里须长剑。人言此地，夜深常见，斗牛光焰[1]。我觉山高，潭空水冷，月明星淡。待燃犀下看[2]，凭栏却怕，风雷怒，鱼龙惨。

峡束苍江对起，过危楼、欲飞还敛。元龙老矣[3]，不妨高卧，冰壶凉簟。千古兴亡，百年悲笑，一时登览。问何人又卸，片帆沙岸，系斜阳缆？

注释

①斗牛光焰：王嘉《拾遗记》载，晋朝的张华夜见有紫气冲于牛斗之间，遂命雷焕为丰城令，掘地得宝剑一双。②燃犀：东晋温峤率军平叛，经采石矶之时见水中多怪物，大军畏不能前，温峤遂命将犀牛角点燃，须臾见水族覆灭。③元龙：三国陈登，字元龙。人称其“湖海之士，豪气不除”。

【赏析】

登上高楼，远眺西北方遮蔽着中原的浮云，作者想要用倚天万里的长剑扫荡敌虏。剑溪传说，让他幻想取出溪下神剑；但山高潭冷，月明星淡，又使他犹豫踟蹰。或可点燃犀角下看，但又惧燃犀之光无奈何风雷震怒，鱼龙惨毒。

眼前沧江受到两峡约束，作者的思绪欲飞还敛，正如他一边慨叹“千古兴亡”，心系国家前途，一边慨叹“元龙老矣”，思退田园。这彷徨忧虑间，有片帆驶来沙岸，舟人在斜阳脉脉中系好船缆……

【词评】

“风雷”“鱼龙”暗喻南宋求和君臣。志不得展的词人的彷徨忧郁心情，尽见于篇中。

西江月　夜行黄沙道中

——辛弃疾

明月别枝惊鹊，清风半夜鸣蝉。稻花香里说丰年，听取蛙声一片。

七八个星天外，两三点雨山前。旧时茅店社林边[1]，路转溪桥忽见。

注释

①社：土地庙。

【赏析】

宋孝宗淳熙八年（1181年），辛弃疾因遭奸臣排挤免官，闲居于江西上饶，并在此生活了近十五年。这一时期，他虽曾短暂出仕，但以在上饶居住为多，留下了不少词作。这首词即是辛弃疾罢官闲居上饶时的词作，着意描写了黄沙岭的夜景。

词的上片写夏夜风光，月白风清，鹊惊蝉鸣，稻花飘香，蛙声一片，丰收在望，给夜行人带来无限的喜悦。下片写疏星稀雨，溪头茅店，情趣盎然。全词语言明白如话，基调轻快活泼，词人运用近乎白描的手法描摹了一幅明丽清新、生机盎然的夏夜乡村图，表达了对丰收的喜悦之情和对乡村生活的热爱。

贺新郎

——辛弃疾

绿树听鹈鴂，更那堪、鹧鸪声住，杜鹃声切？啼到春归无啼处，苦恨芳菲都歇，算未抵、人间离别。马上琵琶关塞黑，更长门翠辇辞金阙。看燕燕[①]，送归妾。

将军百战声名裂[②]，向河梁[③]、回头万里，故人长绝。易水萧萧西风冷，满座衣冠似雪，正壮士、悲歌未彻[④]。啼鸟还知如许恨[⑤]，料不啼清泪长啼血。谁共我，醉明月？

注释

①燕燕：《诗经》篇名，卫庄姜送归妾之作。②将军百战声名裂：指汉将李陵与匈奴激战，因寡不敌众而降一事。③河梁：苏武羁滞匈奴数十载，终得回汉，李陵于河梁之上为其饯行。④易水三句：写荆轲出使秦国，太子丹及宾客皆穿孝服送他，荆轲慷慨悲歌而去的场面。⑤如许恨：如此多的离恨。

【赏析】

词写离愁别恨。开篇以三种啼声凄切的鸟儿齐鸣作引，言三鸟齐鸣伤春仍不能与人间别离相比，继而谈起历史上有名的伤别情景——昭君出塞；陈皇后辞别金阙，幽居别宫；春秋时卫国庄姜送戴妫；李陵战败降敌后与故乡亲人诀别；荆轲刺秦王临行时人们的孝服相送，英雄的慷慨悲歌。作者所处的时代正是一个将这许多悲别聚集在一起的时代。那被掳往北国的徽、钦二帝和数千嫔妃宫娥，那些沦为异国臣民的广大官吏百姓，那些弃家别友、与敌人拼杀于疆场之上的仁人义士，他们哪一个不是饱尝着离别的痛苦，哪一个不是忧恨满怀？作者说，要是啼鸟明白这些苦恨，它们就会“不啼清泪长啼血”。词尾设想弟走后独愁无侣的境况，点明“别弟”题面。

丑奴儿　书博山道中壁

——辛弃疾

少年不识愁滋味，爱上层楼。爱上层楼。为赋新词强说愁。

而今识尽愁滋味，欲说还休。欲说还休。却道天凉好个秋。

【赏析】

历尽沧桑，饱尝愁滋味之后，回想起少年时代爱上高楼，为了赋一首新词强要说愁的单纯幼稚，作者不禁哑然失笑。少年时是故作愁态，怕人不知自己有愁，而今愁满胸中，却不知从何说起。在数次的“欲说还休”之后，吐出“天凉好个秋”的不相干的话聊以应景；作者是无可奈何，只好回避不谈。

【词评】

清人周济《宋四家词选序论》称稼轩词往往“敛雄心，抗高调，变温婉，成悲凉”，此词便是这种评价的代表作之一。

太常引 建康中秋为吕叔潜赋

——辛弃疾

一轮秋影转金波，飞镜又重磨[1]。把酒问姮娥[2]：被白发、欺人奈何？

乘风好去，长空万里，直下看山河。斫去桂婆娑[3]，人道是、清光更多。

注释

①飞镜：喻月亮。②姮（héng）娥：嫦娥。③婆娑：枝叶纷披的样子。

【赏析】

又到中秋，面对一轮皓月当空，作者感慨良多。南归已久，昔日的青丝都已变成白发，然而收复中原的希望却日渐渺茫，愁苦无奈之际，作者不禁举酒问月如何承受之。他希望自己有天能于万里长空中乘风而行，俯瞰大好河山，并且直上月宫，砍去婆娑桂荫，让人间能得到更多清光。桂影之遮月，可以奸佞之遮蔽贤良，胡虏之妨害承平世界比之，作者的用意，自不待言。

【词评】

所指甚多，不止秦桧一人而已。

——《宋四家词选》

破阵子 为陈同甫赋壮语以寄

——辛弃疾

醉里挑灯看剑，梦回吹角连营。八百里分麾下炙[1]，五十弦翻塞外声[2]。沙场秋点兵。

马作的卢飞快[3]，弓如霹雳弦惊。了却君王天下事，赢得生前身后名。可怜白发生！

注释

①八百里分麾（huī）下炙：意谓方圆八百里的军营中士兵们在战旗下分吃着烤牛肉。②五十弦翻塞外声：意谓各种乐器合奏出雄壮的军歌。③的卢：骏马名。

【赏析】

词由灯下醉看长剑写入梦境，极力烘绘抗金部队雄壮的军容，生动地刻画了将士们矫健威武、横戈跃马的身姿，直抒作者“了却君王天下事，赢得生前身后名”的心愿，豪情恣肆，气壮山河，交织着他忠君爱国的思想和强烈的个人功名观念。然而通篇的壮词竟以“可怜白发生”之悲语收尾，又反映出作者壮志难酬的悲愤心情。

【词评】

王夫之《姜斋诗话》云：“以乐景写哀，以哀景写乐，一倍增其哀乐。”是此词最突出的特点。

鹧鸪天

——辛弃疾

有客慨然谈功名，因追念少年时事，戏作。

壮岁旌旗拥万夫，锦襜突骑渡江初①。燕兵夜娖银胡②，汉箭朝飞金仆姑③。

追往事，叹今吾，春风不染白髭须④。却将万字平戎策⑤，换得东家种树书⑥。

注释

①锦襜（chān）突骑：穿着锦衣的精锐骑兵。②燕兵：指北方抗金义军。娖（chuò）：整理。银胡（lù）：镶银的箭袋。③金仆姑：箭名。④春风句：意谓人老了便无法恢复青春。⑤平戎策：指作者归宋后屡次上呈朝廷的抗金方略。⑥换得句：感叹晚年失意，从事农业。

【赏析】

与客人闲谈功名，唤起作者对于一生经历的回忆。词文上阕追忆了年轻时代自己率义军夜袭金营、捉回叛徒张安国，而后引兵南归诸事，豪情四溢，声形并茂，颇显出作者对这段经历的得意之情。下阕自叹年老，抒发有志报国却被投闲废置的牢骚，自嘲之中蕴含着深深失望。

西江月　遣兴

——辛弃疾

醉里且贪欢笑，要愁那得工夫。近来始觉古人书，信著全无是处。

昨夜松边醉倒，问松："我醉何如？"只疑松动要来扶，以手推松曰："去！"

【赏析】

此词题目为《遣兴》，看似抒发闲居生活的自在悠闲之情，但字里行间透露着作者对现实的不满和他倔强的生活态度。词中"近来始觉古人书，信著全无是处"两句，衍自孟子"尽信书，则不如无书"，实乃激愤之语，缘于作者对黑白颠倒、泾渭不分之世道的感慨。下阕中对于松人互动情节的描写，尽显作者倔强自立之性情。

【词评】

全词言简意丰，生动谐趣，体裁别致，是小令词中别具特色之作。

永遇乐　京口北固亭怀古

——辛弃疾

千古江山，英雄无觅，孙仲谋处。舞榭歌台，风流总被、雨打风吹去[1]。斜阳草树，寻常巷陌，人道寄奴曾住[2]。想当年、金戈铁马，气吞万里如虎[3]。

元嘉草草，封狼居胥，赢得仓皇北顾[4]。四十三年，望中犹记，烽火扬州路[5]。可堪回首，佛狸祠下[6]，一片神鸦社鼓[7]。凭谁问，廉颇老矣，尚能饭否？

【赏析】

上阕追忆孙权、刘裕二人事迹，表达出作者对既能守成抗敌、又能进取破虏的君王的期盼。下阕引宋文帝仓促北伐而招致全败之事，提醒掌权者不可贪功冒进；通过写历史上佛狸祠的迎神赛会，表示了对江北各地沦陷已久，人民将安于异族统治的隐忧。最后得结论于欲图恢复大计，当重用老成练达之臣。

注释

①风流句：意谓孙仲谋英雄事业的风流余韵已在历史的风吹雨打中远去。②寄奴：南朝宋武帝刘裕小字寄奴。③想当年两句：刘裕曾率军北伐，先后灭掉南燕和后秦，光复洛阳、长安等地。④元嘉三句：是说宋文帝不能继承父亲刘裕的功业，草率派兵北伐，想要像当年汉将霍去病战胜匈奴，封狼居胥山一样荡平北方，到头来只落得仓皇北望，后悔贸然北伐带来的惨败。⑤四十三年三句：辛弃疾于四十三年前南归，其时扬州地区正烽火弥漫。⑥佛狸祠：北魏太武帝拓跋焘击败南朝宋军后于长江北岸的瓜步山上所建行宫，当地百姓年年在祠下举行迎神赛会。⑦神鸦：庙里吃祭品的乌鸦。社鼓：祭祀的鼓声。

南乡子　登京口北固亭有怀

——辛弃疾

何处望神州？满眼风光北固楼。千古兴亡多少事，悠悠。不尽长江滚滚流。

年少万兜鍪[1]，坐断东南战未休[2]。天下英雄谁敌手？曹刘。生子当如孙仲谋。

注释

①兜鍪（móu）：古代打仗时戴的头盔。此处指代将士。②坐断：占据。

【赏析】

何处可以望到中原？站在北固楼上眺望，满眼是美好的风光，但是中原还是看不见。千古兴亡，往事悠悠，都随不尽的长江水，滚滚东流。

当年轻的孙权成为三军统帅，他能够独霸东南，坚持抗战。天下的英雄有谁堪称是他的敌手，只有曹操和刘备而已，所以也就难怪曹操说：“生子当如孙仲谋。”

【词评】

词作含有明显的借古讽今之意，风格明快，问答自如，笔致遒劲疏旷，充满昂扬进取的情调。

卜算子

——石孝友

注释

①暮：晚。②遽：仓促。

见也如何暮[1]，别也如何遽[2]。别也应难见也难，后会难凭据。

去也如何去，住也如何住。住也应难去也难，此际难分付。

【赏析】

上阕既恨相见之晚，又恨相别之匆促，更恨后会之无凭。下阕写离别时心情：留既不能，去又不忍，使人不知如何是好。

【词评】

我们无从知晓这对恋人分别的确切原因，但却能感受到他们的有缘无分；作者没有交代分别的详细情形，但从这篇心语中我们却能读出无限的悱恻缠绵。小令的语言通俗易懂，平白朴素之中自蕴含着深挚的情感，读罢让人为之叹息伤怀。

水调歌头　送章德茂大卿使虏

——陈　亮

注释

①南师：指南宋的军队。②谩说：妄说。北群空：唐韩愈《送温处事赴河阳军序》载，“伯乐一过冀北之野，而马群遂空。夫冀北马多天下，伯乐遂善知马，安能空其群耶？解之曰：吾所谓空，非无马也，无良马也”。此处是喻没有人才了。③穹庐：毡帐。④藁（gǎo）街：京都外国使臣居住的地方。⑤耻臣戎：意谓耻于臣服金人。戎：中国古代对西方或北方少数民族的称谓。⑥膻（shān）：羊臊气。

不见南师久[1]，谩说北群空[2]。当场只手，毕竟还我万夫雄。自笑堂堂汉使，得似洋洋河水，依旧只流东。且复穹庐拜[3]，会向藁街逢[4]。

尧之都，舜之壤，禹之封。于中应有，一个半个耻臣戎[5]。万里腥膻如许[6]，千古英灵安在？磅礴几时通？胡运何须问，赫日自当中。

【赏析】

词以“久不见南宋之师，就妄言我们已无人可用”的嘲讽语开篇，对金人的嚣张气焰给以当头棒喝。继而赞章德茂有独当一面的才能，寄希望于他能通过应变周旋维护国家尊严；同时慨叹堂堂汉使竟要如河水东流般前往金国朝贡，但坚信这种局面只是暂时的，形势终究会逆转。下阕大声呼唤华夏民族不屈不挠、英勇无畏的精神，慷慨放言胡运已颓、大宋国势正如日中天，气势磅礴，雄浑无比，读罢使人有拍案奋起、誓平胡虏之冲动。

唐多令

——刘过

安远楼小集，侑觞歌板之姬，黄其姓者，乞词于龙洲道人，为赋此。同刘阜之、刘去非、石民瞻、周嘉仲、陈孟参、孟容，时八月五日也。

芦叶满汀洲，寒沙带浅流。二十年、重过南楼[①]。柳下系舟犹未稳，能几日、又中秋？

黄鹤断矶头[②]，故人今在否？旧江山、浑是新愁。欲买桂花同载酒，终不似、少年游。

注释

①南楼：在武昌黄鹤山上，唐宋时为文人骚客游赏胜地。

②黄鹤断矶头：黄鹤山西北有黄鹤矶，临长江，故云。

【赏析】

二十年光阴荏苒，作者故地重游，不禁感慨系之。时近中秋，放眼四望，但见芦叶落满汀洲，澄浅的河水从清冷的沙滩旁流走，行迹匆匆的作者系舟未稳便来到曾与朋友共度佳节的黄鹤矶头，深情问起："故人今在否？"漂泊多年，交游自多零落，唯眼前江山依旧，当此情状，作者平添新愁。

何以遣愁？可邀二三知己，重新买花载酒，但作者知道，即便如此，也终于不能像少年时候一样满怀豪情地潇洒畅游了。

全词语言通俗清新，寄寓着作者含蓄而深沉的心理感受，在当时就深受人们欢迎。

【词评】

刘过《唐多令》轻圆柔脆，小令中工品。词以写情，须意致缠绵，方为合作。无清灵之笔，意致焉得缠绵？彼徒以典丽堆砌为工者，固不自解用笔。

——《左庵词话》

点绛唇　丁未冬，过吴松作

——姜夔

燕雁无心，太湖西畔随云去。数峰清苦[①]，商略黄昏雨[②]。

第四桥边[③]，拟共天随住[④]。今何许？凭阑怀古。残柳参差舞。

注释

①清苦：形容山峰清寂荒凉。②商略：酝酿。③第四桥：指吴江城外甘泉桥。④天随：晚唐诗人陆龟蒙，号天随子。

【赏析】

本篇为过吴松抒怀之作。南宋淳熙十四年冬天，姜夔往返于湖州与苏州两地，路过吴松（今江苏吴江市）时，写下了本词。

上片以景寓情，燕雁随云，数峰清苦，都是词人漂泊清苦生涯的写照。词人拟人写山，实则以数峰之清苦衬托出自己的万千愁苦。下片追思唐诗人陆龟蒙，发怀古幽情，抒写知音难觅的惆怅寂寞。"第四桥边，拟共天随住"两句意思是：我真想在第四桥边，跟随天随子一起隐居。第四桥指的是吴江城外的甘泉桥，陆龟蒙曾隐居在此，故词人打算追随他定居在甘泉桥边。全词化实为虚，意在象外。

【词评】

白石长调之妙，冠绝南宋；短章亦有不可及者，如《点绛唇》一阕，通首只写眼前景物，至结处云："今何许？凭阑怀古。残柳参差舞。"感时伤事，只用"今何许"三字提唱，"凭阑怀古"下，仅以"残柳"五字咏叹了之，无限哀感，都在虚处。令读者吊古伤今，不能自止，洵推绝调。

——《白雨斋词话》

踏莎行

——姜　夔

自沔东来。丁未元日，至金陵江上，感梦而作。

燕燕轻盈，莺莺娇软。分明又向华胥见①。夜长争得薄情知②？春初早被相思染。

别后书辞，别时针线。离魂暗逐郎行远。淮南皓月冷千山，冥冥归去无人管。

注释

①华胥：指梦境。《列子•黄帝》载，“黄帝书寝而梦，游于华胥氏之国”。②争得：怎得。薄情：薄情之人。

【赏析】

词为梦中怀人之作。夜梦所见，伊人如莺燕般轻盈娇软，向他倾诉着别离后的幽怨与思念。她在埋怨薄情郎怎能想象她因为惦念而忍受长夜无眠之苦，告诉他春未至而相思之情已浓。梦醒后，作者翻出了别后她写来的书信，摩挲着别时她为自己缝制的衣衫；他因为伊人之精魂不远千里而来与自己梦中相会的痴情而感动，也为她于欢会之后孤身而返的伶仃无依而心疼。

【词评】

全词情悲意苦，表面上写恋人对自己的牵挂和难以割舍，其实也蕴含着作者对她的一往情深。王国维对本词结尾两句很是推崇，他在《人间词话》中说：“白石之词，余所最善者，亦仅二语——‘淮南皓月冷千山，冥冥归去无人管。’”

鹧鸪天

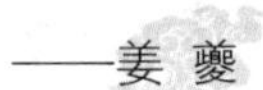

——姜　夔

己酉之秋，苕溪记所见。

京洛风流绝代人，因何风絮落溪津。笼鞋浅出鸦头袜①，知是凌波缥缈身。

红乍笑，绿长颦②，与谁同度可怜春？鸳鸯独宿何曾惯，化作西楼一缕云。

注释

①鸦头袜：古代女子穿的分出足趾的袜子。②颦：皱眉。

【赏析】

这首词是作者路过苕溪时因有感于所见而写下的。他看到了一位芳华绝代的歌妓，从相貌气质上看，她应该来自京师，但因何而流落到此荒僻渡头却不得而知。作者注意到她精巧的足部，轻盈的步态和姣好的容颜，也注意到她时时蹙起的黛眉和鲜露笑意的樱桃口。他继而想到，这样的女子要是在京师少不得总有情人相伴；他着实地为她眼下的零落孤独而感到心中不忍。他推测，女子定有着一段曲折的经历，至今依然生活在对往昔朝朝暮暮的回忆中，心思亦常常迷失在寄寓着她青春与情感的“西楼”侧畔。

念奴娇

——姜夔

余客武陵，湖北宪治在焉。古城野水，乔木参天。余与二三友，日荡舟其间，薄荷花而饮，意象幽闭，不类人境。秋水且涸，荷叶出地寻丈，因列坐其下，上不见日，清风徐来，绿云自动。间于疏处，窥见游人画船，亦一乐也。朅来吴兴，数得相羊荷花中，又夜泛西湖，光景奇绝，故以此句写之。

闹红一舸[①]，记来时、尝与鸳鸯为侣。三十六陂人未到[②]，水佩风裳无数。翠叶吹凉，玉容销酒[③]，更洒菰蒲雨[④]。嫣然摇动，冷香飞上诗句。

日暮，青盖亭亭[⑤]，情人不见，争忍凌波去？只恐舞衣寒易落，愁入西风南浦。高柳垂阴，老鱼吹浪，留我花间住。田田多少[⑥]，几回沙际归路。

注释

①闹红：指在荷花间游赏嬉戏。舸（gě）：船。②三十六陂：极言水塘之多。③玉容销酒：形容荷色艳丽，如同美人饮酒后红晕上脸。④菰蒲：指杂乱的水生植物。⑤青盖：指荷叶。⑥田田：形容荷叶相连的样子。

【赏析】

本篇为咏荷之词。上片写泛舟荷塘景色，以比喻和拟人手法描绘荷花、荷叶美艳绝伦。起篇即勾勒出一幅美好的画面：在那红火繁茂的荷花丛中荡舟，记得一路的鸳鸯成双成对伴着船儿戏水。放眼望三十六处的荷塘幽静无人，只见水佩风裳如无数美女。“嫣然摇动，冷香飞上诗句”点出写本词的原因，荷花嫣然含笑，轻轻摇动，散发着阵阵幽香，惹得我诗兴大发，写出了优美的诗句。下片写词人傍晚观赏荷花流连难舍，抒写对荷花深深爱惜之情，也暗寓自伤身世之意。前四句词人以凌波仙子比喻亭亭玉立的荷花，表达了对荷花的怜惜之情。后几句借景抒情，表达了对莲花深深的眷恋。全词咏物形神兼备，风格高雅清丽。

齐天乐

——姜夔

丙辰岁，与张功甫会饮张达可之堂，闻屋壁间蟋蟀有声。功甫约余同赋，以授歌者。功甫先成，辞甚美。予徘徊茉莉花间，仰见秋月，顿起幽思，寻亦得此。蟋蟀，中都呼为促织，善斗。好事者或以三二十万钱致一枚，镂象齿为楼观以佇之。

庾郎先自吟愁赋[①]，凄凄更闻私语[②]。露湿铜铺[③]，苔侵石井，都是曾听伊处。哀音似诉，正思妇无眠，起寻机杼。曲曲屏山，夜凉独自甚情绪？

西窗又吹暗雨。为谁频断续，相和砧杵[④]。候馆迎秋，离宫吊月，别有伤心无数。豳诗漫与[⑤]，笑篱落呼灯，世间儿女。写入琴丝[⑥]，一声声更苦。

注释

①庾郎：庾信，南北朝时著名诗人，身为南人而因国家陷落羁留北国，诗多以哀愁凄怆为主。②私语：指蟋蟀鸣声。③铜铺：旧时门上兽面铜环的底座。④砧杵：捣衣石和棒，此指夜晚捣衣之声。⑤豳（bīn）诗：《诗经•豳风•七月》有，“七月在野，八月在宇，九月在户，十月蟋蟀入我床下”。⑥写入：作者自注：“宣政间，有士大夫制《蟋蟀吟》。”

【赏析】

秋蛩之鸣，本已凄切，在愁绪满怀的羁客听来，就会更感到凄怆难耐。但从冷露浸湿的铜铺后，长满苔藓的井台下，总是传来秋蛩的鸣声。鸣声传入无眠思妇耳中，则会使她起身织布排解离愁；幽幽画屏，夜风暗雨，捣衣之声，混合着断续蛩鸣，叩打着她的心扉。抑或候馆征夫，抑或离宫中的亡国君主，人间无数的伤心人听到蛩鸣，便会别有一番滋味生心头。作者正自感怀，耳边却传来天真烂漫的孩子提灯捉蟋蟀的欢声笑语……末二句归到秋蛩悲吟，照应序中“以授歌者”。

扬州慢

——姜夔

淳熙丙申至日，余过维扬，夜雪初霁，荠麦弥望。入其城，则四顾萧条，寒水自碧。暮色渐起，戍角悲吟，余怀怆然，感慨今昔。因自度此曲，千岩老人以为有黍离之悲也。

淮左名都[1]，竹西佳处[2]，解鞍少驻初程。过春风十里[3]，尽荠麦青青[4]。自胡马窥江去后，废池乔木[5]，犹厌言兵。渐黄昏，清角吹寒，都在空城。

杜郎俊赏[6]，算而今、重到须惊。纵豆蔻词工[7]，青楼梦好[8]，难赋深情。二十四桥仍在[9]，波心荡，冷月无声。念桥边红药[10]，年年知为谁生。

注释

①淮左：扬州在宋代属淮南东路。古时以左指东，故云。②竹西佳处：竹西亭，扬州名胜。③春风十里：指代扬州街市，杜牧《赠别》中有，“春风十里扬州路，卷上珠帘总不如”。④荠（jì）：荠菜。⑤废池乔木：荒废的池苑和高大的树木。⑥杜郎：唐代诗人杜牧。俊赏：卓越的鉴赏力。⑦豆蔻：杜牧《赠别》诗中云：“娉娉袅袅十三余，豆蔻梢头二月初。”⑧青楼：杜牧《遣怀》中有，“十年一觉扬州梦，赢得青楼薄幸名”。⑨二十四桥：杜牧《寄扬州韩绰判官》中有，“二十四桥明月夜，玉人何处教吹箫”。⑩红药：红芍药。

【赏析】

本篇为战乱后过扬州抒怀之作。

上片写战乱后扬州荒芜破败景色，以景寓情，抒写不堪回首的黍离之悲。扬州，位于淮河东部，是历史上令人神往的繁华“名都”，因此词人解鞍下马在此稍作停留。但此时的“春风十里扬州路” 满目疮痍，只剩下荠菜野麦一片葱青。“胡马”蹂躏破坏的痕迹处处可见，满城都是“废池乔木”，此情此景让人“ 犹厌言兵”。“渐黄昏，清角吹寒，都在空城”，以景抒情，渲染了萧条的秋日气氛，渐近黄昏，凄清号角吹送寒意，弥漫了这座荒凉空城。荒凉的景象烘托出词人内心的忧愁和悲哀。

下片设想杜牧重来面对扬州荒城也会魂惊难赋深情，突出表现昔胜今衰的感伤。“二十四桥”以下结尾四句，以景抒慨，抒写词人哀时伤乱的悲怆凄楚。

全词景情交融，虚实并用，使得全词波澜起伏，余味不尽。此外，词作还善于化用前人词句入词，将杜牧的诗境，融入自己的词境，可谓匠心独特，别具一格，是众多悯时伤乱的宋词作品中的上乘之作。

【词评】

全词字字含泪，恻怛哀婉，特别是“自胡马窥江去后”几句，清代词评价陈廷焯之为“写兵燹后情景逼真……他人累千百言，亦无此韵味”。

长亭怨慢

——姜夔

余颇喜自制曲，初率意为长短句，然后协以律，故前后阕多不同。桓大司马云：“昔年种柳，依依汉南；今看摇落，凄怆江潭。树犹如此，人何以堪。”此语余深爱之。

渐吹尽、枝头香絮，是处人家，绿深门户。远浦萦回[①]，暮帆零乱，向何许？阅人多矣，谁得似、长亭树。树若有情时，不会得、青青如此。

日暮，望高城不见，只见乱山无数。韦郎去也，怎忘得、玉环分付[②]。第一是、早早归来，怕红萼[③]，无人为主。算空有并刀[④]，难剪离愁千缕。

注释

①远浦：远处的江水。②韦郎两句：《云溪友义》载，唐代韦皋与侍女玉箫相恋，别时相约七年后再会，临别时赠玉指环为信物。至第八年，韦不至，玉箫绝食而死。③红萼：红花，此为女子自比。④并刀：并州所产的剪刀。

【赏析】

作者由柳色依依可怜而起兴，柳下人家，江上远帆，勾起他的客怀离愁。愁绪又转为对杨柳的怨问：谁能如你一般饱看了人间别离？你若有情，便不会无动于衷的青翠如此！

黄昏时分，暮色苍茫，望不到恋人所在的城郭，唯见乱山无数。作者自念：我虽然离你而去，但又怎会忘记你的吩咐？要我一定早早归来，不让你无依无靠。

千丝万缕的柳条，好像都化作了作者心上的离愁，他觉得，就算是拿着世上最快的剪刀，也是剪不完剪不尽的了。

暗　香

——姜夔

辛亥之冬，余载雪诣石湖。止既月，授简索句，且征新声。作此两曲。石湖把玩不已，使二妓肄习之。音节谐婉。乃名之曰《暗香》《疏影》。

旧时月色，算几番照我，梅边吹笛。唤起玉人，不管清寒与攀摘。何逊而今渐老[①]，都忘却、春风词笔。但怪得、竹外疏花，香冷入瑶席。

江国，正寂寂。叹寄与路遥，夜雪初积。翠尊易泣[②]，红萼无言耿相忆[③]。长记曾携手处，千树压、西湖寒碧。又片片、吹尽也，几时见得？

注释

①何逊：南朝诗人，在扬州有《咏早梅》诗。此处为作者自喻。②翠尊：碧绿酒杯。③红萼：指红梅。耿相忆：心中挂怀，不能消解。

【赏析】

词以回忆昔日与情人月下梅边吹笛、折花的风流韵事起首，而后感叹如今老来落寞情怀，又怪梅香入席，空惹惆怅。词人欲折梅寄远以慰相思，但无奈路遥夜雪。感伤之下，更觉杯中绿酒，室外红梅也似在深情怀念伊人，思绪又回到与她携手西湖岸、踏雪观梅的快乐时光。曲终遥想梅花渐落，复叹重聚难期。

疏影

——姜夔

苔枝缀玉，有翠禽小小，枝上同宿。客里相逢，篱角黄昏，无言自倚修竹[1]。昭君不惯胡沙远，但暗忆、江南江北。想佩环、月夜归来[2]，化作此花幽独。

犹记深宫旧事，那人正睡里，飞近蛾绿[3]。莫似春风，不管盈盈，早与安排金屋。还教一片随波去，又却怨、玉龙哀曲[4]。等恁时，重觅幽香，已入小窗横幅。

注释

①无言自倚修竹：用杜甫《佳人》“天寒翠袖薄，日暮倚修竹”句意。②想佩环句：化用杜甫《咏怀古迹》中“环佩空归月夜魂”句意。佩环：指代昭君。③犹记三句：相传宋武帝女寿阳公主日卧于含章殿檐下，梅花落公主头上，留下了花瓣的印记，三天后才褪去。蛾绿：蛾眉。④玉龙哀曲：指笛曲《梅花落》。玉龙：笛名。

【词评】

“还教”二句，跌宕昭彰。

——《谭评词辨》

【赏析】

梅花像玉一样缀在长着苔藓的梅枝上，枝头栖息着小小翠鸟。在词人的眼中，白梅如同杜甫诗中的高洁佳人，无言独倚修竹；它又好似眷念故乡、月夜归来的昭君灵魂所化，美丽中透露出忧郁与孤独。词人还联想到那深宫旧事：寿阳公主小憩之时，梅花飘落在她的眉间，留下了五瓣梅花印。

词人劝说世人准备金屋珍藏美好清洁的梅花，莫学春风，让它随处飘零。待到梅花逐水漂走，词人要为它吹上一曲忧伤的《梅花落》。而当梅花落尽，再要寻觅它的踪迹，怕是只能到小窗上的图画中去欣赏了。

风入松

——俞国宝

一春长费买花钱，日日醉湖边。玉骢惯识西湖路[1]，骄嘶过、沽酒楼前。红杏香中箫鼓，绿杨影里秋千。

暖风十里丽人天，花压鬓云偏。画船载取春归去，余情付，湖水湖烟。明日重扶残醉，来寻陌上花钿[2]。

注释

①玉骢（cōng）：白马。②花钿（diàn）：以珠宝装饰的花形首饰。

【赏析】

这一春，每每解囊买花，日日醉在西湖。所骑白马也积久成性，熟识了前往湖边的道路，路过沽酒楼前的时候，它总要振鬣嘶鸣几声。至于红杏花香中载歌载舞，绿杨荫影里嬉戏秋千，充目盈耳，比比皆是；这暖风十里的西湖路，丽人如云，她们靓妆美服，令人心驰神醉。而当日晚人归，景色逐渐黯淡下来，那柔曼迷蒙的湖水湖烟，依然让词人徘徊流连，赏玩不已。明日应是酒不能消，但词人预拟前来如旧，拾起湖边坠钗遗簪，心怀对西湖春景的无限眷恋。

【词评】

“金勒马嘶芳草地，玉楼人醉杏花天”，有此香艳，无此情致。结二句余波绮丽，可谓“回头一笑百媚生”。

——《白雨斋词话》

柳梢青

——戴复古

袖剑飞吟。洞庭青草，秋水深深。万顷波光，岳阳楼上，一快披襟。

不须携酒登临，问有酒何人共斟？变尽人间，君山一点，自古如今。

【赏析】

袖藏剑刃，在秋水深深的洞庭、青草湖畔，在累代胜迹岳阳楼上，眼望万顷波光，作者一任衣襟迎风飘摆，他满怀豪情壮志，昂首高歌。按照常情，此时正宜有酒助兴，以足快意，但作者不须携酒，因为没有知己可以与之共斟。洞庭湖心有君山，在四周广阔湖水的衬托下，它渺小得像一个小点，可是这一点君山，却在风吹浪打中历尽沧桑，岿然不动，自古而今。

【词评】

作者于词尾赞叹君山，寄托着对人世间兴亡变迁的悲慨，也暗含了坚守节操的心志，含蓄之中自见深意。

减字木兰花

——卢　炳

莎衫筠笠[1]，正是村村农务急。绿水千畦[2]，惭愧秧针出得齐[3]。

风斜雨细，麦欲黄时寒又至。馌妇耕夫[4]，画作今年稔岁图[5]。

注释

①莎衫筠（yún）笠：指蓑笠。②畦（qí）：田块。③惭愧：侥幸，难得。秧针：秧苗。④馌（yè）妇：往田头送饭的妇女。⑤稔（rěn）岁：禾谷丰收的年岁。

【赏析】

暮春，正是江南农村大忙的时节，农人们披着蓑衣，头戴竹笠，在田里耕作，他们看着行行列列长得十分整齐的秧苗，满心喜悦；去年种下的冬麦，不久也即将黄熟。又一阵斜风细雨，暮春的气候并不稳定，表现出的还总是这样的乍暖还寒；但这并不影响乡人们的劳动与心情，耕夫依旧辛勤劳作，农妇依旧按时送饭，大家都有所盼望，盼望这是一个太平无事的丰年。

【词评】

小令描写春耕时乡村风情，风格清明自然，写景如同作画，透露出词人对生活的热爱。

双双燕 咏燕

——史达祖

过春社了[①]，度帘幕中间，去年尘冷。差池欲住[②]，试入旧巢相并。还相雕梁藻井[③]，又软语商量不定。飘然快拂花梢，翠尾分开红影[④]。

芳径，芹泥雨润[⑤]。爱贴地争飞，竞夸轻俊。红楼归晚[⑥]，看足柳昏花暝[⑦]。应自栖香正稳，便忘了、天涯芳信。愁损翠黛双蛾[⑧]，日日画阑独凭。

注释

①春社：古时祭祀土神的日子，一般在立春第五个戊日。②差池：形容燕子摆动双翼和尾羽的样子。③相：打量。藻井：古时建筑天花板上一方一方的彩画。④红影：花影。⑤芹泥：长着芹草的泥地。⑥红楼归晚：谓燕子回巢已晚。红楼：富贵人家，燕子做巢的地方。⑦暝（míng）：昏暗的样子。⑧双蛾：双眉，代指思妇。

【赏析】

过了春社，燕子才飞进帘幕，旧巢已然覆盖了一层清冷尘灰。双燕抖动翅膀，似要齐入巢中栖息，继而却重新相一相屋梁藻井，呢喃细语，商量不定。它们时而轻盈飞起，飘然掠过花梢，以翠尾分开花影；时而贴近被春雨润湿了的地面，你追我赶，竞争轻俊。直到饱览了柳弱花娇，直到天色已晚，才归来红楼。于是酣然睡去，浑然忘记了思妇托付它们带给爱人的书信。那一边，她忧愁憔悴，日日倚着画栏，等候远方爱人寄来的回信。

江城子

——卢祖皋

画楼帘幕卷新晴，掩银屏，晓寒轻。坠粉飘香，日日唤愁生。暗数十年湖上路，能几度、着娉婷[①]。

年华空自感飘零，拥春酲，对谁醒？天阔云闲，无处觅箫声。载酒买花年少事，浑不似、旧心情。

注释

①娉（pīng）婷：美好的样子。

【词评】

此词由伤春进而抒发岁月蹉跎、老来孤苦的悲怆心情。歇拍两句与刘过的《唐多令》有异曲同工之妙，而音韵又过之。

——《宋词释评》

【赏析】

这是首惜春词，写于词人驻留临安之时，寄寓了身世之感。

上片写词人登上画楼所见之景，表现了伤春怨别的情绪。前三句写春日的明朗景色，以此反衬出词人内心的苦闷。一个“新”字，将雨过天晴、空气清新、阳光普照的春景表现出来。“坠粉飘香”两句转而抒情，写词人愁闷的原因。末三句由“愁”而发，写词人所愁的内容。词人采用疑问的句式，表达了内心的缠绵悱恻之感以及对年华逝去的怨恨之情。下片“年华”一句，承接上片的愁绪，是本词的中心句。“拥春酲”两句，写出词人的真实状态，为了排遣内心的愁闷，他借酒浇愁，喝得酩酊大醉，但醒来时，又能对谁倾诉心中的凄楚呢？“载酒买花”三句，再次感叹时光流逝，年华失去，字里行间弥漫着惆怅之情。以此结尾，言尽而意未尽。整首词意境悲凉，风格清隽，充满不尽惆怅，极有韵致，颇值得玩味。

浪淘沙

——韩　疁

莫上玉楼看，花雨斑斑。四垂罗幕护朝寒。燕子不知人去也，飞认阑干。

回首几关山，后会应难。相逢只有梦魂间。可奈梦随春漏短，不到江南。

【赏析】

此词看似是一位女子抒发对远客江南的爱人的眷念与幽怨，实则寄托着身在北方的作者对于南宋朝廷的感情。词中深情写道：请不要再到旧日的琼楼玉宇去看望吧，那里已是残花零落。我把帘幕落下，以抵挡清晨的寒冷；燕子不知故人已去，依旧飞来寻找它的旧巢。回头看看有多少关山啊，但与它们再会却是困难的，故人旧地，只能在梦中相逢。我也希望在梦中，到江南去找你，无奈梦境短浅，终是梦不到江南。

【词评】

玉楼实指故都宫阙，朝寒暗喻金人统治。“燕子”两句，不但写出物是人非的伤感，更有燕子尚且不忘故巢，大宋臣民岂能对故土毫无眷恋之情的含义。“回首”三句，隐含作者对于大片国土沦丧的痛心，和对收复中原希望渺茫的哀伤。末二句诉说即便想于梦中回到祖国的怀抱亦不可得，悲恸之情更为深切。

霜天晓角　仪真江上夜泊

——黄　机

寒江夜宿，长啸江之曲。水底鱼龙惊动，风卷地、浪翻屋。

诗情吟未足，酒兴断还续。草草兴亡休问，功名泪、欲盈掬[①]。

注释

①掬（jū）：双手捧起，形容泪水之多。

【赏析】

夜泊于寒江之上，放声长啸，引得鱼龙惊动、风浪翻卷。作者胸中有诗情，百吟不尽，作者胸中有酒兴，断而复续。但诗情酒兴并非凭空而来，他说：休去问他盛衰更迭、兴亡反复，我欲建功扬名之心，只换得一捧清泪。

【词评】

《四库全书提要》称黄机“才气磊落……极激楚苍凉之致”，于此词可见一斑。

玉楼春 春思

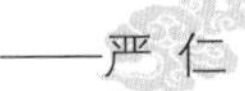

——严仁

春风只在园西畔，荠菜花繁蝴蝶乱①。冰池晴绿照还空，香径落红吹已断。

意长翻恨游丝短，尽日相思罗带缓②。宝奁如月不欺人③，明日归来君试看。

注释

①荠菜：草本植物，叶长而花白。②罗带缓：因日渐消瘦而衣带松宽。③宝奁（lián）如月：梳妆匣中皎如明月的圆镜。

【赏析】

上阕写池苑中所见，从多方面烘绘暮春景色，寓意尽在伤春之上。下阕诉说相思之苦，言游丝之长尚不能及对远人情意之长，说自己因相思煎熬致使衣带渐宽。最后以镜不欺人，他日郎君归来便知憔悴与否收束，将一腔幽情委婉吐出，缠绵悱恻，耐人寻味。

贺新郎 送陈真州子华

——刘克庄

北望神州路①，试平章②、这场公事，怎生分付？记得太行山百万，曾入宗爷驾驭③。今把作、握蛇骑虎。君去京东豪杰喜，想投戈、下拜真吾父④。谈笑里，定齐鲁。

两河萧瑟惟孤兔⑤。问当年、祖生去后⑥，有人来否？多少新亭挥泪客⑦，谁梦中原块土？算事业、须由人做。应笑书生心胆怯⑧，向车中、闭置如新妇。空目送，塞鸿去⑨。

注释

①神州路：指中原沦陷之地。②平章：评论。③记得两句：宗泽曾号召山东、河北各地地方武装一同抗金，聚兵于太行山。④真吾父：《宋史·岳飞传》载，张用在江西作乱，岳飞写信给他，张用读毕叹曰："真吾父也。"遂降。⑤两河：黄河南北的中原失地。⑥祖生：东晋名将祖逖，曾统兵北伐，收复黄河以南地区。⑦新亭：在今江苏南京市南，东晋建立后，北方士大夫多于此宴集，遥望中原失地，挥泪叹息。⑧书生：作者自称。⑨塞鸿去：因陈子华北迁，故以飞往塞外的鸿雁喻之。

【赏析】

这首词是作者为将要前往真州赴任的友人陈子华而作的。作者在词的上阕中回忆了南宋初年北方民众同仇敌忾、英雄豪杰皆入老将宗泽麾下协力抗金的盛况，慨叹南宋朝廷对待民间抗金力量"握蛇骑虎"般既用又怕的龌龊态度；并且对友人寄予厚望，希望他能在任上广纳俊杰，联络四方抗金力量，为今后收复中原打下基础。下阕抒发了对于南宋君臣懦弱苟且、忘性极好的强烈愤慨，以及自己书生之百无一用，只能徒然目送老友慷慨北行的无奈之情，但仍有"算事业、须由人做"的劝勉之语，悲而能壮，是刘词当行本色。

一剪梅 戏林推

——刘克庄

年年跃马长安市，客舍似家家似寄。青钱换酒日无何，红烛呼卢宵不寐[1]。

易挑锦妇机中字，难得玉人心下事。男儿西北有神州，莫滴水西桥畔泪。

【词评】

全词语似戏谑，然而寓意庄重，所谓“旨正而语有致”，足以使懦夫立志。

注释

①呼卢：指赌博。

【赏析】

本篇为赠友规劝之作。饮酒狎妓，本是洒脱不拘的古代文人最喜闻乐道之事。但时逢国运衰微，时局动荡，像词人这样的爱国文人都恨不能为国分忧，根本无暇寻欢作乐。至此国难当头之时，他见一位林姓友人仍旧纵情酒色，便有心规劝，因而写下此作。“林推”并非人名，而是一位林姓的节度推官。本词词风颇为豪放，具有辛派词人特色。上片极写友人的风流不羁、豪迈洒脱，看似是对友人洒脱性情的夸奖，实则是对其放浪行径的叹惋。前两句写友人漂泊四海，久客轻家。“长安”，这里借指南宋时期的都城临安，即今天的杭州。“客舍”，并非一般的旅馆，而是指酒馆妓院之类的场所。友人年年跃马游荡在临安城中，把饮酒狎妓的酒馆妓院当做自己的家，而自己真正的家却反而像是寄居之地。由此可见其平日生活之不羁。后两句写友人一天天买酒狂饮无所事事，一宿宿燃烛赌博通宵不睡。由此可见其生活之空虚。

下片直写对友人的规劝。换头两句是从个人的私生活方面来劝诫，对举成文，委婉地指责友人迷恋风尘女子，不顾及家中妻室。那些风尘女子只是逢场作戏，哪里比得上家中的妻子，对你一片真心，忠贞可靠。后两句是从国事方面来劝勉。这两句化用了辛弃疾《虞美人•同父见和再用韵答之》“我最怜君中宵舞，道男儿到死心如铁”和《水调歌头•送施枢密圣与帅江西》“贱子亲再拜：西北有神州”等词意，热烈而郑重地规劝友人远离酒色，重振面貌，以复国兴邦之大业为重，为抗击金兵、收复中原失地尽一己之力。末句中的“水西桥”是南宋时期杭州城中风尘女子的聚居之所。片末最后一句是说不要整日与那些朝秦暮楚的风尘女子厮混在一处，洒抛无谓的伤离恨别之泪。

本词情调甚高，字里行间充满了爱国主义激情，气劲辞婉，外柔内刚。词人对友人沉迷酒色的行为感到十分痛惜，从词末两句一扬一抑的情绪变化中便能看出。词作规劝意味十分明确，但是语意却很温和，辞谐而意甚庄。从章法结构上来看，上片写人，下片表意，各有侧重，又相辅相成。

卜算子

——刘克庄

片片蝶衣轻[1]，点点猩红少。道是天公不惜花，百种千般巧。

朝见树头繁，暮见枝头少。道是天公果惜花，雨洗风吹了。

注释

①蝶衣轻：形容海棠花瓣状如蝶翼一样轻盈。

【赏析】

此词为咏海棠之作。全词两问，问天公如果不爱花为何将花儿打扮得如此娇艳美丽、巧媚动人，又问天公如果爱花却为何又作风雨将花儿吹散打落。词文明白如话，轻灵跳动，似一时兴到之作。

一剪梅 舟过吴江

——蒋 捷

一片春愁待酒浇，江上舟摇，楼上帘招。秋娘渡与泰娘桥，风又飘飘，雨又潇潇。

何日归家洗客袍？银字笙调，心字香烧。流光容易把人抛，红了樱桃，绿了芭蕉。

【赏析】

心头的一片春愁等待用酒来浇。船儿经过吴江，随波浪轻轻摇荡；江岸上酒楼的酒帘，迎风儿殷勤相招。过了秋娘渡，来到泰娘桥，斜风飘飘，细雨潇潇，斜风细雨牵起了词人想家的情思，他想着，何时才能回到家里，让妻为自己洗去长袍上的风尘，与她共调笙瑟，焚香闲话。

时光依旧不停地流逝着，快得让人每每恍然惊叹，转眼间春去夏来，景物已换作红樱桃，绿芭蕉。

【词评】

词写旅途漂泊之愁，感叹青春易老，年华不再。流丽的语言，缠绵的抒情，优美的音韵水乳交融，是一篇不可多得的佳作。

满江红 送李御带珙

——吴 潜

红玉阶前，问何事、翩然引去。湖海上、一汀鸥鹭，半帆烟雨。报国无门空自怨，济时有策从谁吐！过垂虹亭下系扁舟，鲈堪煮。

拚一醉，留君住；歌一曲，送君路。遍江南江北，欲归何处？世事悠悠浑未了，年光冉冉今如许。试举头、一笑问青天，天无语。

【赏析】

问友人为何不愿再供职于装饰豪华的官府，而在烟雨中扬帆远去，从此归隐田园。继而想到他常因报国无门而怨愤自伤，空怀济时之策而无人倾吐。作者因而理解了友人此行的心情。

叮嘱他停舟垂虹亭，品尝一下归隐之人津津乐道的鲈鱼，但又不愿他走得如此匆促，作者所以在“拚一醉，留君住；歌一曲，送君路”的徘徊往复中相与留连。他不知道，四方山河皆零落，友人能在哪里找到让自己了却世情的所在。

世事众多，纷扰我心，年华在浑浑噩噩、随波逐流中渐渐逝去，想到自己的境遇，作者不禁怅问青天何以如此。但天不解人意，只是沉默不语。

蓦山溪 自述

——宋自逊

壶山居士，未老心先懒。爱学道人家，办竹几、蒲团茗碗。青山可买，小结屋三间，开一径；俯清溪，修竹栽教满。

客来便请，随分家常饭。若肯小留连，更薄酒、三杯两盏；吟诗度曲，风月任招呼。身外事，不关心，自有天公管。

【赏析】

自号“壶山居士”的作者，厌倦了争名逐利的仕宦生涯，他于是退隐林泉，学着道家模样，置办了几只蒲团，一张竹子茶几，摆放上斟满香茗的茶碗。

这里有属于自己的青山，自己搭建的茅屋，自己开辟的小径，作者还在清溪的上游栽满修竹。有客来访，便接之以家常便饭，如果客人愿作小留，作者则会邀请他饮上三两杯淡酒，一起吟诗度曲、迎风赏月。

除却享受闲居的乐趣，其他事情都是身外之事，作者不关心，所以把那一切都托付给天公安排。

【词评】

词文表达了作者恬淡旷达的出世情怀和万事随遇而安的生活态度，语句信手拈来、不务雕琢，清淡中自含不尽韵味。

谒金门

——李好古

花过雨，又是一番红素。燕子归来愁不语，旧巢无觅处。

谁在玉关劳苦？谁在玉楼歌舞？若使胡尘吹得去，东风侯万户。

【赏析】

这是一首托物寄情的词。上阕写每经一番雨洗，花儿的红白便随之变化一次，隐喻其时政坛变化的诡谲；写燕子归来难寻旧巢，暗示显贵府第时时易主，宦海沉浮凶险多变。下阕忽出率真两问，矛头直指纵情声色、骄奢淫逸的官僚阶层，表达出作者对其不思进取、荒淫误国行为的强烈愤慨。又谓若是东风能将胡尘吹去，那么东风也可封侯万户，深见作者对于抗敌无人、收复故土希望渺茫的失望无奈之情。

【词评】

此词虽是在议论国事，却写得清明如话，于平易中蕴含深意，是一首颇有思想价值的作品。

青玉案

——黄公绍

年年社日停针线，怎忍见、双飞燕。今日江城春已半，一身犹在，乱山深处，寂寞溪桥畔。

春衫着破谁针线？点点行行泪痕满。落日解鞍芳草岸，花无人戴，酒无人劝，醉也无人管。

【赏析】

本篇为社日羁旅伤怀之词。全词意境鲜明，用语清隽，词末四句出语妙绝，事浅而言深，真挚动人。

上片抒写春末时节孤栖他乡乱山之中的凄楚之情。词以“年年社日停针线，怎忍见、双飞燕。”三句发端，统领全篇，点明时节气候，抒写离愁。仅“年年”二字，便让人觉得凄怆，暗示夫妻二人的别离不是小别，而是年复一年、相聚遥遥无期的久别。这里词人借“双飞燕”来反衬夫妻分离，因此不用细腻刻画，一个忧愁瘦损的思妇形象便跃然眼前。以下四句写词人客居他乡的孤寂，与上文遥想妻子独守空闺的苦况相应，更觉真挚感人。下片写只身外乡生活的落寞辛酸和孤苦，进一步抒写思乡之情。换头两句与全词开篇遥相呼应，借写生活中的小事来表现对妻子的思念之情。这两句看似平淡，但却是词人用心经营之笔。结尾四句为全词最精妙之笔，也是词作的关键所在。这几句进一步把词人对妻子的思念借由具体的事物表现出来，语淡情浓，一气呵成，感情深挚绵长。

【词评】

“落日解鞍芳草岸，花无人戴，酒无人劝，醉也无人管。”语淡而情浓，事浅而言深，真得词家三昧，非鄙俚朴陋者可冒。

——《皱水轩词筌》

湘春夜月

——黄孝迈

近清明，翠禽枝上消魂[①]。可惜一片清歌，都付与黄昏。欲共柳花低诉，怕柳花轻薄，不解伤春。念楚乡旅宿，柔情别绪，谁与温存。

空尊夜泣，青山不语，残照当门。翠玉楼前，惟是有、一陂湘水，摇荡湘云。天长梦短，问甚时、重见桃根[②]？者次第，算人间、没个并刀[③]，剪断心上愁痕。

注释

①翠禽：翠鸟。②桃根：晋王献之有妾名桃叶，叶有妹名桃根，亦为献之妾。此处借指所爱恋的女子。③并刀：山西并州所产之刀，以锋利著称。

【词评】

风度婉秀，真佳词也。

——《词律》

【赏析】

此词为羁旅抒怀之作。又近清明，黄昏时作者闻翠鸟幽怨地鸣于枝上，心中的离愁不禁被触动。他想将心事倾诉与风中的柳花，无奈柳花乱自飘飞，不解人愁。独在异乡，客子的孤单与落寞是让人肠回九转的，作者想念故乡，也想念故乡的爱人。长夜里，他饮下了一杯又一杯苦酒，而后紧握着空杯暗自抽泣；这时候，只有远方的青山和当门的残月默默地看着他，无可奈何。他也曾不由自主地登上小楼，遥望故乡，然而充入视野的却是异乡之水、异乡之云；他也曾想于梦中去探看久别的爱人，但天长梦短，梦魂终不得飞回到她的身边。他因而无助地仰天问道：何时才能再见到心爱的她啊？他继而叹息：这次第，算人间没个并刀，剪断心上愁痕。

长相思

——陈东甫

花深深，柳阴阴，度柳穿花觅信音。君心负妾心。

怨鸣琴，恨孤衾，钿誓钗盟何处寻？当初谁料今！

【赏析】

此词抒写一位失恋女子心中的怨恨。“花深深，柳阴阴”点明时令正当暮春，女主人公度柳穿花去寻找情郎的音信，但一无所获，她悲极生怨，遂有“君心负妾心”之语。

鸣琴、锦衾是女子与情郎往日爱情生活的见证，还有那二人对之海誓山盟的钗钿，这些东西都在，只是人已成单，誓言不再，她所以恨言：“当初谁料今！”

【词评】

上下阕最后一句都作感叹，加强了抒情的力量，使之产生了强大的感染力和引起读者强烈的共鸣。

水调歌头　平山堂用东坡韵

——方岳

秋雨一何碧，山色倚晴空。江南江北愁思，分付酒螺红。芦叶蓬舟千里，菰菜莼羹一梦[1]，无语寄归鸿。醉眼渺河洛[2]，遗恨夕阳中。

蘋洲外，山欲暝，敛眉峰。人间俯仰陈迹，叹息两仙翁[3]。不见当时杨柳[4]，只是从前烟雨，磨灭几英雄。天地一孤啸，匹马又西风。

【赏析】

一场秋雨过后，群山一洗如碧，在万里晴空的映衬下，显得格外秀朗多姿。但这令人开郁宣滞的景色却不能消解作者的忧愁，他手把红螺酒杯，将要以酒浇之。

作者的忧愁在于平生游宦四方，漂泊无定，想要归去故乡却始终未能成行。作者的忧愁在于故国沦丧，山河破碎，这忧愁中加载着深深的憾恨。当愁眼再次抬起远望，方才还颇为明朗的景物此时已变得黯淡无光。

在平山堂上，作者遥想先贤文采风范，叹息人世沧桑，其间逝去几多英雄；在孤独的人生旅途中，作者还将驻马西风，于天地间长啸悲鸣。

注释

①菰菜句：《晋书·张翰传》载，“翰因见秋风起，乃思吴中菰菜、莼羹、鲈鱼脍，曰：‘人生贵得适志，何能羁宦数千里以要名爵乎？’遂命驾而归”。②河洛：黄河与洛水，指中原沦陷之地。③两仙翁：指欧阳修和苏轼，两人都曾登平山堂并留有诗词。④当时杨柳：欧阳修建平山堂并曾亲手植柳一株。

浣溪沙

——吴文英

门隔花深梦旧游，夕阳无语燕归愁。玉纤香动小帘钩[1]。

落絮无声春堕泪，行云有影月含羞。东风临夜冷于秋。

注释

①玉纤：纤纤玉手。

【赏析】

于梦中故地重游，来到伊人居处，却因“门隔”而不得入，门内，花深庭寂。夕阳无语，归燕也似带着愁绪，梦境，在此时幻化为她的纤香玉手掀起帘儿，挂上银钩。

四周忽而飘落无声飞絮，仿佛春在流泪；天边一缕行云遮住月儿，恰似月正含羞。春夜里的东风吹开作者追忆的心门，伤情流露，作者感到今夜凄冷于秋。

【词评】

《浣溪沙》结句贵情余言外，含蓄不尽。如吴文英之“东风临夜冷于秋”，贺方回之“行云可是渡江难”，皆耐人玩味。

——《白雨斋词话》

清平乐 宫怨

——黄昇

珠帘寂寂，愁背银釭泣[1]。记得年少初选入，三十六宫第一。

当年掌上承恩[2]，而今冷落长门[3]。又是羊车过也[4]，月明花落黄昏。

注释

①银釭(gāng)：银烛。②掌上承恩：相传汉成帝之宠姬赵飞燕能为掌上舞，令成帝喜爱不已。③长门：用汉武帝的陈皇后被冷落于长门宫典。④羊车：晋武帝后宫嫔妃众多，他以羊拉车，任其行走，停在谁的门前便宠幸那位嫔妃。

【赏析】

珠帘寂寂，愁苦不堪的宫女背对着银灯暗自啜泣。记得年少时刚被选进宫的时候，自己在三十六宫中首屈一指，备受皇上的宠爱，然而如今却遭弃置，幽居冷宫。

门外，又响起羊车（皇帝游幸乘坐的小车）走过的声音，“月明花落黄昏”，是写羊车过门的时刻，也是写她此时此刻的心情。

贺新郎 西湖

——文及翁

一勺西湖水，渡江来，百年歌舞，百年酣醉。回首洛阳花石尽[1]，烟渺黍离之地[2]。更不复，新亭堕泪[3]。簇乐红妆摇画舫，问中流、击楫何人是[4]？千古恨，几时洗？

余生自负澄清志[5]，更有谁、磻溪未遇[6]，傅岩未起[7]？国事如今谁倚仗？衣带一江而已。便都道，江神堪恃。借问孤山林处士[8]，但掉头、笑指梅花蕊。天下事，可知矣。

【赏析】

“一勺”极言其小，但小小的西湖便能使南宋统治者乐不思蜀，南渡以来，百年歌舞，百年酣醉。回首中原，名花异石早被蹂躏洗劫一空，只剩下残烟荒草；但遍观左右，已无人为故国不能恢复而伤心落泪。看着湖中彩舟画舫、歌舞美人，作者愤而诘问：“难道都忘记了中流、击楫的祖逖？家仇国恨，不知何时才得以雪洗！”

国家危亡只系于衣带一江的阻隔，但竟有人说：“江神可以依靠，不会让敌人渡过。”而向清雅不凡的士大夫问询国事，他们却扭头一笑说：“我爱梅花，不顾世事。”作者不禁长叹：“天下事，可知矣！”国之将亡指日可待，只是没有明言而已。

注释

①洛阳花石：宋徽宗垂意花石，曾从浙中采珍奇以进，号花石纲。②黍离之地：指旧日皇都宫城如今已是残破荒凉，长着野草庄稼。③新亭堕泪：用晋室南渡后，王导曾与同僚在南京郊外新亭（又名劳劳亭）饮宴。座中周侯叹曰：“风景不殊，正自有山河之异。”在座的宾客皆相视而泣。王导则愀然变色曰：“当共戮力王室，克复神州，何至作楚囚相对？”④中流、击楫：《晋书·祖逖传》载，祖逖率兵北伐，渡江时曾击楫而誓曰：“祖逖不能清中原而复济者，有如大江。”⑤澄清志：澄清天下的抱负。⑥磻（pán）溪：相传姜尚未遇周文王前在此隐居垂钓。⑦傅岩：相传傅说未被殷高宗武丁起用前曾在此从事筑墙劳动。⑧孤山林处士：指北宋时隐居杭州西湖孤山，不问世事，种梅养鹤的林逋。

兰陵王 丙子送春

——刘辰翁

送春去，春去人间无路。秋千外、芳草连天，谁遣风沙暗南浦[1]？依依甚意绪？漫忆海门飞絮[2]。乱鸦过[3]，斗转城荒，不见来时试灯处[4]。

春去，谁最苦？但箭雁沉边[5]，梁燕无主[6]。杜鹃声里长门暮。想玉树凋土[7]，泪盘如露[8]。咸阳送客屡回顾，斜日未能度。

春去，尚来否？正江令恨别，庾信愁赋[9]，苏堤尽日风和雨。叹神游故国，花记前度[10]。人生流落，顾孺子，共夜语。

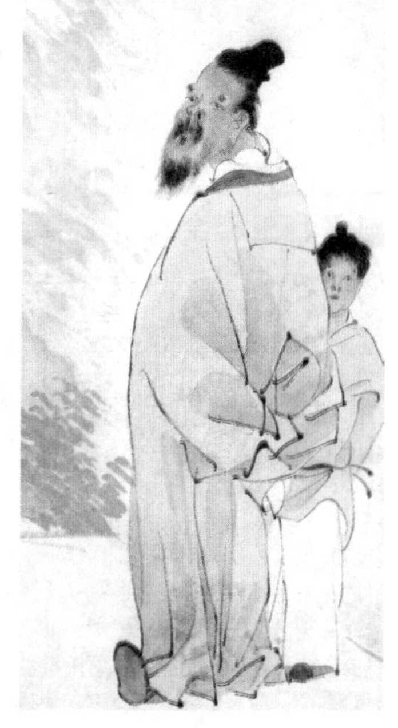

【赏析】

本词表面是一首送春、挽春词，实则写对宋朝故土的悼念。宋恭帝赵显德祐二年（1276年），元军压境，一举攻破临安，将恭帝、太后、宰相及部分宗室一并掳去。当时虽然南宋大臣陆秀夫与张世杰等先后立赵昰、赵昺为帝，奉皇帝居崖山（今广东新会南），继续维持巢之将倾的南宋，但其灭亡之势已不可挽回。次年二月，元军攻崖山，陆秀夫负幼帝赵昺投海，南宋彻底灭亡，元统一中国。而本词写于临安沦陷之时。

上片首句即点题，词人说想送春去，但"春去人间无路"，含蓄地表达自己因国土沦丧而生发的沉痛心情。"秋千外"三句，描述了元军破城前后临安城内的景象。"依依"两句是词人对往昔的追忆，"乱鸦过"三句则是对现实境况的描写，与"依依"二句对应。"乱鸦"象征元军，"斗转城荒"暗示临安失陷的迅速，"不见"句则是对宋王朝的未来感到希望渺茫。中片写宋亡后君臣与百姓的沉痛。"春去，谁最苦？"以设问形式引起全片，此后"但箭雁沉边"三句，用箭雁、梁燕、杜鹃三种事物喻写国人的悲痛。"想玉树"两句再写南宋的惨败凋零。"咸阳送客屡回顾"两句，暗喻被迫北上的南宋君臣对故国的深深眷念。下片写思国。起句依然是设问，"春去，尚来否？"是词人含着热泪吟出，国已亡，还有复国的一天吗？"叹神游"两句，写词人的无奈和悲伤。最后三句，写词人只能和"孺子"在夜里共诉亡国之痛，以度残生，处境之凄凉，悲痛之深，溢于言表。全词托物言志，将亡国之痛巧妙地融入众多事物中，抒情自然，情感真挚。

注释

①风沙：喻元军。南浦：风景美丽水乡，借指宋朝的大好河山。②海门飞絮：元军破临安后，南宋的宗室、官吏、军队多从海上逃亡，作者也曾想走这条路，但没有成行。③乱鸦：喻元军的铁蹄。④试灯处：张灯结彩的地方。喻往日之繁华。⑤箭雁沉边：喻被掳至北方的南宋君臣。箭雁：中箭受伤之雁。⑥梁燕无主：喻流离失所的南宋臣民。⑦玉树凋土：意谓旧时宫苑荒芜了，原来的玉树琼花也尽皆凋落。⑧泪盘如露：李贺《金铜仙人辞汉歌序》载，"魏明帝青龙元年八月，诏宫官牵车西取汉孝帝捧露盘仙人，欲立置前殿。宫官既折盘，仙人临载，乃潸然泪下"。⑨庾信愁赋：南北朝之庾信初仕梁，后出使西魏，值西魏灭梁，遂羁留北方。他曾作《愁赋》。⑩花记前度：指作者回到沦陷之后的临安，见昔日如花美景已荡然无存，不禁心伤。

【词评】

须溪《兰陵王》首句，九字悲绝。换头四句，凄清何减夜猿？其词悠扬悱恻，即以为《小雅》《楚词》可也，填词云乎哉？

——《词统》

满江红

——王清惠

太液芙蓉，浑不似、旧时颜色。曾记得、春风雨露，玉楼金阙。名播兰馨妃后里，晕潮莲脸君王侧。忽一声、鼙鼓揭天来①，繁华歇。

龙虎散，风云灭。千古恨，凭谁说？对山河百二，泪盈襟血。驿馆夜惊尘土梦，宫车晓辗关山月。问姮娥、于我肯从容②，同圆缺。

【赏析】

王清惠在词中回顾了自己从前在玉楼金阙之中承恩受宠、艳冠群芳的往昔，倾诉战火突起、祸从天降的惊心动魄，以及对家亡国破、君臣作鸟兽散之结局的深深怅恨。北行途中，风尘扰攘，宫车晓行，满腹凄凉。清惠在词中明志：宁愿前往那清寒寥落的月宫去陪伴嫦娥，也要保全名节，免遭羞辱。全词情感深挚，笔调悲凉。

注释

①鼙（pí）鼓：战鼓。②姮（héng）娥：即嫦娥。肯从容：容许相伴随。

八声甘州

——张 炎

辛卯岁，沈尧道同余北归，各处杭、越。逾岁，尧道来问寂寞，语笑数日，又复别去。赋此曲，并寄赵学舟。

记玉关、踏雪事清游[1]，寒气脆貂裘。傍枯林古道，长河饮马，此意悠悠。短梦依然江表，老泪洒西州。一字无题处，落叶都愁。

载取白云归去，问谁留楚佩，弄影中洲[2]？折芦花赠远，零落一身秋。向寻常、野桥流水，待招来，不是旧沙鸥[3]。空感怀，有斜阳处，却怕登楼。

注释

①玉关：玉门关，词中代指边地。②"问谁留楚佩"二句：化用《九歌•湘君》句意，表示友情的深笃。③旧沙鸥：喻旧日之友。

【赏析】

本篇为赠友抒怀之作。上片追叙北游往事，表达如今失意南归成为江南遗民的忧郁以及江山易主后的亡国之痛。词人先是勾勒出一幅迎风踏雪的北国羁旅图，回忆了与朋友在北方的往事，后写身世漂泊、无心写诗的哀愁，暗喻"亡国"愁。下片用湘君、湘夫人典故，表现友人离去的失意彷徨，抒写深挚的友情和身世飘零之悲。

全篇将身世之悲和亡国之痛交织抒写，先悲后痛，先友情后国恨，立意高远，境界阔大，风格苍莽，又深情绵邈，使读者有身临其境之感。俞陛云《唐五代两宋词选释》赞此词"通首警重，无懈可击"。

清平乐

——张 炎

候蛩凄断[1]，人语西风岸。月落沙平江似练，望尽芦花无雁。

暗教愁损兰成[2]，可怜夜夜关情。只有一枝梧叶，不知多少秋声。

注释

①候蛩：蟋蟀。②兰成：梁朝诗人庾信小字。

【赏析】

这是词人"伤春"的一篇佳作，是张炎送给他的学生陆行直的词。

词的上片刻画了一幅秋天的景色图，有哀鸣的蟋蟀，萧瑟的西风，清寒的秋月，澄清的江水，还有无雁的芦花。词人说愁，没有直接表达自己的心境，而是把感情寄托在秋天的自然景物上，选景特别，立意新奇。虽然不见半个愁字，却让人时时都能感受到词人的愁绪，含蓄委婉。下片写情，道出内心的无限愁思。"兰成"是南朝梁诗人庾信的字。"梧叶"是秋天最常见的景物，最能引起人们的秋思。而"一枝"把词人形单影只、孤苦伶仃的形象刻画得更加传神。短短几句，使上片所写的景物全都升华成情语，发出对人间悲欢离合和世事沧桑的感慨。其中，"梧叶秋声"以其高度的概括性和完美的艺术表现力成为传世佳句。

珍藏

卷三 元曲

人月圆　卜居外家东园

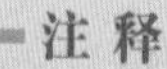

——元好问

重冈已隔红尘断①，村落更年丰。移居要就，窗中远岫，舍后长松②。

十年种木，一年种谷③，都付儿童。老夫惟有，醒来明月，醉后清风。

注释

①重冈：重叠的山峦。红尘：指繁华纷扰的人世。②移居三句：陶渊明《归去来兮辞》中有“云无心以出岫，鸟倦飞而知还。景翳翳以将入，抚孤松而盘桓”。③十年两句：《管子•权修》中有“一年之计，莫如树谷；十年之计，莫如树木”。

【赏析】

重重山冈隔断了红尘俗世，时值丰年，又是新迁，在这宁静的乡村闲住，窗中见远山，舍后有长松，元好问也乐得个清闲自在，他说：“十年种木，一年种谷，关于明天，还是让年轻人去开拓吧。老夫唯有，醒来明月，醉后清风。”看上去像是不想再问世事，打算诗酒中了此余生了。然而仔细品味本篇，想想他所生活的时代，那亡国之初文人的无奈和无所适从的心情便轻轻地泛了出来。

喜春来　春宴

——元好问

春盘宜剪三生菜①，春燕斜簪七宝钗②。春风春酝透人怀③。春宴排，齐唱喜春来。

注释

①春盘：即春卷。按古时的风俗，每年立春这一天，就将面粉制成薄饼，摊在盘中，加上精美蔬菜食用，故称春盘。②春燕：古代迎春时妇女们会将丝绸剪成燕形作为佩饰，以图吉利。③酝：酒。

【赏析】

在古代，立春时要吃春卷、佩春燕儿，还要举行一些宴饮娱乐活动来迎接春天的到来，此曲描写的就是这喜庆欢快的迎春场面。

用薄饼卷了春蒿、黄韭、蓼芽几种时蔬，将红绸子剪成的春燕儿用簪子插在头上，节日的气氛就已经弥散在空气中了。和煦的春风，香醇的春酒，更让人感觉到心中有无限的畅快。在一片欢声笑语当中，大家开始合唱起了《喜春来》。这首小令虽然简单，却自自然然，欢乐的气氛溢于纸外，让人有身临其境之感。

骤雨打新荷

——元好问

绿叶阴浓，遍池亭水阁，偏趁凉多[1]。海榴初绽[2]，娇艳喷红罗。乳燕雏莺弄语，有高柳鸣蝉相和。骤雨过，珍珠乱撒，打遍新荷。

人生百年有几，念良辰美景，一梦初过。穷通前定[3]，何用苦张罗。命友邀宾玩赏，对芳尊浅酌低歌[4]。且酩酊，任他两轮日月，来往如梭。

注释

①偏趁凉多：意谓此处比别处更为清凉。②海榴：即石榴。③穷通：困厄与发达。④尊：酒杯。

【赏析】

池亭水阁得到了高大柳树的荫庇，看上去清凉舒爽；石榴花刚刚开放，火红如锦，生意盎然。蝉儿在柳树上知了知了地叫着，好像在与那些唧唧喳喳的乳燕雏莺们相互唱和；一阵骤雨袭来，雨点打在刚出水面的荷叶上，宛如珍珠落盘，飞溅跳脱。对此良辰美景，作者不由得兴起日月如梭、人生几何的感慨，并认为人生的通达与否是命中注定的，不必去苦苦经营；只有在诗酒交游中终老，才是真正的快乐。

【曲评】

自宋赵彦肃以句字配协律吕，遂有曲谱。至元代，如《骤雨打新荷》之类，则愈出愈新，不拘字数，填以工尺。

——《四库全书总目提要》

小桃红 采莲女

——杨果

满城烟水月微茫，人倚兰舟唱[1]。常记相逢若耶上[2]，隔三湘，碧云望断空惆怅[3]。美人笑道：莲花相似，情短藕丝长。

【赏析】

江城夜景，烟水冥迷，月色朦胧。听得江中有清歌传来，看到曼妙女子泛舟由隐约而清晰，作者之心不觉被深深触动。他并非滥情之人，只是眼前的女子和她进入自己视野的方式像极了记忆中的恋人，恋人如今相隔千里，自己常常会空自眺望，思念，惆怅；异时异地，能见到与她如此相似的身形，他焉能无动于衷？

他显然是将自己的这些情思告诉了这位偶遇的女子，女子笑了，对他说：莲花相似，情短藕丝长。——我和她虽然相似，但只是相似，你对我的情短，对她的相思却是悠长的啊。小令借美人之口道出了作者对远方恋人的深深思念，耐人玩味，余韵悠长。

注释

①兰舟：小舟的美称。②若耶：若耶溪。它源出若耶山，相传西施曾在溪边浣纱。③望断：望尽。

赏花时 [套数]（节选）

——杨 果

秋水粼粼古岸苍，萧索疏篱偎短冈。山色日微茫，黄花绽也[1]，装点马蹄香。

[胜葫芦]见一簇人家入屏帐[2]，竹篱折，补苔墙。破设设柴门上张着破网[3]。几间茅屋，一竿风旆[4]，摇曳挂长江。

[赚尾]晚风林，萧萧响，一弄儿凄凉旅况[5]。见壁指一似桑榆侵着道旁[6]，草桥崩柱摧梁。唱道向、红蓼滩头[7]，见个黑足吕的渔翁鬓似霜[8]。靠着那驼腰拗桩[9]，瘿累垂脖项[10]，一钩香饵钓斜阳。

注释

①黄花：菊花。②屏帐：此指画屏。谓人家如在画中。③破设设：残破的样子。④风旆（pèi）：指在风中飘扬的酒旗。⑤一弄儿：全部，全都是。⑥壁指：墙壁。⑦唱道：此曲固定嵌字。蓼（liǎo）：生在浅水的一种草。⑧黑足吕：乌黑。足吕是助词，无义。⑨驼腰拗（ǎo）桩：指弯曲盘结的老树桩。⑩瘿（yǐng）：颈瘤，俗称大脖子。

【赏析】

作者于天涯苦旅之中目睹了多姿秋色，心中的感触也是颇多的。秋色的苍茫萧瑟触动了他游子的凄凉心情，而使马蹄染香的野菊，小山冈下坐落的人家等等景物又让他感到了别样情致。傍晚时分，他正因见到萧萧风林、老桑古道和残破断桥而渐生忧愁，目光却又被随即映入眼帘的滩头红蓼、满江斜阳所吸引；还有那坐在水边、面色黝黑、两鬓已白的老翁，伛偻着背，坐靠在一株盘结弯曲的老树下，正在专心致志地钓鱼，作者之心，又为一派盎然情趣所充满。情因景易、富有波澜是本篇的特点，真可以“山重水复疑无路，柳暗花明又一村”概括之。

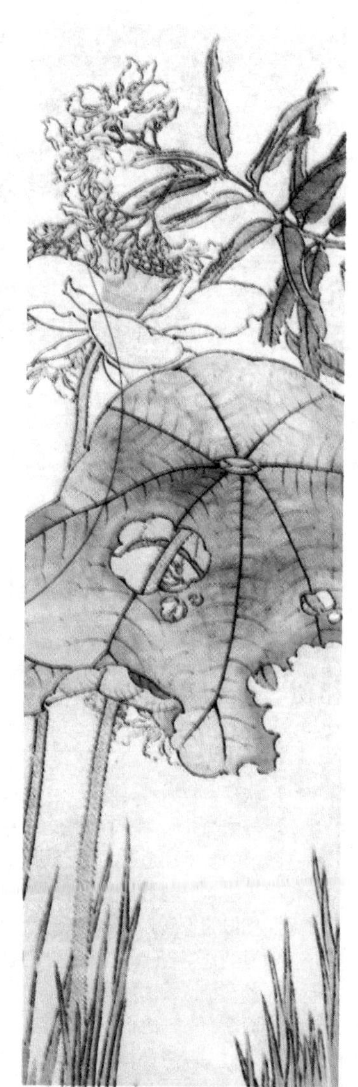

干荷叶

——刘秉忠

干荷叶，色苍苍，老柄风摇荡。减了清香，越添黄。都因昨夜一场霜，寂寞在秋江上。

【赏析】

此曲写荷花残败之时。当其盛开时节，清香四溢，旖旎多姿；而随着夏去秋来，花色褪去，荷叶枯萎，真是“减了清香，越添黄”。到了一场寒霜过后，便只剩些残枝败叶在江上飘荡。《干荷叶》原是以“干荷叶”起兴的民间小曲，常为人们用以寄寓人世炎凉之慨、时事兴衰之叹。

耍孩儿　庄家不识勾阑[1][套数]

——杜仁杰

风调雨顺民安乐，都不似俺庄家快活。桑蚕五谷十分收，官司无甚差科[2]。当村许下还心愿，来到城中买些纸火[3]。正打街头过，见吊个花碌碌纸榜[4]，不似那答儿闹穰穰人多[5]。

[六煞]见一个人手撑着椽做的门，高声的叫"请、请"，道："迟来的满了无处停坐。"说道"前截儿院本《调风月》[6]，背后幺末敷演《刘耍和》[7]"。高声叫："赶散易得[8]，难得的妆哈[9]！"

[五煞]要了二百钱放过咱，入得门上个木坡[10]。见层层叠叠团圞坐[11]。抬头觑是个钟楼模样[12]，往下觑却是人旋窝。见几个妇女向台儿上坐。又不是迎神赛社[13]，不住的擂鼓筛锣。

[四煞]一个女孩儿转了几遭，不多时引出一伙。中间里一个央人货[14]。裹着枚皂头巾顶门上插一管笔，满脸石灰更着些黑道儿抹[15]。知他待是如何过？浑身上下，则穿领花布直裰[16]。

[三煞]念了会诗共词，说了会赋与歌，无差错。唇天口地无高下，巧语花言记许多。临绝末[17]，道了低头撮脚，爨罢将幺拨[18]。

[二煞]一个妆做张太公，他改做小二哥[19]。行行行说向城中过[20]。见个年少的

注释

①庄家：农户。勾阑：宋元时演出戏剧杂耍的场所。②官司：官府。差科：差役。③纸火：还愿用的香烛纸钱。④花碌碌：花花绿绿。纸榜：指演出海报。⑤那答儿：那边。闹穰（rǎng）穰：人声嘈杂，乱哄哄的样子。⑥院本：金元时流行的一种戏剧演出形式，以调笑、歌舞为主。⑦幺末：即杂剧。刘耍和：金时著名艺人，其故事后被编为杂剧上演。⑧赶散：指没有固定演出场所的民间戏班子。⑨妆哈：正规的全场演出。⑩木坡：观众坐的梯形看台。⑪团圞（luán）：环绕。⑫觑（qù）：把眼睛眯成一条缝看。钟楼模样：指戏台。

妇女向帘儿下立，那老子用意铺谋待取做老婆。教小二哥相说合，但要的豆谷米麦，问甚布绢纱罗。

[一煞]教太公往前那不敢往后那[21]，抬左脚不敢抬右脚。翻来覆去由他一个。太公心下实焦燥，把一个皮棒槌一下打做两半个[22]。我则道脑袋天灵破[23]，则道兴词告状，刬地大笑呵呵[24]。

[尾声]则被一胞尿爆的我没奈何[25]。刚捱刚忍更待看些儿个，枉被这驴颓笑杀我[26]。

【赏析】

此曲通过一个庄稼汉初次进勾阑看戏的所见所闻，记述了当时戏曲演出的情景。这位庄稼汉因为赶上了丰年而跑到城中买纸火还愿，恰巧碰到了戏班在招揽生意，于是便跑去观看演出；而我们通过他的眼睛看到的一切，纷纷变了样、走了形。

全曲紧扣“庄稼汉”的身份对这次演出进行描写：他把海报叫做“花花绿绿的纸榜”，把看台叫做“木坡”，把戏台叫钟楼，不懂得开场戏是怎么回事，不理解戏中的角色扮妆……尽管如此，庄稼汉还是看得非常起劲，最后因为忍不住要撒尿而急急离去。

注释

⑬迎神赛社：古时逢神诞或社日，按习俗要鼓乐迎神，祭祀祷告。⑭央人货：即殃人货，指害人精。⑮满脸句：形容黑白相间的脸谱。⑯直裰（duō）：长袍。⑰临绝末：临结束的时候。⑱爨（cuàn）：为宋杂剧、金院本的开场戏。拨：开始表演。⑲小二哥：指张太公的仆人。此角色应是前面所说的“央人货”改扮的。⑳行行行说：边走边说。㉑那：通“挪”。㉒皮棒槌：演出时所用的道具，又叫“磕瓜”，用以增加声音效果。㉓则道：只道。此人不知那皮棒槌打作两半是演出需要，只道是演员用力过猛所致。㉔刬（chǎn）地：平白无故地。㉕爆：胀。㉖驴颓：骂人话。指张太公。

【曲评】

《耍孩儿 庄家不识勾阑》是把幽默俏皮、诙谐滑稽的因素注入散曲的第一部长篇巨制，今日读之，也甚觉可笑。而戏剧色彩也从此成为散曲的重要色调。

一半儿 题情

——王和卿

鸦翎般水鬓似刀裁①，小颗颗芙蓉花额儿窄。待不梳妆怕娘左猜②。不免插金钗，一半儿蓬松一半儿歪。

注释

①鸦翎：乌鸦尾部羽毛。此处形容头发黑。似刀裁：指两鬓用水或油匆匆一抹，贴在面颊上好像用刀裁的一般。②待：想要。左猜：猜疑。

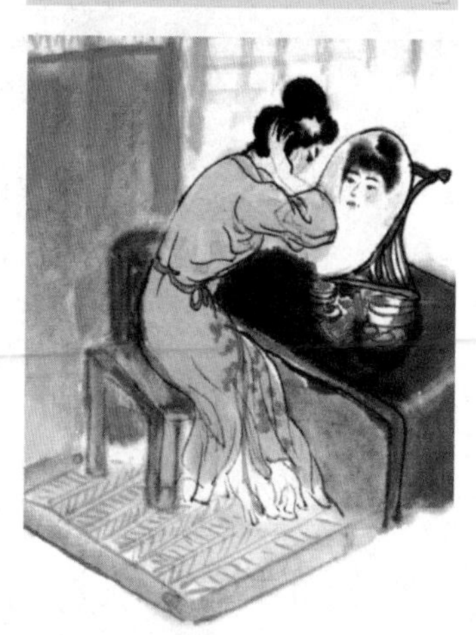

【赏析】

此曲是在描写一个思念恋人的少女。女为悦己者容，恋人远行在外，她自然也就无心打扮。你看她，急急地用水将鬓角一抹，鬓发贴在脸颊上，像刀裁的一样，很不自然；又将珠坠匆匆往头上一插，插低了挡住额头她也不管。“哎，这一切都是为了给娘看啊，是怕娘见我不上妆会东猜西猜！”她不无牢骚地说。这样的心情之下插上金钗，那云髻果真是免不了“一半儿蓬松一半儿歪”了。

【曲评】

曲子虽然短小，但语言俏皮，谐谑之中刻画出了一个情窦初开、单纯活泼的少女形象，更将她的内心活动体现得生动而细腻。

拨不断　大鱼

——王和卿

胜神鳌[1]，夯风涛[2]，脊梁上轻负着蓬莱岛[3]。万里夕阳锦背高[4]，翻身犹恨东洋小。太公怎钓[5]？

注释

①神鳌（áo）：传说中海里的大龟。②夯（hāng）：砸，撞击。③蓬莱岛：传说中海上三仙山之一。④锦背：指鱼脊。⑤太公：指姜太公。

【赏析】

此曲描写了一只大鱼，说它比神鳌还大，脊背上驼着蓬莱岛，而且是“轻负着”，看来驼蓬莱岛对于它来说是小菜一碟。它遨游在东海之中，长达万里的脊背锦鳞在夕阳下闪闪发光，愈显高耸；翻个身，感觉东海还是太小，根本不够自己自由活动。读到这里，我们不禁为这条鱼的巨大而惊叹，也很容易联想起战国时楚人宋玉在给楚王讲曲高和寡这一道理时的自喻——“鲲鱼朝发昆仑之墟，暴鳍于碣石，暮宿于孟诸；夫尺泽之鲵，岂能与之量江海之大哉？”王和卿为当时的名士，但入元以后不仕，也许正是因为藐视与当时的统治者，不愿与之合作。他以此鱼喻己，极言此鱼之大，又在结尾时不无调侃地问：“太公怎钓？”其中寓意不难体会。

小桃红　江岸水灯

——盍西村

万家灯火闹春桥，十里光相照。舞凤翔鸾势绝妙。可怜宵[1]，波间涌出蓬莱岛[2]。香烟乱飘，笙歌喧闹，飞上玉楼腰[3]。

注释

①可怜：可爱。②蓬莱岛：喻水面上出现的灯船。③玉楼：传说中天帝的居所。

【赏析】

回首江岸，万家灯火交相辉映，绵延十里；人们挥龙舞凤，处处洋溢着欢歌笑语。放眼江上，但见粼粼江波之中俄尔涌出一座香烟缭绕、笙歌喧闹的“蓬莱岛”，那是飘荡起伏于江中的灯船，辉煌、绚烂、夺目。灯船上的灯火，江岸上的灯火连成一片，加上直冲云霄的歌声、笑声、乐曲声，其势之盛、其景之绝真是笔楮难穷。作者说：“这是多么可爱的夜晚啊。”是的，这样的佳夜，又有谁能不为其所动呢？

潘妃曲

——商 挺

戴月披星耽惊怕，久立纱窗下。等候他，蓦听得门外地皮儿踏①。只道是冤家②，原来风动荼蘼架③。

注释

①蓦：猝然，忽然。②冤家：对所爱人的昵称。③荼蘼（mí）：花名，也作酴醿。

【赏析】

此曲描摹的是一位少女于夜晚偷会情人时的心情。月儿正亮，星儿正明，这位少女久久地站在纱窗下，等待着心上人的出现。既然是偷会，她的心情自然是兴奋而又忐忑不安的，一点点的风吹草动都会让她的心提到嗓子眼儿。这不，她听到门外仿佛有什么东西擦地皮儿的声音，以为是恋人的脚步，她的每一根神经也绷到了最紧。然而仔细分辨，那原是风在摇动荼蘼架。

【曲评】

短短几语，把在封建礼教束缚下，一个初恋少女那种担心、幻想、喜悦、失望的微妙心理，都真实表现了出来。

——《元散曲一百首》

一半儿

——胡祗遹

败荷减翠菊添黄，梨叶翻红梧叶苍。绣被不禁昨夜凉。酿秋光，一半儿西风一半儿霜。

【赏析】

若不是独处深闺，若不是昨夜怀思难眠，深觉绣被难挡阵阵秋凉，不知她今日看到残败的荷花，渐黄的秋菊，经霜变红的梨叶和苍老的梧桐会是什么样的心情。然而昨夜的秋凉将她侵扰，孤独与寂寞在她心头蔓延，她感到凄苦难耐、身心俱寒。所以如今她看到秋色百态却只能感到其中的萧瑟，所以她才会在触目惊心之余哀哀叹道：秋光的酿成，都只是在那西风与严霜催逼之下啊！

阳春曲　春景

——胡祗遹

几支红雪墙头杏[1]，数点青山屋上屏。一春能得几晴明？三月景，宜醉不宜醒。

注释

①红雪：指红色的杏花。

【赏析】

“几支红雪墙头杏，数点青山屋上屏。”虽然作者只用了少许笔墨，然而那清新雅致、色彩明丽的春景已然跃入了我们的眼帘。这样美丽的春光，有谁会不心生爱怜、害怕它流走？然而三月的春光虽美，却从未改变过它来去匆匆的步伐。历代的文人骚客们，每逢春来，便挡不住心中那份留春不住的伤感，欧阳修的“日日花前常病酒，不辞镜里朱颜瘦”；张先的“送春春去几时回？临晚镜，伤流景”。这样的伤感看来在作者这里还在继续着，他说：“一春能得几晴明？三月景，宜醉不宜醒。”

沉醉东风　赠妓朱帘秀

——胡祗遹

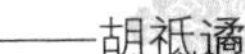

锦织江边翠竹[1]，绒穿海上明珠[2]。月淡时，风清处，都隔断落红尘土[3]。一片闲云任卷舒，挂尽朝云暮雨[4]。

注释

①锦织句：借云锦丝将竹篾串成了帘子而道出“帘”字。②绒穿句：借云帘上有明珠为饰而道出“珠”字。③落红尘土：喻尘俗的侵扰。④朝云暮雨：在此处借喻时人对于歌妓反复无常的情感。

【赏析】

朱帘秀一名“珠帘秀”，是元初的名妓。曲中的头两句，不仅点出其名，更让人想见其体态之修长婀娜，容颜之光彩照人。“月淡时，风清处，都隔断落红尘土”点出了她在征歌逐酒的风月浮华背后，那份“出淤泥而不染”的清洁心境。我们能够想象出作为一代名妓的她，会有多少公子王孙为之一掷千金，多少文人骚客为之吟咏作叹，然而从作者的笔下我们又看到，她对这些反复无常的情感是“一片闲云任卷舒，挂尽朝云暮雨”，其潇洒不羁、看破尘俗却又应对自如的姿态跃然纸上。此曲虽短，却语意双关，内涵丰富，用写意的手法将名妓朱帘秀由内而外生动地刻画出来。

人月圆

——刘因

茫茫大块洪炉里[1]，何物不寒灰。古今多少，荒烟废垒，老树遗台。

太行如砺，黄河如带[2]，等是尘埃[3]。不须更叹，花开花落，春去春来。

注释

①大块：大自然。洪炉：冶炉。②太行两句：《史记·高祖公侯年表》中记载汉高祖刘邦在封爵时曾有誓言说："使河如带，泰山若厉，国以永宁，爰及苗裔。"③等是：同样是。

【赏析】

曲的一开篇便明白地表达了作者对于古今兴亡成败的看法，那就是在大自然的炼炉里，任何的事物都在自然而然地走向消亡。作者的态度看似消极，但气魄极大，实际上是对荣耀一时的权贵们的命运的直白预言。曲中引用了汉高祖刘邦在封爵时那气壮山河的誓言，而彼时被分封的诸侯们的下场似乎也正预示着当世达官显贵们的结局。结尾处笔锋一转说："不提这些了，花开花落，春去春来，万物自有定数。"简单平白的一句话，将作者超脱尘俗而归于平静的心态表现得淋漓尽致。

蟾宫曲 晓起

——徐琰

恨无端报晓何忙[1]，唤却金乌[2]，飞上扶桑[3]。正好欢娱，不防分散，渐觉凄凉。好良宵添数刻争甚短长？喜时节闰一更差甚阴阳[4]！惊却鸳鸯，拆散鸾凰；犹恋香衾[5]，懒下牙床[6]。

注释

①无端：无缘无故。②金乌：指太阳。传说日中有三足乌。③扶桑：传说中的神树，太阳升起的地方。④闰：增加。⑤衾（qīn）：指被子。⑥牙床：床的美称。

【赏析】

此曲通过描写晨起的一个片断，讲述恋人间难分难舍的缠绵情意。雄鸡报晓，日出东方，气象更新，但对于缠绵于床帷之中的情人来讲，这却是一个起怨生恨的时刻。词中人因为依依不舍而感到凄凉，由凄凉而埋怨："美好的良宵再添数刻又怎么了？这快乐的时光再延长一会儿，日月运转就会出现差错吗？"

但天终究是亮了，欢娱无法继续，他又能怎么样呢？虽然是"犹恋香衾"，也只好很不情愿地从床上爬了起来。

【曲评】

全曲以怨说恋，构思奇特，语言生动；虽是痴人痴语，却倍见至情至意。

双鸳鸯　柳圈辞

——王　恽

问春工[1]，二分空，流水桃花飏晓风[2]。欲送春愁何处去，一环清影到湘东。

注释

①工：造化之工。②飏：在风中飘荡。

【赏析】

清晨来到水边，春景尚好，但毕竟是三分去了二分。春风吹过，岸边的桃花纷纷落下，飘散在风中，随风飞舞，飘落在水中，随水东流。眼看春天就要过去了，作者不禁泛起了丝丝春愁。他摘下头上的柳圈，将它轻轻地抛在水中，祝愿柳圈不但能驱除不祥，更要带走自己这一怀伤春愁绪。

【曲评】

此曲曲风清新淡雅，寄情婉转悠然，令人回味不尽。

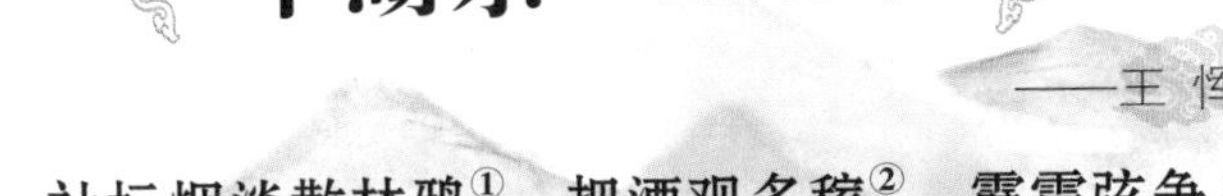

平湖乐　尧庙秋社

——王　恽

社坛烟淡散林鸦[1]，把酒观多稼[2]。霹雳弦争斗高下。笑喧哗，壤歌亭外山如画[3]。朝来致有[4]，西山爽气[5]，不羡日夕佳[6]。

注释

①社坛：社日的祭坛。②多稼：指丰收。③壤歌：相传唐尧掌管天下的时候，年过八旬的老人壤父仍耕作不息，人们看见了不无感叹地说："大哉！帝之德也。"壤父说："吾日出而作，日入而息，凿井而饮，耕田而食，帝何德于我哉？"此典后被引为对太平盛世的赞颂。④致：尽，极。⑤爽气：清爽之气。⑥日夕佳：陶渊明诗《饮酒》中有"山气日夕佳，飞鸟相与还"。赞颂的是隐居生活的美好与闲适。

【赏析】

此曲写丰年社日民间的喜庆场面。

社坛前的香烟已然淡去，前来啄食祭品的乌鸦也四散飞走，人们开始了欢快的庆祝活动。酒宴摆开，琴声奏响，喧闹之声不绝于耳。作为地方官员，作者并没有缺席这一民间重要活动，他拿着酒杯，满怀喜悦地看着大家尽情欢乐。"笑喧哗，壤歌亭外山如画"不仅写出了当时场面的热闹，更让人联想到唐尧时的太平盛世。"朝来致有，西山爽气"则用好景写出了作者当时的好心情。治世之下，人民安居乐业，作者在感到极大的成就感的同时，更为人民的快乐而快乐，怪不得他说"不羡日夕佳"，其强烈的入世心态因乐民之乐的思想而显得卓然可贵。

寿阳曲　别朱帘秀

——卢挚

才欢悦，早间别①，痛煞煞好难割舍。画船儿载将春去也，空留下半江明月。

注释

①间别：分别。

【赏析】

朱帘秀此次与作者只聚了一晚，第二天早晨便启程去往别处。作者难以割舍，心中有说不出的分别之痛。朱帘秀在曲中被比喻成春天，作者在曲中自比为"江上明月"，"画船儿载将春去也，空留下半江明月"，是说自己身虽在此，但身心已随伊人远去。

【曲评】

朱帘绣与卢挚疏斋学士，有《落梅风》别情之酬和……此词好处，亦即在写其人品格不寻常耳……不但人与物融会之处，用意新巧，且觉语态盈盈，含笑而发，别有情味。

——《曲谐》

沉醉东风　秋景

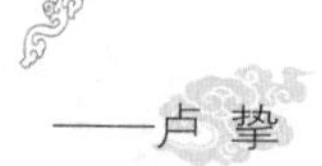

——卢挚

挂绝壁枯松倒倚，落残霞孤鹜齐飞①。四围不尽山②，一望无穷水。散西风满天秋意。夜静云帆月影低，载我在潇湘画里。

注释

①鹜（wù）：野鸭。②不尽山：指山峦起伏不尽。

【赏析】

读罢此曲的前两句，不禁让人联想起《蜀道难》中"枯松倒挂倚绝壁"和《滕王阁序》中的"落霞与孤鹜齐飞"的名句。这本是两个完全不同的景象，一个描写的是蜀道旁绝壁上的奇松，一个描写的是赣江边美丽的晚景，然而今经作者妙手拈来形容秋季舟行于湘水之所见，自是别具一番风情。泛舟绝壁之下，坐看满天飞霞，不尽的山，无穷的水，冷冷的西风,秋光的潇洒迷人堪入图画。而当夜幕降临，月华初上，风止而帆静，月低而影美，徜徉其中的作者如痴如醉，终于情不自禁地发出了游在潇湘画里的赞叹。全曲笔墨洗练，情景交融，意韵悠然，为写秋佳作。

蟾宫曲　邺下怀古

——卢挚

笑征西伏枥悲吟[1]，才鼎足功成，铜爵春深[2]。软动歌残，无愁梦断，明月西沉。算只有韩家昼锦[3]，对家山辉映来今。乔木空林，几度西风，感慷慨登临。

注释

①征西：概指曹操西征韩遂、马超。实际上《龟虽寿》是曹操平定北方后所作，比之西征要早十年左右。伏枥：曹操《龟虽寿》中有“老骥伏枥，志在千里。烈士暮年，壮心不已。”②铜爵：即铜雀台。唐杜牧《赤壁》中有“东风不与周郎便，铜雀春深锁二乔”。③韩家昼锦：北宋名臣韩琦兼官回归故乡相州时，在其府第修建了昼锦堂，以表明自己以不以官高位显为荣的心志。

【赏析】

作者于邺下怀古，自然要对曹操的一生有所评论。他笑曹操刚刚平定一方，天下还处于鼎足三分之势便筑起华丽的铜雀台供享乐之用，忘记了自己曾经的“老骥伏枥，志在千里。烈士暮年，壮心不已”的壮言；笑昔日台上温香软玉已为尘土，高亭大榭尽成丘墟。他将北宋名臣韩琦所建昼锦堂与铜雀台相比较，以昼锦堂世世代代为人们景仰，为一方山水增辉对比铜雀台如今的湮灭无闻，借以表明自己不求名利，只求修身立德，有所贡献于国家的心志。

【曲评】

作者对于历史人物如曹操的品评不一定得当，但其对先人廉洁耿介之风的追慕之情还是应当肯定的。

喜春来过普天乐

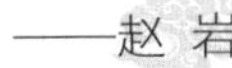

——赵岩

琉璃殿暖香浮细[1]，翡翠帘深卷燕迟。夕阳芳草小亭西，间纳履[2]，见十二个粉蝶儿飞。一个恋花心，一个搀春意。一个翩翻粉翅，一个乱点罗衣。一个掠草飞，一个穿帘戏。一个赶过杨花西园里睡，一个与游人步步相随。一个拍散晚烟，一个贪欢嫩蕊。那一个与祝英台梦里为期。

注释

①琉璃殿：指装饰华丽的厅堂。浮细：飘浮，弥漫。②间：间或，偶尔。纳履：提鞋。

【赏析】

《喜春来》曲讲的是一位怀春少女不愿在闺中闲坐，于夕阳西下时来到园中小亭漫步，看到了十二只翩翩飞舞的蝴蝶。《普天乐》曲则一一描述了这些蝴蝶的姿态：有的落在花心，有的在春风中舞动，有的扑扇着翅膀，有的恋起了少女的罗衣。最让人拍案叫绝的是对第十一只蝴蝶的描写——“那一个与祝英台梦里为期”，巧借梁祝化蝶的故事将第十二只蝴蝶一并带出，同时透露出少女对于永恒美好爱情的向往，实为点睛之笔。

山坡羊

——陈草庵

晨鸡初叫，昏鸦争噪，那个不去红尘闹[①]？路遥遥，水迢迢，功名尽在长安道[②]。今日少年明日老。山，依旧好；人，憔悴了。

注释

①红尘：闹市的飞尘，借指繁华纷扰的人世。②长安道：指通往京城的道路。

【赏析】

此曲为劝世之作。"晨鸡初叫，昏鸦争噪，那个不去红尘闹"不但写出了人们为追求名利起早贪黑、奔波劳碌的一面，也写出了他们执著盲目、浮躁狂热的心态。路遥遥，水迢迢，挡不住一颗颗痴迷于求取功名、志在侍奉于天子驾下的心；然而时光如过隙之驹，黑发免不了尽染霜华，年少的踌躇满志终究会随着老年的到来而逐渐衰颓，葱茏之青山年年依旧，只是少年心情却会一去不返。针对当时士人们前仆后继，汲汲于富贵功名的现状，作者不无忧虑，他从时空变幻、人生短暂的角度来规劝这些读书人不要过于盲目，把一生都寄托在"长安道"上，以免到头来不但错过了功名，更错过了大自然的美好风光,年轻人应有的多姿多彩的生活。

四块玉 别情

——关汉卿

自送别，心难舍。一点相思几时绝，凭阑袖拂杨花雪。溪又斜，山又遮，人去也。

【赏析】

那点点滴滴的相思，从他走后，便挥之不去，如影随形。在杨花漫天的春日里，她是多少次地凭栏远望，希望能得到那人的音信，看到他的面容。风中伫立时，杨花沾落在衣服上，等到她回过神来想要拂去，已是如雪般的一层。"溪又斜，山又遮，人去也"道的是当初那一程又一程的送别？抑或那"平芜尽处是春山，行人更在春山外"的望眼欲穿？我们不必去追寻究竟，只需知道那是一番刻骨铭心的深情就足够了。

【曲评】

此曲写女子送别情人以后的情感，自然朴实，音调和美，情深意长，读罢令人怃然兴叹。

四块玉　闲适

——关汉卿

旧酒投[①]，新醅泼[②]，老瓦盆边笑呵呵。共山僧野叟闲吟和。他出一对鸡，我出一个鹅，闲快活。

注释

①投：即“酘（dòu）”，酒再酿。②醅（pēi）泼：即“醅酦（pō）”，醅、酦都是未滤过的酒。

【赏析】

旧酒新酒，都是重酿的醇酒，倒在老瓦盆里，大家饮得笑呵呵。曲的一开始，作者就用盛满酒的老瓦盆将看者邀入了欢快惬意的农家宴饮当中。那里有山僧野叟在忘情唱和，有发自肺腑的笑语欢歌，那里没有世俗的心机猜度；平日里的相聚小酌，人们是“你出一对鸡，我出一个鹅”。

【曲评】

这首小令的语言极为朴实平白，甚至就是平日的对话，却充满意趣，生动形象。展现在观者眼前的是一个其乐融融的世外桃源，一份闲适舒放的心情。

梧叶儿　别情

——关汉卿

别离易，相见难，何处锁雕鞍[①]？春将去，人未还。这其间，殃及煞愁眉泪眼[②]。

注释

①雕鞍：有雕饰的马鞍。②殃及：连累。煞：极。

【赏析】

游子与她相约春天归来，而如今春天将去，却不见他的踪影，她不禁满心疑虑。“他为什么样的人或事所牵绊了呢？他是不是另有新欢了呢？”她想。想着想着，眼泪不觉掉了下来。

对镜时，她觉得对不住自己那清秀的眉目，因为自春以来，那蛾眉无时不凝愁，那杏目无日不含泪，它们如今看来已憔悴不堪。

不知道她还要度过多少苦等苦盼的日子，但可以肯定的是，她的原本美丽的容颜必要等到游子归来才能重新焕发出往日的光彩。

【曲评】

《曲藻》评后四句亦为“情中俏语”。全词甚淡，唯著意在“殃及煞”三字而已。

——《作词十法疏证》

大德歌　冬景

——关汉卿

雪粉华，舞梨花，再不见烟村四五家。密洒堪图画，看疏林噪晚鸦。黄芦掩映清江下，斜揽着钓鱼艖[①]。

注释

①揽：同"缆"。艖（chā）：小船。

【赏析】

冬的象征是什么？是雪。而且这雪最好不要是南国的零星小雪，而是北国的连天飞雪，飘洒如随风舞动的梨花，霎时间便让大地穿上银装。

这首小令写冬，除却给我们带来了瑞雪，还为我们带来了雪后的疏林、晚鸦，和黄芦掩映清江畔斜缆着的一艘钓鱼槎。

没有人迹却不缺少热闹，寒冷冰冻却不缺少生气，作者笔下的冬天，是如此的真实可爱、多姿多彩。

沉醉东风

——关汉卿

咫尺的天南地北，霎时间月缺花飞。手执着饯行杯，眼阁着别离泪[①]。刚道得声"保重将息[②]"，痛煞煞教人舍不得。"好去者前程万里[③]。"

注释

①阁：通"搁"。②将息：休息，调养。③好去者：一路走好，安慰行者的套语。

【赏析】

天南地北的分别已近在咫尺，花好月圆的缠绵也将在霎时间变成月缺花飞。女子手执酒杯，噙着眼泪为爱人饯别，刚忍住悲伤道了声："你自己多多保重吧。"便已哽咽得再难言语。最后她抬起头来，勉强挤出一丝微笑，说："一路走好，前程万里。"

【曲评】

关汉卿传世的散曲并不多，多写男女恋情、离愁别恨，本篇即为其中佳作。此曲集通俗直白与清新俊俏之风于一身，笔墨洗练而感情深厚，依依不舍的情景刻画入微。大家韵致，由此可见一斑。

碧玉箫

——关汉卿

席上尊前，衾枕奈无缘。柳底花边，诗曲已多年。向人前未敢言，自心中祷告天。情意坚，每日空相见。天，甚时节成姻眷？

【赏析】

此曲写一位风尘女子的心事。她暗恋上了某位常来此风月之地消遣的男子，也常为他尊前侑酒，花下伴唱，但却从没有得到过他更深一步的亲近。她想与他结成眷属，却不敢倾吐衷肠，只是在心中向天祷告。

对他的情意虽坚，但每日却是与他徒然相见，女子不免幽怨渐生，日渐焦急。情急之下，她终于按捺不住，仰问上天："天，什么时候才能成就我的这一段姻缘？"

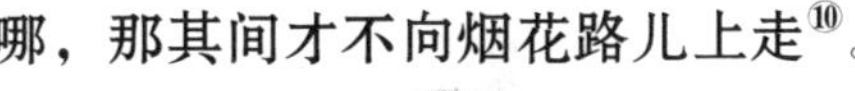

一枝花 不伏老[套数]（节选）

——关汉卿

[尾]我是个蒸不烂、煮不熟、捶不扁、炒不爆、响当当一粒铜豌豆，恁子弟每谁教你钻入他锄不断、斫不下、解不开、顿不脱、慢腾腾千层锦套头①。我玩的是梁园月②，饮的是东京酒③，赏的是洛阳花④，攀的是章台柳⑤。我也会围棋、会蹴踘、会打围、会插科、会歌舞⑥、会吹弹、会咽作、会吟诗、会双陆⑦。你便是落了我牙、歪了我口、瘸了我腿、折了我手，天赐与我这几般儿歹症候⑧，尚兀自不肯休⑨。则除是阎王亲自唤，神鬼自来勾，三魂归地府，七魄丧冥幽。天哪，那其间才不向烟花路儿上走⑩。

注释

①恁（nèn）：这样，如此。斫（zhuó）：砍。锦套头：指风月场诱人的圈套。②梁园：汉梁孝王所建，是古时著名的游赏宴饮之所。③东京：北宋京城开封。④洛阳花：指洛阳牡丹。⑤章台柳：指代最好的妓女。⑥蹴（cù）踘（jū）：踢球。打围：即打猎。插科：即插科打诨，指滑稽表演。⑦咽作：唱曲。双陆：古时一种搏胜负的游戏。⑧歹症候：坏毛病。⑨兀自：犹，仍。⑩烟花路：指风流放荡的生活。

【赏析】

作者在曲中自比为“蒸不烂、煮不熟、捶不扁、炒不爆、响当当一粒铜豌豆”，不但坚韧顽强，而且历经磨难，谙于世故，具有丰富的战斗经验。他无意功名，甘于安身立命在风月场中，以种种世俗认为不登大雅的技艺消遣生活，嬉笑怒骂，我行我素。而“则除是阎王亲自唤，神鬼自来勾，三魂归地府，七魄丧冥幽。天哪，那其间才不向烟花路儿上走”的宣言，无疑是被逼迫者发出的愤世嫉俗的强烈反抗。

【曲评】

全曲如竹筒倒豆，其势紧密，其声铿锵。谐谑调侃的语风加之层层堆叠的情感，让人热血沸腾；而至若高潮处一语激言，又似蓥川决口，无悔东流，使人为之震撼。

醉中天　佳人脸上黑痣

——白朴

疑是杨妃在[①]，怎脱马嵬灾[②]。曾与明皇捧砚来[③]，美脸风流杀。叵奈挥毫李白，觑着娇态，洒松烟点破桃腮[④]。

注释

①杨妃：指杨贵妃。②马嵬：安史之乱起后，唐玄宗逃往蜀中。车驾行至马嵬驿时，护驾将士因怨恨杨氏兄妹祸国而发生兵变，玄宗被迫将杨贵妃缢死于路旁祠下。③明皇：唐玄宗。④叵（pǒ）奈三句：用杨贵妃捧砚侍奉李白作《清平调》之事。叵奈：无奈。松烟：指墨。古时制墨之法有以松木在火中燃烧产生的烟灰为原料，而后与其他添加剂混合加工而成。

【曲评】

佳人脸上有痣，如玉之有瑕，本不是吟咏的好题材。然而作者却能别出心裁，巧作想象，虽然是游戏文字，却也生动谐趣，颇有余味。

【赏析】

佳人的美貌令人怀疑是杨贵妃尚在，惊叹她如何逃脱了马嵬之灾。传说中她跟随玄宗向李白求诗，手捧砚台在旁边侍候，仪态万方，风流绝代。怎奈那李白，观摹着贵妃的娇态，挥毫起笔，无意间将一点墨汁溅上了她的桃腮。

阳春曲　题情

——白　朴

笑将红袖遮银烛，不放才郎夜看书。相偎相抱取欢娱。止不过迭应举[①]，便及第待何如[②]。

注释

①止：只。迭：及。②何如：怎样。

【赏析】

本以为柔情似水、盈盈含笑的她走来是要为刻苦攻读的才郎打气加油，谁知她却轻起红袖，遮住银烛，不让他再继续于“之乎者也”中苦海行舟；又将他紧紧搂住，带给他无限温存。如此情形，才郎焉能无动于衷，他于是也尽弃课业，与爱人深情相拥，全心享受两情相悦之乐。

读书应举，本是为了及第登科，从此走上荣华富贵之路。但即便荣华富贵又能怎样？人生的美好既然现在就可得，为何还非要等到及第登科之后？曲中的男主人公看来深谙此理，因而才能说出曲尾的潇洒旷达之言。

沉醉东风　渔父

——白　朴

黄芦岸白蘋渡口，绿杨堤红蓼滩头[①]。虽无刎颈交[②]，却有忘机友[③]。点秋江白鹭沙鸥。傲煞人间万户侯，不识字烟波钓叟。

【曲评】

一读到他（白朴）的散曲，则知其中更所含着豪放、俊爽、秀美诸点，其成就高出其剧曲之上。如《寄生草 劝饮酒》《沉醉东风 渔父》，是他豪放的例。

——《元明散曲小史》

注释

①红蓼（liǎo）：开着浅红色花儿的水蓼。②刎颈交：刎颈之交，指可以共生死的朋友。③忘机：抛却人世间的机心。

【赏析】

曲中描述了这样一个渔父形象：他有时垂钓在遍生黄芦白的渡口，有时垂钓在杨柳堤畔、红蓼滩头；身边虽然没有信誓旦旦的刎颈之交，却有真诚相待、无欲无求的忘机之友。他与白鹭沙鸥为伴，在大自然的怀抱里安心垂钓，虽然只是个不识字的渔父，却连万户侯也不放在眼里。此曲表达了作者傲视权贵，不以尘世为怀的人生态度，以及对自由自在生活的向往。

阳春曲 知儿

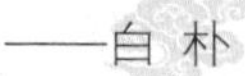

——白 朴

张良辞汉全身计[1]，范蠡归湖远害机[2]。乐山乐水总相宜。君细推，今古几人知。

注释

①张良辞汉：张良是西汉开国元勋，但功成后便归隐山林。②范蠡归湖：范蠡辅佐越王勾践灭吴后便洁身远引，泛舟五湖。

【赏析】

张良与范蠡都是以智慧和功成身退而著名的人物，他们虽然是开国元勋，却因为能够及时引退而避免了杀身之祸。张良的归隐山林，范蠡的泛舟五湖，又无形中与《论语》中所说"智者爱水，仁者乐山"相吻合。

作者主张放情山水间，终老林泉下，他循循善诱地劝君仔细推究，从古到今，懂得投入大自然的怀抱从而远离灾祸的有几人，一片警世之意自然流露。

【曲评】

他的《阳春曲 知儿》四首，大约是写的无可奈何的悲哀吧。

——《中国俗文学史》

庆东原

——白 朴

忘忧草[1]，含笑花[2]，劝君闻早冠宜挂[3]。那里也能言陆贾[4]？那里也良谋子牙[5]？那里也豪气张华[6]？千古是非心，一夕渔樵话。

注释

①忘忧草：即萱草。据说此草嫩苗可食，食后能使人忘记忧愁。②含笑花：又名含笑梅、香蕉花，生长于南方，花开时宛如含着盈盈笑意，故名。③冠宜挂："宜挂冠"的倒装，即辞官。④能言陆贾：陆贾是汉初的思想家、政治家。早年随刘邦平定天下，口才极佳，常出使诸侯国。⑤良谋子牙：指姜子牙。⑥张华：范阳方城人，晋武帝时拜中书令，加散骑常侍，力主伐吴，一生多有建树。

【赏析】

忘忧草、含笑花的兴起，带来的不仅是一份清香，更是一种恬淡从容的生活意境。它们仿佛在劝那些宦海中沉浮的人们：早些辞了官，离了那提心吊胆的生活吧。人生一世，有什么能比恬淡无忧的生活更可贵的呢？那能言善辩的陆贾，长于智谋的张良，豪气盖世的张华，如今都在哪里呢？千百年的是非功过，不过是渔夫樵夫茶余饭后的谈资罢了。此曲是作者劝世之作，语淡而味浓，其间几率几问，引人深思。

庆东原

——白朴

暖日宜乘轿，春风宜试马。恰寒食有二百处秋千架。对人娇杏花，扑人飞柳花，迎人笑桃花。来往画船边，招飐青旗挂[1]。

注释

①招飐（zhǎn）：通“招展”。青旗：即酒旗。

赏析

春气煦暖的日子适宜乘轿，春风吹拂的天气则适合骑马闲游，寒食节前后，处处洋溢着女儿嬉戏秋千的欢笑。

杏花娇媚可人，柳花丝丝扑面，桃花含笑迎宾。在这令人陶醉的春日里，游船来来往往，酒旗迎风飘荡。

【曲评】

曲写寒食景象，以其悠然恬淡的风格，细腻生动的笔法，令人感到清丽柔美的意象胜出。其起处委婉，其铺叙处纤秾，而收束则能含不尽之意，让春回大地的旖旎风情得以在人间尽情挥洒。

天净沙　春

——白朴

春山暖日和风，阑干楼阁帘栊[1]。杨柳秋千院中。啼莺舞燕，小桥流水飞红[2]。

注释

①帘栊（lóng）：带帘子的窗户。②飞红：落花。

赏析

青翠的山峦，温暖的阳光，和煦的东风。精巧的栏杆楼阁，被风卷动的帘栊。杨柳环绕的庭院里，秋千轻摆，莺啼燕舞；小桥下流水潺潺，漂走了落花片片。

【曲评】

他颇长于写景色。春、夏、秋、冬四题，已被写得烂熟，但他的《天净沙》四首，却情词俊逸，不同凡响。

——《中国俗文学史》

天净沙 秋

——白朴

孤村落日残霞，轻烟老树寒鸦。一点飞鸿影下①。青山绿水，白草红叶黄花。

注释

①飞鸿：高飞的大雁。

【赏析】

此曲题面为“秋”，实写秋日暮景。孤零零的村落，落日与残霞，袅袅炊烟，栖于老树的寒鸦,这些景物着意渲染秋日黄昏的萧索凄清。“一点飞鸿影下”为清冷的画面带来了活力，造成曲子抒发情感的转移。作者继而用青、绿、白、红、黄五种颜色，由远及近，由高到低，立体地描绘出多姿多彩、绚烂明丽的秋日景象，给人以不尽的遐想，使整个画面充满了诗意。

【曲评】

此曲意境开阔，设色绚烂，清丽隽永，可以和马致远的《天净沙·秋思》相媲美。

黑漆弩

——姚燧

吴子寿席上赋。丁亥中秋遐观堂对月，客有歌《黑漆弩》者，余嫌其与月不相涉，故改赋呈雪崖使君。

青冥风露乘鸾女①，似怪我白发如许。问姮娥不嫁空留②，好在朱颜千古③。笑停云老子人豪④，过信少陵诗语⑤。更何消斫桂婆娑，早已有吴刚挥斧⑥。

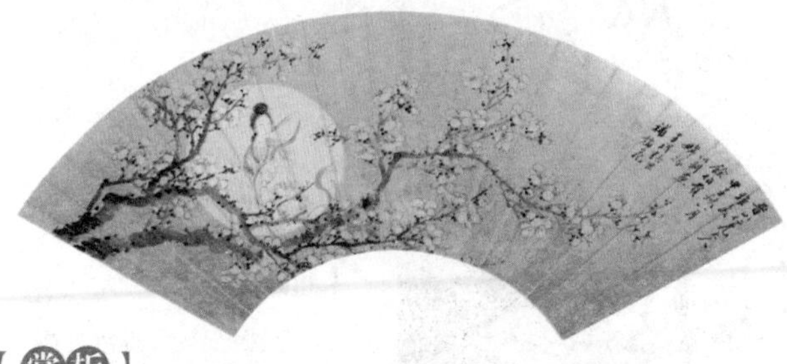

注释

①青冥：青天。乘鸾女：仙女，指嫦娥。②姮（héng）娥：即月中仙女嫦娥。③朱颜：红润的面庞，指青春。④停云：陶渊明《停云》诗自序中有“停云，思亲友也。樽湛新醪，园列初荣，愿言不从，叹息弥襟”。⑤少陵诗语：杜甫《秋述》诗前小序中有“秋，杜子卧病。长安旅次，多雨生鱼，青苔及榻。常时车马之客，旧，雨来，今，雨不来”。以上两句是在笑前人误认为世间极少有不分贵贱的纯真友谊，暗示自己就有这样的朋友。⑥吴刚：传说他学仙有过，罚在月宫伐桂。

【赏析】

此曲由辛弃疾《太常引•建康中秋为吕书潜赋》翻出，但其主题却与辛词的忧国伤时之思有所不同，表现的是作者的对月闲情。曲中戏言嫦娥身世，搬弄古人次序，更将辛词中“斫去桂婆娑，人道是、清光更多”的名句以反语唱出，句句诙谐，语语幽默，可说是一篇妙趣横生的游戏文字。

醉高歌　感怀

——姚燧

十年燕月歌声，几点吴霜鬓影。西风吹起鲈鱼兴[①]，已在桑榆暮景[②]。

注释

①鲈鱼兴：晋人张翰在洛阳做官时，因见秋风起，乃思吴中菰菜、莼羹、鲈鱼脍，曰："人生贵得适志，何能羁宦数千里以要名爵乎？"遂命驾而归。②桑榆暮景：原指日落时余光照在桑树和榆树顶梢时的景象，此喻年老。

【赏析】

作者做了十几年京官，到了六十多岁却被派往江东任职，心情因而不是十分愉快。功名仕路对于人的束缚，他因在京时沉浸于潇洒风流的生活中而感觉并不十分明显，此次远赴他乡，方才感到人之已老，贵在能够适志，功名虽好，但却是成就心愿的牵绊。他于是有了辞官引退之想，才有了"已在桑榆暮景"的顾影自怜。

【曲评】

牧庵一代文章巨公，此词高古，不减东坡、稼轩也。

——《词品》

凭阑人　寄征衣

——姚燧

欲寄君衣君不还，不寄君衣君又寒。寄与不寄间，妾身千万难[①]。

注释

①妾身：古代女子自称。

【赏析】

小令写一位思妇两难的境地：天气凉了，想要给边关丈夫寄去御寒的衣服吧，但又怕他身上温暖便淡忘了早思归计；不寄吧，又怕他挨冻受寒。寄与不寄之间，难倒了女主人公。

其实，征衣的寄与不寄，征人的还与不还，二者之间并没有直接联系。女子作此天真之想，都是因为情到痴处使然。

黑漆弩　村居遣兴

——刘敏中

长巾阔领深村住，不识我唤作伧父[①]。掩白沙翠竹柴门，听彻秋来夜雨。闲将得失思量，往事水流东去。便宜教画却凌烟[②]，甚是功名了处？

注释

①伧（cāng）父：粗野、鄙贱之人。②便（pián）宜：轻易得到之意。画却凌烟：画像于凌烟阁之上。凌烟：凌烟阁。唐太宗曾命人在凌烟阁上画了长孙无忌、魏徵等二十四位开国功臣的画像，以示嘉奖。

【赏析】

刘敏中因忠直被迫辞官，归乡隐居。他衣冠简朴，被视为“伧父”而不怪，白沙翠竹无心赏，只彻夜听秋雨。思量得失，作者怅然问道：“即使轻易凌烟阁上题名，难道就是毕生功名有成了吗？”这一问是全曲的曲眼，表现了作者对功名利禄的蔑视，隐含着对现实的不满。

金字经

——马致远

夜来西风里，九天雕鹗飞[1]。困煞中原一布衣。悲，故人知未知？登楼意[2]，恨无上天梯。

注释

①九天：极言天空高远。雕鹗（è）：泛指鹰一类的猛禽。②登楼意：王粲投靠刘表，不得用，乃作《登楼赋》抒发去国怀乡之感。

【赏析】

雕鹗借助风力可扶摇而上九天，而作者空怀抱负、长期沉抑下僚却始终未能得到送上青云的助力，心中焉能不百般困惑？人于困厄之时最思乡土故人的温暖，于学成待价之时最思展才伸志的康庄大道，但此二者作者皆不能得，故有此曲中对于悲恨的哀哀之诉。

【曲评】

（马致远）青年时期，迷恋过功名，后来在黑暗中感到失望，因此隐居于山水之间，寄情诗酒，成为一个啸傲风月玩世不恭的名士。他自己说：“夜来西风里，九天雕鹗飞。困煞中原一布衣。悲，故人知未知？登楼意，恨无上天梯。”在上面的曲子里，表现出了他的生活与性格。

——《中国文学发展史》

金字经　樵隐

——马致远

担挑山头月，斧磨石上苔。且做樵夫隐去来[1]。柴！买臣安在哉[2]？空岩外，老了栋梁材。

注释

①来：语助词。②买臣：即朱买臣。他出身贫寒，靠打柴卖薪度日，但酷爱读书。后来因为才学出众而得到汉武帝的赏识，出任为会稽郡太守。

【赏析】

“担挑山头月，斧磨石上苔”，这种周而复始的平淡生活消磨掉了多少岁月，而同样做过樵夫的朱买臣却能得到脱颖而出的机会，在汉武帝面前谈经说史、评论古今，最终出任一方大员。身为栋梁之才，却空老死山林岩穴之间，不被赏识，不能施展，可见这“且做樵夫隐去来”中包含了几多叹息几多不甘。

四块玉 紫芝路

——马致远

雁北飞，人北望，抛闪煞明妃也汉君王[①]。小单于把盏呀剌剌唱[②]。青草畔有收酪牛[③]，黑河边有扇尾羊[④]。他只是思故乡。

注释

①明妃：即王昭君。②呀剌剌（là）：象声词。③收酪牛：奶牛。④黑河：在今呼和浩特市南，河畔有昭君墓。

【赏析】

倾国倾城的昭君当年因为画工的丑化而遭到皇帝的冷遇，于宫廷之中埋没了许久，直到她自告奋勇远嫁匈奴才得以瞻见龙颜。她从此一去不返，留给了汉元帝许多的懊恼；她从此扎根于塞外草原，那无端抱得美人归的单于因而笑得合不拢嘴，快乐地哼起了小曲。草原青青，时光荏苒，不变的是成群乐得其所的牛羊，它们悠闲地吃草，悠闲地饮水；不变的还有昭君思念故乡的心，生前反映在她秋水盈盈的眼睛里，死后便和埋葬她的青冢一道，守望在面朝家乡的方向。

【曲评】

这首曲子写的是昭君的故事，这桩被无数文人吟咏的千载憾事由作者笔下写来是那样的有如童话，那样的凄婉动人。

寿阳曲　远浦帆归

——马致远

夕阳下，酒旆闲[1]，两三航未曾着岸[2]。落花水香茅舍晚，断桥头卖鱼人散。

注释

①酒旆：即酒幌子。②航：指代渔船。

【赏析】

夕阳西下，酒旗闲挂，广阔的江面上有几点归帆悠游驶来。翩翩落花飘洒在盈盈流水之中，流水也飘出落花的芳香。天色渐晚，断桥桥头买卖河鲜的人群已经散去。这首小令描写的是江村晚景，语言清新婉转，写景俨然类画，生动写出了江南小渔村安闲恬静的景色与生活。

【曲评】

这是马致远写“潇湘八景”八首曲中的第二首，活画出一幅水村黄昏归舟图。画面疏朗闲淡，十分优美。

——《元明清散曲》

清江引　野兴

——马致远

西村日长人事少[1]，一个新蝉噪。恰待葵花开，又早蜂儿闹。高枕上梦随蝶去了[2]。

注释

①日长：指长长的夏日。②梦随蝶：《庄子·齐物论》说庄周梦见自己化成蝴蝶，翩翩而飞，竟然忘记了自己是庄周。此处作者引来形容自己进入梦乡。

【赏析】

闲居西村，长长的白天，很少的交际，一个新蝉在树上聒噪。葵花正在开放，蜜蜂也来喧闹。作者高枕而卧，梦魂随蝶飘去了。此曲写村野闲居之乐，生动谐趣，恬淡自然，可感作者洒脱闲适、超然世外的情怀。

【曲评】

东篱闲适之词，意境最妙者，如《清江引 野兴》云“西村日长人事少”。

——《曲谐》

四块玉　浔阳江

——马致远

送客时，秋江冷，商女琵琶断肠声[1]。可知道司马和愁听[2]。月又明，酒又醒[3]，客乍醒。

注释

①商女：靠出卖色艺为生的妓女。②司马：《琵琶行》中有"座中泣下谁最多，江州司马青衫湿"。此处是作者自况。③醒（chéng）：即酒醉、病酒之意。

【赏析】

浔阳江头夜，瑟瑟秋风寒。怀着依依惜别的深情与客对饮，听着令人肠断的琵琶曲。此情此景，让人很容易联想到白居易所写的《琵琶行》。一句"可知道司马和愁听"，扣合的又肯定是当年江州司马白居易"同是天涯沦落人"的悲慨。

月光重新明亮了起来，作者却陷入了借酒浇愁后更深重的愁苦中。这时候，客人从酒醉中醒来，就要登船上路了……

【曲评】

浔阳江之作正可谓以古人之酒杯浇自己之块垒也。

拨不断

——马致远

立峰峦，脱簪冠，夕阳倒影松阴乱。太液澄虚月影宽[1]，海风汗漫云霞断[2]。醉眠时小童休唤。

注释

①太液：池名，此借指天空清明辽阔的样子。②汗漫：漫无边际。

【赏析】

置身于峰峦之上，解去了簪冠的束缚，在散乱的松荫里饮酒、看夕阳。待到长风吹走了云霞，清澄的天空中出现了饱满的明月，自己也已经酣醉，那便就地而眠，并且嘱咐小童不要唤起。隐者生活的悠闲惬意，隐者心境的空明自在，尽在此曲清新淡雅的几行语句当中。

【曲评】

（马致远）其词典雅清丽，可与《灵光》《景福》而相颃颉，有振鬣长鸣，万马皆喑之意。

——《太和正音谱》

蟾宫曲　叹世

——马致远

咸阳百二山河①，两字功名，几阵干戈。项废东吴②，刘兴西蜀③，梦说南柯。韩信功兀的般证果④？蒯通言那里是风魔⑤？成也萧何，败也萧何⑥，醉了由他。

注释

①百二山河：极言山河之险固。②项废东吴：指项羽兵败。项羽起兵吴中，率八千子弟兵逐鹿天下。及至兵败乌江，吴中子弟已无一人生还。③刘兴西蜀：指刘邦以巴蜀之地为根基，逐步统一天下。④兀的：怎的。证果：结果。⑤蒯通：即蒯彻。他是韩信幕下谋士，曾劝韩信起兵反叛刘邦，自己统一天下。⑥成也萧何，败也萧何：指当初举荐韩信的是萧何，后来助吕后设计杀韩信的也是萧何。

【赏析】

此曲通过列举一个个历史故事来表达作者对古往今来为功名奔波劳碌、争斗断杀者的叹惋之情，对人情翻云覆雨，仕途险恶多灾的嘲弄之情，以及自己放任自适、不与世事的超脱情怀。

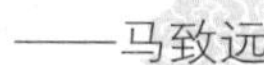

天净沙　秋思

——马致远

枯藤老树昏鸦①，小桥流水人家。古道西风瘦马②。夕阳西下，断肠人在天涯。

注释

①昏鸦：黄昏归巢的乌鸦。②古道：古老的驿道。

【赏析】

一边是“枯藤老树昏鸦”的凄凉景色，一边是“小桥流水人家”的温煦氛围，而当骑在瘦马上的游子从荒郊古道上憔悴而来，两般景物分别代表的眼下境况与思归情绪便已分明。境遇如此凄凉，归心更加强烈，夕阳西下时，游子肠断，独立天涯……

【曲评】

前三对，更“瘦马”二字去上，极妙。秋思之祖也。

——《中原音韵》

寥寥数语，深得唐人绝句妙境。有元一代词家，皆不能办此也。

——《人间词话》

夜行船　秋思[套数]（节选）

——马致远

百岁光阴一梦蝶[①]，重回首往事堪嗟。今日春来，明朝花谢，急罚盏夜阑灯灭[②]。

[乔木查]想秦宫汉阙，都做了衰草牛羊野。不恁么渔樵没话说。纵荒坟横断碑，不辨龙蛇[③]。

[庆宣和]投至狐踪与兔穴[④]，多少豪杰。鼎足虽坚半腰里折[⑤]，魏耶？晋耶？

[落梅风]天教你富，莫太奢，没多时好天良夜。富家儿更做道你心似铁[⑥]，争辜负了锦堂风月[⑦]。

[风入松]眼前红日又西斜，疾似下坡车。不争镜里添白雪，上床与鞋履相别[⑧]。休笑巢鸠计拙[⑨]，葫芦提一向装呆[⑩]。

[拨不断]利名竭，是非绝。红尘不向门前惹，绿树偏宜屋角遮，青山正补墙头缺；更那堪竹篱茅舍。

[离亭宴煞]蛩吟罢一觉才宁贴[⑪]，鸡鸣时万事无休歇。何年是彻？看密匝匝蚁排兵，乱纷纷蜂酿蜜，急攘攘蝇争血。裴公绿野堂[⑫]，陶令白莲社[⑬]。爱秋来时那些：和露摘黄花，带霜烹紫蟹，煮酒烧红叶。想人生有限杯，浑几个重阳节？人问我顽童记者[⑭]：便北海探吾来[⑮]，道东篱醉了也！

注释

①梦蝶：用庄周梦蝶典，喻时光荏苒恍如一梦。②罚盏：罚酒。夜阑：夜深。③龙蛇：指墓碑上的字迹。④狐踪与兔穴：指墓地已成为狐兔出没安家的地方。⑤鼎足：指三国时魏、蜀、吴三国鼎立。⑥更做道：即便是，即使是。⑦锦堂：泛指华丽的住宅。风月：清风明月。⑧上床句：喻死去，意谓鞋脱下来就再也穿不上了。⑨巢鸠计拙：相传斑鸠性拙，不善筑巢，常借鹊巢而居之。⑩葫芦提：糊涂。⑪蛩（qióng）：蟋蟀。宁贴：安稳，舒适。⑫裴公：指唐代杰出政治家裴度，他晚年于洛阳府第中筑“绿野堂”，退官隐居。⑬白莲社：晋代名僧慧远发起，曾邀陶渊明参加。⑭记者：记着。⑮北海：东汉末的北海太守孔融，生性好客，常常是宾客盈门。此处是作者自指所居之地。

【赏析】

此曲是元代散曲的名篇，更是马致远散曲的代表作。起首感慨光阴如梭，人生如梦，往事堪叹。继而细数俗世沧桑：“秦宫汉阙”变成了“衰草牛羊野”，豪杰墓上遍布了“狐踪与兔穴”，三国鼎立半腰里折，如今的人们更忘了魏晋之际的纷杂往事。既然事业功名终是过眼烟云，作者劝人莫要吝惜钱财，辜负了本来不多的好天良夜。他再谈光阴似箭，人生无常，推崇难得糊涂、淡薄功名、远离是非的生活态度，冷眼看那“蚁排兵”“蜂酿蜜”“蝇争血”似的经营与纷争，极力赞颂归隐田园后“摘黄花”“烹紫蟹”“烧红叶”的悠然自得生活。结尾叹喟人生有限、良辰无多，决意切断尘缘，杜门谢客，从此徜徉在酒乡梦境之中。

【曲评】

马致远“百岁光阴”，放逸宏丽，而不离本色。押韵尤妙。长句如“红尘不向门前惹，绿树偏宜屋角遮，青山正补墙头缺”，又如“和露摘黄花，带霜烹紫蟹，煮酒烧红叶”，俱入妙境。小语如“上床与鞋履相别”，大是名言。结尤疏俊可咏。元人称为第一，真不虚也。

——《曲藻》

若散套虽诸人皆有之，唯马东篱“百岁光阴”，张小山“长天落彩霞”为一时绝唱，其余俱不及也。

——《顾曲杂言》

后庭花

——赵孟頫

清溪一叶舟，芙蓉两岸秋[1]。采菱谁家女，歌声起暮鸥。乱云愁，满头风雨，戴荷叶归去休[2]。

注释

①芙蓉：指木芙蓉。②休：语助词。

【赏析】

清清的溪流，荡漾着一叶小舟，美丽的木芙蓉，点缀着两岸的清秋。谁家的采菱姑娘，唱起婉转悠扬的采菱歌，歌声惊起了暮色中的水鸥。乱云堆积，忽而风雨骤起，采菱姑娘头戴荷叶，心意急切地向回奔走。

【曲评】

赵孟頫不愧为一代绘画大师，这一首小令，便体现着清新柔婉的画意诗情。它还为我们带来了采菱女的悠扬歌声，描绘出风雨突来时她头顶荷叶仓促归去的生动景象，让我们得以随着作者的目光发现和感受生活细节里的美好和情趣。

十二月过尧民歌　别情

——王实甫

自别后遥山隐隐，更那堪远水粼粼[1]。见杨柳飞绵滚滚[2]，对桃花醉脸醺醺。透内阁香风阵阵[3]，掩重门暮雨纷纷。

怕黄昏忽地又黄昏，不销魂怎地不销魂。新啼痕压旧啼痕，断肠人忆断肠人。今春，香肌瘦几分？搂带宽三寸[4]。

注释

①粼（lín）粼：形容水流清澈的样子。②飞绵：即柳絮。③内阁：指闺房。④搂带：即腰带。

【赏析】

自别后，常常顺着你走时的方向远望，群山隐隐，更有远水粼粼，让人不胜忧伤。春天来时，柳絮纷飞，桃花红艳如醉，然而不论是晴日香风阵阵的闺阁内，还是阴时暮雨纷纷的深院中，我总是孤孤单单。害怕黄昏到来，但它总来得如此快，不愿忧伤，但却不能自已地忧伤起来；旧泪不曾干，新泪又落下。

你在旅途中凄凉，我在守候中肠断，这春天来时，我的肌体瘦了几分，衣带宽了三寸。

【曲评】

此曲是王实甫仅存的一首小令，对仗工整，情意浑厚，让我们深切感受到女主人公孤独而饱受相思煎熬的生活。

普天乐

——滕宾

柳丝柔，莎茵细[1]。数枝红杏，闹出墙围。院宇深，秋千系。好雨初晴东郊媚，看儿孙月下扶犁。黄尘意外[2]，青山眼里，归去来兮[3]。

注释

①莎（suō）：即莎草，地下的块根称“香附子”。②黄尘：指纷扰繁杂的人世。意外：不放心上。③归去来兮：陶渊明弃官归隐，曾作《归去来兮辞》。

【赏析】

柳枝柔软，芳草纤嫩，红杏枝头呈现出一派热闹喜人的春意；深静的庭院里，闲挂着女子游戏的秋千。春光旖旎，既妩媚多姿又不失娴雅风致，的确让人陶醉。一场春雨过后，作者前往城东郊野去感受雨后初晴的清新与明媚，他面对青山放飞心情，在月下看儿孙们扶犁种田，超然世外，一身清爽。曲以“归去来兮”收尾，那首千百年来一直被奉为隐者之歌的《归去来兮辞》，看来正可以表达作者的心志。

叨叨令　道情

——邓玉宾

想这堆金积玉平生害，男婚女嫁风流债。鬓边霜头上雪是阎王怪，求功名贪富贵今何在？您省的也么哥[1]，您省的也么哥？寻个主人翁早把茅庵盖。

注释

①省（xǐng）的：省得，即醒悟。也么哥：语助词，无义。

【赏析】

在作者看来，“堆金积玉”是害，“男婚女嫁”是债，“求功名贪富贵”到头来只落得“鬓边霜头上雪”，被阎王责怪，还不如隐身山林茅庵，摒弃财色诱惑，归真返璞，求得一生的平安。

【曲评】

这首小令言简意赅，语风明快，“您省的也么哥”之叠唱，强化了情感表达，警醒有力。

鹦鹉曲　赤壁怀古

——冯子振

茅庐诸葛亲曾住，早赚出抱膝梁父[1]。笑谈间汉鼎三分[2]，不记得南阳耕雨[3]。叹西风卷尽豪华，往事大江东去。彻如今话说渔樵[4]，算也是英雄了处。

注释

①梁父：即《梁父吟》，相传诸葛亮生前最喜吟此曲。②汉鼎：鼎在古代是国家重器，象征着帝业，汉鼎即指汉家天下。三分：指魏、蜀、吴三分天下。诸葛亮未出茅庐之前便预言了天下三分的局面。③南阳：诸葛亮出山之前隐居于襄阳城西的隆中。④彻：直至。

【赏析】

三顾茅庐的故事历来为人们所传颂，诸葛亮对于蜀汉的“鞠躬尽瘁，死而后已”也让世代的为人臣者泪洒衣襟，然而作者却对这些另有看法。他把刘备三顾茅庐请诸葛称为“赚”，强调此举的“诓骗”味道，他对诸葛亮一心用世颇有微词，惋惜其忘记了从前“南阳耕雨”的自在闲雅。后四句慨叹历史上的英雄豪杰、丰功伟业，到如今都如风卷残云、大江东去，成了渔父樵夫闲谈的话题。文章宣扬功名如土、世事如梦，反映出作者的虚无主义思想。其排斥一切功业、极力推崇隐逸生活的背后，蕴藏的实际上是深深的不平之气。

寿阳曲　答卢疏斋

——朱帘秀

山无数，烟万缕，憔悴煞玉堂人物[1]。倚篷窗一身儿活受苦[2]，恨不得随大江东去。

注释

①玉堂人物：指卢挚。宋以后翰林院也称玉堂，卢挚曾任翰林学士，故称。②篷窗：船窗。

【曲评】

唐宋以来有些歌妓，以擅长文艺著名，得到一些诗人名士的欣赏。但由于地位悬殊，双方的感情得不到社会的承认。朱帘秀与卢疏斋这两支曲子，反映了这种思想上的苦闷。

——《元散曲选注》

【赏析】

“山无数，烟万缕，憔悴煞玉堂人物”，与卢挚相隔遥远的朱帘秀在看过他那“空留下半江明月后”的词句后深为感动，她好像看到了卢挚那因为相思而变得憔悴的面容，心中早已是柔情无限。但她继而清醒地意识到，自己只是一个青楼女子，过着漂泊不定、饱受煎熬的非常生活，虽有不负相思意的心思，却没有终成眷属的可能，更不知这卖艺卖笑的痛苦生活何时才能结束。悲伤之下，她恨不得投入江中，随大江东去，从此了却尘缘，脱离苦海。

塞鸿秋　代人作

——贯云石

战西风几点宾鸿至[1]，感起我南朝千古伤心事。展花长笺欲写几句知心事[2]，空教我停霜毫半晌无才思[3]。往常得兴时，一扫无瑕疵[4]。今日个病恹恹刚写下两个相思字[5]。

注释

①战：通“颤”，发抖。宾鸿：指依节气而南来北往行如宾客的大雁。②花笺（jiān）：精美的信纸。③霜毫：指毛笔。④一扫：一挥而就。瑕疵（cī）：原指玉器上的斑点，此借指作品的缺陷。⑤病恹（yān）恹：精神萎靡不振的样子。

【赏析】

大雁南飞感起了作者的“南朝千古伤心事”。何谓“南朝千古伤心”？盖指庾信之人已去，而其羁滞他乡的境遇，思念故土的苦情，千载之下又在自己身上重演。作者展开花样信纸，想为家中爱人写上几句知心的话语，哪知执笔多时却没有才思。平日兴致来时，他写诗作文都能一挥而就，而眼下却是万语千言无从谈起。离别太久，别情太浓，自然难寻文字以为承载，恹恹半日，他只写下“相思”二字。

【曲评】

此调衬字虽多，而气势颇盛。从上文一路倾泻而来。末句似非如此作十四字收束不住。

——《作词十法疏证》

红绣鞋　痛饮

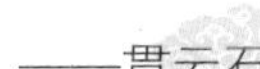

——贯云石

东村醉西村依旧，今日醒来日扶头。直吃得海枯石烂恁时休[1]。将屠龙剑、钓鳌钩，遇知音都去做酒。

注释

①恁（nèn）时：那时。

【赏析】

作者似乎是个完完全全的酒徒，他走东村串西村都只为酒，“醒来日扶头”之后还要“吃得海枯石烂”才肯罢休。宝中之宝的“屠龙剑”“钓鳌钩”对他来讲毫无意义，当遇到知音时不惜全去换了酒。人之所以痛饮，常因心中有块垒梗塞，而作者痛饮至此，足见其颓放背后实是另有隐衷。

蟾宫曲　送春

——贯云石

问东君何处天涯[1]？落日啼鹃，流水落花。淡淡遥山，萋萋芳草，隐隐残霞。随柳絮吹归那答？趁游丝惹在谁家[2]？倦理琵琶，人倚秋千，月照窗纱。

注释

①东君：春神。②趁：追逐。惹：沾落。

【赏析】

问起春天归于天涯何处，落日中听杜鹃，看落花随流水，遥望淡淡远山、萋萋芳草、隐隐残霞。情不自禁地再问道春天你到底去了何处，你由柳絮相伴，与游丝共舞，飞到了这个世界的什么地方？但没有回应，她心不在焉地调试着琵琶，或是倚着秋千凝神伫立，人归院静时，月光洒满了她的窗纱。

【曲评】

一幅幅暮春画面，一丝丝淡淡感伤，总是一种无可奈何的惜春情绪。

清江引　惜别

——贯云石

若还与他相见时，道个真传示：不是不修书，不是无才思，绕清江买不得天样纸！

【赏析】

如果非得用天一样的纸才能将一种情思写尽，那么这种情思必然是深广无边的。作者托人带话给自己的远方爱人说：“不是我不写信，我也并不是没有话说，只是我绕遍了清江，也找不出像天一样的纸。”那么他对她的情感与思念，自然也是深厚得无法衡量的。

【曲评】

云石翩翩公子，所制乐府套数，俊逸为当行之冠。

——《乐府私语》

殿前欢

——贯云石

怕秋来，怕秋来秋绪感秋怀。扫空阶落叶西风外。独立苍苔，看黄花谩自开。人安在？还不彻相思债[1]。朝云暮雨，都变了梦里阳台[2]。

注释

①彻：清。②阳台：楚襄王与巫山女神欢会的地方。

【赏析】

此曲写的就是一位思妇被秋天的到来触动的愁怀。女子害怕秋天的到来，因为悲秋的情绪随之而来，也将触动她秋天里对离人加倍的思念。一阵阵秋风吹来，扫净了台阶上的落叶，她独立苍苔，看菊花谩自盛开。

问起“他在哪里”，今生今世，还不完这相思情债。女子回味着从前的云情雨意，伤叹与他的一切都变做了梦里阳台。

【曲评】

此曲以景写情，凄恻动人。“朝云暮雨,都变了梦里阳台”一句，将思妇那既不忍回首往日恋情，又难以期待旧情重续的悲凉心态表现得含蓄熨贴，留给人无穷回味。

普天乐　潇湘夜雨

——鲜于必仁

白蘋洲[1]，黄芦岸。密云堆冷，乱雨飞寒。渔人罢钓归，客子推篷看。浊浪排空孤灯灿[2]，想鼋鼍出没其间[3]。魂消闷颜，愁舒倦眼，何处家山？

注释

①蘋（pín）：浮萍。②浊浪排空：语本范仲淹《岳阳楼记》。③鼋（yuán）：大鳖。鼍（tuó）：扬子鳄。

【赏析】

小洲畔遍生白蘋，两岸边黄芦茂密，云层堆叠，天色阴暗，乱雨飘洒。江上渔舟尽皆回归，客子推开篷窗向外观看。江面上巨浪滔天，客船一灯独明……

画卷带给作者强烈感受，他想象“鼋鼍出没其间”，产生了客子思归的忧愁与怅然。

【曲评】

元曲中不乏咏画之作，但多注重画面风光，少有人深入体会图画内涵，言说观画感受。此曲妙在写意传神，将图画所要表达的情绪浓缩了出来，让读者身临画境。

折桂令　卢沟晓月

——鲜于必仁

出都门鞭影摇红[1]。山色空濛[2]，林景玲珑。桥俯危波[3]，车通远塞[4]，栏依长空。起宿霭千寻卧龙[5]，掣流云万丈垂虹。路杳疏钟，似蚁行人，如步蟾宫[6]。

注释

①鞭影摇红：形容鞭上的红缨在挥动时划出道道红影。②空濛（méng）：细雨迷茫的样子。③危波：汹涌的波涛。④远塞：远方的关塞。⑤宿霭：隔夜的云雾。千寻：形容极长。古以八尺为一寻。⑥蟾宫：即月宫。

【赏析】

“卢沟晓月”是“燕京八景”之一，此曲正好让我们得以领略其风貌。当日的卢沟桥是出入京都的门户，每天拂晓，不等天光大亮，桥上便已有了熙熙攘攘的行人车马，因为在昼夜交替之际，月亮的余光在这里是最明亮的。“卢沟晓月”不仅因为月光而声名远播，还因为卢沟桥美丽恢弘的姿态，以及远山、近水、玲珑树影、茫茫晨曦、蒙蒙朝雾共同构成的迷人景象，而这一首曲，便将此般种种写得惟妙惟肖、宛然若见。

朱履曲　警世

——张养浩

才上马齐声儿喝道[1]，只这的便是送了人的根苗[2]。直引到深坑里恰心焦[3]。祸来也何处躲？天怒也怎生饶[4]？把旧来时威风不见了。

注释

①喝道：古代官吏出行，前面有开道的仆从，呼喊着让行人回避。②这的：这个。送：葬送。根苗：起因，原因。③恰：才。④怎生：怎样。

【赏析】

一朝得志，便开始肆意炫耀、作威作福，得意忘形之下，他又怎会想到今日的富贵荣华中实已是祸端暗藏？直至有朝一日祸到临头，他才发现自己是积重难返，焦急得俨如热锅上的蚂蚁，早没了往日的威风。

此曲旨在劝诫人们任何时候都不要忘乎所以，告诉人们官场的险恶情形，语重心长，发人深省。

山坡羊　潼关怀古

——张养浩

峰峦如聚，波涛如怒，山河表里潼关路[1]。望西都[2]，意踌蹰[3]。伤心秦汉经行处，宫阙万间都做了土。兴，百姓苦！亡，百姓苦！

注释

①山河表里：指潼关西近华山，北据黄河，形势非常险要。②西都：指长安（今西安）。③踌蹰（chú）：此指思绪起伏。

【赏析】

来到潼关，群峰如聚，波涛如怒，形势十分险要。作者遥望古都长安，心潮起伏，感慨万千。他感慨华丽恢弘的秦宫汉阙都已灰飞烟灭，感慨眼前赤地千里、饥民遍野的凄惨景象，并由此而引发悲叹。悲叹并非为霸秦强汉转眼焦土，而是因为无论怎样改朝换代，百姓却总要罹难受苦。

【曲评】

百姓们在一朝兴起后常要遭受冻饿劳役之苦，而在一朝将亡时更要受到战祸的荼毒。这首小令遣词精辟，情感强烈，“兴，百姓苦！亡，百姓苦”的呼号，无疑是元代散曲中的最强音，体现着张养浩关心民生的真情结。

最高歌兼喜春来

——张养浩

诗磨的剔透玲珑，酒灌的痴呆懵懂[1]。高车大纛成何用[2]，一部笙歌断送。金波潋滟浮银瓮[3]，翠袖殷勤捧玉钟[4]。对一缕绿杨烟，看一弯梨花月，卧一枕海棠风。似这般闲受用[5]，再谁想丞相府帝王宫？

【赏析】

诗琢磨锤炼得玲珑剔透，酒要喝到痴呆懵懂。纵然高车大旗又有何用？最后不过为一部送殡之歌所打发。佳人在侧，作者手持着酒光荡漾的银杯“对一缕绿杨烟，看一弯梨花月，卧一枕海棠风”。陶醉在这样散诞闲适的生活里，他对仕途功名的惦念自然而然地淡化无踪。

注释

①懵（měng）懂：头脑不清楚。②大纛（dào）：大旗。③金波：指美酒。潋（liàn）滟（yàn）：形容水盈溢的样子。④玉钟：精美的酒盅。⑤闲受用：随意地享受。

【曲评】

此曲通过描述以诗酒美人相充实之生活的闲适和惬意反衬高官显爵的毫无意义，传递出作者对于人生的参悟，对于功名仕途的淡泊之情。全曲文词清丽而流畅，情感旷达而洒脱，可见作者的风格品质。

雁儿落兼得胜令　退隐

——张养浩

云来山更佳，云去山如画。山因云晦明①，云共山高下。倚杖立云沙，回首见山家。野鹿眠山草，山猿戏野花。云霞，我爱山无价。看时行踏②，云山也爱咱③。

注释

①晦：昏暗。②行踏：往来走动。③咱（zá）：我。

【赏析】

饱览了宦海风云、人生艰难的张养浩回到了云山的怀抱。他喜欢观赏云与山互相映衬而又各具风致的美丽，喜欢伫立在云彩环绕的沙丘，回看山间的人家，看野鹿在山草丛中酣睡，看山猿嬉戏在山花之间。张养浩对云霞说：我喜爱这山色无价，会选择好时光来这里漫游行踏。他也感到云山温柔的回应，感到云与山也深深地喜爱着自己。

【曲评】

此曲让我们感受到了作者与云山共徘徊的悠然情致，了解到他满含童趣的细致观察。他把对大自然感情移为自然对自己感情，充分表现了他与大自然的契合无间和对大自然的无限热爱。

水仙子　咏江南

——张养浩

一江烟水照晴岚①，两岸人家接画檐。芰荷丛一段秋光淡②。看沙鸥舞再三，卷香风十里珠帘③。画船儿天边至，酒旗儿风外飐④，爱杀江南！

注释

①岚：山林中的雾气。②芰（jì）荷：出水的荷。③卷香风句：化用唐杜牧诗《赠别》中"春风十里扬州路，卷上珠帘总不如"句意。④飐（zhǎn）：随风飘动。

【赏析】

江南如画的景色和柔美的女子从来都让文人们为之魂牵梦绕，作者生长在北国，此次来到江南，是地的种种风物人情自然让他大开眼界。本来，对于秋之清爽怡人的了解，作者是并不缺乏的，但此地所以能让他为之陶醉并感叹不已，都是因为江南秋色在清爽怡人中又多了旖旎的风姿，温暖的人情味，少了些寒冷萧瑟。看着从天边驶来的小舟，让心情随着风中的酒旗一同舒展，摇摆，这时候，作者感觉到从未有过的畅快和惬意，他不由得满怀热情地自言自语道："爱杀江南！"

折桂令　中秋

——张养浩

一轮飞镜谁磨[1]？照彻乾坤，印透山河。玉露泠泠[2]，洗秋空银汉无波。比常夜清光更多，尽无碍桂影婆娑[3]。老子高歌，为问嫦娥：良夜恹恹[4]，不醉如何？

注释

①飞镜：喻月亮。②泠泠：形容清凉的样子。③桂影：古时传说月中有桂树和宫阙，故古人认为月中的暗影是它们的影子。④恹（yān）恹：精神不振貌。

【赏析】

中秋之夜，玉露泠泠，秋空如洗，银河无波。明亮的月光把大地山河都照个透彻，月中桂影清晰可见，更反衬出月光的澄澈。如此美好的夜色，作者胸怀尽敞，畅快非常，他放情高歌，问询嫦娥：长夜寂寂，不醉如何？

【曲评】

前面姚燧以辛弃疾《太常引·建康中秋为吕书潜赋》作底子写出情思迥异的《黑漆弩》，张养浩则复将辛词加以翻演，写出了这篇咏中秋的《折桂令》，抒发的则是自己面对朗月的一番豪兴。辛氏的“斫去桂婆娑，人道是、清光更多”意在扫除有碍光明之物，寄意深远；姚氏的“更何消斫桂婆娑，早已有吴刚挥斧”则重在增添意趣，下笔诙谐；而张养浩的“比常夜清光更多，尽无碍桂影婆娑”则是在抒写心中快意。

沉醉东风

——张养浩

班定远飘零玉关[1]，楚灵均憔悴江干[2]。李斯有黄犬悲[3]，陆机有华亭叹[4]，张柬之老来遭难[5]。把个苏子瞻长流了四五番[6]。因此上功名意懒。

注释

①班定远：即班超，封定远侯。他壮年时出镇西域，年老后思归心切，曾上奏章说：“臣不敢望到酒泉郡，但愿生入玉门关。”玉关：玉门关。②楚灵均：即屈原，字灵均。秦破楚都郢后，他怀着亡国的悲痛，在汨罗江怀石投江。③李斯：秦丞相，遭谗被杀。临刑前，他懊悔地对儿子说：“吾欲与汝复牵黄犬俱出上蔡东门逐狡兔，岂可得乎？”④陆机：西晋文学家，遭谗被杀，死前有“华亭鹤唳”之叹。⑤张柬之：唐武则天时宰相，老年时受武则天侄儿武三思排挤，贬官后愤疾而死。⑥苏子瞻：即苏轼，他因受党争牵连，大半生处于贬谪、流放当中。

【赏析】

此曲一气列举了六位历史人物的仕途悲剧，援古证今，旨在说明仕途险恶，自己对追求功名已是心灰意懒。

一枝花 咏喜雨[套数]

——张养浩

用尽我为民为国心，祈下些值玉值金雨。数年空盼望，一旦遂沾濡[1]，唤省焦枯[2]。喜万象春如故，恨流民尚在途。留不住都弃业抛家，当不的也离乡背土[3]。

恨不得把野草翻腾做菽粟[4]，澄河沙都变化做金珠[5]。直使千门万户家豪富，我也不枉了受天禄[6]。眼觑着灾伤教我没是处[7]，只落的雪满头颅[8]。

青天多谢相扶助，赤子从今罢叹吁[9]。只愿的三日霖霪不停住[10]。便下当街上似五湖，都渰了九衢[11]，犹自洗不尽从前受过的苦。

注释

①沾濡（rú）：沾湿，浸湿。②省：醒。③当不的：挡不住。④菽（shū）粟：泛指粮食。⑤澄：洗净。⑥天禄：指朝廷的俸禄。⑦觑（qù）：瞧、看。没是处：没办法。⑧雪：指白发。⑨赤子：老百姓。⑩霖霪（yín）：连绵的大雨。⑪九衢：四通八达的道路。

【赏析】

起首两句“用尽我为国为民心，祈下些值金值玉雨”，是作者心愿与作为的真实写照。大旱几年，终于盼来降雨，万物复苏，灾情得到缓解。但作者仍旧心事重重，因为百姓还在颠沛流离、背井离乡之中。他“恨不得把野草翻腾做菽粟，澄河沙都变做金珠，直使得千门万户家豪富”，希望天下苍生都能丰衣足食、安居乐业，但力量有限，所以一筹莫展，无奈伤叹。所幸雨来，作者祈祷甘霖三日不住，灌溉那干涸的大地，抚慰受苦的生灵；但他知道，即便大雨滂沱，也冲刷不去广大民众心底的创伤。

【曲评】

此曲反映了作者关心民瘼、愿民安泰的博大而无私的胸怀，强烈的责任感与对民众深深的感情都是令人赞叹和感动的。

鹦鹉曲　渔父

——白贲

侬家鹦鹉洲边住[1]，是个不识字渔父。浪花中一叶扁舟，睡煞江南烟雨[2]。觉来时满眼青山[3]，抖擞绿蓑归去。算从前错怨天公，甚也有安排我处[4]。

注释

①侬（nóng）家：我家。鹦鹉洲：在湖北汉阳县西南长江中。②睡煞：沉睡不醒。③觉来时：醒来时。④甚：实在。

【赏析】

作者在此曲中以渔父自居，抒写了隐逸生活的舒放与惬意。这位渔父住在芳草萋萋的鹦鹉洲头，驾渔舟出没在滔滔浪里。他在江南蒙蒙的烟雨中酣然入梦，醒来时观赏天晴后满眼的青山。他抖抖蓑衣上的雨珠踏上归程，不再怨天尤人，而是用心享受上天为自己安排的绝佳归宿。

【曲评】

唐人张志和的《渔父词》云："西塞山前白鹭飞，桃花流水鳜鱼肥。青箬笠、绿蓑衣，斜风细雨不须归。"恰与无咎此曲旨趣相似，惟不同者，便在白作措语豪放尽情，张诗质朴不华，正是词曲境界的分野线。

——《中国散曲史》

塞鸿秋

——郑光祖

雨余梨雪开香玉，风和柳线摇新绿[1]。日融桃锦堆红树[2]，烟迷苔色铺青褥。王维旧画图，杜甫新诗句。怎相逢不饮空归去?

注释

①柳线：柳枝。②日融：阳光温暖和煦。桃锦：桃花烂漫如锦。

【赏析】

此曲描绘春日郊外的景色。作者以铺叙笔法展现初春原野的迷人景象：雪白的梨花在雨后绽放，柔嫩的柳枝在风中摇曳，如锦的桃花开满了枝头，青青苔色与烟光融在一起。春天的美丽让作者无法用再用详尽的语言来描绘，他只能用"王维旧画图，杜甫新诗句"来加以概括。王维是公认的绘画大师，他的画"画思入神"，极具感染力；杜甫是千古诗圣，其诗写景以"清词丽句"著称。王维画，杜甫诗，可想而知，景色到了绝佳的境界。尾句"怎相逢不饮空归去"与前面的铺排相比，显得有些突兀，但这正是作者对于春天极大热爱的体现，激动之情尽显无遗。

蟾宫曲　梦中作

——郑光祖

半窗幽梦微茫[1]，歌罢钱塘[2]，赋罢高唐[3]。风入罗帏，爽入疏棂[4]，月照纱窗。缥缈见梨花淡妆，依稀闻兰麝余香。唤起思量，待不思量，怎不思量？

注释

①半窗：指窗光半明半暗。②歌罢钱塘：《春渚纪闻》载，宋人司马才仲于洛阳昼寝，一美人入梦而歌曰："妾本钱塘江上住，花落花开，不管流年度。燕子衔将春色去，纱窗几阵黄梅雨。"此句指美人入梦。③高唐：宋玉《高唐赋》言楚襄王曾与巫山神女幽会，神女辞别时说自己"旦为朝云，暮为行雨"。④棂（líng）：窗户框。

【赏析】

此曲写作者回味梦境的一幕。梦境中与美人相会总是甜美的，但梦醒时总免不了有"巫山云雨"后淡淡的忧伤。清风徐徐吹入罗帷，月光静静照在纱窗上，梨花淡妆的美人还在眼前恍惚，她襟袖上的兰麝幽香还在空气中荡漾。虽然梦境已过，然而梦中的时时刻刻依旧牵动着作者的柔肠。回味梦中的快乐悲伤，真叫他"待不思量，怎不思量"。

【曲评】

小令清丽芊绵，自成馨逸，将一场幽梦之后那再难平息的思绪表现得细腻婉曲，甚是动人。

寄生草　酒

——范康

常醉后方何碍，不醉时有甚思？糟腌两个功名字[1]，醅淹千古兴亡事[2]，曲埋万丈虹霓志[3]。不达时皆笑屈原非[4]，但知音尽说陶潜是。

注释

①糟腌：用酒糟腌制。②醅（pēi）：未滤过的酒。③曲：酒母。④达：通达，显达。

【曲评】

"糟腌两个功名字"，浑中奇语也。

——《曲藻》

【赏析】

作者是一个深得酒的好处的人。对于他来说，长醉不醒与世无碍，不醉的时候反而无所适从。有了酒他可以忘却功名二字，有了酒千古的兴亡事便与他无关，在酒里他可以放弃自己的万丈虹霓志。对于沉溺于酒的解释，作者这样说：不得志的时候大家都不会赞同屈原的做法，为守忠贞而负石投江。其实和我志同道合的人们都知道还有一条路可以走，那就是远离世俗樊笼，早早地如陶潜一样弃官归隐，醉情酒中。

寄生草 色

——范康

花尚有重开日，人决无再少年。恰情欢春昼红妆面，正情浓夏日双飞燕，早情疏秋暮合欢扇[①]。武陵溪引入鬼门关[②]，楚阳台驾到森罗殿[③]。

注释

①合欢扇：即团扇。因为团扇为夏天所用，秋天就被收起，所以古人常用团扇喻失宠的女子。②武陵溪：晋陶渊明《桃花源记》中记述了武陵溪边的世外桃源，此处引来喻环境优美、无忧无虑的所在。③楚阳台：宋玉《高唐赋》中神女居处。森罗殿：阎王殿。

【赏析】

此曲论色。与前一篇的咏酒有所不同，对于色作者完全是持否定态度。曲的开头就引用“花有重开日，人无再少年”的俗谚来说明光阴珍贵有限。继而又用“春昼红妆面”，“夏日双飞燕”，“秋暮合欢扇”三组物象，描述了从“情欢”“情浓”直至“情疏”的完整过程，暗示人们不要沉溺于男女情爱，免得落一个身心俱伤。末两句以“武陵溪”“楚阳台”与“鬼门关”“森罗殿”对举，当头棒喝，疾呼贪色亡身，发人深省，让人过目不忘。

喜春来 未遂

——曾瑞

功名希望何时就？书剑飘零甚日休[①]！算来着甚可消愁[②]？除是酒。醉倚仲宣楼[③]。

注释

①甚：何。②着甚：用什么。③仲宣楼：王粲字仲宣，“建安七子”之一。他因避董卓之乱而南下襄阳投靠刘表，在襄阳十五年未被重用，曾作《登楼赋》抒发胸中愤懑之情。后人在襄阳城内东南角建“仲宣楼”以为纪念。

【赏析】

据《录鬼簿》记载，曾瑞“神采卓异”，“洒然如神仙中人”。还说他“志不屈物，故不愿仕”。然而这样的一个人也要发出“功名希望何时就？书剑飘零甚日休”的慨叹，可见“不愿仕”是假，无路求仕才是真。作者故而要以“未遂”为题抒发有志难伸之恨，要承袭酒可解忧之道以浇胸中块垒。想有元一代，此般情节何尝不是遍布于莘莘儒子之中！

四块玉　酷吏

——曾　瑞

官况甜①，公途险②。虎豹重关整威严③，仇多恩少人皆厌。业贯盈④，横祸添，无处闪。

注释

①官况甜：官运亨通。②公途：即仕途。③虎豹重关：喻指酷吏的官衙。④业贯盈：即恶贯满盈。业：罪孽。

【赏析】

酷吏们整天以苛刻为能，以严酷为公正，在大批的无辜之人枉受折磨杀戮的同时，他们却因此而加官晋爵、步步高升。殊不知仕途险恶，今天你的残酷凶狠正是明日“请君入瓮”的绝好教科，你今天的寡恩寡义正是自绝后路的最佳做法。等到恶贯满盈，横祸飞来，再想要躲避，恐怕是为时已晚。这首小令既是对酷吏们的指责和揭露，又是向他们提出的警诫和忠告，宛若当头棒喝，极具震慑力。

哨遍　高祖还乡

——睢景臣

[哨遍]社长排门告示①，但有的差使无推故②。这差使不寻俗。一壁厢纳草也根③，一边又要差夫，索应付④。又是言车驾，都说是銮舆⑤，今日还乡故。王乡老执定瓦台盘⑥，赵忙郎抱着酒葫芦⑦。新刷来的头巾，恰糨来的绸衫⑧，畅好是妆幺大户⑨。

[耍孩儿]瞎王留引定火乔男妇⑩，胡踢蹬吹笛擂鼓⑪。见一彪人马到庄门⑫，匹头里几面旗舒⑬。一面旗白胡阑套住个迎霜兔⑭，一面旗红曲连打着个毕月乌⑮。一面旗鸡学舞⑯，一面旗狗生双翅⑰，一面旗蛇缠葫芦⑱。

[五煞]红漆了叉，银铮了斧⑲。甜瓜苦瓜黄金镀。明晃晃马镫枪尖上挑⑳，白雪雪鹅毛扇上铺。这些个乔人物，拿着些不曾见的器仗，穿着些大作怪衣服。

注释

①社长：元制乡村中五十家为一社，择年高长者为社长。排门告示：即挨户通知。②但有：所有。推故：借故推托。③一壁厢：一面。纳草也根：指供给饲料。④索：须，得。⑤銮舆（yú）：指天子的车驾。⑥乡老：乡里较有地位的人物。瓦台盘：瓦制的托盘。⑦忙郎：牧童。⑧糨（jiàng）：给衣服上浆。⑨畅好是：正好是。妆幺大户：装作是有身份的阔人。⑩王留：对一般农民的通称，犹如张三、李四。火：一伙。乔男妇：不三不四的人。⑪胡踢蹬：村民的绰号。⑫一彪：一队。⑬匹头：劈头、迎头。舒：飘展。⑭白胡阑句：指皇帝仪仗中的月旗。胡阑：即“环”的复音。迎霜兔：指玉兔，传说月中有玉兔捣药。⑮红曲连句：指皇帝仪仗中的日旗。曲连：即“圈”的复音。毕月乌：

[四煞]辕条上都是马[21]，套顶上不见驴[22]。黄罗伞柄天生曲[23]。车前八个天曹判[24]，车后若干递送夫[25]。更几个多娇女[26]，一般穿着，一样妆梳。

[三煞]那大汉下的车，众人施礼数[27]。那大汉觑得人如无物[28]。众乡老展脚舒腰拜，那大汉那身着手扶[29]。猛可里抬头觑[30]，觑多时认得，险气破我胸脯。

[二煞]你身须姓刘[31]，你妻须姓吕[32]。把你两家儿根脚从头数[33]：你本身做亭长耽几盏酒[34]，你丈人教村学读几卷书。曾在俺庄东住，也曾与我喂牛切草，拽埧扶锄[35]。

[一煞]春采了桑[36]，冬借了俺粟，零支了米麦无重数。换田契强秤了麻三秤，还酒债偷量了豆几斛[37]。有甚胡突处[38]？明标着册历[39]，见放着文书。

[尾声]少我的钱差发内旋拨还[40]，欠我的粟税粮中私准除[41]。只道刘三、谁肯把你揪捽住[42]，白甚么改了姓更了名唤做汉高祖[43]！

注释

指乌鸦，传说太阳中有三足乌。⑯鸡学舞：指凤旗。⑰狗生双翅：指飞虎旗。⑱蛇缠葫芦：指蟠龙旗。⑲银铮（zhēng）：镀银。⑳马镫：指镫杖，俗称“朝天镫”。㉑辕条：连接车与驾车牲口的直木。㉒套顶：当作“套项”，驾车时套在牲口脖子上的曲木。㉓黄罗句：即帝王仪仗中所用“曲盖”。㉔天曹判：指皇帝车驾前的导驾官。㉕递送夫：指皇帝车驾后拿着各种物品伺候的随从。㉖多娇女：指随驾的嫔妃媵嫱。㉗施礼数：行礼。㉘觑（qù）：看。㉙那身：即“挪身”。㉚猛可里：猛然。㉛须：当是。㉜你妻句：刘邦之妻姓吕名雉，故云。㉝根脚：即俗语中说的“老底儿”。㉞亭长：刘邦曾任泗上亭长。耽：嗜好。㉟拽埧：拉耙耕作。㊱春采了桑：意谓春天采了俺家的桑。㊲斛（hú）：旧量器，容量本为十斗，南宋后改为五斗。㊳胡突：糊涂。㊴册历：账簿。㊵差发：当官差。也可以交钱免差，称差发钱。旋：立刻。㊶私准除：暗中批准扣除。㊷刘三：刘邦又称刘季。捽（zuó）：揪，抓。㊸白甚么：平白地为什么。

【赏析】

元代文人多有关于高祖还乡的作品，其用意在于讽刺针砭当时的统治者每年劳民伤财的出行活动。此曲起头的社长排门告示，就展现的是元代农村生活情景，作者并不避讳这些，更用随后的几句描写说出“高祖回乡”这件非同寻常的大事给人民带来的心身上的劳累，并且为观看高祖还乡这一幕找了一个特殊的视角——一位老乡的所见。

于是一切都变了形，走了样，旗仗中蟠龙飞虎变成了他眼中的“缠葫芦的蛇”，“生双翅的狗”，执仗中的金瓜、镫杖也变成了“甜瓜苦瓜黄金镀”，“明晃晃马镫枪尖上挑”，文臣武将成了“天曹判”。总之，一切对他来讲都不足为怪，好像这些都是农村常见的事物。那高高在上的皇帝在他眼中只是一位大汉，暗地里仔细观看这位大汉的长相，他是险些气破了胸脯。原来这车马景从的大汉他认识，就是原来那个嗜酒贪杯、欠账不还的乡邻刘三。作者用辛辣的语言，一扫所谓“真命天子”头上的神圣光环，通过一位曾经与刘邦共事的乡民之口，对万人之主的皇上开始了评头论足，揭露出其本来面目，于嬉笑怒骂之中完成了把皇帝拉下马、使皇帝权威扫地的神圣使命。

【曲评】

曲中所用的许多象声词和联绵字，都能很好地起着描绘的作用。

——《全元散曲简编·导言》

叨叨令　自叹

——周文质

筑墙的曾入高宗梦[①]，钓鱼的也应飞熊梦[②]。受贫的是个凄凉梦，做官的是个荣华梦。笑煞人也末哥[③]，笑煞人也末哥，梦中又说人间梦[④]。

注释

①筑墙的：指殷代的傅说。据说高宗梦得圣人，于是派人四处寻访，发现了正在劳作的傅说。②钓鱼句：《史记·齐太公世家》载，"西伯将出猎，卜之曰：所获非龙非彲非虎非罴；所获霸王之辅。"后世讹传为周文王梦飞熊而得太公望。③笑煞：笑死人。也末哥：语尾助词，无义。④白居易《读禅经》中有"言下忘言一时了，梦中说梦两重虚"。

【赏析】

此曲以人生如梦为主题，先从历史上傅说、吕尚两位贤人因帝王之梦而得举用的传说讲起，写到普通人的"凄凉梦""荣华梦"，最后归结到"梦中又说人间梦"，充分表达了作者愤世嫉俗、消极颓放的人生态度。而这种人生态度是建立在对历史、现实的清醒认识的基础上的。如不是帝王的偶然一梦，贤人就会老死江湖；凄凉、荣华，反映出的是现实的不平等。对于这些，作者只能以人生如梦自慰，笑看世象，连呼"笑煞人""笑煞人"。

折桂令　过多景楼[①]

——周文质

滔滔春水东流。天阔云休，树渺禽幽。山远横眉[②]，波平消雪[③]，月缺沉钩。桃蕊红妆渡口，梨花白点江头。何处离愁？人别层楼[④]，我宿孤舟。

注释

①多景楼：江苏古迹，在今镇江市北固山甘露寺内。②横眉：形容远处淡淡的山色。③消雪：形容江水粼粼。④层楼：高楼。

【赏析】

作者经过多景楼，山下江水滔滔，不尽东流。眼前的景色是开豁寂寥的，天阔云闲，山远波平，江树渺茫，不见飞鸟；只有江头渡口被红白相间的桃花梨花装点得生机盎然、富有春意。作者问起何处有离愁，多景楼上人们正在送别，多景楼下是他漂泊的小舟。

蟾宫曲　题金山寺

——赵禹圭

长江浩浩西来，水面云山，山上楼台。山水相连，楼台相映，天与安排。诗句成风烟动色，酒杯倾天地忘怀。醉眼睁开，遥望蓬莱[1]。一半儿云遮，一半儿烟霾。

注释

①蓬莱：传说中海上三仙山之一。

【赏析】

浩浩长江自西而来，水面上云气环抱群山，山上楼台矗立。山与水相连，楼与台相对，纵横错落，仿佛天公的精巧安排。

吟一首诗，风与烟为之动容，举起酒杯邀饮天地，天和地也似纵情忘怀。待睁开朦胧醉眼而遥看金山，分明仙山蓬莱，它一半儿被云遮盖，一半儿隐现在烟雾朦胧中。

【曲评】

这是散曲中写景的名篇，意境空阔，文字流畅，音韵优美。它融会着作者与风烟唱和、与天地共饮的万丈豪情，展示着人文景观与自然风光的绝佳契合，流转起伏之间，给人以超逸灵隽的审美感受。

绿幺遍　自述

——乔吉

不占龙头选[1]，不入名贤传。时时酒圣，处处诗禅。烟霞状元[2]，江湖醉仙。笑谈便是编修院[3]。留连，批风抹月四十年[4]。

注释

①龙头：状元的别称。②烟霞：指山水、自然。③编修院：即翰林院。④批风抹月：古代词曲多以风花雪月为题材，故称填词作曲为“批风抹月”。

【赏析】

生前，不去应科举的考选，死后，不愿进名贤的列传。时时纵情饮酒，处处吟诗悟禅。是寄情山水的状元，做浪迹江湖的醉仙！笑谈古今，赛过那编修院。无官无职，留连在山水间，批风抹月的四十年。

【曲评】

这是貌为旷达而实牢骚的说法。

——《中国俗文学史》

惜芳春　秋望

——乔　吉

千山落叶岩岩瘦，百尺危阑寸寸愁[1]。有人独倚晚妆楼。楼外柳，眉叶不禁秋。

注释

①危阑：高楼上的栏杆。

【赏析】

秋天的萧瑟，秋天的清寒，秋天的思念，在这首曲中，它们在黄叶点点、瘦削俊朗的千岩之下，它们在凄清寥落、望尽天涯的高楼上，在女子惹人怜惜、终日含愁的黛眉边。这首小令语言不多，但意境却极好，秋之冷、思之浓真切可感；这也就是我们常常说的能够“不言而言”吧。

满庭芳　渔父词

——乔　吉

携鱼换酒，鱼鲜可口，酒热扶头。盘中不是鲸鲵肉[1]，鲟鲊初熟[2]。太湖水光摇酒瓯，洞庭山影落鱼舟。归来后，一竿钓钩，不挂古今愁。

注释

①盘中不是鲸鲵（ní）肉：意思是说没有为朝廷做帮凶。鲸鲵：生活在水中的大型哺乳动物，雄的叫鲸，雌的叫鲵，古代文人习惯用来比喻叛逆人物。②鲟（xún）：鲟鱼。鲊（zhǎ）：一种用盐和红曲腌的鱼。

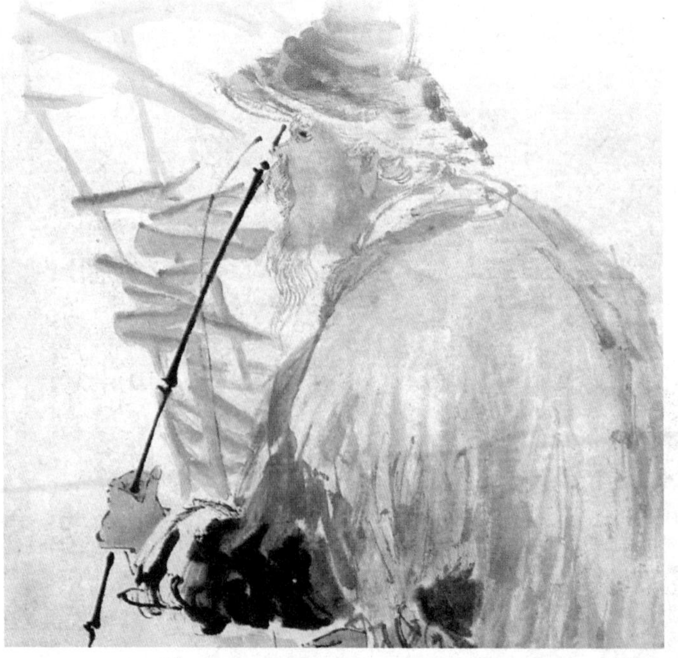

【赏析】

钓得鱼儿去换酒，鲜鱼味美多可口！热好美酒要畅饮，盘中不是鲸鲵肉，鲟鲊刚刚煮熟。太湖的水光摇荡着酒杯，洞庭湖的山影落入了渔舟。归来后，一竿钓钩放下，真是“不知有汉，无论魏晋”了。

【曲评】

“盘中不是鲸鲵肉”既是曲中的警句，造语也很工巧。

——《元散曲选注》

卖花声　悟世

——乔　吉

肝肠百炼炉间铁，富贵三更枕上蝶[1]，功名两字酒中蛇。尖风薄雪[2]，残杯冷炙[3]，掩青灯竹篱茅舍。

注释

①枕上蝶：化用庄生梦蝶典。②尖风：指刺骨的寒风。③冷炙：指已冷的菜肴。

【赏析】

在刺骨的风雪中回到家里，只有一些残羹冷炙聊以充饥；寒风透入茅屋，摇曳着带不来丝毫温暖的孤灯。我们仿佛能看见作者那瑟瑟发抖的身影，更能感受到他此刻凄苦的心情。他的肝肠如今已历经百炼，变得像炉间铁一般的柔韧；他对世事的感悟是“富贵三更枕上蝶，功名两字酒中蛇”。

【曲评】

此曲中的寒士，即是作者自身境遇的写照。作者在“悟世”之后，无可奈何地退却，退却中又满含对现实的悲慨与愤懑。

山坡羊　冬日写怀

——乔　吉

离家一月，闲居客舍，孟尝君不费黄齑社[1]。世情别，故交绝。床头金尽谁行借，今日又逢冬至节。酒，何处赊？梅，何处折？

注释

①孟尝君：战国四君子之一，以好客著称。此指代作者所投靠的人。黄齑（jī）：切碎了的咸菜。社：集聚，此指供养食客。

【赏析】

此曲为记述作者客游生活的作品。他离家一个月了，如今闲居在异地的客栈里，找不到入幕的地方，哪怕是只提供最微薄食禄的地方也没有。如此窘困之下，世情显得异常冷淡，故交们对自己是躲之不及，身上所带钱财也已经散尽，没有地方去借贷。眼下冬至节将至，潦倒已极的作者不由得发出了“酒，何处赊？梅，何处折”的慨叹。

【曲评】

此曲虽然凄凉，但仍体现出作者始终不渝的高雅风骨，读罢让人叹惋。

水仙子　寻梅

——乔吉

冬前冬后几村庄，溪北溪南两履霜[1]，树头树底孤山上。冷风来何处香？忽相逢缟袂绡裳[2]。酒醒寒惊梦，笛凄春断肠，淡月昏黄。

注释

①履（jù）：麻、葛等制成的鞋。②缟（gǎo）：细白的生绢。袂（mèi）：衣袖。绡（xiāo）：生丝或以生丝织成的薄绸子。

【赏析】

孤山寻梅，历来是诗人墨客们所认为的雅事，酒后微醺的作者走过了几多村庄，寻遍了溪南溪北，细看了树头树底，都不曾看到梅花的踪影，却因为一阵冷风送来的清香找到了它。那一刻，它赫然出现在作者的面前，白如素缟，冰肌玉骨。就在它的身边，作者久久不肯离去，直到夜幕降临。

仿佛隋人赵师雄梦遇梅仙后的惊慨，有若笛声催落梅花带来的凄凉，这时候，淡黄的月光洒将下来，又与梅影朦胧一片。

【曲评】

这支散曲，景中寓情，表面上是描写梅花，实际上却处处微露自己的失意心情。曲中运用白话，自然而精巧，是其所长。

——《中国历代文学作品选》

水仙子　咏雪

——乔吉

冷无香柳絮扑将来，冻成片梨花拂不开，大灰泥漫了三千界。银稜了东大海[1]，探梅的心噤难捱[2]。面瓮儿里袁安舍[3]，盐堆儿里党尉宅[4]，粉缸儿里舞榭歌台。

注释

①稜（léng）：同“棱”。②噤（jìn）：寒颤，哆嗦。难捱：难以忍受。③袁安：东汉袁安曾客居洛阳，一年冬天，洛阳令冒雪去访他，他院子里的雪很深，洛阳令叫随从扫出一条路才进到袁安屋里，袁安当时正冻得蜷缩在床上发抖。洛阳令问：“你为什么不求亲戚帮助一下？”袁安说：“大家都没好日子过，大雪天我怎么好去打扰人家？”洛阳令佩服他的贤德，举他为孝廉。④党尉：指宋太尉党进，相传他一遇大雪便躲在府中饮酒作乐。

【赏析】

这是一首妙趣横生的咏雪曲。用“柳絮”“梨花”咏雪，无甚希奇，而用大灰泥来咏雪，却是很少见的。仔细品来，这漫抹天地的大灰泥不正是突现雪势之盛的最佳代言吗？这种贴近生活的比喻，貌似很俗，但却俗得幽默，俗得贴切，俗得的极富情趣。同样，以“面瓮儿”“盐堆儿”“粉缸儿”来形容大雪的铺天盖地，也是从俗上来显示意境的。而这些，没有丰富的想象力，没有对于生活的深切热爱和体察，是很难做到的。

天净沙　即事

——乔　吉

莺莺燕燕春春，花花柳柳真真[1]，事事风风韵韵。娇娇嫩嫩，停停当当人人[2]。

注释

①真真：分明真切。②停停当当：指梳洗打扮完毕。

【赏析】

此曲描写春暖花开时燕飞莺啼、柳绿花红的明丽春景，以及那极具风韵、袅娜娉婷的佳人形象。此曲全篇使用叠字，颇具重叠复沓的音韵之美，将人之美与景之美交融在一起，互相映衬，颇有情致。

【曲评】

按梦符又有《天净沙》词云："莺莺燕燕春春……"此等句亦从李易安"寻寻觅觅"得来。

——《词苑丛谈》

凭阑人　金陵道中

——乔　吉

瘦马驮诗天一涯，倦鸟呼愁村数家。扑头飞柳花，与人添鬓华[1]。

注释

①鬓华：指鬓发花白。

【赏析】

瘦马驮诗，浪迹天涯，是作者孤苦漂泊生活的真实写照。黄昏时分，飞倦了的鸟儿急匆匆地向自己的巢飞去，它们的叫声唤起了他不尽的乡愁。又是一年春来到，又是和煦春风，扑面柳花，然而这一切对于作者来讲，不过是意味着时光的飞逝，带来了新生的白发罢了。

【曲评】

尖新可爱。

——《中国俗文学史》

醉中天

——刘 致

花木相思树，禽鸟折枝图[①]。水底双双比目鱼，岸上鸳鸯户。一步步金厢翠铺[②]。世间好处，休没寻思，典卖了西湖。

注释

①折枝图：弃根干而只画枝叶花果的绘画。②金厢翠铺：意谓好像用金子镶嵌和翠玉铺成的。厢：同“镶”。

【赏析】

花木丛中相思树红豆累累，梢头枝畔鸟儿婉转啼唱；水底比目鱼成对闲游，岸上千家万户生活甜美。还有鳞次栉比的青楼妓馆，参差错落的富户豪门。西湖之美，美在温柔旖旎；西湖之美，美在繁华富庶。曲尾冷出“休没寻思，典卖了西湖”一语，引用南宋时谚，意谓不要连想都不想，就把“人间天堂”拱手相送他人，讥刺之意，显而易见。

【曲评】

西湖都能典卖，这是对沉湎享乐、奢靡挥霍的统治者的无情揭露和极大讽刺，也流露出作者无官一身轻，“无往不可”的自由思想。

朝天子 邸万户席上（节选）

——刘 致

柳营[①]，月明，听传过将军令。高楼鼓角戒严更[②]，卧护得边声静[③]。横槊吟情[④]，投壶歌兴[⑤]，有前人旧典型。战争，惯经，草木也知名姓[⑥]。

注释

①柳营：即细柳营，汉将周亚夫屯军的地方，驻军以军纪严明著称。②戒严更：指戒严的更鼓之声。③卧护：指不费力地守护。④横槊吟情：曹操下江陵大举攻吴时曾在船头横槊赋诗。⑤投壶：古时的一种游戏，投物入壶，以投中多少定输赢。⑥草木句：语本唐德宗对张万福说“朕以为江淮草木亦知卿姓名”。

【赏析】

邸万户是作者的好朋友，万户是元代三品世袭军职。曲中将邸万户统领的驻军比喻为汉名将周亚夫的细柳营，极赞他治军有方、号令严明，从容中已将边疆守护得万无一失。又将他比作横槊赋诗的曹操，赞他文武双全，颇具才情，虽是戎马生涯，但仍不失“投壶歌兴”的风雅。曲尾说他身经百战，屡立战功，连草木也知道他的威名，溢美之情至此贯穿全篇。

【曲评】

此曲虽为赞誉之作，却能通过精当地用典达到题旨，风格豪迈而又朴素自然，避免了此类题材易陷于空洞造作的弊端。

四块玉 嘲乌衣巷

——刘 致

禄万钟，家千口。父子为官弟封侯，画堂不管铜壶漏[1]。休费心，休过求，跌破头。

注释

①壶漏：古代一种滴水计时的器具。

赏析

权贵们享受着优厚的俸禄，家中人丁兴旺，根系庞大。族内之人互相提携，占据着朝廷的要位高职，正是“父子为官弟封侯”。他们夜夜笙歌，沉迷于享乐之中，根本不去理会什么时光流逝、韶华似箭。只是物极必反，太过的心机，太过的贪求，最终使他们坠入万劫不复的深渊。“休费心，休过求，跌破头”是对后人的告诫，也是对王、谢豪门昔日“费心”“过求”但终于没落的嘲讽。

折桂令 再过村肆酒家

——刘 致

亸双丫十八鬟儿[1]，春日当垆[2]，袅袅腰肢。徙倚心招[3]，依稀眉语[4]，记得前时。探锦囊都无酒资，恨邮亭不售新诗。可惜胭脂[5]，转首空枝[6]。千里关山，一段相思。

注释

①亸（duǒ）：下垂。双丫：双鬟，古代未嫁女子的发式。②当垆：指卖酒。垆：古时酒店里安放酒瓮的土台子。③徙倚：流连不去。心招：用心招徕。④眉语：用眉目传意。⑤胭脂：喻女子。⑥转首空枝：喻人去店空。

赏析

茫茫人海中的一次萍水相逢，就能给自己留下难以磨灭的记忆，这样的经历在我们的生活中并不多见；而此曲所讲的，正是作者一次这样的经历。他曾经路过某个酒肆，当垆卖酒的是一位袅娜多姿、腰肢纤细的少女。她的秀发随意地打成两个松垂的鬟，眉目间似有无限情意。当时作者身上无钱，难借买酒和她搭讪，又没想出什么好诗相赠，这次短暂的偶遇于是就这样匆匆结束了。时过境迁，如今又路过那家酒肆，那里已是人去店空,面对关山千里，他心头不禁泛起丝丝惆怅，对女子的追忆与思念，也随之分明了起来。

山坡羊 与邸明谷孤山游饮

——刘 致

诗狂悲壮，杯深豪放，恍然醉眼千峰上。意悠扬，气轩昂，天风鹤背三千丈[1]，浮生大都空自忙[2]。功，也是谎；名，也是谎。

注释

①天风鹤背三千丈：意谓仿佛进入神仙境界。②浮生：《庄子•刻意》载，“其生若浮，其死若休”。以人生在世，虚浮不定，因称人生为“浮生”。

【赏析】

狂歌诗篇，举杯豪饮，醉眼蒙眬于千峰之上。作者意悠扬，气轩昂，恍若置身于仙境之中，慨叹人生虚浮不定，人们忙忙碌碌，到头来只是枉然。他否定功名，认为“功，也是谎；名，也是谎”。

端正好 上高监司[套数]（节选）

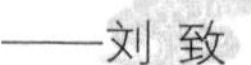

——刘 致

众生灵遭磨障[1]，正值着时岁饥荒。谢恩光拯济皆无恙[2]，编做本词儿唱。

[滚绣球]去年时正插秧，天反常，那里取若时雨降？旱魃生四野灾伤[3]。谷不登，麦不长，因此万民失望，一日日物价高涨。十分料钞加三倒[4]，一斗粗粮折四量[5]。煞是凄凉。

[倘秀才]殷实户欺心不良，停塌户瞒天不当[6]。吞象心肠歹伎俩[7]。谷中添秕屑[8]，米内插粗糠，怎指望他儿孙久长！

[滚绣球]甑生尘老弱饥[9]，米如珠少壮荒[10]。有金银那里每典当？尽枵腹高卧斜阳[11]。剥榆树餐，挑野菜尝。吃黄不老胜如熊掌[12]，蕨根粉以代糇粮[13]。鹅肠苦菜连根煮[14]，荻笋芦蒿带叶噇[15]，则留下杞柳株樟[16]。

[倘秀才]或是捶麻柘稠调豆浆[17]，或是煮麦麸稀和细糠[18]，他每早合掌擎拳谢上苍[19]。一个个黄如经

注释

①磨障：灾难。②恩光：恩德。③旱魃（bá）：传说中引起旱灾的鬼。④料钞：元初发行的钞票。加三倒：指兑换时须增贴一成。⑤折四量：打四折。⑥停塌户：指囤粮户。⑦吞象：即俗语“人心不足蛇吞象”。⑧秕（bǐ）：中空或不饱满的谷粒。⑨甑（zèng）：古代蒸饭的一种瓦器。⑩米如珠：指米贵如珍珠。⑪枵（xiāo）腹：空着肚子。⑫黄不老：野菜名。⑬糇（hóu）粮：干粮。⑭鹅肠：即鹅肠菜，一种野菜。⑮噇（chuáng）：毫无节制地大吃大喝。⑯杞柳株樟：杞柳和樟树都是不能吃的东西。⑰捶麻柘（zhè）：指敲碎麻柘调和在豆浆里，使豆浆更稠。⑱麦麸（fū）：麦子的皮屑。⑲他每：他们。擎拳：举手。⑳黄如经纸：指脸黄得像抄写佛经用的黄纸。㉑阔角牛：指老牛。元代禁

纸[20]，一个个瘦似豺狼，填街卧巷。

[滚绣球]偷宰了些阔角牛[21]，盗斫了些大叶桑[22]。遭时疫无棺活葬[23]，贱卖了些家业田庄。嫡亲儿共女，等闲参与商[24]，痛分离是何情况！乳哺儿没人要撇入长江。那里取厨中剩饭杯中酒？看了些河里孩儿岸上娘，不由我不哽咽悲伤。

[货郎儿]见饿莩成行街上[25]，乞丐拦门斗抢。便财主每也怀金鹄立待其亡[26]。感谢这监司主张，似汲黯开仓[27]。披星戴月热中肠，济与粜亲临发放。见孤孀疾病无皈向[28]，差医煮粥分厢巷。更把赃输钱分例米，多般儿区处的最优长[29]。众饥民共仰，似枯木逢春，萌芽再长。

注释

止宰杀耕牛。㉒斫（zhuó）：砍。㉓活葬：指匆匆埋葬。㉔等闲：轻易。参、商：皆为星名，二星此落彼升。㉕莩（piǎo）：同"殍"，饿死的尸体。㉖鹄立：翘首站立。㉗汲黯：汉武帝的大臣，他曾矫诏开仓放粮。㉘孤孀：孤儿寡妇。皈（guī）向：依靠，依附。㉙赃输钱：因贪赃枉法被判罪而向官府上交的钱财。分例米：按定量供给的谷米。区处：处理。优长：英明。

【赏析】

此曲为原套数的节选。这首曲以元天历年间江西旱灾为题材，真实地记录了旱灾的形成过程，以及在这场灾祸中饿殍遍地、民不聊生的悲惨状况。它同时还揭露了面对在生死线上挣扎的贫苦百姓，富人奸商为富不仁，肆意哄抬物价、巧取豪夺的卑鄙行径，歌颂了来此赈济灾民的高监司开仓放粮、扶危济困、下散官员赃款于民的一系列功绩。一幕幕人间惨剧，让人目不忍视，一声声哀叹悲呼，让人耳不忍闻，而为富不仁者的贪婪面孔，则让人深恶痛绝、义愤填膺。虽然有清廉的高监司到来救民于水火，但像他一样的官员又是何其之少。

此曲语言通俗，情感质朴，因为本身就是写给高监司的，所以其中不乏溢美之辞，但这并不影响它成为散曲中反映国计民生的重要作品。

寿阳曲

——阿鲁威

千年调[1]，一旦空，惟有纸钱灰晚风吹送。尽蜀鹃血啼烟树中[2]，唤不回一场春梦。

注释

①千年调：长久之计，长远打算。②尽：任凭。蜀鹃血啼：相传古蜀望帝死后化为杜鹃，终日悲鸣不已，啼至血出方止。

【赏析】

此曲对那些为后代子孙营计的父辈们提出批评。在作者看来，一些人生前通过钻营而获得名利，并且还煞费苦心地为后代计划，想要在死前把子孙家族千年后的路都安排好，这些其实都是徒劳的，只会随着死后纸钱灰一同消散在风中。作者在这里用了望帝化杜鹃的典故，借望帝化鹃后日夜悲鸣终究是于事无补来告诉人们：人死后万事皆空，即使如杜鹃鸟般地呼唤，也唤不回那一场春梦。

湘妃怨

——阿鲁威

夜来雨横与风狂，断送西园满地香。晓来蜂蝶空游荡，苦难寻红锦妆。问东君归计何忙[1]？尽叫得鹃声碎，却教人空断肠。漫劳动送客垂杨。

注释

①东君：传说中的司春之神。

【赏析】

此曲为伤春之作。一夜的风雨过后，早晨起来，花园中落红满地。蜂蝶们在园中徒然地飞来飞去，再也找不到昨日的似锦繁花。作者不禁怅然问道："春天啊，你为什么如此着急地要回去呢？你的离开让杜鹃鸟'不如归去，不如归去'地叫个不停，让人为你空自悲伤啊。"看着随风舞动的杨柳，他又伤感地叹道：这杨柳本已是疲于应对太多送别的人们，你又何苦让它们再为你辛苦一番，折下长条送你远走啊！

【曲评】

全曲情感真挚，尽显作者对于春天的一片痴心痴意，以及春去时他那揪心断肠而又无可奈何的情态。

蟾宫曲

——阿鲁威

理征衣鞍马匆匆，又在关山，鹧鸪声中①。三叠阳关，一杯鲁酒②，逆旅新丰③。看五陵无树起风④，笑长安却误英雄。云树蒙蒙，春水东流，有似愁浓。

注释

①鹧鸪：鸟名，其叫声常被人用来形容旅途之苦。②鲁酒：春秋鲁国所酿的酒以味薄为其特色，此处指淡酒。③逆旅：客舍。新丰：在陕西临潼县东北。唐太宗时的名臣马周发迹之前曾路过新丰，投宿时店主只顾招呼来往的客人，而把他冷落在一旁。④五陵：在长安一带有西汉五个皇帝的陵墓，即高帝长陵、惠帝安陵、景帝阳陵、武帝茂陵、昭帝平陵。

【赏析】

又一次匆匆整理好鞍马征衣，于鹧鸪啼声中面对关山茫茫；又一次饮下送别之酒，于友人《阳关三叠》的歌声中踏上征程。奔波辗转如能同当年马周一样得到回报、最终出人头地本也是值得的，怕就怕劳苦多时却还是得不到一展抱负的机会；而作者，正在此类。“看五陵无树起风，笑长安却误英雄。”这一望一笑中，寄寓着他的无限感慨、惆怅，还有些许的自嘲，因为知人善任之君已经远去，时光如水兀自流逝，只有他徘徊在人生路上，看不清前路，看不到希望。

折桂令　席上偶谈蜀汉事，因赋短柱体

——虞　集

銮舆三顾茅庐①，汉祚难扶②，日暮桑榆③。深渡南泸④，长驱西蜀，力拒东吴。美乎周瑜妙术，悲夫关羽云殂⑤。天数盈虚⑥，造物乘除⑦。问汝何如？早赋归欤。

注释

①銮舆（yú）：天子的车驾。②汉祚（zuò）：指汉朝国运。③日暮桑榆：夕阳的余晖照在桑榆树梢上，比喻黄昏。此处是指汉朝国势已颓，气数已尽。④深渡句：指诸葛亮率军渡过泸水，平定蜀国南部少数民族动乱一事。⑤殂（cú）：死亡。⑥盈虚：满与空。⑦乘除：长消。

【赏析】

三顾茅庐请出孔明，无奈汉室气数已尽，如同日落桑榆。诸葛亮扶狂澜于即倒，五月渡泸，西和诸戎，力拒东吴。联兵抗曹大胜赤壁，周郎巧妙运筹功不可没，关羽大意失荆州，身首异处，怎不令人悲叹？天数有定，命运使然，谁又能改变什么？若问我应当如何，我劝君看破红尘，早些归隐。

【曲评】

此曲借回顾三国蜀汉旧事抒写作者人力难胜天命的观点，宣扬万事随遇、早作归计的归隐思想。一句而两韵，名曰“短柱”，极不易作，此曲通篇短柱格，妙语天成。

喜春来 泰定三年丙寅岁除夜玉山舟中赋

——张 雨

江梅的的依茅舍①，石濑溅溅漱玉沙②，瓦瓯篷底送年华③。问暮鸦，何处阿戎家④？

注释

①的的：鲜明的样子。②石濑（lài）：石上急流。③瓦瓯（ōu）篷底：指清苦的旅途生活。瓯：小盆。④阿戎：堂兄弟的别称。

【赏析】

暮色中，坐在船上，能够清晰看到江边茅屋旁盛开的梅花；江水在石上激起浪花朵朵，清澈的水底水流轻推着白色的细沙。这是除夕，作者却要在寒陋的船篷下除旧迎新，他满怀悲凉地问起暮鸦：不知家乡和亲人在距离我多么遥远的地方？

滚绣球 [摘调]

——邓 熙

千家饭足可周①，百结衣不害羞②。问甚么破设设歇着皮肉，傲人间伯子公侯。闲遥遥唱些道情③，醉醺醺打个稽首④。抄化些剩汤残酒⑤，咱这愚鼓简子便是行头⑥。今朝有酒今朝醉，明日无钱明日求。散诞无忧⑦。

注释

①周：周济。②百结衣：指遍打补丁的衣衫。③道情：为传道者宣传教义和募捐化缘时所唱的歌曲。④稽首：道家致礼方式，叩头到地，停一会儿才起来。⑤抄化：指求人施舍财物。⑥愚鼓、简子：均为道家的法器，八仙中张果老所持便是。⑦散诞：悠闲自在。

【赏析】

这是一支从套数中摘出的曲调，描写的是一个看破世情、放浪不羁的道士形象。他身穿着百结衣四处游历，以乞讨为生。闲时唱些道情，闷了就讨些残酒来喝，奉行的人生原则是“今朝有酒今朝醉，明日无钱明日求”，全然不把王公贵族与人生哀乐放在心上。探求其精神实质，实际上是对现实的不满，因而以狂傲的举止来挑战等级森严的社会制度。

【曲评】

玩世不恭的生活态度与散曲通俗随意的风格在这里完美地结合在一起，使此曲读起来显得尤为生动自然、活灵活现。

塞鸿秋　凌歊台怀古

——薛昂夫

凌歊台畔黄山铺[1]，是三千歌舞亡家处[2]。望夫山下乌江渡[3]，是八千子弟思乡去。江东日暮云，渭北春天树。青山太白坟如故[4]。

注释

①凌歊（xiāo）台：又名陵歊台，在安徽当涂城北五里的黄山上。始建于南朝宋武帝永初元年，为皇家避暑行宫。②亡家：即无家。③望夫山：在当涂西北四十里。④太白坟：李白墓在当涂东南的青山之侧。

【赏析】

凌歊台、乌江渡、太白墓，这三处古迹相距不远，作者登上凌歊台怀古，于是把它们放在一起来吟咏。凌歊台曾经极尽繁华，但它的繁华却使成百上千的女子被迫离开了家园；项羽自刎在乌江渡口，跟随他起事的八千子弟兵也无人生还故乡。与凌歊台和乌江渡相比，李白之墓至今依旧是青山掩映，安然如故，他的诗歌也一代一代地为人们所传诵。曲文表达了作者对历史上风云际会却难逃败亡命运的帝王的漠视和对诗仙无限的追慕之情。

朝天子

——薛昂夫

沛公，大风[1]，也得文章用。却教猛士叹良弓[2]，多了游云梦。驾驭英雄，能擒能纵，无人出彀中[3]。后宫，外宗[4]，险把炎刘并[5]。

注释

①大风：汉高祖刘邦曾作《大风歌》，歌曰："大风起兮云飞扬，威加海内兮归故乡，安得猛士兮守四方？"②叹良弓：刘邦以游云梦为名诱捕了韩信。韩信被捕后，长叹一声道："果如人言：'狡兔死，走狗烹；飞鸟尽，良弓藏；敌国破，谋臣亡。'天下已定，我固当烹。"③彀（gòu）中：弩射程所及的范围，喻圈套、牢笼。④后宫、外宗：指吕后和诸多吕姓外戚。刘邦死后诸吕作乱，后为周勃、陈平等大臣平定。⑤炎刘：刘邦自称因火德而兴，故称炎刘。

【赏析】

此曲虽然在起首时对汉高祖刘邦慷慨作《大风歌》一事有所褒扬，然而纵观全篇，更多的则是对他玩弄权术、杀戮功臣的否定和批判；并且对他此种极端做法下造成的后宫外戚专权、险些断送刘氏江山的后果进行了辛辣讽刺。作者对历史人物的评价和领悟未必客观，然而在这种冷嘲热讽当中，正可见到作者"求真"的人格准则。

庆东原 西皋亭适兴

——薛昂夫

兴为催租败[1]，欢因送酒来[2]。酒酣时诗兴依然在。黄花又开[3]，朱颜未衰[4]，正好忘怀。管甚有监州[5]，不可无螃蟹。

注释

①兴为句：宋僧惠洪《冷斋夜话》中记载，谢无逸曾问潘大临有无新作，潘大临回答："昨日得'满城风雨近重阳'句，忽催租人至，遂败意，只一句奉寄。"②欢因句：晋陶渊明曾因重阳节无酒而久坐菊丛中，正值刺史王弘送酒至，他立即开坛畅饮，大醉而归。③黄花：菊花。④朱颜：红润的面容。⑤监州：官名，通判的别称。苏轼有"欲问君王乞符竹，但忧无蟹有监州"的诗句。

【赏析】

作者可谓穷困潦倒了，本来门外秋光正好，胸中兴致刚刚腾起，却有人前来催租，弄得他一时间意兴全无；所幸有朋友携酒前来探访，他才又重新高兴起来。与友人饮酒赋诗，酒能催诗兴，诗亦助酒兴；面对着盛放的菊花，想着自己正值壮年，确实是应该也有资本放情快活一享，他于是尽展胸怀，举杯畅饮。酒酣之时，他不由得想起苏轼"欲问君王乞符竹，但忧无蟹有监州"的诗句，不过觉得这样的句子不足以表达自己此刻的畅快，他要说：管它有没有监州呢，只要有螃蟹就一切都好！

金字经 咏樵

——吴弘道

这家村醪尽[1]，那家醅瓮开。卖了肩头一担柴。咳，酒钱怀内揣。葫芦在，大家提去来。

注释

①醪（láo）：浊酒。

【赏析】

把这家店的酒吃完后，又跑到那家去吃，樵夫卖了肩头的一担柴，便不再理会其他事情，只管招呼上左右朋友，开始了开怀畅饮的放情一享。作者摹写樵夫的动作情态，仿佛其声口，达到了惟妙惟肖的境界。没有真切的生活体验，难有此传神之笔。

拨不断 闲乐

——吴弘道

泛浮槎[1]，寄生涯，长江万里秋风驾。稚子和烟煮嫩茶，老妻带月炰新鲊[2]。醉时闲话。

注释

①浮槎（chá）：指小木船。②炰（páo）：烹煮。鲊（zhǎ）：盐腌的鱼。

【赏析】

泛一叶小舟，驾秋风而闲游，将自己的生涯寄托给万里长江。幼子吹烟蒸煮嫩茶，老妻在月下烹制新鲊；酒足饭饱，作者带着醉意和家人说起家常闲话。

【曲评】

此曲营造了一种其乐融融的氛围，闲适之情游走于字里行间。“稚子和烟煮嫩茶，老妻带月炰新鲊”与杜甫的“老妻画纸为棋局，稚子敲针作钓钩”有异曲同工之妙，尽显他与家人共享天伦的和乐心情。

普天乐 秋江忆别

——赵善庆

晚天长，秋水苍。山腰落日，雁背斜阳。璧月词[1]，朱唇唱。犹记当年兰舟上，洒西风泪湿罗裳。钗分凤凰，杯斟鹦鹉[2]，人拆鸳鸯。

注释

①璧月词：南朝陈后主与宠姬们寻欢作乐时所作艳歌。此指华美的歌词。②鹦鹉：指用鹦鹉螺壳制作的酒杯。

【赏析】

此曲为忆别之作。作者因有感于秋日暮景之苍凉而追怀起自己从前的恋人，追怀起与她相知相爱、琴瑟合鸣的快乐往昔，追怀起西风中二人洒泪分别的情景。想起这些，他不由得惆怅满怀、黯然神伤。曲的末三句以鼎足对重新描述分别一刻：她将凤钗一折为二，两人各持一半；她将酒杯斟满，为自己敬酒祝福；二人从此便如被拆散了的鸳鸯，原本是天造地设的一对儿，却终成了天各一方。

水仙子 渡瓜洲

——赵善庆

渚莲花脱锦衣收，风蓼青雕红穗秋[1]，堤柳绿减长条瘦。系行人来去愁，别离情今古悠悠。南徐城下[2]，西津渡口，北固山头[3]。

注释

①风蓼：风中的蓼蓝，蓼蓝为草名。②南徐：今江苏镇江一带，南朝刘宋时称南徐州。③北固山：在今江苏镇江。

【赏析】

秋天来到瓜洲渡口，举目所见，莲花脱下红衣，蓼草在秋风中变得凋零萎黄，堤岸上绿柳褪色，柳丝变得更加消瘦。渡口边南来北往的人们行色匆匆，柳丝千条，牵系着人们心头的点点离愁。在这南徐城下，北固山麓的西津渡口，凝聚着人间的离情别绪，今古悠悠。

凭阑人 春日怀古

——赵善庆

铜雀台空锁暮云[1]，金谷园荒成路尘[2]。转头千载春，断肠几辈人。

注释

①铜雀台：在今河北临漳县，为曹操所建，是他享乐的场所。②金谷园：故址在今河南洛阳西，为晋豪富石崇所建，以奢华著称。

【赏析】

铜雀台的主人是曹操，金谷园的主人是石崇，这一台一园，象征着功名与富有。然而建功如曹操，富有如石崇，终究是历史长河中的一瞬，高台名园也逃不脱荒破的命运，留给后人的不过是凭吊时候的叹惋。

【曲评】

此曲借追怀曹操的铜雀台和石崇的金谷园两处古迹，表达了作者叹惋时光似水，功名富贵如过眼烟云的伤感情怀。历来吟咏此两典故的诗篇甚多，而此曲用词简练，对比强烈，可谓自成一格。

山坡羊　燕子

——赵善庆

来时春社[1]，去时秋社[2]，年年来去搬寒热。语喃喃，忙劫劫，春风堂上寻王谢，巷陌乌衣夕照斜。兴，多见些；亡，都尽说。

注释

①春社：古代立春后第五个戊日。②秋社：古代立秋后第五个戊日。

【赏析】

来的时候在春社前后，去的时候在秋社前后，因为寒热气候的变更，燕子年年来，年年去。它们时而呢喃低语，时而忙忙碌碌，寻找旧巢不到，便另择地方筑起新巢。乌衣巷沉浸在夕阳斜照中，往日的富户豪门已然成为了寻常人家，燕子飞来，飞走，寻巢，筑巢，就这样饱览了兴亡。

【曲评】

此曲咏燕子，可以说就是刘禹锡“旧时王谢堂前燕，飞入寻常百姓家”诗意的拓展。它胜在能将燕子的习性和生存情态描写得形象而真切，并将燕子象征的意义自然而然地融在其中，让人能从小小候鸟身上读出盛衰兴亡的无常。

水仙子　贺文卿觱篥[1]

——马谦斋

薛阳霜夜楚江秋[2]，太乙西风莲叶舟[3]，贺郎近日都参透。占中原第一流，尽压绝前代箜篌[4]。起赤壁矶边恨[5]，感铜驼陌上愁[6]。名满皇州[7]。

注释

①觱（bì）篥（lì）：古代的一种管乐器，形似喇叭，奏声悲凄。②薛阳：即薛阳陶，唐时以觱篥的奏技名闻天下。③太乙：即终南山。④箜（kōng）篌（hóu）：古代弦乐器，像瑟而比较小，弦数从五根至二十五根不等。⑤起赤壁句：苏轼《前赤壁赋》记载了同游的客人发出的对于天地广大、人生短暂的慨叹，即此句中的“恨”。⑥铜驼：汉铸铜驼两座，原置洛阳宫门外。晋索靖有远量，知天下将乱，指铜驼叹曰：“会见汝在荆棘中耳！”⑦皇州：京城。

【赏析】

此曲是写给一位擅长吹奏觱篥的音乐家的。前半篇写贺郎得到前代觱篥演奏名家技艺的精髓，又能参透道家超逸洒脱精神的真谛，青出于蓝，自成一家。后半篇写他奏出乐曲的巨大感染力，悲凉凄哀的乐声令人起恨牵愁，直赞他名扬京城。

【曲评】

全曲起伏有致，气势纵横，虽然通篇赞誉之词，但不落俗套，颇有盛唐遗风。

柳营曲　叹世

——马谦斋

手自搓[1]，剑频磨，古来丈夫天下多。青镜摩挲[2]，白首蹉跎，失志困衡窝[3]。有声名谁识廉颇[4]，广才学不用萧何[5]。忙忙的逃海滨，急急的隐山阿。今日个，平地起风波。

注释

①搓：用手掌揉擦。②摩挲：用手轻按着抚摩。③衡窝：指简陋的房屋。④廉颇：战国时赵国的大将。⑤萧何：汉丞相，辅佐刘邦建立了西汉王朝。

【赏析】

摩拳擦掌，频磨剑锋，自古而来，胸怀抱负的男儿比比皆是；但到头来却落得抚摸铜镜，叹息白发如雪、岁月蹉跎，潦倒困顿在穷街陋室。有廉颇一般的威名却无人赏识，如萧何一样的博学却不得任用，天下莘莘的才士们啊，都争先恐后地逃往了海滨，归隐了山阿，只因为仕途险恶，每每平地上便掀起了风波。

【曲评】

这首曲子艺术地概括了元代社会尤为严重的扼杀人才的弊政，以及官场的险恶难测，夹叙夹议，风格精警，具有很高的思想性和艺术性。

水仙子　咏竹

——马谦斋

贞姿不受雪霜侵，直节亭亭易见心[1]。渭川风雨清吟枕，花开时有凤寻[2]。文湖州是个知音[3]。春日临风醉，秋宵对月吟，舞闲阶碎影筛金。

注释

①直节：竹节。②凤：凤凰。《庄子•秋水》中说凤凰"非梧桐不栖，非练实（竹实）不食，非醴泉不饮"。③文湖州：宋代画家文同，擅长画竹。"胸有成竹"的典故就出在他身上。

【赏析】

作者这样歌颂竹子：你常年翠绿，不畏霜袭雪侵，竹节亭亭直立，易见你正直挺拔的精神。在那渭河的风雨之夜，我常常倚着枕头听你摇曳清吟，你开花结籽的时候，凤凰也飞来你的身边。大画家文同先生，是你亲密的知音。

春风吹来，你婆娑醉舞，秋霄高爽，你临月诵吟，我空空的台阶上，斑驳的是你枝叶间透过的月光，金波荡漾，明灭闪烁。

【曲评】

此曲咏竹，将竹子卓然挺拔、高洁坚贞之风姿气质刻画得熨贴传神，并通过描写与竹为伴的生活表现出作者自己的志趣所在，其清新爽朗的风格，洒脱恬静的情怀，让人过目难忘。

人月圆　客垂虹

——张可久

三高祠下天如镜[1]，山色浸空濛。莼羹张翰[2]，渔舟范蠡[3]，茶灶龟蒙[4]。故人何在？前程那里？心事谁同？黄花庭院[5]，青灯夜雨，白发秋风。

注释

①三高祠：在江苏吴县，为祭祀范蠡、张翰、陆龟蒙而建的祠堂。②张翰：西晋文学家，他因见秋风起而思吴中的莼羹、鲈鱼脍，于是弃官还乡。③范蠡：春秋时楚人，曾辅助越王勾践灭掉了吴国，功成身退，泛舟五湖之上。④龟蒙：陆龟蒙晚唐文学家、诗人，他因嗜茶，曾在宜兴顾渚山下开辟茶园。⑤黄花庭院：满植菊花的庭院。

【赏析】

张翰、范蠡、陆龟蒙，三者都是淡泊名利之人。作者面对后人为他们修建的祠堂而作文，感怀之思、追慕之情溢于言表，但也触动了他的伤心事。“古人何在？前程那里？心事谁同？”的感慨，寄出的是对于前途的迷惘，对于境遇的无奈，更是对于知音难求的悲伤。曲以三组影像收尾：“黄花庭院，青灯夜雨，白发秋风。”让我们感到的，是秋天的凄清，独自为客的凄冷和垂垂老矣的凄凉。

人月圆　山中书事

——张可久

兴亡千古繁华梦，诗眼倦天涯。孔林乔木，吴宫蔓草，楚庙寒鸦。数间茅舍，藏书万卷，投老村家。山中何事？松花酿酒，春水煎茶。

【赏析】

人活一世，有机会成就霸业，有机会留名后世，但也可以选择优游闲适的生活。时光飞逝，圣贤如孔子者墓旁树木已拱，当日煊赫显耀如吴宫楚庙者如今只见荒芜。既然身后都是寥落下场，那么生前又何必或汲汲碌碌、或彪炳一时？不如于山野村家立起茅屋数间，储书万卷；观经读史，咏诗赏词，用松花酿酒，用春水烹茶，尽情享受自在安闲之乐。作者是这样想的，也是这样做的。

塞鸿秋 道情

——张可久

雪毛马响狻猊鞊[1]，神光龙吼昆吾剑[2]。冰坚夜半逾天堑[3]，月寒晓起离村店。一身行路难，两鬓秋霜染。老来莫起功名念。

注释

①狻（suān）猊（ní）：即狮子。②昆吾剑：传说中上古的利剑。③逾：越过。

【赏析】

此曲先写戎马倥偬的艰辛，而后直抒"一身行路难，两鬓秋霜染"的慨叹，并奉劝世人"老来莫起功名念"。联系作者身世——以路吏转首领官，年七十尤为昆山幕僚，曲中所写恐怕就是他仕途生涯的自我写照。

清江引 秋怀

——张可久

西风信来家万里，问我归期未？雁啼红叶天，人醉黄花地，芭蕉雨声秋梦里。

【赏析】

此曲写秋日怀家之思，先讲出引起乡思的原由是因为家中来信，问自己何时能回去，而后并不正面作答，而是以"雁啼红叶天，人醉黄花地，芭蕉雨声秋梦里"的描写婉曲表达出乡思之深、乡愁之浓和欲归不能的苦楚。

【曲评】

这首小令语言清新质朴，情景妙合无垠，别具一格，极耐回味。

喜春来　金华客舍

——张可久

落红小雨苍苔径，飞絮东风细柳营[1]。可怜客里过清明。不待听[2]，昨夜杜鹃声[3]。

注释

①细柳营：汉将周亚夫屯军的地方，驻军以军纪严明著称。此处是指排列有序的新柳。②不待听：不想听，懒得听。③杜鹃声：古人认为杜鹃啼声似“不如归去”。

【赏析】

地上落红点点，春天的蒙蒙细雨滋润着长满青苔的小径；在和煦东风吹拂的晴日里，飞絮片片，嫩柳依依。这是作者客居金华时欣赏到的春景。春天再好，可惜是在客中度过。昨天晚上杜鹃声声催归，触动了作者的乡思乡愁，让他不堪其听。

【曲评】

此曲描景色泽清新，意韵柔婉，写情悱恻缠绵，余味绵长，情景互融中，深见作者客中惆怅、思乡情怀。

一半儿　落花

——张可久

酒边红树碎珊瑚[1]，楼下名姬坠绿珠[2]，枝上翠阴啼鹧鸪[3]。谩嗟吁[4]，一半儿因风一半儿雨。

【赏析】

此曲写落花。首句写树上花谢欲落，用“碎珊瑚”形容花儿散落凋零貌；次句写花儿从枝上坠落，用“绿珠”典，寄寓了作者的惜花心情；第三句写枝头绿荫葱翠，鹧鸪凄鸣，呈现春去花尽的景象。作者惜花怜花却无可奈何，所以“谩嗟吁”，将花落春去的责任归咎风和雨。

【曲评】

此曲将自然之落花情景与历史上“名花”命运结合来写，表达出作者对美好事物易受外力摧残的深致感慨，寄意深长，耐人寻味。

注释

①碎珊瑚：晋豪富石崇曾与国舅王恺斗富，王恺亮出了一株高约两尺的珊瑚树，世所罕见；谁知石崇抡起棒子把它砸碎了。随后叫家人把自己的珊瑚树都取来。石崇的珊瑚树高达三四尺的就有六七株，叫王恺随便挑一株作为赔偿。②绿珠：《晋书·石崇传》载，石崇的爱妾绿珠“美而艳，善吹笛”，被赵王司马伦的嬖臣孙秀看中，于是指索绿珠。在被石崇断然拒绝后，孙秀矫诏逮捕石崇。绿珠为报答石崇，当场自投于楼下而死。③鹧鸪：鸟名，其鸣声似“不如归去”。④嗟吁：叹息。

朝天子　闺情

——张可久

与谁、画眉，猜破风流谜。铜驼巷里玉骢嘶①，夜半归来醉。小意收拾，怪胆禁持②，不知羞谁似你！自知、理亏，灯下和衣睡。

注释

①铜驼巷：为汉代洛阳的一条街巷，是少年贵族子弟经常游玩的地方。②禁持：指折腾纠缠不休。

【赏析】

此曲写一对青年夫妻生活中的一个片断：夜已深沉，少妇独守闺中，等待着丈夫的归来。她心下猜测，深夜不归，丈夫定是在和别的女人温存缠绵。正思忖间，巷子里马儿嘶鸣，不一会儿，丈夫便醉醺醺地从门外走进来。少妇见状，一边小心伺候、着意收拾，一边责怪丈夫明明跑去风流还要故作一本正经，嗔斥他“不知羞谁似你”。丈夫自知理亏，于是忍气吞声，倒头和衣而睡。

【曲评】

小曲虽短，却极富情趣，语言通俗而生动，情节曲折而真实，确是一篇引人入胜之作。

四块玉　客中九日

——张可久

落帽风，登高酒。人远天涯碧云秋，雨荒篱下黄花瘦。愁又愁，楼上楼，九月九。

【赏析】

此曲写作者于九九重阳日的客中情怀。重阳节本是亲人团聚的日子，然而作者独自在异乡做客，他望尽秋空，临风把酒，俯看黄花，心中为离愁所充斥。末三句将“九月九，楼上楼，愁又愁”的语序加以颠倒，音韵回环之美，更使曲中所表现的哀愁显得悠远深长。

卖花声　怀古

——张可久

美人自刎乌江岸，战火曾烧赤壁山，将军空老玉门关[1]。伤心秦汉，生民涂炭，读书人一声长叹。

注释

①将军句：《后汉书•班超传》中载，班超于迟暮之年上书皇帝说："臣不敢望到酒泉郡，但愿生入玉门关。"

【赏析】

这是一首怀古之作，曲中提及的项羽兵败垓下、虞姬自刎，三国孙、刘联军大败曹军于赤壁，班超守卫边疆多年不得回归，看似并无甚关联，实则已将人间兴亡成败囊括其中，将逐鹿与守成之情形并举。旨在道出无论何种局面，饱受痛苦的总是广大生民，抒发出作者对此的深沉感慨和无奈之情。

满庭芳　春晚

——张可久

知音到此，舞雩点也[1]，修禊羲之[2]。海棠春已无多事，雨洗胭脂。谁感慨兰亭故纸？自沉吟桃扇新词。急管催银字[3]，哀弦玉指，忙过赏花时。

注释

①舞雩（yú）点也：孔子曾于雩台问弟子们的志向，曾点说："我愿意在暮春三月，春天的衣服新做好的时候，和五六个成年人、六七个少年人一起，在沂水边洗完了澡，到雩台上去吹风，一路唱歌走回来。"孔子长叹一声说："我和曾点一样。"②修禊（xì）：古代春秋两季在水边举行的清除不祥的祭事。羲之：王羲之。他的《兰亭集序》记述的就是他在兰亭参与的一次禊事。③银字：笛管指示音调的银色标记。

【赏析】

此曲也是一篇记述修禊盛会的作品，但文章的主旨却是与《兰亭集序》的吊古感今唱反调，所要表达的思想是人逢喜事佳时就应忘却一切，只求及时行乐。这样的思想虽然深沉不足，但潇洒旷达，让人能够感受到作者在节日中畅快的心情。

金字经 采莲女

——张可久

小玉移莲棹[①]，阿琼横玉箫，贪看荷花过断桥[②]。摇，柳枝学弄瓢。人争笑，翠丝抓凤翘[③]。

注释

①小玉：与后面的阿琼、柳枝都是人名，指代少女。莲棹：采莲的小船。②断桥：桥名，在杭州白堤上。③翠丝：翠绿的柳条。凤翘：女子佩戴的凤形簪饰。

【赏析】

小玉荡起莲舟，阿琼横吹玉箫，她们沉醉在荷塘的美景中，不知不觉已过了断桥。最有趣的是可爱的柳枝姑娘，她在船上摇摇晃晃地学习着弄瓢采莲的技巧，惹得岸边游人驻足欢笑；而拂摆的柳丝，又多情地牵住了她头上的凤翘。

【曲评】

此曲写采莲风情，将采莲姑娘们的动作神态刻画得生动活泼、惟妙惟肖，可谓浑成与精巧同存，天然与人工并妍，读之让人心驰神醉。

落梅风 江上寄越中诸友

——张可久

江村路，水墨图，不知名野花无数。离愁满怀难寄书，付残潮落红流去。

【赏析】

行舟江上，江边村舍疏落，小路盘桓，好似一幅淡雅的水墨画，无数不知名的野花点缀其间。作者离愁满怀，但难以和友人互通书信，因此将思念付与随残潮流走的落红，绸缪绵渺，悠悠不尽。

【曲评】

此曲是作者于舟行中写给友人的伤别之作，情感凄切而真挚，表意含蓄而深沉，可谓语尽而意不尽，意尽而情不尽。

凭阑人　湖上

——张可久

远水晴天明落霞，古岸渔村横钓槎。翠帘沽酒家，画桥吹柳花。

【赏析】

远水晴天，将落霞也映衬得格外明丽，古老的河岸上坐落着渔村，岸边缆系着钓渔船。那翠帘飘摆的屋舍是一处酒家，美丽的小桥离它不远，桥畔天空，无处不在的是轻扬的柳花。

【曲评】

通过镜头的移动，视角的变换，凸现在读者面前的是一轴明丽轻快的暮春湖上风光，潋滟逗人。

落梅风　书所见

——张可久

柳叶微风闹，荷花落日酣[1]，拂晴空远山云淡。红妆女儿十二三，采莲归小舟轻缆[2]。

注释

①酣：喻浓盛貌。②缆：拴，系。

【赏析】

微风嬉闹着柳叶，荷花在夕阳的映照下更显红艳喜人，晴空万里，唯远山与淡云拂过天际。

一位打扮得非常美丽的十二三岁模样的少女采莲归来，将小舟轻轻缆在岸边。

【曲评】

这是作者就自己所见即兴书写的小曲，写景生动自然而不失秀雅之致，曲风清新活泼而不失旖旎风情，读之如置身画境。

水仙子　归兴

——张可久

淡文章不到紫薇郎[1]，小根脚难登白玉堂[2]，远功名却怕黄茅瘴。老来也思故乡，想途中梦感魂伤。云莽莽冯公岭[3]，浪淘淘扬子江，水远山长。

注释

①紫薇郎：唐开元元年，中书省改称紫薇省，中书令改称紫薇令，凡任职中书省的人，人们多以紫薇称之。此处泛指朝廷要职。根脚：指家世。②白玉堂：指翰林院。③冯公岭：在杭州灵隐寺西，又名石人岭。

【赏析】

知道凭借自己的清淡文章难以获得要职，也知道因为自己的家世和性情，沉抑下僚实属必然；想要辞官归乡，却担心难以忍受清苦的生活。只是随着一天天地年老，作者对故乡的思念越来越浓。

他梦到了归去家乡的路途，冯公岭，扬子江，山远水长，他便已黯然神伤。

普天乐　秋怀

——张可久

为谁忙？莫非命。西风驿马，落月书灯。青天蜀道难，红叶吴江冷。两字功名频看镜，不饶人白发星星。钓鱼子陵[1]，思莼季鹰[2]，笑我飘零。

注释

①子陵：指东汉隐士严子陵。他与东汉光武帝刘秀是故交，刘秀登帝位后多次召他出仕辅政，他皆不受命，甘居山林，以耕钓为乐。②季鹰：指西晋的张翰（字季鹰）。他见秋风起而思吴中的莼羹、鲈鱼脍，于是弃官还乡。

【赏析】

一生无所遇合，抱负无处施展的作者于秋日回顾了自己从前潜心苦读、四处求仕的辛劳岁月，感到无限惆怅。他知道，追求功名的心念可以不老，但岁数不饶人，看着镜中星星点点的白发，他凄凉而无奈。

继而想起功名近在咫尺却视而不见的严子陵，想起为了舒心地吃上一口家乡菜便抛弃了簪笏的张翰，不由得自感惭愧，因为命运并没有逼迫他一定要在功名路上奔波劳碌。他因而发出了曲首的感叹：为了谁这样奔波劳碌一生？且莫责怪命运。

小桃红　淮安道中[1]

——张可久

一篙新水绿于蓝，柳岸渔灯暗。桥畔寻诗驻时暂。散晴岚[2]，依微半幅云烟淡[3]。杨花乱糁[4]，扁舟初缆，风景似江南。

注释

①淮安：今江苏淮安。②岚：山中雾气。③依微：隐隐约约。④糁（sǎn）：散落。

【赏析】

这首小令写赴淮安途中所见。"春来江水绿如蓝"，清晨启程，撑起长篙，柳岸上的渔火渐渐暗淡熄灭。作者时而停舟桥畔，寻觅新的诗意，时而远望初阳下山间岚气渐渐散去，剩下隐隐约约的淡淡云烟。

将小舟系好上岸，身前身后杨花乱飞，这淮安春日的风景，美好有如江南。

【曲评】

诗情画意，尽显一路春光的美不胜收。

水仙子　乐闲

——张可久

铁衣披雪紫金关，彩笔题花白玉阑，渔舟棹月黄芦岸。几般儿君试拣，立功名只不如闲。李翰林身何在[1]，许将军血未干[2]。播高风千古严滩。

注释

①李翰林：李白曾在长安供奉翰林。②许将军：指许远，安史之乱时他死守睢阳，以身殉职。

【赏析】

此曲如同一道选择题，作者先摆出几种生活让读者选择：一是雄立于边关风雪之中，为国戍守疆土；一是在君王面前一展文采，博得恩宠；一是远离尘世喧嚣，渔舟月钓于黄芦岸边。而后提及以上不同生活的代表人物的结局：为国戍关如许远者战死沙场，血犹未干；以诗文求仕如李白者终遭远谪，溺死于归途；归隐富春山，以渔樵终老如严子陵者，其高风亮节广为世人传颂。如此带有感情色彩的比对，则作者所推崇的生活不言自明，本篇"乐闲"的主题也从而得以体现。

凭阑人　江夜

——张可久

江水澄澄江月明，江上何人搊玉筝[1]？隔江和泪听，满江长叹声。

注释

①搊（chōu）：弹奏。

【赏析】

小令写月夜江上筝声的凄楚动人。然而曲中既未出现弹筝之人，也没有说所弹何曲，如何弹的。第一句写江景月色，营造出空明安静的氛围，第二句写听筝人最初的反应，这样动人的筝声是何人所弹？三、四句写江上江岸的听众的陶醉感动。

清江引　老王将军

——张可久

纶巾紫髯风满把[1]，老向辕门下[2]。霜明宝剑花，尘暗银鞍帕[3]。江边草青闲战马。

【赏析】

“纶巾紫髯风满把”，虽然是对王将军老来形容的描述，但我们还是不难感受到他英武雄健的气概。只可惜廉颇老矣，老将军有心继续为国效力，无奈却被投闲置散，宝剑从此空映白发，银鞍从此堆积灰尘。

曲以“江边草青闲战马”作结，暗写老将军的现实处境，寄寓着作者对于英雄末路的同情和叹惋。

注释

①纶（guān）巾：用青丝带做的头巾。髯（rán）：长须。②辕门：军营的门。③帕：这里指马鞍上的垫子。

天净沙 江上

——张可久

嗈嗈落雁平沙[1]，依依孤鹜残霞[2]。隔水疏林几家。小舟如画，渔歌唱入芦花。

注释

①嗈嗈（yōng）：象声词，形容鸟叫声。②依依：隐约不清。鹜：野鸭。

【赏析】

一行大雁齐鸣着落向水边平地，残霞中独飞的野鸭时隐时现，河对岸疏落林木依稀掩映着几户人家。小舟如同从画中驶来，渔歌嘹亮而悠扬，消失在茫茫芦花丛里。

【曲评】

这是一首写景的小品，纯用白描，语境清远，情趣悠然，是“化景物为情思”（《对床夜话》）的很好的范例。

秦楼月

——张可久

寻芳屦[1]，出门便是西湖路。西湖路，傍花行到，旧题诗处。瑞芝峰下杨梅坞，看松未了催归去。催归去，吴山云暗，又商量雨。

注释

①寻芳屦（jù）：出游赏花所穿的鞋。

【赏析】

穿好赏花用的便鞋，打开宅门，门外正对的就是前往西湖的道路。作者傍花穿柳前往西湖，经过了几处往日题写下诗句的地方。行至瑞芝峰下的杨梅坞，作者驻足观松，但天公不作美，催他早早归去；吴山上空的云层阴暗下来，降雨正在酝酿之中。

【曲评】

此曲可以说是一篇短小精致的游记，记述的是作者顺着西湖岸前往杨梅坞一段的行程，语言朴实无华，风格简洁晓畅。其中“催归去，吴山云暗，又商量雨”数语写山雨欲来之态，非常写意，是为点睛之笔。

一枝花 湖上晚归[套数]

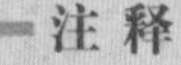

——张可久

[一枝花]长天落彩霞，远水涵秋镜。花如人面红，山似佛头青[1]。生色围屏[2]，翠冷松云径，嫣然眉黛横。但携将旖旎浓香，何必赋横斜瘦影[3]。

[梁州]挽玉手留连锦英，据胡床指点银瓶[4]。素娥不嫁伤孤零[5]。想当年小小[6]，问何处卿卿[7]？东坡才调，西子娉婷[8]，总相宜千古留名。吾二人此地私行，六一泉亭上诗成[9]，三五夜花前月明[10]，十四弦指下风生[11]。可憎[12]，有情，捧红牙合和伊州令[13]。万籁寂，四山静。幽咽泉流水下声，鹤怨猿惊。

[尾]岩阿禅窟鸣金磬[14]，波底龙宫漾水精[15]。夜气清，酒力醒；宝篆销[16]，玉漏鸣[17]。笑归来仿佛二更，煞强似踏雪寻梅灞桥冷[18]。

注释

①佛头青：相传佛发为青色，此处形容青黛色的山峦。②围屏：指湖光山色如色彩鲜明的画屏一般。③横斜瘦影：宋代隐士林逋诗《山园小梅》中有，“疏影横斜水清浅，暗香浮动月黄昏”。④胡床：即马扎。银瓶：银制酒器。⑤素娥：嫦娥。⑥小小：即苏小小，南齐时钱塘名妓。⑦卿卿：男女间亲昵称呼。⑧娉（pīng）婷：形容女子姿态美好。⑨六一泉：在西湖孤山下，是苏轼为纪念自号六一居士的欧阳修而命名的。⑩三五夜：即农历十五月圆之夜。⑪十四弦：古代的一种弦乐器。⑫可憎：爱极之称。⑬红牙：即拍板。伊州令：词牌名。⑭岩阿：山岩曲处。禅窟：指佛寺。⑮水精：即水晶。⑯宝篆：指盘香。⑰玉漏：古计时器滴漏的美称。⑱踏雪寻梅灞桥冷：用孟浩然骑驴过灞桥，踏雪寻梅一事。

【赏析】

长空彩霞，秋水如镜，花儿娇艳，青山秀美。近景远景相映成趣，多彩多姿。作者携美人游西湖，意兴盎然，笑叹有此情调，不必赋“横斜瘦影”。

与佳人携手留连花丛，坐在胡床上举杯畅饮。此情此景，月中嫦娥为之自伤孤单；这柔情蜜意，名妓苏小小也一生无缘。想那东坡的才情，西施的美丽成为千古佳话，而今夜的这一对才子佳人，访名胜，做诗文，花前月下，脉脉含情。安静的夜，她弹起幽咽的十四弦，感人肺腑，起鹤惊猿。

山寺里传来磬声；星空倒映湖中，好像闪闪的水晶。吸一口清新的夜气，酒意渐退，这时候，篆香已经燃尽，漏声滴答，清晰可闻。与佳人谈笑着归来，时间约摸是二更时分，作者认为，这一趟外出游湖的惬意，远胜过孟浩然踏雪寻梅不怕冷。

【曲评】

此曲记述了张可久携美人游西湖的一段浪漫时光，与马致远的《夜行船 秋思》齐名，为元代散曲中的双璧。作者在本曲中熔铸了诸多诗词名句，将才子佳人的风流与美丽的西湖景色结合写来，华美精丽，音律和谐，无处不体现着画意诗情，引人入胜。顺便提一句，虽然归隐山林、超然世外、清静自守是元代散曲的主题，但此曲中“但携将旖旎浓香，何必赋横斜瘦影”间接反映出士人们的实际心理。看来不去风流是因为困厄，选择归隐大多出于无奈。

上小楼　隐居

——任昱

荆棘满途，蓬莱闲住[1]。诸葛茅庐[2]，陶令松菊[3]，张翰莼鲈[4]。不顺俗，不妄图，清高风度。任年年落花飞絮。

注释

①蓬莱：指草庐。②诸葛：指诸葛亮。③陶令：指陶渊明，他曾任彭泽令。④张翰莼鲈：用西晋张翰见秋风起而思吴中的莼羹、鲈鱼脍典。

【赏析】

此曲抒发了作者对于艰险世道的慨叹，洋溢着对于隐居生活的满意心情，寄托着不趋时随俗，力求摒除妄图贪念，以清高风度自持的心志。既已归隐，时间就不再有什么意义，任四季更迭，都与他无关，真是自由到了极致。

普天乐　花园改道院

——任昱

锦江滨，红尘外。王孙去后[1]，仙子归来[2]。寒梅不改香，舞榭今何在？富贵浮云流光快，得清闲便是蓬莱[3]。门迎野客[4]，茶香石鼎，鹤守茅斋。

注释

①王孙：泛指贵族子孙。②仙子：指隐者。③蓬莱：蓬莱仙境。④野客：山野之人。

【赏析】

这锦江畔的道院原是富家的别墅花园，因为远离尘世，如今被改作了道院。富家子弟们不再到这里来游赏，高洁的隐者则因为此地静美的环境移家来住。

傲寒的梅花不改清香，但再高大的舞榭也难免荒没无闻的结局。隐者体悟到富贵如浮云一样虚幻无定、转瞬即逝，仙家的逍遥不过是清闲自适。他在这里与村夫野老相交游，以石鼎烹茶，用鹤守茅斋。

【曲评】

此曲写作者超脱尘网、返归自然的出世思想，风格清新，意蕴悠远，充满了哲理意味。

金字经　秋宵宴坐

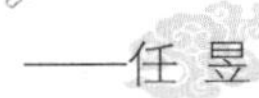

——任昱

秋夜凉如水，天河白似银，风露清清湿簟纹①。论，半生名利奔。窥吟鬓②，江清月近人。

注释

①簟（diàn）：竹席。②吟鬓：诗人的鬓发。

【赏析】

此曲是作者于秋夜宴席上所作，写秋夜清凉爽净之景，叹息功名路上枉自奔波半生。“窥吟鬓，江清月近人”寓意在：直到鬓色改变，才体会到江月的亲切、喜人。意蕴深长，给人留以无穷回味。

小梁州　春怀

——任昱

落花无数满汀洲①，转眼春休。绿阴枝上杜鹃愁，空掩逗②，白了少年头。朝朝寒食笙歌奏，百年间有限风流。玳瑁筵③，葡萄酒，殷勤红袖，莫惜捧金瓯④。

注释

①汀（tīng）洲：水中小洲。②掩逗：惹得。③玳（dài）瑁（mào）筵：指精美的筵席。④金瓯（ōu）：指酒杯。

【赏析】

落花无数，遍布汀洲，转眼间春日将尽。绿树枝头杜鹃啼叫，好像在为春天的离去而发愁。对春天的眷恋，又使多少人“白了少年头”。作者由春天的转瞬即逝而想到人生短暂，纵有百年风流快活也终是有限，因此主张及时行乐，在美酒佳人的陪伴下尽情快活。

【曲评】

此曲风格秀逸，抒情写意不黏不脱、恰到好处，具有一定的欣赏价值。

清江引　积雨

——任昱

春来那曾晴半日，人散芳菲地。苔生翡翠衣，花滴胭脂泪。偏嫌锦鸠枝上啼[1]。

注释

①锦鸠：即鹁鸪。鸠鸪鸟因为能根据气候发出不同的叫声，所以民间有“鹁鸪拼命叫，雨儿打树梢”的说法。

【赏析】

春天到来以后，还没晴过半日。那万紫千红、繁华似锦的芳菲之地，缺少了往年成群结队游赏踏青的人们，可惜了连日雨水过后，翡翠一样的苔色，娇艳含露的花容。作者正暗自叹息，偏巧枝头上锦鸠又叫起来，让他感到一阵厌烦。很显然，作者无法阻止雨水的到来，所以将满怀的怨气转移到了能够预报天候的锦鸠身上。

【曲评】

这一首小品曲风柔婉，充满情趣。其中“苔生翡翠衣，花滴胭脂泪”一联色泽明丽，有形有态，堪称神来之笔。

阳春曲　闺怨

——徐再思

妾身悔作商人妇，妾命当逢薄幸夫[1]。别时只说到东吴，三载余，却得广州书。

注释

①薄幸夫：薄情的丈夫。

【赏析】

女子后悔做了商人的妻子，她不无怨恨地说自己命中就当嫁给这样薄幸的郎君。她的丈夫告别的时候只说要到东吴去做一笔生意，然而三年多过去了，她接到他自广州寄来的书信。

【曲评】

这首小令模仿一位少妇口吻诉说对商人丈夫的怨意，感情真挚，让人只读其言眼前便能浮现出她心事无限、哀哀自诉的形貌情态，非常生动，可谓匠心独具。

天净沙 题情

——徐再思

多才惹多愁，多情便多忧，不重不轻证候[1]。甘心消受，谁叫你会风流。

注释

①证：通"症"。

此曲应说是作者对自己多愁多忧状况作的一个总结和分析，巧妙地道出了风流才子鲜为人知的内心感受。

看来无论做什么事情，充当什么样的角色，都得付出相应的代价，作者做风流才子，不重不轻地也要承受许多情感上的纠葛和刺痛；只是他无怨无悔，他说：甘心消受，谁教你会风流。

沉醉东风 春情

——徐再思

一自多才间阔[1]，几时盼得成合。今日个猛见他门前过。待唤着怕人瞧科[2]。我这里高唱当时水调歌，要识得声音是我。

注释

①多才：多才郎君。间阔：久别。②瞧科：瞧见。

【赏析】

一位少女猛然间看到阔别已久的恋人从门前走过，想要叫他，又怕被别人看见。她灵机一动，高声唱起从前两人都很喜欢的《水调歌头》，以唤起恋人的记忆，以让他循音而来，与自己再续前缘。

水仙子　夜雨

——徐再思

一声梧叶一声秋，一点芭蕉一点愁，三更归梦三更后。落灯花，棋未收，叹新丰孤馆人留[1]。枕上十年事，江南二老忧，都到心头。

注释

①馆：客馆。

【赏析】

客馆孤灯，梧桐夜雨，梦断三更，作者的旅况可以说是够凄凉的了；然而凄凉之外，他更有许多忧愁。一则仕途蹭蹬，求仕十载却无甚收获；二者则与父母相隔遥远，无法对二老尽孝；三则虽然愁苦满心，却并无知音可以倾诉。身处如此境地，作者的心情我们是不难体会的，他把本篇心情独白命名为“夜雨”，看来这一夜的雨，不是落在地上，应该说点点滴滴都落在了他的心里。

【曲评】

“一声”“一点”的重复，加强了节奏的紧迫感。明代诗人王世贞称此曲开头三句是“情中紧语”（《曲藻》）。元代周德清《中原音韵》中，则把这首曲文作小令“定格”的范例，评曰：“此词语好，惜平仄不称也。”

蟾宫曲　送沙宰

——徐再思

宦游人过钱塘，江水汤汤[1]，山色苍苍。马首西风，鸡声残月，雁影斜阳。男子志周流四方，循吏心恪守三章[2]。岐麦林桑，渡虎驱蝗。人颂甘棠[3]，春满琴堂[4]。

注释

①汤（shāng）汤：水势浩大奔腾的样子。②循吏：秉公执法的官吏。三章：汉高祖刘邦进入咸阳后，与关中父老约法三章：“杀人者死，伤人及盗抵罪。”此指法律。③甘棠：《诗经》篇名，为称颂召公政绩而作。④琴堂：县衙的美称。

【赏析】

友人外出为官，作者写此曲送别。江山一派苍茫，作者想象友人一路辛苦奔波：西风中行马，鸡鸣时启程，夕阳里遥看雁阵归影。他临别赠言道：好男儿志在四方，愿你清明廉正，恪尽职守，鼓励农桑，铲除邪恶；为人所称颂，庇佑那水土一方。

【曲评】

虽然别离的伤感让曲中写景部分蒙上凄清色彩，沾惹着淡淡愁绪，但作者希望友人廉正为公、做一名为人称颂的好官的挚诚之心却是那样的昭明炽烈，感人至深。

殿前欢　观音山眠松

——徐再思

老苍龙，避乖高卧此山中①。岁寒心不肯为梁栋②，翠蜿蜒俯仰相从。秦皇旧日封，靖节何年种③，丁固当时梦④？半溪明月，一枕清风。

注释

①乖：背离，抵触。②岁寒心：《论语•子罕》载，"岁寒然后知松柏之后凋"。③靖节：东晋诗人陶渊明的谥号。④丁固：三国时吴人，曾梦松树生其腹上。他对人说："松树十八公也，后十八岁，吾其为公乎！"后果然位至三公。

【赏析】

观音山上有一株奇松，因为它枝干虬曲，形同卧态，所以世人称它为"眠松"。

眠松虽然具有松树凌霜耐寒的本性，但是它却没有长成像其他松树一样的栋梁之材，它独自高卧山中，只有缠绕在松身上的藤蔓俯仰相从。

作者坚定地认为，眠松拥有着不同寻常的身世，他为眠松执意世外，与清风明月做伴的潇洒脱俗而赞叹不已。

【曲评】

此曲旨在赞颂眠松的隐逸情怀，却无处不关合着作者的志趣和心声。

蟾宫曲　山中乐

——孙周卿

草团标正对山凹①，山竹炊粳②，山水煎茶。山芋山薯，山葱山韭，山果山花。山溜响冰敲月牙③，扫山云惊散林鸦。山色元佳，山景堪夸。山外晴霞，山下人家。

注释

①草团标：圆形茅屋。②粳（jīng）：稻。③山溜：山中溪水。

【赏析】

用山竹烧饭、山水煎茶，一定别有一番风味；山上的蔬果野味也都鲜香可口。而更令人愉快的是山中的风景：泉水叮咚，好似冰敲月牙，风吹云散，惊飞了聚集的林鸦。山色美好，山景堪夸；俯看山下，霞光明朗，照亮了村落人家。

【曲评】

此曲写闲居山中之乐，句句不离"山"字，节奏明快，音韵回环，读起来不但朗朗上口，更能了解到作者山居生活的内容，感受山中的别样风景，体会他日日与山林云霞为伴的快乐心情。

水仙子　舟中

——孙周卿

孤舟夜泊洞庭边，灯火青荧对客船，朔风吹老梅花片。推开篷雪满天，诗豪与风雪争先。雪片与风鏖战，诗和雪缴缠①，一笑琅然。

注释

①缴缠：纠缠。

【赏析】

洞庭雪日，孤舟夜泊，青灯渔火。坐在舱内但见有梅花片片吹入，而后落地无痕；推推开舱门才发现原来大雪纷飞，一时间迷漫了天地。见此等景象，作者不由得意兴遄飞，诗情纵横，他于是傲立船头迎风斗雪、放声长笑、痛快吟诗，让自己的一腔豪情尽情舒展在这漫天风雪之中。

黄蔷薇过庆元贞　御水流红叶

——顾德润

[黄蔷薇]步秋香径晚，怨翠阁衾寒①。笑把霜枫叶拣，写罢衷情兴懒。

[庆元贞]几年月冷倚阑干，半生花落盼天颜，九重云锁隔巫山。休看作等闲，好去到人间。

注释

①衾（qīn）：被子。

【赏析】

此曲以宫女的身份讲述了“红叶题诗”的缘由和此中情愫。在这首曲中，我们不但感受宫女生活的寂落和百无聊赖，了解她不得恩宠，以至红颜空老的不幸，还能读出她们对于宫墙外的生活是抱着何等地憧憬与期待。要不然，这位在红叶题诗的宫女怎么会在曲尾很认真地对你说：可不要等闲看待我放在流水里的这片红叶，那上面寄托着我想要回到人间的深深祝愿。

清江引

——曹德

长门柳丝千万缕[1]，总是伤心树。行人折嫩条，燕子衔轻絮，都不由凤城春做主[2]。

注释

①长门：汉宫名。汉武帝时，陈皇后失宠，别居长门宫。②凤城：京城。

【赏析】

曲首写到的“总是伤心树”的“长门柳”，不言而喻，是指代命运悲惨的皇后，而写柳树的附属诸如“嫩条”“轻絮”如今被衔折，是比喻外戚横遭杀戮一事，曲尾写“都不由凤城春做主”，则在暗示当今天子的暗弱。

【曲评】

虽然宫廷政变我们往往无法判断其中的是非曲直，不过作者此曲设喻巧妙，语简意丰，有一定的欣赏价值。

黄蔷薇过庆元贞

——高克礼

[黄蔷薇]燕燕别无甚孝顺[1]，哥哥行在意殷勤。玉纳子藤箱儿问肯[2]，便待要锦帐罗帏就亲。

[庆元贞]唬得我惊急列蓦出卧房门[3]。他措支剌扯住我皂腰裙[4]，我软兀剌好话儿倒温存[5]。一来怕夫人情性哏[6]，二来怕误妾百年身。

注释

①孝顺：此作侍候解。②玉纳子：玉制的小卡头。③惊急列：口语，惊慌。蓦出：冲出。④措支剌：口语，慌忙。⑤软兀剌：口语，软绵绵。⑥哏：同“狠”。

【赏析】

这首曲子由关汉卿的杂剧《诈妮子调风月》中小千户企图诱奸婢女燕燕这一剧情改编而成。小千户趁婢女燕燕空闲之际向其大献殷勤，还拿出一些小玩意儿来引逗她，诱其就范。眼看自己清洁之身即将不保，燕燕急中生智，她一方面挣脱小千户的纠缠，一方面婉言相劝：“一来是怕夫人的性情狠凶，二来是怕你一时的冲动耽误了我的一生。”

【曲评】

全曲完全是以燕燕自述经历的口吻写成，情真意切，读后让人对其遭遇备感同情。

普天乐 春日多雪

——王仲元

无一日惠风和，常四野彤云布[1]。那里肯妆金点翠，只待要迸玉筛珠[2]。这其间湖景阴，恰便似江天暮。冷清清孤山路，六桥迷雪压模糊。瞥见游春杜甫，只疑是寻梅浩然[3]，莫不是相访林逋[4]。

注释

①彤云：指下雪前密布的阴云。②迸玉筛珠：指下雪。③浩然：孟浩然。他曾于雪日骑驴过灞桥，踏雪寻梅。④林逋：宋代隐士，隐居西湖孤山，以种梅养鹤自娱，人谓他“梅妻鹤子”。

【赏析】

日本作家井上靖的《春将至》中说：“实际上，春天总是姗姗来迟，寒冬依然漫长，然而，千真万确，春天正在一步步走近，只是很难看到它会加快步子罢了。”这与此曲中的“那里肯妆金点翠，只待要迸玉筛珠”颇有些相同的意味。时令已属春天，但是天空中彤云密布，时而就要飘起降雪花来。不过即便是在这样这样一个多雪少晴的春天，作者还是能从中发现独特的意趣……

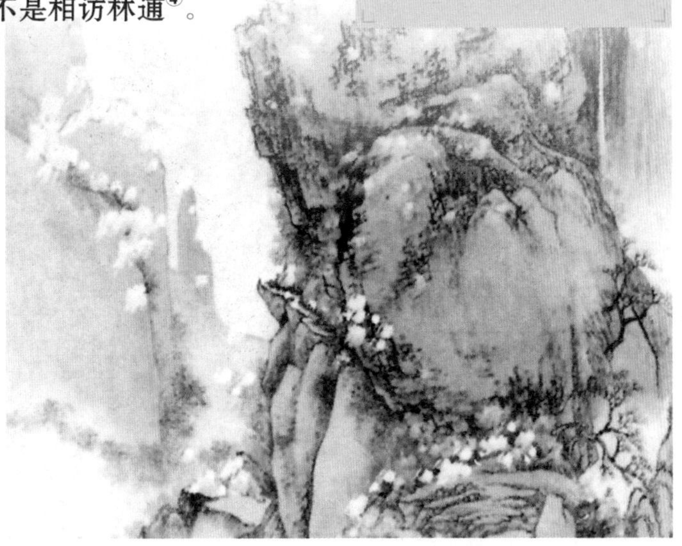

江儿水 妇人脸上笑靥

——王仲元

一团儿可人衠是娇[1]，装点如花貌。抬叠起脸上秋，出落腮边俏。千金这窠里消费了。

注释

①衠（zhūn）是：尽是。

【赏析】

笑靥，就是酒窝。本已是如花似玉的容貌，再加上两个甜美可人的酒窝，就如同一幅灰色调的精致风景画一下被点亮了颜色，更加俏丽、明媚、喜气盈盈。作者结合自己的感受说，她的笑靥一露，便让人将千金在神醉魂迷中消费了。

后庭花 怀古

——吕止庵

孤身万里游，寸心千古愁。霜落吴江冷[1]，云高楚甸秋[2]。认归舟，风帆无数，斜阳独倚楼。

注释

①吴江：江苏省东南部。②甸：郊外。

【赏析】

此曲为怀古之作，虽然没有提及具体感怀的内容而只是抒发心中凄怆感受，但字字句句皆有出处，经过作者妙手组合翻新，浑然一体，表达出一种悠远深邃的身世之感，使绵延千古的乡思客愁尽寓于此短短几语之中。

后庭花 秋思

——吕止庵

西风黄叶疏，一年音信无。要见除非梦，梦回总是虚。梦虽虚，犹兀自暂时相聚[1]，近新来和梦无。

注释

①尤兀自：还能够。

【赏析】

此曲写闺中秋思。西风将树上的黄叶吹得稀稀疏疏，转眼已经一年了，然而却没有远人的音信。想要见到他除非在梦里，虽然梦是虚幻的，但总算能有暂时的相聚。只是近一段时间以来，短暂的梦中相会也不可得了。

【曲评】

此曲思念的情节层层递进，凄切之情感逐步加深，细腻地刻画了闺中少妇的痴情和无奈。

解三酲

——真氏

奴本是明珠擎掌，怎生的流落平康[1]？对人前乔做作娇模样，背地里泪千行。三春南国怜飘荡，一事东风没主张。添悲怆，那里有珍珠十斛[2]，来赎云娘。

注释

①平康：唐代长安平康坊，妓女聚居之地，后世用作花街柳巷的代称。②珍珠十斛：用晋石崇以珍珠数斛聘得绿珠典。

【赏析】

作者这样悲述自己的身世：我本是掌上明珠，可谁知今日沦落为娼？我在人前强颜欢笑，极妍尽态，背地里则是满腹心酸，泪落千行。几度春去春来，可怜我孤身漂泊南国，如草随风摆布，自己难做主张。想到这些让人无限悲怆，哪里有珍珠十斛，来赎我这深陷苦海的憔悴云娘！

一半儿　春妆

——查德卿

自将杨柳品题人[1]，笑撚花枝比较春。输与海棠三四分。再偷匀[2]，一半儿胭脂一半儿粉。

注释

①品题：评论人物，定其高下。人：指曲中女子自己。②匀：指涂抹脂粉。

【赏析】

春天来了，少女顾影自怜，笑拈花枝，想和它一比高下，却觉得“输与海棠三四分”。不过她并不气馁，而是对镜理妆，再作打扮，不信胜不过海棠的风韵。

【曲评】

于委婉蕴藉中，仍是竭情尽致……且细腻贴切，俊而能雅。

——《作词十法疏证》

普天乐 别情

——查德卿

鹧鸪词[1]，鸳鸯帕。青楼梦断，锦字书乏[2]。后会绝，前盟罢。淡月香风秋千下，倚阑干人比梨花。如今那里[3]，依栖何处，流落谁家？

注释

①鹧鸪词：曲牌名，多写别情。②锦字：寄给丈夫或情人的书信。③那里：哪里。

【赏析】

寄情的诗词，定情的手帕，但因她身在青楼，无缘成为眷属，一朝别后，音书渐渐稀疏。

从前的盟誓已然作罢，日后的重逢难于期待，只是花前月下，她绰约秀雅的倩影却依旧盈盈目前，惹起作者无限的牵挂：你如今在哪里？栖身在何处？流落到谁家？

柳营曲 江上

——查德卿

烟艇闲，雨蓑干，渔翁醉醒江上晚。啼鸟关关，流水潺潺，乐似富春山[1]。数声柔橹江湾，一钩香饵波寒。回头贪兔魄[2]，失意放渔竿。看，流下蓼花滩[3]。

注释

①富春山：用东汉严子陵隐居富春山典。②兔魄：月亮的别称。③蓼（liǎo）：生长在浅水的水草，开白色或浅红色的小花。

【赏析】

烟霭中的小船自在悠闲，雨水打湿的蓑衣已然风干，渔翁从醉中醒来，江上天色渐晚。岸边传来鸟鸣声声，船下流水潺潺作响，这渔隐之乐，好似严子陵在富春山。几声柔和的橹声来自江湾，寒波上闲垂一钩香饵，但因回头贪看明月，不经意间失手掉落了渔竿，只能眼睁睁地看它漂下蓼花滩。

【曲评】

此曲写渔隐之乐，对偶自然，有声有色，情趣盎然；特别是最后关于渔翁失落钓竿的描写，诙谐生动，将渔翁的纯真天性表现得淋漓尽致，李调元《雨村曲话》评之为“皆他人不能道也”。

清江引　秋居

——吴西逸

白雁乱飞秋似雪，清露生凉夜。扫却石边云，醉踏松根月，星斗满天人睡也。

【赏析】

白雁飞过天空，有如飞雪乱飘；清露生寒，使人神清气爽。作者扫退石边的浮云，醉意朦胧地踏过松下斑驳的月影；他仰望满天星斗，然后酣然睡去。

【曲评】

曲名《秋居》，绘秋日山中无限清景，写山居生活的惬意怡人，文风疏淡简雅，意境萧散阔达，读罢让人抚卷称妙。

天净沙　闲题

——吴西逸

楚云飞满长空，湘江不断流东，何事离多恨冗[1]？夕阳低送，小楼数点残鸿[2]。

注释

①恨冗：恨意不尽。②残鸿：指并不清晰的鸿雁的影子。

【赏析】

浓云飞满楚地的天空，湘江之水不停向西流走，作者怅然自问，为何心头的离愁别恨总是如此之多？在夕阳的相送下，小楼外几点雁影飞入苍穹。鸿雁尚有夕阳陪送，人却只能独倚小楼望尽天涯，惆怅孤寂的情绪更加难耐。

【曲评】

此篇为吴西逸《天净沙　闲题》组曲之二，风格清丽淡雅，不求极妍尽态，近似诗词，是元代后期散曲逐渐文人化了的特色。

满庭芳　樵

——赵显宏

腰间斧柯[①]，观棋曾朽[②]，修月曾磨[③]。不将连理枝梢挫[④]，无缺钢多。不饶过猿枝鹤窠，惯立尽石涧泥坡。还参破[⑤]，名缰利锁，云外放怀歌。

注释

①柯：斧柄。②观棋曾朽：传说晋人王质上山伐木，遇仙人对弈，观棋忘返，回过神儿来发现斧柄已经烂掉。③修月：古时传说月亮乃七宝合成，上有八万二千户常以斧凿修。④挫：指折伤。⑤参破：看破，悟透。

【赏析】

曲中樵夫俨然世外高人，他腰间的斧头，曾因他观神仙下棋而腐朽，曾因要修月宫而磨砺，从不曾将连理枝儿削斫。樵夫不畏高险，攀登在猿枝鹤窠，惯立尽石涧泥坡；他早已看破了名缰利锁，喜欢在云外放声高歌。

【曲评】

引用神话传说写樵夫的超乎凡类，“不将”句写樵夫对美好事物的爱惜，“不饶过”“惯立尽”二句写樵夫的坚毅精神，“还参破”三句写樵夫的看破名利、洒脱胸怀。曲写樵夫，实际表达了作者的志趣与追求。

阳春曲　赠茶肆

——李德载

茶烟一缕轻轻扬，搅动兰膏四座香[①]。烹煎妙手赛维扬[②]。非是谎[③]，下马试来尝！

注释

①兰膏：泽兰炼成的油，清香可人，此处形容茶的清香。②维扬：即扬州。③谎：指妄言虚语。

【赏析】

这首小令是作者为一家茶肆写的赠曲，旨在赞颂此处茶叶的清香和烹茶手法的高妙。通读下来，感觉本曲颇似一则广告，但写得简约凝练、不落俗套，相信茶肆老板得到此曲，定会将它写成条幅挂起来，生意从此也更加红火。

醉太平

——程景初

恨绵绵深宫怨女，情默默梦断羊车[1]。冷清清长门寂寞长青芜[2]，日迟迟春风院宇。泪漫漫介破琅玕玉[3]，闷淹淹散心出户闲凝伫。昏惨惨晚烟妆点雪模糊，淅零零洒梨花暮雨。

注释

①羊车：羊拉之车。晋武帝好色，宫中有众多美女，他则乘上羊车，任凭东西，羊车停在哪里他就在哪里留宿。②长门：汉武帝时，陈皇后失宠，别居长门宫。③介破：隔开。琅玕（gān）玉：质地极为坚硬的一种美玉。

【赏析】

深宫中的女子怨恨绵绵，她静默含情，从皇帝乘舆到来的梦境中缓缓醒来。冷宫清寂，遍生青草，漫长的白天，春风吹拂空空的庭院。女子泪水涟涟，泪珠儿滴破美玉，她满怀忧郁出来散心，却又陷入了伫立痴望之中。眼前暮色迷茫，天地昏暗，冷雨淅淅沥沥地下着，打落了点点梨花。

【曲评】

这是一首宫怨曲，写的是受到冷落的宫妃凄凉惨淡的处境，寄寓着她深深的幽怨与怅恨。曲中“恨绵绵”“情默默”“冷清清”“日迟迟”“泪漫漫”“闷淹淹”“昏惨惨”“淅零零”一连串叠词的运用，使得此曲无论从感情上还是从韵律上都更为凄切动人。

迎仙客 暮春

——李致远

吹落红，楝花风[1]，深院垂杨轻雾中。小窗闲，停绣工，帘幕重重，不锁相思梦。

注释

①楝（liàn）：俗名“苦楝子”，一种乔木。

【赏析】

残红飘落，风里带着淡淡的楝花香。薄雾轻笼着杨柳庭院，院深人静，气氛安闲，层层帘幕低垂。有人懒动绣工，帘幕层层，却遮挡不住的她春暮怀远的相思梦。

【曲评】

此曲写春暮闺中情怀，风格清丽秀雅，意境幽约深婉，尤其是“帘幕重重，不锁相思梦”一语，将少妇情思之绵长无绝表现得生动而真切，堪称传神妙笔。

天净沙 离愁

——李致远

敲风修竹珊珊[1]，润花小雨斑斑，有恨心情懒懒。一声长叹，临鸾不画眉山[2]。

注释

①珊珊：形容衣裙玉佩的声音，此指风吹竹声。②鸾：指铸有鸾凤图案的铜镜。眉山：形容女子的眉毛如远山。

【赏析】

此曲写离愁，主人公是一位闺中女子。她因晨起时听到风动修竹之声，看到门外凄清雨色而触动心中伤感情绪，牵起绵绵离恨，故而面对镜子却无心梳妆，怀思半晌终作幽幽之叹。

【曲评】

小令虽然只是捕捉了这样一个生活细节来加以描写，却非常生动地反映出女子孤独苦闷的内心世界，将“岂无膏沐，谁适为容”的情结表现得恰到好处。

醉高歌过红绣鞋 寄金莺儿

——贾固

乐心儿比目连枝[1]，肯意儿新婚燕尔。画船开抛闪的人独自[2]，遥望关西店儿。黄河水流不尽心事，中条山隔不断相思[3]。当记得夜深沉、人静悄、自来时。来时节三两句话，去时节一篇诗。记在人心窝儿里直到死。

注释

①比目连枝：指比目鱼和连理枝。②抛闪：抛弃。③中条山：在山西西南部。

【赏析】

此曲是男子寄给情人表达思念的作品，情感的展开是随着男子的追忆而进行的。刚刚“新婚燕尔”没几天，男子便离开了爱人乘船远行，她相送时渐隐渐微的孤独身影，他如今依然记忆犹新，每每想起心头便是一阵酸楚。他说，即便是黄河之水也流不尽我二人的绵绵情意，即便是中条山也隔不断我们两个的悠悠相思。现实中不能相守，男子只能期待梦中与爱人温存片刻，虽然相聚总是在仓促中开始，结束，但两三句话、一篇诗的付与，却是一样的铭心刻骨，一样的执着与虔诚。

石榴花带斗鹌鹑 寄情人[摘调]

——王氏

看了那可人江景壁间图[①]，妆点费工夫[②]。比及江天暮雪见寒儒，盼平沙趁宿，落雁无书。空随得远浦帆归去。渔村落照船归住，烟寺晚钟夕阳暮，洞庭秋月照人孤。

愁多似山市晴岚[③]，泣多似潇湘夜雨。少一个心上才郎，多一个脚头丈夫。每日价茶不茶饭不饭百无是处[④]，教我那里告诉？最高的离恨天堂，最低的相思地狱。

注释

①可人：合人心意。②工夫：功夫。③岚：山中雾气。④价：衬字。

【赏析】

此曲将“江天暮雪”“平沙落雁”等潇湘八景景名巧妙织入，充满诗情画意。同时抒写了苏小卿对双渐深重思念和内心无比的忧愁，以及她对这门龌龊婚事的强烈不满。“天堂”“地狱”对比强烈，足见她饱受怨恨相思煎熬。

普天乐 嘲西席

——张鸣善

讲诗书，习功课。爷娘行孝顺，兄弟行谦和。为臣要尽忠，与朋友休言过。养性终朝端然坐，免教人笑俺风魔。先生道：“学生琢磨。”学生道：“先生絮聒。”馆东道：“不识字由他。”

【赏析】

老师言之谆谆，告诉学生对爹娘要孝顺，对兄弟要谦和，当臣子要尽忠，与朋友交不要说人家的坏话，平日里要注重仪态，修养性情。诸如此类的圣贤之道，他让学生好好琢磨，可是得到反应却是学生嫌他啰嗦。对于这种情况，学生的家长竟对先生说：“不识字由他。”看来家长将先生请来并不是要让其传授多少道德文章，目的只在管住孩子，让他们别淘气就行了。

【曲评】

此曲名为《嘲西席》，意在嘲讽蒙元统治下斯文扫地的局面，生动诙谐的言语中，蕴含着尖锐的讥诮之气。

水仙子　讥时

——张鸣善

铺眉苫眼早三公[①]，裸袖揎拳享万钟[②]，胡言乱语成时用。大纲来都是烘[③]，说英雄谁是英雄？五眼鸡岐山鸣凤[④]，两头蛇南阳卧龙，三脚猫渭水飞熊[⑤]。

注释

①铺眉苫（shān）眼：指装模作样，装腔作势。三公：元代以太师、太傅、太保为三公，这里泛指高官。②裸袖揎（xuān）拳：捋袖露臂。万钟：指俸禄优厚。③大纲来：总而言之。烘：同"哄"。④五眼鸡：即乌眼鸡，好斗的公鸡。岐山鸣凤：相传周朝兴起，有凤鸣于岐山。⑤渭水飞熊：《史记·齐太公世家》载，"西伯将出猎，卜之，曰，所获非龙非螭，非虎非罴；所获霸王之辅"。后世讹传为周文王梦飞熊而得太公望。此指姜太公。

【曲评】

虽语似旷达，而讥时疾世之怀，凛然森然，芒角四出，可谓怨而至于怒矣。当时士气如此，民情怨毒之甚，盖可知矣。

——《元人散曲选》

【赏析】

装腔作势的很早便位列三公，蛮横粗暴的享受着丰厚俸禄，胡言乱语的其时受到重用；总而言之，都是胡闹与起哄。论英雄谁是真英雄？在作者看来，这混乱荒唐的年代，五眼鸡成了报吉祥的鸣凤，两头蛇冒充了雄才大略的南阳卧龙，三脚猫号称自己是兴邦济世的姜太公。

水仙子

——杨朝英

灯花占信又无功[①]，鹊报佳音耳过风。绣衾温暖和谁共[②]？隔云山千万重，因此上惨绿愁红。不付能博得个团圆梦[③]，觉来时又扑个空。杜鹃声又过墙东[④]。

注释

①占信：问卜、预测。②衾（qīn）：被子。③不付能：好不容易。④杜鹃声：古人认为杜鹃叫声似"不如归去"。

【赏析】

于雪霁之时迎着晴光、载着酒壶前往西湖寻梅，不但雅趣可以直追先贤，所见景色也绝非一般，须以名家杰作方能形容。如此令人赏心悦目之事，当然要有潇洒旷达之人为之，作者正是合适的人选。万事只求自得其乐的他如今典当了佩剑沽取了些许美酒，不但携酒寻梅，更在寻到后把酒观花，而后醉倒在西湖之畔，洒脱情怀，让俗世之人自愧弗如。

落梅风　泛剡王猷[1]

——陈德和

乘雪夜，访故人，剡溪冰短篷难进[2]。冻归来怕人胡议论，强支吾道："兴来还尽[3]"。

注释

①剡溪：水名，在浙江省，晋人王子猷曾于雪夜访在剡溪的友人戴安道，到了戴安道门前却不入而返。人问其故，他说："吾本乘兴而行，兴尽而返，何必见戴？"②短篷：小船。③兴来还尽：指尽兴而归。

【赏析】

"雪夜访戴"的故事，历来传为文坛佳话，以显示文人随兴适意的洒脱。然而此曲却做翻案文章，说王子猷那夜实是因为遭遇坚冰，舟行不畅才半路折回，因为怕人议论，所以虽然自己冻得够呛，还强打精神勉强编出了"兴来还尽"之说。此类小品，并无深刻寓意，但曲风幽默，言语生动，读之可以一笑。

塞鸿秋　浔阳即景

——周德清

长江万里白如练[1]，淮山数点青如淀[2]。江帆几片疾如箭，山泉千尺飞如电。晚云都变露，新月初学扇[3]。塞鸿一字来如线[4]。

注释

①练：熟绢。②淀：同"靛"，青蓝色染料。③学扇：指月亮是在仿佛模仿团扇的样子，欲圆未圆。④塞鸿：从边塞飞来的大雁。

【赏析】

万里长江，好像洁白的练丝；淮山点点，如同翠蓝的画墨。几叶江帆，顺风而下，疾行似箭；山泉千尺，飞流直下，奔泻似电。到了晚上，云雾凝结成颗颗露珠，新月初升，又似在舒展纨扇。放眼远望，一行秋雁列队南飞，它们都来自北方的天边。

【曲评】

此曲是作者傍晚登浔阳城楼的即兴之作，下笔意境阔宏、极具气势，设色简洁鲜明，浓淡相宜。而最妙者还要数曲尾对于晚云、新月、塞鸿的描写，灵动新奇，余韵悠然，引人遐想。

蟾宫曲　别友

——周德清

倚蓬窗无语嗟呀[1]，七件儿全无，做甚么人家？柴似灵芝，油如甘露，米若丹砂。酱瓮儿恰才罄撒[2]，盐瓶儿又告消乏[3]。茶也无多，醋也无多。七件事尚且艰难，怎生教我折柳攀花[4]？

注释

①蓬窗：蓬草编的窗户，形容清贫。嗟呀：叹息。②罄撒：没有了。③消乏：将用尽。④折柳攀花：指到青楼妓馆寻欢作乐。

【赏析】

开门七件事——柴、米、油、盐、酱、醋、茶，都是生活必需，但如今是“七件儿全无”，难怪作者靠着破窗无语叹息。元代读书人社会地位低下，对他们来说，柴米油盐就好像灵芝、甘露、丹砂一样稀罕珍贵。最基本的生存条件尚且如此艰难，又何谈逍遥自在地寻花问柳、买笑青楼呢？

清江引　托咏

——宋方壶

剔秃圞一轮天外月[1]。拜了低低说：是必常团圆[2]，休着些儿缺。愿天下有情底似你者[3]。

注释

①剔秃圞（luán）：即圆圆。②是必：务必。③者：语助词。

【赏析】

此曲写一位闺中少妇的美好祝愿。她拜了一拜天空中的圆月，祝福说：务必常常团圆吧，少些缺憾，愿天下的有情人都像你一样！

【曲评】

小曲通俗明了，真切感人，让人能闻其低诉心事之声，如见其祈祷时的虔诚面容。

水仙子　居庸关中秋对月

——宋方壶

一天蟾影映婆娑[1]，万古谁将此镜磨？年年到今宵不缺些儿个。广寒宫好快活，碧天遥难问姮娥[2]。我独对清光坐，闲将白雪歌[3]。月儿你团圆我却如何！

注释

①蟾影：相传月中有蟾蜍，故以蟾影指月。②姮（héng）娥：即嫦娥。③白雪歌：即《白雪》歌，战国时楚国的高雅歌曲，此处指代难觅知音的高雅曲调。

【赏析】

中秋之夜，满月当空，洁净无尘，像明镜般悬照万古。作者遥想广寒宫内今夜定是欢乐非常，但碧天高远，他也无从求证。独坐在清光中，闲唱起知音难觅的《白雪》之歌，终于抑制不住心中的百般落寞。所以问起：月儿你团圆我却如何！

【曲评】

“你团圆我却如何”一句是情感爆发，急切透辟，讫情尽意，尤见散曲特色。

梁州　秋夜闻筝[摘调]

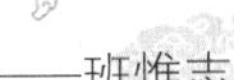

——班惟志

恰便似溅石窟寒泉乱涌，集瑶台鸾凤和鸣[1]，走金盘乱撒骊珠迸[2]。嘶风骏偃[3]，潜沼鱼惊。天边雁落，树梢云停。早则是字样分明，更那堪音律关情。凄凉比汉昭君塞上琵琶，清韵如王子乔风前玉笙[4]，悠扬似张君瑞月下琴声[5]。再听，愈惊，叮咛一曲阳关令。感离愁，动别兴。万事萦怀百样增，一洗尘清。

注释

①瑶台：传说中仙女居所。②骊珠：传说中从深渊骊龙领下取得的宝珠。③偃：停下。④王子乔：传说为春秋时周灵王太子，好吹笙。⑤张君瑞：《西厢记》主人公。

【曲评】

此篇写秋夜听筝感受，象声写意，无不逼真贴切，生动鲜活；又引入事典进一步喻写筝声，给人以深厚的历史感受。

【赏析】

筝声如泉水溅石，鸾凤和鸣，珠落玉盘，能使骏马驻足，潜鱼惊跃，雁落云停。凄凉处可比昭君出塞时弹奏的琵琶，清远的音韵有如王子乔临风吹奏玉笙；筝声悠扬，可以《西厢记》中张生月下独弹古调形容之。

最后听到的是一曲《阳关三叠》，触动了作者的离情别绪，他也由此而心事满怀起来。

凌波仙　吊周仲彬

——钟嗣成

丹墀未知玉楼宣[1]，黄土应埋白骨冤，羊肠曲折云更变[2]。料人生亦惘然，叹孤坟落日寒烟。竹下泉声细，梅边月影圆，因思君歌舞十全。

注释

①丹墀（chí）：宫殿前的红色台阶。玉楼宣：据说李贺梦到神人对他说："上帝白玉楼成，命你作记。"没过多久就去世了。此指友人英年早逝。②羊肠：喻曲折的人生路。云更变：喻命运的变化无常。

【赏析】

不曾想到，没有来到人间多日，上天便召你回去，黄土垄中，埋葬着未竟平生志的你的尸骨。你的离去，让我慨叹人生无常、道路曲折。

你白白地走过这人间的一遭，然后归于孤坟，落日寒烟里，我不停地叹息、怀想。

怀想竹泉边的清音，怀想梅月间的舞影，怀想你生前的孤标风雅、潇洒多才。

【曲评】

本曲情意深挚，曲风悲凉，读之令人潸然泪下。

蟾宫曲　题《录鬼簿》

——周浩

想贞元朝士已无多[1]，满目江山，日月如梭。上苑繁华[2]，西湖富贵，总付高歌。麒麟冢衣冠坎坷[3]，凤凰城人物蹉跎[4]。生待如何，死待如何？纸上清名，万古难磨。

注释

①贞元朝士已无多：刘禹锡在离开朝廷二十多年后归朝，作"休唱贞元供奉曲，当时朝士已无多"诗句，慨叹二十年的世事变迁。②上苑：指供帝王玩赏、打猎的园林。③麒麟冢：指埋葬杰出的曲作家们的坟冢。④凤凰城：京城。

【赏析】

沧海桑田，本是人间正道，繁华富贵所能享受的，不过是纵情歌舞。名人贵宦，哪个不是饱尝宦海风波，京华之地，又有多少追求功名者空度一生！在纷纷扰扰红尘俗世，活着又怎样？死了又怎样？作者领悟到：只有优秀的作品和高洁的名声，才万古难磨。

醉太平　警世

——汪元亨

憎苍蝇竞血，恶黑蚁争穴。急流中勇退是豪杰，不因循苟且[1]。叹乌衣一旦非王谢[2]，怕青山两岸分吴越[3]，厌红尘万丈混龙蛇。老先生去也。

注释

①因循：指随波逐流。②乌衣：乌衣巷，在今南京市，为东晋时王导、谢安两大望族的居所。③分吴越：春秋时，吴国越国山水相连，却互相敌对，世代为仇。

【赏析】

憎恨腐败官场中人如苍蝇竞相吮血，如黑蚁争着钻窝，作者认为懂得急流勇退的才是豪杰，他不愿随波逐流、因循苟且。他叹息乌衣巷的豪族转瞬间便成云烟，生怕青山绿水两岸分成相争的吴和越，厌倦了滚滚红尘龙蛇混杂，贤愚不分，于是决定洁身远引，拂袖而去。

【曲评】

此曲不独有睥睨一切的气概，而且情意真挚，是作者憎恶腐朽社会的表现，与故作豪语者不同。

——《中国诗史》

朝天子　归隐

——汪元亨

长歌咏楚辞，细赓和杜诗[1]，闲临写羲之字[2]。乱云堆里结茅茨[3]，无意居朝市。珠履三千，金钗十二[4]，朝承恩暮赐死。采商山紫芝[5]，理桐江钓丝[6]，毕罢了功名事。

注释

①赓和：唱和。杜诗：杜甫的诗。②羲之：东晋大书法家王羲之。③茅茨（cí）：茅屋。用芦苇、茅草盖的屋顶。④珠履两句：言富贵豪门的宾客和姬妾众多。⑤采商山句：战国时秦国讲学的四位博士在秦始皇焚书坑儒时避于商山，汉初时曾辅佐过刘邦，最终功高身退，重返商山隐居。⑥桐江句：用严子陵隐居富春山，垂钓桐江事。

【曲评】

此曲将自在安然的隐居生活与处处凶险、朝不保夕的事君生活交叉写来，委婉含蓄地表达出作者尽弃功名、归隐田园山林的主张，手法超妙，含意丰盈。

【赏析】

此曲写归隐之乐。作者长歌《楚辞》，细吟杜诗，闲临书帖；他采芝商山，垂钓桐江，在乱云深处盖下茅屋两间，无意居住于朝廷所在的繁华都市。因为他清醒地认识到：纵然官高位显，富贵奢华，姬妾成群，但从来圣意难测，杀身之祸随时伏有。两相对照，归隐的自在适性自不待言，这也正是他“毕罢了功名事”的原因。

沉醉东风 归田

——汪元亨

居山林清幽淡雅，远城市富贵奢华。酒杯倾鲸量宽，诗卷束牛腰大。灞陵桥探问梅花[1]。村路骑驴慢慢踏，稳便似高车驷马。

注释

①灞陵桥句：用唐诗人孟浩然骑驴过灞桥，踏雪寻梅事。

【赏析】

此曲写远离尘世、幽居山林之况味：远离了喧嚣繁华的城市，居住的环境清幽淡雅，每日以诗酒自娱，兴致来时便慢骑村驴，闲探梅花。

【曲评】

情境悠游恬淡，语言明白通俗却不失清雅，将作者无欲无求、自在安然的心态尽展于纸上，有一唱三叹之妙。

沙子儿摊破清江引 [摘调]

——刘伯亨

可意的金钗，何曾簪云髻。可意的花钿[1]，何曾贴翠眉。可意的纱衣，何曾傍香体。科场去几时，薄情间千里。他闪的我凄凉[2]，我为他憔悴。强步上凉亭，晚风清似水。好景宜多欢会。藕花荡红香，荷叶摇青翠。故人他未来到秋到矣。

【赏析】

此曲写一位被抛弃女子的悲怀。她的恋人因为外出寻求功名而离开了她，并且从此一去不返；她察觉到自己被抛弃，从此无心打扮，日渐憔悴，郁郁之情经年不展。一天，她拖着病弱的娇躯勉强步入凉亭散心，却被清凉似水的晚风，红荡香飘的藕花和浮青摇翠的荷叶触动了心扉：故人没有回来，而时节已至初秋了。曲写到这里戛然而止，留给人的却是无尽的怅然和哀怨。

注释

①花钿：古时妇女的花形首饰。②闪：抛撇。

沉醉东风

——一分儿

红叶落火龙褪甲，青松枯怪蟒张牙。可咏题，堪描画，喜觥筹席上交杂[1]。答刺苏频斟入礼厮麻[2]，不醉呵休扶上马。

注释

①觥（gōng）筹：酒杯和酒令筹。②答刺苏：蒙语，酒。礼厮麻：蒙语，杯。

【赏析】

一分儿在席间舞出奇姿，歌声百啭，致使宾主忘形狂欢，愈发把她捧煞。曲中"青""红"交织，色彩绚丽，"火龙""怪蟒"，设喻怪奇。

太常引

——刘燕歌

故人别我出阳关[1]，无计锁雕鞍[2]。今古别离难，兀谁画蛾眉远山。一尊别酒，一声杜宇[3]，寂寞又春残。明月小楼间，第一夜相思泪弹。

注释

①阳关：关名，古代通往西域的要隘。此处非实指，而是化用王维"劝君更尽一杯酒，西出阳关无故人"诗意。②锁雕鞍：留住离人的马。③杜宇：杜鹃。

【赏析】

此曲写情人分别的缠绵眷恋。齐参议离任回归，刘燕歌也无法挽留，分别之际，她心中十分难过。心上人走后，不知道有谁还能精心地为自己画眉，她端起酒杯为参议送行，这时候，耳畔又传来杜鹃"不如归去"的哀啼，让她当下便感到别后的无限寂寞。今夜是参议走后的第一个夜晚，她想着，明月下，小楼间，自己又将流下多少相思清泪。

水仙子

——倪瓒

吹箫声断更登楼，独自凭栏独自愁，斜阳绿惨红消瘦。长江天际流，百般娇千种温柔。金缕曲新声低按[1]，碧油车名园共游[2]，绛绡裙罗袜如钩[3]。

【赏析】

此曲为触景怀人之作。起首写凭栏之所见所闻，所见是夕阳斜照、绿惨红瘦的暮春晚景，所闻是呜咽幽咽、哀哀欲绝的箫声。继而抒发于此凄凉情境中对于旧日恋人的思念之情，回忆佳人的娇媚形貌，细数与之温存缠绵的难忘时光。

注释

①金缕曲：唐杜秋娘诗《金缕衣》有，“劝君莫惜金缕衣，劝君惜取少年时。花开堪折直须折，莫待无花空折枝”。②碧油车：古代妇女所乘坐的华丽车辆。③罗袜如钩：形容足小。

【曲评】

曲风凄婉纤柔，曲语悲切含蓄，含不尽之意，让人为之悄然兴叹。

水仙子　赠李奴婢

——夏庭芝

丽春园先使棘针屯[1]，烟月牌荒将烈焰焚[2]，实心儿辞却莺花阵[3]。谁想香车不甚稳，柳花亭进退无门。夫人是夫人分，奴婢是奴婢身，怎做夫人?

注释

①丽春园：泛指妓院。棘针：酸枣刺，元代剧场常用棘针作围墙。②烟月牌：写着妓女名字的花牌。③莺花阵：妓院的代称。

【赏析】

屯起了妓家周围的荆棘墙，焚烧了写着花名的烟月牌，实心实意地想要脱离这花街柳巷。谁承想从良嫁人并不像想象中水到渠成，良人家的闺阁啊，真让我进退两难。是命数有定吧，做夫人的原是有做夫人的命数，我只是奴婢身，怎做夫人!

水仙子　相思

——刘庭信

秋风飒飒撼苍梧，秋雨潇潇响翠竹，秋云黯黯迷烟树。三般儿一样苦，苦的人魂魄全无。云结就心间愁闷，雨少似眼中泪珠，风做了口内长吁。

【赏析】

秋风飒飒，秋雨潇潇，秋云黯黯，景物无不带着凄苦色彩，让人感到失魂落魄。云儿凝聚，心间愁闷凝聚；雨水稀疏，好似渐渐流干的泪珠；风声萧瑟，就像吐出的长长叹息。

【曲评】

此曲写相思之苦，明白晓畅，情感凄切。其首三句与尾三句成反抱之势，中间两句采用顶真格，尽得音韵回环连珠之妙，有助于将曲情表现得更为深入和真切，可谓构思不凡、韵味独特。

朝天子　赴约

——刘庭信

夜深深静悄，明朗朗月高，小书院无人到。书生今夜且休睡着，有句话低低道：半扇儿窗棂[①]，不须轻敲，我来时将花树儿摇。你可便记着，便休要忘了，影儿动咱来到。

注释

①窗棂（líng）：旧式房屋的窗格。

【赏析】

此曲以少女口吻说出与情郎相会前对他的嘱托。她对情郎说：夜深人静，明月高照，小书院里四下无人的时候，你可千万别睡着啊。又悄悄地告诉他说：你开着半扇窗棂，我来的时候会将花木摇。你可要紧记不要忘，花影儿动，便是我来到。

【曲评】

此曲语言通俗自然，生动活泼。虽是只闻其声，但少女伶俐娇俏之情态已跃然目前。

庆东原　京口夜泊

——汤式

故园一千里[①]，孤帆数日程。倚篷窗自叹漂泊命。城头鼓声，江心浪声，山顶钟声。一夜梦难成，三处愁相并。

注释

①故园：故乡。一千里：指相隔遥远，非实数。

【赏析】

汤式长年漂泊，失意惆怅之情往往不请自来，而今夜泊京口，念故乡渺远，叹漂泊身世，愁情难以排遣。何况城头鼓声、江心浪声、山顶钟声阵阵频催，断人肝肠，使漫漫长夜有梦难成，游子的忧愁因而更加浓重起来。

【曲评】

全曲音韵和谐，对仗工整，情感深挚隽永。